版权登记号：图字01-2015-3096 号

比较私法译丛·瑞士私法系列

瑞士
侵权责任法
第四版

AUSSERVERTRAGLICHES
HAFTPFLICHTRECHT

[瑞] 海因茨·雷伊 ◎著
PROF. DR. HEINZ REY

贺栩栩◎译

中国政法大学出版社

2015·北京

图书在版编目（ＣＩＰ）数据

瑞士侵权责任法/（瑞士）雷伊著；贺栩栩译. —北京：中国政法大学出版社,2015.4

ISBN 978-7-5620-6007-9

Ⅰ.①瑞…　Ⅱ.①雷…　②贺…　Ⅲ.①侵权行为－民法－研究－瑞士　Ⅳ.①D952.23

中国版本图书馆CIP数据核字(2015)第079675号

出　版　者	中国政法大学出版社
地　　　址	北京市海淀区西土城路 25 号
邮寄地址	北京 100088 信箱 8034 分箱　邮编 100088
网　　　址	http://www.cuplpress.com（网络实名：中国政法大学出版社）
电　　　话	010-58908285（总编室）58908334（邮购部）
承　　　印	保定市中画美凯印刷有限公司
开　　　本	720mm×960mm　1/16
印　　　张	35.5
字　　　数	670 千字
版　　　次	2015 年 6 月第 1 版
印　　　次	2015 年 6 月第 1 次印刷
定　　　价	69.00 元

比较私法译丛编委会

比较私法译丛·总序

　　今日之民法学者，首要当知旧与新、中与西之关系。古罗马以来，民法学历经两千余年之生发，多少高人志士，皓首穷经、呕心沥血，毕生浸淫徘徊于其中，精思妙想层出不穷，方有今日博大精深之体系。故今日治民法学者，须注重把握传统之学说脉络，力戒全盘推翻、立异求新，当知毁其成易，传承却难，当知彼之旧者，多有于我为新者！且我国现代法制之肇始，系为社会之革新，变祖宗之成法，而借镜于法制发达国家，即至今日，仍须空虚怀抱，取其精密、先进之法技术，切不可以国情、本土资源为由而闭目塞听。因法律之技术与思维方法，实非中西之别，但有粗精之分也；明其理后而弃之，为超越之智者；不得其法即拒之，乃自囿之愚人。是为序！

比较私法译丛编委会　谨识

二零一五年五月二十日

I

比较私法译丛·瑞士私法系列·序

　　瑞士民法对中国法之影响，最早或可溯至《大清民律草案》之编纂。清末立法者以"注重世界最普遍之法则"及"原本后出最精确之法理"为秉持之理念，着力于取法欧亚诸国之先进。《瑞士民法典》（下称"瑞民"，《瑞士债法典》下称"瑞债"）系欧陆当时"后出"之重要民法典，遂成立法者主要借镜之一。故《大清民律草案》不乏取诸"瑞民"之条文，如其开篇设"法例"，首条规定"民事，本律所未规定者，依习惯法；无习惯法者，依法理"；第二、三条分别规定诚实信用原则及善意推定原则，即从"瑞民"第一、二、三条移植而来；又其《总则》第二章"人"之第五节"人格保护"，亦直接仿自"瑞民"第二十七条以下。唯《大清民律草案》未及颁布，便因清王朝灭亡而束之高阁。

　　北洋政府之《民国民律草案》，体系上参照《德国民法典》（下称"德民"）之框架者更多，虽未于开篇设"法例"，但仍不乏采自"瑞民"之内容。如该草案第十六条以下，仍保留"瑞民"上述人格保护之一般规定。

　　及至《中华民国民法典》，虽仍以"德民"为基本框架，但采瑞士立法例者反有增加。诸如于开篇设"法例"，于第十六条以下对人格权保护作一般规定，第一六五条"悬赏广告之撤销"（仿"瑞债"第八条第二款），第二九五条第二款"未支付之利息，推定其随同原本移转于受让人"（仿"瑞债"第一七〇条第三款）等等，不一而足。故梅仲协先生言："现行民法，采德国立法例者，十之六七，瑞士立法例者，十之三四，而法日苏联之成规，亦尝撷取一二。"

　　改革开放后，我国法学界，对瑞士民法均未予充分关注。三十余年来，有关瑞士民法之著作与文章，似不多见，瑞士民法之经典体系教科书被译为中文者，至今仍未见于学界；瑞民之最新译本，仍系依瑞士联邦委员会1996年公布版本而译，此后之重大修正、发展，诸如瑞民对于"监护制度"之彻底变革，鲜有译介者。然此种状况，与瑞士民法在大陆法系民法中之地位，难谓相称。

立法上，"瑞民"与"瑞债"语言简洁、通俗易懂，技术上为了避免繁复及过于细致僵硬，常以一般条款赋予法官较多自由裁量权，屡为欧洲学界所称道；如茨威格特、克茨于《比较法总论》一书中甚至断言，若"欧洲民法典"未来真能制订，当非瑞式立法风格莫属。又如其损害赔偿法上，一反德国法上过错责任"全有或全无"原则，允许法官斟酌案件之具体情形与过错大小（"瑞债"第四十三条第一款）及行为人是否纯出于利他目的（"瑞债"第九十九条第二款）等因素，灵活确定损害赔偿额，颇为独到。其于立法风格与技术上，可为我国民法典借镜之处，着实颇多。

瑞士之民事判决及其说理，技术水平颇高。瑞士联邦法院对于立法中某些抽象概念，以系列判决将之具体化、类型化，尤多匠心独具之处。

即学界而言，就同一问题，瑞士法上常有不同之解决方案，可资研究视角之扩展。瑞士民法学发展至今，亦已形成一套完善的理论体系，颇有自成一家之特色，自其百年学说传统中汲取营养，亦为我国民法学术发展之不可或缺。

鉴此，"比较私法译丛编委会"定于"译丛"中下设"瑞士私法系列"，以期推动瑞士民事立法、学说与司法实践之译介。"瑞士私法系列"之现行出版计划，暂包括：一、瑞士民法经典教科书选译。经瑞士弗里堡大学 Hubert Stöckli 教授推荐，编委会最终择定 Schulthess 出版社之民法教科书系列，包括《瑞士民法：基本原则与人法》、《瑞士物权法》、《瑞士债法总论》、《瑞士债法分论》与《瑞士侵权责任法》。Schulthess 是瑞士专营法学类文献之著名出版社，本套教材集瑞士多所大学教授合力而成，在瑞士使用广泛，多有反复再版者，堪以一窥瑞士民法之精粹。二、"瑞民"与"瑞债"之重译。瑞士民法二十年来修订频频，现行译本虽堪称精到，唯其内容已不能反映瑞士民法之新貌，编委会亦不揣力薄，寻访学界先进，拟予重译。

大道至简，进步与发展，必在点滴之间。若此系列，于民法学术之发展，有些许裨益，当足慰初心。

金可可　谨识

二零一五年五月二十五日佛诞日

前　言

此修订补充版本旨在帮助学生加深所学，为从业者提供参考。为此，本书将主要介绍判例与通说。

本版将保留前一版的基本体系结构，同时，在认为必要之处，增加了补充说明内容。因而，本书可以作为高赫、施鲁普、施密特和雷伊合著的《债法总论》一书的补充本，因《债法总论》中未涉及有关侵权责任法的内容。

鉴于可读性考量，本书将不列名词的阴性形式，并且尽量尊重债法法条原文。本书也将尽可能选择使用中性形式表述。

在此，谨向我的助手克里斯托弗·埃宾杰先生（Herr lic. iur. Christoph Ebinger）表示由衷的感谢。埃宾杰先生不仅帮助我对目录和索引部分进行了编辑，对文章内容也作了终审。为此他付出巨大心力搜集和查阅了大量文献材料，对本书原有内容作了仔细校对，并独立完成了补充内容的撰写。

海因茨·雷伊

2007 年 12 月于苏黎世

目　录

– 第五编　消灭时效 –

参考文献

更多文献参见各章节起始

Adams Michael, Ökonomische Theorie des Rechts, 2. Aufl. , Frankfurt am Main/Berlin/ Bruxelles/New York/Oxford/Wien, 2002/2004.

BECKER HERMANN, Berner Kommentar zum schweizerischen Privatrecht, Schweizerisches Zivilgesetzbuch, Bd. VI, Obligationenrecht, I. Abt. , Allgemeine Bestimmungen, Art. 1 ~ 183 OR, 2. Aufl. , Bern 1941.

BEHRENS PETER, Die ökonomischen Grundlagen des Rechts, Politische Ökonomie als rationale Jurisprudenz, Tübingen 1986.

BREHM ROLAND, Berner Kommentar zum schweizerischen Privatrecht, Schweizerisches Zivilgesetzbuch, Bd. VI, Das Obligationenrecht, I. Abt. , Allgemeine Bestimmungen, 3. Teilbd. , 1. Unterteilbd. , Die Entstehung durch unerlaubte Handlungen, Art. 41 ~ 61 OR, 3. Aufl. , Bern 2006.

– Grundlagen der Haftung nach dem Schweizerischen Gesetz zur Reform des Haftpflichtrechts, in Bénédict Foëx/Franz Werro (Hrsg.), La réforme de la résponsabilité civile, Zürich 2004, S. 49 ff.

BSK/BEARBEITER: HONSELL HEINRICH/VOGT NEDIM PETER/WIEGAND WOLF-GANG (Hrsg.), Basler Kommentar zum Schweizerischen Privatrecht, Obligationenrecht I, Art. 1 ~ 529 OR, 4. Aufl. , Basel/Genf/München 2007.

BSK/BEARBEITER: HONSELL HEINRICH/VOGT PETER NEDIM/WATTER ROLF (Hrsg.), Basler Kommentar zum Schweizerischen Privatrecht, Obligationenrecht II, Art. 530 ~ 1186 OR, 2. Aufl. , Basel/Genf/München 2002.

BSK/BEARBEITER: HONSELL HEINRICH/VOGT NEDIM PETER/GEISER THOMAS (Hrsg.), Basler Kommentar zum Schweizerischen Privatrecht, Zivilgesetzbuch I, Art. 1 ~ 456 ZGB, 3. Aufl. , Basel/Genf/München 2006.

BSK/BEARBEITER: HONSELL HEINRICH/VOGT NEDIM PETER/GEISER THOMAS (Hrsg.), Basler Kommentar zum Schweizerischen Privatrecht, Zivilgesetzbuch II, Art. 457 ~ 977 ZGB, Art. 1 ~ 61 SchlT ZGB, 3. Aufl., Basel/Genf/München 2007.

BUCHER EUGEN, Berner Kommentar zum schweizerischen Privatrecht, Schweizerisches Zivilgesetzbuch, Bd. I, Einleitung und Personenrecht, Das Personenrecht, 2. Abt., Die natürlichen Personen, 1. Teilbd., Art. 11 ~ 26 ZGB, 3. Aufl., Bern 1976.

– Schweizerisches Obligationenrecht, Allgemeiner Teil, 2. Aufl., Zürich 1988, zit.: BUCHER AT.

– Berner Kommentar zum schweizerischen Privatrecht, Schweizerisches Zivilgesetzbuch, Bd. I, Einleitung und Personenrecht, Das Personenrecht, 2. Abt., Die natürlichen Personen, 2. Teilbd., Kommentar zu Art. 27 ZGB, 3. Aufl., Bern 1993.

Bundesamt für Justiz (Hrsg.), Bericht der Studienkommission für die Gesamtrevision des Haftpflichtrechts an den Vorsteher des Eidg. Justiz – und Polizeidepartements, August 1991, zit.: Bericht der Studienkommission.

– Vorentwurf zu einem BG über die Revision und Vereinheitlichung des Haftpflichtrechts, Kurzkommentar, 2000.

BüREN BRUNO, von, Schweizerisches Obligationenrecht, Allgemeiner Teil, Zürich 1964.

CR/BEARBEITER, THEVENOZ LUC/WERRO FRANZ (Hrsg.), Commentair romand, Code des obligations I, art. 1 ~ 529, Loi sur le crédit à la consommation, Loi sur les voyages à forfait, Genève/Bâle/Munich 2003.

DESCHENAUX HENRI/TERCIER PIERRE, La responsabilité civile, 2. Aufl., Bern 1982.

DEUTSCH ERWIN, Allgemeines Haftungsrecht, 2. Aufl., Köln/Berlin/Bonn/München 1996, zit.: Deutsch, Haftungsrecht.

DEUTSCH ERWIN/AHRENSHANS – JüRGEN, Allgemeines Haftungsrecht, Deliktsrecht: Unerlaubte Handlungen, Schadensersatz und Schmerzensgeld, 4. Aufl., Köln/Berlin/ Bonn/ München 2002, zit.: Deutsch, Schadensersatz.

EGGER AUGUST, Zürcher Kommentar zum Schweizerischen Zivilgesetzbuch, Bd. II: Familienrecht, 2. Abt., Die Verwandtschaft, Art. 252 ~ 359 ZGB, 2. Aufl., Zürich 1943.

ENGEL PIERRE, Traité des obligations en droit suisse, Dispositions générales du CO, 2. Aufl., Bern 1997, zit.: ENGEL AT.

– Contrats de droit suisse, 2. Auflage, Bern 2002, zit.: ENGEL BT.

ERMAN WALTER/BEARBEITER, Handkommentar zum Bürgerlichen Gesetzbuch, Bd. I, § § 1 ~ 853 BGB, 11. Aufl., Münster 2004.

ESCHER ARNOLD, Zürcher Kommentar zum Schweizerischen Zivilgesetzbuch, Bd. III, Das

Erbrecht, 2 Abteilungen und Ergänzungslieferung, Art. 457 ~ 640 ZGB, 3. Aufl. , Zürich 1959.

ESSER JOSEF/SCHMIDT EIKE, Schuldrecht, Bd. I, Allgemeiner Teil, Teilbd. 1, Entstehung, Inhalt und Beendigung von Schuldverhältnissen, 8. Aufl. , Heidelberg 1995.

– Schuldrecht, Bd. I, Allgemeiner Teil, Teilbd. 2, Durchführungshindernisse und Vertragshaftung, Schadensausgleich und Mehrseitigkeit beim Schuldverhältnis, 8. Aufl. , Heidelberg 2000.

ESSER JOSEF/WEYERSHANS – LEO, Schuldrecht, Bd. II, Besonderer Teil, 8. Aufl. , Heidelberg 1998.

FELLMANN WALTER/BüREN – VON MOOS GABRIELLE, VON, Grundriss der Produktehaftpflicht, Bern 1993.

FIKENTSCHER WOLFGANG, Schuldrecht, 10. Aufl. , Berlin 2006.

GAUCH PETER, Der Werkvertrag, 4. Aufl. , Zürich 1996.

GAUCH PETER/SCHLUEP WALTER R. /SCHMID JöRG/REY HEINZ, Schweizerisches Obligationenrecht, Allgemeiner Teil, 2 Bde. , 8. Aufl. , Zürich 2003.

GIGERHANS, Berner Kommentar zum schweizerischen Privatrecht, Schweizerisches Zivilgesetzbuch, Bd. VI, Das Obligationenrecht, 2. Abt. , Die einzelnen Vertragsverhältnisse, 1. Teilbd. , Kauf und Tausch – Die Schenkung, 1. Abschnitt, Allgemeine Bestimmungen – Der Fahrniskauf, Art. 184 ~ 215 OR, 2. Aufl. , Bern 1980.

GIGERHANS, SVG: Strassenverkehrsgesetz mit Kommentaren sowie ergänzenden Gesetzen und Bestimmungen, 6. Aufl. , Zürich 2002.

GUHL THEO/KOLLER ALFRED/SCHNYDER ANTON K. //DRUEY JEAN NICOLAS, Das Schweizerische Obligationenrecht mit Einschluss des Handels – und Wertpapierrechts, 9. Aufl. , Zürich 2000.

GULDENER MAX, Schweizerisches Zivilprozessrecht, 3. Aufl. , Zürich 1979.

HAAB ROBERT/SIMONIUS AUGUST/SCHERRER WERNER/ZOBL DIETER, Zürcher Kommentar zum Schweizerischen Zivilgesetzbuch, Bd. IV, Das Sachenrecht, 1. Abt. , Das Eigentum, Art. 641 ~ 729 ZGB, 2. Aufl. , Zürich 1977.

HESSHANS – JOACHIM, Kommentar zum Produktehaftpflichtgesetz (PrHG), 2. Aufl. , Bern/ Stuttgart/Wien 1996.

HIRSCH WERNER Z. , Law and Economics, An Introductory Analysis, 2. Aufl. , Boston et al. 1988.

HONSELL HEINRICH, Schweizerisches Haftpflichtrecht, 4. Aufl. , Zürich 2005.

HüTTE KLAUS/DUCKSCH PETRA, Die Genugtuung, 3. Aufl. , Zürich 1996, Nachlieferung 2, Zürich 2003.

KELLER ALFRED, Haftpflicht im Privatrecht, Bd. I, 6. Aufl. , Bern 2002 .

- Haftpflicht im Privatrecht, Bd. II, 2. Aufl. , Bern 1998.

KöTZ HEIN, Deliktsrecht, 10. Aufl. , München 2006.

Kramer Ernst A. , Berner Kommentar zum schweizerischen Privatrecht, Schweizerisches Zivilgesetzbuch, Bd. VI, Das Obligationenrecht, 1. Abt. , Allgemeine Bestimmungen, 1. Teilbd. , Allgemeine Einleitung in das schweizerische Obligationenrecht und Kommentar zu Art. 1 ~ 18 OR (Allgemeine Einleitung, Art. 1 und 2), Bern 1986.

KUMMER MAX, Berner Kommentar zum schweizerischen Privatrecht, Schweizerisches Zivilgesetzbuch, Bd. I, Einleitung und Personenrecht, 1. Abt. , Art. 1 ~ 10 ZGB (Art. 8, 9 und 10), Bern 1962 (Nachdruck 1966) .

LANGE HERMANN, Schadensersatz, Handbuch des Schuldrechts in Einzeldarstellungen (hrsg. von JOACHIM GERNHUBER), Bd. 1, 3. Aufl. , Tübingen 2003.

LANDOLT HARDY, Kommentar zum schweizerischen Zivilrecht, Die Entstehung durch unerlaubte Handlungen, Art. 45 ~ 49 OR, (hrsg. von Gauch Peter/Schmid Jörg), 3. Aufl. , Zürich 2007 .

LARENZ KARL, Lehrbuch des Schuldrechts, Bd. I, Allgemeiner Teil, 14. Aufl. , München 1987, zit. : LARENZ, Schuldrecht I.

- Lehrbuch des Schuldrechts, Bd. II, Besonderer Teil, Halbbd. 1, 13. Aufl. , München 1986, zit. : LARENZ, Schuldrecht II/1.

LARENZ KARL/CANARIS CLAUS – WILHELM, Lehrbuch des Schuldrechts, Bd. II Besonderer Teil, 13. Aufl. , München 1994, zit. : LARENZ/CANARIS, Schuldrecht II/2 .

LIVER PETER, Zürcher Kommentar zum Schweizerischen Zivilgesetzbuch, Bd. IV, Das Sachenrecht, 2. Abt. , Die beschränkten dinglichen Rechte, 2a, Die Dienstbarkeiten und Grundlasten, Bd. 1, Die Grunddienstbarkeiten, Art. 730 ~ 744 ZGB, 2. Aufl. , Zürich 1980.

- Das Eigentum, in: SPR, Bd. V, Sachenrecht, 1. Halbbd. , Basel und Stuttgart 1977, zit. : LIVER, SPR V/1.

MAURER ALFRED, Schweizerisches Privatversicherungsrecht, 3. Aufl. , Bern 1995, zit. : MAURER, Privatversicherungsrecht.

MEDICUS DIETER, Schuldrecht I, Allgemeiner Teil, 17. Auflage, München 2006.

MEIER – HAYOZ ARTHUR, Berner Kommentar zum schweizerischen Privatrecht, Schweizerisches Zivilgesetzbuch, Bd. I, Einleitung und Personenrecht, 1. Abt. , Einleitung, Art. 1 ~ 10 ZGB (Art. 1 und 4), Bern 1962 (Nachdruck 1966) .

- Berner Kommentar zum schweizerischen Privatrecht, Schweizerisches Zivilgesetzbuch, Bd. IV, Das Sachenrecht, 1. Abt. , Das Eigentum, 1. Teilbd. : Systematischer Teil und allgemeine Bestimmungen, Art. 641 ~ 654 ZGB, 5. Aufl. , Bern 1981.

– Berner Kommentar zum schweizerischen Privatrecht, Schweizerisches Zivilgesetzbuch, Bd. IV, Das Sachenrecht, 1. Abt. , Das Eigentum, 2. Teilbd. : Grundeigentum I, Art. 655 ~ 679 ZGB, 3. Aufl. , Bern 1964 (Nachdruck 1974).

– Berner Kommentar zum schweizerischen Privatrecht, Schweizerisches Zivilgesetzbuch, Bd. IV, Das Sachenrecht, 1. Abt. , Das Eigentum, 3. Teilbd. : Grundeigentum II, Art. 680 ~ 701 ZGB, 3. Aufl. , Bern 1975.

MEIER – HAYOZ ARTHUR/REY HEINZ, Berner Kommentar zum schweizerischen Privatrecht, Schweizerisches Zivilgesetzbuch, Bd. IV, Das Sachenrecht, 1. Abt. , Das Eigentum, 5. Teilbd. : Grundeigentum IV – Das Stockwerkeigentum, Vorbemerkungen und Art. 712a ~ 712t ZGB, Bern 1988.

MERZHANS, Berner Kommentar zum schweizerischen Privatrecht, Schweizerisches Zivilgesetzbuch, Bd. I, Einleitung und Personenrecht, 1. Abt. , Einleitung, Art. 1 ~ 10 ZGB (Art. 2), Bern 1962 (Nachdruck 1966).

– Einleitung, Entstehung und allgemeine Charakterisierung, Die Obligation, in: SPR, VI. Bd. : Obligationenrecht, Allgemeiner Teil, 1. Teilbd. , Basel und Frankfurt am Main 1984, zit. : Merz, SPR VI/1.

MESSMER GEORG/IMBODEN HERMANN, Die eidgenössischen Rechtsmittel in Zivilsachen, Zürich 1992.

MünchKomm/BEARBEITER: Münchener Kommentar zum Bürgerlichen Gesetzbuch, Bd. 2: Schuldrecht, Allgemeiner Teil, § § 241 ~ 432 BGB, 5. Aufl. , München 2007; Bd. 5: Schuldrecht, Besonderer Teil III, § § 705 ~ 853, Partnerschaftsgesellschaftsgesetz, Produkthaftungsgesetz, 4. Aufl. , München 2004.

OFTINGER KARL, Schweizerisches Haftpflichtrecht, Bd. I: Allgemeiner Teil, 4. Aufl. , Zürich 1975.

OFTINGER KARL/STARK EMIL W. , Schweizerisches Haftpflichtrecht, Bd. I: Allgemeiner Teil, 5. Aufl. , Zürich 1995.

– Schweizerisches Haftpflichtrecht, Besonderer Teil, Bd. II/1: Verschuldenshaftung, gewöhnliche Kausalhaftungen, Haftung aus Gewässerverschmutzung, 4. Aufl. , Zürich 1987.

– Schweizerisches Haftpflichtrecht, Besonderer Teil, Bd. II/2: Gefährdungshaftungen: Motorfahrzeughaftpflicht und Motorfahrzeughaftpflichtversicherung, 4. Aufl. , Zürich 1989.

– Schweizerisches Haftpflichtrecht, Besonderer Teil, Bd. II/3: Übrige Gefährdungshaftungen, 4. Aufl. , Zürich 1991.

PALANDT OTTO/BEARBEITER, Kommentar zum Bürgerlichen Gesetzbuch, 66. Aufl. , München 2007.

PEDRAZZINI MARIO M. / OBERHOLZER NIKLAUS, Grundriss des Personenrechts, 4. Aufl. , Bern 1993.

POSNER RICHARD A. , Economic Anlaysis of Law, 7. Aufl. , New York 2007.

REY HEINZ, Berner Kommentar zum schweizerischen Privatrecht, Schweizerisches Zivilgesetzbuch, Bd. IV, Das Sachenrecht, 2. Abt. , Die beschränkten dinglichen Rechte, Die Dienstbarkeiten und Grundlasten, 1. Teilbd. ; Die Grunddienstbarkeiten, 1. Lfg. ; Systematischer Teil und Art. 730 und 731 ZGB, 2. Aufl. , Bern 1981.

– Die Grundlagen des Sachenrechts und das Eigentum, Grundriss des schweizerischen Sachenrechts, Bd. I, 3. Aufl. , Bern 2007, zit. ; REY, Sachenrecht I.

RIEMERHANS MICHAEL, Berner Kommentar zum schweizerischen Privatrecht, Schweizerisches Zivilgesetzbuch, Bd. I: Einleitung und Personenrecht, Das Personenrecht, 3. Abt. , Die juristischen Personen, 1. Teilbd. ; Allgemeine Bestimmungen, Systematischer Teil und Kommentar zu Art. 52 ~ 59 ZGB, 3. Aufl. , Bern 1993.

ROBERTO VITO, Schweizerisches Haftpflichtrecht, Zürich 2002.

SCHAER ROLAND, Grundzüge des Zusammenwirkens von Schadenausgleichsystemen, Basel und Frankfurt am Main 1984, zit. ; SCHAER, Schadenausgleichsysteme.

SCHAETZLE MARC / WEBER STEPHAN, Kapitalisieren, Handbuch zur Anwendung der Barwerttafeln, 5. Aufl. des Textteils der Barwerttafeln, Zürich 2001, zit. ; SCHAETZLE / WEBER.

SCHAFFHAUSER RENé / ZELLWEGER JAKOB, Grundriss des schweizerischen Strassenverkehrsrechts, Bd. II: Haftpflicht und Versicherung, Bern 1988.

SCHMID JöRG / HüRLIMANN – KAUP BETTINA, Sachenrecht, 2. Aufl. , Zürich 2003.

SCHöBI FELIX, Revision und Vereinheitlichung des Haftpflichtrechts – Ergebnisse der Vernehmlassung und weiteres Vorgehen, in STEPHAN WEBER / STEPHAN FUHRER (Hrsg.), Retouchen der Reformen? Die hängigen Gesetzesrevisionen im Bereich der Haftung und Versicherung auf dem Prüfstand, Zürich 2004 .

SCHWENZER INGEBORG, Schweizerisches Obligationenrecht, Allgemeiner Teil, 4. Aufl. , Bern 2006.

PIRO KARL, Die Begrenzung privater Rechte durch Verjährungs – , Verwirkungs – und Fatalfristen, 2 Bde. , Bern 1975, zit. ; Spiro I und II.

– Die Haftung für Erfüllungsgehilfen, Bern 1984, zit. ; Spiro, Erfüllungsgehilfen.

STARK EMIL W. , Ausservertragliches Haftpflichtrecht, Skriptum, 2. Aufl. , Zürich 1988, zit. ; Stark, Skriptum.

STAUDINGER JULIUS, VON / BEARBEITER: Julius von Staudingers Kommentar zum Bürgerlichen Gesetzbuch mit Einführungsgesetzen und Nebengesetzen, 2. Buch, Recht der

Schuldverhältnisse, § § 249 ~ 254 BGB, 13. Aufl. , Berlin 1994.

STAUFFER WILHELM/SCHAETZLE THEO/SCHAETZLE MARC, Barwerttafeln, 5. Aufl. , Zürich 2001, zit. : STAUFFER/SCHAETZLE.

STEINAUER PAUL – HENRI, Les droits réels, Bd. I, 4. Aufl. , Bern 2007, zit. : STEINAUER I.

TERCIER PIERRE, Le droit des obligations, 3. Aufl. , Zürich 2004.

TUHR ANDREAS, VON/ESCHER ARNOLD, Allgemeiner Teil des Schweizerischen Obligationenrechts, Bd. II, 3. Aufl. , Zürich 1974.

TUHR ANDREAS, VON/PETERHANS, Allgemeiner Teil des Schweizerischen Obligationenrechts, Bd. I, 1. und 2. Lfg. , 3. Aufl. , Zürich 1974 und 1979.

TUHR ANDREAS, VON/PETERHANS/ESCHER ARNOLD, Allgemeiner Teil des Schweizerischen Obligationenrechts, Supplement zur 3. Aufl. , Zürich 1984.

TUOR PETER/PICENONI VITO, Berner Kommentar zum schweizerischen Privatrecht, Schweizerisches Zivilgesetzbuch, Bd. Ⅲ, Das Erbrecht, 2. Abt. , Der Erbgang, Art. 537 ~ 640 ZGB, Bern 1964 (Nachdruck 1966) .

TUOR PETER/SCHNYDER BERNHARD/SCHMID JöRG/RUMO – JUNGO ALEXANDRA, Das Schweizerische Zivilgesetzbuch, 12. Aufl. , Zürich 2002 (Nachdruck 2006) .

VOGEL OSCAR/SPüHLER KARL, Grundriss des Zivilprozessrechts und des internationalen Zivilprozessrechts der Schweiz, 8. Aufl. , Bern 2006.

WALDER – RICHLIHANS ULRICH, Zivilprozessrecht, 4. Aufl. , Zürich 1996.

WERRO FRANZ, La responsabilité civile, Bern 2005.

缩略语表

缩略语	全称	
a. A.	am Anfang	首先/开始
a. a. O.	am angeführten Ort	（引文）出处同上
ABGB	Allgemeines Bürgerliches Gesetzbuch für Österreich vom 1. Juni 1811	1811 年 6 月 1 日《奥地利普通民法典》
Abs.	Absatz	（法律条文的）款
Abt.	Abteilung	部门
AcP	Archiv für civilistische Praxis (Tübingen)	《民事实务档案》（图宾根）
a. E.	am Ende	最后/结尾
AG	Aktiengesellschaft	股份有限公司
AHVG	BG über die Alters – und Hinter-lassenenversicherung vom 20. Dez – ember 1946 (SR 831. 10)	瑞士《联邦养老与遗属保险法》（《联邦法体系汇编》第 831. 10 号）
AJP	Aktuelle Juristische Praxis (St. Gallen)	《当今司法实务》（拉亨）
AK	Alternativkommentar	选择性评注
al.	alinea	（法律条文的）款
a. M.	anderer Meinung	其他观点
Anm.	Anmerkung	注释
ARA	Abwasserreinigungsanlage	污水处理厂
Art.	Artikel	条
AT	Allgemeiner Teil	总则

缩略语	全称	
ATSG	BG über den Allgemeinen Teil des Sozialversicherungsrechts vom 6. Oktober 2000 (SR 830. 1)	瑞士《联邦社会保险法通则》（《联邦法体系汇编》第 830. 1 号）
Aufl.	Auflage	版次
BBl	Bundesblatt der Schweizerischen Eidgenossenschaft (Bern)	《瑞士联邦公报》（伯尔尼）
Bd.	Band	卷（号）
Bde.	Bände	数卷（号）
betr.	betreffend	相关的
BG	Bundesgesetz	联邦法律
BGB	Bürgerliches Gesetzbuch für das Deutsche Reich vom 18. August 1896	1896 年 8 月 18 日《德国民法典》
BGBl	(deutsches) Bundesgesetzblattl	（德国）《联邦法律公报》
BGE	Bundesgerichtsentscheid/Entscheidungen des Schweizerischen Bundesgerichts, Amtliche Sammlung (Lausanne)	瑞士《联邦法院判例集》，官方汇编（洛桑）
BGer	Schweizerisches Bundesgericht	瑞士联邦法院
BGH	(deutscher) Bundesgerichtshof	（德国）联邦最高法院
BGHZ	Sammlung der Entscheidungen des deutschen Bundesgerichtshofs in Zivilsachen (Köln/Berlin)	德国《联邦法院民事判例集》（科隆/柏林）
BJM	Basler Juristische Mitteilungen (Basel)	《巴塞尔法律通讯》（巴塞尔）
BR/DC	Baurecht/Droit de la Construction, Mitteilungen zum privaten und öffentlichen Baurecht (Freiburg)	《建筑法——建筑私法与公法通讯》（弗里堡）

缩略语	全称	
Bsp.	Beispiel	示例
bspw.	Beispielsweise	举例而言
BStP	BG über die Bundesstrafrechtspflege vom 15. Juni 1934 (SR 312.0)	1934 年 6 月 15 日瑞士《联邦刑事诉讼法》(《联邦法体系汇编》第 312.0 号)
BT	Besonderer Teil	分则
BVG	BG über die berufliche Alters –, Hinterlassenen – und Invalidenvorsorge vom 25. Juni 1982 (SR 831.40)	瑞士《联邦企业职工养老、遗属与工伤保险法》(BVG)
bzw.	beziehungsweise	或者
CHF	Schweizer Franken	瑞士法郎
CO	LF du 30 mars 1911 complétant le Code civil suisse; LF del 30 marzo 1911 di complemento del Codice civile svizzero (RS 220)	1911 年 3 月 30 日补充瑞士民法典的联邦法律:《瑞士债法编》
CR	Commentaire romand	瑞士法语区的法律评注
dergl.	dergleichen	同一
DERS.	DERSelbe (Autor)	同一（作者）
d. h.	das heisst	即
dies.	dieselbe	同一
Diss.	Dissertation	博士论文
DSG	BG über den Datenschutz vom 19. Juni 1992 (SR 235.1)	瑞士《联邦数据保护法》(DSG)
E	Entwurf	草案
E.	Erwägung	判决理由
ebd.	ebenda	同上

缩略语	全称	
EHG	BG über die Haftpflicht der Eisen- bahn – und Dampfschiffahrtsunterne- hmungen und der Schweizerischen Post vom 28. März 1905（SR 221. 112. 742）	1905 年 3 月 28 日瑞士《联邦铁路公司、轮船营运公司与瑞士邮政责任法》（《联邦法体系汇编》第 221. 112. 742 号）
Einl.	Einleitung	导论
ElG	BG betreffend die elektrischen Schwach – und Starkstromanlagen vom 24. Juni 1902（SR 734. 0）	1902 年 6 月 24 日瑞士《联邦电力法》（《联邦法体系汇编》第 734. 0 号）
em.	emeritiert	退休的
E – MG	Entwurf zum Militärgesetz/BG über die Armee und die Militärverwaltung（vgl. BBl 1993 IV, S. 1 ff.）	军事法草案/瑞士《联邦军事与军政法》（参见《瑞士联邦公报》1993 IV，第 1 页以下）
EMRK	Europäische Konvention zum Schutze der Menschenrechte und Grundfreihe- iten vom 4. November 1950（SR 0. 101）	1950 年 11 月 4 日《欧盟保障人权与基本自由公约》（《联邦法体系汇编》第 0. 101 号）
etc.	et cetera；und so weiter	等等
evtl.	eventuell	可能发生的
f.	und folgende Seite	以下一页
ff.	und fortfolgende Seiten	以下数页
FN	Fussnote	脚注
FR	Kanton Fribourg	弗里堡州
FS	Festschrift	纪念文集
GlG	BG über die Gleichstellung von Frau und Mann vom 24. März 1995（SR 151）	1995 年 3 月 24 日瑞士《联邦男女平等法》（《联邦法体系汇编》第 151 号）
gl. M.	gleicher Meinung	相同观点
GSchG	BG über den Schutz der Gewässer vom 24. Januar 1991（Gewäerschutzgesetz［SR 814. 20］）	1991 年 1 月 24 日瑞士《联邦水域保护法》（《联邦法体系汇编》第 814. 20 号）

缩略语	全称	
GTG	BG über die Gentechnik im Ausser-humanbereich vom 21. März 2003 (SR 814. 91)	2003 年 3 月 21 日瑞士《联邦人类外基因技术法》（《联邦法体系汇编》第 814. 91 号）
GVP	St. Gallische Gerichts – und Verwaltungspraxis	《圣加仑法院与行政实务》（圣加仑）
h. L.	herrschende Lehre	通说
h. M.	herrschende Meinung	通说
Habil.	Habilitationsschrift	教授资格论文
Halbbd.	Halbband	（上或下）半卷
HAVE	Haftung und Versicherung (Zürich) = REAS, Hrsg. Verein Haftung und Versicherung, bis 2000: SVZ	《责任与保险》（苏黎世）＝前身是《侵权责任与保险》（简称 REAS），2000 年后更名，简称 SVZ
Hrsg. /hrsg.	Herausgeber/herausgegeben	编者/由……编著
i. A.	im Allgemeinen	一般而言
i. c.	in casu; im vorliegenden Fall	在本案中
i. d. R.	in der Regel	通常
i. e. S.	im engeren Sinne	狭义上
i. f.	in fine; am Ende	最后
insbes.	insbesondere	尤其是
IPRG	BG über das Internationale Privatrecht vom 18. Dezember 1987 (SR 291)	1987 年 12 月 18 日瑞士《联邦国际私法》（《联邦法体系汇编》第 291 号）
i. S.	in Sachen	在……案件中
i. S. v.	im Sinne von	在……意义上
IVG	BG über die Invalidenversicherung vom 19. Juni 1959 (SR 831. 20)	1959 年 6 月 19 日瑞士《联邦伤残保险法》（《联邦法体系汇编》第 831. 20 号）
i. V. m.	in Verbindung mit	联系……

缩略语	全称	
i. w. S.	im weiteren Sinne	广义上
JdT	Journal des Tribunaux（Lausanne）	《法院时报》（洛桑）
JSG	BG über die Jagd und den Schutz wildlebender Säugetiere und Vögel vom 20. Juni 1986（SR 922. 0）	1986 年 6 月 20 日瑞士《联邦狩猎与野生哺乳动物和禽类保护法》（《联邦法体系汇编》第 922. 0 号）
JT	Journal des Tribunaux（Lausanne）	《法院杂志》（洛桑）
JuS	Juristische Schulung（München）	《法学教育》（慕尼黑）
JZ	（deutsche）Juristenzeitung（Tübingen）	《法学家报》（图宾根）
Kap.	Kapitel	章
KEG	Kernenergiegesetz vom 21. März 2003（SR 732. 1）	2003 年 3 月 21 日《核能法》（《联邦法体系汇编》第 732. 1 号）
KG	BG über Kartelle und andere Wettbewerbsbeschränkungen vom 6. Oktober 1995（SR 251）	1995 年 10 月 6 日瑞士《联邦卡特尔与其他竞争限制法》（《联邦法体系汇编》第 251 号）
KHG	Kernenergiehaftpflichtgesetz vom 18. März 1983（SR 732. 44）	1983 年 3 月 18 日瑞士《核能责任法》（《联邦法体系汇编》第 732. 44 号）
KHV	Kernenergiehaftpflichtverordnung vom 5. Dezember 1983（SR 732. 441）	1983 年 12 月 5 日瑞士《核能责任条例》（《联邦法体系汇编》第 732. 441 号）
km/h	Kilometer pro Stunde	千米/小时
Komm	Kommentar	评注
Kt.	Kanton	（瑞士）联邦州
KVG	BG über die Krankenversicherung vom 18. März 1994（SR 832. 10）	1994 年 3 月 18 日瑞士《联邦医疗保险法》（《联邦法体系汇编》第 832. 10 号）

缩略语	全称	
LCA	LF sur le contrat d'assurance du 2 avril 1908；LF sul contratto d'assicurazione del 2 aprile 1908（RS 221. 229. 1）	1908 年 4 月 2 日瑞士《联邦保险合同法》（《联邦法体系汇编》第 732. 441 号）
LCR	LF sur la circulation routière du 19 décembre 1958（RS 741. 01）	1958 年 12 月 19 日瑞士《联邦道路交通法》（《联邦法体系汇编》第 732. 441 号）
LF	Loi fédérale；Legge federale	联邦法律
LFG	BG über die Luftfahrt vom 21. Dezember 1948（SR 748. 0）	瑞士《联邦航空运输法》（《联邦法体系汇编》第 732. 441 号）
lit.	litera；Buchstabe	字母
m. a. W.	mit anderen Worten	换言之
m. E.	meines Erachtens	在我看来
MFG	BG über den Motorfahrzeug – und Fahrradverkehr vom 15. März 1932（ersetzt durch das SVG）	1932 年 3 月 15 日瑞士《联邦机动车与非机动车交通法》（已于《道路交通法》颁布后失效）
Mio.	Millionen	百万
m.（w.）H.	mit（weiteren）Hinweisen	包含（其他）提示
MO	BG über die Militärorganisation der Schweizerischen Eidgenossenschaft vom 12. April 1907（SR 510. 10）；wird voraussichtlich durch das MG ersetzt（vgl. dazu E – MG）	1907 年 4 月 12 日瑞士《联邦军队组织法》（《联邦法体系汇编》第 510. 10 号）；预计将被颁布新的《军事法》而废止该法（参见《军事法》草案）
MünchKomm	Münchener Kommentar	《慕尼黑评注》
m.（w.）N.	mit（weiteren）Nachweisen	包含（其他）论据
N	Note，Randziffer	边码
N. F.	Neue Folge	新的顺序
NJW	Neue Juristische Wochenschrift（München）	《新法学周刊》（慕尼黑）

缩略语	全称	
NR	Nationalrat	国民院
Nr.	Nummer	（边）码
ÖAR	Ökonomische Analyse des Rechts	法律的经济分析
OG	BG über die Organisation der Bundesrechtspflege vom 16. Dezember 1943（SR 173. 110）	1943 年 12 月 16 日瑞士《联邦司法组织法》（《联邦法体系汇编》第 173. 110 号）
OGer	Obergericht	瑞士州高等法院
OHG	BG über die Hilfe an Opfer von Straftaten vom 4. Oktober 1991（Opferhilfegesetz［SR 312. 5］）	1991 年 10 月 4 日瑞士《联邦刑事受害人救助法》（《联邦法体系汇编》第 312. 5 号）
OLG	Oberlandesgericht	德国州高等法院
OR	BG betreffend die Ergänzung des Schweizerischen Zivilgesetzbuches，（Fünfter Teil：Obligationenrecht）vom 30. März 1911（SR 220）	1911 年 3 月 30 日《有关补充瑞士民法典（增加第五编：债务法）的联邦法》（《联邦法体系汇编》第 220 号）
PKG	Die Praxis der Kantonsgerichts des Kantons Graubünden	《格劳宾登州法院实务》（库尔）
Pra	Die Praxis des Schweizerischen Bundesgerichts（Basel）	《联邦法院实务》（巴塞尔）
PrHG	BG über die Produktehaftpflicht vom 18. Juni 1993（SR 221. 112. 944）	1993 年 6 月 18 日瑞士《联邦产品责任法》（《联邦法体系汇编》第 221. 112. 944 号）
ProdHaftG	Deutsches Produkthaftungsgesetz/Gesetz über die Haftung für fehlerhafte Produkte vom 19. Dezember 1989（BGBl. 1 S. 2198）	1989 年 12 月 19 日德国《产品责任法》/《缺陷产品责任法》（《联邦法律公报》第 1 期，第 2198 页）
PVG	Postverkehrsgesetz vom 2. Oktober 1924（SR 783. 0）	1924 年 10 月 2 日瑞士《邮政法》（《联邦法体系汇编》第 783. 0 号）

缩略语	全称	
recht	recht, Zeitschrift für juristische Ausbildung und Praxis（Bern）	《法——法律教育与实务杂志》（伯尔尼）
Rep	Repertorio di Giurisprudenza Patria（Bellinzona）	《州判决汇编》（贝林佐纳）
resp.	respektive	或者
RG	（deutsches）Reichsgericht	（德国）帝国法院
RGRK	Kommentar zum BGB, herausgegeben von Reichsgerichtsräten und Bund – esrichtern	《德国民法典评注》，德国帝国和联邦法院司法委员会和联邦法官编辑出版
RGZ	Amtliche Sammlung der Entscheidungen des Reichsgerichts in Zivilsachen（Berlin/Leipzig）	《德国法院民事判例集》（柏林/莱比锡）
RLG	BG über Rohrleitungsanlagen zur Beförderung flüssiger und gasförmiger Brenn – oder Treibstoffe vom 4. Oktober 1963（SR 746.1）	1963 年 10 月 4 日瑞士《联邦液体运输与易燃气体管道法》（《联邦法体系汇编》第 746.1 号）
Rz	Randziffer	边码
S.	Seite	页
s.	siehe	见
SJ	SemJud；La semaine judiciaire（Genf）	《司法周刊》（日内瓦）
SGRW	St. – Galler – Schriften zur Rechtswissenschaft	《圣加仑法学杂志》
SIA	Schweizerischer Ingenieur – und Archi – tektenverein	瑞士工程师与建筑师协会
SJZ	Schweizerische Juristenzeitung（Zürich）	《瑞士法学家报》
sog.	sogenannte	所谓的

缩略语	全称	
SPR	Schweizerisches Privatrecht（Basel）	《瑞士私法》（巴塞尔和斯图加特）
SR	Systematische Sammlung des Bundesrechts	《联邦法体系汇编》
SprstG	BG über explosionsgefährliche Stoffe vom 25. März 1977（Sprengstoffgesetz［SR 941.41］）	1977 年 3 月 25 日瑞士《联邦危险爆炸物法》（《爆炸物法》）（《联邦法体系汇编》第 941.41 号）
ss	suivant（e）s = ff.	以下数页
SSG	BG über die Seeschifffahrt unter der Schweizer Flagge vom 23. September 1953（Seeschifffahrtsgesetz［SR 747.30］）	1953 年 9 月 23 日瑞士《联邦海运法》（《联邦法体系汇编》第 747.30 号）
SSV	Signalisationsverordnung vom 5. September 1979（SR 741.21）	1979 年 9 月 5 日瑞士《信号条例》（《联邦法体系汇编》第 741.21 号）
StenBull	Amtliches stenographisches Bulleti – nder Bundesversammlung	联邦议会会议记录
StGB	Schweizerisches Strafgesetzbuch vom 21. Dezember 1937（SR 311.0）	1937 年 12 月 21 日《瑞士刑法典》（《联邦法体系汇编》第 311.0 号）
StSG	Strahlenschutzgesetz vom 22. März 1991（SR 814.50）	1991 年 3 月 22 日瑞士《辐射防护法》（《联邦法体系汇编》第 814.50 号）
SVG	Strassenverkehrsgesetz vom 19. Dezember 1958（SR 741.01）	1958 年 12 月 19 日《道路交通法》（《联邦法体系汇编》第 741.01 号）
SVZ	Schweizerische Versicherungs – Zeitschrift（Bern, etc.）	《瑞士保险杂志》（伯尔尼等）
Syst. Teil	Systematischer Teil	体系部分

缩略语	全称	
TBG	BG über die Trolleybusunternehmungen vom 29. März 1950 (SR 744. 21)	1950 年瑞士《联邦无轨电车经营法》(《联邦法体系汇编》第 744. 21 号)
Teilbd.	Teilband	分卷
u. a.	unter anderem	此外
USG	BG über den Umweltschutz vom 7. Oktober 1983 (SR 814. 01).	1983 年 10 月 7 日瑞士《联邦环境保护法》(简称《环境保护法》,《联邦法体系汇编》第 814. 01 号)
u. U.	unter Umständen	可能
UWG	BG gegen den unlauteren Wettbewerb vom 19. Dezember 1986 (SR 241)	1986 年 12 月 19 日瑞士《联邦反不正当竞争法》(《联邦法体系汇编》第 241 号)
UVG	BG über die Unfallversicherung vom 20. März 1981 (SR 832. 20)	1981 年 3 月 20 日瑞士《联邦意外事故保险法》(《联邦法体系汇编》第 832. 20 号)
v. a.	vor allem	主要是
VE	Vorentwurf	预备草案
VG	BG über die Verantwortlichkeit des Bundes sowie seiner Behördenmitglieder und Beamten vom 14. März 1958 (SR 170. 32)	1958 年 3 月 14 日瑞士《联邦国家及国家机关工作人员责任法》(《联邦法体系汇编》第 170. 32 号)
vgl.	vergleiche	比较
Vorbem.	Vorbemerkungen	前言
VRV	Verkehrsregelnverordnung vom 13. November 1962 (SR 741. 11)	1962 年 11 月 13 日瑞士《道路交通管理条例》(《联邦法体系汇编》第 741. 11 号)
VTS	Verordnung über die technischen Anforderungen an Strassenfahrzeuge vom 19. Juni 1995 (SR 741. 41)	1995 年 6 月 19 日瑞士《道路机动车技术要求条例》(《联邦法体系汇编》第 732. 441 号)

缩略语	全称	
VVG	BG über den Versicherungsvertrag vom 2. April 1908 (SR 221. 229. 1)	1908 年 4 月 2 日瑞士《联邦保险合同法》（《联邦法体系汇编》第 221. 229. 1 号）
VVV	Verkehrsversicherungsverordnung vom 20. November 1959 (SR 741. 31)	1959 年 11 月 20 日瑞士《交通事故保险条例》（《联邦法体系汇编》第 741. 31 号）
VZertES	Verordnung über die elektronische Signatur vom 3. Dezember 2004 (SR 943. 032)	2004 年 12 月 3 日瑞士《电子签名条例》（《联邦法体系汇编》第 943. 032 号）
VZV	Verordnung über die Zulassung von Personen und Fahrzeugen zum Strassenverkehr vom 27. Oktober 1976 (SR 741. 51)	1976 年 10 月 27 日瑞士《道路运输人员和车辆的批准条例》（《联邦法体系汇编》第 741. 51 号）
z. B.	zum Beispiel	例如
ZBJV	Zeitschrift des Bernischen Juristenvereins (Bern)	《伯尔尼法律人协会杂志》（伯尔尼）
ZertES	BG über die elektronische Signatur vom 19. Dezember 2003 (SR 943. 03)	2003 年 12 月 19 日瑞士《联邦电子签名法》（《联邦法体系汇编》第 943. 03 号）
ZGB	Schweizerisches Zivilgesetzbuch vom 10. Dezember 1907 (SR 210)	1907 年 12 月 10 日瑞士《民法典》（《联邦法体系汇编》第 210 号）
ZH	Kanton Zürich	苏黎世州
Ziff.	Ziffer	数字编号
zit.	zitiert	引用
ZPO	Zivilprozessordnung	民事诉讼法
ZR	Blätter für Zürcherische Rechtsprechung (Zürich)	《苏黎世判决公报》（苏黎世）
ZSG	BG über den Zivilschutz vom 17. Juni 1994 (SR 520. 1)	1994 年 6 月 17 日瑞士《联邦民防法》（《联邦法体系汇编》第 520. 1 号）

缩略语	全称	
ZSR	Zeitschrift für Schweizerisches Recht (Basel)	《瑞士法杂志（新序列)》（巴塞尔）
ZStP	Zürcher Studien zum Privatrecht (Zürich)	苏黎世私法研究（苏黎世）
z. T.	zum Teil	部分的
ZVW	Zeitschrift für Vormundschaftswesen (Zürich)	《未成年人监护制度杂志》（苏黎世）
ZWR	Zeitschrift für Walliser Rechtsprechung (Sitten)	《瓦莱州判例杂志》（此为德文版，法文版简称 RVJ）（锡永）

第一编

基本问题

第一章

侵权责任法的概念和功能

参考文献: WALTER FELLMANN, Selbstverantwortung und Verantwortlich – keit im Schadenersatzrecht, SJZ 1995, S. 41 ff., zit.: FELLMANN, Selbstverantwortung; DERS., Der Verschuldensbegriff im Deliktsrecht, ZSR 1987 I, S. 339 ff., zit.: FELLMANN, Verschuldensbegriff; PETER GAUCH, Die Vereinheitlichung der Delikts – und Vertragshaftung, ZSR 1997 I, S. 315 ff.; HEINRICH HONSELL, Haftpflichtrecht, §1; DERS., Entwicklungstendenzen im Haftpflichtrecht, in: Symposium Stark, Neuere Entwicklungen im Haftpflichtrecht, Zürich 1991, S. 15 ff., zit.: HONSELL, Entwicklungstendenzen; ALFRED KELLER, Revision des Haftpflichtrechts, HAVE 2003, S. 18 ff.; MAX KELLER/SONJA GABI, Das Schweizerische Schuldrecht, Bd. II, Haftpflichtrecht, 2. Aufl., Basel und Frankfurt a. M. 1988; BERNHARD STUDHALTER, Die Berufung des präsumtiven Haftpflichtigen auf hypothetische Kausalverläufe, Diss. Zürich 1995; FRANZ WERRO, La responsabilité civile, Introduction, §1.

第一节 "侵权责任法"的概念

责任法（Haftpflichtrecht）是调整损害承担以及以此为目的赋予受害人回复原状请求权（Wiedergutmachungsanspruch）救济的法律规范之总和（通过概述责任成立之构成要件来进一步定义"责任法"的概念，参见边码30以下）。

3　下文将着重介绍"**合同外责任法**"（das ausservertragliche Haftpflichtre – cht，或称"**侵权责任法**"）的内容。它主要涉及在**致害事件发生之前**，当事人之间并不存在特定法律关系时的损害填补（赔偿）[1]义务（Er- satzpflicht）的可归责性（Einstehenmüssen）问题，侵权责任法是处理这些问题的法律规范的总和[2]。

4　对"责任"（"Haftpflicht"，"responsabilité civile"）概念的内涵存在不同理解：广义上，它是指过错归责（das Einstehenmüssen fü – reine Schuld）；狭义上，则仅指民法上基于合同以外的原因违法致他人物质损害或精神痛苦（immaterielle Unbill）的归责[3]。

5　对"侵权责任"这一概念的理解，应当把握以下要点：

6　- 规范"侵权责任"的**法律规范**主要是私法，也包括部分公法（国家责任和国家机关公务人员责任，参见边码104以下）。

7　- 在瑞士**私法**中，并无统一规定"侵权责任"的法律。主要的法律规范为瑞士《债务法》（OR）第41条以下，瑞士《民法典》（ZGB）第333条和第679条，以及**特别法的规定**。

8　　主要的特别法规范有：瑞士《联邦铁路、轮船企业与邮政责任法》[Eisenbahn – Haftpflichtgesetz（EHG）]，瑞士《联邦电力法》[Elektrizitätsgesetz（ElG）]，瑞士《联邦水资源保护法》[Gewässerschutzgesetz（GSchG）]，瑞士《核能责任法》[Kernen- ergiehaftpflichtgesetz（KHG）]，瑞士《联邦航空运输法》[Luftfahrts- gesetz（LFG）]，瑞士《联邦产品责任法》[Produktehaftpflichtgesetz （PrHG）]，《联邦液体运输与易燃气体管道法》[Rohrleitungsgesetz

---

〔1〕 译者注：Schadensersetz，原意"损害填补"，在形式上又分为回复原状（Naturalrestitution，*restitution in natura*）和金钱赔偿（Schadensersetz in Geld），德国债法（德国民法典第249条）以恢复原状形式为赔偿原则，瑞士侵权法中，以金钱赔偿为原则（人身损害赔偿参见边码264、304，物之损害赔偿参见边码327）。Schadensersetz 已经约定俗成译为"损害赔偿"，但容易从汉语习惯出发，和金钱赔偿联系在一起，简要说明。依照翻译习惯，本文也将使用"损害赔偿"。

〔2〕 参见：VON TUHR/PETER, S. 407；类似表述见：STARK, Skriptum, N 18 ff.，据此书观点，第三人负有损害赔偿义务，并且在致害事件发生以前，该负有赔偿义务之第三人与受害人之间不存在特定法律关系的，系侵权责任法主要调整的案件情形。

〔3〕 详见：KELLER/GABI, S. 3.

（RLG）］，瑞士《联邦爆炸物法》［Sprengstoffgesetz（SSG）］，瑞士《道路交通法》［Strassenverkehrsgesetz（SVG）］。

- 侵权责任法不仅限于制定法规定。鉴于瑞士私法立法空白，尤其是在侵权责任法领域，许多问题均需通过考察**司法判例**的发展寻求答案。侵权责任法规则的相当一部分存在于"判例法"之中〔1〕。 　9

- 侵权责任法规范，不仅包括法律对于合同之外原因造成的财产损害（Schädigungen）归责的规定，（当然）也包括造成非财产性的精神痛苦（immateriellen Unbill）归责规定。 　10

- 概念上，"合同外责任"（das ausservertragliche Haftpflichtrecht）比"侵权行为法"（Deliktsrecht）范围更广，后者仅指过错责任，而前者也包括无过错责任〔2〕。 　11

第二节　侵权责任法（das Haftpflichtrecht）的功能

损失填补（Schadensausgleich）是侵权责任法的首要功能。在符合侵权法构成要件的情况下，通过损害从所有人转移到他人〔3〕，从而实现责任法救济受害人，弥补其损失的功能和目的〔4〕。 　12

损害赔偿以受害人所受损失为限；**依据受害人不得从侵权行为中获益原则（或称"获益禁止"原则）**，损害赔偿的数额以弥补其损失为限，不得使受害人从侵害事件中获益〔5〕。在侵权责任法个别具体制度中（例如获益与损失的折算），会发生损失填补原则和获益禁止原则的冲突，此类冲突需通过价值评判解决〔6〕。 　13

---

　〔1〕 类似观点参见：OFTINGER I, S. 4.

　〔2〕 同样的观点参见：STARK, Skriptum，边码 22。

　〔3〕 所谓的"损害填补功能"，参见：DEUTSCH, Haftungsrecht, N 17；LARENZ, Schuldrecht I, § 27 I, S. 424；MünchKommBGB/WAGNER, vor § 823 N 32；OFTINGER/STARK I, § 1 N 11 ff.，认为侵权责任法的主要功能系解决损害转移（Schadensabwälzung）问题。

　〔4〕 参见：OFTINGER I, S. 45.

　〔5〕 BGE 131 III 12 E. 6. 1 und 7. 1, 129 III 135 E. 2. 2；受害人不得从侵权事件中获益原则，参见：BREHM, OR 43 N 25；OFTRINGER I, S. 66, 261；LARENZ, Schuldrecht I, § 27 I, S. 424.

　〔6〕 详见：LANGE, S. 9.

14 通过侵权责任法得以实现的预防损害目标以及**避免受害人陷入经济困境或减轻受害人经济困境**均系侵权责任法（积极的）附带效果[1]。因此，**损害和风险的预防功能**系侵权责任法的从属功能[2]，而在刑法领域恰恰相反：刑法较少关注受害人情况，而主要考察犯罪人的行为，预防和打击犯罪是法律规范的首要机能。

15 预防功能首先是针对过错责任而言，通过确立引导人类行为的规范，防止损害发生，从而达到预防功能[3]。

16 然而这也并非意味着在**无过错责任**领域预防功能不发生作用——尤其是危险责任领域——这里主要指（经济学角度出发的）**损害和风险的预防功能**。原则上危险责任也具有预防损害事件发生的功能，主要表现在促使赔偿义务人采取保护措施以防止生产成本增加方面[4]。

17 （基于侵权责任法中的损害赔偿责任与刑法中刑罚的共同历史渊源）有学者认为过错责任具有惩戒功能，这一观点已经逐渐被理论界摒弃[5]。依照瑞士《债务法》的规定[6]，赔偿义务人的过错程度与赔偿责任范

〔1〕 OFTINGER/STARK I, § 1 N 15；《瑞士〈侵权责任法〉修订研究委员会报告》, S. 20.

〔2〕 LARENZ, Schuldrecht I, § 27 I, S. 423；MünchKommBGB/WAGNER, vor § 823 N 34；持不同观点的学者：FELLMANN, Selbstverantwortung, S. 44/5，认为预防功能应作为侵权责任法的基本指导思想之一。

〔3〕 LARENZ, Schuldrecht I, § 27 I, S. 423；《瑞士〈侵权责任法〉修订研究委员会报告》, S. 19.

〔4〕 由于保险费用的增加或支付损害赔偿造成生产成本增加。运用法律的经济分析理论探讨责任法的功能，参见：ADAMS, S. 17 ff.；HIRSCH, S. 165 ff., insbes. 205 ff.；Kötz, N 40 f.

〔5〕 OFTINGER I, S. 35；OFTINGER/STARK I, § 1 N 34；vgl. auch HONSELL, Entwicklungstendenzen, S. 40；参见：《瑞士〈侵权责任法〉修订研究委员会报告》, S. 20 f.

〔6〕 译者注：Art. 43 OR（Bestimmung des Ersatzes）

1 Art und Grösse des Ersatzes für den eingetretenen Schaden bestimmt der Richter, der hiebei sowohl die Umstände als die Grösse des Ver - schuldens zu würdigen hat.

1bis Im Falle der Verletzung oder Tötung eines Tieres, das im häus - lichen Bereich und nicht zu Vermögens - oder Erwerbszwecken gehal - ten wird, kann er dem Affektionswert, den dieses für seinen Halter oder dessen Angehörige hatte, angemessen Rechnung tragen.

2 Wird Schadenersatz in Gestalt einer Rente zugesprochen, so ist der Schuldner gleichzeitig zur Sicherheitsleistung anzuhalten.

试译为：瑞士《债务法》第43条（损害赔偿的确定）

1 法官有权依据个案具体情况及加害人过错程度确定损害赔偿的种类与数额。

1bis 非作为财产或以盈利为目的饲养之家养宠物受有损害，亦得请求损害赔偿，赔偿时应考虑动物对其所有人所具有之情感价值。

2 损害赔偿以定期金方式给付的，债务人应同时提供担保。

围相联系〔1〕，这一点，德国侵权法与瑞士《债务法》的规定不尽相同。除法律规定不同之外，在德国，侵权责任法的**惩戒功能**也受到学者的一致反对〔2〕。依照瑞士《债务法》第43条第1款的规定，法官得依据行为人的过错程度确定应承担的损害赔偿责任（参见边码398以下）。由此可见，刑法的理念或多或少地影响到了瑞士侵权责任法。然而必须注意到，考虑过错程度以确定损害赔偿的数额与损害赔偿法填补损失的理念并不一致，后者着眼于受害人财产损失的回复和弥补（而非着眼于侵害人的情况）〔3〕。值得注意的是，瑞士《债务法》第43条第1款中规定的赔偿义务需与过错程度合比例的原则〔4〕，已经通过"过错"概念的客观化（参见边码25以下）和实务操作中的从严把握以及进行缩限解释，使其仅在行为人轻过失时发挥作用，即仅在轻过失时适用"依据行为人的过错程度确定责任人应承担的损害赔偿责任"的规则（参见边码399）赔偿义务需与过错程度合比例的原则，被大大相对化和局限化〔5〕。除此之外，在裁量损害赔偿数额时，也只能考量过错程度酌情减轻赔偿责任，不得因重大过失判决当事人承担高于受害人所遭受之损失的责任（不同于英美法系国家的"惩罚性赔偿"制度）。瑞士学者普遍认为，在过错责任领域，侵权法不具有惩戒功能〔6〕；威慑和惩戒加害人的功能，主要由刑事法律承担。

〔1〕　参见：HONSELL, § 1 N 70.

〔2〕　ESSER/SCHMIDT, § 30 II, S. 158 ff.；LANGE, S. 12；LARENZ, Schuldrecht I, § 27 I, S. 423.

〔3〕　参见：VON TUHR/PETER, S. 104.

〔4〕　参见 OFTINGER/STARK I, § 7 N 11；BSK/SCHNYDER, OR 43 N 8；关于侵权法的历史发展，参见：FELLMANN, Verschuldensbegriff, S. 340 f. .

〔5〕　参见：MERZ, SPR VI/1, S. 220；STUDHALTER, S. 46 ff.；主张对这一原则进行限制的文献参见：OFTINGER/STARK I, § 1 N 34 FN 57.

〔6〕　参见：OFTINGER/STARK I, § 2 N 79 FN 113；BSK/SCHNYDER, OR 43 N 1.

第二章

归责原则

第一节 "损失自担"原则和例外

18 共同法时期的"损失自担"原则（casum sentit dominus），对现行瑞士侵权法（依然）**有着重要影响**。依此原则，损害原则上由受害人自行承担，仅**在存在特殊理由的例外情形下**，始得向加害人请求损害赔偿[1]。

19 法律允许"损失自担"原则的**例外**是基于"任何人不得以不合法的方式造成他人损害"（"勿害他人""neminem laedere"），以及"任何人无须容忍因不合法方式对其造成的损害"的思想。

20 侵权责任法处理和规定的正是"损害转移"（Schadensabwälzung）问题，即"损失自担"原则的例外。从这个意义上讲，侵权责任法又可被称为"规定例外之法律"。

21 在目前的侵权法中，"损害的转移和承担"被视为判断受害人对赔偿义务人的（损害赔偿）请求权成立与否的最关键因素，此时"损失自担"，即受害人仅在例外情况下得向他人主张损害赔偿，此原则的**意义在很大程度上被相对化**。请求权系债法规范的核心，而每项债之法律关系必须具备债因[2]。由此，通过某一项损害赔偿请求权将受害人的损害转移给侵权行为人的前提是受害人与赔偿义务人之间存在特定债务关系。在合同外责任法（侵权责任法）中，债务关系

---

[1] 参见：OFTINGER/STARK I，§ 1 N 10 ff.
[2] 有关债务法律关系的债因，参见：GAUCH/SCHLUEP/SCHMID，Nr. 271 ff.

的发生基础是本无法律关系的当事人之间发生不当接触和联系（Fe-hlkontakt），并且此不当接触和联系由侵权责任法条文对其进行了具体化（例如：瑞士《债务法》第41条以及其他特别法规范规定的无过错责任）。

第二节　过错原则

一、概说

受到罗马法和共同法的影响，瑞士《债务法》也以"过错原则"（古法律用语"Culpaprinzip"）作为损害转移的基本原则。通常而言，"存在过错"系受害人的损害归由加害人承担（损害转移）的要件[1]。

22

> 19世纪的法学理论在"当事人承担责任是因为其有过错"的原则基础上得出结论：存在过错**始发生损害赔偿责任**。这一所谓的"过错责任教条"（"无过错，无责任"）早已通过大量无过错责任的特别立法为现代侵权法所摒弃。

23

依照过错责任原则，侵权损害赔偿责任的发生，原则上以过错为要件，即过错责任是**原则**；只要没有无过错责任的**例外**规定，适用过错责任[2]。

24

二、过错责任原则的客观化

侵权法发展至今，过错原则显现出**客观化**的趋势。具体而言，在判断侵害人的行为是否存在过错时，采"社会上一般人的行为标准"，不考虑单个行为人的个人因素。过错责任判断的客观化和无过错责任的确立，强化了受害人的法律地位［同时带来的影响是：两种责任类型在"责任原则"（Haftungsprinzipie）或称"归责事由"（Zurechnungskriterien）上的差别和界限，变得越来越模糊］。

25

---

〔1〕　详见：OFTINGER/STARK I，§ 1 N 102.
〔2〕　参见：OFTINGER/STARK I，§ 1 N 102；BREHM，OR 41 N 166.

26　过错是指一个引起损害结果的，并且在法律上受否定评价的行为（作为或不作为）（参见边码805）。违背"社会上一般人的行为标准"是判断是否应给予否定评价的标准。由此，客观过错是指在行为人所处的特定情形下，违反了社会一般人的行为标准（即谨慎的一般社会民众在相同情形下的行为标准）。

兹举一例予以说明：一名年轻无经验的兽医，被与工作无关的个人问题所累，因而未诊断出发生事故后的奶牛实受有内伤，延误治疗，致其死亡。此情形中，尽管兽医的行为就其个人考察，主观上不可责难，但仍应判断其存在过错。

三、"过错责任原则"的意义减弱

27　不断扩张的无过错责任越来越限制过错责任的适用范围（参见边码63）。由此，过错责任为原则，无过错责任为例外的侵权法格局也在悄然发生变化。两种归责原则的"原则－例外"关系的松动，使侵权法上作为受害人得以请求损害赔偿之重要基础——**过错责任原则**的地位**被削弱**。

第三节　责任的构成要件

28　受害人仅得依据法律规范体系中具体的请求权基础，主张损害赔偿[1]。损害赔偿请求权同其他请求权一样，以请求权规范基础的存在为前提，即必须满足**法律**（明示或默示）规定的责任**构成要件**，才发生损害赔偿责任（亦即，损害赔偿责任乃请求权基础规定的**法效果**，在具体案件事实满足责任成立构成要件时发生）。

29　注意区分"责任构成要件"和"**责任原则**"（Haftungsprinzipien）或称"归责事由"（Zurechungskriterien），后者关注的是受害人的损害归由加害人承担的内在合理性问题（参见边码48以下）。

---

〔1〕　参见：OFTINGER I, S. 33.

一、概说

（一）传统理论中的责任构成要件

在瑞士法体系中主要的构成要件有：

   30

- 合同分则中各有名合同和瑞士《债务法》第 97 条以下（译者注：关于债务不履行责任的规定）关于违反**合同**（主、从、附随）义务的构成要件。

   31

> 注意区分损害赔偿承担和保险合同。保险合同中，赔偿义务人承担损害赔偿责任，系履行合同义务；在保证和独立担保合同[1]（Garantievertrag）中亦同。

   32

- **侵权行为**的构成要件在**私法领域**具体规定在瑞士《债务法》第 41 条以下，瑞士《民法典》中也有部分规定（例如：第 333 条和第 679 条），除此之外，危险责任则由特别法规范规定［例如：瑞士《道路交通法》(SVG)、瑞士《核能责任法》(KHG)，参见边码 1250 以下］。

   33

  当今，在**公法领域**也存在着大量有关侵权行为构成要件的规定（国家责任和国家机关公务人员责任，参见边码 104 以下）。

- 损害赔偿责任的承担还可以基于非合同、非侵权性质的其他**具体法律规定**（参见瑞士《债务法》第 420 条关于"无因管理"的规定）。

   34

- 因**违反先合同义务**发生的缔约过失责任（culpa in contrahendo）并非制定法上明确规定之制度，但仍然发生损害赔偿请求权，是一个特例[2]。

   35

此概述部分仅作为粗略框架，介绍了（传统的）瑞士侵权责任学说与司法判例公认的责任构成要件。对此，尚可结合持不同观点的新的理论观点继续探讨，也包括这些理论中发展起来的其他侵权责任请求权

   36

---

　　[1]　译者注：也有学者译为"准保证契约"，参见梅仲协：《民法要义》，中国政法大学出版社1998 年版，第 502 页。

　　[2]　关于缔约过失责任，参见 KRAMER, Allgemeine Einleitung in das schweizerische OR N 136 ff. , 以及 GAUCH/SCHLUEP/SCHMID, Nr. 962a ff.

基础〔1〕。

(二) 信赖责任

36a 参考文献: EUGEN BUCHER, Vertrauenshaftung: Was? Woher? Wohin?, in: FS HANS PETER WALTER, Bern 2005, S. 231 ff. ; CHRISTINE CHAPPUIS, La responsabilité fondée sur la confiance, SJ 1997, S. 165 ff. ; CHRISTINE CHAPPUIS/BéNéDICT WINIGER (Hrsg.), La responsabilité fondée sur la confiance, Vertrauenshaftung, Zürich 2001; REGULA FEHLMANN, Vertrauenshaftung: Vertrauen als alleinige Haftungsgrundlage, Diss. St. Gallen 2002; ALAIN HIRSCH, La responsabilité fondée sur la confiance: une responsabilité quasi – contractuelle? SJ 2000, S. 539 ff. ; ROLAND HüRLIMANN/THOMAS SIEGENTHALER, Die Vertrauenshaftung aus der Sicht eines praktizierenden Anwalts, in: ALFRED KOLLER (Hrsg.), Haftung einer Vertragspartei für Schäden vertragsfremder Dritter, St. Gallen 2005; PETER LOSER, Die Vertrauenshaftung in der Praxis, in: PETER JUNG (Hrsg.), Aktuelle Entwicklungen im Haftpflichrecht, Zürich/ Basel/Genf 2007; DERS. , Die Vertrauenshaftung im schweizerischen Schuldrecht: Grundlagen, Erscheinungsformen und Ausgestaltung im geltenden Recht vor dem Hintergrund europäischer Rechtsentwicklung, Habil. Basel 2005; DERS. , Konkretisierung der Vertrauenshaftung, recht 1999, S. 73 ff. ; ARIANE ARIANE, La responsabilité fondée sur la confiance: étude critique des fondements d'une innovation controversée, Diss. Lausanne 2001; JöRG SCHMID, Vertrauenshaftung bei Formungültigkeit, in: FS HANS PETER WALTER, Bern 2005, S. 417 ff. ; Ueli SOMMER, Vertrauenshaftung, Anstoss zur Neukonzeption des Haftpflicht – und Obligationenrechts, AJP 2006, S. 1031 ff. ; FRANZ WERRO, Haftung für fehlerhafte Auskunft und Beratung – braucht es die Rechtsfigur der Vertrauenshaftung, recht 2003, S. 12 ff. ; CORINNE WIDMER, Vertrauenshaftung – Von der Gefährlichkeit

---

〔1〕 例如: 潜在缔约当事人基于交易上的接触发生的不存在主给付义务的法定之债, 非缔约当事人基于交易上的接触发生的法定之债以及信赖责任, 参见: KRAMER, Allgemeine Einleitung in das schweizerische OR N 142 ff. 以及书中其他参考文献。

des Überflüssigen, ZSR 2001 I, S. 101 ff……

瑞士联邦最高法院参照德国法理论和构成要件，发展了**"信赖责任"**[1]。 37

司法判例的这一发展趋势值得赞同。尽管"信赖责任"作为合同责任 37a
和侵权责任之外的第三类独立责任，在一定程度上已经被承认下来，然
而在责任的基本结构要素方面，通常认为的作为信赖责任发生基础的
受害人和引起损害之人之间存在特殊关系或类似于特殊关系的相近联
系，尚存在进一步细化空间。在适用于具体案件事实时，此至多可起到
兜底条款的作用，从而使得法官无须再在合同法或者侵权法领域寻找
解决方案（参见边码 720a）。然而，司法实践中仍存在不少案件是通
过类推适用合同法或者侵权法规则处理（例如：涉及瑞士《债务法》
第 55 条和第 101 条上的辅助人责任，以及瑞士《债务法》第 60 条和
第 127 条的关于消灭时效的规定）。类推适用之解决方案中最关键和首
要的是判断具体案件事实更接近合同法抑或侵权法，再决定该领域中
相关条文的类推适用对此具体案件之处理是否恰当。

二、不同责任事实构成之间的关系——请求权竞合

通说认为：在损害事实发生**前**，受害人和损害赔偿义务人之间业已存在 38
法律关系的，并不排除受害人援引侵权法上的规则作为请求权基础。
原则上受害人可以请求行为人承担合同上的损害赔偿责任，**同时也**可以 39
依据瑞士《债务法》**第 41 条**或者特别法上关于**无过错责任构成**的规定
请求侵权法上的损害赔偿，发生请求权竞合[2]。

---

　　[1] 德国法判例：BGE 130 Ⅲ 345 ff. "Liegenschaftsschätzer" – Entscheid, BGE 124 Ⅲ 297 E. 5c
und E. 6 "Motor – Columbus" – Entscheid，判决提出信赖责任具有的不同于既有责任类型的特征，这个
观点被之后的判例进一步确认：BGE 133 Ⅲ 449 E. 4. 1 和 BGE 124 Ⅲ 363 E. 5b，在第二个判决中，法
院认为在特定案件事实条件下，提供错误的咨询意见亦得发生信赖责任；进一步阐释此观点的判决参
见：BGE 121 Ⅲ 350 ff. "Ringer" – Entscheid 和 BGE 120 Ⅱ 331 ff. "Swissair" – Entscheid. 责任发生
基础是行为人以正当合法方式引起受害人信赖，但又以违反诚实信用的方式使对方的期待落空（BGE
121 Ⅲ 350 E. 6d, 120 Ⅱ 331 E. 5a；在理论体系协调方面，对此持批评意见的，参见：SCHWENZER, N
52. 03）。
　　[2] 参见：GAUCH/SCHLUEP/REY, Nr. 2927 ff. ；OFTINGER I, S. 484；OFTINGER/STARK I, §
13 N 43 ff. ；BGE 113 Ⅱ 246 E. 3, 112 Ⅱ 138 E. 3b, 99 Ⅱ 315 E. 5；PKG 1994, S. 6；持不同观点的学者：
TUHR/ESCHER, S. 108.

40　　兹举例说明：由于医疗事故导致病人脸上留下永久性伤疤。病人既可依据医疗合同，亦可依据侵权法，请求损害赔偿。

41　请求权竞合问题，具有重大的**实践意义**[1]。

42　其中与受害人直接相关的是举证责任问题[2]。当事人依据瑞士《债务法》第41条请求侵权法上之损害赔偿的，需举证证明行为人有过错；当事人依据瑞士《债务法》第97条第1款（译者注：关于债务不履行的规定）主张合同法上的损害赔偿的，条款规定了有利于受害方的举证责任倒置，即由违反义务人举证证明其无过错，否则推定过错要件满足。请求权竞合的另一重要意义体现在消灭时效规定上（瑞士《债务法》第60条规定了侵权法上的消灭时效，第127条规定了合同法上的消灭时效，前者较短）。

43　**请求权竞合**也会发生在**无过错责任与过错责任**之间，以及**无过错责任与合同责任**之间[3]。

44　有学者认为合同责任与危险责任竞合时，危险责任排除适用[4]。另有学者提出反对意见，认为若准以此言，作为特殊无过错责任的危险责任与合同责任发生竞合时的处理方式，便不同于一般无过错责任和合同责任，而对此差别处理亦无充分合理的理由支持，这一观点值得赞同[5]。

45　通说认为，同时符合瑞士《债务法》中的侵权责任和特别法规定的**危险责任**的构成要件，不发生请求权竞合。因为两者构成一般法与特别法的关系，特别法优先适用[6]。

46　需注意的是：依据瑞士《联邦产品责任法》第11条第2款的规定，受

---

[1]　参见：GAUCH/SCHLUEP/REY, Nr. 2932.

[2]　关于举证责任，参见：KUMMER, ZGB 8, N 20 ff., N 112 ff., N 127 ff.；WALDER - RICHLI, § 28 N 6 ff.

[3]　OFTINGER/STARK I, § 13 N 43；A. KELLER I, S. 421.

[4]　OFTINGER I, S. 483 f.

[5]　GAUCH/SCHLUEP/REY, Nr. 2929；SCHWENZER, N 54.04；s. auch A. KELLER I, S. 421 ff.；类似观点：OFTINGER/STARK I, § 13 N 43 FN 53.

[6]　OFTINGER I, S. 479；vgl. auch OFTINGER/STARK I, § 13 N 32 f.；参见边码1247、1248；不同观点，参见：HONSELL, § 20 N 24.

害人依据瑞士《债务法》和其他联邦法和州法的规定享有的损害赔偿请求权不受影响。受害人可以选择援引瑞士《联邦产品责任法》或者以上所列举法律中的规定，请求损害赔偿；此时发生**请求权竞合**（参见边码1236）。

同时满足其他特别法规定的危险责任和瑞士《联邦产品责任法》中规定的构成要件时，是否可以发生请求权竞合的问题，理论界尚存在争议（参见边码1236）。

47

第四节 责任原则（责任发生基础）和归责事由——归责原因

在侵权法中提出"为何依据过错责任或无过错责任行为人需承担侵权法上的损害赔偿责任"这一问题，事实上追问的是受害人的**损失转移**的**内在合理性**。传统的理解认为此种内在合理性在于对某一类型的责任所适用的统一责任原则——"**责任原则**"或称"**责任基础**"（"Haftungsprinzip"或称"Haftungsgrund"）[1]。（责任）原则太过抽象，适用时需要在原则之下划分出责任构成体系将一般原则具体化。侵权法的理论研究（一直）致力于细化原则成为具体构成要件，这些要件也被称为"归责原因"（"Motivierung"或"Motiv"）[2]。

48

在各具体责任类型中，受害人的损失归由加害人承担的内在合理性均通过以上方式，从归责原则和责任发生原因两方面去探寻，然而这样的做法不无疑问。

49

这种做法的主要**问题**在于，只有在过错责任领域中可以通过归责原因（在此即过错，过错作为可被评价为应受到法律谴责和非难的行为方式）将归责原则具体化为构成要件体系。而在无过错责任领域，尤其是一般无过错责任中（译者注：与危险责任相对），并不存在"统一"的责任原则，"而是并列存在若干责任原则。有时几类责任类型适用其

50

---

〔1〕 注意区分："责任基础"概念有时也在"责任构成要件"的意义上被使用，参见：STARK, Skriptum, N 32 ff.

〔2〕 以"过错责任原则"为例："过错"即为归责原因，这就回答了在"过错责任"这一责任类型中的归责事由问题，参见：OFTINGER/STARK I, § 1 N 23 ff.

中同一原则；有时一类责任类型适用其中几项原则，相互重合"[1]。

51 鉴于上述论证方式存在的问题，下文在探讨具体责任类型时，将不采从归责原则和责任原因两方面着手探寻损害转移的内在合理性的方式，而在一般无过错责任类型中，直接分析规定责任构成的**具体法律规范**，并且使用"**归责事由**"（Zurechnungskriterium）的概念。

52 分析"**归责事由**"，必须结合一般无过错责任中的**具体请求权规范基础**。

53 例如：在动物饲养人责任（瑞士《债务法》第56条）中，"归责事由"——即回答归责的内在合理性问题——在于饲养人违反了对动物的监管义务；在土地所有人责任（瑞士《民法典》第679条）中，"归责事由"在于客观上超越土地所有权中的使用权能。

54 在具体责任类型中（过错责任、危险责任），损失归由他人承担之原因可以说明和回答受害人的损失归由加害人承担的内在合理性问题。

55 例如：在具体的危险责任类型中（例如依据《道路交通法》或者《核能责任法》），损失归由他人承担之原因——即回答归责的内在合理性问题——在于加害人在从事危险活动、持有或拥有内在属性上具有潜在危险性的物质的过程中获取利益，应该承担因此对他人造成的损害［所谓的"获益与风险相抵"（Nutzen/Risiko – Komp – ensation），见下文边码95］。

56 注意区分"归责事由"和"**事实构成**"（Anknüpfungstatbestand）概念。后者主要是指与归责相联系的行为过程或某一事件（例如：人的行为或者经营特定危险设备）。

---

[1] OFTINGER I, S. 37.

第三章

责任类型

参考文献：HEINRICH HONSELL，Haftpflichtrecht，§ 1 N 8 ff.；BEAT SCHöNENBERGER，Generalklausel für die Gefährdungshaftung – ein sinnvolles Vorhaben? in：Risiko und Recht，Festgabe zum Schweizerischen Juristentag 2004，Basel/Genf/München/Bern 2004；VITO ROBERTO，Verschuldenshaftung und einfache Kausalhaftung：eine überholte Untersc – heidung? AJP 2005，S. 1323 ff.；FRANZ WERRO，La responsabilité civile，Introduction，§ 2；PIERRE WIDMER，Die Vereinheitlichung des Haftpflichtrechts – Brennpunkte eines Projekts，ZBJV 1994，S. 385 ff.，zit.：WIDMER，Vereinheitlichung.

侵权责任主要分为三种类型：过错责任、一般无过错责任[1]与危险责任（责任法的"三大分支"）［当发展出（国家机关对其工作人员在执行公务时的）"转承（免责）责任"（die kausalen Freistelllungshaftun – gen）作为无过错责任中新形成的类型时，责任法的"三大分支"体系结构在一定程度上被打破，参见边码97以下］。

以下对各责任类型的基本概念作**概括**说明。

57

58

59

---

　　[1]　译者注：无过错责任，瑞士法上使用的概念是"Kausalhaftung"（直译为"因果责任"或"原因责任"），即满足"损害事实"、"加害人行为"以及两者之间的因果关系，即构成侵权责任。因此这类责任只需有客观之违法加害，有无过错，在所不问，从构成要件分析，类似于"无过错责任"。

第一节　过错责任

详见边码 805 以下。

60　在过错责任中，损害赔偿请求权的构成，除满足因果关系与违法性要件外，还需满足赔偿义务人**主观上有过错**（ein persönliches Verschulden）[1]。

61　在过错责任中，"事实构成（可引起损害转移之法效果的事实）"是应受谴责的违反义务的特定行为。而"归责事由"（归责的内在合理性问题）是"过错"，即对加害人（在能够防止损害发生或者负有防止损害发生的义务的情况下）没有能够防止受害人受到损失的谴责和否定评价。

62　过错责任具有**一般性、普遍性的特征**（Grundsatz der Universalität），若违法引起的损害可归结为加害人的过错，则"构成损害赔偿责任"[2]。这一特征反映在立法上的特点是概括性条款（瑞士《债务法》第 41 条第 1 款），与无过错责任领域中主要以具体规定规制的模式相区别。

63　不断扩张的无过错责任，越来越**限制**"以过错责任为侵权法一般原则"的意义以及过错责任的**适用范围**。两种归责原则的"原则－例外"关系也将渐渐不复存在。

第二节　无过错责任（因果责任）[3]

详见边码 880 以下。

64　基于损害和责任成立的其他构成要件之间的"因果关系"这一构成要件，对于判断这种责任类型得以成立，（尤其是）在证据法上的重要意义，在较早的文献中，在"因果责任"（Kausalhaftung）

---

〔1〕　参见：OFTINGER/STARK I, § 1 N 102.

〔2〕　OFTINGER/STARK I, § 1 N 103.

〔3〕　译者注：无过错责任，瑞士法上使用的概念是"Kausalhaftung"（直译为"因果责任"，或"原因责任"）。从构成要件分析，类似于"无过错责任"。按照我国法律概念的习惯表达，下文无特殊说明，均译为"无过错责任"。

这个提法之外，也使用其他的名称，（例如：原因责任，结果责任或客观责任（Verursachungs -, Erfolgshaftung oder objektive Haftung）。不同于过错责任以一个概括性条款（瑞士《债务法》第 41 条）规定责任构成的一般要件，不同类型的无过错责任的构成要件（尚）分散在**大量具体规定中**，**包括瑞士《债务法》之中和之外的条文**（应该通过对这些条文进行全面的整理与修正，以概括性条款来取代目前的规定，参见边码 63）。

65

一、构成要件

因果责任的构成**不问过错**，而是以**类型化的事实构成为要件**（例如：一般无过错责任中注意义务的违反、权利行使超过应有的界限和范围；危险责任中具有致害可能性的危险状态的实现）。

66

无过错责任**不以过错为构成要件**，这就意味着加害人无识别能力原则上并不能免责（识别能力是过错的主观要素，参见边码 810 以下）。

67

在无过错责任各具体类型之间，赔偿义务人和构成要件方面，均存在较大差别，但相同之处在于：往往均存在**特殊的相近关系**（qualizierte Beziehungsnähe）（例如：瑞士《民法典》第 679 条中，赔偿义务人须具有所有人的法律地位；瑞士《道路交通法》第 58 条中，赔偿义务人须具有机动车车主的法律地位）。

68

与过错责任相比，无过错责任**扩大了赔偿义务人的责任范围**。主要原因是无过错责任类型具备对赔偿义务人的责任范围的扩大有**积极意义的三个特征**（虽然并非每一种无过错责任类型均具备）[1]：

69

– 若损害发生原因是基于**损害赔偿义务人本人**的行为，则依据具体无过错责任请求权规范基础，赔偿义务人具有相对轻微的行为不谨慎，即可成立侵权责任。因为无过错责任不问过错，所以无须证明赔偿义务人的行为具有如同在过错责任领域构成责任应具有的过失程度（参见下文边码 924）。

70

---

[1] 详见：OFTINGER/STARK I, § 1 N 108 ff.

71   兹举一例予以说明：室内游泳池的所有人既未悬挂禁止标识牌，
亦未设置护栏，以阻止游泳者在浅水区跳水，其没有尽到注意
义务，构成场地设施的结构缺陷（Werkmangel），对此，场地
设施所有人应负损害赔偿责任[1]。

72   — 在无过错责任的具体类型（一般无过错责任和危险责任）中，有
的规定了需为**他人行为**负责的情形，虽然损害并非赔偿义务人自己
引起，仍需承担责任。

73   例如：营业业主对其雇员或者其他辅助人在履行服务或者经营
职责时造成的损害承担责任（瑞士《债务法》第 55 条）；家
长对家庭中未成年人和精神有障碍者的行为负责（瑞士《民
法典》第 333 条）；机动车车主对机动车驾驶人所造成的损害
负责（《道路交通法》第 58 条第 1 款和第 4 款）；特别法中的详
细规定为核能设备经营者需对并非其自身行为引起的核损害负
责[《核能责任法》第 3 条，所谓的"责任主体限定"
（Kanalisierung der Haftpflicht），详见边码 1364、1365]。

74   需注意的是，**法人**对其机关造成损失承担责任（瑞士《民典》第
55 条第 2 款；瑞士《债务法》第 722 条、第 814 条第 4 款、第 899
条第 3 款），不属于对他人行为负责的情况[2]。

75   — 与过错责任不同，无过错责任亦得使赔偿义务人对非人为事件引起
的损害负责。从这个意义上讲，无过错责任包括一部分**事变责任**
（Haftung für Zufall，**或称意外事件责任**，人的意志以外的事件）。

76   例如：瑞士《债务法》第 58 条中的房屋或其他建筑物的所有
人责任的规定，"结构缺陷"也包括受害人所受损失是由于设
施所有人在场地营造的氛围所引起（参见边码 1055 以下）。

---

[1] 参见：BGE 116 II 422 E. 2，具体案情和判决见下文边码 1078。

[2] 法人机关是法人的组成部分，它的行为即法人的行为，不属于他人行为；关于法人对其机
关造成的损失承担责任，参见：OFTINGER/STARK I，§ 1 N 110；RIEMER，ZGB 54/55 N 56 ff.；
OFTINGER/STARK II/1，§ 16 N 15，§ 20 N 13；关于股份有限公司对其机关的侵权行为承担责任，参
见瑞士联邦最高法院判决：BGE 121 III 176 ff.，尤其是 E. 4a‐c 部分；基本理论分析参见：PETER
FORSTMOSER，Die aktienrechtliche Verantwortlichkeit，2. Aufl.，Zürich 1987，N 611 ff.

二、无过错责任的类型

（一）一般（普通，轻）无过错责任

具体参见边码 880 以下。

基于一般（普通）无过错责任原则发生的损害赔偿请求权，以"违法性"（Ordnungswidrigkeit oder eine Unregelmässigkeit）为构成要件。其中包括：注意义务的违反，建筑物结构缺陷以及物之缺陷，越权行使所有权中的用益权能，权利的行使超越界限和范围（例如：依据瑞士《联邦产品责任法》构成产品责任的前提是客观违法性——存在产品缺陷；依据瑞士《债务清偿和破产法》第 273 条，债权人因不法扣押财产对第三人造成的损害承担责任的构成要件是：债权人在调查不法扣押的相关财产上的权利时未尽到应有的注意义务）。

在一般（普通）无过错责任领域中，几乎不存在**所有**类型的责任都必须具备的构成要件。因此，以下仅介绍一般无过错责任领域中**某些**类型在责任构成上的共同要件：

- **对部分**一般因果关系，侵权责任（在"可归责"意义上的）构成要件上的共性为：**客观注意义务**的违反（营业业主对其雇员或者其他辅助人在履行服务或者经营职责时造成的损害承担责任，瑞士《债务法》第 55 条；动物饲养人未尽到监管注意义务对动物致人损害承担责任，瑞士《债务法》第 56 条；家长对未成年人和精神障碍者的家庭成员行为负责，瑞士《民法典》第 333 条）。

  根据学者奥夫汀格和史塔克的观点[1]，从瑞士《债务法》和瑞士《民法典》（以及《环境保护法》第 59a 条第 1 款结合第 2 款 c 项中的水污染责任）所规定的一般无过错责任类型来看，似乎"注意义务的违反"要件为所有类型的责任均具备的共性。然而必须指出的是，在个别无过错责任中的"注意义务的违反"要件，例如：瑞士《债务法》第 58 条中的结构

---

〔1〕　OFTINGER/STARK II/1，§ 17 N 6.

77

78

79

80

缺陷责任由诸如非人为的事件亦可构成，即意外事件构成"缺陷"，成立工作物结构缺陷责任，很大程度上被泛化了。如此一来，瑞士《债务法》第58条所规定的建筑物及其他工作物所有人责任的构成即无须满足建筑物所有人违反一定的注意义务这一前提。因而，在一般无过错责任领域，似乎也不存在构成要件上的共性。

81 — 对部分一般因果关系，侵权责任**构成要件上的共性为"为他人行为负责"**［例如：瑞士《债务法》第55条的事务所属人责任（亦即"为辅助人承担责任"）；瑞士《民法典》第333条的家长对家庭成员行为承担责任；瑞士《联邦产品责任法》第2条第1款b项和第2款中准生产者（"Quasi"-Hersteller）和销售者责任，尽管在最后一个类型的责任中，与其说是以"为他人的行为负责"为重要特征，毋宁说是"连带责任"（Kaskaden-Haftung）的一个类型］。

82 需特别注意的是：**辅助人责任**一直被划归在一般无过错责任范畴内；从这个意义上说，可称为对辅助人的并入责任（annexen Haftung）（兹举一例予以说明：若邻居带着饲养人的狗一起散步，在路上咬伤行人，此情形下，依据瑞士《债务法》第56条，原则上由狗的饲养人对行人所受损害承担损害赔偿责任）。

83 关于一般（普通）无过错责任，下文（边码880以下）将具体展开。在此，仅从"事实构成（要件）"（参见上文边码56）和"归责事由"（参见上文边码52）两个方面简要介绍。

84 — 在**事务所属人责任**（瑞士《债务法》第55条）中，"为自己的利益使用辅助人"是责任构成的"事实要件"；"归责事由"则是"雇佣他人获取经济利益者应当承担与此相联系的风险和损失"。

85 — 在**动物饲养人责任**（瑞士《债务法》第56条）中，"饲养动物"是责任构成的"事实要件"；"归责事由"则是"对动物的应有的监管义务的违反"。

86 — 在**建筑物所有人责任**（瑞士《债务法》第58条）中，"对建筑物的所有权"是责任构成的"事实要件";"归责事由"则是"结构缺陷"。

- **家长对家庭成员行为承担的责任**（瑞士《民法典》第333条）中，责任构成的"事实要件"是法律中规定的无行为能力或限制行为能力人，智力低下或者有精神疾病的人；"归责事由"则是对监管义务的违反。 　87

- 在**土地所有人责任**（瑞士《民法典》第679条）中，责任构成的"事实要件"是对土地的所有权；"归责事由"则是越权行使所有权中的用益权能，权利行使超过一定界限和范围。 　88

- 在瑞士《联邦产品责任法》规定的**产品责任**中，责任构成的"事实要件"是：以经济上的目的，以制造和销售动产（以及电力）为职业；"归责事由"则是违反应有的谨慎组织生产和销售的义务。 　89

（二）危险责任

具体参见边码1243以下。

在危险责任中，某种特定危险设备或状态存在本身，或者某种特定行为的从事，构成的对其他人或物的特殊危险，是责任构成的"**事实要件**"（即作为归责连接点的事实情况）。危险责任与一项程度高、无法避免的，却又为公共利益所容忍的危险状态相联系，而这种危险状态存在致害风险[1]。 　90

理解危险责任的责任构成的"事实要件"，需注意以下几点： 　91

- 某种特定危险设备或状态存在，或者某种特定行为的从事，这些事实情况本身存在潜在致害风险。 　92

- 若与此类危险状态相联系的致害风险事实上实现，则引发的损害结果将非常严重。 　93

- 高度危险可表现为**高损害发生率**（例如：行驶机动车），亦可表现为**巨大损害范围与数额**〔例如：经营核电厂发生事故造成损失）。 　94

---

〔1〕 参见：OFTINGER/STARK II/2，§ 24 N 24.

在所有危险责任中，以上严重结果至少居其一[1]；在部分危险责任中，两者并存［例如瑞士《联邦铁路、轮船企业与邮政责任法》（EHG）和《航空法》（LFG）：铁路和航空运输损害发生率相对较高，并且一旦发生事故，损害范围和数额巨大］。

95　危险责任中的**"归责事由"**（即归责的内在合理性问题）是：加害人通过设置危险装置、维持危险状态或从事危险活动获取经济利益，就应承担因此对他人造成的损害[2]。危险责任具有"获益与风险相抵"功能。即以经济利益为目的持有某种特定危险设备，维持某种危险状态，或者从事某种危险行为的，此事实情况本身构成的对其他人或物潜在的特殊危险，通过获利者承担风险和损失的安排，作为允许其从事高度危险行为的补偿。

96　由特别法规定的危险责任**均遵循责任推定**（Haftungspräsumtion）的归责原则：若由责任构成要件规定的经营风险实现，成为事实上的损害，则仅需满足因果关系要件，危险责任即成立（例如：由于行驶机动车或者火车，造成他人损害）。举证证明相关法律规定中的免责事由，可推翻责任推定[3]。

（三）无过错责任中的转承（免责）责任（Kausale Freistellungshaftungen）

97　学者提出，"转承（免责）责任"应作为无过错责任的一种特殊类型，这一观点值得赞同[4]。

98　"转承（免责）责任"即国家对其工作人员在履行职务过程中的不当行为不问过错而承受其责任，此系无过错责任的一种特殊类型（参见边码102以下）。尽管其与危险责任有相似之处，但也具有两项特别属性：

99　－　在责任构成要件上，需具备"国家机关公务人员或者军人在履行职

---

〔1〕　类似观点，参见：OFTINGER I, S. 20/21.

〔2〕　参见：OFTINGER I, S. 21 f.；OFTINGER/STARK II/2，§ 24 N 21 ff.，以上文献中，学者观点与本文一致，术语使用上有所差别，即不使用"归责事由"概念。

〔3〕　基本理论参见：OFTINGER I, S. 25；机动车车主责任参见：OFTINGER/STARK II/2，§ 25 N 425 ff.

〔4〕　参见：OFTINGER/STARK I，§ 1 N 42, insbes. N 115 ff.；有学者在其专著中引入此特殊类型的无过错责任，并对责任类型重新进行系统整理、修改和分类，参见：OFTINGER/STARK I，§ 1，N 121.

务过程中客观上存在不当行为"之要件（而在危险责任中，责任
发生前提是具有致害可能性的危险状态）。

- 国家承担的并非**补充**责任，而系**转承**（国家机关公务人员，其他 100
  职员以及军人）责任；损害赔偿请求权只得向国家主张，而不得
  向加害人本身主张。从这个意义上讲，由国家为其承担转承责任
  的加害人相当于被"免责" ［例如：瑞士《民法典》第 46 条；
  《国家责任法》（VG）第 3 条第 1 款，瑞士《军事组织法》（MO）
  第 22 条第 1 款］。

第三节 国家责任和国家机关公务人员责任

参考文献：ALAIN BAUER, La responsabilité des collectivités publiques et 101
de leurs agents, RJN 2005 S. 13 ff.；BALZ GROSS, Die Haftpflicht des
Staates. Vergleich und Abgrenzung der zivil – und öffentlichrechtlichen
Haftpflicht des Staates, dargestellt am Beispiel der einfachen Kausalhaftungen
des Zivilrechts und der Staatshaftungsgesetze des Bundes und des Kantons
Zürich（ZStP 129）, Zürich 1996；JOST GROSS, Staatshaftung für
unterlassene Finanzaufsicht, AJP 2002 S. 747 ff.；DERS., Schweizerisches
Staatshaftungsrecht, Stand und Entwicklungstendenzen, 2. Aufl. Bern 2001；
DERS., Zum Begriff der Widerrechtlichkeit im Schweizerischen
Staatshaftungsrecht, recht 1998, S. 49 ff；DERS., Die Kausalhaftung des
Staates, in：Guillaud, Kolloquium, Neuere Entwicklungen im Haftpflicht –
recht, Zürich 1991；DERS., Die Haftung für medizinische Behandlung im
Privatrecht und im öffentlichen Recht der Schweiz, Bern 1987；PETER
HäNNI, Staatshaftung wegen Untätigkeit der Verwaltung, in Mélanges en
l'honneur de PIERRE MOOR, Bern 2005, S. 337 ff.；TOBIAS JAAG,
Staats – und Beamtenhaftung, in HEINRICH KOLLER u. a.（Hrsg.）,
Schweizerisches Bundesverwaltungsrecht, 2. Aufl., Basel/Genf/München
2006；DERS. Staatshaftung nach dem Entwurf für die Revision und
Vereinheitlichung des Haftpflichtrechts, ZSR 2003 II, S. 3 ff.；ULRICH
HäFELIN/GEORG MüLLER/FELIX UHLMANN, Allgemeines Verwaltung –

srecht, 5. Aufl., Zürich 2006；HEINRICH HONSELL, Haftpflichtrecht, §
14；MARKUS MüLLER, Staatshaftungsverfahren und Grundrechtsschutz,
recht 1996, S. 259 ff.；TOMAS POLEDNA, Haftpflicht von Staat und
Beamten, SVZ 64, 1996, S. 53 ff. und S. 143 ff.；VITO ROBERTO,
Haftpflichtrecht N 526 ff.；HANS RUDOLF SCHWARZENBACH, Die Staat
s - und Beamtenhaftung in der Schweiz mit Kommentar zum zürcherischen
Haftungsgesetz, 2. Aufl. Zürich 1985；VIVIANE SOBOTICH, Staatshaftung
aus Kontrolltätigkeit im Baurecht, Diss. Zürich 2000；EMIL W. STARK, Die
Schadenersatzpflicht bei widerrechtlicher fürsorgerischer Freiheitsentziehung
nach Art. 429a ZGB；ihre Stellung im Haftpflichtrecht, in：Familie und
Recht, Festgabe für BERNHARD SCHNYDER, Freiburg 1995, S. 715 ff.,
zit.：STARK, Fürsorgerische Freiheitsentziehung；DERS., Einige Gedanken
zur Haftpflicht für staatliche Verrichtungen, SJZ 1990, S. 1 ff., zit.：STARK,
Haftpflicht für staatliche Verrichtungen；DERS, Die Haftungsvoraussetzung
der Rechtswidrigkeit in der Kausalhaftung des Staates für seine Beamten, in：
FS ULRICH HäFELIN, Zürich 1989, S. 583 ff., zit.：STARK,
Kausalhaftung des Staates；FRANZ WERRO, La responsabilité civile,
Introduction, § 3；DERS, Die Sorgfaltspflichtverletzung als Haftungsgrund
nach Art. 41 OR, ZSR 1997 I, S. 343 ff., zit.：WERRO, Sorgfaltspflich -
tverletzung.

102 当今社会中，国家无处不在，私主体的权利经常受到国家（例如国家以
公路所有权人的身份）以及公务人员的侵害。随之而来的问题是：国家
机关公务人员在履行职务过程中造成损害，责任应该**由谁来承担**（公务
人员和/或国家），以及**具体的责任承担**应该规定在**公法**还是**私法**之中。

103 依据具体致害事件相关的责任规范的不同性质，公私法规范均有可能成为
请求权基础，责任主体可以是联邦、州、乡镇或者国家机关公务人员[1]
（私法规范，例如瑞士《债务法》第 55 条或瑞士《民法典》第 679 条
规定的国家责任，或者瑞士《债务法》第 41 条规定的公务人员责任）。
下文将按照公法和私法上的国家责任和公务人员责任的顺序具体讨论。

---

[1] 公法规范例如：联邦或联邦州的《国家责任法》；关于国家责任法，参见 JAAG, § 3 N 44 ff.

一、公法中的国家责任和国家机关公务人员责任

(一) 概说

依据瑞士《民法典》第 59 条第 1 款〔1〕(瑞士《民法典》第 6 条第 1 款〔2〕中规定的"各州公法保留",即允许州法作出与民法典不同的规定,第 59 条第 1 款是第 6 条第 1 款的具体化),公法社团和公法营造物(Körperschaften und Anstalten)对外与私主体的法律关系,可由公法上的规范调整〔3〕。

104

瑞士《债务法》第 60 条第 1 款重申了这项保留(在作者看来画蛇添足):有关公务人员在执行公职时造成的损害赔偿责任,联邦和州的立法机关可以通过公法规范作出不同规定。瑞士《债务法》第 60 条第 1 款的此类州法的立法保留,仅得在特定领域和范围内行使,州立法机关不行使此项立法权限的,则仍然适用联邦民事法律的规定〔4〕。第

105

---

〔1〕 译者注:Art. 59 ZGB (Vorbehalt des öffentlichen und des Gesellschafts – und Genossenschaftsrechtes)

1 Für die öffentlichrechtlichen und kirchlichen Körperschaften und Anstalten bleibt das öffentliche Recht des Bundes und der Kantone vorbehalten.

2 Personenverbindungen, die einen wirtschaftlichen Zweck verfolgen, stehen unter den Bestimmungenüber die Gesellschaften und Genossenschaften.

3 Allmendgenossenschaften undähnliche Körperschaften verbleiben unter den Bestimmungen des kantonalen Rechtes.

试译为:瑞士《民法典》第 59 条(公法、公私法以及合作社法的保留)

1. 公法上的以及教会的团体和机构,适用联邦及各州公法的规定。

2. 经济目的设立的,适用合伙与合作社的规定。

3. 土地合作社及其类似团体,适用州法规定。

〔2〕 译者注:Art. 6 ZGB (öffentliches Recht der Kantone)

1 Die Kantone werden in ihrenöffentlichrechtlichen Befugnissen durch das Bundeszivilrecht nicht beschränkt.

2 Sie können in den Schranken ihrer Hoheit den Verkehr mit gewissen Arten von Sachen beschränken oder untersagen oder die Rechtsgeschäfte über solche Sachen als ungültig bezeichnen.

试译为:瑞士《民法典》第 6 条

1. 各联邦州享有的公法上的权限,不受联邦民事法律之限制。

2. 各联邦州得在其享有的国家权力范围内,限制或禁止特定种类的物之流通,或规定法律行为无效。

〔3〕 参见:OFTINGER/STARK II/1, § 20 N 34 FN 113;RIEMER, Syst. Teil zu ZGB 52 ~ 59 N 131.

〔4〕 HUBER, ZGB 6 N 103.

60 条第 1 款的基本立场和出发点是：联邦和州的公务人员在执行公共职务时造成的损害赔偿责任**原则**上依照瑞士《债务法》的规定处理，**公法规定**仅作为例外适用〔1〕。然而，随着联邦和各州对各自及其公务人员在行使公权力和处理机关日常事务中的责任，均分别制定公法规范，瑞士《债务法》与州法的"原则－例外"关系的意义已经不再重要。

106 **在联邦层面**，公法上规定其公务人员在执行公共职务时造成的直接损害，**原则上全部**由联邦承担赔偿责任〔2〕。

107 联邦通过特别立法，使自己成为私法上侵权责任的直接承担者；受害者对直接引起损失的联邦公务人员也不再享有损害赔偿请求权，此请求权只得向联邦提起〔3〕。

108 **联邦州**纷纷颁布了各自的联邦州责任法来规定州及其公务人员在执行公务时造成的损害赔偿责任的承担〔4〕。不同联邦州中的国家责任规定原则上属于公法规定〔5〕；因而，仅在损害是发生在联邦州或者乡镇行使公权力范围内时，这些规定才得以适用（参见边码 122 以下）。

109 若联邦州的国家责任法规定"部分事项准用瑞士《债务法》的规定"，则瑞士《债务法》的规定视为州法国家机关公务人员责任的补充规定〔6〕。

---

〔1〕 参见：BREHM, OR 61 N 4；瑞士《债务法》第 60 条第 1 款的默示保留规定，应该不仅针对公务人员在执行公职时造成的损害赔偿责任，也包括对州和乡镇自身直接造成的损害赔偿责任。

〔2〕《国家责任法》（VG）第 3 条第 1 款；此外，在联邦层面的特别法中也有专门关于国家对其公务人员造成的损害承担转承责任的规定，例如《瑞士军事组织法》（MO）第 22 条以下。详见：JAAG, § 2 N 34.

〔3〕《国家责任法》（VG）第 11 条；JAAG, § 3 N 47.

〔4〕 例如：苏黎世州在 1969 年 9 月 14 日颁布了《责任法》(Haftungsgesetz)，参见 WOLFGANG PORTMANN, Erfolgsunrecht oder Verhaltensunrecht，以及相关论文，主要涉及"在侵权责任法中的违法性和过错的区分"问题，参见：SJZ 1997, S. 274；不同联邦州中的国家责任规定的系统整理，参见：STARK, Haftpflicht für staatliche Verrichtungen, S. 3 FN 11.

〔5〕 STARK, Kausalhaftung des Staates, S. 569.

〔6〕 参见：BREHM, OR 61 N 15; OFTINGER/STARK II/1, § 20 N 49；参见瑞士联邦最高法院判决：100 II 120 E. 1, 96 II 45 ff.

需注意的是，联邦州可规定，**私主体**行使国家权力和职责的，需承担公 110
法上的责任[1]。

针对非物质性损害的精神抚慰金赔偿请求权，不同请求权规范基础的规 111
定不尽相同。在联邦层面，国家责任法以"过错"为要件[2]。部分
联邦州做了类似规定，部分则规定了精神痛苦的无过错责任，其他对
抚慰金问题还未做规定[3]。

> 原则上讲，适用精神抚慰金赔偿请求权时，只需援引一般的损害赔 112
> 偿责任规范作为请求权基础，因为此一般规定也应该包括精神痛
> 苦的赔偿。但若采严格法定主义原则，则精神抚慰金赔偿请求权
> 必须依据制定法上的明确规定。

需注意的是，除了联邦和州法层面的规定，还存在超国家层面的法律 112a
规定。例如：《欧洲人权公约》第 5 条第 5 款规定，在满足特定前提的
情况下，可以进行逮捕或拘留，但（译者注：若成员国当局采取以上
措施与本公约精神相违背，则）被逮捕或拘留者享有损害赔偿请求
权[4]。

（二）国家责任和公务人员责任的基本构成

联邦和大部分联邦州在各自的国家责任法里规定了联邦或州对其官员、 113
其他公务人员和一般工作人员在行使国家权力、执行职务时造成的损
害承担排他的赔偿责任；受害者对直接引起损失的联邦公务人员不再
享有损害赔偿请求权，此请求权只得向联邦或州提起。亦即，国家承
担的并非补充责任，而是转承责任。此外，即使行为人无过错，国家
也需对受害人承担损害赔偿责任。由此，在联邦和州的国家责任法中
规定的国家责任是**公法上的无过错责任**[5]。关于损害赔偿请求权的

---

[1] 例如：以自由职业者身份从业的公证员，履行提供证明文件的公权力职责（参见：BRE -
HM, OR 61 N 29；BGE 96 II 45 ff., 90 II 274 ff., 70 II 221 ff.）。

[2] 《国家责任法》第 6 条；参见：JAAG, § 9 N 168；而瑞士《民法典》第 429a 条第 1 款中的
精神抚慰金赔偿请求权以"损害达到严重程度"为构成要件。

[3] 详见：STARK, Haftpflicht für staatliche Verrichtungen, S. 6.

[4] 损害赔偿程序，参见联邦最高法院判决 BGE 119 Ia 221 ff., 以及《欧洲人权公约》第 50 条
和相关文献：JAAG, § 2 N 37.

[5] 参见：WERRO, Sorgfaltspflichtverletzung, S. 350 ff. 和联邦最高法院判决：BGE 125 IV 161 E. 2.

失权和罹于时效，由各联邦州公法进行规定，联邦立法不予干预。

114　国家责任和公务人员责任在公法上的规定表明，在归责原则上，此类责任倾向于无过错责任原则，并且完全排除向在执行公务时引起损害的公务人员起诉要求损害赔偿的权利[1]。国家责任属于无过错责任，损害赔偿请求权只得向国家主张，而不得向行为人主张。从这个意义上讲，**由国家为其承担转承责任的加害人相当于被"免责"**[2]。

115　兹举一例予以说明：由于破产宣告的延迟送达，造成破产管理人受有损害，尽管破产法院法官对延迟送达破产宣告有过错，但因联邦州依据公法上的规定承担无过错责任而被"免责"[3]。

116　在部分联邦州，如伯尔尼、巴塞尔、格拉鲁斯、纳沙泰尔和日内瓦，这些州规定国家为其公务人员在执行公务时造成的损害承担**补充责任**[4]。在联邦立法层面，也有部分规定公务人员承担"第一顺位个人责任"（primäre, persönliche Haftung）的规定；由联邦州承担公务人员无力赔偿的那部分损失（户籍登记所公务人员责任，商事登记处公务人员责任；参见瑞士《民法典》第42条，瑞士《债务法》第928条）。仅有极少部分联邦州规定了公务人员对其在执行公务时造成的损害承担**主要或者甚至排他**责任，但也仅限于特定情形，或者损害是由于公务人员故意或者重大过失造成[5]。

116a　以上责任类型规定了国家为其工作人员在执行公务时给他人造成的损害承担责任。需要注意区别的是所谓的**"内部的公务人员责任"**，这种责任规定了国家和公务人员之间的内部关系，若国家本身由于公务人员的行为受到直接（或间接）损失，或者承担了因公务人员的行为造成的他人损害，同样属于财产利益损失，国家可向相关公务人员追偿[6]。

---

〔1〕　参见瑞士《债务清偿和破产法》第5条第1款和第2款，依此规定，联邦州的公务人员或者机关在债务清理和破产程序中造成他人损害的，由联邦州承担赔偿责任，排除直接加害人的公务人员责任，参见：AMONN/GASSER，§ 5 N 6 f.，N 16 f.；瑞士《民法典》第429a条，联邦最高法院判决：BGE 121 Ⅲ 204 E. 2a，以及 STARK，Fürsorgerische Freiheitsentziehung，S. 716 f.

〔2〕　参见：OFTINGER/ STARK I，§ 1 N 115 ff.；以及上文边码100。

〔3〕　参见联邦最高法院判决：BGE 120 Ib 248 ff.

〔4〕　STARK，Haftpflicht für staatliche Verrichtungen，S. 4.

〔5〕　参见：STARK，Haftpflicht für staatliche Verrichtungen，S. 4.

〔6〕　关于瑞士《联邦国家责任法》（VG）中的"公务人员的内部责任"，参见：JAAG，§ 16 N 249 ff.

（三）责任构成要件

原则上，国家责任需满足侵权责任的一般构成要件（即事实因果关系、相当因果关系和过错，视相关法律的规定而定，若法律规定国家责任为无过错责任，则无须满足"过错"要件，参见上文边码113、114）。然而，即便相关法律中规定国家责任为无过错责任，对填补精神痛苦的精神抚慰金仍得规定过错责任（参见《国家责任法》第6条）。部分公务人员虽然属于州公务员序列，但是负责执行联邦法律，而在联邦立法中特别规定此类公务人员责任遵循过错责任的（瑞士《民法典》第42条的户籍登记所及其上级监督机关之公务人员责任，瑞士《债务法》第928条的商事登记处及其直接上级监督机关之公务人员责任），则"过错"系责任成立要件。除此之外，在"公务人员的内部责任"中，过错也可能成为公务人员承担责任的构成要件（参见上文边码116a）（例如，联邦享有对相关公务人员侵权责任的追偿权，参见《国家责任法》第7条）。

117

关于国家责任领域中的**"违法性"**要件，结合医疗行为介入的侵权责任构成问题[1]，参见下文边码694a～694b。

117a

联邦、州、乡镇或其他公法人责任（包括公法上的社团、财团和独立的公法营造物），除满足以上一般构成要件之外，尚需满足此种责任类型的**特别要件**。但前提是这些特别要件由法律明文规定：致害行为（包括作为或不作为）是在**行使国家权力**执行公务时发生，并且致害行为和**公务职责具有联系**（funktionelle Zusammenhang），此时应由国家承担损害赔偿责任[2]。

117b

关于国家责任构成的特别要件，需注意以下几点：

118

－　所有公法上的责任均以法律明文规定为前提[3]。这类法律规范主要有：联邦法和州法中的《**国家责任法**》（参见上文边码106以下）

119

---

　　[1]《国家责任法》第3条和第4条规定了责任构成的违法性问题；参见联邦最高法院判决：BGE 118 Ib 473 E. 2 a, b und c, 116 Ib 367 E. 4.

　　[2]　参见：HäFELIN/MüLLER/UHLMANN, N 2244；联邦最高法院判决：BGE 130 IV 27 ff.，在判决中，法院认为受托陪同引渡两名囚犯的医生在未经命令指示，自行决定检查另一囚犯的Mundverklebung的行为，造成损失的情形，属于"致害行为和公务职责的行使存在联系"。

　　[3]　"法定原则"的要求和体现；参见：HäFELIN/MüLLER/UHLMANN, N 2216；OFTINGER/STARK II/1, § 20 N 39.

以及部分特别法的规定，例如瑞士《联邦环境保护法》（参见该法第59b条第6款：联邦、州或者乡镇作为对环境具有特殊致害风险的高度危险设备所有者的危险责任）。

120 部分联邦法律规定了由联邦州为其公务人员执行职务过程中对他人造成的损害承担赔偿责任，或者由公务人员承担个人责任，或者由联邦州和公务人员个人共同承担责任。这些法律规定的系联邦州的公务人员执行联邦法律所规定的职责时发生的由联邦州或者／和公务人员个人承担的责任。

121 瑞士《民法典》第955条规定了土地登记机关公务人员的无过错责任。个别特别法规定了公务人员对其执行职务过程中因过失造成损害承担的责任性质为"第一顺位个人责任"；由联邦州承担公务人员无力赔偿的那部分损失（瑞士《债务法》第928条的商事登记处公务人员责任）。

122 ── 公法规定由国家承担责任尤其需要满足造成损害的行为是在执行公务过程中发生（以及行使国家权力或执行与国家权力相关的职务活动）之要件[1]。

123 上段公法规定由国家承担责任的这一构成要件具有重大的实践意义：一方面，它使得公法上的国家责任与私法中的国家及其公务人员责任相区分，另一方面，这样的区分对诉讼法上的法院管辖和权利救济具有重要意义。[2]。

124 瑞士《债务法》第61条[3]第1款规定的是在处理公务事务（am -

---

[1] 参见：HäFELIN/MüLLER/UHLMANN, N 2243。

[2] 参见：《国家责任法》第10~11条；联邦最高法院判决：BGE 116 Ib 367 E.1 und 2；联邦的国家责任参见：JAAG, § 10 N 176 ff.

[3] 译者注：Art. 61 OR (Verantwortlichkeit öffentlicher Beamter und Angestellter)

1 Über die Pflicht vonöffentlichen Beamten oder Angestellten, den Schaden, den sie in Ausübung ihrer amtlichen Verrichtungen verursachen, zu ersetzen oder Genugtuung zu leisten, können der Bund und die Kantone auf dem Wege der Gesetzgebung abweichende Bestimmungen aufstellen.

2 Für gewerbliche Verrichtungen von öffentlichen Beamten oder Angestellten können jedoch die Bestimmungen dieses Abschnittes durch kantonale Gesetze nicht geändert werden.

试译为：瑞士《债务法》第61条（国家机关公务人员和其他工作人员责任）

1. 国家机关公务人员和其他工作人员在处理公务事务时造成的损害的赔偿以及精神抚慰金的给付

tliche Verrichtungen）时造成的损害。在履行国家公职，处理公务事务时造成的损害，应承担的责任，允许**联邦州**通过公法作出规定，**不包括**瑞士《债务法》第 61 条第 2 款中的处理营业性事务（gewerbliche Verrichtungen），后者原则上适用私法规范（参见边码 139 以下）。

以私法责任为主要讨论内容的文献也将"国家权力"作为最主要的**区分标准**。在奥夫汀格和史塔克合著的专著（II/1，§ 20 N 35）中，他们将瑞士《债务法》第 61 条第 1 款规定的"公务"事务等同于行使"国家权力"的行为（以区别瑞士《债务法》第 61 条第 2 款中的处理营业性事务）。布莱姆在其专著中首先将公务行为分为"公务"事务和"营业性"事务（OR 61 N 14），并且指出原则上联邦州国家责任法中的国家机关公务人员在行使"国家权力"时的责任，由公法规范调整（OR 61 N 15 ff.）；区别于处理"营业性"事务时造成的损害赔偿责任，由私法规范调整（OR 61 N 37 ff.）。

受害人能证明损害行为属于行使"国家权力"的职权行为的。因为此时适用（不问过错的）国家转承责任，属于无过错责任，受害人无须举证证明过错要件，这一规定对受害人有利。

联邦最高法院在解释和认定"行使国家权力的职权行为"时，**内容和范围**把握非常宽泛，有利于受害人。"行使国家权力的职权行为"或称"公务事务"包括：经营泳池和净水设备以及屠宰场；交警或消防事务；运营公立学校[1]。

经营**公立医院**也视为行使国家权力的行为，由此，**医院职员**致人受损的行为适用公法上的国家责任相关规定。此类规定不仅适用于**公立医院医生**，尤其是**主治医生**，也同样适用于可由病患自由选择的公立医院中私立部门的医生[2]。然而需注意的是，在联邦最高法院判决中指出，**主治医生和病人之间**的法律关系属于私法性

125

126

127

128

（接上页）问题，联邦和州均得通过立法作出不同规定。

　2. 国家机关公务人员和其他工作人员在处理公务事务时造成的损害，适用本节规定，州法不得作出不同规定排除适用。

　〔1〕　翔实的判例研究，参见：BREHM, OR 61 N 17 ff. ，以及 OFTINGER/STARK II/1，§ 20 N 58.

　〔2〕　参见联邦最高法院判决：BGE 117 Ib 197 ff. ，111 II 149 f. unter Hinweis auf BGE 101 II 177 E. 2 und 89 II 268 ff. ；持批评意见的：STARK, Haftpflicht für staatliche Verrichtungen, S. 5.

质，还是行使国家权力的行为，依**联邦州法律**确定[1]。

129　　也有部分州将私主体的行为纳入"公务事务"。例如以自由职业者身份从业的公证人员（参见上文边码 119），其从业行为属于执行国家权力并且致他人损害的，可适用公法上的国家责任相关规定。

130　— 由此，国家责任的要件为：公务人员致害行为与行使公权力之间**职能上的相关性**。"行使公权力的行为"包括法律行为、事实行为（例如垃圾清运）、个案处理命令（行政行为），也包括颁布普遍和抽象的法律规范（例如制定法规、规章等）。注意区别那些非行使公权力，而是与执行公务事务偶然性地关联，造成损害结果的行为[2]。

二、私法中的国家责任与国家机关公务人员责任

（一）一般构成要件

131　私法中的国家责任与国家机关公务人员责任需满足行为致人损害，但致害行为并非执行国家权力的要件。

132　国家（包括联邦、联邦州和乡镇）于非行使国家权力时造成损害的，此时国家与受害人处于**平等地位**，不存在隶属关系。国家作为与私人平等的主体参与私法生活，它与私人一样，必须遵守私法规范，当然也包括私法上的责任法规范[3]。瑞士《国家责任法》第 11 条第 1 款规定：联邦以私法主体地位参与法律关系，适用相关规定确定其责任。因此，国家在执行行政救济（administrative Hilfstätigkeit），或处理"营业性事务"（参见边码 139 以下）时进行财产管理，造成第三人损害的，应依照私法上的相关规定确定责任[4]。同理，国家公务人员（包括其他一般工作人员）非行使国家权力的行为造成损害结果的，应依照私法上

---

　[1]　BGE 122 Ⅲ 101 E. 2, 111 Ⅱ 149 E. 1～5, 102 Ⅱ 151 ff.

　[2]　参见：Häfelin/Müller/Uhlmann, N 2244 f., 附案例说明。

　[3]　相同观点，参见：STARK, Haftpflicht für staatliche Verrichtungen, S. 9, STARK 认为不行使公共权力的国家行为，性质上等同于瑞士《债务法》第 60 条第 2 款规定的"营业性事务"，应遵守调整私人行为的私法规范。

　[4]　参见：Häfelin/Müller/Uhlmann, N 2243, 2269 ff.

的相关规定处理（处理"营业性事务"时的损害赔偿责任，参见边码
139 以下）。

（二）责任类型与具体责任类型规定

损害结果由国家（包括联邦、联邦州和乡镇）的行为造成，但行为时 ₁₃₃
并不行使国家权力的，国家和受害人处于**平等地位**，不存在隶属关系，
适用瑞士**《债务法》**或瑞士**《民法典》**中普通无过错责任之规定。

相关的责任法规定主要有：事务所属人责任（瑞士《债务法》第 55 条）， ₁₃₄
房屋及其他建筑物的所有人责任（瑞士《债务法》第 58 条），家长责
任（瑞士《民法典》第 333 条），土地所有人责任（瑞士《民法典》
第 679 条）以及动物饲养人责任（瑞士《债务法》第 56 条）。

> 依据瑞士联邦最高法院的观点，瑞士《债务法》第 56 条（动物饲 ₁₃₅
> 养人责任）与瑞士《债务法》第 58 条（房屋及其他建筑物的所有
> 人责任）属于《国家责任法》第 3 条第 2 款中的特别规定；公法
> 上的国家责任为一般法，只要动物非属执行公务之手段和工具，
> 动物致人损害的，瑞士《债务法》第 56 条规定的动物饲养人责任
> 应优先适用[1]。

满足普通无过错责任的构成要件（参见上文边码 131～132），原则上 ₁₃₆
即成立私法上的国家责任；例如：瑞士《债务法》第 58 条的建筑物等
工作物责任，瑞士《民法典》第 679 条的土地所有人责任，侵权责任
的构成，无须同时满足建筑物（瑞士《债务法》第 58 条）或土地
（瑞士《民法典》第 679 条）具有瑞士《债务法》第 61 条第 2 款中的
"营业性"目的要件[2]。

值得注意的是，行使国家权力的行为导致损害结果无法避免或仅在支出 ₁₃₇
不合比例之费用时始得避免的，**不成立**瑞士《债务法》第 58 条的建筑
物及其他工作物所有人责任和瑞士《民法典》第 679 条的土地所有人
责任（边码 1119）。除此之外，承担私法上的责任要求的对于工作物
的设置和维护（尤其是公路）所应达到的标准，并不算苛刻，因此国

---

　[1]　BGE 115 II 237 E. 2c；公法人的动物饲养人责任，参见边码 997～998。

　[2]　OFTINGER/ STARK II/1，§ 19 N 23 f.，但需满足国家是房屋或其他建筑物或土地的所有权
人，参见边码 1068、1119。

家作为责任主体承担瑞士《债务法》第 58 条的建筑物及其他工作物所有人责任的情况，在很大程度上受限，较少发生[1]。

138 国家（尤其是联邦和联邦州）也有可能成为私法上危险责任的责任人（例如：联邦和州可以成为《道路交通法》第 73 条第 1 款的责任人）。

（三）特别问题：国家机关公务人员和其他职员从事营业性活动（"ge - werbliche" Verrichtungen）中的私法责任（瑞士《债务法》第 61 条第 2 款）

139 **联邦州**的国家机关公务人员和**其他一般工作人员**（注意：非指联邦的公务人员及其一般工作人员）从事营业性活动致人损害的责任，适用联邦民事法律的规定（瑞士《债务法》第 61 条第 2 款）：瑞士《债务法》第 41 条以下涉及私法责任的规定（参见边码 145）。

140 瑞士《债务法》第 61 条第 2 款在文意上，仅规定了公务人员和其他一般工作人员的责任适用瑞士《债务法》第 41 条以下涉及私法责任的规定。**国家**（包括联邦、联邦州和乡镇）责任，类推适用此规定，即国家在从事营业性活动时，原则上适用私法上的责任法规定[2]。

141 上述类推适用，实属多余：国家行为非属行使国家权力，而是与受害人处于**平等地位**的，不存在隶属关系，其造成损害事实时，应当与其他私主体一样，遵守私法上的责任法规定，理所当然。国家从事营业性活动时，即属上句所称之与受害人处于**平等地位的法律主体**，由此，国家在此所承担的系私法责任（参见上文边码 131 ~ 134）。

142 瑞士《债务法》第 61 条第 2 款中"**营业性活动**"为不确定之法律概念，需对其进行**具体化**。对此概念可以理解为以营利为目的的活动，准以此言，则行使公权力从事福利事业的活动即不在此列，因其非以营利为目的[3]；况且，国家在从事营利性活动时，也可能以福利政策动机为导向，非以营利为目的[4]。一项活动以营利为导向，则可视为"营

---

〔1〕 参见：HäFELIN/MüLLER/UHLMANN, N 2278，边码 1080 以下。

〔2〕 参见：BREHM, OR 61 N 48；OFTINGER/STARK II/1，§ 20 N 51。

〔3〕 OFTINGER/STARK II/1，§ 20 N 43.

〔4〕 STARK, Haftpflicht für staatliche Verrichtungen, S. 7.

利性"[1]，此时国家作为平等主体，与私人企业共同参与市场竞争[2]。

"营业性活动"在一定条件下，也可指经营发电厂、燃气厂、游泳场馆以及经营国家或乡镇所有的林地[3]。此外，公证员在其职责范围以外从事营业，例如担任财产管理者，则亦属于从事"营业性活动"[4]。 143

主治医生与病患之间的法律关系，属于执行国家权力的公法关系，还是"营业性"活动，由各联邦州法律自行规定（参见上文边码128）。 144

联邦得对其公务人员以及其他一般工作人员在非行使国家权力时造成损害所应承担的责任进行立法，**排除**瑞士《债务法》之适用。联邦得规定**承担**其工作人员责任；此时，受害人对联邦公务人员与其他一般工作人员不享有请求权，而仅得直接向联邦主张由其承担责任（瑞士《国家责任法》第11条第1、2款）。 145

联邦州得对其公务人员以及其他一般工作人员从事营业性活动时造成损害所应承担的责任进行立法，**排除**瑞士《债务法》第61条第2款之适用。但规定应有利于受害人[5]。州法亦得将其公务人员从事营业性活动对第三人造成损害所应承担的责任，（如同联邦的规定）规定为直接的国家责任。 146

法律规定上述直接的国家责任为无过错责任的，则相较于依据瑞士《债务法》第61条第2款规定的适用瑞士《债务法》第41条以下的规定，对于受害人，前者更为有利。 147

依据瑞士《债务法》第41条以下的规定，公务人员须对第三人承担**完全排他的个人责任**，立法排除其适用的除外。联邦法或者州法均得立法**排除**瑞士《债务法》第41条以下规定的适用，使联邦州承担全部（瑞士《债务法》第928条）或部分的补充责任（参见上文边码116）。 148

---

〔1〕 赞同此观点：HäFELIN/MüLLER/UHLMANN, N 2270.

〔2〕 参见：BREHM, OR 61 N 37，其中转引了其他文献。

〔3〕 相关案例参见：BREHM, OR 61 N 39 ff.；OFTINGER/STARK II/1, § 20 N 58.

〔4〕 参见：BGE 126 III 370 E. 7b.

〔5〕 参见：BREHM, OR 61 N 49；HäFELIN/MüLLER/UHLMANN, N 2271.

第二编

契约外责任法(侵权责任法)和过错责任的一般构成要件

第四章

损 害

边码 149～150 为参考文献。

概论：PATRICK BEAUVERD, L'action des proches en réparation de la perte de soutiens et du tort moral, Diss. Freiburg 1986; MAX BERGER, Der Geschädigte hat ein Recht auf Ersatz seiner Anwaltskosten － Die Anwalts－kosten im Haftpflichtprozess unter Berücksichtigung der Problematik des Überklagens, HAVE 2003, S. 131 ff.; ROLAND BREHM, La réparation du dommage corporel en responsabilité civile, Bern 2002; CHRISTINE CHAPPUIS, Cour de Justice des Communautés Européennes: Un arrêt significatif pour la notion suisse de dommage? SJ 2002 II, S. 389 ff.; PETER GAUCH, Grundbegriffe des ausservertraglichen Haftpflichtrechts, recht 1996, S. 225 ff.; DERS., Der Deliktsanspruch des Geschädigten auf Ersatz seiner Anwaltskosten, recht 1994, S. 189 ff., zit.: GAUCH, Anwaltskosten; HEINRICH HONSELL, Haftpflichtrecht, § 1 N 26 ff.; DERS., Herkunft und Kritik des Interessebegriffs im Schadenersatzrecht, JuS 13, 1973, S. 69 ff., zit.: HONSELL, Kritik des Interessebegriffs; HEINRICH HONSELL/FRIEDRICH HARRER, Schadensbegriff und Schadensberechnung, JuS 31, 1991, S. 441 ff.; MAX KELLER/SONJA GABI, Das Schweizerische Schuldrecht, Bd. II, Haftpflichtrecht, 2. Aufl., Basel und Frankfurt a. M. 1988; ALFRED KOLLER, Die zivilrechtliche Haftung des Arztes für das unverschuldete Fehlschlagen einer Sterilisation, Haftpflicht － und Versicherungsrechtstagung 1997, St. Gallen 1997, S. 1

149

ff., zit.: KOLLER, Sterilisation; THOMAS KOLLER, Bemerkungen zur Subjektivierung des Vermögensbegriffs im Privatrecht, recht 1994, S. 25 ff.; ALFRED MAURER, Recht und Praxis der schweizerischen obligatorischen Unfallversicherung, Bern 1963, zit.: MAURER, Praxis; FRIEDRICH MOMMSEN, Beiträge zum Obligationenrecht: Zur Lehre von dem Interesse, Braunschweig 1855; CHRISTOPH MüLLER, La perte d'une chance, Diss. Neuchâtel, Bern 2002; DERS., Schadenersatz für verlorene Chancen – Ei des Kolumbus oder Trojanisches Pferd? AJP 2002 S. 389 ff.; PETER MüNCH/ THOMAS GEISER (Hrsg.), Schaden – Haftung – Versicherung, Basel/ Genf/München 1999; PETER OMLIN, Die Invalidität in der obligatorischen Unfallversicherung, Freiburg 1995; WERNER E. OTT, Erwerbsausfall von Selbständigerwerbenden, in: Haftpflicht – und Versicherungsrechtstagung 2001, St. Gallen 2001, S. 91 ff.; ERICH PETER, Die Koordination von Invalidenrenten – unter besonderer Berücksichtigung der intersystemischen Problematik, Zürich 1997; WOLFGANG PORTMANN, Erfolgsunrecht oder Verhaltensunrecht? Zugleich ein Beitrag zur Abgrenzung von Widerrechtli – chkeit und Verschulden im Haftpflichtrecht, SJZ 1997, S. 273 ff., zit.: PORTMANN, Erfolgsunrecht; VITO ROBERTO, Schweizerisches Haftpf – lichtrecht, Zürich 2002, N 584 ff.; DERS., Schadensrecht, Basel und Frankfurt am Main 1997; BRUNO SCHATZMANN, Die Erschwerung des wirtschaftlichen Fortkommens, SJZ 2000, S. 333 ff.; SABINE SZONN, Die Haftung wegen Rechtsgutsverletzungen in den Fällen der (so) nicht verhinderten und der vorsätzlich herbeigeführten Empfängnis, Frankfurt am Main/ Berlin/Bern/Bruxelles/New York/Oxford/Wien 2005; JOCHEN TAUPITZ, Ökonomische Analyse und Haftungsrecht – Eine Zwischenbilanz, AcP 1996, S. 114 ff.; FRANZ WERRO, La responsabilité civile, Première partie, Section 1, § 1 N 39 ff.; PIERRE WIDMER, «Wer einem andern widerrechtlich Schaden zufügt, verpflichtet dessen Arbeitgeber zum Ersat z», SJZ 1977, S. 283 ff., zit.: WIDMER, Schaden; PIERMARCO ZEN – RUFFINEN, La perte de soutien, Diss. Bern 1979.

149a 损害种类，计算和裁量：THOMAS BITTEL, Ausgewählte Fragenzum Ve –

rs orgerschaden, HAVE, Personen – Schaden – Forum 2004, S. 53 ff. ;
ROLAND BREHM, Le dommage à l'animal, in: FRANZ WERRO/SUSAN
EMMENEGGER (Hrsg.), Journées du droit circulation routière 9 – 10
mars 2004, Fribourg 2004, S. 183 ff. ; DERS. , Les nouveaux droits du
détenteur en cas se lésion subie par son animal (Art. 42 al 3 et 43 al 1bis
CO), HAVE 2003, S. 119 ff. ; ANNA REGULA BRüNGGER, Die
Bewertung des Arbeitsplatzes in privaten Haushalten, Zürich 1977 ; ANDRé
BUSSY, L'indemnisation des lésions corporelles de la femme mariée, in: FS
Assista, Genf 1979 ; FRANçOIS CHAIX, La fixation du dommage par le juge
(art. 42 al 2 CO), in: Journée de la responsabilté civile 2004, Le
préjudice, Une notion en devenir, CHRISTINE CHAPPUIS/BéNéDICT
WINIGER (Hrsg.), Zürich 2005, S. 39 ff. ; ERWIN DEUTSCH,
Immaterieller Schadenersatz für neue Ansprüche: Vertragsverletzung,
Gefährdungshaftung und Forschungsunfall, in: FS HEINZ HAUSHEER,
Bern 2002, S. 551 ff. ; DAVID DORN/THOMAS GEISER/CHRISTOPH
SENTI/ALFONSO SOUSA – POZA/BERNHARD STUDHALTER, Die
Berechnung des Erwerbsschadens mit Hilfe von Daten der
Lohnstrukturerhebung, HAVE, Personen – Schaden – Forum 2005, S. 39
ff. ; David DORN/THOMAS GEISER/MICHAEL B. GRAF/ALFONSO
SOUSA – POZA, Die Berechnung des Erwerbsschadens, Bern 2007 ; ANN
E – SYLVIE DUPONT, Le dommage écologique: le rôle de la responsabilité
civile en cas d'atteinte au milieu naturel, Diss. Genf 2005 ; WALTER
FELLMANN, Normativierung des Personenschadens – der Richter als
Gesetzgeber? HAVE, Personen – Schaden – Forum 2005, S 13 ff. ; Willi
FISCHER, Ausservertragliche Haftung für Schockschäden Dritter, Zürich
1988 ; THOMAS FREI, Die Integritätsentschädigung nach Art. 24 und 25 des
Bundesgesetzes über die Unfallversicherung, Diss. Freiburg 1997 ; ROBERT
GEISSELER, Der Haushaltschaden, Haftpflicht – und Versicherungsrech –
tstagung 1997, St. Gallen 1997, S. 59 ff. ; DERS. , Probleme der
Schadensliquidation aus Sicht des Geschädigten, Haftpflicht – und
Versicherungsrechtstagung 1991, St. Gallen 1991, S. 59 ff. ; IRIS HERZOG –

ZWITTER, Die bundesgerichtliche Rechtssprechung zur konstitutionellen Prädisposition im Kontext mit der adäquaten Kausalität, HAVE 2005, S. 30 ff. ; CHRISTA KISSLING, Haushaltschaden und Ausfall anderer unentgel – tlicher Tätigkeiten – Begründungsansätze und Grundsätze der Schadensberechnung, HAVE, Personen – Schaden – Forum 2007, S. 15 ff. ; Dies. , Dogmatische Begründung des Haushaltsschadens – Ein Beitrag zur haftpflichtrechtlichen Behandlung unentgeltlicher Tätigkeiten, Diss. Bern 2006; PIUS KOST, Die Gefälligkeit im Privatrecht, Diss. Freiburg 1973; ROLF KUHN, Die Anrechnung von Vorteilen im Haftpflichtrecht, Bern/Stuttgart 1987; HARDY LANDOLT, Der Pflegeschaden, HAVE, Personen – Schaden – Forum 2003, S. 67 ff. ; DERS. , Der Pflegeschaden, Bern 2002; MATTHIAS LEEMANN, Die Rente als Art des Schadenersatzes im Haftpflichtrecht, Diss. Zürich, 2002; THIERRY LUTERBACHER, Die Schadenminderungspflicht, Diss. Zürich 2005; ULRICH MAGNUS, Schaden und Ersatz, Tübingen 1987; THOMAS M. MANNSDORFER, Haftung für perinatale Schädigung im medizinischen Bereich, HAVE 2003, S. 101 ff. ; DERS. , Pränatale Schädigung: Ausservertragliche Ansprüche pränatal geschädigter Personen unter Berücksichtigung der Rechtslage im Ausland, insbesondere in Deutschland und den Vereinigten Staaten von Amerika, Diss. Freiburg 2000; DIETER MEDICUS, Normativer Schaden, JuS 19, 1979, S. 233 ff. ; HANS – JOACHIM MERTENS, Der Begriff des Vermögensschadens im Bürgerlichen Recht, Stuttgart 1967; GIOVANNI PELLONI, Die Grobfahrlässigkeit Bedeutung in der Schadenpraxis, HAVE 2002, S. 262 ff. ; RUBEN PERREN, Zur Daseinsberechtigung der Drittschadensliquidation, ZBJV 2004, S. 58 ff. ; VOLKER PRIBNOW, Entwicklungen im Haftpflichtrecht, HAVE, Personen – Schaden – Forum 2007, S. 295 ff. ; DERS. , Zur Bestimmung des Haushaltschadens, plädoyer 4/96, S. 29 ff. ; HEINZ RICO, Aktuelle Urteile des Bundesgerichts zu Leistungskürzungen im Haftpflichtrecht, HAVE, Personen – Schaden – Forum 2007, S. 177 ff. ; ROLAND SCHAER, Schockschäden und psychische Überlagerungen, in:

Relazioni tra diritto civile e assicurazioni sociali, atti della giornata di studio del 1° giugno 1992, Bellinzona 1992, S. 19 ff. , zit. : SCHAER, Schockschäden; DERS. , Der Versorgerschaden in einer sich wandelnden Wertordnung, in: Mélanges Assista, Genf 1989, zit. : SCHAER, Versorgerschaden; MARC SCHAETZLE/STEFAN WEBER, Kapitalisieren, Handbuch zur Anwendung der Barwerttafeln, Zürich 2001; MARC SCHAETZLE, Der Rentenschaden im Haftpflichtrecht, SJZ 1993, S. 136 ff. ; MARC SCHAETZLE/BRIGITTE PFIFFNER RAUBER, Hirnverletzung und Haushaltschaden – ausgewählte rechtliche Probleme, in ATILAY ILERI (Hrsg.), Die Ermittlung des Haushaltschadens nach Hirnverletzung, Zürich 1995, S. 99 ff. ; JACQUELINE SCHöN – BüHLMANN, Haushaltsschaden: Erste Erfahrungen mit den neuen SAKE – Tabellen 2004, HAVE, Personen – Schaden – Forum 2007, S. 270 ff. ; HERMANN SCHULZ – BORCK/ EDGAR HOFMANN, Schadenersatz bei Ausfall von Hausfrauen und Müttern im Haushalt: mit Berechnungstabellen, 6. Aufl. , Karlsruhe 2000; WALTER SELB, Kritik formaler Drittschadensthesen, NJW 17, 1964, S. 1765 ff. ; MAX SIDLER, Schadenschätzung und Gerechtigkeitsgebot – oder die Beweismechanik bei ziffernmässig nicht nachweisbaren Schäden, AJP 2005, S. 535 ff. ; PHILIPPE SPITZ, Deliktische Eigenhaftung von Organ – und Hilfspersonen, SJZ 2003, S. 165 ff. ; EMIL W. STARK, Besprechung eines Versorgerschadens, AJP 1994, S. 642 ff. ; DERS. , Bemerkungen zum Rentenverkürzungsschaden, SJZ 1993, S. 333 ff. , zit. : STARK, Renten – verkürzungsschaden; DERS. , Berechnung des Versorgerschadens, ZSR 1986 I, S. 337 ff. , zit. : STARK, Versorgerschaden; WILHELM STAUFFER/THEO SCHAETZLE/MARC SCHAETZLE, Barwerttafeln, 5. Aufl. , Zürich 2001; ERNST STEINDORFF, Abstrakte und konkrete Schadensberechnung, AcP 1959/60, S. 431 ff. ; MARCEL SüSSKIND, Nachweis des Personenschadens, HAVE, Personen – Schaden – Forum 2004, S. 111 ff. ; PAUL SZöLLöSY, Der Richter und die Teuerung: Die ausservertragliche Schadenersatzpraxis, ZBJV 1976, S. 20 ff. , zit. : SZöLLöSY, Teuerung; DERS. , Die Berechnung des Invaliditätsschadens im Haftpflichtrecht europäischer Länder, Zürich 1970, zit. : SZöLLöSY, Invaliditätsschaden; PIERRE TERCIER (Hrsg.), Kapitalisierung – Neue Wege, Freiburg 1998; CHRISTA TOBLER/CAREL STOLKER, «Wrongful Birth» – Kosten für Unterhalt und Betreuung eines Kindes als Schaden, AJP 1997, S. 1145 ff. ; REINHARD TOGNELLA, Erwerbsunfähigkeitsprobleme bei somatisch nicht nachweisbaren Beschwerdebildern im Haftpflicht – und Sozialversicherungsrecht, Diss. Zürich 2004; NATHALIE VOSER, Aktuelle Probleme zivil – rechtlicher Verjährung bei körperlichen Spätschäden aus rechtsvergleichender Sicht, recht 2005, S. 121 ff. ; HANS PETER WALTER, Die Rechtsprechung des Bundesgerichts zum Haushaltschaden, in ATILAY ILERI (Hrsg.), Die Ermittlung des Haushaltschadens nach Hirnverletzung, Zürich 1995, S. 15 ff. ; STEPHAN WEBER. , Reduktion von Schadenerstzleistungen, HAVE, Personen – Schaden – Forum 2007, S. 278 ff. ; DERS. , Kumulation der «Ersatzeinkünfte» bei der Versorgerschadenberechnung, SVZ 65, 1997, S. 65 ff. , zit. : WEBER, Ersatzeinkünfte; DERS. , Der Rentenschaden: Zur Berechnung des «Invaliditätsschadens» auf neuer Grundlage, SJZ 1992, S. 229 ff. , zit. : WEBER, Rentenschaden; DERS. , Zurechnungs – und Berechnungsprobleme bei der konstitutionellen Prädisposition, SJZ 1989, S. 73 ff. , zit. : WEBER, Prädisposition; STEPHAN WEBER/MARC SCHAETZLE, Zeit ist Geld oder der unterschätzte Einfluss des Rechnungstages auf die Schadensberechnung, HAVE 2004, S. 97 ff. ; Dies. , Von Einkommensstatistiken zum Kapitalisierungszinsfuss oder warum jüngere Geschädigte zu wenig Schadenersatz erhalten und ältere zu viel, AJP 1997, S. 1106 ff; PETER WEIMAR, Der Begriff des Versorgers nach Art. 45 Abs. 3 OR, in: Festschrift für MAX KELLER zum 65. Geburtstag, Zürich 1989, S. 337 ff. ; FRANZ WERRO, La responsabilité civile, Première partie, Section 1, § 1 N 54 ff. , Seconde partie, Section 1, Sous – section 1, § 1 und 2; ROLF WIDMER/THOMAS GEISER/ALFONSO SOUSA – POZA, Gedanken und Fakten zum Haushaltschaden aus ökonomischer Sicht, ZBJV 2000, S. 1 ff. , S. 301 ff. ; RIA WIGGENHAUSER – BAUMANN, Der Haushaltschaden im Haftpflichtfall, Ossingen 2002.

非物质性损害的界定；非物质性损害及其赔偿：BEATRICE GURZELER，   149b
Beitrag zur Bemessung der Genugtuung: Unter besonderer Berücksichtigung
potentiell traumatisierender Ereignisse, Diss. Zürich 2005; HEINZ
HAUSHEER, Die Zusprechung von Genugtuung im Adhäsionsurteil, in: Le
droit pénal et ses liens avec les autres branches du droit, Mélanges en l'
honneur du Professeur JEAN GAUTHIER, Bern 1996, S. 193 ff.; KLAUS
HüTTE, Anleitung zur Ermittlung angemessener Genugtuungsleistungen im
Zivil - und Opferhilferecht, HAVE, Personen - Schaden - Forum 2005,
S. 139 ff.; DERS. , Genugtuungsrecht im Wandel, SJZ 1988, S. 169 ff.;
KLAUS HüTTE/PETRA DUCKSCH/KAYUM GUERRERO, Die Genugt -
uung: Eine tabellarische Übersicht über Gerichtsentscheide, 3. Aufl. ,
Zürich 1996, Nachlieferung 3, Zürich 2005; PETER GOMM, Die
Genugtuung nach dem Opferhilfegesetz, HAVE, Personen - Schaden -
Forum 2005, S. 39 ff.; GILLES PETITPIERRE, Le préjudice patrimonial et
le tort moral: vers de nouvelles frontières? in: Journée de la responsabilté
civile 2004, Le préjudice: une notion en devenir, CHRISTINE CHAPPUIS/
BéNéDICT WINIGER (Hrsg.), Zürich 2005, S. 175 ff.; MAX SIDLER,
Die Bemessung der Genugtuung bei Todesfällen - ein Plädoyer für die
Zusprechung von Regelgenugtuung, recht 2003, S. 54 ff.; DERS. , Die
Bemessung der Genugtuung bei Invaliditätsschäden, SJZ 1997, S. 165 ff. ,
zit. : SIDLER, Genugtuung; THOMAS SUTTER, Voraussetzungen der
Haftung bei Verletzung der Persönlichkeit nach Art. 49 des revidierten
Obligationenrechts, BJM 38, 1991, S. 1 ff.; PIERRE TERCIER. , Die
Genugtuung, in: Strassenverkehrsrechts - Tagung 1988; DERS. ,
Contribution à l'étude du tort moral et de sa réparation en droit suisse,
Diss. Fribourg 1971, zit. : TERCIER, contribution; FRANZ WERRO, La
responsabilité civile, Première partie, Section 1, § 1 N 132 ff. , Seconde
partie, Section 1, Sous - section 2, § 1 und 2; PATRICIA WILDHABER,
Wesen und Abgrenzung von Genugtuung und Schmerzensgeld unter Berü -
cksichtigung des liechtensteinischen, schweizerischen und österreichisch -
en Rechts, Diss. Zürich 2000.

150 "存在损害"是责任法不可或缺的责任成立要件;"只有确定存在损害,才有讨论请求权的可能性"[1]。

第一节 损害概念

一、通说和经典的损害概念

151 损害[2]区别于精神痛苦［immateriellen（moralischen）Unbill］,仅指从经济角度看,**非自愿非主观意愿上追求的财产上的丧失**[3],包括**积极财产的减少、消极财产的增加和所失利益**。

152 通过比较因侵害事实发生实际现存的和假设未发生损害事实应有的财产状况,确定损害。基于所谓的"差额理论"（德国称"差额说"）,瑞士通说和判例认为"损害"在法律上的内涵为:

153 损害等于现存财产状况与未发生侵害事实时的财产状况之差额[4]。

154 对此定义细化和补充以下几点:

155 — 责任法上的"损害"指**财产损害**。因此,仅经济上的价值,即**可以表现为一定金钱价值**的财产减损,才构成侵权责任法上相关和有意义之损害。由此,损害具有"经济"属性。

156 **财产**系个人所有的全部具有**经济（金钱）价值**的利益,包括物权、债权、知识产权和期待权[5]。具有高度期待可能并通常可得之利益亦属财产,即使其目前尚未事实上实现［因侵害事实所失之利益,与其称其为财产损失,毋宁为结果损失,或称**间接**财产损失

---

〔1〕 参见:OFTINGER/STARK I,§ 2 N 62;OFTINGER I,S. 62;A. KELLER II,S. 26.

〔2〕 译者注:本译文视上下文表达习惯,将"损害"和"损失"同义使用。

〔3〕 不同观点:OFTINGER/STARK I,§ 2 N 8,认为自愿的财产上的丧失,亦得成为侵权法上的"损害"。

〔4〕 s. dazu BREHM, OR 41 N 70;WERRO, Nr. 43;ENGELAT, S. 472;GAUCH/SCHLUEP/REY, Nr. 2652;GUHL/KOLLER,§ 10 N 18;A. KELLER II,S. 26;OFTINGER/STARK II/1,§ 16 N 20 a. E.;OFTINGER I, S. 53 ff.;VON TUHR/PETER, S. 84;BGE 129 III 331 E. 2. 1;128 III 22 E. 2c aa;127 III 73 E. 4a, 127 III 403 E. 4a;126 III 388 E. 11a;120 II 296 E. 3b;116 II 441 E. 3a aa, 115 II 474 E. 3a;104 II 198 E. a;97 II 169 E. 3a. 此亦为德国通说承认之损害概念:MAGNUS, S. 9 FN 4.

〔5〕 MEIER - HAYOZ, Syst. Teil N 151;REY, Sachenrecht I, N 131;STEINAUER I, N 86.

（Vermögensfolgeschaden），更为恰当，参见边码 336 以下〕。

侵犯人身利益致人损害，例如侵犯自然人身体，也构成责任法中的 **157**
"损害"，因为身体之侵犯间接影响经济利益〔1〕。这里主要指医
疗费与住院费（参见边码 229）。

财产损失得以金钱计算。例如强暴已婚女性致其怀孕，子女出生 **158**
后的抚养费用原则上属于损害赔偿范围〔2〕；尤其是对于该受害
女性之丈夫，依据瑞士《民法典》第 255 条第 1 款的规定："婚姻
存续期间之子女，推定丈夫的父亲身份"，若该推定未被其他事实
推翻，则因父亲身份，依据瑞士《民法典》第 276 条以下，受害
人丈夫必须负担该子女之抚养费用。

> 瑞士联邦最高法院判决（BGE 132 Ⅲ 359 E. 4.4）：一位已经
> 育有三个子女的母亲（原告）请求医生为其实施了**绝育措施**，
> 之后该原告又怀孕，医生（被告）因此须承担违反合同义务
> 之责任。联邦最高法院判定被告必须支付孩子的抚养费用。
> 并且明确指出，本案中的"损害"为瑞士《民法典》第 276
> 条第 1 款中规定的"法定的抚养义务"，而非出生之子女。

瑞士法不承认法国法中的"**机会丧失损害**"（perte d'une chance） **158a**
作为独立的请求权基础主张损害赔偿〔3〕。"机会丧失"具体是
指，一定财产增加或避免财产减少的可能性之丧失，可以作为独
立的损害项目，请求损害赔偿〔4〕。

> 兹举一例予以说明：在拳击比赛前受伤的拳手主张损害赔偿，
> 声称如果不发生身体侵害，他将赢得比赛。

– 生活乐趣与享受，休闲与休息均属非具有金钱价值之利益。对此类 **159**
利益构成妨碍属"**非物质性**"损害（"immaterieller" Schaden），原

---

〔1〕 BREHM, OR 41 N 69.

〔2〕 相同观点：SCHWENZER, N 14.04；不同观点：HONSELL, § 1 N 35；此类案件在德国亦属
争议问题：MünchKommBGB/OETKER, § 249 N 30 ff. .

〔3〕 不同意见，认为应允许主张损害赔偿的，参见：WERRO Nr. 131.

〔4〕 BGE 133 Ⅲ 462 E. 3 und 4；s. auch GAUCH, Grundbegriffe, S. 227/8；ROBERTO,
Haftpflichtrecht, N 779 ff.

则上不发生侵权责任[1]。

160   对上述生活乐趣与享受，休闲与休息等造成特别严重妨碍的情况，亦得造成"非物质性精神痛苦"（"immaterielle Unbill"，"tort moral"），由此发生损害赔偿请求权（瑞士《债务法》第 47 条[2]和第 49 条[3]，参见边码 442 以下）。需要指出的是：有时"精神抚慰金给付"（Genugtuungsleistung）亦称为"非物质性"损害（"immaterieller" Schaden）赔偿，容易发生歧义。

161   "非物质性"损害有可能成为补充"物质性"损害与"非物质性精神痛苦"的第三类可请求赔偿的损害类型。上文已述（参见边码159），瑞士通说与瑞士联邦最高法院认为"非物质性"损害**不予损害赔偿**。相当长的时间里，这个问题都颇具争议，尤其是在德国学说和判例中，经过长期深入讨论，学者提出了两类最为重要的可主张赔偿的非物质性损害类型："商业化损害"与"目的落空损害"（参见边码 371 以下）。

162   — 经典的损害概念以经济交往中的损害作为评价模型，因而只有具备**金钱价值**的利益才可以获得损害赔偿。经济评价角度的采纳和运

---

[1] s. dazu GAUCH/SCHLUEP/REY, Nr. 2682；MERZ, SPR VI/1, S. 197；OFTINGER I, S. 57 f.；瑞士联邦最高法院判决：BGE 115 II 474 E. 3a.

[2] 译者注：Art. 47（Genugtuungsleistung）

Bei Tötung eines Menschen oder Körperverletzung kann der Richter unter Würdigung der besonderen Umstände dem Verletzten oder den Angehörigen des Getöteten eine angemessene Geldsumme als Genug – tuung zusprechen.

试译为：瑞士《债务法》第 47 条（精神抚慰金给付）

侵害他人身体或致人死亡的，法官得考虑受害人或死者家属特殊情况，判决一定金钱数额之精神抚慰金。

[3] 译者注：Art. 49（Bei Verletzung der Persönlichkeit）

1 Wer in seiner Persönlichkeit widerrechtlich verletzt wird, hat An – spruch auf Leistung einer Geldsumme als Genugtuung, sofern die Schwere der Verletzung es rechtfertigt und diese nicht anders wieder – gutgemacht worden ist.

2 Anstatt oder neben dieser Leistung kann der Richter auch auf eine andere Art der Genugtuung erkennen.

试译为：瑞士《债务法》第 49 条（侵犯人格权）

1. 人格权受到不法侵犯的，得主张一定金额的精神抚慰金，侵犯程度未达到严重程度或者存在其他损害赔偿方式的除外。

2. 在上款规定之抚慰金赔偿之外，法官亦得判决由加害人承担其他类型之精神抚慰金，两种类型的精神抚慰金赔偿可以并存。

用，使得经典的损害概念具有"规范性"（normativ）的特征[1]。

> 注意区别经典的损害概念具有"规范性"特征与"规范性"的
> "损害"概念两者的区别（参见边码 176 以下）。后者依据探
> 寻法规目的的"规范"评价决定特定损害是否可以获得赔偿，
> 无论是否存在财产状况的差额[2]。

163

- 通说承认的经典的损害概念，源于 1855 年由弗里德里希·蒙森提 出的"利益"概念：一定时间点当事人的财产数额和假设损害事 实未介入时的财产数额之差额[3]。

164

将"损害"概念限定在财产损害范围，这一具有经济属性的定义， 成为瑞士学界和瑞士联邦最高法院的主流观点[4]。瑞士《债务 法》第 41 条第 1 款损害赔偿请求权构成要件中的"损害"，属含 义不确定之法律概念，原则上排除"非物质性"损害，不得作扩 张解释。在法政策上，将损害概念限制在财产损失范围，符合进 行责任限制的要求。

165

- 学者高里希、施鲁普和雷伊（Nr. 2658，2663）在使用经典的"损害" 概念的同时，也使用"自然的"或"事实上的""损害"概念。即在 进行法律上的判断之前，先判断损害是否属于"事实上的"财产损 失，亦即，将日常**经济交易和往来上**的判断，纳入到法律适用中[5]。

166

- 学者凯勒和加比（S. 10）认为在现行法的损害概念体系中，也应该 包括损益相抵原则[6]。即基于同一损害事实受有经济上的损害， 同时又获得利益，则确定其事实上财产状况时，应将获得之经济 上利益计算在内。在确定赔偿额，即确定假设的财产状况时（假 设没有发生损害事实），应扣除所受之利益，得出较小的差额，即 较小的赔偿额。

167

---

〔1〕　相同观点，参见：GAUCH/SCHLUEP/REY，Nr. 2658，2663.

〔2〕　MEDICUS，S. 233 ff.；SELB，S. 1765 ff.；STEINDORFF，S. 431 ff.

〔3〕　MOMMSEN，S. 3.

〔4〕　参见上文边码 153，不同观点：GAUCH/SCHLUEP/REY，Nr. 2658.

〔5〕　参见：LANGE，S. 27 ff.；MERTENS，S. 21 ff.

〔6〕　参见：BREHM，OR 42 N 27；HONSELL，§ 8 N 17，33.

168　　　获得的经济上的利益在损害计算阶段被扣除，非属于依据瑞士《债务法》第43条[1]和第44条[2]损害裁量所考虑之范围（参见边码211）。与损害事实具有相当因果关系的利益，必须在损害计算时进行折抵扣除，例如住院期间已经包括的伙食费用的扣减（参见边码211以下）。

169　　—　"差额理论"通过比较受害人受害后实际状况与若无损害时现在应有的实际状况，计算出差额以确定损害。损害概念体系正是基于这一理论构建，然而在实践中这种比较**两种**财产**状况**的做法已经大大相对化了。在处理大部分个案时，法官并不比较现存的全体财产额和假设未发生损害事实时的财产状况，而是审查由于侵害事实发生的积极财产实际减少额以及应增加而未增加之数额，或者消极财产

---

[1]　译者注：Art. 43 OR（Bestimmung des Ersatzes）

1 Art und Grösse des Ersatzes für den eingetretenen Schaden bestimmt der Richter, der hiebei sowohl die Umstände als die Grösse des Ver – schuldens zu würdigen hat.

1bis Im Falle der Verletzung oder Tötung eines Tieres, das im häus – lichen Bereich und nicht zu Vermögens – oder Erwerbszwecken gehal – ten wird, kann er dem Affektionswert, den dieses für seinen Halter oder dessen Angehörige hatte, angemessen Rechnung tragen.

2 Wird Schadenersatz in Gestalt einer Rente zugesprochen, so ist der Schuldner gleichzeitig zur Sicherheitsleistung anzuhalten.

试译为：瑞士《债务法》第43条（损害赔偿的确定）

1. 法官有权依据个案具体情况及加害人过错程度确定损害赔偿的种类与数额。

1bis 非作为财产或以盈利为目的饲养之家养宠物受有损害，亦得请求损害赔偿，赔偿时应考虑动物对其所有人所具有之情感价值。

2. 损害赔偿以定期金方式给付的，债务人应同时提供担保。

[2]　译者注：Art. 44 OR（Herabsetzungsgründe）

1 Hat der Geschädigte in die schädigende Handlung eingewilligt, oder haben Umstände, für die er einstehen muss, auf die Entstehung oder Verschlimmerung des Schadens eingewirkt oder die Stellung des Ersatzpflichtigen sonst erschwert, so kann der Richter die Ersatzpflicht ermässigen oder gänzlich von ihr entbinden.

2 Würde ein Ersatzpflichtiger, der den Schaden weder absichtlich noch grobfahrlässig verursacht hat, durch Leistung des Ersatzes in eine Notlage versetzt, so kann der Richter auch aus diesem Grunde die Ersatzpflicht ermässigen.

试译为：瑞士《债务法》第44条（责任减免事由）

1. 受害人同意，损害的发生或恶化可归责于受害人，以及存在应由受害人负责的对赔偿义务人造成其他不利之情事的，法院得减轻或免除加害方之赔偿责任。

2. 执行赔偿会给赔偿义务人造成经济困难的，法院可适当减少赔偿额，但损害是由于行为人故意或重大过失造成的除外。

发生或扩大之数额[1]。

关于差额理论的实用性问题，学者中质疑声不断[2]。实践
中，法官既不考虑事实上的财产状况，也不考虑若无损害时
现在应有的实际财产状况。例如：盗窃贵重的二手奢侈品，
构成侵权，其中偷盗标的物之后，盗窃者是否使用，在所不
问（即不考虑假设的财产状况）。

170

损害包括利益，自损害事实对经济状况发生影响之日起计[3]。利息
赔偿应达到如同在侵权行为发生之日，金钱赔偿已经给付之效果[4]。
瑞士《债务法》第73条第1款规定的利率为5%[5]。与较早期的判
决不同，现在瑞士联邦最高法院在计算损害利息时，采更合理方式：
累加自损害事实发生时至联邦州高等法院判决时的利息，并将这部分
累加利息作为迟延利息，自判决生效之日起算[6]。

170a

采资本化计算法[7]计算一次性赔偿金额时应计算利息（参见边码
270a）。

170b

在具体侵权责任案件中，是否发生损害以及发生哪些损害，属于事实问
题（案件事实）；而损害是否具有实质根据，因而可被证实，以及在确
定损害时是否适用了各项计算原则，属于法律问题，亦即法律适用问
题[8]（法院认为瑞士《债务法》第42条第2款目的仅在于减轻举证
责任；而只要存在可能性或可期待性，损害仍需由受害人主张和证明，

171

---

〔1〕 MERZ, SPR VI/1, S. 187；OFTINGER/STARK I，§2 N 9 FN 15；同时参见瑞士联邦最高法院
判决：BGE 116 Ⅱ 441 E. 3a aa.

〔2〕 有学者认为理论构成本身也存在问题（如 HONSELL 对"利益"概念的批判，参见 S. 69
ff.，insbes. S. 71 ff.）；DERS.，§1 N 31 ff.，认为损害数额应该通过单项可赔偿项目的叠加来进行计
算。持批判观点的还有：ROBERTO, Haftpflichtrecht N 503.

〔3〕 BGE 122 Ⅲ 53 E. 4a；通常为损害行为发生之日，参见：ENGEL AT, S. 689.

〔4〕 BREHM, OR 41 N 97.

〔5〕 BREHM, OR 41 N 101；瑞士联邦最高法院判决：BGE 121 Ⅲ 176 E. 5a，当事人主张6%的赔
偿利率，未受到法院支持。

〔6〕 BGE 116 Ⅱ 295 E. 3a, 113 Ⅱ 353 ff.，99 Ⅱ 214 ff.；BGE 122 Ⅲ 53 E. 4c，但判决中对此计算
方式之合理性未作说明。

〔7〕 译者注：指按照特定的时间单位与固定的赔偿额度计算损害赔偿。

〔8〕 BGE 127 Ⅲ 73 E. 3c；122 Ⅲ 219 E. 3a.

即所谓的"损害具体化义务"[1])。

172　区分事实问题和法律问题**意义重大**，因为瑞士联邦最高法院之审理为法律审[2]。

二、界定"损害"概念的新趋势

（一）概说

173　在相当长的时间里，德国一直在讨论是否应该对经典的损害概念作重新定义。

174　亦有观点认为无须对损害概念做完整的描述[3]，更有甚者认为应该彻底放弃试图定义损害概念的想法（例如：KöTZ, N 1 ff.）。

175　对"损害"概念所做的重新定义中，存在多种代表观点[4]：在只对经典定义或多或少的修改和继受诸观点之外，特别值得关注的是联系"规范的"损害概念的观点，以及在定义财产损害概念中考虑经济因素的观点。

（二）"规范的（Normativ）"损害概念

176　"规范的"损害概念，主要是在 20 世纪 70 年代由一些学者提出的[5]，最主要的两个功能是通过价值判断细化或者修正"差额理论"。

177　修正作用主要体现在：例如，由于第三人原因造成雇员受损时，在其丧失工作能力期间，仍然获得薪金、假期和由雇主缴纳的**社保金**。由雇主缴纳的社保金份额获得法院的认可，得作为侵权法上的"损

---

　　[1]　译者注：主张的"具体化"乃日本学者从德语"SubstantⅡerung"翻译而来，但从字面含义上看，"具体化"并不能完全涵盖"SubstantⅡerung"的意旨。这一点并不为日本学者所否认，他们认为，在日语中找不出一个与德语中的"SubstantⅡerung"内涵相同的语词，以"具体化"指称之基本妥适。参见 [日] 烟瑞穗："摸索的证明·事案解明义务论"，载铃木正裕先生古稀祝贺纪念文集：《民事诉讼法的史的展开》，有斐阁 2002 年版，第 611 页。转引自占善刚："主张之具体化研究"，载《法学研究》2010 年第 2 期。从中文来看，"SubstantⅡerung"可译为"证实性"、"使具有实质根据"，但基于文献利用、检索的便利性，本译文也以"具体化"指称之。参见占善刚："主张之具体化研究"，载《法学研究》2010 年第 2 期。

　　[2]　vgl. dazu Urteil des BGer 4C. 9/2007 vom 22. Mai 2007 E. 2. 1.

　　[3]　MünchKommBGB/OETKER, § 249 N 21 ff.

　　[4]　参见：MAGNUS, S. 11 ff.

　　[5]　参见：MEDICUS, S. 235 f.

害"主张赔偿，由此，以价值为导向的考察方式偏离了传统的"差额理论"。法官需要考察法规目的从而定义"损害"概念，即损害是指"在具体劳动关系中，受害人通过持续性地使用其劳动力所获得的，不因其一时丧失劳动能力而失去的实际的利益"[1]。依此概念，这部分利益也包括雇主缴纳的社保金份额，因为社保金属于劳动者在其工作范围内应获得之利益[2]。

"规范的"损害概念的内容与适用范围或根本无法确定，或确定相当困难，因此现今的德国学界已经摒弃了"规范的"损害概念[3]。

瑞士联邦最高法院在侵害从事家务者的身体或生命造成损失，即所谓"家务损害"（参见边码 259~260，271~272，286，305）以及对受害人的无偿护理（参见边码 263）这两种情形下，承认"规范的"损害概念。

基于不同的理论发展出来的不同的损害概念主要有"规范的"损害概念和部分的经济结构化之损害概念（teilweise ökonomisch strukturierten Schadensbgriff）（参见边码 21 以下）。这一区分的现实意义在于，法院在家务损害，有时也在护理损害的案件中适用"规范的"损害概念，而对于部分的经济结构化之损害概念，除少数例外，法院基本上不予适用（对"规范的"损害概念的全面阐述，参见 CR/WERRO，Art. 41 N. 21 ff.）。

（三）考虑经济因素之损害概念（teilweise ökonomisch Schadensbgriff）

部分的经济结构化之"损害"概念[4]，原则上依然以"差额理论"为依据，而在财产损失概念中加入了经济因素。依据此"损害"概念，商业化的享受与利益（例如：观看戏剧、度假等）也具备财产属性，即使它们在本质上涉及的是非物质价值[5]。

---

〔1〕　BGHZ 43，1965，Nr. 52，S. 381.

〔2〕　BGHZ 59，1973，Nr. 19，S. 109 ff.，Nr. 26，S. 154 ff.

〔3〕　MAGNUS，S. 14 ff. und bei ROBERTO，Schadensrecht，S. 38 ff.

〔4〕　学者 ESSER/SCHMIDT，§ 31，S. 167 ff.，也使用此概念。

〔5〕　ESSER/SCHMIDT，§ 31 Ⅱ d，S. 177.

1. 基于"商业化理论"与"目的落空理论"的损害概念之经济要素

180 在"损害"概念体系中纳入经济要素,使得对特定用益载体(Nutzungsträgers,例如机动车,涡流)的**使用权能**(Gebrauchsmöglic‐hkeiten)具有了财产属性,因为使用利益可以相关用益载体的**市场价格**予以确定。

181 基于"**商业化理论**",或称"**商业化理念**",使得**原本已经获得的用益权能**(Nutzungsmöglichkeiten)由于损害事件而受到侵害,无法使用,成为在侵权法上可以获得损害赔偿之损害[1]。此类损害因而也被称为"**商业化损害**"(Kommerzialisierungsschaden)(参见边码274以下)。

182 依据"目的落空"理论,为一项将来发生的**生活体验与享受**(Genuss)支付的费用,因致害事件发生变得徒劳无益时,可以请求损害赔偿。"**目的落空理论**"或称"**目的落空理念**"[2]的意义在于,若支出的费用目的落空(参见边码389以下),则这一"**目的落空损害**"(或称"**受挫损害**",Frustrationsschaden)成为具有财产性质的损害。当受害者为某项法益支付了费用,而由于致害事件发生,导致费用支付之目的落空时,可获得赔偿。

183 兹举一例予以说明:原告购买了《耶稣基督万世巨星》(Jesus Christ Superstar)的门票,在去剧场路上被汽车刮擦受有轻伤,错过了表演,此即"**目的落空损害**"之一适例。此例中,受害人轻伤无须医生介入治疗,因而也不发生医疗费用,依据"差额理论",不发生可获赔之人身损害(参见边码219以下)。然而,由于机动车驾驶者之过失,使得为即将发生之生活体验与享受而支付之费用目的落空,依据"目的落空理论","受挫损害"得请求侵权法上的损害赔偿。

---

[1] 类似观点参见:GAUCH/SCHLUEP/REY,Nr. 2664 f.

[2] ERMAN/KUCKUK,BGB 249 N 66 ff.;ESSER/SCHMIDT,§ 31 Ⅲ,S. 183 f.;STAUDINGER/SCHIEMANN,BGB 249 N 123 ff.

2. 基于法律的经济分析理论（ÖAR）的经济化之损害概念

经济化之损害概念，虽然仍以"差额说"作为理论依据，但借助"商业化理论"扩张了财产损害之范围，值得在**法律的经济分析理论**（ÖAR）框架下，进一步进行分析。

184

由美国学者理查德·波斯纳发展的法律的经济分析理论，对欧洲的私法理论也产生了相当影响[1]。它以经济学理论为基础。在经济学理论的三个假设中——"人类需求不敷"（Nichtsättigung menschlicher Bedürfnisse），"资源利用最大化"（Maxime der Nichtverschwendung von Ressourcen）和"经济主体自利"（Eigennutz der Wirtschaftssubjekte），其中"经济主体自利"对损害概念新的发展影响最大[2]。效用是主观的，一切利益和价值均以个人为准；同时否认集体效用[3]。由此，社会状态的好坏全由个人**效用**作为评价标准。这种评价标准体现在个案中即为以用益载体的市场价格为导向的，可用金钱换得的"效用"。

185

从某一客体作为"效用"，得为特定个人所有此一评价模型出发，可以得出由于侵害行为造成的用益之丧失或对使用权能构成的消极妨碍，得成为价值评价之客体的结论。此时需要判断的是，造成归属他人之效用减损的某一特定行为，是否存在法律规定的可归责于行为人的情形，从而使行为人必须承担损害赔偿责任。

186

理解经济化之损害概念，需要把握以下几点：

187

- 若在市场价格构成中包括**使用、用益权能**（例如机动车、山地车），则此使用权限便具有了财产属性。依据法的经济分析理论，"**商业化理念**"考虑经济因素，因而使用权能亦得用金钱购买。若使用权能的载体毁损，不仅产生通说认为的经典意义上的损害，而且受害人（个体）也遭受另一项额外的财产损害，亦即购买的将来的使用权能随之丧失。依据法的经济分析理论，对用益载体暂时

188

---

[1] GAUCH/SCHLUEP/REY, Nr. 2674.
[2] 对三大假设的具体阐释，参见：BEHRENS, S. 30 ff.
[3] BEHRENS, S. 34 f.

的使用权能之剥夺，亦构成财产损害[1]。

189 — 依据法的经济分析理论，"目的落空"（边码 182）与"**商业化**"（边码 181）两种分类变得非常接近。"**商业化损害**"，亦如"**目的落空损害**"（或称"**受挫损害**"），系已经购买但之后又丧失了的用益权能。所以学者认为，这种理论上的区分也仅仅流于表面，实质上非常接近，实值赞同[2]。

190 然而，需要注意的是，在违约情形中，若当事人主张对待给付义务未履行为"目的落空损害"，则"商业化损害"与"目的落空损害"的区分仍具区分实益。此处，在违约情形中的"目的落空损害"，系指特定获利（Nutzen）之丧失[3]。

191 — 受到法的经济分析理论影响而产生的经济化的损害概念，扩大了损害赔偿责任的范围。需要注意的是，尽管法律的经济分析理论具备多项功能，然而预防功能仍为其内在与固有之功能，从该一功能出发，经济化损害概念不会导致损害赔偿责任泛滥。并且，该理论仅在传统"损害"概念无法解决的疑难案件中适用（苏黎世州高等法院判决，参见边码 394）。另外，从教义学角度考察，瑞士《债务法》第 41 条第 1 款之规定（"违法致人损害……应承担损害赔偿责任"），原则上并未为在损害概念体系中考虑经济因素设置限制和障碍，从而将传统损害概念扩张至上文已经列举的"商业化损害"以及"目的落空损害"。

---

[1] GAUCH/SCHLUEP/REY, Nr. 2675.

[2] GAUCH/SCHLUEP/REY, Nr. 2679.

[3] GAUCH/SCHLUEP/REY, Nr. 2681, s. auch Nr. 2684 ff.

第二节　损害类型与计算

一、概说

（一）具体损害类型区分的必要性（损害类型化）

区分损害类型具有其必要性，其中最重要原因系确定损害数额（即损害之计算）时，并非所有类型损害均适用同一计算方法[1]。　　　　　192

区分损害种类具有必要性的原因，还在于部分特别法仅就部分损害种类赋予了受害人赔偿请求权[2]。　　　　　193

依被**侵害法益**对损害进行分类，主要分为侵犯自然人身体与生命的人身损害（参见边码219以下），致使物毁损灭失的**物之损害**（参见边码306以下），以及**其他损害**（参见边码329以下）。除此之外（不同于以上传统意义上的三分法），本文也将介绍其他的损害分类：**直接与间接损害**（参见边码333以下），**所受损失**（*damnum emergens*）**与所失利益**（*lucrum cessans*）（参见边码345以下），**直接受害人所受损失**（direkter Schaden）[3]**与间接受害人所受损失**（亦称反射损失）（Reflexschaden）（参见边码350以下），最后讨论有关**"商业化损失"**和**"目的落空损失"**，或称**"受挫损失"**的问题（参见边码371以下）。　　　　　194

以下将在介绍各损害类型的同时，说明其**计算**方法。因为如上文所述，损害类型化的最主要原因即为不同损害类型采用不同计算方法（参见边码192）。　　　　　195

---

〔1〕　OFTINGER I，S. 61：人身损害、物之损害与其他损害，不同的损害类型，计算方法在很大程度上有所不同。OFTINGER/STARK I，§ 2 N 61 中指出，将损害区分为人身损害、物之损害和财产损害，在损害计算时，适用不同的计算方法。

〔2〕　例如：瑞士《联邦铁路责任法》（EHG）、瑞士《居民登记法》（ERG）、瑞士《联邦液体运输与易燃气体管道法》（RLG）以及瑞士《道路交通法》（SVG）将赔偿责任限定在人身损害和物之损害范围；参见：A. KELLER Ⅱ，S. 28 mit Hinweis auf Band I，S. 53 ff.

〔3〕　译者注："direkter Schaden" 和 "unmittelbarer Schaden" 从字面意思来看，均为 "直接损害"。"direkter Schaden" 实为直接受害人所受之损失，包括直接受害人所受之直接损失 "unmittelbarer Schaden" 和间接损失 "mittelbarer Schaden"。

（二）损害计算

1. 概念与适用原则

196　在计算损失时，需要确定受害人因致损事件所遭受损失的大小，计算事实上（实际）财产的减损。因而，计算损失即确定**损失的数额**[1]。

197　在计算损失时需注意以下**原则**：

198　－　在瑞士《民法典》第 8 条规定了举证的一般规则，即损害应由受害人举证证明；此原则得到瑞士《债务法》第 42 条[2]第 1 款明确确认。受害人应当证明损害发生**及其大小**[3]。

199　　　由此，在诉讼中，原则上受害人须对其主张承担举证责任，对于损害的发生和数额大小，受害人不仅需要提出主张，还需要举证证明[4]。

200　－　**例外情况下**，受害人无法证明损失的具体数额的，得依据瑞士《债务法》第 42 条第 2 款的规定，由法官自由裁量确定数额。

201　　　适用瑞士《债务法》第 42 条第 2 款需满足的构成要件是：基于损害的性质，受害人无法证明损失的具体数额（例如：因丧失劳动能力导致的财产减少）；受害人举证困难或者受害人举证不可期待（例如：证明损害数额需要支付的专家费用过高，高于损害本身）。至少在受害人看来，以上构成要件应具备。

201a　　　当案件争议涉及的"损失"系属所失利益时，瑞士《债务法》第 42 条第 2 款规定的"由法官得自由裁量确定数额"尤其具

---

〔1〕　vgl. dazu auch HONSELL, § 8 N 1 ff.

〔2〕　译者注：Art. 42（Festsetzung des Schadens）

1 Wer Schadenersatz beansprucht, hat den Schaden zu beweisen.

2 Der nicht ziffernmässig nachweisbare Schaden ist nach Ermessen des Richters mit Rücksicht auf den gewöhnlichen Lauf der Dinge und auf die vom Geschädigten getroffenen Massnahmen abzuschätzen.

试译为：瑞士《债务法》第 42 条（损害确定）

1. 主张损害赔偿的，需证明损害。

2. 受害人无法证明损失的具体数额的，法官有权通过自由裁量确定损害赔偿数额。

〔3〕　参见：BREHM, OR 42 N 9；A. KELLER Ⅱ, S. 31 ff.；瑞士联邦最高法院判决：BGE 122 Ⅲ 219 E. 3a；参见边码 171。

〔4〕　所谓的"具体化义务"；然而它并非法律义务，而仅仅系不真正义务，GULDENER, S. 187, 327 Ziff. 5；WALDER－RICHLI, § 17 N 14.

有重要实践意义[1]。

瑞士《债务法》第42条第2款这一例外规定，不仅适用于已经实际
发生的损失，对于**可预见将会发生的损失**，亦同[2]。　　　　202

在司法实践中，瑞士《债务法》第46条[3]第1款规定的造成　　203
他人人身损害的案件，受害人无法举证证明将来的工资收入损
失或者所失利益时，法官得类推适用瑞士《债务法》第42条第
2款的规定。尤其当受害人是未成年人时，确定其因残疾造成将
来的工资收入损失，大部分案件均需适用例外规则，由法官对
损害数额进行裁量[4]。

瑞士《债务法》第42条第2款类推适用于侵犯他人人格权的获
利返还的情形（瑞士《民法典》第28a条第3款结合瑞士《债
务法》第423条）[5]。

注意：瑞士《债务法》第42条第2款旨在减轻，而非免除受害
人举证责任。对于可以证明损害发生以及有助于判断数额大小的事
实，只要可能和可被期待，受害人均应主张与证明[6]。

在实践中，瑞士《债务法》第42条第2款也常常被（类推）适用于　　204
需要确定抚养费数额的案件中（瑞士《债务法》第45条第3款，参

---

[1]　ZR 2001, Nr. 31, S. 97 ff.：探讨了因不正当竞争而发生的损害赔偿的问题。

[2]　损害发生有一定可能性，因而属于可预见范围；CR/WERRO, Art. 42 N 27.

[3]　译者注：Art. 46 OR（Schadensersatz bei Körperverletzung）

1 Körperverletzung gibt dem Verletzten Anspruch auf Ersatz der Kosten, sowie auf Entschädigung für die Nachteile gänzlicher oder teilweiser Arbeitsunfähigkeit, unter Berücksichtigung der Erschwe – rung des wirtschaftlichen Fortkommens.

2 Sind im Zeitpunkte der Urteilsfällung die Folgen der Verletzung nicht mit hinreichender Sicherheit festzustellen, so kann der Richter bis auf zwei Jahre, vom Tage des Urteils an gerechnet, dessen Abänderung vorbehalten.

试译为：瑞士《债务法》第46条（人身损害赔偿）

1 侵害他人造成人身损害的，应当因此支出的各类费用，发生受害人全部或部分丧失劳动能力的情况，由此造成的经济上的损失，得主张损害赔偿。同时应将受害人继续就业情况恶化之情事考虑在内。

2 判决作出时尚无法确定损害结果范围的，法官得依法在判决生效之日起2年内，保留更正判决之权利。

[4]　参见：BREHM, OR 42 N 63 ff. 还列举了其他适用此规则的案件类型。

[5]　BGE 133 Ⅲ 153 E. 3.5 "Patty SCHNYDERS Vater" gegen Ringier AG und Kraushaar.

[6]　BGE 122 Ⅲ 219 E. 3a.

见边码 285 以下）。

205 — 在瑞士损害赔偿法中，普遍适用**主观与相对的**（subjektive bzw. re-
lative）损害计算法[1]。采主观计算法旨在保护受害人个体利益，
将致害事件对受害人总体财产所造成的影响作为考虑因素与计算标
准。因此在计算损失时，需确定实际**承受的、具体的**损失，例如所
失利益、受毁损之物的价值减少以及造成受害人失业等[2]。

206   相反，采所谓的"**客观计算法**"计算损害时，旨在确定受侵害
法益之事实与客观价值，通常依市场价格或者交易价格计算
（s. dazu OFTINGER/STARK I，§ 6 N 357）。依照此方法计算
损失，属于抽象计算法。

207 — **损失**是否依据正确原则和方法**计算确定**，法官是否合法运用其自由
裁量权（瑞士《债务法》第 42 条第 2 款），属于瑞士联邦最高法
院可审查之**法律问题**（s. dazu Urteil des BGer 4C. 377/2002 vom
19. Mai 2003 E. 4. 1，BGE 127 Ⅲ 73 E. 3c；126 Ⅲ 388 E. 8a，援引了
较早时期的判例；与"法律问题"相对的，系所谓的"事实问
题"，亦即判断是否存在损害以及何种损害的问题，"事实问题"
非属瑞士联邦最高法院审查范围；BREHM，OR 42 N 5）。

208   对联邦州法院法官行使裁量权作出的判决进行审查时，联邦最
高法院得依照瑞士《债务法》第 42 条第 2 款的规定对损害进
行自由裁量，对此，联邦最高法院对自己设定的限制为：仅当
州法院法官行使自由裁量**明显**超越应有界限时，联邦最高法院
始得介入审查（参见瑞士联邦最高法院判决：BGE 98 Ⅱ 164
E. 2，90 Ⅱ 86 E. 3d，83 Ⅱ 356 ff.）。

  2. 损害计算作为损害赔偿裁量之基础

209 损害计算系损害赔偿裁量之基础（参见边码 395 以下）。在损害赔偿裁
量阶段，需决定的是在损害计算阶段已经确定核实的损害数额应否全部

---

〔1〕 参见：BREHM，OR 42 N 13a ff.；OFTINGER I，S. 251.
〔2〕 注意：运用客观标准计算损失，例如由具备专业技能的专家确定的损害数额，也属于具体
的（而非抽象的）损失确定；BGE 104 Ⅱ 198 E. b.

或部分获赔。

在个案中，尽可能准确确定损害数额具有重大实践意义。准确确定损害 210
数额，才有可能进一步通过损害赔偿裁量最终确定符合事实也符合法
律规定的赔偿数额（在司法**实践**中，损害额的计算和损害赔偿裁量两
个步骤也常常合并；A. KELLER Ⅱ，S. 30）。相较而言，损害计算在法
律适用中的地位更为重要，因此，以下在讨论具体损害类型时，将同时
对每个损害类型的计算方法作出说明（此论述结构的安排尚有已经说明
的其他原因，参见边码 192 ~ 193）。

3. 特别问题：获利折算（损益相抵）

基于同一损害事实受到经济上的损害，同时又受有利益的，则在确定 211
致害事件发生后"事实上财产状况"时，应将获得之经济上利益计算
在内。所谓的"损益相抵"，首先是基于通说的差额理论，通过比较因
侵害事实发生实际现存的和假设未发生损害事实时应有的财产状况，
确定损害（参见边码 153）。同时也基于现行瑞士损害赔偿法上的受害
人"不得因损失而获利"原则（或称"获利禁止"原则，
Bereicherungsverbot），获利部分必须在损害中进行折算，否则会导致受
害人因致害事件得利的结果[1]。损益相抵问题应在损害计算阶段，
而非损害裁量阶段处理和解决[2]。

　　需注意的是：损益相抵不同于瑞士《债务法》第 120 条意义上的 212
　　抵销，理由是被折抵部分的利益属于受害人，而非加害人之债权[3]。

损益相抵需满足以下**构成要件**： 213

－　损害事实与受害人获益必须具有"内在关联"[4]。住院期间费用 214
　　包括病患伙食费用的，由此节省了若无损害事件亦需支出之日常
　　伙食费用即为适例，然住院期间出于厌倦无聊，参加各种比赛获

　　〔1〕　BGE 131 Ⅲ 12 E. 7. 1.
　　〔2〕　BREHM, OR 42 N 28；OFTINGER/STARK I，§ 6 N 50.
　　〔3〕　OFTINGER/STARK I，§ 6 N 49 FN 70.
　　〔4〕　BGE 112 Ib 322 E. 5a；vgl. dazu auch WERRO, Nr. 943；A. KELLER Ⅱ，S. 40 f.；部分学者
（z. B. OFTINGER/STARK I，§ 6 N 55 ff.）称此为"相当因果关系"，有混淆概念之嫌；"内在关联"
须通过价值判断确定，vgl. dazu OFTINGER I，S. 179.

利所得，非属因侵害事件而获得之利益，无须折算。

215 — 另一要件为，损益相抵未**通过法律规定或者当事人约定**排除。前者比如定额保险的情况 [1]，后者比如第三人以例如捐赠的形式自愿支付部分损害赔偿的情形。一般而言，往往是第三人希望帮助受害人负担部分损失，而非侵权人 [2]。同样，对于在事故中受伤的劳动者，雇主自愿继续支付薪金的情况，亦属第二种情形；相反，针对基于法律规定或合同约定需履行之付款义务，得进行损益相抵 [3]。

216 判例：

— 侵权行为致人死亡的，抚养费损害赔偿应扣除死者生活和教育开支 [4]。对于抚养费损害的损益相抵问题，存在不同观点，参见边码299。

— 抚养费损害中折抵基于遗产取得的收益（Erträgnisse aus Erbschaft）（BGE 99 Ⅱ 207 E. 7，95 Ⅱ 411 E. 1）。

— 毁损物之剩余价值折抵（BGE 35 Ⅱ 315 ff.）。

217 发生物之损害，通常情况下，由赔偿义务人保留损坏物之"残存部分"。如此便无须进行（金钱价值上的）损益相抵；受害人获得全额赔偿。理论上称之为"原物的损益相抵"（Vorteilsanrechnung *in natura*）[5]。

218 对毁坏物进行赔偿，价格上往往高于用旧之原物。由此即产生是否应减去高出部分价值的问题。部分学者 [6] 认为仅就一部分物的赔偿需要扣减高出的价值，即通常情况下需考虑折旧的标的物。而另有学者 [7] 则认为，对于所有会因使用而消耗磨损之物，均应扣减新旧物价值差额（此观点与"获利禁止"原则相符，值得赞同）。

---

〔1〕 参见瑞士《联邦保险合同法》第96条；s. auch BREHM, OR 42 N 38；OFTINGER／STARK I，§ 6 N 65.

〔2〕 BREHM, OR 42 N 39；MERZ, SPR Ⅵ/1, S. 209；OFTINGER/STARK I，§ 6 N 75.

〔3〕 BREHM, OR 42 N 39；s. auch OFTINGER/STARK I，§ 6 N 76.

〔4〕 BGE 112 Ⅱ 118 E. 3, 112 Ib 322 E. 5a（丧葬费不予折抵），102 Ⅱ 90 E. 2b, 101 Ⅱ 257 E. 1c.

〔5〕 BREHM, OR 42 N 29.

〔6〕 vgl. DESCHENAUX/TERCIER, § 24 N 6.

〔7〕 例如：BREHM, OR 42 N 43.

4. 计算损害之时点

损害的确定以其发生之时点为准[1]。若损害在诉讼程序开始之前已经　218a
发生，并一直持续，则至最后一审法院作出生效判决为止，计算损害，
期间发生的新的事实情况，法院仍应考虑在内；此最后审级的法院，
通常为**联邦州高等法院（可进行事实审）**（das obere kantonale Sachger-
icht）。虽然，仅有极少数法律条文明确规定了损害计算的时间点
［瑞士《债务法》第 46 条第 2 款，瑞士《联邦电力法》（ElG）第 36
条第 3 款，瑞士《联邦国家及国家机关工作人员责任法》（VG）第 5
条第 3 款］，但在学说和判例中，以上判断标准一直作为重要原则适
用[2]。

相反，**抚养费损害**虽然自抚养人死亡之日起算，但此事件发生后的所　218b
有可能之事实均须考虑在内（参见边码305）。

二、人身损害

（一）概念

人身损害指自然人健康受到侵害所造成之损害，包括因自然人的生命、　219
身体受到侵害，造成的所有物质上的减损[3]。

人身损害因侵害身体或生命而产生。　220

（二）表现形式

1. 侵害他人身体

侵害他人身体指对自然人生理或心理完整性之侵犯。造成（物质性[4]）　221
损害或非物质性精神痛苦，始得主张损害赔偿法上之救济[5]。

---

〔1〕　OFTINGER/STARK I，§ 6 N 19 f.

〔2〕　vgl. OFTINGER/STARK I，§ 6 N 21；GAUCH/SCHLUEP/REY，Nr. 2656 m. w. N. ；HONSELL，
§ 8 N 22；瑞士联邦最高法院判决：Urteil des BGer 4C. 260/2003 vom 6. Februar 2004 E. 6. 2. 1，BGE 125
Ⅲ 14 E. 2c，122 Ⅲ 53 E. 4c，99 Ⅱ 214 E. 3b；s. auch BGE 116 Ⅱ 295 E. 3a，113 Ⅱ 345 ff. ，109 Ⅱ 474
E. 3；关于物之毁损灭失造成价值变化的损失之确定时点，参见边码324。

〔3〕　经济上的损失；WERRO，Nr. 59 f. ；STARK，Skriptum，N 54，使用的是"身体损害"
（"Körperschaden"）概念，含义相同。

〔4〕　译者注。

〔5〕　HONSELL，§ 8 N 60；OFTINGER/STARK I，§ 6 N 92；侵害他人身体的概念和表现形式：
LANDOLT，Art. 46 N 5 ff. ，N 19 ff.

222　侵害身体完整性通常指造成他人身体机能或心理健康状态的完整性损
害[1]。也可以是由于其他作用和影响，例如由于事故惊吓，虽然未导
致身体机能受损，但是留下心灵创伤[2]。

223　[3]　身体机能与非身体机能上的影响和作用均能构成对心理健康状态完
整性的侵犯。心理完整性受侵犯的情形有精神上倦怠[4]、记忆力衰弱
和精神疾病[5]。

224　部分疾病现象在人体结构学上无法找出病因，往往是由于神经疾病，
显现出神经官能症的特征[6]。例如，一位病患的腿部不能活动，
但腿部肌肉和神经都属健康正常，病因往往在心理方面。这与装病
不同，病人并非伪装称病，神经官能症属于疾病的一种，其表现形
式多样，诸如双手颤抖、出汗、瘫痪现象或情绪爆发无法
控制[7]。

224a　仅心理障碍（具有神经官能症特点，尤其是疑病症）属于身体侵害，
亦即属于人身损害的表现形式。某人的行为造成他人心理健康状况
完整性的侵害，是否需要承担由此造成的他人财产上的损失，取决
于损害赔偿法上其他构成要件，尤其是相当因果关系要件是否满足
（参见边码525）。

224b　由于身体受损造成人身损害可能会有较长潜伏期，即受害人发病可
以追溯到相当长时间以前的某个原因。针对此类案件情况，在德

---

〔1〕　BGE 117 Ⅱ 609 ff.：交通事故造成受害人脑部受损。

〔2〕　SJZ 1965, S. 7 f.：一名火车司机在撞人之后，由于惊吓造成循环系统障碍，最后导致心脏衰
竭；BGE 42 Ⅱ 473 ff.：被爆炸球击中的怀孕妇女在事件发生后神经系统发生障碍，导致早产和两年后
再度怀孕时的流产。

〔3〕　译者注：神经官能症系一类没有任何可证实的器质性病理基础的神经性疾病。疑病症系神
经官能症的下位概念，具体是指由于事故或致害事件发生，受害人认为自己需要反复就医，担心或相
信患严重躯体疾病的持久性优势观念为主的神经症。疑病症会导致身体上完全具备工作能力的患者，
因为精神疾病，无法工作。

〔4〕　BGE 88 Ⅱ 111 E. 6, 80 Ⅱ 348 lit. E, 44 Ⅱ 153 E. 2.

〔5〕　BGE 80 Ⅱ 348 lit. E（抑郁症），BGE 97 Ⅱ 339 E. 7（人格扭曲），88 Ⅱ 111 E. 6，还包括神
经官能症：BGE 96 Ⅱ 392 E. 2.

〔6〕　参见：MAURER, Praxis, S. 254.

〔7〕　关于神经官能症的详细阐述：OFTINGER/STARK I，§ 6 N 95 ff.；OFTINGER I, S. 187 f.

国发展了后发损害（Spätschaden）这一损害类型予以救济[1]。

需注意的是，由于致害事件造成当事人身体和心理健康完整性受到非法侵害的，作为**直接受害人**，得主张损害赔偿。对身体和心理完整性的侵害，非以损害事件之直接后果为必要。受惊吓之第三人亦得主张损害赔偿，因为惊吓损害是由于侵害绝对权，亦即健康权所造成[2]。

2. 致人死亡

侵犯生命权系由于他人的影响和作用造成的权利能力之终结（参见瑞士《民法典》第 31 条关于权利能力的规定）。瑞士《债务法》第 45 条规定，致人死亡（即侵害行为直接造成死亡，瑞士《债务法》第 45 条第 1 款）和侵权行为先造成致命性的身体伤害，最后死亡（瑞士《债务法》第 45 条第 2 款），两种情形，均得主张损害赔偿。

确定死亡时间至关重要：瑞士《债务法》第 60 条第 1 款规定，损害赔偿请求权应自受害人知道损害和赔偿义务人之时开始计算，1 年内行使；自致害事件发生之日起 10 年消灭；若损害事件发生后 10 年期间经过，受害人再主张损害赔偿，请求权无执行力［最长时效（absolute Verjährungsfrist），瑞士《债务法》第 60 条第 1 款；责任法上的损害赔偿请求权的消灭时效，参见边码 1605 以下］。

注意：依据瑞士《联邦铁路、轮船企业与邮政责任法》（EHG）（第 14 条第 1 款）和瑞士《联邦电力法》（ElG）（第 37 条），损害赔偿请求权的消灭时效为 2 年，但是从事故发生时开始起算。

（三）侵犯身体权的赔偿项目

1. 费用（瑞士《债务法》第 46 条第 1 款）

瑞士《债务法》第 46 条第 1 款中所称之"费用"（Kosten）系由于身体

225

226

227

228

229

---

[1]　参见：VOSER, S. 121；消灭时效，参见边码 1638 以下。

[2]　BGE 112 Ⅱ 118 E. 5：本案中，由于飞机失事，两个儿子遇难，父亲经受巨大惊吓；参见边码 353。

受到伤害而造成的经济上的花费[1]。包括以下几项：急救费以及急救交通费、医疗费和护理费[2]、义肢的费用[3]以及器具费用（特殊的服装，眼睛和轮椅等），就诊复诊等所花费之交通费用。与受害者关系较近的家人支出的探访费用亦得向侵权人主张损害赔偿（参见边码第369~370）。请求权基础主要是瑞士《债务法》第422条的无因管理[4]。在计算损失时，瑞士联邦宪法法院将受害者因不能服役而必须缴纳的兵役税也考虑在内，由侵权人负担[5]。诉讼程序开始之前的律师费用，只要此财产减损属于受害人"非自愿"支出，亦属于瑞士《债务法》第41条中的损害范围。律师介入到何种范围和程度属于**必要**，以及律师介入是否属于使受害人损害赔偿请求权主张得到支持之必要措施，这一判断也需在确认受害人支付费用是否属于自愿后，才能得出结论[6]。

230 并非所有因身体残疾增加的费用支出，均得依据瑞士《债务法》第46条请求损害赔偿。只有为满足生活基本需求支出的费用，例如购买轮椅或对住所结构做出相应修整[7]的费用，得请求损害赔偿。此外，上下班的交通费（例如购买残疾车）亦属赔偿范围[8]。若受害人丧失劳动能力，则在计算瑞士《债务法》第47条（译者注：侵权致人死亡或身体受损时，法官权衡特殊个案情况，可以给予受害人或死者家属一定金钱数额之精神抚慰金）的损害赔偿时，由于身体受侵害造成的行动不便

---

[1] BREHM, OR 46 N 7 ff.；LANDOLT, Art. 46 N 112；MERZ, SPR VI/1, S. 200；CR/WERRO, Art. 46 N 6；OFTINGER/STARK I，§ 6 N 110；HONSELL，§ 8 N 62 ff.

[2] BGE 97 Ⅱ 259 E. 3，81 Ⅱ 512 E. 2a，72 Ⅱ 205 E. 3a（护理由家属承担的，亦可请求赔偿；减去原本也会发生的伙食费：损益相抵），BGE 52 Ⅱ 392 E. 5；ZBJV 1970, S. 280.

[3] 包括将来的修整和更换费用，BGE 89 Ⅱ 23 f.，72 Ⅱ 205 E. 3a.

[4] BGE 97 Ⅱ 259 E. 4；OFTINGER/STARK I，§ 6 N 105，111；BREHM, OR 46 N 17 f.；SCHAER, 损害赔偿体系, N 220 f.；MERZ, SPR VI/1, S. 200；STAUFFER/SCHAETZLE, N 663.

[5] 参见：BREHM, OR 46 N 19 ff.，以及文中所列明之法院判决 und die dort aufgeführte Judikatur；A. KELLER Ⅱ，S. 49.

[6] 详见：GAUCH, Anwaltskosten, S. 191/192 und 197/198；参见瑞士联邦最高法院判决：BGer 4C. 11/2003 vom 19. Mai 2003 E. 5. 1，BGE 117 Ⅱ 394 E. 3a，117 Ⅱ 101 E. 6a, b；涉及专家费用的判例：s. BGE 117 Ⅱ 101 E. 6c.

[7] BGE in JdT 1979 I, S. 454.

[8] BGE in JdT 1979 I, S. 454.

而发生的额外费用应考虑在内[1]。

2. 丧失劳动能力造成经济上的损失（瑞士《债务法》第46条第1款）

（1）概说

依据瑞士《债务法》第46条第1款，受害人全部或部分丧失劳动能力   231
的，由此造成的经济上的损失，得主张损害赔偿。"丧失劳动能力"的
定义为："**利用劳动力创造经济效用的能力之丧失。**"[2]确定赔偿范围
时的重要标准为身体受损对经济上的影响。对此理论，学说和判例意
见基本一致[3]。

> 概念用语上的不统一可能会导致误解和混淆。瑞士联邦最高法院   231a
> 一方面使用医学专业上定义的"丧失劳动能力"，另一方面也同时
> 使用法院在个案评价中认定的"丧失劳动能力"。只有后者才符合
> 上段中对"丧失劳动能力"的定义。前者只是"抽象的残疾"[4]
> 或称"医学理论上的残疾"[5]。法院在计算损失时，只能将前者
> 作为评价出发点，因为法院所需确定的是具体的残疾损害（具体
> 的丧失劳动能力概念），亦即，抽象的残疾程度对具体受害人工作
> 能力造成的影响，从而造成损失[6]。此外，在丧失劳动能力
> （Arbeitsunfähigkeit）与丧失工作能力（Erwerbsunfähigkeit）这两个
> 概念的使用上，也普遍存在混淆。通常两者同义混用[7]。有时
> 亦作区分：丧失劳动能力（Arbeitsunfähigkeit）指"抽象的残疾"
> 认定，而丧失工作能力（Erwerbsunfähigkeit）则主要指具体的经济
> 上的后果[8]。

性服务提供者同样享有因全部或部分丧失劳动能力导致收入减少的损   232

---

[1]　BREHM, OR 46 N 24; SCHAER, 损害赔偿体系, N 217 ff.

[2]　KELLER/GABI, S. 85.

[3]　BGE 117 Ⅱ 609 E. 7b und 9; 116 Ⅱ 295 E. 3; 113 Ⅱ 345 E. 1a; 95 Ⅱ 255 E. 7a; 91 Ⅱ 425 E. 3.

[4]　BGE 117 Ⅱ 609 E. 7c.

[5]　BGE 95 Ⅱ 255 E. 7c.

[6]　BGE 117 Ⅱ 609 E. 7c.

[7]　BGE 117 Ⅱ 609 E. 7c, 113 Ⅱ 345 E. 1a, 104 Ⅱ 307 E. 9b und c, 95 Ⅱ 255 E. 7c, 49 Ⅱ 164.

[8]　BGE 57 Ⅱ 103; SZöLLöSY, Invaliditätsschaden, S. 63 ff. ; vgl. dazu auch OFTINGER/STARK I, § 6 N 120; WEBER, Ersatzeinkünfte, S. 73.

害赔偿请求权[1]。

233　赔偿义务人负担的全部损失中，也包括将来的社会保险给付[2]。

（2）一时丧失劳动能力

234　发生**一时丧失劳动能力**时，应区分以下几种情况：

235　－　受害人一时丧失劳动能力，但在判决作出之前痊愈。

236　受害人一时丧失劳动能力，但在损害赔偿案件和解或判决作出之前，受害人痊愈的，则丧失劳动能力损失通过**具体和主观**计算法确定。在这种情况下，损害为收入之差，即假设受害人未受身体侵害的财产状况和现实的财产状况之差[3]。假设的收入状况需根据具体实施情况予以确定。判断时点为侵害事件发生时的收入状况。同时，法官也须考虑实际工资水平提高（Reallohnsteigerung[4]）因素[5]，例如，自由职业者在接到较大订单时，收入会在某一阶段有很大幅度的增加，这部分增加额需计入损害赔偿额。

237　－　受害人一时丧失劳动能力，在作出判决之时仍未痊愈。

238　受害人一时丧失劳动能力，在作出判决之时仍未痊愈的，判决作出到恢复工作能力之时的损失也应计算在内（计算原则同残疾损害，参见边码 243）。

239　在这类情况中需注意**损害赔偿请求权**与**继续支付报酬请求权**之间的关系。

240　受害人为非自由职业者的，需考虑损害赔偿请求权与继续支付瑞士《债务法》第 324a 条以及第 328a 条的法定报酬请求权之间的关系问题。两个请求权之关系为何，瑞士学界的讨论中存在不同见解[6]。但至少在雇主享有向第三人追偿的权利这一点上，基本达成共

---

[1]　BGE 111 Ⅱ 295 ff.

[2]　BREHM, Vorbem. zu OR 45 und OR 46 N 25; Landolt, Art. 46 N 757 ff. ; OFTINGER I, S. 209; MERZ, SPR VI/1, S. 202; eingehend dazu OFTINGER/STARK I, § 6 N 191 ff. ; SCHAETZLE, S. 136 ff. ; STARK, Rentenverkürzungsschaden, S. 333 ff. ; WEBER, Rentenschaden, S. 229 ff. ; BGE 116 Ⅱ 295 E. 4a, 113 Ⅱ 345 E. 1b.

[3]　BGE 98 Ⅱ 34 E. 3, 在本案中, 劳动者一时丧失劳动能力, 但不能获得损害赔偿, 因为雇员缺勤未导致其财产上发生减损。

[4]　译者注: Reallohn, 实际工资水平, 经济学概念。

[5]　BGE 116 Ⅱ 295 E. 3a bb, 91 Ⅱ 417 E. 4b; STAUFFER/SCHAETZLE, N 685.

[6]　OFTINGER I, S. 182, 351; SCHAER, Schadenausgleichsysteme, N 876 ff. ; MERZ, SPR VI/1, S. 203.

识。[1]此处类推适用瑞士《债务法》第51条[2]第2款；因雇主
非赔偿义务人，排除了该条文的直接适用[3]。

自1984年1月1日起，所有雇主均必须投保工伤意外事故强
制险（Unfallversicherungsobligatorium），雇主向受伤雇员支付
报酬得向加害人追偿，此请求权与其他请求权的追偿顺序问
题，重要性已大大减弱。仅需注意，日津贴（Taggeld）请求
权在事故发生后第三天起成立［瑞士《联邦意外事故保险法》
（UVG）第16条第2款，瑞士《债务法》第324b条第3款］。
此外，以下情况中，追偿请求权排列顺序上的位次问题仍具
讨论意义：在某一时间段内所发生的保险给付低于薪金的
80%（瑞士《债务法》第324b条）情形，以及雇主和劳动者
约定，保险不赔的部分由雇主支付薪金补足。

照料家务的家庭成员（妻，夫，同居者）因致害事件暂时无法照料家务
的，依照有工作者丧失工作能力计算损失。尽管事实上不仅照料家务
的家庭成员本身，其生活伴侣和家庭中的其他人也受到影响，但是在
计算损失时，假设仅发生于照料家务的家庭成员[4]。
造成照料家务的家庭成员残疾或死亡时的家务损害[5]，参见边码

241

242

---

〔1〕 OFTINGER I, S. 182; STARK, Skriptum, N 66.

〔2〕 译者注：Art. 51 OR（Bei verschiedenen Rechtsgründen）

1 Haften mehrere Personen aus verschiedenen Rechtsgründen, sei es aus unerlaubter Handlung, aus Vertrag oder aus Gesetzesvorschrift dem Verletzten für denselben Schaden, so wird die Bestimmung über den Rückgriff unter Personen, die einen Schaden gemeinsam ver – schuldet haben, entsprechend auf sie angewendet.

2 Dabei trägt in der Regel derjenige in erster Linie den Schaden, der ihn durch unerlaubte Handlung verschuldet hat, und in letzter Linie derjenige, der ohne eigene Schuld und ohne vertragliche Verpflichtung nach Gesetzesvorschrift haftbar ist.

试译为：瑞士《债务法》第51条（基于不同法律原因承担连带责任）

1. 数名赔偿义务人基于不同法律原因，主要指侵权行为、合同或法律规定，对受害人就同一损害承担连带责任的，准用基于共同过错造成损害的数名侵权人之间的追偿规定。

2. 在责任承担顺序上，首先应由侵权行为的当事人承担，最后由无过错亦非因违约责任，而系于法律规定需承担责任之连带责任人承担。

〔3〕 BGE 126 Ⅲ 521 E. 2b，参见边码1491a。

〔4〕 理由是其他间接受害人不得主张损害赔偿；BREHM, OR 46 N 113.

〔5〕 持不同意见的：HONSELL, § 8 N 79; HAUSHEER/KOCHER, ZBJV 1996, 386 f.

259～260 以及 286；家务损害作为"规范性"损害，参见边码 305。

（3）永久丧失劳动能力（残疾损害，Invaliditätsschaden）

243　由于身体受损，受害人利用劳动力创造经济效用的能力受到侵害，长期或终身丧失劳动能力所造成的财产减损，即为"残疾损害"[1]。

244　残疾损害主要是指将来工作收入的减少或丧失。需要注意的是，实践中，在作出判决之时受害人仍无法工作的情况，在计算损失时分为**两步**。第一步，对于在判决作出之时已经发生的损失，按照个案实际情况计算。以损害事实发生时的报酬情况为准（对雇员即为所失报酬，对于自由职业者则为所失营利）。第二步，对于将来发生的损失（尽可能具体的）预测确定[2]。

245　残疾损失主要是指将来工作收入的减少或丧失。法院需要对将来的损失进行推测确定。需注意的是，推测的损害应**尽可能可被具体**证明[3]。

246　以由医学专家确定的医学上的残疾等级为**出发点**[4]。

247　**然后**，确定抽象的残疾等级对受害人的工作能力或经济收入增长上的影响。因此需计算确定，假设没有发生侵害事件，受害人因其职业活动本应获得的报酬［所谓的"落空的收入"（Valideneinkommen）］。

248　将来可能的加薪或减薪都应计算在内，只是对于后者，法院态度相对保守[5]。

249　**确定丧失劳动能力导致的将来的收入损失**，遵循以下原则：以退休前**税后年收入**为准，计算至退休年限为止的收入[6]。税前收入中减去养老

---

〔1〕　BGE 99 Ⅱ 214 E. 3a.

〔2〕　针对第一步的判例：BGE 129 Ⅲ 135 E. 2.3.2.2；第二步：BGE 129 Ⅲ 135 E. 2.3.2.3 = ZBJV 2007，S. 124 ff.，bestätigt in Urteil des BGer 4C. 8/2005 vom 11. April 2005 E 2.2.

〔3〕　Urteil des BGer 4C. 324/2005 vom 5. Januar 2006 E. 3.2，BGE 131 Ⅲ 360 E. 5.1，Urteil des BGer 4C. 75/2004 vom 16. November 2004 E. 4.2，BGE 129 Ⅲ 135 E. 2.2.

〔4〕　所谓的"医学理论中的残疾"；瑞士联邦最高法院判决：Urteil des BGer 4C. 108/2003 vom 1. Juli 2003 E. 3.2，BGE 129 Ⅲ 135 E. 2.2，113 Ⅱ 345 E. 1a；SCHAETZLE/WEBER，N 3.237；SZöLLöSY，Invaliditätsschaden，S. 81.

〔5〕　BGE 129 Ⅲ 135 E. 2.2 判决中引用和阐释了目前学界的不同观点。

〔6〕　自由职业者，不受 65 岁退休年龄限制，而应依个案具体情况决定何时**终止工作**，瑞士联邦最高法院判决：BGer 4C. 62/2005 vom 1. November 2005 E. 3 = Pra 2006，Nr. 93，S. 662 ff. E. 3.2.

及遗属保险（AHV），工伤保险（IV），职业保险（EO）[1]，失业保险（ALV）以及企业职工保险（BV）应缴纳的金额[2]。折算得出的金额即为受害者因致害事件丧失劳动能力导致的将来的收入损失。在此收入损失中，还应扣减受害者至退休年龄领取的社会救济金。最终计算出受害人在退休前因丧失劳动能力导致的将来的收入损失[3]。

> 确定自由职业者因丧失劳动能力导致的将来的收入损失时（例如：
> 农场主），应将受害者无法工作时，家庭成员提供的无偿劳动也计
> 算在内[4]。

249a

关于所谓的"养老金损失"，参见边码260以下。

250

若在侵害事实发生时，受害人处于无业状态，则应确定，假设没有受到人身伤害，将来是否有再就业可能[5]。若受害者为未成年人，则需要确定，假设未受到伤害，其将从事何种职业、取得多少收入[6]。在判断未成年人职业选择时，主要依据以下几个因素：智力水平和父母的社会和经济情况。存在多种可能性时，以利于未成年的可能性为准[7]。

251

(4) 继续就业情况恶化损害（Erschwerung des wirtschaftlichen Fortko-mmens）

因丧失劳动能力导致经济损失的确定，还需考虑**康复后继续就业情况恶化**因素（瑞士《债务法》第46条第1款）。这是一项列入丧失劳动能力所受之经济上损失中统一计算的损害赔偿，亦即康复后继续就业

252

---

〔1〕 全称是 Erwerbsersatzordnung, 举例：女员工休产假，单位在此期间需向其支付工资；EO 这个保险赔偿用人单位支出的这部分工资（可能不是100％）。

〔2〕 BGE 129 Ⅲ 135 E. 2. 3. 2. 3.；瑞士联邦最高法院在判决中指出，不得将税前收入作为计算损失的基础；分析此判决的相关文献：VOLKER PRIBNOW, Nettolohn, Lohnentwicklung und Haushaltsch-aden vor dem Bundesgericht, HAVE 2003, S. 50 ff.

〔3〕 BGE 129 Ⅲ 135 E. 2. 3. 2. 3, bestätigt in Urteil des BGer 4C. 343/2003 vom 13. Oktober 2004 E. 5. 3.

〔4〕 .BGE 4C. 324/2005 vom 5. Januar 2006 E. 3. 4.

〔5〕 BGE 69 Ⅱ 335, 57 Ⅱ 103, 29 Ⅱ 285.

〔6〕 BGE 72 Ⅱ 206, 63 Ⅱ 63, 60 Ⅱ 218, 59 Ⅱ 43, 58 Ⅱ 262.

〔7〕 BGE 100 Ⅱ 298 E. 4a, 95 Ⅱ 255 E. 7b; HONSELL, § 8 N 70; OFTINGER/STARK I, § 6 N 129；未成年人落空的就业可能，参见：LANDOLT, Art. 46 N 582 ff.

情况恶化损害非独立的损害赔偿项目[1]。即使受害人本身已经不再具有劳动能力，亦得因侵害事件受到负面影响[2]。

253 确定损失时，以受害人因身体受损而减少的经济收入作为计算标准（参见边码 231～232）。亦即确定假设无侵害事件发生，受害人将来因其职业活动本应获得的报酬状况与身体受到侵害后将来获得的经济收入状况之差额。以个案具体情况为准。经验表明，毁容的劳动者，即使可以和正常人有同样的工作表现，在就业市场上也会受到歧视，不如身体受到侵害之前。若职业性质需要和客户直接接触，则在参与就业竞争时，身体残疾和毁容给受害人带来的不利影响就更为明显（如代理人、服务员、销售员、迎宾者和保姆）。在竞争市场上的这些不利影响统称为"康复后继续就业情况恶化损失"[3]。联邦最高法院在此项下，也会考虑未婚少女出嫁可能性以及未成年人职业选择因此受限等因素（参见边码 261）。

254 法院也需考虑受害人换工作的可能性。例如律师助理在侵害事件中严重毁容，很有可能无法在此岗位上继续工作。相反，若相同情况发生在银行内部面包房的工作人员身上，则找到新工作的概率会高很多。

255 在 BGE 72 Ⅱ 207 案中，受害人因侵害事件失足残疾，瑞士联邦最高法院判决赔偿受害人因康复后继续就业情况恶化所受之损失。理由是："在今后从事的各项工作中，受害人均需付出更多的精力和注意力，尤其是人身损害对受害者在面对身体无残疾的竞争者的自由就业市场上，造成了不利影响。"

256 在 BGE 81 Ⅱ 512 E. 2b 中，受害人毁容，虽然没有造成丧失劳动能力之损害结果，瑞士联邦最高法院仍判决赔偿受害人因康复后继续就业情况恶化所受之损失，理由是："受害人将无法得到对员工外表有一定要求的职位的工作机会，或者即使勉强就业，也会受到诸多限制与不利。根据生活经验，一位面部留疤的女性，即便伤痕

---

[1] BREHM, OR 46 N 87; HONSELL, § 8 N 81; SZöLLöSY, Invaliditätsschaden, S. 88.

[2] 例如：头痛，注意力不集中，记忆力衰退和语言障碍；s. dazu SCHAETZLE/WEBER, N 2. 247 ff., N 3. 250 f.

[3] BGE 102 Ⅱ 232 E. 6c.

不明显，也会对她的婚姻以及与此相联系的财产状况造成不利影响。"

本案中，瑞士联邦最高法院是从医学上的丧失劳动能力定义出发来
确定损害的。但在我看来，个案中具体的丧失劳动能力，同样会
影响当事人继续就业的可能性。法院仅仅从一点上判断，即理论
上受害人目前的劳动能力是否还能创造经济价值，易言之，从医学
角度上判断，受害人是否还能运用自身劳动力创造收入[1]。例如，
一名信贷业务助理在致害事件中毁容，由此原本成为信贷业务专
员的升职可能性丧失，亦属于"康复后继续就业情况恶化"，从而
妨碍受害人的劳动能力，理由是在付出同样劳动的情况下，受害
人现在获得的收入比原本未受损害前应获得的少。

257

"继续就业情况恶化损失"与精神抚慰金不同。后者赔偿的是非物质性
的精神痛苦，前者赔偿的是物质性的、经济上的损失。[2]

258

（5）家务损害（Haushaltschaden）

造成受害人终身残疾，而受害人平时需承担家务的（例如配偶，原则
上也包括同居者），则受害人不仅享有家务补贴（Haushalthilfe）请求
权，同时也享有丧失劳动能力不能做家务而受到的**经济损失之赔偿**请
求权。家务损失不以额外费用为要件，例如：需雇用相关人员完成家
务，或针对受害人自身费用之增加，或对亲属时间和精力的额外占用，
以及对生活质量降低的承受[3]。

259

家务损害定性为"规范的"损害，参见边码305。家务损害的**计算**，
参见边码270~271。

瑞士《刑事案件受害人救助法》（OHG）中也存在关于家务损害的赔
偿规定[4]。

259a

---

　[1]　BGE 117 Ⅱ 609 E. 9, 113 Ⅱ 345 E. 1a.

　[2]　BGE91Ⅱ425 E. 3b; OFTINGER Ⅰ, S. 212; OFTINGER/STARK I, §6 N 199.

　[3]　4C. 166/2006 vom 25. August 2006 E. 4. 1 = Pra 2007, Nr. 43, S. 267 ff., Urteil des BGer 1A. 252/2000 vom 8. Dezember 2000 E. 2a, Urteil des BGer 4C. 59/1994 vom 13. Dezember 1994 E. 5a und b = Pra 1995, Nr. 172, S. 549 ff.; vgl. auch BGE 117 Ⅱ 609 E. 7, 113 Ⅱ 345 E. 2, 99 Ⅱ 221 E. 2.

　[4]　BGE 131 Ⅱ 656 E. 6. 4, 129 Ⅱ 145 E. 2.

(6) 养老金损害

260 养老金损失（养老金削减）自退休之日起算。养老金损失亦即养老金收入的减少，是由于劳动能力受到侵害造成收入减少导致的结果[1]。由于发生致害事件，雇主无须为受害者继续向社保"第一支柱"和"第二支柱"（养老金账户）缴纳保险费，因而造成受害者养老金总额减少。

261 计算养老金损失时，需要确定假设致害事件未发生可得的养老保险额（养老与遗属保险以及企业职工养老保险）（AHV – und BV – Renten）与实际社保给付之差[2]。

262 瑞士联邦最高法院在确定养老金损失的态度上有所转变，不再考虑雇主和劳动者向社会保险账户中缴纳的金额，而是以到达养老与遗属保险年龄（AHV – Alters）时，个案中**具体**减少的养老金为准[3]。对应这一转变，养老金确定也均以**税后收入**为准，税前收入中应减去各类社保金金额[4]。

(7) 护理费损失（Pflege – und Betreuungsschaden）

263 护理费损失属于规范性损失；其与残疾损失（边码 243 以下）不同[5]。即使护理工作由近亲属承担（诸如父母、配偶）[6]，也需要赔偿。家庭成员之间无偿提供护理的，计算损失时，应以合理方式计算赔偿额。此类情形中，护理费损失系属规范性损害，参照护工劳动报酬标准计算；其类推适用家务损害的计算标准和原则[7]。

---

〔1〕 4C. 101/2004 vom 29. Juni 2004 E. 4. 1；Pra 2002，Nr. 152，S. 822 ff.，Urteil des BGer 4C. 215/2001 vom 15. Januar 2002，BGE 126 Ⅲ 41 E. 3.

〔2〕 SCHAETZLE/WEBER，N 3. 499，insbes. N 3. 502.

〔3〕 Pra 2002，Nr. 152，S. 822 ff.；s. dazu MARC SCHAETZLE，Rentenschaden – Praxisänderung，HAVE 2002，S. 205 ff.；BRUNO SCHATZMANN，Rentenschaden im Invaliditätsfall：Stand der Diskussion，HAVE 2002，S. 253 ff.

〔4〕 BGE 129 Ⅲ 135 E. 2. 2 und E. 3. 3；vgl. auch ZBJV 2007，S. 123 ff.

〔5〕 详见：LANDOLT，Art. 46 N 241 ff.

〔6〕 BREHM，N 14 zu Art. 46 OR；SCHAETZLE/WEBER，N 3. 265.

〔7〕 ZR 2002，Nr. 94，S. 289 – 299，对此瑞士联邦最高法院在判决中予以肯定和确认：4C. 276/2001 vom 26. März 2002 ff. = Pra 2002，Nr. 212，S. 1127；s. dazu auch die ausführliche Besprechung von HARDY LANDOLT，Der Fall Kramis（Urteil des BGer 4C. 276/2001 vom 26. März 2002 ff.）– Pflegeschaden quo vadis，ZBJV 2003，S. 394 ff. .

（8）损害赔偿方式

损害赔偿得以**定期金**（periodische Rente）形式支付，亦得以**一次性一定金钱额给付**（kapitalisierten Rente）的方式进行［参见瑞士《债务法》第 43 条第 1、2 款，瑞士《联邦铁路、轮船企业与邮政责任法》（EHG）第 9 条，瑞士《联邦电力法》（ElG）第 36 条第 2 款］。

瑞士联邦最高法院经过考量，认为以定期金方式赔偿持续性损害更为合适。由此，受害人请求依照一定标准计算的定期金给付，"通常会受到法院支持"[1]。此外，受害人原则上可以选择定期金方式还是一次性给付损害赔偿[2]。

> 注意：在社会保险法领域，立法者明文规定了赔偿需采取定期金的方式［瑞士《联邦企业职工保险法》（BVG）、瑞士《联邦意外事故保险法》（UVG）、瑞士《联邦养老与遗属保险法》（AHVG）、瑞士《联邦残疾保险法》（IVG）］。

以**定期金方式**支付赔偿金的，法院应判令赔偿责任人提供担保［瑞士《债务法》第 43 条，瑞士《联邦铁路、轮船企业与邮政责任法》（EHG）第 9 条，法院根据情况合理确定担保额］。受害人获得损害赔偿不应由于赔偿义务人将来无偿债能力而受到不利影响。

即便损害赔偿采取**一次性一定金钱额给付**的形式，仍以定期金作为计算基础，依据上文中列举之因素（丧失劳动能力的程度和持续时间，假设的收入水平，参见边码 245 以下）进行计算。以斯托弗与协策合著的《一次性补偿换算表》（Barwerttafeln）为依据，考虑货币贬值通货膨胀因素，以 3.5 % 的折算利息（Kapitalisierungszinssatz[3]）

264

265

266

267

268

---

[1]　BGE 125 Ⅲ 312 E. 6c.

[2]　以前瑞士联邦最高法院通常判决以一次性给付的方式进行损害赔偿，仅个案中特殊情况要求，才允许采用定期金方式，参见 BGE 117 Ⅱ 609 E. 10c. 两种形式的利弊，参见：BREHM, OR 43 N 8 ff.；vgl. auch OFTINGER/STARK I，§ 6 N 218 ff.；SCHAETZLE/WEBER, N 3. 37 ff.

[3]　译者注：Kapitalisierung 意为按期支付的定期金（Rente）计算成一次补偿的方式。与 Kapitalisierung periodischer Leistung 相对的是 Verrentung eines Kapitals，后者就是将一次性支付的金额计算成分期支付的定期金的过程。关于如何进行换算，参照斯托弗与协策合著的《一次性补偿换算表》（Barwerttafeln）一书。

计算[1]。

269　　学者主张将折算利息（Kapitalisierungszinssatz）从 3.5% 降到 2.5%（部分主张降到 1.5 %）。韦伯与协策提供了相当具有说服力的论证[2]，认为折现利率（Kapitalisierungszinsfuss）应调低 1%，此观点值得赞同[3]。

270　联邦宪法法院在相当长的时间里原则上参照"斯托弗与协策现金折算表 20"来计算一次性赔偿金额。该表假设劳动力平均水平在 65 周岁以上[4]。目前，定期金支付年限不再以劳动能力为标准，而以**非自由职业者**（雇员）的**退休可能性**（Rücktrittswahrscheinlichkeit）为标准；事实上等同于以退休年龄为标准［即符合养老与遗属保险年龄（AHV - Alters）][5]。若存在受害者的工作能力早于退休年龄或超过养老与遗属保险年龄（AHV - Alters）的证据，以上推断可被推翻[6]。

270a　采资本化计算法[7]计算一次性赔偿金额时应计算利息[8]，通常从判决生效时起算。

271　**家务损害的计算**，以"瑞士劳动力调查"结果为计算标准，从而确定

---

　　[1]　4C. 59/1994 vom 13. Dezember 1994 E. 4a ＝ Pra 1995, Nr. 172, S. 554, bestätigt in BGE 125 Ⅲ 312 E. 7, sowie in Urteil des BGer 4C. 3/2004 vom 22. Juni 2004 E. 2. 2.

　　[2]　AJP 1997, S. 1106 ff; s. dazu auch CHRISTOPH AUCKENTHALER/ANDREAS J. ZIMMERMANN, R - eale Zinsen und Portefeuille - Renditen in der Schweiz, AJP 1997, S. 1129 ff.

　　[3]　调低折现利率的观点，另参见：PETER MüNCH, Kapitalisierter Schadenersatz: Gerät die Praxis zum Kapitalisierungszinsfuss ins Wanken? ZBJV 1995, S. 39 ff. ; LUKAS DENGER/KURT SCHLUEP, Berücksichtigung der aufgelaufenen Teuerung beim Ersatz von Versorgerschäden, ZBJV 1995, S. 503 ff. ; MARC SCHAETZLE, Neuer Kapitalisierungszinsfuss im Haftpflichtrecht? 影响利率在 1.5% 和 2.5% 之间波动的因素，参见：ZBJV 1995, S. 520 ff. ; FELIX HUNZIKER, Zur erneuten Diskussion um den Kapitalisierungszin - sfuss im Haftpflichtrecht, ZBJV 1995, S. 872 ff.

　　[4]　vgl. BGE 116 Ⅱ 295 E. 3c, 113 Ⅱ 345 E. 1b; 除非个案特殊情况表明，受害人事实上早于 65 岁中止工作，法院才能不完全以此标准，确定赔偿数额，BGE 104 Ⅱ 307 E. 9c.

　　[5]　BGE 123 Ⅲ 115 E. 6d.

　　[6]　WEBER/SCHAETZLE, AJP 1997, S. 1120.

　　[7]　译者注：指按照特定的时间单位与固定的赔偿额度计算损害赔偿。

　　[8]　BGE 131 Ⅲ 12 E. 9. 5.

个案中家务时长（以小时计）[1]。

　　计算时，以保姆以及家政业服务人员的报酬水平为标准。瑞士联邦　271a
最高法院在司法实践中基本均认定在 25 瑞士法郎以下；同时给予
联邦州法院较大裁量空间[2]。

　　不同的计算方法，参见：LANDOLT, Art. 46 N 982 ff。

(9) 判决变更保留与再起诉保留（Rektifikationsvorbehalt und Vorbeha –
　　lt nachträglicher Schadenersatzklage）

在作出损害赔偿判决时，部分事实情况无法确定：损害大小和持续时　272
间，伤愈过程或者侵害事件与后续发生的损害之间的因果关系等（例
如健康状况急剧恶化）[3]。此类事实因素发生变化直接影响判决结
果。因此，在基于侵害他人人身的损害赔偿与精神抚慰金请求权诉讼
案件中，法官依法得在判决生效之日起 2 年内，保留更正判决的权利
[瑞士《债务法》第 46 条第 2 款；特别法领域：瑞士《联邦铁路、轮
船企业与邮政责任法》（EHG）第 10 条，瑞士《联邦电力法》（ElG）
第 36 条第 3 款，瑞士《联邦国家及国家机关工作人员责任法》（VG）
第 5 条第 3 款]。瑞士法上的此项制度称为"**判决变更保留和再起诉保
留**"制度（Rektifikations – oder Nachklagevorbehalt）[4]。当法定构成
要件满足时，法官可行使此项保留之权利[5]。反之，若法官放弃行
使此项权利，就同一损害赔偿请求，不得再提起诉讼。

判决变更保留制度不仅对受害人，也可能对侵权人有利，例如损害事实　273

---

　　[1]　瑞士联邦最高法院判决：BGE 132 Ⅲ 321 E. 3. 6, 131 Ⅲ 360 E. 8. 2. 1 ＝ ZBJV 2007,
S. 125 ff. , Urteil des BGer vom 14. September 2004 E. 5. 1, BGE 129 Ⅲ 135 E. 4. 2. 2. 1; s. dazu VOLKER
PRIBNOW, Nettolohn, Lohnentwicklung und Haushaltschaden, HAVE 2003, S. 51 f. ；将来的家务损害以
"斯托弗与协策的家务活动表 Nr. 10"为标准确定，BGE 131 Ⅲ 360 E. 8. 4. 1, 129 Ⅲ 135
E. 4. 2. 2. 3.

　　[2]　BGE 129 Ⅱ 145 E. 3. 2. 2；关于家务损害的计算，以下判决中，列举了较全面的文献：BGE
129 Ⅱ 145 E. 3. 1 ~ 3. 2. 2; illustratives Bsp. in ZR 2003, Nr. 36, S. 133 ff.

　　[3]　参见：OFTINGER/STARK I, § 6 N 227.

　　[4]　MERZ, SPR VI/1, S. 204；OFTINGER/STARK I, § 6 N 222 ff.

　　[5]　BGE 57 Ⅱ 59.

引起后果的严重程度降低〔1〕。

274 判决变更保留制度的期限规定，非属消灭时效，而属除斥期间的**规定**（Verwirkungsbestimmung）〔2〕，因此不发生期间中断〔3〕。

274a 对于判决中未处理的，但将来有可能发生的其他损失，受害人［基于"当事人处分原则"（Dispositionsmaxime）］保留**重新起诉的权利**（nachträgliche selbständige Schadenersatzklage）。因此，当损害后果出现可预见和期待以外的发展时，受害人不仅受到"判决变更保留制度"保护，还可以（不限于人身损害案件）将已经提起的诉讼限定在部分损失的损害赔偿之诉或确权之诉（Teil – oder Feststellungsklage），并申请对后发损害保留进一步诉讼之权利〔4〕。

　　3. 特别问题：失去成对器官之一以及脑部受损

275 **失去成对器官之一**对器官功能影响往往很小，通常而言，剩余部分能承担起原本的全部器官功能。尽管如此，法院仍然支持受害人损害赔偿的请求。理由主要是：一方面，失去成对器官之一会造成康复后继续就业情况恶化；另一方面，法院也考虑到失去器官造成严重残疾的可能性较大〔5〕。

276 **遭受严重脑部损害的受害者**的活动会大大受限；生活需求可能降至食物和护理。若允许受害者请求工作收入损失，可能会得到他无法支配使用的财产赔偿（护理机构费用之外），因为此时受害人已经丧失判断能力。在 BGE 108 Ⅱ 427 f.（= Pra 1983, Nr. 30, S. 77）这一判决中，法院指出，确定损害赔偿时，不能只考虑受害人生活必需费用，也应考虑其因侵权行为减少的财产收入。这也是法院一直以来的立场和态度，并且在确定损害时，不考虑受害人支配使用的可能性。

---

〔1〕 法律明确规定的有：瑞士《联邦铁路、轮船企业与邮政责任法》（EHG）第10条第2款，瑞士《联邦电力法》（ElG）第36条第3款；不仅仅在以上特别法领域，在民法领域此原则也普遍适用：s. OFTINGER/STARK I, § 6 N 233.

〔2〕 BREHM, OR 46 N 170; OFTINGER/STARK I, § 6 N 229.

〔3〕 BGE 95 Ⅱ 255 E. 9 und 10.

〔4〕 OFTINGER/STARK I, § 6 N 13, N 236.

〔5〕 BGE 100 Ⅱ 298 ff.（一男童在致害事件中失去一只眼睛，残疾等级25%）；BREHM, OR 46 N 101 ff.; A. KELLER Ⅱ, S. 58; OFTINGER/STARK I, § 6 N 169 f.; STARK, Skriptum, N 86a.

法院的这一立场得到学者普遍赞同[1]。

［277］

（四）侵犯生命权的赔偿项目

1. 概说

联邦宪法法院认为瑞士《债务法》第45条（以及46条）列举的损害
项目即为所有可请求赔偿项目[2]。相反，通说认为，法条的列举并
不穷尽所有赔偿项目[3]，理由是：瑞士损害赔偿法原则上赔偿所有
损失，而瑞士《债务法》第45条和46条并未明确反对此项原则。瑞
士《债务法》第45条第2款中的"尤其是"（namentlich）更说明法条
仅有列举示例之意图。

［278］

2. 丧葬费

瑞士《债务法》第45条第1款规定，侵权人应当赔偿丧葬费。其中包
括用于火葬或土葬，以及与此相关的所有费用支出：遗体运送，发讣
闻，逝者服装、整容，教会告别仪式，葬礼哀悼费用和墓碑[4]。

［279］

　　学说中争议较大的是**墓地维护费用**得否请求赔偿的问题。瑞士联邦
　　最高法院认为仅与死亡事件直接相关之费用，才可于"丧葬费"
　　项下请求赔偿，因此认为墓地维护费用不属于可赔偿损害
　　项目[5]。

［280］

尽管对每个人而言，丧葬费用迟早均需支出，损害事实发生，仅仅使丧
葬费支出提前（所谓的"提前支出费用损失"，Verfrühungsschaden）。
然而，若遵循损害赔偿法之一般原则，使侵权人仅负担由于损害事件
需多支出的丧葬费用，则还必须折算"提前支出"的丧葬费每年的利
息损失。通过解释瑞士《债务法》第45条是否得出这样的结论，就会

［281］

---

　　〔1〕　A. Keller Ⅱ, S. 53；STARK, Skriptum, N 92；vgl. auch BREHM, OR 46 N 83 f.：虽然"从法
学角度来看，完全正确，但从国民经济角度考虑却未必完全合理"，因而也有学者主张法官依照瑞士
《民法典》第43条对损害赔偿进行小幅调整和裁量；详见：OFTINGER/STARK I, § 6 N 178 ff.，该书
反对对大脑受损的受害人进行工作收入损失的赔偿，因为赔偿金会转化成积蓄。

　　〔2〕　BGE 53 Ⅱ 124 E. 2, 54 Ⅱ 141 E. 3, 224 E. 2.

　　〔3〕　OFTINGER/STARK I, § 6 N 103；STARK, Skriptum, N 56；a. M. Gautschi, S. 115.

　　〔4〕　参见：OFTINGER/STARK I, § 6 N 252.

　　〔5〕　BGE 113 Ⅱ 323 E. 5, 95 Ⅱ 306 E. 5, 65 Ⅱ 254；gl. M. BREHM, OR 45 N 18；HONSELL, § 8
N 88；OFTINGER/STARK I, § 6 N 254；STARK, Skriptum, N 43a；a. M. OFTINGER I, S. 229.

打上很大的问号[1]。德逊纳克斯和泰尔希尔（§ 26 N 13）认为应该对法律文本中的"丧葬费"作缩限解释，通说却认为，尽管丧葬费对每个人早晚均会发生，也不应适用损益相抵原则，将未来应发生的丧葬费用从损害中折抵扣减[2]。这一观点值得赞同，因而，侵权人应当赔偿丧葬费。

282　　只要所获利益与损害事实之间存在内在联系，判例和学说均承认损益相抵原则[3]。然而在丧葬费赔偿方面，瑞士联邦最高法院通过衡平考量（Billigkeitserwägungen）对此原则作了偏离适用[4]。

　　3. 受害人死亡前的医疗费用和因丧失劳动能力发生的损失

283　　瑞士《债务法》第 45 条第 2 款规定，在致使他人身体损害最终导致死亡的案件中，治疗费用和死亡前因丧失劳动能力发生的经济损失，得请求损害赔偿。事实上，因瑞士《债务法》第 46 条已经规定了对此经济损失进行赔偿，又受害人死亡后，赔偿请求权由继承人行使（瑞士《民法典》第 560 条），故瑞士《债务法》第 45 条第 2 款的规定完全可以删除[5]。因此，关于死亡时治疗费用和死亡前因丧失劳动能力发生的损失，参见上文人身体受损时得请求的损害赔偿项目和计算的规定（参见边码 229 以下）。

　　4. 抚养费损失

　　（1）概说

284　　瑞士《债务法》第 45 条第 3 款规定，抚养人死亡的，被抚养人得主张损害赔偿。此处被扶养人所受损失为"间接受害人损失"（indirekter Schaden，亦即受保护法益为扶养人的生命，而非被扶养人的财产），系属所谓的**"反射损失"**（Reflexschaden）。对于反射损失，仅在法律明文

---

[1]　参见：BREHM, OR 45 N 7 f.

[2]　BREHM, OR 45 N 8 ff.；MERZ, SPR VI/1, S. 204；OFTINGER/STARK I, § 6 FN 395；STARK, Skriptum, N 93b.

[3]　BGE 112 Ib 322 E. 5a；OFTINGER I, S. 180 ff.；vgl. vorn N 214.

[4]　BGE 112 Ib 322 E. 5a, 只是本案涉及的是国家责任法的适用问题。

[5]　参见：dazu BREHM, OR 45 N 25.

规定的例外情况下始得请求损害赔偿[1]。

"反射损失"参见边码354以下。 285

抚养费损害与所谓的**"家务损害"**（Haushaltschaden）在理论上有严格 286
区别，后者是指平时需承担家务的家庭成员（例如配偶，原则上也包
括同居者）死亡时[2]，家属得主张之损失。照料家务的家庭成员身
体受损时家庭成员得主张的家务损害（参见边码243、263），造成受
害人死亡时的"家务损害"亦属"规范性"损害（参见边码305）。抚
养费损害的计算方法，参见边码299。

瑞士《债务法》第45条第3款属于例外规则，对此规定必须进行限缩 287
解释[3]。

（2）构成要件

供养他人，保证其基本经济生活，定期提供经济上的资助者，为**抚养人**。 288
由此，是否为抚养人，并非必须存在法定或合同上供养义务；关键仅
仅是事实上提供抚养资助，以及将来有较大可能性会提供抚养资
助[4]。假设侵害事件未发生，依照生活经验，有可能承担抚养义务
之人，亦视为"抚养人"[5]。

金钱或实物之提供（例如家务），均为抚养[6]。 289

---

〔1〕 Semjud 1994, S. 594, E. 5；瑞士联邦最高法院判决：4C. 195/2001 vom 12. März 2002 E. 4,
BGE 82 Ⅱ 36, 57 Ⅱ 181；BREHM, OR 45 N 28, 31；OFTINGER/STARK I, § 6 N 260；相反观点：
WEIMAR, S. 340 f.；以及 LANDOLT, Art. 4 N 41，认为受害人的亲属间接取得的是直接受害人损害赔偿
请求权（ein mittelbarer Direktschaden）。

〔2〕 BGE 108 Ⅱ 434 ff.；A. KELLER Ⅱ, S. 63 f.

〔3〕 BREHM, OR 45 N 35；ZEN – RUFFINEN, S. 21；vgl. auch Semjud 1994, S. 594, E. 5，认为，若
夫因妻之死亡，放弃工作照顾未成年子女，发生费用不属于抚养费损失。

〔4〕 瑞士联邦最高法院判决：4C. 195/2001 vom 12. März 2002 E. 4, BGE 114 Ⅱ 144 E. 2a, 112 Ⅱ
87 E. 2b m. w. H.，111 Ⅱ 295 E. 2c, 82 Ⅱ 36 E. 4a, 54 Ⅱ 17 E. 2, 53 Ⅱ 52 E. 3 m. w. H.；BREHM, OR
45 N 42；HONSELL, § 8 N 90；SCHAETZLE/WEBER, N 3. 347；STARK, Skriptum, N 106；CR/WERRO,
N 14 ff.；A. KELLER Ⅱ, S. 80 ff.，insbes. S. 93 ff.：妻子作为抚养人问题；MERZ, SPR VI/1, S. 205；
OFTINGER/STARK I, § 6 N 264；抚养人概念，详见：WEIMAR, S. 337 ff.

〔5〕 所谓的"可推测的假设的抚养人"hypothetischer Versorger；BGE 114 Ⅱ 144 E. 2a, 112 Ⅱ 87
E. 2b, 72 Ⅱ 196 f. E. 3；WEIMAR, S. 338 ff.，反对事实上抚养人 – 可推测抚养人（faktisch –
hypothetisch）概念，而主张法定抚养人 – 依道德风俗确定之抚养人（rechtlich – sittlich）概念。

〔6〕 BGE 82 Ⅱ 132 E. 3, 82 Ⅱ 36 E. 4a, 57 Ⅱ 182, 53 Ⅱ 125 f.

290　瑞士联邦最高法院承认的**抚养人**有：夫[1]和父[2]；妻和母[3]；继父[4]；女婿[5]；未婚夫和未婚妻[6]以及兄弟姐妹[7]；同居伴侣原则上也可视为抚养人[8]。

291　被扶养人存在**供养需要**（unterstützungsbedürftig）时，始得请求抚养费赔偿[9]。当被扶养人原本正常的生活水平和生活方式受到侵害时，即可认定存在供养必要。被扶养人不应被迫实质性地改变其原本的生活方式[10]。一般而言，丧失抚养人，即可认定具有供养必要。

（3）抚养费赔偿范围

292　**计算抚养费损害**时，应注意以下几点：

293　抚养费损害的计算，以假设抚养人未死亡将会提供抚养费的**额度**与**期间**进行确定。依个案具体情况计算。

294　　—　在**计算抚养费损害**时，以死亡前已经提供的数额为标准。若事实表明，假设抚养人未死亡，抚养费将会调整，则增加或减少的可能性及数额均应考虑在内。抚养人生前系以定期支付的方式提供抚养费的，以死亡前已经提供的数额为标准，但若抚养人和被扶养人共同生活，则计算方法有所不同。首先需考察抚养人的收入状况，因为毫无疑问收入将决定支付抚养费的数额。在确定将来收入时，瑞士联邦最高法院也会考虑实际工资水平提高（Reallohnsteigerung[11]）的可能性。但是将来的物价上涨和通货膨胀（Teuerung）并不考虑在

---

〔1〕　BGE 113 Ⅱ 323 E. 3，112 Ⅱ 87 ff.

〔2〕　BGE 101 Ⅱ 346 E. 3 und 4.

〔3〕　Semjud 1994，S. 590，E. 3a；BGE 108 Ⅱ 434 ff. = Pra 1983，Nr. 54，S. 137 ff.，BGE 102 Ⅱ 90 ff.，101 Ⅱ 257 ff. = Pra 1975，Nr. 239，S. 666 ff.

〔4〕　BGE 72 Ⅱ 165.

〔5〕　BGE 88 Ⅱ 455 E. 5.

〔6〕　BGE 114 Ⅱ 144 E. 2a，66 Ⅱ 219 E. 3.

〔7〕　BGE 53 Ⅱ 50 ff.，41 Ⅱ 703 ff.

〔8〕　BGE 114 Ⅱ 144 E. 2b.

〔9〕　BREHM，OR 45 N 54 ff.；OFTINGER/STARK I，§ 6 N 273 ff.

〔10〕　BGE 116 Ⅱ 365 E. 5b，112 Ⅱ 87 E. 2b，108 Ⅱ 434 E. 2a，102 Ⅱ 90 E. 2b i. f.，101 Ⅱ 257 E. 1a.

〔11〕　译者注：Reallohn，实际工资水平，经济学概念。

内[1]。

　应向未成年子女支付将来的生活费用系以未成年子女赡养费
　垫付[2]（Alimentenbevorschussung）的方式支付的，在确定
　和计算抚养费时也应将其考虑在内[3]。

加害人所需支付的抚养费损害赔偿以死者将来预计可获得收入乘以
一定百分比计算。当然仍然需考虑个案特殊情况，但一般情况下，以
统计调查中的经验数据值（die statistischen Erfahrungswerte）为准。
在瑞士联邦最高法院较早期的判决中，**丧偶时的抚养费用占抚养
人收入**（Witwenquoten）的比率为 40 % ~ 45 %[4]。最近几年的
判决中，考虑到遗属由于丧偶生活费用较之以前有所增长，瑞士
联邦最高法院提高了抚养费占死者收入水平的比率[5]。原因是：
一人家庭所需支出的费用高于夫妻共同构成的家庭的费用之 1/2，
即固定支出（例如租金）并不因人头减少而相应减半。假设配偶双
方各承担家庭支出的一半，则抚养费损失应高于此数额。在确定丧
偶时的抚养费用占抚养人收入比率时，法院也会考虑基本收入水平，
基本收入水平越低，比率越高[6]。
史塔克认为，固定支出（例如：租金、暖气、水、电、气等）应
分开计算[7]。
判例和学说认为，（孤寡家庭）抚养费占死者收入的比率不得超过

295

296

297

298

---

　〔1〕　BGE 113 Ⅱ 323 E. 3a m. w. H.；有学者批评法院对于受害人死亡后至判决作出前的物价上涨
不予考虑的做法，参见：HONSELL，§ 8 N 94.
　〔2〕　译者注：预支未成年子女赡养费（Alimentenbevorschussung），非属社会救济，而是由特定机
构支付，非抚养人。
　〔3〕　BGE 129 Ⅱ 49 E. 4. 3.
　〔4〕　BGE 101 Ⅱ 346 E. 4，99 Ⅱ 207 E. 5，95 Ⅱ 411 E. 1c.
　〔5〕　BGE 113 Ⅱ 323 E. 3b：57. 5 %，108 Ⅱ 434 E. 4：65 %.
　〔6〕　BGE 113 Ⅱ 323 E. 3b；vgl. auch BREHM，OR 45 N 104.
　〔7〕　Skriptum，N 118c，122 ff.；DERS.，Versorgerschaden，S. 346 f.；OFTINGER/STARK I，§ 6 N
283；依照这些学者的观点，应该先从死者收入中减去固定支出，减去后的收入数作为在确定孤寡家庭
的抚养费用占抚养人收入比率（Witwen – und Waisenquote）时的基数。在最后确定比率时，再加上减
去的固定支出计算，参见：s. dazu SCHAETZLE/WEBER，N 3. 557 ff.；zurückhaltend A. KELLER Ⅱ，
S. 87.

70%〔1〕。

299　致害事件造成**平时需承担家务的家庭成员**死亡时，同时发生抚养费损害，其区别于作为"规范性"损害，或称"法定"损害的所谓的"家务损害"。后者赔偿的是家务劳动的经济价值（参见边码271～272）。

在瑞士联邦最高法院判决 BGE 108 II 434 ff.（尤其是 E. 3d 段）中，法院在计算家务损害时，以清洁工或家政工作人员的报酬为参考标准，考虑到家庭主妇提供的工作质量更高，因而提高了损失额〔2〕。时间数则按照由安娜·雷古拉·布温格主持的《私人家庭中的工作时间调查评估》结果确定〔3〕。但是要注意，配偶一方仅仅为自身需求所从事的家务劳动，不得计算在内〔4〕。工作的一方，因从事家务的配偶死亡而节省的经济支出，应当从家务损害额中扣减〔5〕。

300　－ **抚养时间**原则上也以个案具体情况确定。需注意以下几点：

301　被扶养人为未成年人的，通常情况下，抚养时间计算至成年之时止〔6〕。若抚养非属暂时与阶段性，则需考虑被扶养人的寿命与抚养人计划抚养的时间〔7〕。提供家务的一方配偶死亡的，计算抚养年限时，以社会平均劳动年限以及平均寿命的平均值为准〔8〕。

302　被扶养人再婚，并且经济状况因此发生实质性改善的，则从再婚之日起，不在享有抚养费的损害赔偿请求权〔9〕。若在判决作出之

---

〔1〕　BGE 113 II 323 E. 3b；BREHM, OR 45 N 143 f.；SCHAER, Schadenausgleichsysteme, N 175；STARK, Skriptum, N 118.

〔2〕　在另一案件中，法院再次确认了以上观点：Semjud 1994, S. 592, E. 4b.

〔3〕　vgl. BGE 117 II 609 E. 7b，然而，本案主要涉及的是残疾损害计算问题；s. auch Semjud 1994, S. 591, E. 4a

〔4〕　Semjud 1994, S. 592, E. 4a.

〔5〕　参见：OFTINGER/STARK I, § 6 N 285；Semjud 1994, S. 593, E. 5；WEBER, Ersatzeinkünfte, S. 76.

〔6〕　BGE 101 II 346 E. 3；然而在瑞士联邦最高法院另一判决中，法院在计算抚养费时，抚养时间超过了 20 周岁。

〔7〕　BGE 113 II 323 E. 4a, 112 II 118 E 5f, 108 II 434 E. 5b, 104 II 307 E. 9c, 97 II 123 E. 8a, 86 II 7 E. 5a；通说观点亦支持联邦最高法院这一立场：STARK, Skriptum, N 127；OFTINGER I, S. 208 und 241；OFTINGER/STARK I, § 6 N 306.

〔8〕　BGE 108 II 434 E. 5c.

〔9〕　BGE 66 II 177, 54 II 370.

前，被抚养人并未再婚，则在确定抚养费损害时，需考虑**再婚可能性**。再婚概率主要取决于几个因素，最重要的是遗属的年龄，当然也应考虑性格和外表以及社会和经济地位[1]。瑞士联邦最高法院参照协策和斯塔夫的经验值表确定抚养时间，但是适用时比较保守，基本不会超过表中确定数值[2]。

（4）扣减

必须考虑的还有，是否以及哪些项目需要从（主要考虑抚养费的大小和持续时间因素，参见边码 293 以下）已经计算得出的抚养费损失中扣减。扣减部分体现在抚养费损失的损益相抵原则之适用上，因此学说和判例中也常常用**折算**（Anrechnung），**所得利益折抵**（Vorteilsanr-echnung），**损益相抵**（Vorteilsausgleichung）等说法替代"扣减"。以下将简要说明几项重要的扣减项目。 　302a

- 若被扶养人继承抚养人遗产受有利益，则遗产收入折抵（部分）抚养费损失，因为因继承遗产所受利益是基于抚养人因致害事件死亡这一事实发生的。瑞士联邦最高法院对于**遗产收入**折抵问题的立场是，其并非请求权基础检验之必然结果，而是基于衡平方面考虑进行的损益相抵[3]。 　302b

- 对于**商业保险**（Privatversicherungsrechts）领域中的**人身保险**（Per-sonenversicherung）赔偿，若其属于损害保险合同（Schadensvers-icherung），则保险金收入应从抚养费损害中扣减（适用瑞士《联邦保险合同法》第 72 条的代位权）；若其作为定额保险（Summenversicherung），承保的系非意外伤害，则不适用损益相抵[而应依照该法第 96 条，发生请求权聚合（定额保险中的请求权聚合，参见边码 1408 以下），不发生该法第 72 条的代位权]。所 　302c

---

〔1〕　BGE 95 Ⅱ 411 E. 2, 91 Ⅱ 218 E. 4, 89 Ⅱ 396 E. 2; vgl. hiezu auch ENGEL AT, S. 520 f.; BREHM, OR 45 N 111 ff.; OFTINGER/STARK I, § 6 N 320; kritisch SCHAER, Versorgerschaden, S. 98 ff.

〔2〕　BGE 113 Ⅱ 323 E. 3c, 108 Ⅱ 434 E. 5c, 102 Ⅱ 90 E. 3b, 101 Ⅱ 257 E. 3, 95 Ⅱ 411 E. 2b; s. auch BREHM, OR 45 N 108 ff.; Landolt, Art. 45 N 135 ff.; OFTINGER/STARK I, § 6 N 320.

〔3〕　BGE 119 Ⅱ 361 E. 6 = plädoyer 2/1994, S. 66 ff., insbes. S. 68, es handelt sich dabei um die nicht amtlich publizierte Erwägung 6 von BGE 119 Ⅱ 361 ff.; BGE 99 Ⅱ 207 E. 7; 遗产收入的折抵问题，参见：BREHM, OR 45 N 55 ff.; A. KELLER Ⅱ, S. 89; OFTINGER/STARK, § 6 N 335.

以必须查明，在具体个案中，保险给付承保的是否为意外伤害，以及请求权是否与损害相关。对此，应该提供区分标准。从瑞士联邦最高法院判决中考察，判断依据主要是保险赔偿的前提与要件，而非保险目的[1]。若发生财产损失是保险请求权的要件，则该保险属于损失补偿保险合同；相反，若承保的风险实际发生为保险请求权的要件，则保险属于定额保险[2]。

302d
— 若配偶一方在其伴侣死亡之后得到**带薪的工作机会**，依照瑞士联邦最高法院的观点，在判断是否进行损益相抵时，是否事实上获得工作机会并不作为考虑因素；关键是依照合理人客观判断，配偶一方是否具有获得工作机会的可能性[3]。

（5）抚养费损失的计算

303　抚养费损失的特殊计算方法：协策和韦伯《一次性补偿计算表》，N 3.546 ff., sowie N 4.83 ff., 临时性的混合险定期金[4]赔偿的一次性补偿折算法，未列入《一次性补偿计算表》的，参见 N 7.54。

（6）抚养费损失的赔付方式

304　抚养费损害赔偿不以定期金方式，而是折算成一定的**金钱数额**（Kapitalsumme）支付。折算时以**死亡之日**而非判决作出之日为准[5]。

（五）特别问题：家务损害作为"规范性"损害（normativer Schaden）

305　在一时丧失劳动能力（边码 242），永久性丧失劳动能力（边码 259）

---

[1]　BGE 119 Ⅱ 361 E. 4，在本案中，受害人投保了一项非强制的、性质上属于事故险的社会保险，同时又投保了补充此项社会保险的附加商业保险，法院最终认定该商业保险属于定额险；在这个判决中，瑞士联邦最高法院继续贯彻并发展了其在 BGE 104 Ⅱ 44 ff. 一案中已经显现的立场转变。

[2]　关于此区分标准的不同观点，参见：WEBER, Ersatzeinkünfte, S. 66 m. w. H.

[3]　需考量作为被抚养人的配偶一方的个人情况，尤其是年龄、职业培训和承担的家庭义务，BGE 119 Ⅱ 333 E. 5b；不同观点：STARK, AJP 1997, S. 642；详细的判决评析，参见：WEBER, Ersatzeinkünfte, S. 74 ff.；值得参考阅读的还有豪斯海尔相对简明的案例评析：HAUSHEER, ZBJV 1995, S. 384 f.，其强调所受利益和所从事之行为之间的相关性是损益相抵的要件。

[4]　Verbindungsrenten, 混合定期金，指当事人投保若干保险，事故发生满足若干保险的理赔条件，投保人获得混合定期金。

[5]　BREHM, OR 45 N 94；OFTINGER/STARK I, § 6 N 350；BGE 113 Ⅱ 323 E. 3a, 108 Ⅱ 434 E. 5a m. H.；HONSELL, § 8 N 22；SCHAETZLE/WEBER, N 3.393, N 4.90 mit Kritik N 4.95；dazu LEEMANN, S. 43.

以及侵权行为造成照料家务的生活伴侣（例如配偶，原则上也包括同居者）死亡的情形中（参见边码 285a），均可能发生家务损害。家务损害是指从事家务的家庭成员的劳动能力受到侵害（或丧失），不能从事家务而受到的**经济上的损失**。家务损失可请求损害赔偿。对于这一类型的损害赔偿，特别需要注意的是，家务损失不以其他额外要件存在为必要，例如基于需雇用相关人员完成家务，或针对受害人自身费用之增加，或对亲属时间和精力的额外占用以及对生活质量降低的承受[1]。因此，家务损失并不符合传统意义上的损害概念（参见边码151 以下），因为并未发生财产减损；其属于"法定"损害[2]。即使没有实际发生物质性损害，侵权人仍需承担损害赔偿责任，以原本付出的劳动力的报酬计算[3]。瑞士联邦最高法院承认家务损害作为"法定"损害，可请求损害赔偿，这一立场值得赞同。损害概念向着以功能性为导向的方向发展（funktionsadäquat），对经典的损害概念体系作了（价值）上的修正。当然也有学者对家务损害作为"法定"损害持反对意见[4]。

三、物之损害

（一）概念

物之损害系因物的毁损灭失造成之损害[5]。

306

物之损害，是否仅指侵犯到物之实体（例如，对物的毁坏），抑或物之功能妨碍亦属之？一艘货运船，由于进出水道无法通行，被迫长期滞留在卸货港无法驶出，在此案中，法院认定对船只造成

306a

---

[1]　Urteil des BGer 4C. 166/2006 vom 25. August 2006 ＝ Pra 2007, Nr. 43, S. 267 ff.

[2]　GAUCH/SCHLUEP/REY, Nr. 2667; SCHWENZER, N 14. 10.

[3]　Urteil des BGer 4C. 166/2006 vom 25. August 2006 E. 4. 1, BGE 131 Ⅲ 360 E. 8. 1, 127 Ⅲ 403 E. 4b.

[4]　HONSELL, § 8 N 79 f. ; FELLMANN, AJP 1995, S. 882.

[5]　BGE 118 Ⅱ 176 E. 4b, 116 Ⅱ 480 E. 4; s. auch ZR 2004, Nr. 75, S. 290 E. 5; BREHM, OR 41 N 77; HONSELL, § 8 N 44; A. KELLER Ⅱ, S. 103 ff. ; OFTINGER/STARK I, § 6 N 354; weitergehend SCHWENZER, N 50. 16 认为，若满足致使抽象的用益权能的长期丧失，则使用权能侵犯亦构成侵犯所有权。

的事实上的影响构成所有权侵犯[1]。若因纯粹的功能妨碍造成的财产性减损亦可构成侵权法意义上的损害，请求损害赔偿，则需要给出明确的标准，判断何种"纯粹"的用益权能的妨碍可认定为侵权法上的所有权侵害[2]。

306b 物之毁损灭失并非物之损害本身，而仅仅系损害原因。损害指的是由此造成的财产减损[3]。

307 兹举一例予以说明：在一年的时间里，含重金属的废水从废品处理工厂到达下水道和污水处理系统，在沼气池中污水处理后的淤泥也受到重金属污染，因此不能再用于耕作。对淤泥的重金属污染构成物之毁损。为排除重金属污染必须对淤泥进行焚烧，由此产生的费用即为损害[4]。

308 伤害动物或者致动物死亡造成财产减损，属于物之损失。但是要特别注意两点：对于非作为财产或非以营利为目的饲养之家养宠物，治疗费用超过动物本身价值时，亦得请求损害赔偿（瑞士《债务法》第42条第3款）；赔偿时需考虑物的情感价值（Affektionswert）（瑞士《债务法》第43条第1^{bis}款）。

308a 判断删除电子数据存储处理设备上的电子数据是否构成物之损害，取决于该数据是否显现于存储设备之上。有学者认为，在放大镜下可观察到的表示储存的电子数据的场线（Feldlinien），构成数据存储载体的组成部分[5]。但是这些场线缺乏作为有体物的基本要素的三维形体，将其定义为物，不无疑问[6]。若采物之概念的狭义说，则删除电子数据存储处理设备上的电子数据应不属于物之损害（若认为物为功能概念，而非形体概念，结论截然相反）。

---

〔1〕 BGHZ 55，153 ff.；赞同法院观点的学者：HONSELL，§ 4 N 16.

〔2〕 参见：HEINZ REY, Deliktsrechtliche Ersatzfähigkeit reiner Nutzungsbeeinträchtigungen an Sachen – Ein künftiges Diskussionsthema in der Schweiz? in：Liber Amicorum Pierre Widmer, Wien/New York 2003, S. 283 ff.

〔3〕 BGE 118 Ⅱ 176 E. 4b；OFTINGER/STARK I，§ 6 N 354.

〔4〕 BGE 118 Ⅱ 176 E. 4c.

〔5〕 KARL MEIER, Die zivilrechtliche Haftung für Datenlöschung, Datenverlust und Datenzerstörung, NJW 1998，S. 1585 ff.，insbes. S. 1588.

〔6〕 参见：REY, Sachenrecht I, N 429a.

（二）损害项目

以下将区分直接损害和间接损害项下不同的赔偿项目进行阐述（参见边码 333 以下）。

309

1. 直接损害中的损害项目

造成他人之物全损或灭失的，首先应该进行金钱赔偿，数额上等同于购买新物的价格；造成他人之物毁坏的，赔偿修理费用和物之价值减损[1]。侵害动物的，赔偿医疗费和护理费（参见边码 308）。

310

2. 间接损害的损害项目

（1）概说

由于致害事件造成的经济上的不利益，可请求损害赔偿。赔偿义务人需承担受害人的所失利益和其他间接损害[2]。例如污染土壤致使无法用于耕种的，若净化费用与污染事实之间存在事实上和法律上的因果关系[3]，则净化费用即属于物之损害。与减少或消除污染相关的其他费用，亦属之[4]。

311

（2）侵犯用益权能（Nutzungsvorteilen）

侵害用益权能得造成物之损害。例如租赁物毁损灭失对承租人造成租金损失。由于无法进行生产或者用益造成的以收入减少为表现形式的所失利益，属于"停业"损失（Chômage）（参见边码 349）。所失利益属于侵权责任法意义上的损失，得请求损害赔偿[5]。但是需要注意的是，瑞士联邦最高法院并不承认丧失用益权能本身属于侵权责任法意义上的可赔偿损失[6]。

312

所有权人对物的自由使用受到妨碍，是否构成物之损害问题，例如无法驾驶私家车受有经济损失，是否属于侵权法意义上可赔偿的损害，对此，瑞士学界的讨论中有不同之见解。

313

---

[1]　BGE 84 Ⅱ 158 E. 2, 64 Ⅱ 138 f. , 56 Ⅱ 127.

[2]　BGE 97 Ⅱ 221 ff.

[3]　BGE 118 Ⅱ 176 E. 4b.

[4]　OFTINGER I, S. 255.

[5]　MERZ, SPR Ⅵ/1, S. 195.

[6]　BGE 126 Ⅲ 388 E. 11.

314　法律意义上的"损害"，指非自愿的财产减少，包括积极财产的减少，消极财产的增加和所失利益（参见边码 151）。若所有人在车辆修理期间无法正常使用车辆，造成财产减损，例如，所有人从事职业活动需要使用该车辆，修理期间只能租用其他车辆，则租金费用可请求侵权行为人赔偿[1]。若驾车和使用公共交通工具在花费时间上相差甚远，而对当事人而言，使用公共交通工具不可期待[2]，这种情况下，当事人亦得主张租用其他替代车辆支出之费用。以上两例中，涉及的均为商业化损失（Kommerzialisierungsschaden）（有关"Kommerzialisierungsschaden"，参见边码 374 以下），在符合特定构成要件的情况下，经济损失亦可获得损害赔偿（参见边码 383 以下）。损害概念以经济上的不利益为前提，因而对于原本以娱乐消遣或展现社会地位为目的使用车辆的当事人，其支出的租车费用，不享有损害赔偿请求权[3]。

315　有学者认为，若由于致害事件造成车辆无法使用，而恰恰在此时间段内，原本已经制定了具有非常明确的使用目的出行计划，其因致害事件而落空，则由此支出的替代车辆租用费用，应该允许当事人主张损害赔偿[4]。由此，为度假目的使用机动车的情况下，租车费用得请求损害赔偿。

316　若当事人支出的租车费用不得请求侵权法上的损害赔偿，那么与受损车辆直接相关的固定费用，如车库租金、保险和税费是否属于可赔偿范围的问题，引发学者讨论。有学者认为，因致害事件发生而使得费用之支付徒劳无益，针对此类费用应允许当事人主张损害赔偿。此观点值得赞同[5]。但也有学者认为[6]，此时并未发生"损害"，对于徒劳无益

[1]　BREHM, OR 41 N 80; A. KELLER II, S. 108 ff.; OFTINGER/STARK I, § 6 N 373; MERZ, SPR VI/1, S. 196.

[2]　SJZ 1968, S. 205 f.

[3]　BREHM, OR 41 N 80; A. KELLER II, S. 108; MERZ, SPR VI/1, S. 196; OFTINGER/STARK I, § 6 N 373.

[4]　BREHM, OR 41 N 80 m. w. H.; MERZ, SPR VI/1, S. 197.

[5]　OFTINGER I, S. 257 m. w. H; 瑞士法语区法院的司法实践支持了以上观点：在当事人未租赁替代机动车的情况下，主张无法行使使用权而受到损失，得到法院支持，参见：STEPHAN FUHRER, Ausgewählte Fragen im Zusammenhang mit der Liquidation von Sachschäden, Haftpflicht – und Versicherung – srechtstagung 1993, St. Gallen 1993, S. 81.

[6]　BREHM, OR 41 N 83; MERZ, SPR VI/1, S. 196 f.

支出的费用进行损害赔偿，与经典的"损害"概念以及"差额理论"相违背。本人认为，对于这部分损失，不做区分，一概不赔的观点，值得商榷。

（三）损害的计算

侵权责任法上的损害赔偿计算，原则上以受害人的具体情况（subjektive Verhältnissen）作为出发点。此原则同样适用于物之损害的计算，个别（特别）法明确规定客观计算法的除外。

317

1. 主观计算法（Subjektive Berechnung）

主观计算法计算的是物的消费与使用的价值（Gebrauchswert），而非在交易市场上的买卖价值。以下列举经典的教学案例，予以说明[1]：

318

> 一个马戏团节目由两只受过训练的小狗共同完成。若侵权行为致使其中一只死亡，则在计算损害赔偿时，应该考虑由于这只小狗的死亡，对于所有人而言，另一只狗事实上已经不具价值这一情事。

319

对于大部分可替代、非消耗物（wertbeständig），使用价值和交易价值等同，因为这类物被毁损，任何时候均可通过交换取得等值物[2]。

320

物发生**全损**或**灭失**的情况下计算物之损失，首先需要确定，该物属于消耗物还是非消耗物。对于非消耗物，物之损害即重新购买新物所需支付的费用。对于消耗物，则需考虑随着物之使用而减损的价值，即会计学上所称之"折旧"（Abschreibungen）；计算物之损害时应该减去折旧价值。这一规则仅适用于价值一定的物（例如机器、机动车、房屋），对于日常消费品，如服装和家具并不适用[3]。

321

> 侵权行为致使**树木**毁损，在计算损失时，原则上以重新栽培种植同样的植物所支付的费用为准。受害人获得物上的回复原状请求权或回复原状的费用请求权作为替代清偿方式[4]。

321a

---

〔1〕　参见：WERRO, Nr. 981; OFTINGER/STARK I, § 6 N 357.

〔2〕　A. KELLER II, S. 104.

〔3〕　WERRO, Nr. 985 f.; HONSELL, § 8 N 45; OFTINGER/STARK I, § 6 N 363.

〔4〕　致使一棵树龄25年的欧洲毛榉，一颗树龄30年的欧洲鹅耳枥受损，砍倒一颗橡树，法院判决赔偿21605瑞士法郎，参见：BGE 129 III 331 ff. = ZBJV 2007, S. 131 ff.; s. auch BGE 127 III 73 E. 5c ~ g.

322 侵权行为对物造成毁坏，如上文边码310已经提及，加害人需赔偿修理费用。若修理费用高于毁坏物之价值，则适用物全部毁坏时计算损害之规则（DESCHENAUX/ TERCIER，§ 24 N 7；anDERS bei bestimmten Tieren，s. N 308）。

323 受害人对物具有的非基于经济考虑之情感利益，原则上无法运用损害计算规则计算损失（例外：瑞士《债务法》第43条第1款中伤害动物或者致使动物死亡时的情感利益损失赔偿，参见边码308）。某一具有重大情感利益之物灭失，可能造成精神痛苦，得依瑞士《债务法》第49条主张精神抚慰金[1]。

324 发生毁损灭失之物的价值在损害发生时和判决作出之时不一致的，应以**何时**的价值为准的问题，瑞士学界的讨论中有不同之见解。奥夫汀格认为[2]，由当事人选择时间点确定损害。凯勒（Ⅱ，S.105）则认为原则上应以损害赔偿请求权各要件满足之时间点为准，但事实表明受害者在判决作出前，原本打算以高于或者低于物之价值转让的，不在此限。德国[3]通说以损害赔偿请求权各要件满足之时间点为准。

2. 客观计算法

325 客观计算法在计算物之损害时，需确定同类同质同量之物的客观平均价值。主观角度上的损失，例如所失利益等不予考虑[4]。

326 瑞士《联邦铁路、轮船企业与邮政责任法》（EHG）第12条规定，若铁路企业、联邦邮政及其他特许经营企业对损害发生无过错，则适用客观计算法[依照1993年6月18日的瑞士《客运和公路运输企业许可法》（SR 742.01）第5条，纳入1996年6月10日的瑞士《联邦邮政法》附件，自1998年1月1日起生效，此条文规定：联邦邮政和其他特许经营企业的侵权责任，适用瑞士《联邦铁路、轮船企业与邮政责任法》（EHG）的规定]。另外，瑞士《债务法》第447条的承运人责任，也规定了损害赔偿的客观计算法。

---

〔1〕 vgl. BGE 87 Ⅱ 290 E.4b；A. KELLER Ⅱ，S.104；OFTINGER/STARK I，§ 6 N 379；FELLMANN，AJP 1995，S.881.

〔2〕 I，S.258；OFTINGER/STARK I，§ 6 N 380.

〔3〕 参见：MünchKommBGB/OETKER，§ 249 N 302.

〔4〕 OFTINGER/STARK I，§ 6 N 356.

（四）损害赔偿方式

损害赔偿以金钱赔偿为原则。依照瑞士《债务法》第43条第1款，除 327
金钱赔偿之外，还可以进行其他形式的损害赔偿，例如妨害土地所有
权的情况下受害人得请求回复原状[1]。回复原状请求权如何定性，
不无疑问。它属于侵权法上的请求权（关系到瑞士《债务法》第60条
关于消灭时效规定是否适用），抑或（瑞士《民法典》第641条第2款
的）所有权人排除妨害之诉（Eigentumsfreiheitsklage），还是法官法中的
请求权[2]。

即使标的物毁损灭失，而受害人并未购买替代物，或者损坏不予修理， 328
其仍得主张损害赔偿（持不同观点的学者，参见 HONSELL，§ 8 N 50：
若受害人不对标的物进行修理，则只得请求价值减损，不得主张修理
费用）。德国联邦最高法院在确定**所谓的事实上的修理费用**（die
fiktiven Reparaturkosten）时，会考虑专业修理中心的小时费用（例如保
时捷中心的修理费用），即使此费用高于当地修理费用，亦得请求损害
赔偿（BGHZ – Urteil vom 29. April 2003 – VI ZR 398/02）。同样的，若
受害者本身具有修理资质和技术（例如汽车技工），对标的物进行了修
理，只要不超过新物之价格，修理价格以专业人员按照修理厂的价格
计算，不必考虑受毁损之物的剩余价值（BGHZ 115，364 ff.）。

四、其他损害

其他损害，或称**纯粹财产损失**（reiner Vermögensschaden），系指所有非 329
因身体受损、致人死亡或物之毁损灭失造成的财产和收入的减损
丧失[3]。

我的观点是，其他损失不同于直接受害人的间接损失（mittelbarerSc – 330

---

〔1〕 Urteil des BGer 4C. 377/2002 vom 19. Mai 2003 E. 2. 3，BGE 107 Ⅱ 134 E. 4；vgl. auch BGE 100 Ⅱ 134 E. 6b，99 Ⅱ 176 E. 3，80 Ⅱ 378 E. 9.

〔2〕 s. dazu REY，Negatoria，Schadenersatzanspruch und Wiederherstellungsanspruch kraft Richterrecht，in：FS HAUSHEER，Bern 2002，S. 87 ff.

〔3〕 BREHM，OR 41 N 85；VIKTOR AEPLI，Zum Verschuldensmassstab bei der Haftung für reinen Vermögensschaden nach Art. 41 OR，SJZ 1997，S. 405 ff. ；hinten N 703 ff.

haden），后者系权益损害的结果损害，它虽然不同于直接受害人的直接损害，但是和直接损害处在同一因果关系链上，只是同损害事实之间的因果关系远于直接的权益损害本身（例如，在侵害身体的侵权类型中，受害人的医疗费属于直接损害，误工费属于直接受害人的间接损失）。

331 "其他损失"（übriger Schaden），即所谓的"**纯粹财产损失**"（KELLER/GABI, S. 13），又称"狭义的财产损失"[1]或"等其他财产利益"（sonstiger Vermögensschaden）[2]。

332 只有致害行为具有**违法性**（或法律特别规定，vgl. A. Keller Ⅱ, S. 112）时，财产损失才可以请求损害赔偿，因为财产非属于法律绝对保护之法益（absolut geschütztes Rechtsgut）。"其他"损失作为纯粹财产利益，只有侵权行为违反某一特定行为规范时，始得请求损害赔偿，目的在于，对于财产利益，侵权法仅保护特定行为方式造成之损害（参见边码360，以及 703 以下）。

五、直接损害与间接损害（Mittelbarer und unmittelbarer Schaden）

333 直接损害和间接损害在德语中有两种表达方式，亦即"mittelbarer" und "unmittelbarer" Schaden 和 "indirekter" und "direkter" Schaden。需要注意的是，间接损害在以"indirekter" Schaden 表达时，还有间接受害人所受损失之义（所谓的"反射损失"或者"关联损失"，参见边码 354 以下）。

直接损害与间接损害之区分，在侵权法领域纯属多余[3]，或者说没有区分实益（SCHWENZER, N 14. 28），理由是：对于它们适用相同的处理原则。

334 **直接**损害与**间接**损害的区分，与**因果关系**相关联（因果关系参见边码517 以下）。在因果关系链上，与损害事实具有直接因果关系的，为直接

---

[1] A. KELLER Ⅱ, S. 28; STARK, Skriptum, N 153.
[2] BREHM, OR 41 N 85.
[3] HONSELL, § 1 N 47.

损害；与损害事实仅具有较远因果关系的，为**间接损害**〔1〕。无论直接或间接损害，它们与侵害事实之间，均存在相当因果关系｛有关远因〔entfernten（Teil - ）Ursachen〕的相当性，参见边码 543～545｝。兹举一例予以说明：

335

－ 在侵害他人身体的侵权类型中，受害人的医疗费属于**直接**损害，误工费属于直接受害人的**间接损失**（结果损害）。

336

　　一名律师乘坐的客车与另一辆货车相撞，造成其脑震荡和 15.5 天完全无法工作，后 15 天康复期仅能完成一半工作量。该示例中的治疗费用为直接损害结果，丧失营业收入为间接损害〔2〕。

337

－ 第三方在从事挖掘工程时挖断位于工厂地下的电缆，则电缆所有人的修理费用为**直接**损害。若工厂或企业所有人同时也是电缆所有人，则由于挖断电缆造成工厂停工无法正常生产时，工厂或企业所有人所失利益为**间接损害**（结果损害，Vermögensfolgeschaden）。

338

　　注意区分两类案件：若上例中电缆所有人和企业所有人非为同一，则企业所有人因为停电受到的是［间接受害人的（Reflexgeschädigter），参见边码 354 以下］"纯粹"财产损失。只有当致害人违反"特定"行为规范，并且从保护目的上考察，受害人（在本案中，即企业所有人）属于该行为规范旨在保护的对象范围，损害亦属于该行为规范旨在防范之损害类型时（电缆案，参见边码 362，702），才发生侵权责任法上的损害赔偿。

339

由于致害事件发生致使受害人原本可以从事的行为受到妨碍，因而遭受损失，亦发生间接损害。

340

　　例如，邻居的公牛造成某农户身体伤害送医，因此无法为家中的山羊接生，只能请兽医帮助，兽医的出诊费即为间接损害。

341

---

〔1〕 OFTINGER/STARK I, § 2 N 26; OFTINGER I, S. 59 f., 105 f.; WERRO, Nr. 106 ff.; HONSELL, § 1 N 44 ff.; ähnlich auch STARK, Skriptum, N 46.

〔2〕 须提供鉴定报告证明；vgl. BGE 102 Ⅱ 33 E. 2; s. auch BGE 97 Ⅱ 216 E. 2.

342 与损害事件存在相当因果关系的所失利益（lucrum cessans，参见边码 347 以下），属于间接损害[1]。

343 在侵权法领域，侵权行为人原则上需对直接损害和间接损害负责。在确定赔偿范围时，确定损害属于对法益直接侵害导致的直接后果，还是侵害法益造成的结果损害，至关重要[2]。

344 与此相关的问题还有：受害者在康复过程中由于侵害事实造成身体虚弱受到感染或者传染其他疾病，造成的损失，是否属于间接损害？回答此类问题时，关键需确定损害与侵害事件之间是否存在事实上和法律上的相当因果关系。原则上，受害人需要对此类损害负责（法官得依据瑞士《债务法》第 43 条以下的相关规定，考量是否存在减免赔偿额的事由）。

344a 在所谓的"国家机关公务人员内部责任"中的"直接损害"和"间接损害"与此处所提到的概念含义不同（参见边码 116a）：联邦对第三方受害人承担了损害赔偿责任之后，对损害发生负有责任的公务人员对联邦造成间接损害。需注意的是，联邦公务人员在执行公务时，也可能对联邦造成直接损害[3]。

344b 在股份公司法领域（Aktienrecht）债权人的直接损害和间接损害的区分问题，瑞士联邦最高法院的立场是，若股份公司法中有关规定的保护目的为排他的债权人保护，则违反此类规范造成债权人损害的，属于直接损害[4]；由此可见，在股份公司法领域，直接损害和间接损害的区分与因果关系并无直接相关性，而主要涉及违法性的（保护性规范的违反）判断。

六、所受损失（*damnum emergens*）与所失利益（*lucrum cessans*）

345 致害事件造成受害人财产减少时，减少的财产即为**所受损失**（*damnum*

---

[1] 类似观点：OFTINGER I, S. 60.

[2] vgl. LARENZ, Schuldrecht I, § 27 Ⅱ b 3, S. 429 f. 在责任法以外的领域，存在仅对直接损害负责的规定，参见瑞士《债务法》第 195 条第 1 款第 4 项，第 208 条第 2 款和第 357 条第 1 款。

[3] 例如，滥用财产或者毁坏公务，JAAG，§ 4 N 57, § 16 N 254.

[4] BGE 125 Ⅲ 86 E. 3; 122 Ⅲ 176 E. 7.

emergens）。此类财产减少可表现为**积极财产的减少**或**消极财产的增加**[1]。

由于致害事件发生，受害人对第三人所负债务增加（例如，医疗费用或标的物毁坏的维修费用），亦发生所谓的"消极财产的增加（或产生）"。受害人履行债务后，积极财产由此减少。 *346*

假设无致害事件之发生，受害人财产应该会有所增加，这部分应增加而有未增加的**盈利**（entgangenen Gewinn），即为**所失利益**（*Lucrum cessans*）。与所受损失不同，在确定所失利益时，需考虑时间因素，计算由于致害事件发生致使财产应增加而没有增加或者仅部分增加的数额。 *347*

所失利益可获得赔偿的前提是，损失为以通常标准判断可获得的盈利额，抑或个案判断有获得此盈利额的可能性[2]。 *348*

所失利益有着重大现实意义，例如侵权行为致使用于生产经营的机动车或机器设备毁损灭失，由于无法进行生产或者用益而造成收入减少，表现形式即为所失利益，属于"停业（停滞）损失"（Chômage）[3]。 *349*

七、直接受害人损失（"Direkter" Schaden）与间接受害人损失（Reflexschaden）

（一）直接受害人所受损失（"Direkter" Schaden）

原则上仅受害人自己所受之直接损失和间接损失可获得损害赔偿，充其量包括其权利继受人[4]。除少数例外情形外（参见边码357），请求权人永远仅为由法秩序所保护的自己的法益或自己的财产减损之人。 *350*

学者凯勒和加比[5]不使用"直接损害"（direkter Schaden），而使用"自己损害"（Eigenschaden），即致害事件造成的"直接受害人所受损失"。 *351*

---

〔1〕 OFTINGER/STARK I, § 2 N 11.

〔2〕 vgl. BGE 82 Ⅱ 497 E. 6; BREHM, OR 41 N 70 a. E.

〔3〕 s. dazu OFTINGER/STARK I, § 2 N 13, § 6 N 371.

〔4〕 例如：继承人，债权受让人，BREHM, OR 41 N 29; OFTINGER/STARK I, § 2 N 71.

〔5〕 KELLER/GABI, S. 14.

352 确定"直接受害人"属性，需要从违法性要件进行判断[1]，侵犯受害人的法律明确规定受保护的法益或者违反"特定"行为规范给受害人造成财产损失，并且从该"特定"行为规范保护目的上考察，发生的损害属于该行为规范旨在防范之损害类型的，仅在以上两种情况下，受害人得主张损害赔偿。

353 需注意的是，依照瑞士联邦最高法院的立场，受害人遭受严重侵权时，其近亲属享有"**惊吓损害**"赔偿请求权，此时近亲属属于直接受害人[2]。

（二）间接受害人损失（Reflexschaden）

1. 原则：间接受害人损失不发生侵权法上的损害赔偿责任

354 与直接受害人存在特殊关系的一人（或几人）由于致害事件受有损失，此类损失即为间接受害人损失，亦即所谓的"反射损失"（Reflexschaden）。

355 例如：

- 某话剧演员在去表演路上被汽车撞伤，腿部严重骨折，话剧表演承办商不得不取消演出，退还入场门票；剧场餐厅也因此受到影响，盈利减少。话剧表演承办商和剧场餐厅所受损失，即为反射损失。

- 第三人侵权造成某小型企业的一名技工受伤，老板因该技工无法工作而无法按时交付机器设备需承担违约责任，则企业老板所受之损失，即为反射损失。

356 间接受害人损失原则上**不发生**侵权法上的损害赔偿责任。仅有直接受害人始得主张责任法上的损害赔偿。这是基于法政策上的考虑，亦即为了避免"任何一次致害事件均会引发不间断的损害赔偿请求权链条"[3]。排除间接受害人损害的赔偿责任的另一个原因为，间接受害人所受损失多为"纯粹"财产损失，而对"纯粹"财产损失，仅在违反特定保护性规范时，才可以获得赔偿（参见边码360以下）。

---

[1] BREHM, OR 41 N 17.

[2] BGE 112 Ⅱ 118 E. 5；vgl. dazu SCHAER, Schockschäden, S. 30 f.，S. 35；OFTINGER/STARK Ⅱ/1，§ 16 FN 151；ferner FISCHER, S. 28 ff.

[3] HONSELL, § 1 N 49 ff.；ähnlich BREHM, OR 41 N 24；Urteil des BGer 4C. 413/2006 vom 27. März 2007 E. 4.

2. 例外

（1）抚养费损失

瑞士《债务法》第 45 条第 3 款规定，抚养人死亡的，被抚养人得主张
损害赔偿（参见边码 284 以下）。

357

原则上，仅有自己的法益受到不法侵害时，此直接受害人始得主张损害
赔偿，而被抚养人损害赔偿请求权是这一原则的例外。在此案件类型
中，仅死者的法益受到不法侵害，因而被扶养人所受抚养费损失为间
接受害人损失（或反射损失，Reflexschaden），被扶养人为间接受害人
（Reflexgeschädigte）。

358

> 瑞士《债务法》第 47 条规定了侵权行为致人死亡，在满足相关构
> 成要件的前提下，死者的近亲属享有精神抚慰金请求权的情形
> （参见边码 454 以下）。

359

（2）不法行为违反特定行为规范的保护目的造成间接受害人损失（反射损失）

不法行为违反特定行为规范的保护目的造成间接受害人损失的，损害
属于该行为规范旨在防范之损害类型，可请求损害赔偿，这是间接受
害人损害不赔偿原则的又一例外（参见边码 698 以下）。若侵权行为侵
害的法益为保护性规范旨在保护之法益，则当事人得主张损害赔偿。

360

间接损害依据保护性法律获得损害赔偿这一例外，在司法实践中意义不
大，因为大部分保护性规范首要的保护目的还是直接受害人损失（参
见瑞士《刑法典》第 146 条，边码 706 以下），而非间接受害人损失。
法院在适用这一例外对间接受害人进行救济时，往往需要对行为规范
的保护目的作扩张解释。

361

> 在进行地下工程作业时，挖土机将供电厂的电缆挖断，造成两家企
> 业停电无法进行正常生产。企业作为间接受害人（直接受害人为
> 电缆所有者供电厂）受有损失。瑞士联邦最高法院以瑞士《刑法
> 典》第 239 条（扰乱公共企业）同时具有保护电力用户的目的为
> 由，认为造成间接受害人损害具有违法性[1]。学者认为瑞士《刑

362

---

[1] BGE 102 Ⅱ 85 ff.；电缆案，详参见边码 702。

法典》第 239 条保护范围为公共机构或公共设备，而非电力用户因停电所受之反射损失，因此间接受害人损失不得请求损害赔偿。此观点值得赞同[1]。

3. 特别问题：第三人损害清偿（Drittschadensliquidation）

合同法中的第三人损害清偿，参见：GAUCH/Schluep/Rey, Nr. 2704 ff.

363　在满足一定构成要件的前提下，当事人自身未受到损害时，受有损害的第三人得就转移损失请求损害赔偿。这一观点目前仍为德国通说，并且得到德国法院的认可[2]。

364　发生转移损失是指通常情况下应由直接受害人承受之损失，基于特定原因转由第三人承担的情形。但由于第三人非为直接受害人，因而不得请求损害赔偿，而加害人因不法行为致人损害却不承担赔偿责任，此一结果难谓合理，造成个案结果不公正。因此，对于此类案件，权益受到侵犯之人未受有损害，而该损害基于某种原因实际发生于第三人处，此时应该赋予权益受到侵犯之人损害赔偿请求权。而"第三人损害清偿"制度的意义在于：因致害事件权益受到侵犯之人再向未有权益受侵犯却受有损害的第三人"清偿"。

365　众所周知的涉及"第三人损害清偿"的教学案例应属"毁坏花瓶案"，也包括之后渐渐被发展出来的许多改造的教学案例[3]：

366　A 作为 E 的唯一法定继承人，概括继承了 E 的所有财产。遗产中有一个名贵花瓶，E 已经通过遗嘱遗赠给 C。所以被继承人 E 死后，C 基于遗嘱享有向 A 主张转移名贵花瓶所有权的请求权［所谓的"遗赠请求权"（Vermächtnisanspruch）］。在花瓶所有权转移之前，由于 B 的过错行为致使花瓶毁损。

---

　[1]　不同观点：GUHL/KOLLER, § 24 N 7；MERZ, SPR VI/1, S. 191 f. m. H.；SCHAER, Schadenausgleichsysteme, N 226.

　[2]　LARENZ, Schuldrecht I, § 27 IV b, S. 462；PALANDT/HEINRICHS, Vorbem. zu BGB 249 N 112 ff.；在德国，第三人损害清偿制度的主要适用范围为合同法领域，vgl. LARENZ, Schuldrecht I, § 27 IV b 2 und 3, S. 464 f.，拉伦茨教授将其进一步限定在所谓的"照护案"（Obhutsfälle）以及间接代理范围。

　[3]　vgl. FIKENTSCHER, N 466；LARENZ, Schuldrecht I, § 27 IV b 1, S. 462 f.

致害事件造成法定继承人 A 丧失花瓶所有权，A 得向侵权人主张（物之）
损害赔偿。花瓶全损，发生给付不能，A 无法向 C 履行基于遗嘱的
债权上的给付义务。在计算 A 所受损失时，即确定致害事件发生
前后 A 的财产状况的差额时，免去向 C 履行基于遗嘱的债权上的
给付义务而在**数额计算**上"抵销了"A 的所有损失。亦即，在此
类案件中，受有损失的仅为 C，C 的总体财产减少，因其不得再向
A 基于遗嘱请求转移名贵花瓶所有权。但因为 C 无权益受侵犯，
不得向 B 主张损害赔偿，所以此时需要由 A 替代 C 向 B 主张损害
赔偿。

367

若在制度设计上赋予 A 替代 C 向 B 主张损害赔偿请求权，则需相
应的赋予 C 损害赔偿让与请求权。

368

瑞士学者对"第三人损害清偿"制度结合瑞士《债务法》第41条的侵
权法适用持相对保留态度，因为在实践中也很少遇到此类
案件[1]。判例中对此问题讨论付之阙如，仅有：

369

儿子使用自己的车子（原本也可选择使用救护车）将身体受到侵
害的父亲送往医院，因此支出费用，作为权益侵害的直接受害人
父亲，得主张损害赔偿。同样地，女儿身体受到侵害住院，母亲
前往探望支出交通费，亦得由直接受害人女儿主张[2]。

370

八、"商业化损害"（Kommerzialisierungsschäden）和"受挫损害"或称"目的落空损害"（Frustrationsschäden）作为可赔偿之财产损害

（一）问题的提出

"商业化损害"（Kommerzialisierungsschäden）和"受挫损害"［或称"目
的落空损害"（Frustrationsschäden）］的理论基础是法律的经济分析中
的"商业化理论"和"目的落空理论"（参见上文边码 188～189）。

371

---

〔1〕　OFTINGER I, S. 65 FN 57; BREHM, OR 41 N 26, s. aber dessen illustratives Beispiel einer
《besonderenForm》 der Drittschadensliquidation, OR 41 N 25 i. V. m. N 16, 18.

〔2〕　BGE 97 II 259 E. 2 und 4.

372 　 "商业化损害"和"目的落空损害"成为可获赔的损害，对传统的以"差额说"为理论基础的损害概念进行了补充，使其具有规范评价之属性。"差额理论"本身并不排除通过法律评价确定的损害赔偿项目。进行法律评价时可以侵权责任法的保护目的和损害填补功能为导向。瑞士《债务法》第41条以下规定并未定义"差额理论"，也未限定"差额理论"的适用范围和适用方式。即使仍然以"差额理论"为基础，也**不存在**同时将法律评价作为确定损害赔偿时的考量因素的理论障碍。

373 　 "商业化损害"和"目的落空损害"成为可获赔的损害，补充了"差额理论"，扩张了侵权责任。侵权责任的扩张是否合理，属于法政策上的问题。对此，瑞士联邦最高法院和许多著名学者均持否定态度（参见边码393）。主要原因应该是学者和法院担心责任扩张造成责任泛滥，传统的损害概念和"非物质性损害"，尤其是"精神抚慰金"之间的界限变得模糊不清。所以要使"商业化损害"和"目的落空损害"成为可获赔的损害获得认可，关键问题是，在"差额理论"基础上找出**尽可能清晰明确的区分界限和标准**，确定"商业化损害"和"目的落空损害"何时为（可获赔的）财产损失，何时仅仅为非物质性损失。

（二）商业化损害（Kommerzialisierungsschaden）

374 　 商业化损害系致害事件造成**有偿的**用益权能受到侵害（或丧失）[1]。

375 　 商业化损害的判断标准是受到侵害的用益权能在经济交往中可否通过金钱交换取得[2]。受害人自己是否通过有偿取得用益标的，在所不问。赠与的标的物受到毁损无法使用，亦得因使用权能受限请求损害赔偿。判断是否存在"商业化损失"，取决于让与用益权能之载体是否具有经济价值。

376 　 暂时的使用利益丧失，亦得构成"商业化损失"[3]。

377 　 假设致害事件致使住宅无法居住，马匹无法用于训练，则根据商业化理论，只要用益权限在价格构成之内，所失之效用（以及生活体验和享

---

〔1〕　GAUCH/SCHLUEP/REY, Nr. 2664 f.

〔2〕　所谓的"商业化理论"（Kommerzialisierungsthese）或"商业化理念"（Kommerzialisierungs – gedanke），参见：PALANDT/HEINRICHS, Vorbem. zu BGB 249 N 10 ff.; sowie MünchKommBGB/ OETKER, § 249 N 40 ff.; s. auch vorn N 188.

〔3〕　GAUCH/SCHLUEP/REY, Nr. 2675.

受、展现社会地位之目的未达成）得请求损害赔偿。计算商业化损失时以所失之使用利益以及所失之生活体验和享受的市场价格为准。

商业化损失的经典案例是所谓的"第一次海岛之旅"案（与"目的不达损失"以及"目的不达理论"也相关，参见边码389以下）：

378

一对夫妇去加那利群岛度假，将装衣服的行李箱交给海关工作人员办理行李托运。工作人员疏忽，未注意到即使办理了托运，行李仍有可能在边境被再次检查，而为了防止延误，应在办理托运时要求旅客将随同行李附上钥匙或者在边检时交给航空公司。这对夫妇的行李在边检时被截留，然后再空运至加那利群岛，导致他们在度假期间大部分时间不得不将就一直穿他们出门时的衣服。由此，不仅本希望通过旅行达到的身心休息没有达成，而且在行李被截留的这段时间里，受害人为海岛旅行特地准备的衣物也无法使用。

379

通过旅行度假所追求的体验与享受通常情况下是**包含在为此支付的费用**之中的，因此此类体验与享受在一定程度上被"商业化"了，所以致害事件使旅行享受落空，造成的损害不属于"非物质性损害"，而系"**财产损失**"。因此海关工作人员应当赔偿旅客的损失[1]。

380

"商业化损害"成为可获赔的损害，会造成侵权责任的扩张[2]，因此必须找出尽可能清晰明确的区分界限和标准，确定"商业化损害"何时为（可获赔的）财产损失，何时仅仅为非物质性损失（参见边码159）。在德国，法院在适用"商业化理论"时采取的立场与瑞士不尽相同：并非所有商业化的生活享受和追求（Lebensgut）受到侵犯均得请求损害赔偿，对差额理论也只得在例外情形下允许修正，并且需提供合理理由，此合理理由主要是指规范的、价值的和经济角度的衡量。

381

---

　〔1〕　BGH, Urteil vom 7. Mai 1956, NJW 9, 1956, S. 1234 f.
　〔2〕　这恐怕并非法政策所希望之结果；gl. M. HONSELL, § 8 N 79.

382　若受害人对用益载体存在特别要求和依赖，该标的物持续性的可被支配使用"在受害人开展其经济生活所需的全体财产中占据中心地位"[1]，则应视为满足上文所述修正差额理论的合理理由。

　　－　按照以上标准，若致害事件侵犯物之所有权同时造成标的物无法使用，例如所有人的房屋无法居住，所有人之物暂时无法使用，但并未造成受害人额外的费用或收入减少，则此时侵犯用益权限损害属于可获赔之损害[2]。

　　－　其他情况下，例如由于国家采取军事措施，猎场的用益租赁承租人在一定时间内不得在其租赁的猎场内狩猎（当然同时也无须支付租金），则承租人不享有损害赔偿请求权。理由是狩猎非属于"必要的经济利用物资"（notwendiges Wirtschaftsgut）[3]。

383　商业化损害仅在**例外情况**下得作为可获赔的财产损失请求损害赔偿：

384　－　受到侵害或完全丧失的用益权能**包含**在用益载体的**价值构成**中；

385　－　受害者对用益标的物存在**特别**要求和依赖；

386　－　**标的物持续性的存在**，并且**可被支配使用**在受害人开展其经济生活所需的**全体财产占据中心地位**。

387　用于练习马术的马匹因致害事件无法使用所受之损害，恐怕仅在受害人为职业马术运动员，因而对于马匹的持续性可支配使用有特别要求和依赖时，始成为可获赔之商业化损害[4]。

388　机动车所有人无法使用车辆，也仅在满足以上要件的前提下，始得主张用益权能侵害（参见边码314）的损害赔偿。例如以驾驶车辆作为其职业的司机，对车辆持续可被支配使用存在特别要求和依赖[5]。

（三）目的落空损害（Frustrationsschaden）

389　受害者**已经**支付的费用由于致害事件的发生，支付之目的落空，此时发生

---

〔1〕　BGHZ 98, 1987, Nr. 28, S. 224, bestätigt in BGHZ 112, 1991, Nr. 47, S. 399.

〔2〕　BGHZ 98, 1987, Nr. 28, S. 212 ff.

〔3〕　BGHZ 112, 1991, Nr. 47, S. 392 ff.

〔4〕　瑞士联邦最高法院持不同立场：BGE 126 Ⅲ 388 E. 11a.

〔5〕　参见：OFTINGER/STARK I, § 6 N 373；所失之用益利益损害，原则上不发生损害赔偿责任：Roberto, § 29 N 725 ff.

的损害属于"目的落空损害"，或称"受挫损害"[1]。

出于对将来生活体验和享受（例如：乘坐热气球升空）的期待而自愿　<u>390</u>
为此支付费用，然而在约定事件发生前一天被汽车撞伤，无法体验和
享受已经支付费用的活动，此时受害人遭受的即为"目的落空损害"。

与"商业化损害"（参见边码375）相同，受害人是否自己为此支付了　<u>391</u>
费用，在所不问。即便热气球升空环游的机会系由他人赠与受害人，
仍然成立财产损失。判断是否存在"目的落空损害"，取决于已经为此
支付费用的活动是否还可以用金钱交换取得，亦即，致害事件发生之
时，此活动是否具有市场价值（参见边码375）。

计算"目的落空损害"时，可以作为标准的，恐怕仅有出于对将　<u>392</u>
来生活体验和享受的期待而自愿为此支付的费用。

与"商业化损害"（参见边码374以下）相同，学界通说和法院立场一　<u>393</u>
直认为（主要是在合同责任领域）"目的落空损害"非属传统的以
"差额理论"为基础发展起来的损害概念中所指的财产损害[2]。

在一项旅游合同纠纷案件中，受害人依据差额理论，对其因失去　<u>394</u>
度假带来的生活体验和享受主张损害赔偿请求权，未得到瑞士联
邦最高法院的支持。法院坚持认为在瑞士法中，**"非物质性损失"**
不得请求损害赔偿。非物质性损害不涉及财产的损害，即非侵权
法意义上的损害。需要支付的一定数额的金钱非属损害赔偿，而
系精神抚慰金（Genugtuung）（参见边码442以下）。**支出一定费**
用，但由于损害事实发生，致使原本支付费用之目的部分或者全
部落空，从而丧失内在价值的情形，亦然。此时，财产额并未减
少，而仅仅使受害人的期待落空[3]。但另一方面，若依据上文中

---

〔1〕　亦即，白白支出了费用；vgl. GAUCH/SCHLUEP/REY, Nr. 2667；HONSELL, § 8 N 55 ff.；s. auch A. KELLER Ⅱ, S. 29.

〔2〕　Guhl/Koller, § 10 N 20；GAUCH/SCHLUEP/REY, Nr. 2683 f.；STARK, ZSR 1986 Ⅱ, S. 585 ff.；DERS., Skriptum, N 41a ff., insbes. N 41e；von TUHR/PETER, S. 84 FN 3；违约时的"目的落空损害"：GAUCH/SCHLUEP/REY, Nr. 2681, 2684（因而普遍否认"目的落空损害"属于可获赔之损失）so auch HONSELL, § 8 N 55 ff.；sowie ROBERTO, § 24 N 609, 616.

〔3〕　BGE 115 Ⅱ 474 E. 3a.

提到的**经济化损害概念**（teilweise ökonomisch Schadensbgriff，参见边码179），失去度假带来的生活体验和享受属于财产损失，而非"非物质性"损失，只要这种生活享受如所证实的那样可以用金钱购买，从而也具有市场价值。

当事人签订了一个对价昂贵的旅游合同，在飞机起飞前，由于认为其存在杀人罪嫌疑而被逮捕，并搜查了住所。尽管当事人如期到达机场，但由于刑事强制措施（之后刑事诉讼程序中止），导致出行和在目的地居住逗留等计划均被破坏，因而引发为旅游合同支付的依照市场价格确定的昂贵费用落空。本案中，法官自由裁量后（瑞士《债务法》第42条第2款）判决，当事人取得数额为已经支付费用的2/3的**损害赔偿**[1]。

九、辨析：积极利益和消极利益（Positives und negatives Interesse）；"持有利益"或"固有利益"（Erhaltungs oder Integritäts – in - teresse）

394a **合同法**领域，一直以来就有"积极利益"[2]和"消极利益"之区分。债权人的**积极利益**赔偿，旨在回复到合同正常履行情况下，债权人应有的财产状况。而**消极利益**赔偿，旨在回复到双方当事人之间完全没有订立合同情况下，当事人原本应有的财产状况[3]。

394b 债务人在履行合同过程中违反附随义务给债权人造成损失的，构成"**积极侵害债权**"（positiven Vertragsverletzung），造成的损失理论上称为"**持有利益**"或"**固有利益**"（Erhaltungs – oder Integritätsinteresse）（主要是人身损害以及物之损害）[4]。学者施温策（N 14.32）认为，在合同磋商阶段，造成身体或物之损害的，亦可构成"维持利益"或"固有利益"侵害。

---

〔1〕 苏黎世州高等法院，ZR 1997, Nr. 16, S. 47 ff.；持批评意见：VITO ROBERTO, Zur Ersatz - fähigkeit verdorbener Ferien, recht 1997, S. 108 ff.，insbes. S. 111 f.

〔2〕 或称"履行利益"或"不履行损害"；BSK/WIEGAND, OR 97 N 38, 46.

〔3〕 详见：GAUCH/SCHLUEP/REY, Nr. 2722 ff.

〔4〕 参见：GAUCH/SCHLUEP/ REY, 7. Aufl.，Nr. 2706.

第三节　损害赔偿裁量

一、概说

损害赔偿的裁量所解决的是最具**司法实践**意义的问题，亦即赔偿义务人 <u>395</u>
事实上最终需要赔偿多少损失（参见边码196）。损害赔偿裁量以损害
赔偿的计算为前提。**损害赔偿的计算**确定**赔偿请求权的最高额**。在存
在"**责任减免事由**"（Reduktionsgründe）的情形下，实际的赔偿额小
于计算额。

损害赔偿裁量的一般规则为瑞士《债务法》第43条和44条[1]。特别 <u>396</u>
法中也有相关规定［例如瑞士《道路交通法》（SVG）第62条，瑞士

---

［1］ 译者注：Art. 43 OR（Bestimmung des Ersatzes）

1 Art und Grösse des Ersatzes für den eingetretenen Schaden bestimmt der Richter, der hiebei sowohl die Umstände als die Grösse des Ver - schuldens zu würdigen hat.

1 bis Im Falle der Verletzung oder Tötung eines Tieres, das im häus - lichen Bereich und nicht zu Vermögens - oder Erwerbszwecken gehal - ten wird, kann er dem Affektionswert, den dieses für seinen Halter oder dessen Angehörige hatte, angemessen Rechnung tragen.

2 Wird Schadenersatz in Gestalt einer Rente zugesprochen, so ist der Schuldner gleichzeitig zur Sicherheitsleistung anzuhalten.

试译为：瑞士《债务法》第43条（损害赔偿的确定）

1. 法官有权依据个案具体情况及加害人过错程度确定损害赔偿的种类与数额。

1 bis 非作为财产或以营利为目的饲养之家养宠物受有损害，亦得请求损害赔偿，赔偿时应考虑动物对其所有人所具有之情感价值。

2. 损害赔偿以定期金方式给付的，债务人应同时提供担保。

Art. 44 OR（Herabsetzungsgründe）

1 Hat der Geschädigte in die schädigende Handlung eingewilligt, oder haben Umstände, für die er einstehen muss, auf die Entstehung oder Verschlimmerung des Schadens eingewirkt oder die Stellung des Ersatzpflichtigen sonst erschwert, so kann der Richter die Ersatzpflicht ermässigen oder gänzlich von ihr entbinden.

2 Würde ein Ersatzpflichtiger, der den Schaden weder absichtlich noch grobfahrlässig verursacht hat, durch Leistung des Ersatzes in eine Notlage versetzt, so kann der Richter auch aus diesem Grunde die Ersatzpflicht ermässigen.

试译为：瑞士《债务法》第44条（责任减免事由）

1. 受害人同意，损害的发生或恶化可归责于受害人，以及存在应由受害人负责的对赔偿义务人造成其他不利之情事的，法院得减轻或免除加害方之赔偿责任。

2. 执行赔偿会给赔偿义务人造成经济困难的，法院可适当减少赔偿额，但损害是由于行为人故意或重大过失造成的除外。

《联邦铁路、轮船企业与邮政责任法》（EHG）第 2 条以下，瑞士《核能责任法》（KHG）第 7 条]。瑞士《债务法》第 43 条第 1 款规定，法官应当依据事实情况和行为人的过错程度确定损害赔偿额［与德国法的"全有或全无原则"（Alles oder Nichts – Prinzip）不同[1]，瑞士《债务法》第 44 条将可归责于受害人事项作为事由]。该条还规定，履行损害赔偿责任会给赔偿义务人造成经济困难的，法官得行使自由裁量的权利。可见，在确定实际赔偿额时，法官不仅要考虑过错程度（瑞士《债务法》第 43 条第 1 款），还应考虑其他因素，而其他因素在何种程度上影响最终的实际赔偿额确定，由法官**裁量决定**。

397   法官可以通过行使裁量权确定损害赔偿的**形式**（瑞士《债务法》第 43 条第 1 款），一般以金钱赔偿为原则，回复原状为例外[2]。

二、损害赔偿裁量的考虑因素

（一）赔偿义务人的过错程度

过错的概念和意义，参见边码 805 以下。

398   赔偿义务人的过错程度原则上仅在**过错责任**的损害赔偿裁量中影响赔偿额。无过错责任不以过错为构成要件（参见边码 880）。

399   司法实践和通说的立场是，赔偿义务人仅具有轻过失时，始得考虑免责[3]。法官无须对所有案件都进行责任裁量[4]。因为责任减免对受害人不利，由轻过失的行为人承担全部责任，也比由受害人分担部分责任更符合个案正义。

400   **无过错责任**的免责事由主要有"与有过错"、"意外事件"等等，问题是，在责任构成时不问过错的无过错责任领域，在责任裁量时，是否或

---

[1] HONSELL, § 1 N 68 ff.

[2] BREHM, OR 43 N 5, 19 ff.；以回复原状作为损害赔偿形式的判决：BGE 110 Ⅱ 183 E. 3.

[3] MERZ, SPR Ⅵ/1, S. 220；OFTINGER/STARK Ⅰ, § 7 N 11 f.；OFTINGER Ⅰ, S. 264；vgl. auch BGE99 Ⅱ 176 E. 2a, 92 Ⅱ 238 E. 3b, 91 Ⅱ 291 E. 3a m. w. H.；相反意见，参见 BREHM, OR 43 N 79：认为赔偿义务人具有中度（mittelschwerem）过错，亦得考虑免责；相反意见，参见 HONSELL, § 9 N 4：认为过错度不得成为免责事由，并且过错程度不属于责任认定之后的责任裁量环节应考量之因素。

[4] OFTINGER/STARK Ⅰ, § 7 N 12；OFTINGER Ⅰ, S. 264 m. w. H.；anscheinend auch BGE 111 Ⅱ 429 E. 3b.

者在何种程度上还需考虑责任人**过错**程度，以平衡和中和其他免责事由的效果。若回答是肯定的，则赔偿义务人最终应以此平衡和中和之后的结果承担损害赔偿责任。例如，假设责任人在侵权行为中存在重大过失，则本可以作为免责事由的"受害人的轻过失"就不予考虑，不发生"中和"和减免行为人责任的效果。另外，责任减免事由仅仅发生减轻责任的效果，还是可以使行为人完全免除责任的问题，在学理上颇具争议[1]。

（二）与有过错（Selbstverschulden）

瑞士《债务法》第44条第1款规定，受害人对损害的发生与有过错的，可以减轻侵权人的责任。在程度上不构成中断因果关系（参见边码560以下）的"**与有过错**"，系侵权法中的法定**责任减免事由**。

受害人的过错行为，为损害发生之共同原因的，或有助于损害之扩大的，均构成"与有过错"，得成立免责事由[2]。第一种情形的适例为：行人突然进入机动车道，被汽车撞伤。第二种情形的适例为：上例中的行人受到轻微伤，但事故后拒绝就医，造成健康状况恶化。法官在裁量损害赔偿的减免时，一方面需考虑受害人自身过错程度，另一方面仍需考虑其他免责事由。例如无过错责任中，加害人存在重大过错时，受害人的与有过错完全或部分不发生过失相抵之效果[3]。

例如：

- 某15岁男孩头朝下纵身跳入浅水池，导致截瘫。男孩在不得跳水的区域跳水，存在过失，应对自己的身体伤害负责。但同时，场地设施所有人在可认识到危险的情况下，未采取防护措施，加之监管不善，因此瑞士联邦最高法院判决构成场地设施的结构瑕疵，

401

402

403

---

〔1〕不同观点参见：BREHM, OR 44 N 35；so auch BGE 113 Ⅱ 328 E. 1c m. w. H. , 111 Ⅱ 429 E. 3b m. w. H. ；vgl. auch OFTINGER/STARK I, § 7 N 27, § 9 N 15 ff. , 对责任减免体系提出了质疑，认为应该区分不同法律领域（sektorielle Verteilung）作出判断。

〔2〕vgl. STARK, Skriptum, N 319.

〔3〕参见边码400；vgl. auch Urteil des BGer 6P. 58/2003 vom 3. August 2004 E. 12, BGE 128 Ⅲ 390 E. 4. 5, 127 Ⅲ 453 E. 8c, 111 Ⅱ 429 E. 3, 92 Ⅱ 39 E. 5b, 91 Ⅱ 218 E. 2c；vgl. auch OFTINGER/STARK I, § 7 N 21, 27.

游泳池所有人承担的系属无过错责任，对于男孩的身体伤害，场地设施所有人应承担赔偿责任。所有人既未悬挂禁止标识牌，亦未设置护栏，以阻止游泳者在浅水区跳水的行为，其没有尽到注意义务，存在过错。虽然场地设施结构瑕疵责任属于无过错责任，所有人的过错对责任认定亦发生影响，抵销了受害人的大部分过错（BGE 116 Ⅱ 422 E. 4）。

- 在装有连续直通式煤气加热器的浴室中，X 严重一氧化碳中毒。X 在淋浴时紧闭门窗，并且在浴室中逗留时间过长，存在过失。X 的轻过失，亦得作为浴室所有人的免责事由（BGE 117 Ⅱ 50 E. 2b und c）。

- 驾驶员自身存在过失，在其主张第三人责任保险时，因该过失，在赔偿额中扣减 20%。法院认为驾驶员自身的过失主要体现在两个方面：不当的行车方式和没有系保险带（BGE 117 Ⅱ 609 E. 5a）。

- 受害人将驾驶证留在未锁的机动车内，小偷得以盗窃驾驶证并从银行账户中取钱[1]。

其他案例分析，参见：BREHM, OR 44 N 21, und OFTINGER/STARK I, § 7 N 32.

404 危险责任系特别严格的责任类型（参见边码 1244）。相较于过错责任和一般（普通）无过错责任，在危险责任领域，受害人与有过错在责任裁量中所起的作用，相对减弱许多[2]。

405 根据瑞士《债务法》第 44 条第 1 款的规定（其他可归责于受害人的情形），受害人的辅助人的过错归于受害人，适用过失相抵，因为法律明文规定了（瑞士《债务法》第 101 条[3]，第 55 条[4]）辅助人的行

---

〔1〕 此类情形通常均会认定成立受害人与有过错，参见 SJZ 1994, S. 67.

〔2〕 BREHM, OR 44 N 32.

〔3〕 译者注：Art. 101 OR（Haftung für Hilfspersonen）

1 Wer die Erfüllung einer Schuldpflicht oder die Ausübung eines Rechtes aus einem Schuldverhältnis, wenn auch befugterweise, durch eine Hilfsperson, wie Hausgenossen oder Arbeitnehmer vornehmen lässt, hat dem andern den Schaden zu ersetzen, den die Hilfsperson in Ausübung ihrer Verrichtungen verursacht. 2 Diese Haftung kann durch eine zum voraus getroffene Verabredung beschränkt oder aufgehoben werden.

试译为：瑞士《债务法》第 101 条（辅助人责任）

1. 为履行一项债务或行使基于特定债务关系中的一项权利，使用包括家庭成员或雇员等辅助人的，需就

为由事务所属人或履行行为所属人负责[1]。

受害人行为是造成损害的共同原因，但是**受害人无识别能力**的，此时　　406

不存在与有过错，因为过错能力以具备识别能力为前提（参见边码

811）。但尽管如此，在符合公平原则的前提下，不妨碍无识别能力的

受害人行为成为责任减免时的考虑因素。此类情形类推适用瑞士《债

务法》第54条[2]第1款的规定[3]。

判断识别能力时，未成年人的年龄系重要的考量因素。民法上并不存　　407

在"不完全识别能力"（verminderte Urteilsfähigkeit）之分类[4]，即使

适用过失相抵，未成年人受害人的过错折抵的损失额无论如何也不能

与成人等同[5]。

死者亲属以自己的名义主张抚养费损害赔偿时，死者在致害事件中有　　408

（接上页）辅助人在执行职务时造成的损害，承担损害赔偿责任。2. 当事人得就上款中的责任事先约定排除或限制。

〔4〕　译者注：Art. 55 OR（Haftung des Geschäftsherrn）

1 Der Geschäftsherr haftet für den Schaden, den seine Arbeitnehmer oder andere Hilfspersonen in Ausübung ihrer dienstlichen oder geschäftlichen Verrichtungen verursacht haben, wenn er nicht nachweist, dass er alle nach den Umständen gebotene Sorgfalt angewendet hat, um einen Schaden dieser Art zu verhüten, oder dass der Schaden auch bei Anwendung dieser Sorgfalt eingetreten wäre.

2 Der Geschäftsherr kann auf denjenigen, der den Schaden gestiftet hat, insoweit Rückgriff nehmen, als dieser selbst schadenersatzpflichtig ist.

试译为：瑞士《债务法》第55条（事务所属人责任）

1. 事务所属人对其雇员或其他辅助人在执行工作事务过程中造成之损害承担无过错责任。但其能证明已经尽到应有之注意义务避免此类损失发生，或者仅是尽到应有之注意义务损害同样会发生的除外。

2. 事务所属人对造成损害之人在可归责于其的范围内，享有追偿权。

〔1〕　vgl. auch OFTINGER/STARK I，§ 7 N 28，§ 5 N 154；OFTINGER I，S. 164；MERZ，SPR VI/1，S. 226 f.；BGE 95 Ⅱ 43 E. 4c.

〔2〕　译者注：Art. 54 OR（Haftung urteilsunfähiger Personen）

1 Aus Billigkeit kann der Richter auch eine nicht urteilsfähige Person, die Schaden verursacht hat, zu teilweisem oder vollständigem Ersatze verurteilen.

2 Hat jemand vorübergehend die Urteilsfähigkeit verloren und in die – sem Zustand Schaden angerichtet, so ist er hierfür ersatzpflichtig, wenn er nicht nachweist, dass dieser Zustand ohne sein Verschulden eingetreten ist.

试译为：瑞士《债务法》第54条（无识别能力人的责任）

1. 无识别能力人造成损害的，法官有权依据衡平原则，使其承担部分或全部责任。

2. 一时丧失识别能力之人造成损害的，需对损害承担赔偿责任，当事人能证明对于无识别能力状态发生不存在过错的除外。

〔3〕　OFTINGER/STARK I，§ 7 N 31.

〔4〕　不同观点：BUCHER，ZGB 16 N 4a.

〔5〕　MERZ，SPR VI/1，S. 229；BREHM，OR 44 N 23；vgl. auch BGE 116 Ⅱ 422 E. 4, 111 Ⅱ 89 E. 1a, 100 Ⅱ 332 E. 3a, 102 Ⅱ 363 ff.：使用了"不完全识别能力"（verminderte Urteilsfähigkeit）的表述；批评意见参见：MERZ，SPR VI/1，S. 229 f.

过错的，亦得适用过错相抵原则[1]。

409 **受害人同意系受害人与有过错的特殊形式。**需注意的是，"真正的受害人同意"得排除侵权行为的违法性（参见边码762以下），因此在请求权基础检验时，需特别注意区分和检验瑞士《债务法》第44条中所谓的"**不真正的或无效的受害人同意**"（unechten bzw. ungültigen Einwilli-gungen）（BREHM, OR 44 N 6）。例如，受害人在无特殊理由的情况下同意对己的严重身体伤害，即属于"不真正同意"（依瑞士《债务法》第20条的规定，此"受害人同意"无效，因此也不能排除侵权行为的违法性[2]）。

410 "自担危险"（Handeln auf eigene Gefahr, *acceptation du risque*）亦可定性为"不真正的受害人同意"[3]，但"自担风险"可以作为受害人过错在瑞士《债务法》第44条范围内考虑责任减免。由此，在特定案件情形中，"自担风险"亦可构成"真正的受害人同意"（参见边码771）。

410a 通过"受害人自陷风险的自我负责"理论（eigenverantwortlichen Selbstgefährdung），从教义学上重塑"自担风险"（das Handeln auf ei-gene Gefahr）的尝试，应予以放弃[4]。

411 受害人认识到或者应该认识到危险情况，但愿意承担危险的，构成"受害人自担风险"[5]。与"受害人自担风险"密切相关的主要是体育比赛侵权案件。除部分体育项目外，遵守比赛规则的前提下其他选手造成故意的身体伤害亦不构成侵权责任，其他大部分体育比赛中，运动员参加该比赛并不意味着其放弃自身的身体完整性之要求。同时需要注意的是，运动员在比赛中，尤其是在对抗性的（如拳击等）竞技体育项目中，将自己暴露在高度受伤危险中，此时若其他运动员在未犯规情况下

---

〔1〕 BREHM, OR 45 N 34 m. w. H.；OFTINGER/STARK I，§ 7 N 29；BGE 113 Ⅱ 323 E. 2c，91 Ⅱ 218 ff.

〔2〕 参见：BREHM, OR 44 N 7.

〔3〕 Urteil des BGer 4C. 89/2005 vom 13. Juli 2005 E. 4. 2，BGE 117 Ⅱ 547 E. 3b；BREHM, OR 44 N 9.

〔4〕 与此相反：Strafrecht BGE 125 IV 189 E. 3a und dazu GUNTHER ARZT, Drei leichtsinnige Opfer vor Bundesgericht, recht 2000, S. 115 ff.

〔5〕 STARK, Skriptum, N 320；vgl. auch OFTINGER I, S. 160 f.；MERZ, SPR VI/1, S. 228 f.；BGE 97 Ⅱ 221 E. 6.

造成自己的身体伤害，则依据瑞士《债务法》第44条第1款，该运动员不得请求损害赔偿。当然，严重犯规行为不包括在运动员默示同意的风险范围之内[1]。

例如：卡丁车非属高危运动，因此，一名高卡车车手无须预见并承受另一名车手从正面和自己相撞的风险。此类事故一旦发生，不得认定车手自担风险，因而自然也不构成"与有过错"[2]。关于竞技体育中"自担风险"的功能和体系地位的不同观点，参见：DANIEL THALER, Haftung zwischen Wettkampfsportlern, Diss. Zürich 2002, S. 140 ff。

412

愿意乘坐（尚未达到醉驾）酒驾司机驾驶的车辆，亦属"自担风险"的典型案件类型[3]。

413

参见较早时期的瑞士联邦最高法院关于"自担风险"的判例：BGE 97 Ⅱ 221 E.6。

第三人过错（Drittverschulden）原则上非属免责事由[4]。但若第三人过错达到中断原本因果关系的程度，或者赔偿义务人的过错尤其轻微，并且案件非属无过错责任类型，则另当别论[5]。

414

若父母行为系未成年子女权益受损的原因之一，则即使父母作为法定代理人参与诉讼，父母的过错也充其量属于第三人过错（而非受害人与有过错）[6]。父母和另一侵权行为人对未成年子女的损害共同承担责任，但父母承担的为补充（solidarisch）责任[7]。

415

例如：傍晚，一家人带着小孩坐在临街的花园天井休息。父母边

416

---

〔1〕 参见：BGE 109 IV 102 ff., 104 Ⅱ 184 E.3a；参见边码771以下。

〔2〕 BGE 117 Ⅱ 547 ff.

〔3〕 STARK, Skriptum, N 320；BGE 91 Ⅱ 218 E.2a, 84 Ⅱ 292 E.3a, 79 Ⅱ 398.

〔4〕 BREHM, OR 43 N 81；HONSELL, § 9 N 20；OFTINGER/STARK I, § 7 N 40；MERZ, SPR VI/1, S. 222；OFTINGER I, S. 281；BGE 113 Ⅱ 323 E.2b, 111 Ⅱ 429 E.3b.

〔5〕 BGE 111 Ⅱ 429 E.3b.

〔6〕 OFTINGER/STARK I, § 5 N 170；OFTINGER I, S. 167；vgl. auch STARK, Skriptum, N 338, 认为父母属于受害人，对此观点本人不能苟同。

〔7〕 BGE 81 Ⅱ 159 E.3；OFTINGER/STARK I, § 5 N 170；MERZ, SPR VI/1, S. 227.

喝酒边和邻居闲聊，未注意到 5 岁的小男孩因为玩具球滚到街道当中，跑去捡球而被车辆撞到，严重受伤。车辆所有人或责任保险公司和父母（补充责任）共同对男孩的身体伤害承担赔偿责任。前者依据瑞士《道路交通法》第 58 条应承担无过错责任，后者承担过错责任。5 岁的男童不具识别能力，因此本案中不存在受害人与有过错。充其量可类推适用瑞士《债务法》第 54 条，法院依公平原则令无行为能力人承担部分责任（参加边码 406）。

（三）损害赔偿裁量应考量之其他因素

1. （作为损害共同原因的）意外事件（Mitwirkender）Zufall

417 损害的发生或扩大系侵权人行为与意外事件共同作用之结果［共同因果关系中，所谓的造成损害的"共同原因"（Teilursache），参见边码 628以下］，法官得判决减轻侵权人责任[1]。

418 侵权责任法上的意外事件，是指不依赖于人类行为的损害发生原因[2]。意外事件与不可抗力不同（参见边码 574 以下），它并未中断侵权行为与损害之间的相当因果关系。

419 如前所述（参见边码 398 以下），在**过错责任**领域，赔偿义务人的过错程度系责任裁量的考量因素。若共同作用的意外事件进一步扩大了损害，则瑞士《债务法》第 43 条第 1 款所体现的损害与过错之间的对应关系不成比例，有必要作出调整[3]。

420 在**无过错责任**领域，仅具体的责任构成要件中没有涵盖的意外事件，可以作为免责事由[4]。

421 例如：

   － 停在坡道上的机动车的手刹断裂，冲下坡道造成损害。所有人对此

---

〔1〕 vgl. dazu BREHM, OR 43 N 52; CR/WERRO, Art. 43, N 36 ff.; MERZ, SPR VI/1, S. 232 f.; OFTINGER I, S. 278 f.; STARK, Skriptum, N 350; vgl. auch BGE 109 Ⅱ 304 E. 5; 相反观点参见: HONSELL, § 9 N 7, 认为根本不可能发生此类情形, 理由是: 若损害发生可预见, 则符合相当因果关系理论, 加害人具有轻过失, 可以减轻责任; 若损害发生不可预见, 则因不满足（相当）因果关系而不得主张损害赔偿, 详细论述参见: HONSELL § 3 N 7.

〔2〕 CR/WERRO, Art. 43 N 36; MERZ, SPR VI/1, S. 233; 详参见边码 578 以下。

〔3〕 OFTINGER I, S. 278.

〔4〕 CR/WERRO, Art. 43 N 38; MERZ, SPR VI/1, S. 233; OFTINGER/STARK I, § 7 N 36; OFTINGER I, S. 279; STARK, Skriptum, N 355; BGE 111 Ⅱ 429 E. 3b m. w. H.

意外事件造成的损失，需承担侵权责任，理由是瑞士《道路交通法》第 58 条第 2 款规定的构成要件中涵盖了此类意外事件。

- 瑞士《原子能法》（Atomgesetz）规定，异常自然事件可以免责（该法第 14 条），而瑞士《核能责任法》规定，赔偿义务人不得援引损害系异常外力作用导致而免责。由此，异常自然事件不再成为该领域的法定免责事由（切尔诺贝利事故案：BGE 116 Ⅱ 480 E. 3d）。

2. （作为损害共同原因的）意外事件的特别类型：受害人先天性的特殊体质（Konstitutionelle Prädisposition）

所谓受害人先天性的特殊体质（Konstitutionelle Prädisposition）是指，由遗传决定的人的生命有机体**易于患某种疾病的倾向性**，或者**感染某种疾病后人体反应会异常严重**[1]。由于某种特定疾病造成对生命有机体的侵害，亦属于"疾病遗传易感性体质"项下之损害[2]。

422

疾病遗传易感性体质属于意外事件的特别类型[3]，可适用瑞士《债务法》第 44 条第 1 款中的责任减免规定，因为这种疾病易感性体质属于受害人"自身原因"[4]。

423

例如：

424

- 脊柱胸段或胸腰段结构性后凸，即所谓的"休门氏后凸畸形病"（Scheuermann Krankheit）[5]；
- 神经官能症倾向[6]和其他心理疾病倾向[7]；
- 血友病或糖尿病；
- 侵权行为发生后，由于受害人本身身体原因发生腿部缩短，脚部变

---

　〔1〕　OFTINGER I, S. 102；STARK, Skriptum, N 364；vgl. auch BREHM, OR 44 N 54；OFTINGER/STARK I, § 3 N 95.

　〔2〕　vgl. WEBER, Prädisposition, S. 74.

　〔3〕　OFTINGER/STARK I, § 3 N 95；OFTINGER I, S. 102, 280；STARK, Skriptum, N 366.

　〔4〕　BREHM, OR 44 N 55；OFTINGER/STARK I, § 3 N 95；OFTINGER I, S. 280 f.；不同观点：STARK, Skriptum, N 366，认为疾病遗传易感性应于瑞士《债务法》第 43 条第 1 款确定责任（损害计算）环节考量；gl. M. HONSELL, § 9 N 8.

　〔5〕　BGE 113 Ⅱ 86 ff.

　〔6〕　BGE 96 Ⅱ 392 ff.

　〔7〕　BGE 102 Ⅱ 33 ff., 80 Ⅱ 348 ff.

形，肌肉萎缩，以致普通的大腿骨折造成异常严重的劳动能力丧失[1]。

425 需注意的是，（先天性的）疾病遗传易感性不仅影响损害赔偿裁量，同时也会影响到损害赔偿的确定和计算[2]。影响责任确定和计算的主要情形有：由于受害人自身先天的疾病遗传易感性体质，即便加害行为未发生，损害（财产减损）（至少部分损害）仍会发生，因此致害事件即非属此类损害之排他、唯一之原因。在此主要考虑的因素是，疾病遗传易感性体质缩短受害人寿命或劳动能力，以及致害事件导致受害人残疾，早于原本的退休年龄丧失劳动能力从而发生的收入减损[3]。

426 例如：阿兹海默症（Alzheimerkrankheit）的患者因致害事件大脑受损。

427 即使疾病遗传易感性体质会导致损害发生或扩大，但只要没有致害事件发生，仅仅受害人具有疾病遗传易感性体质不会导致损害发生的，赔偿义务人就应对其侵权行为负责。此时受害人的特殊体质因素仅得在损害赔偿裁量环节予以考量。

428 例如：

  – X 患有他人无法识别的特殊隐性致病体质，在一次诊治中，需要对 X 施行全身麻醉。由于医生的轻过失，注射麻醉剂过量，导致病人终身丧失劳动能力。若无医生违反其应有之注意义务的轻过失行为，损害即不会发生，因此病患特殊体质这一因素仅得在责任裁量环节予以考量。

  – 类似案件还有：致害事件引起受害人欲望型神经官能症，疾病发生并非出于医疗行为本身，而系致害事件发生，导致受害人心存幻想，可以不断从第三人处获得赔偿，这一精神障碍的发生系基于受害人本身的特殊体质[4]。欲望型神经官能症的相关问题，参见边

---

[1] BGE 49 II 30 ff.

[2] vgl. auch BGE 113 II 86 ff., insbes. E. 3. 然而，学者却对此判决提出了批评意见：Weber, Prädisposition, S. 73 ff.; vgl. auch OFTINGER/STARK I, § 3 N 98; OFTINGER I, S. 103; BREHM, OR 44 N 58; STUDHALTER, S. 63 f.; WERRO, Nr. 1197.

[3] BGE 113 II 86 E. 3, bestätigt in BGE 131 III 12 E. 4; vgl. auch STARK, Skriptum, N 370.

[4] BGE 96 II 392 ff.

码 224a、544。

3. 情谊行为

瑞士通说和法院均认为，侵权行为人在对受害人实施情谊行为时导致损害的，情谊行为之实施原则上应作为责任减免事由[1]。在侵权法领域，与此免责事由直接相关的主要有咨询责任（参见边码 721 以下）。

在规定机动车责任的主要法律中［瑞士《机动车法》（MFG）第 37 条第 4 款和瑞士《道路交通法》第 59 条第 3 款］，曾明文规定情谊行为作为免责事由，但在 1975 年 3 月 20 日修改法律时，此规定被删去，因而现行法律中已经无此规定。大部分学者认为，因为瑞士《道路交通法》第 62 条第 1 款将如何确定损失的"种类和范围"指向了瑞士《债务法》的规定（参见边码 1304），所以在机动车所有人出于情谊行为将机动车交与乘客或者驾驶人使用的情形，应适用瑞士《债务法》第 43 条第 1 款"法官得依具体情形确定损害的形式"的规定，将"情谊行为"作为条款中法官确定损害时的"具体情形"。

在瑞士联邦最高法院的一则判决中[2]，机动车所有人将机动车交与其妻子使用，妻子开车去亲属家发生事故，对此法院认为不存在免责事由，理由是："人们在配偶、亲属此类相近关系中，在交往中应有的感情和互相支持范围内实施的情谊行为，不作为责任减免事由。"[3]

需注意的是，在故意侵权行为中，情谊行为不得作为免责事由（因为在这种情况下，也根本不会发生情谊行为[4]）；在重大过失侵权中，法官对此也采取相当保守的态度[5]。

429

430

431

432

---

[1]　BREHM, OR 43 N 55 f.；CR/WERRO, Art. 43 N 34；HONSELL, § 9 N 38；OFTINGER/STARK I, § 7 N 67 ff.；OFTINGER I, S. 275 f.；BGE 127 Ⅲ 446 E. 4b bb；52 Ⅱ 457；值得注意的是，瑞士《债务法》第 99 条第 2 款在合同法领域对情谊行为实施应当减免责任作了明文规定。

[2]　BGE 117 Ⅱ 609 E. 5c a. E.

[3]　STARK, Skriptum, N 397.

[4]　HONSELL, § 9 N 41.

[5]　KELLER/GABI, S. 108

4. 当事人特殊的经济和社会状况

（1）赔偿义务人有经济生活困难之虞 [（Drohende）Notlage]

433　瑞士《债务法》第 44 条第 2 款规定，执行赔偿会给赔偿义务人造成经济困难的，法院可适当减少赔偿额，但损害是由于行为人故意或重大过失造成的除外。

434　若致害事件造成受害人经济生活困难，则无"因赔偿义务人有经济困难之虞而考虑减少赔偿"之适用[1]。受害人利益优先于赔偿义务人。

435　除此之外，若加害人有破产之虞，并且破产程序已经启动，亦无"因赔偿义务人有经济困难之虞而考虑减少赔偿"之适用[2]。否则受害人侵权之债的债权与其他债权相比，将处于不平等地位。

436　在现代侵权法中，瑞士《债务法》第 44 条第 2 款规定的责任减免事由的实践意义已经非常有限。因为大部分赔偿义务人投有责任保险，向受害人承担赔偿责任之后，得依据保险合同从保险公司获赔[3]。侵权人享有保险保障，亦即在向受害人承担侵权责任之后，享有以财产利益为内容的请求权，因而不存在"经济生活困难"之可能（保险事故发生后，被告，往往同时即保险人，不得援引瑞士《债务法》第 44 条第 2 款，主张因赔偿责任之承担使其有经济生活困难之虞免责）[4]。

（2）侵权行为受害者收入特别丰厚

437　部分特别法规定 [瑞士《联邦铁路、轮船企业与邮政责任法》（EHG）第 4 条以下，瑞士《道路交通法》（SVG）第 62 条第 2 款，瑞士《核能责任法》（KHG）第 7 条第 2 款]，受害者收入异常丰厚的，可减免损害赔偿责任。

438　瑞士《债务法》中并未明文规定此项免责事由。但是受害人与加害人的经济状况得依据瑞士《债务法》第 43 条第 1 款"法官得依具体情形确定损害的形式"之规定，作为法官确定损害时的"具体情形"[5]。

---

[1]　BREHM, OR 44 N 78; CR/WERRO, Art. 43 N 31; HONSELL, § 9 N 30, 34; OFTINGER/STARK I, § 7 N 55; MERZ, SPR VI/1, S. 230; vgl. BGE 49 Ⅱ 447.

[2]　OFTINGER/STARK I, § 7 N 54.

[3]　OFTINGER/STARK I, § 7 N 54, 57; vgl. auch BREHM, OR 44 N 72.

[4]　BGE 113 Ⅱ 323 E. 1c.

[5]　BREHM, OR 43 N 62.

特别法［瑞士《联邦铁路、轮船企业与邮政责任法》（EHG）第 4 条以 　439
下，瑞士《道路交通法》（SVG）第 62 条第 2 款，瑞士《核能责任法》
（KHG）第 7 条第 2 款］中规定的"受害者收入异常丰厚的，可减免
损害赔偿责任"这一免责事由，同瑞士《债务法》第 44 条第 2 款规定
的"赔偿义务人有经济生活困难之虞"，均属任意规范（Kann -
Vorschrift），由公平（衡平）原则发展而来。

特别法中仅规定了"受害者收入异常丰厚的，可减免损害赔偿责任"，　440
却未提供收入"特别高"的具体确定标准。法院应考虑赔偿义务人的
经济状况以及是否投保具体确定[1]。

侵权法以全部赔偿为原则，因此在适用"受害者收入异常丰厚的"这　441
一免责事由时，法院采取较保守的态度。故意和重大过失侵权，不得
类推适用瑞士《债务法》第 44 条第 2 款的规定[2]。

第四节　非物质性的精神痛苦与精神损害赔偿（或称精神抚慰金）（Immaterielle Unbill und Genugtuung）

一、概说

（一）非物质性精神痛苦的构成和精神抚慰金的功能

传统的损害概念仅指财产损失（参见边码 151 以下），伴随于身体受损　442
或侵权行为致人死亡的受害人遭受之**非物质性**侵害不在此列。非物质性
侵犯若达到一定的**严重程度**，则被称为**非物质性的（精神）痛苦**
［immaterielle（seelische bzw. moralische）Unbill］，主要表现为肉体痛苦，
生活水平和享受降低，丧失生活乐趣，以及经济和社会地位与评价的降
低。非物质性的精神痛苦系加害人实施达到一定**严重程度的**（非法）侵
害他人**人格利益**的行为的后果（参见边码455 以下）。需注意的是，在行
为造成他人非物质伤害，同时又构成违约的情形中，受害人不仅可以是
合同当事人，也可以是合同当事的近亲属（参见边码471、474）。但是，
瑞士联邦最高法院在审理精神抚慰金请求权的案件时，对于消灭时效的

---

〔1〕 vgl. OFTINGER/STARK I, § 7 N 60；CR/WERRO, Art. 43 N 28.

〔2〕 OFTINGER I, S. 273；HONSELL, § 9 N 37 a. E.

计算有所不同，合同当事人适用合同法的消灭时效，对于其近亲属则适用瑞士《债务法》第 60 条〔1〕关于侵权法上的消灭时效的规定〔2〕。

443　"非物质性精神痛苦"（immaterielle Unbill）是精神抚慰金请求权的构成要件，但法律规定中却并不明文使用此概念。以下分析精神抚慰金请求权的构成要件时，将具体说明"非物质性精神痛苦"的含义（参见边码 454 以下）。

444　严重侵犯他人人格利益导致非物质性精神痛苦，造成的不利影响并非作用于受害人财产，而是伤害受害人内心（心理和精神层面），或外部的经济和社会评价。"非物质性精神痛苦"概念涉及多个维度，结构复杂，是一个概括性概念（Allgemeinbegriff）。因此法院在判决"非物质性精神痛苦"相关案件时，需要借助于其他（客观）评价标准（Wertungsmassstäben）〔3〕。在精神抚慰金请求权案件中，个案中的具体情况起着决定性的作用。由此可见，"非物质性精神痛苦"此一概括性概念需通过案件的类型化来明确其含义（参见边码 455 以下）。

445　侵权责任法针对"非物质性精神痛苦"规定了精神抚慰金请求权，其

---

〔1〕 译者注：Art. 60 OR（Verjährung）

1Der Anspruch auf Schadenersatz oder Genugtuung verjährt in einem Jahre von dem Tage hinweg, wo der Geschädigte Kenntnis vom Schaden und von der Person des Ersatzpflichtigen erlangt hat, jedenfalls aber mit dem Ablaufe von zehn Jahren, vom Tage der schädigenden Handlung an gerechnet.

2Wird jedoch die Klage aus einer strafbaren Handlung hergeleitet, für die das Strafrecht eine längere Verjährung vorschreibt, so gilt diese auch für den Zivilanspruch.

3Ist durch die unerlaubte Handlung gegen den Verletzten eine Forderung begründet worden, so kann dieser die Erfüllung auch dann verweigern, wenn sein Anspruch aus der unerlaubten Handlung verjährt ist.

试译为：瑞士《债务法》第 60 条（消灭时效）

1. 损害赔偿请求权以及精神抚慰金请求权的消灭时效期间为 1 年，自受害者认识到损害和赔偿义务人之日起算，最长自侵权行为发生之日起 10 年消灭。

2. 侵权行为同时满足刑法上构成要件，而刑法对该犯罪行为规定了较长的追诉时效的，则此追诉时效规定同样适用于侵权法中的请求权。

3. 在订立合同时由于合同相对人的侵权行为受有损害，并且该损害赔偿请求权已经罹于时效的，合同一方当事人可以拒绝履行合同义务。

〔2〕 BGE 123 Ⅲ 204 ff.，边码 1603b 以下。

〔3〕 BGE 120 Ⅱ 97 E. 2b：每个人对心理上的伤害的承受能力和感受不同，法官在判断时需以平均人水平为准；而受害人则需证明相关事实情况，以表明其在主观上受到了严重的精神伤害。

功能即在于填补受害人承受的（包括将来可能承受的）"非物质性精神痛苦"，起到抚慰，安慰的作用，以此种形式抚平受害人受到创伤的精神和心理状况[1]。

精神抚慰金请求权**非属高度人身性请求权**，因此可以转让和继承[2]。但是对于精神抚慰金请求权可继承性（die aktive Vererblichkeit）的构成要件，在瑞士学界之讨论上有不同见解[3]。瑞士联邦最高法院的观点是，精神抚慰金请求权可继承的要件是，权利人在死前已提出权利主张[4]。部分学者认为应该允许精神抚慰金请求权可继承性不受任何要件之限制，此观点值得赞同[5]。

446

侵权法学界一致认为精神抚慰金**不具有惩戒功能**[6]。瑞士联邦最高法院在这个问题上持相同观点[7]。

447

（二）精神抚慰金的请求权基础

在瑞士《债务法》涉及侵权法内容的相关规定中（瑞士《债务法》第41条至第60条），**第47条和第49条**[8]是精神抚慰金请求权案件最重要的请求权基础，法官据此决定是否给予受害人非　　物质性精神痛

448

---

〔1〕　BGE 123 Ⅲ 10 E. 4 c bb, 118 Ⅱ 404 E. 3b aa; HüTTE/DUCKSCH, I/10 ff. , 3; 对将来可能承受的非物质性精神痛苦的精神抚慰金请求权，参见：BGE 117 Ⅱ 50 E. 3b bb.

〔2〕　BGE 81 Ⅱ 385 E. 2, 63 Ⅱ 158 f.

〔3〕　BREHM, OR 47 N 123 ff. ; OFTINGER/STARK I, § 8 N 45 ff. ; OFTINGER I, S. 293; SCHAFFHAUSER/ZELLWEGER, N 1419; HüTTE/DUCKSCH I/24, 6. 3. , I/60 f. , 7. 1.

〔4〕　BGE 118 Ⅱ 404 E. 3a, 88 Ⅱ 455 E. 5, 81 Ⅱ 385 E. 2

〔5〕　SCHAFFHAUSER/ZELLWEGER, N 1411; OFTINGER I, S. 293; HONSELL, § 10 N 5; a. M. CR/WERRO, Intro, Art. 47 – 49 N 8.

〔6〕　OFTINGER/STARK I, § 8 N 8; SCHAFFHAUSER/ZELLWEGER, N 1411; BREHM, OR 47 N 36 ff. ; HüTTE/DUCKSCH I/11, 3. 2.

〔7〕　BGE 121 Ⅲ 16 ff. ; anders noch BGE 58 Ⅱ 248 E. 6, 58 Ⅱ 344 E. 2.

〔8〕　译者注：瑞士《债务法》第47条（精神抚慰金给付）

侵害他人身体或致人死亡的，法官得考虑受害人或死者家属特殊情况，判决一定金钱数额之精神抚慰金。

瑞士《债务法》第49条（侵犯人格权）：

1. 人格权受到不法侵犯的，得主张一定金额的精神抚慰金，侵犯程度未达到严重程度或者存在其他损害赔偿方式的除外。

2. 在上款规定之抚慰金赔偿之外，法官亦得判决由加害人承担其他类型之精神抚慰金，两种类型的精神抚慰金赔偿可以并存。

苦的赔偿。

449 依照瑞士《债务法》**第 49 条第 1 款**的规定，**人格权受到不法侵犯的**，得主张一定金额的精神抚慰金，侵犯程度未达到严重程度或者存在其他损害赔偿方式的除外。此规定从构成要件上看过于宽泛。瑞士《债务法》第 47 条对精神抚慰金请求权的构成作了进一步规定：侵害他人身体或致人死亡的，法官得考虑受害人或死者家属特殊情况，判决一定金钱数额之精神抚慰金。由此，在法律适用上，第 47 条相对于第 49 条第 1 款，作为特别法优先适用[1]。

450 瑞士《债务法》**第 336a、337c 条第 3 款**规定，雇主无正当理由或滥用解除权解除劳动关系，雇员有权请求合理的"补偿"；通说和瑞士联邦最高法院观点一致认为，雇员请求的"补偿"包括由于劳动关系解除所造成的精神痛苦，因此，此规定不仅具有惩戒功能，同时也具有慰抚功能。[2]关于精神抚慰金请求权，在瑞士《民法典》和各类特别法中亦有规定。需注意的是，《瑞士刑法典》第 73 条规定，以没收的犯罪人的财产赔偿由法院或通过和解协议确定的受害人因犯罪行为所受之损害。瑞士联邦最高法院认为，《瑞士刑法典》第 73 条的适用范围，不仅包括财产损害赔偿，还包括（突破《瑞士刑法典》第 73 条第 1 款法条上过窄规定）精神抚慰金请求权[3]。法院的这一立场，值得赞同。

451 在瑞士《民法典》中也有关于精神抚慰金请求权的规定，例如：第 93 条第 1 款、第 151 条第 2 款、第 429a 条。

452 瑞士《民法典》第 397a 条以下[4]规定，对精神病人、醉酒之人、未成年人和禁治产人等实施限制自由措施，安置或收容于特定场所和机关。若此剥夺自由行为严重违法，则受害人得请求损害赔偿，严重时得主张精神抚慰金（瑞士《债务法》第 429a 条第 1 款）[5]。

---

[1] vgl. BREHM, OR 47 N 5；OFTINGER/STARK I，§ 8 N 77 FN 122；so auch BGE 89 Ⅱ 396 E. 3.
[2] BGE 123 Ⅲ 391 E. 3b cc，判决中详细阐述了理论观点；vgl. auch BGE 123 V 5 E. 2a und 2b.
[3] BGE 123 IV 145 E. 4d bb.
[4] 译者注：旧法，已废止。
[5] BGE 118 Ⅱ 254 ff.，ZR 1994，Nr. 81，S. 256.

下列特别法规定均准用瑞士《债务法》第49条之适用：瑞士《联邦反不正当竞争法》（UWG）第9条第3款，瑞士《联邦卡特尔与其他竞争限制法》（KG）第8条第e项，瑞士《联邦电力法》（ElG）第36条、瑞士《道路交通法》（SVG）第62条第1项，瑞士《核能责任法》（KHG）第7条第1款，瑞士《联邦液体运输与易燃气体管道法》（RLG）第34条，以及瑞士《联邦男女平等法》（GlG）第34条（vgl. HüTTE/DUCKSCH, I/8 f., 2.）。也有特别法规定，准用瑞士《债务法》第47条和第49条，或者一般性的准用"瑞士《债务法》中侵权行为的规定"，例如：瑞士《联邦狩猎与野生哺乳动物和禽类保护法》（JSG）第15条第2款，瑞士《联邦轮船法》（SSG）第27条第1款，瑞士《联邦刑事受害人救助法》（OHG）第1条第2c款，第2条第2c款，第12条第2款，瑞士《联邦数据保护法》（DSG）第15条结合瑞士《民法典》第28a条第3款，以及瑞士《联邦男女平等法》（GlG）第4条。

瑞士《联邦刑事受害人救助法》（OHG）中关于精神抚慰金赔偿的原则，参见：BGE 132 Ⅱ 117 ff., 125 Ⅱ 169 E. 2a und b；边码489c。

二、精神抚慰金请求权的构成要件

精神抚慰金请求权的功能在于抚慰受害者的精神痛苦，因此在构成要件上，首先要求造成了"精神痛苦"。其他构成要件和物质性损害赔偿请求权基本相同：因果关系，违法性，在过错责任中的"过错"以及在无过错责任中的事实构成（Anknüpfungstatbestand）的实现。

（一）*精神痛苦* ［immaterieller Unbill（tort moral）］

瑞士《债务法》第47条授权法官在侵犯身体和致人死亡案件中，**权衡个案特殊情况**，判决侵权人向受害人承担精神抚慰金赔偿。瑞士《债务法》第49条则要求非法侵害他人人格权利必须达到一定**严重程度**，并且**其他方式不足以弥补受害人精神痛苦**时，才得主张精神抚慰金。由此，并非所有非物质性精神痛苦均得请求精神抚慰金，非法侵害他人人格权利必须达到较高强度。个案中人格利益受损给受害人带来的

453

453a

454

455

精神痛苦越严重，获得精神精神抚慰金的可能性越大〔1〕。

1. 侵犯身体和致人死亡的侵权行为造成精神痛苦（瑞士《债务法》第
   47 条第 1 款）

456　依据瑞士《债务法》第 47 条的规定，侵害他人身体，致人精神痛苦，
可请求精神抚慰金。精神痛苦的原因可能是需要长期住院治疗，也可能
是手术带来的肉体痛苦。抚慰金的功能在于弥补因身体受到侵害而承受
之精神痛苦，在一定程度上使受害人的身心健康状态有所恢复，或者说
痛苦程度有所降低，达到基本可以忍受程度。通过精神抚慰金之金钱赔
偿，平复受害人的精神创伤，慰藉其情感的伤害。对于"是否以及在多
大范围内承担精神抚慰金责任"，瑞士联邦最高法院的立场是取决于精
神痛苦的严重程度，以及精神抚慰金对于平复受害人的身心灵创伤的作
用和可能性。〔2〕终身残疾以及丧失劳动能力的压力，属于精神痛苦，
得主张精神抚慰金〔3〕。

457　瑞士《债务法》第 47 条规定，侵权行为致人**死亡**，其亲属因此遭受精
神痛苦的，得主张精神抚慰金。精神抚慰金请求权是否得到法院支持，
取决于该亲属与受害人之间的关系亲疏程度〔4〕。

458　一般来说，亲属间关系**亲疏程度**，以亲等（Verwandtschaftsgrad）为
准〔5〕。值得注意的是，瑞士《债务法》第 47 条规定：仅"亲属"
（Angehörigen）得主张精神抚慰金。但"亲属"没有法律定义，含义不
明。在法国法中使用的是"家庭成员"（la famille）的概念。学界和法院
一致认为，并非所有家庭成员必然享有精神抚慰金请求权〔6〕。只有与
死者处于紧密家庭关系的成员，始得主张精神抚慰金。请求权人往往为

---

〔1〕　OFTINGER I, S. 297.

〔2〕　BGE 123 Ⅲ 306 E. 9b, 118 Ⅱ 404 E. 3 b aa, 115 Ⅱ 156 E. 2.

〔3〕　参见概述：BREHM, OR 47 N 161 ff., sowie SCHAFFHAUSER/ZELLWEGER, N 1426，参见下
文边码 504 具体案例。

〔4〕　Semjud 1994, S. 597, E. 10a; BGE 114 Ⅱ 144 E. 3a; vgl. dazu auch hinten N 492 [Berechnung];
BREHM, OR 47 N 31 f., 131 ff.; A. KELLER Ⅱ, S. 148 ff.; SCHAFFHAUSER/ZELLWEGER, N 1428;
a. M. Schaer, Schockschäden, S. 19.

〔5〕　BGE 114 Ⅱ 144 E. 3b; BREHM, OR 47 N 65.

〔6〕　BREHM, OR 47 N 133.

配偶〔1〕、子女〔2〕以及兄弟姐妹〔3〕。叔伯姑姨或祖父母、外祖父母不享有精神抚慰金请求权〔4〕。学理和判例认为，未婚夫（妻）属于瑞士《债务法》第 47 条所称之"亲属"〔5〕。学理中争议较大的是，同居关系是否成为主张精神抚慰金的基础的问题〔6〕。

对"亲属"概念作严格解释的理由是，在瑞士法中，间接受害人损失的赔偿（参见边码 354 以下）系极少数的特例〔7〕。

459

2. "严重"侵犯他人人格权造成精神痛苦（瑞士《债务法》第 49 条）
(1) "严重的"人格权侵权构成"精神痛苦"
瑞士《债务法》第 49 条第 1 款规定：非法侵害他人人格权利必须达到一定**严重程度**，并且**其他方式不足以弥补受害人精神痛苦**时，始得主张精神抚慰金。由此，并非所有精神痛苦均得请求精神抚慰金，非法侵害他人**人格权利**需达到**较高强度**。对此，应特别注意以下几点：

460

- 立法者在瑞士《债务法》第 49 条中规定了一个非常宽泛的人格权利概念。"一个人基于其存在所具有的生理的、心理的、道德的和社会的价值，均包括在内"〔8〕。对于自然人生理和身体利益的侵害，即属于对自然人身体完整（身体权，生命权）的侵犯，依据瑞士《债务法》第 47 条，得主张精神抚慰金（参见边码 456 以下）。由此瑞士《债务法》第 49 条的适用范围主要针对的

461

---

〔1〕　BGE 113 Ⅱ 323 E. 6；SJZ 1995，S. 55 ff.，父母 BGE 118 Ⅱ 404 E. 3b cc，112 Ⅱ 118 E. 2.

〔2〕　BGE 113 Ⅱ 323 E. 6；SJZ 1995，S. 55 ff.

〔3〕　前提是兄弟姐妹与死者共同居住，或者往来密切，并且死者去世对其造成异常严重之精神痛苦，Pra 2003，Nr. 122，S. 653 f.；s. auch　BGE 118 Ⅱ 404 E. 3b cc，112 Ⅱ 118 E. 2.

〔4〕　对祖父母、外祖父母不享有精神抚慰金请求权有不同意见的，参见：OFTINGER/STARK I，§ 8 N 98.

〔5〕　BGE 114 Ⅱ 144 E. 3a，66 Ⅱ 221 E. 4，57 Ⅱ 57；BREHM，OR 47 N 159.

〔6〕　BREHM，OR 47 N 160；HüTTE，S. 175；A. KELLER Ⅱ，S. 131 f.；SCHAFFHAUSER/ZELLWEGER，N 1418；HüTTE/DUCKSCH，I/28 f.；瑞士联邦最高法院在判决中（BGE 114 Ⅱ 144 E. 3a）对这个问题也未置可否。

〔7〕　vgl. BREHM，OR 47 N 134，und die dort zitierten Autoren；vgl. auch KRAMER，Kausalität，S. 313，则认为应该放宽精神抚慰金请求权的权利人范围。

〔8〕　BBl 1982 Ⅱ，S. 658，681.

是对自然人以心理的、道德的和社会的价值为内容的人格权利的侵犯。

462 — **什么情况下**非法侵害他人人格权利达到严重程度（瑞士《债务法》第49条第1款），需要法官依据个案具体情况决定（参见边码446a）。在此，社会对该自然人的评价，与该自然人相联系的"心理的、道德的和社会的价值"起着决定性的作用。

463 例如，在女性的性自由具有特别高的保护价值的时代，对女性的猥亵行为原则上应被判定侵犯女性的以"道德"价值为内容的人格权利，因而定性为"严重"人格权侵犯。

464 瑞士《债务法》第49条第1款以"'严重'侵害他人人格权利"为要件，法律规定非常不明确，也无法给出普遍适用于各类案件的定义，只能通过案件类型化来明确其含义（参见边码467以下）。

465 旧瑞士《债务法》中，精神抚慰金以"侵害他人人格权利'特别严重'"作为构成要件。修改后的现行瑞士《债务法》中，仅要求"'严重'侵害他人人格权利"。立法者修改法律，是否意欲降低精神抚慰金构成要件中的"人格权利侵害"之严重范围和强度，对此在瑞士学界之讨论上有不同之见解。部分学者肯定了这一观点[1]，也有学者认为作为精神抚慰金的请求权基础——现行瑞士《债务法》第49条第1款，并没有体现立法者希望放宽此请求权要求之意旨[2]。

466 司法实践中针对这个问题遇到了适用上的困难。"严重"和"特别严重""侵害他人人格权利"的这一区分，很难成为司法实践的判案依据。从法教义学角度看，事实上两种侵害仅有**程度上**的差别，很难进一步确立起司法实践中可操作的标准。

466a 一方面，"侵害他人人格权利"从客观上来看，必须达到一定的严重程度；另一方面，必须受害者因此受到了精神痛苦，亦即**主观上**达到严

---

[1] SUTTER, S. 4 f.；MERZ, SPR VI/1, S. 237.
[2] BREHM, OR 49 N 19，以及文中列举的其他学者。

重程度[1]。

从以上标准观察，致他人所有的**动物**死亡或者受害，亦可构成"严重侵害他人人格权利"。若侵害程度未到达"严重"要件的要求，则在计算物之损害赔偿时，应考虑财产的情感价值（Affektionswert）（瑞士《债务法》第 43 条第 1bis 款）[2]。

466b

（2）案件类型

瑞士联邦最高法院针对瑞士《债务法》第 49 条第 1 款的精神抚慰金，主要发展了以下**两类**案件类型：

467

— 侵害他人**心理健康和自由价值**或社会价值，造成他人精神痛苦的情形。

468

例如：

469

— 被非法拘留的释放者的精神痛苦和精神抚慰金请求权[3]；

— 一名女子辱骂三名猎人"混蛋"（bande de salauds），猎人受到精神痛苦，法院判决侵权行为人应向某一慈善机构给付精神抚慰金[4]；

— 普通科医生让精神病科医生给病患检查身体，病人主张因此受到了精神痛苦，并要求精神抚慰金，未得到法院支持[5]；

— 10 年间受到父亲无数次性侵的女儿的精神痛苦和精神抚慰金请求权[6]；

— 感染母亲的艾滋病毒之子女的精神痛苦和精神抚慰金请求权[7]；

— 海报宣传侵犯他人名誉权，受害人遭受精神痛苦，享有精神抚

---

[1] BREHM, OR 49 N 30；BGE 126 Ⅲ 388 E. 11b hinsichtlich des entgangenen Nutzens, 125 Ⅲ 70 E. 3c sowie 120 Ⅱ 97 E. 2a und b；参见边码 444。

[2] 参见边码 308；不同观点，参见：WERRO, Nr. 166 ff.

[3] BGE 113 IV 93 E. 3a；ZR 1997, Nr. 16, S. 50.

[4] BGE 117 IV 270 E. 3.

[5] BGE 125 Ⅲ 70 E. 3c.

[6] BGE 125 Ⅲ 269 ff.；s. auch BGE 129 IV 22 E. 7, 118 Ⅱ 410 ff.；精神抚慰金额，参见边码 506a.

[7] BGE 125 Ⅲ 412 ff.

慰金请求权[1];

- 被囚禁作为人质45个小时，戴着手铐并经受寒冷，受害人遭受精神痛苦，享有精神抚慰金请求权[2];

- 对医学鉴定人的鉴定事实结果和专业素质进行毫无证据和理由的指责，使其受有精神痛苦，得主张精神抚慰金[3]。

470　　- 在满足一定构成要件的前提下，**受害人的近亲属**得主张精神抚慰金[4]。

471　　与近亲属的心理和精神联系属于自然人人格权的组成部分[5]，因此侵犯此类联系可构成瑞士《债务法》第49条规定的"严重人格权利侵犯"。侵犯他人身体权，受害人近亲属在受到的精神痛苦**异常**严重时，得主张精神抚慰金（人身权受到侵害的自然人近亲属，能证明因此受到的伤害性质特别严重的，得主张精神抚慰金[6]）。瑞士联邦最高法院在近几年的判决中表明的立场是：若当事人因侵权行为（或违约行为）严重残疾，严重侵犯配偶和子女与当事人的人格关系，造成配偶或子女在侵犯他人生命权和身体权的情形中**同样**或**更为严重**的精神痛苦，配偶或子女得主张精神抚慰金[7]。

472　　例如:

- 致害事件导致妻子身体残疾，丈夫的精神痛苦和精神抚慰金请求权[8];

- 致害事件导致丈夫无生育能力，妻子的精神痛苦和精神抚慰

---

[1]　BGE 128 IV 53 E. 7.

[2]　BGE 129 IV 22 E. 7. 4.

[3]　Urteil des BGer 2A. 350/2003 vom 5. August 2004 ff.

[4]　Schaer，惊吓损失，S. 21，文中亦称其为"间接受害人的精神抚慰金"（Reflexgenugtu-ungen）。

[5]　BREHM, OR 49 N 67.

[6]　BGE 117 Ⅱ 50 E. 3a, 116 Ⅱ 519 E. 2c, 112 Ⅱ 220 ff. , bestätigt in BGE 122 Ⅲ 5 E. 2a.

[7]　BGE 125 Ⅲ 412 E. 2a, 123 Ⅲ 204 E. 2a, 122 Ⅲ 5 E. 2, 117 Ⅱ 50 E. 3, 116 Ⅱ 519 E. 2, 112 Ⅱ 220 ff.

[8]　BGE 112 Ⅱ 220 E. 3.

金请求权[1]；

- 父亲因一氧化碳中毒身体严重残疾，年幼子女的**将来的**精
  神痛苦和精神抚慰金[2]；

- 致害事件中兄（或弟）脑部受伤导致全身瘫痪，姐（或
  妹）的精神痛苦和精神抚慰金请求权[3]；

- 被绑架人质的父母和姐妹的精神痛苦和精神抚慰金请
  求权[4]。

3. 瑞士《债务法》第 47 条和第 49 条的关系

瑞士《债务法》第 47 条和第 49 条的关系问题，亦即，以第 49 条为请
求权基础已经获得精神抚慰金的受害人近亲属，在受害人由于致害事
件受到身体侵害，最终死亡的情况下，可否再次依据第 47 条请求请求
精神抚慰金的问题。瑞士联邦最高法院认为在此情形下，两个请求权
基于不同的法律原因，因此应认定为发生请求权聚合[5]。学者豪斯
海尔认为[6]，在确定依据第 47 条可获得的精神抚慰金额时，应考虑
依据第 49 条已经获得的赔偿进行折算。此观点值得赞同。目前瑞士联
邦最高法院的观点有所变化[7]，认为第 47 条和第 49 条是**特别法**和一
般法的关系。

（二）因果关系

赔偿义务人的行为（过错责任中）或侵权行为（普通无过错责任以及
危险责任中）非法造成他人人格损害，此人格损害对受害人构成（得
主张精神抚慰金的）精神痛苦，两者之间存在**事实上和法律上的相关
因果关系**（因果关系，参见边码 517 以下）。合同关系中的精神抚慰金
（参见边码 442、471），要求违约方的违约行为和对方当事人的人格侵

473

474

---

[1] BGE 112 Ⅱ 226 E. 3.

[2] BGE 117 Ⅱ 50 E. 3.

[3] BGE 118 Ⅱ 404 E. 3b cc，但是本案中的精神抚慰金请求权罹于时效。

[4] BGE 129 IV 22 E. 7. 4.

[5] BGE 118 Ⅱ 404 ff.；对此持批评意见的：HAUSHEER, ZBJV 1994, S. 283 ff.

[6] a. a. O.，S. 286.

[7] BGE 122 Ⅲ 209 E. 2e.

害之间存在事实上和法律上的相关因果关系（合同关系中的精神抚慰金请求权的时效问题，参见边码 1603b）。

（三）违法性

475 **非法**侵害他人人格，造成他人精神痛苦，需承担精神抚慰金责任。违法性要件属于侵权行为的一般构成要件。在瑞士《债务法》第 49 条修改之前，法条并未明文规定违法性要件。但条文文字上的修正对侵权法意义上的实体要件不发生影响。

476 关于违约责任中的精神抚慰金请求权的违法性问题，学界之讨论未达成一致见解。通说认为，即使不存在瑞士《债务法》第 41 条以下的侵权行为（瑞士《债务法》第 99 条第 3 款，结合瑞士《债务法》第 49 条），合同义务之违反即构成违法性[1]，不无疑问[2]。

违法性要件，参见边码 666 以下。

（四）过错（过错责任）

477 判例和学说的观点是，瑞士《债务法》**第 47 条**中的精神抚慰金请求权并不一概以"过错"为构成要件。从责任法的一般原则出发，在过错责任中，精神抚慰金以"过错"为构成要件；在无过错责任领域，对此不作要求[3]。

478 旧瑞士《债务法》**第 49 条**的精神抚慰金请求权以严重过错为构成要件，现行法中对此未作要求（但需要注意的是，法条对"严重侵害他人人格权利"有要求）。无过错责任领域对"过错"也不作要求[4]。适用第 49 条主张精神抚慰金的构成要件，基本与一般损害赔偿相同：在过错责任中，以过错为要件；在无过错责任中，以责任成立之事实和行为为要件。易言之，轻过失或存在因果关系分别对应两类责任中精神抚慰金的

---

[1] GAUCH/SCHLUEP/REY, Nr. 2662, 2718.

[2] vgl. zum Ganzen, Sutter, S. 3.

[3] BREHM, OR 47 N 18; HONSELL, § 10 N 7 f.; HüTTE/DUCKSCH, I/38 f., 6.17.1.; OFTINGER/STARK I, § 8 N 8; SCHAFFHAUSER/ZELLWEGER, N 1422; BGE 123 III 204 E. 2e, 120 II 97 E. 2c, 117 II 50 E. 3, 115 II 156 E. 2, 112 II 220 E. 2f und g, 112 II 131 E. 2, 110 II 163 E. 2c; bis zu BGE 74 II 212 均认为应以"过错"为构成要件；例外：瑞士《联邦铁路、轮船企业与邮政责任法》第 8 条。

[4] BGE 112 II 220 E. 2 f.

最低要求[1]。

从侵权法理论上看，瑞士《债务法》第47条和第49条属于"责任裁量规范"（Bemessungs‐normen），或称"非独立责任规范"（unselbst‐ändige Haftungsnormen），因为只有辅助其他侵权法规范（瑞士《债务法》第41、54、55、56、58条，瑞士《民法典》第333条等）满足了这些规范中的构成要件时，第47条和第49条始有适用之余地[2]。

479

在较早期的判决中，若受害人与有过错，并且过错程度和侵权人相当，甚至严重时，瑞士联邦最高法院对于精神抚慰金的请求，一般不予支持[3]。这一立场受到学者普遍批评[4]，因为没有充分理由可以论证区别对待的理由。这里所谓的区别对待，亦即，在受害人存在主要过错的案件中，受害人仍得主张物质性的经济损害赔偿，却无法因为精神痛苦主张（依据瑞士《债务法》第44条，因受害人与有过错可减轻部分责任的）精神抚慰金。学者的观点值得赞同。瑞士联邦最高法院接受学者意见，在判决[5]中表明立场：受害人与有过错，并且过错程度和侵权人相当，甚至相较更为严重时，亦不排除精神抚慰金请求权[6]。需注意的是，加害人的过错程度和受害人与有过错，系裁量赔偿额时应考量的重要因素（参见边码495以下）。

480

（五）精神抚慰金请求权的其他构成要件

1. 受害人有意识能力（Bewusstsein）

司法实践中，受害人意识能力严重受到侵害，无法感知精神抚慰金给

481

---

　[1]　BREHM, OR 49 N 6.

　[2]　SUTTER, S. 6 ff.

　[3]　BGE 85 Ⅱ 32 E. 3, 84 Ⅱ 384 E. 5; vgl. auch die bei BREHM, OR 47 N 80 ff. aufgezählten Entscheide; OFTINGER/STARK I, § 8 N 41.

　[4]　vgl. BREHM, OR 47 N 83 ff.

　[5]　BGE 116 Ⅱ 733 E. 4 f.

　[6]　BGE 117 Ⅱ 50 E. 4a bb 再次确认了以上观点。

予之抚慰的案例，为学者提出新的研究课题[1]。

482　精神抚慰金的基本功能是弥补不法行为造成的精神痛苦，起到慰抚和安慰的作用，因此，只有精神抚慰金得以抚平受害人受到的精神和心理创伤成为可能时，判令加害人承担这一损害赔偿才有意义[2]。受害人意识能力受到侵害，例如脑部严重受损，丧失意识能力，无法感知精神抚慰金给予的抚慰时，不应给予精神抚慰金[3]。然而，瑞士联邦最高法院在判决 BGE 108 Ⅱ 422 E. 5 中[4]作出了相反判决：法院判决侵权行为人向大脑严重受损的受害者支付 100 000 瑞士法郎精神抚慰金，而本案中受害者完全丧失意识能力，无法感知自身状况和精神抚慰金的意义[5]。

483　值得注意的是，在上述判决中，受害者本身无法依据瑞士《债务法》第 49 条主张精神抚慰金，虽然受害者及其近亲属并未主张，但法院还是考虑到了脑部严重受损的受害者的近亲属的精神痛苦（通过赔偿其近亲属，以一种迂回的方式，抚慰其承受的精神痛苦）。在 BGE 116 Ⅱ 525 E. 4c 中，上一审法院以不满足法律上的相当因果关系为由驳回脑部严重受损的女儿及其母亲的精神抚慰金请求。瑞士联邦最高法院判决上一审法院适用法律错误，并判决女儿获得（至少是间接的）精神抚慰金（在 BGE 112 Ⅱ 51 E. 3 中，6 个月大孩子的父亲受到严重身体侵害，法院以孩子将来将为此受到瑞士《债务法》第 49 条意义上的精神痛苦为由，判决侵权人应向孩子承担精神抚慰金责任）。

484　**法人**当然无法依据瑞士《债务法》第 47 条和第 49 条主张精神抚慰金[6]。然而，学界讨论上未达成一致见解[7]。

---

〔1〕　BREHM, OR 47 N 21 ff. ; MERZ, SPR VI/1, S. 240 ; SCHAFFHAUSER/ZELLWEGER, N 1430 ; STARK, Skriptum, N 191 ; vgl. 在判决 BGE 108 Ⅱ 422 E. 4b 中，法院也列举了其他学者的观点。

〔2〕　BREHM, OR 47 N 21 ; STARK, Skriptum, N 191.

〔3〕　BREHM, OR 47 N 21 ; MERZ, SPR VI/1, S. 240 ; a. A. LANDOLT, Vorbem. zu Art. 47/49 N 89 ff.

〔4〕　Pra 1983, Nr. 30, S. 75 ff.

〔5〕　批评意见及理由说明：BREHM, OR 47 N 23 ff. ; MERZ, SPR VI/1, S. 240 ; STARK, Skriptum, N 191.

〔6〕　BGE 95 Ⅱ 481 E. 12b.

〔7〕　认为法人亦得主张精神抚慰金的学者：BREHM, OR 49 N 40 ff. ; Landolt, Vorbem. zu Art. 47/49 N 104 ; 持相反意见的：MERZ, SPR VI/1, S. 241 ; Tercier, contribution, S. 153 ff.

2. 消极要件

(1) 受害人的精神痛苦无其他填补方式

依据瑞士《债务法》第 47 条的规定，法官应该权衡个案具体情况，仅在受害人的精神痛苦无其他损害填补方式时，始得判决侵权人对其承担**精神抚慰金责任**。其他损害填补方式，也包括赔礼道歉〔1〕。

(2) 精神抚慰金不致造成不公正结果（当事人之间存在特殊关系）

在瑞士联邦最高法院判决 BGE 115 Ⅱ 156 E. 2a und b 中，孩子在母亲导致的车祸事故中死亡，父亲为此主张精神抚慰金，被法院驳回，理由是：父母双方对于孩子的死亡共同承受了精神痛苦（vgl. auch SJZ 1981, S. 286 f.）。由此，赔偿义务人和权利人或受害人之间的关系，系法官在精神抚慰金诉讼中应考量的重要因素。由于近亲属死亡或残疾，侵权行为人自身也承受了巨大精神痛苦，若再判决其承担精神抚慰金责任，将有失公平〔2〕。

三、法官的裁量权

(一) 概说

精神抚慰金请求权的构成要件在赔偿额裁量环节也发挥作用；亦即，构成要件的存在与否决定请求权成立与否，构成要件的程度和数量决定赔偿数额多少〔3〕。承受严重精神痛苦的受害者，可以获得相对较多的精神抚慰金。

确定非物质性精神损害的数额相当困难，因为没有可作为参考标准的市场价格。受害者受到的精神痛苦也无法客观计算，因为每个人对痛苦的感受不尽相同〔4〕。精神抚慰金由于其自身性质，决定其无法以数学方法确定和计算〔5〕。尽管如此，为保障法安定性，法院在确定

---

〔1〕 BGE 115 Ⅱ 156 E. 2a; 63 Ⅱ 219; BREHM, OR 47 N 39; OFTINGER/STARK I, § 8 N 35 ff.

〔2〕 BREHM, OR 47 N 116 ff.; A. KELLER Ⅱ, S. 136; SCHAFFHAUSER/ZELLWEGER, N 1425; OFTINGER I, S. 298.

〔3〕 OFTINGER I, S. 302.

〔4〕 vgl. dazu auch BREHM, OR 47 N 62 ff.; A. KELLER Ⅱ, S. 132; MERZ, SPR VI/1, S. 244 f.; STARK, Skriptum, N 181; Pra 1996, Nr. 206, S. 799.

〔5〕 BGE 118 Ⅱ 410 E. 2a, 117 Ⅱ 50 E. 4a aa, 116 Ⅱ 733 E. 4g.

赔偿额时，采用客观化的计算方法[1]。瑞士联邦最高法院早期在类似判决中确定的赔偿额系重要的参考标准，同时需要注意的是，近年来（自1981年）精神抚慰金的数额较之以前呈上升趋势（案件类型，参见边码504以下）。原因一方面是通货膨胀，另一方面则主要是允许各州法院在总体扩张的精神抚慰金框架中，对不同严重程度的精神痛苦作不同评价[2]。

489　各州法院在精神抚慰金额的确定方面，享有较大的自由裁量空间[3]。尽管瑞士联邦最高法院对州法院判决享有审查权，但由于事实审法官（Sachrichter）被赋予较大的裁量空间，瑞士联邦最高法院在行使审查权方面，采取了比较保守的态度和做法[4]。

489a　由于在精神抚慰金额的确定方面，法官享有较大的自由裁量空间，学者致力于发展相关的裁量准则。其中对于"两阶段确定法"，许特和杜克西认为[5]，应该分为以一定基数值为起点的客观精神抚慰金额确定阶段和重点考量个案具体情况的个案精神抚慰金额确定阶段。兰多特主张[6]"三阶段确定法"，希勒主张[7]以瑞士《联邦意外事故保险法》（UVG）中的人身损害赔偿（Integritätsentschädigung）额（第24～25条，第36条）的2倍作为精神抚慰金计算的参照值，第二步再根据个案具体情况对参照值作增减调整，以确定"实际精神抚慰金"（Regelgenu-gtuung）数额。

489b　精神抚慰金额原则上按照审理案件法院所在地适用的法律确定，不考虑权利人居住地与职业；请求权人住所地在国外的，国外的生活费用在一般情况下也不作考虑[8]。

---

　[1]　OFTINGER I, S. 304; STARK, Skriptum, N 183.

　[2]　BGE 112 Ⅱ 131 E. 2, 107 Ⅱ 349 ff.

　[3]　BGE 118 Ⅱ 410 E. 2a, 116 Ⅱ 295 E. 5a, 115 Ⅱ 30 E. 1b.

　[4]　BGE 125 Ⅲ 412 E. 2a, 123 Ⅲ 10 E. 4c aa; Pra 1996, Nr. 206, S. 798 f.; HüTTE/DUCKSCH, I/21, 4. 3. 3.

　[5]　HüTTE/DUCKSCH, I/21, 4. 3. 1. , 4. 3. 2.; BGE 132 Ⅱ 117 E. 2. 2. 3.

　[6]　LANDOLT, Art. 47 N 42 ff.

　[7]　SIDLER, Genugtuung, S. 116 ff.

　[8]　除非个案具体情况表明，遵循此原则造成不合理结果，参见：BGE 123 Ⅲ 10 E. 4c bb; s. auch BGE 121 Ⅲ 219 E. 2b.

瑞士《刑事案件受害人救助法》（OHG）规定了精神抚慰金请求权及其构成要件；但对于损害赔偿额的裁量未作具体规定。在此应特别注意的是，依据该法主张的受害人精神抚慰金系以国家补贴形式发放的行政给付，系由国家，而非犯罪人支付。依据该法获得的精神抚慰金，在数额上与依据瑞士《债务法》第 47 条和第 49 条获得的赔偿额可能会有所不同，有些情况下甚至可能被法院驳回[1]。

489c

（二）考量因素

1. 精神痛苦的严重程度

在确定精神抚慰金数额时，需要考量各种因素，尤其是请求权人的精神痛苦程度[2]。侵害他人身体的精神抚慰金，应考量的因素主要有侵害形式和严重程度，以及对受害人人格侵犯的强度和作用时间[3]。

490

权衡以上因素时，受害人年龄也应考虑在内[4]，因为对于一个 80 岁的受害者，对其造成人格侵犯导致精神痛苦的时间，原则上应短于一个 20 岁的受害者[5]。

491

若瑞士联邦最高法院判定加害人向死者（瑞士《债务法》第 47 条，参见边码 456）或身体受到严重侵害者（瑞士《债务法》第 49 条，参见边码 470 以下）的近亲属承担精神抚慰金责任，则决定赔偿额高低的重要因素为此近亲属与受害者生前的关系紧密程度[6]。

492

判例和学说一致认为，在考虑精神抚慰金额时，亲等（der Grad der Verwandtschaft）应作为考量因素[7]。未婚妻（或夫）的精神抚慰金额低

493

---

〔1〕　BGE 132 Ⅱ 117 E. 2. 2. 4 sowie E. 3. 3. 3 m. H.

〔2〕　Semjud 1994, S. 597, E. 10a；BGE 120 Ⅱ 97 E. 2a und b, 118 Ⅱ 404 E. 3b aa, 117 Ⅱ 50 E. 4a aa, 115 Ⅱ 156 E. 2.

〔3〕　BGE 112 Ⅱ 131 E. 4, 108 Ⅱ 422 E. 5 ＝ Pra 1983, Nr. 30, S. 75 ff., BGE 107 Ⅱ 349 E. 6.

〔4〕　HüTTE/DUCKSCH, I/46, 6. 17. 3.，I/53 f.，6. 18. 3.，I/77, 7. 7. 3.，I/80, 7. 8. 3.

〔5〕　vgl. dazu auch OFTINGER/STARK I，§ 8 N 64；SCHAFFHAUSER/ZELLWEGER, N 1439.

〔6〕　vgl. z. B. BGE 114 Ⅱ 144 E. 3a，本案中，法院查明请求权人和受害者很有可能成立婚姻关系；s. auch BGE 117 Ⅱ 50 E. 3，本案中，法院查明由于父亲的残疾，子女承受巨大精神痛苦。

〔7〕　BGE 114 Ⅱ 144 E. 3b；vgl. auch OFTINGER/STARK I，§ 8 N 89 ff.

于配偶，对此学说观点基本达成一致。存在争议的问题主要是未婚妻（或夫）的精神抚慰金额是否必须低于受害人父母。对此，学者布莱姆作了肯定回答，而许特则认为视关系的持续时间和亲密程度而定，亦可高于父母[1]。在一则瑞士联邦最高法院判决中，上一审级法院判决未婚夫的精神抚慰金额与父母[2]相同，联邦最高法院维持了原判[3]。

494　相比致人死亡，受害者严重残疾对近亲属的打击和造成的精神痛苦更为严重，因此严重残疾者的近亲属依据瑞士《债务法》第49条主张的精神抚慰金额高于依据第47条中死者近亲属可主张的赔偿额[4]。

　2. 侵权行为人的过错程度和受害人的与有过错

495　除了精神痛苦的严重程度之外，法官在进行精神抚慰金额的裁量时，还应考虑赔偿义务人的过错以及受害人的与有过错[5]。瑞士《债务法》第43条和44条也作了相应规定，精神抚慰金的裁量标准，类推适用此规定[6]。

496　在确定死者（瑞士《债务法》第47条）或严重残疾者（瑞士《债务法》第49条）的近亲属的精神抚慰金时，应考虑死者的过错程度[7]。

497　通常情况下，第三人过错对侵权行为人的赔偿责任不发生影响[8]。

　3. 精神痛苦的抚慰和缓解可能性

498　精神抚慰金额还取决于赔偿对身心痛苦抚慰和缓解的可能性[9]。

499　通说认为，若受害者由于年迈或其他精神障碍，无法感知其残疾程度，

---

〔1〕　BREHM, OR 47N 160.

〔2〕　HüTTE, S. 175.

〔3〕　BGE 114 II 144 E. 3b.

〔4〕　vgl. dazu SJ 1994, S. 597, E. 10a; BGE 117 II 50 E. 4aa aa, 113 II 323 E. 6.

〔5〕　Pra 1996, Nr. 206, S. 798; BGE 116 II 733 E. 4h, 114 II 144 E. 3b, 112 II 118 E. 2.

〔6〕　BGE 116 II 733 E. 4g, 93 II 89 E. 5; OFTINGER I, S. 304 f.; SCHAFFHAUSER/ ZELLWEGER, N 1434.

〔7〕　BGE 117 II 50 E. 4a bb, 113 II 323 E. 6.

〔8〕　BGE 117 II 50 E. 4a bb, 112 II 138 E. 4a.

〔9〕　BGE 118 II 404 E. 3b aa; 然而，判断赔偿对身心痛苦抚慰和缓解的可能性的具体标准，瑞士联邦最高法院在 BGE 115 II 156 E. 2 中并没有说明，因为本案中，精神抚慰金请求权因为其他原因而被驳回。

因而也无法感知精神损害赔偿对其所受之精神痛苦的抚慰，则对此类
受害人的精神抚慰金额应适当降低[1]。

4．其他特殊情形

确定精神抚慰金额的其他考量因素：　　　　　　　　　　　　　　　　500

– 受害人先天性的特殊体质（Konstitutionelle Prädisposition）[2]；　　501

– 加害人的情谊行为[3]；　　　　　　　　　　　　　　　　　　　502

– 精神抚慰金金额原则上按照审理案件法院所在地适用的法律确定　502a
　（参见边码 489b），生活费用在一般情况下也不作考虑，除非请求
　权人住所地在国外，例外倾向下可考虑个案具体情况确定赔偿额
　（例如：中国的生活消费）[4]。

（三）确定精神抚慰金及其利息赔偿的时间点

瑞士联邦最高法院认为，精神抚慰金额的确定时间为判决时间（致害　503
事件发生后出现的实施情况仍得考虑在内），法院的此一立场，值得赞
同；除此之外，加害人还需支付自**侵害事件**发生起算的**精神抚慰金利
息**（5%），以此补偿这部分资金原本应有的所失用益[5]。

（四）判例

1．依据瑞士《债务法》第 47 条第 1 款侵犯他人身体时的精神抚慰金
　数额

详细判例参见：LANDOLT, Art. 47 N 193 ff., N 222 ff.

例如：　　　　　　　　　　　　　　　　　　　　　　　　　　　504

– 96 000 瑞士法郎——（120 000 瑞士法郎——20 % 受害者与有过
　错）在致害事件发生时 17 岁的受害者，因为跳水跳台缺陷受伤导
　致全身瘫痪[6]；

– 60 000 瑞士法郎——19 岁的建筑帮工在铺设屋顶时坠落，造成身

---

[1]　vgl. auch HüTTE/DUCKSCH, I/14, 3.6.；参见边码482。
[2]　SCHAFFHAUSER/ZELLWEGER, N 1433.
[3]　BREHM, OR 47 N 41；SCHAFFHAUSER/ZELLWEGER, N 1433；A. KELLER Ⅱ, S. 135；BGE
127 Ⅲ 446 ff.
[4]　BGE 123 Ⅲ 10 E. 4c aa.
[5]　BGE 129 IV 149 E. 4.2, bestätigt in BGE 132 Ⅱ 117 E. 3.2.2, je m. H.
[6]　BGE 123 Ⅲ 306 E. 9 b.

体两侧麻痹，消化器官和性功能器官功能丧失；身体瘫痪要求长时间住院，致害事件造成寿命缩减 10%，本案中，侵权行为人存在严重过错，受害人存在轻过失[1]；

- 60 000 瑞士法郎——48 岁的农民，头颅受损脑浆外溢，造成心理机能综合征（psychoorganisches Syndrom）和偏瘫；侵权行为人中度过错，受害人轻过失[2]；

- 100 000 瑞士法郎——驾驶员重过失造成 2 岁的小女孩脑部创伤，颅底骨折，截瘫和呼吸功能麻痹，需要借助呼吸机才能存活，并且终身不得离开医院；当事人通过和解方式就赔偿数额达成协议[3]；

- 40 000 瑞士法郎——交通事故造成一名 53 岁的女性记忆力和思维障碍，患抑郁和其他心理疾病；她不得不终止原本非常成功的职业；侵权人全责；但受害人为疾病遗传易感性体质[4]；

- 100 000 瑞士法郎——麻醉师的医疗过失造成一名 15 岁的女孩严重脑部损伤，导致智力障碍和四肢瘫痪，需要深度护理[5]；

- 30 000 瑞士法郎——一名 45 岁的火车司机，在致害事件中脑颅创伤，严重脑震荡，骨折和呼吸障碍；住院 10 个月；因局部残疾而提前退休；侵权人全责[6]；

- 各 40 000 瑞士法郎——父母的精神抚慰金额。在特别严重的交通事故中，两名儿子丧生，侵权人全责；

  12 000 瑞士法郎——另一兄（或弟）的精神抚慰金额[7]；

- 110 000 瑞士法郎——一名 46 岁的女性，由于致害事件导致中度至重度大脑功能和行为障碍，直接的心灵创伤；右眼失明，嗅觉功能全部丧失，味觉功能部分丧失；经过多次手术和整容，脸部

---

[1] Entscheid vom 3. Februar 1981 i. S. Andina und Achermann gegen Bourquin; erwähnt in BGE 112 II 131 E. 3.

[2] BGE 107 II 348 E. 6.

[3] Entscheid vom 15. Oktober 1981 i. S. Schachtler gegen Waadt; erwähnt in BGE 112 II 131 E. 3.

[4] Entscheid vom 7. Oktober 1982 i. S. Winterthur gegen Wullimann; erwähnt in BGE 112 II 131 E. 3.

[5] BGE 108 II 422 E. 5.

[6] Entscheid vom 22. Mai 1984 i. S. Secura gegen Giroud; erwähnt in BGE 112 II 131 E. 3.

[7] BGE 112 II 118 ff.

仍严重毁容[1]；

- 50 000 瑞士法郎——双目失明，90% 残疾[2]；
- 20 000 瑞士法郎——医生的医疗过失导致一名电工左腿肌肉组织不可逆转的永久性伤害，从此该名电工只能工作半天；医生的严重过失[3]；
- 10 000 瑞士法郎——当事人被公安机关作为杀人罪的犯罪嫌疑人逮捕，刑事调查程序经过两年半才终止[4]；
- 75 000 瑞士法郎——一名女性被暴力限制人身自由，绑架并且戴上锁链施加强暴[5]；
- 80 000 瑞士法郎——一名年轻男性，致害事件发生在其出生之时，造成颅内严重受损，导致成年后行为障碍[6]。

2. 依据瑞士《债务法》第 47 条第 1 款请求侵权行为致人死亡时的精神抚慰金数额

其他判例，详见：bei Landolt, Art. 47 N 467 ff., N 538 ff., 590 ff., N 648 ff.

例如：

- 40 000 瑞士法郎——丧偶之妻子；各 30 000 瑞士法郎——三名子女[7]；
- 20 000 瑞士法郎——丧偶之妻子；各 10 000 瑞士法郎——三名子女[8]；
- 25 000 瑞士法郎——未婚夫；赔偿义务人的严重过错，全责[9]；
- 各 15 000 瑞士法郎——父母；6000 瑞士法郎——姐（或妹）[10]；

---

[1]　BGE 112 Ⅱ 131 ff.
[2]　BGE 112 Ⅱ 145 E. 5b.
[3]　BGE 116 Ⅱ 295 E. 5.
[4]　ZR 1997, Nr. 16, S. 50.
[5]　BGE 125 IV 199 E. 6.
[6]　Urteile des BGer 4C. 170/1997 und 4P. 304/1998 vom 22. März 1999 ff.
[7]　BGE 121 Ⅲ 252 E. 3a.
[8]　BGE 113 Ⅱ 323 E. 6.
[9]　BGE 114 Ⅱ 144 E. 3.
[10]　BGE 118 Ⅱ 404 E. 3b cc.

- 40 000 瑞士法郎——丈夫；各 3000 瑞士法郎——两名子女[1]；
- 15 000 瑞士法郎——丈夫；各 20 000 瑞士法郎——两名子女[2]。

3. 依据瑞士《债务法》第 49 条遭受严重身体伤害的受害人近亲属请求精神抚慰金的数额

506　例如：

- 30 000 瑞士法郎——妻子；各 10 000 瑞士法郎——两名子女受到枪击后不可逆转的终身截瘫[3]；
- 20 000 瑞士法郎——患有严重心理疾病的父亲身边成长的孩子；父亲具有轻过失[4]。

4. 依据瑞士《债务法》第 49 条性自由受到侵犯的受害人的精神抚慰金的数额

判例分析，详见：bei LANDOLT, Art. 49 N 473 ff.。

506a　例如：

- 100 000 瑞士法郎——10 年间父亲对女儿几乎每天施行情节特别严重的性侵犯；法官在判决中也考虑到了女儿由此受到的心理折磨[5]；
- 7000 瑞士法郎——职场性骚扰导致心理疾病[6]。

四、精神抚慰金的种类

507　瑞士《债务法》第 47 条中的精神抚慰金为金钱损害赔偿。尽管条文中使用的是"金钱数额"的赔偿，但事实上精神抚慰金在形式上可以是一次性金钱支付，也可以以定期金形式分期支付。瑞士《债务法》第

---

[1]　Semjud 1994, S. 599.

[2]　SJZ 1995, S. 57.

[3]　OGer des Kantons Thurgau vom 29. November 1994, bestätigt vom Bundesgericht in BGE 122 Ⅲ 5 ff.

[4]　BGE 117 Ⅱ 50 ff.

[5]　BGE 125 Ⅲ 269 ff.，在判决中，瑞士联邦最高法院法官指出，毫无疑问，本案中女儿应获得在性侵案件中所能给予的最大赔偿，BGE 125 Ⅲ 269 E. 2c; vgl. BGE 118 Ⅱ 410 ff.：10 000 瑞士法郎——对一名女孩施行猥亵行为以致其受到精神痛苦，加害人与女孩的（外）祖母以类似婚姻关系共同生活，并从而得以对女孩实施猥亵行为。

[6]　ZR 99, 2000, Nr. 111, S. 298 f.；性骚扰尤其是指以利益引诱，施加强制或压力要求发生性行为；骚扰行为侵犯职场中男性或女性的人格尊严（瑞士《男女平等法》第 4 条）。

43 条规定，损害赔偿在形式上可以是一次性金钱支付，也可以以定期金形式分期支付，类推适用于精神抚慰金。一般而言，法院原则上判决侵权人向受害人支付一次性金钱赔偿[1]。

瑞士《债务法》第 49 条第 2 款授权法官，除金钱赔偿之外或替代金钱赔偿，得判决侵权人承担**其他形式**的精神损害赔偿。对此，在瑞士学界之讨论上有不同之见解。尤其是在瑞士《债务法》第 49 条第 2 款和瑞士《民法典》第 28 条第 1 款的关系问题上，争议最大[2]。

部分学者认为，瑞士《债务法》第 28 条中的请求权，尤其是请求公开判决书（Urteilspublikation）（瑞士《民法典》第 28a 条第 2 款），属于瑞士《债务法》第 49 条第 2 款中规定的其他形式的精神抚慰承担方式[3]。瑞士《民法典》第 28 条和瑞士《债务法》第 49 条第 2 款均以违法侵害他人人格权利为构成要件，受害人得依瑞士《债务法》第 49 条第 2 款主张精神抚慰金[4]。

也有学者认为公开判决书（Urteilspublikation）属于停止侵害行为，因此非属瑞士《债务法》第 49 条第 2 款中规定的其他形式的精神抚慰承担方式。公开判决书可以起到确认和平复主观正义感的作用，但无法达到抚慰精神痛苦的功能[5]。

满足瑞士《债务法》第 49 条的构成要件，一般情况下，应该也同时符合瑞士《民法典》第 28 条的规定，因为两个法律条文均规定了"非法侵犯他人人格权利"。不同之处是，前者还要求过错或者无过错责任中的事实和损害具有因果关系。

公开判决书（Urteilspublikation）和确认存在非法侵害他人人格权利之事实，均非属于瑞士《债务法》第 49 条第 2 款中规定的"其他形式的精神抚慰承担方式"。1985 年 7 月 1 日开始生效的新《瑞士人格权法》第

508

509

510

511

512

---

〔1〕 A. KELLER Ⅱ, S. 130.

〔2〕 BREHM, OR 49 N 102 ff.；MERZ, SPR Ⅵ/1, S. 247.

〔3〕 BREHM, OR 49 N 102, 以及文中列举的其他学者和较早时期的法院判例；KELLER/GABI, S. 131.

〔4〕 在满足其他构成要件的情况下，亦即过错或者无过错责任中的事实和损害具有因果关系；vgl. HONSELL, § 10 N 19.

〔5〕 JäGGI, S. 252a.

28 条以下对这两项请求权作了规定。立法者的立场和瑞士联邦最高法院在判决中表明的观点有所不同[1]，他们认为在破坏婚姻关系的案件中，公开判决书可以认定为瑞士《债务法》第 49 条第 2 款中规定的"其他形式的精神抚慰承担方式"[2]。

513 部分学者认为法院驳回原告请求（die gerichtlichen Missbilligung），亦即法院的确认判决——被告不存在不当行为，属于"其他形式的精神抚慰承担方式"[3]。对此观点，本人持保留态度，理由是撤销原判不能作为原告起诉的法律诉求[4]。在瑞士法中，只有给付之诉、确认之诉和形成之诉三种类型[5]。确认之诉包括"驳回原告请求"。

514 判决侵权人承担 1 瑞士法郎的名义精神抚慰金和"驳回原告请求"接近，因此学理上也有观点认为，判决承担名义精神抚慰金属于"驳回原告请求"的特殊类型[6]。与"驳回原告请求"不同，"名义精神抚慰金"可作为原告的给付之诉的法律诉求。

515 有学者认为，"其他形式的精神抚慰承担方式"还包括"赔礼道歉"[7]、"交付标的物"[8]以及"向第三人支付精神抚慰金"[9]。对此，瑞士联邦最高法院在 BGE 117 IV 270 E. 3e（侮辱猎人）案件中指出，联邦州法院判决向第三人（例如向某公益机构）支付精神抚慰金并不违反联邦法律。

---

[1] BGE 131 Ⅲ 26 E. 12.

[2] 相同观点：HONSELL，§ 11 N 13，wohl auch LANDOLT, Vorbem. zu Art. 47/49 N 172.

[3] BREHM, OR 49 N 105 ff.；LANDOLT, Vorbem. zu Art. 47/49 N 166 f.

[4] JäGGI, S. 189a f.；a. M. ZR 1955, Nr. 85, S. 159 ff.

[5] vgl. dazu WALDER – RICHLI, § 24.

[6] vgl. BREHM, OR 49 N 109，以及文中列举的其他学者。

[7] BREHM, OR 49 N 114.

[8] BREHM, OR 49 N 112.

[9] BREHM, OR 49 N 110.

第五章

因果关系

参考文献: HENRI DESCHENAUX, Norme et causalité en responsabilité　　　516
civile, in: Erhaltung und Entfaltung des Rechts in der Rechtsprechung des
schweizerischen Bundesgerichts, Basel 1975, S. 399 ff. ; WALTER
FELLMANN, Neuere Entwicklungen im Haftpflichtrecht, AJP 1995, S. 878
ff. , insbes. S. 883 ff. ; WILLI FISCHER, Ausservertragliche Haftung für
Schockschäden Dritter, Zürich 1988; PETER GAUCH, Grundbegriffe des
ausservertraglichen Haftpflichtrechts, recht 1996, S. 225 ff. , insbes. S. 228
ff. ; WOLFGANG GRUNSKY, Hypothetische Kausalität und Vorteilsau −
sgleichung, in: FS für HERMANN LANGE, Stuttgart/Berlin/Köln 1992,
S. 469 ff. ; KATHARINA HäSSIG, Haftungsfragen der Gentechnologie,
Diss. Zürich 1992; IRIS HERZOG − ZWITTER, Die bundesgerichtliche
Rechtssprechung zur konstitutionellen Prädisposition im Kontext mit der
adäquaten Kausalität, HAVE 2005, S. 30 ff. ; HEINRICH HONSELL,
Haftpflichtrecht, § 3 N 1 ff. ; DERS. , Die zivilrechtliche Haftung des
Arztes, ZSR 1990 I, S. 135 ff. , zit. : HONSELL, Haftung des Arztes; MAX
KELLER/SONJA GABI, Das Schweizerische Schuldrecht, Bd. II,
Haftpflichtrecht, 2. Aufl. , Basel und Frankfurt a. M. 1988; HELMUT
KOZIOL, Der Beweis des natürlichen Kausalzusammenhanges, in:
Haftpflicht − und Versicherungstagung, ALFRED KOLLER (Hrsg.),
St. Gallen 1999, S. 79 ff. ; Ernst A. KRAMER, Schleudertrauma: Das
Kausalitätsproblem im Haftpflicht − und Sozialversicherungsrecht, BJM
2001, S. 153 ff. ; DERS. , Die Kausalität im Haftpflichtrecht: Neue Tend −

enzen in Theorie und Praxis, ZBJV 1987, S. 289 ff. , zit. : KRAMER, Kausalität; THOMAS KRäUCHI, Die konstitutionelle Prädisposition, ASR 607, Bern 1997; WALTER LANZ, Alternativen zur Lehre vom adäquaten Kausalzusammenhang, Diss. St. Gallen 1974; HANS LAURI, Kausalzusammenhang und Adäquanz im schweizerischen Haftpflicht – und Versicherungsrecht, Diss. Bern 1976; PETER LOSER, Kausalitätsprobleme bei der Haftung für Umweltschäden, Diss. St. Gallen 1994, zit. : LOSER, Kausalitätsprobleme; DERS. , Schadenersatz für wahrscheinliche Kausalität, AJP 1994, S. 954 ff. , zit. : LOSER, Schadenersatz für wahrscheinliche Kausalität; ULRICH MEYER – BLASER, Kausalitätsfragen aus dem Gebiet des Sozialversicherungsrechts, SZS 1994, S. 81 ff. ; CHRISTOPH MüLLER, Die ärztliche Haftpflicht für die Geburt eines unerwünscht behinderten Kindes, AJP 2003, S. 522 ff. ; OTTO MüHL, Wahrscheinlichkeitsurteile, Prognosen und Kausalitätsfragen im privaten und öffentlichen Recht, in: FS für HERMANN LANGE, Stuttgart/Berlin/Köln 1992, S. 583 ff. ; ERWIN MURER/HANS KIND/HANS – UELI BINDER, Kriterien zur Beurteilung des adäquaten Kausalzusammenhanges bei erlebnisreaktiven (psychogenen) Störungen nach Unfällen, SZS 1993, S. 121 ff. und 213 ff. ; HANS NIGG, Kausalität und Umwelthaftung im Zivilrecht, SVZ 1997, S. 30 ff. ; PETER OMLIN, Die Invalidität in der obligatorischen Haftpflichtversicherung, Diss. Freiburg 1995; VOLKER PRIBNOW, Entwicklungen im Haftpflichtrecht, HAVE, Personen – Schaden – Forum 2007, S. 295 ff. ; ROGER QUENDOZ, Modell einer Haftung bei alternativer Kausalität, Diss. Zürich 1991; FLAVIO ROMERIO, Toxische Kausalität, Basel/Frankfurt am Main 1996; GUSTAVO SCARTAZZINI, Les rapports de causalité dans le droit suisse de la sécurité sociale, Diss. Basel/Frankfurt a. M. 1991; MARKUS SCHMID, Aspekte und Thesen der Arzthaftung, in: PETER JUNG (Hrsg.), Aktuelle Entwicklungen im Haftpflichrecht, Zürich/Basel/Genf 2007, S. 111 ff. ; DERS. , Natürliche und adäquate Kausalität im Haftpflicht – und Sozialversicherungsrecht, Haftpflich t – und Versicherungsrechtstagung 1997, St. Gallen 1997, S. 183 ff. , zit. : SCHMID, Kausalität; PETER STEIN, Schaden und Schadenersatz bei Körperverletzung, Fragen aus dem Gebiet der natürlichen, adäquaten und der

Teilkausalität im Lichte der bundesgerichtlichen Rechtsprechung, in: Haftpflicht – und Versicherungsrechtstagung 1993, St. Gallen 1993, S. 123 ff.; BERNHARD STUDHALTER, Die Berufung des präsumtiven Haftpflichtigen auf hypothetische Kausalverläufe, Diss. Zürich 1995; FRANZ WERRO, La responsabilité civile, Première partie, Section 1, § 2; WOLFGANG WIEGAND, Die Aufklärungspflicht und die Folgen ihrer Verletzung, in: Handbuch des Arztrechts, Zürich 1994, S. 119 ff.; LUKAS WYSS, Kausalitätsfragen unter besonderer Berücksichtigung der hypotheti – schen Kausalität, SJZ 1997, S. 313 ff.

概括而言，因果关系是指**因与果之间的相互关系**。在侵权责任法中，因果关系即为损害原因与最终产生之损害（即所谓的"结果"）之间的关系。其并非通常用语意义中的类似于"通过努力获取之积极和成功的结果"之义，（往往）反而是指某些特定原因造成的（人们不愿看到的）致害效果。 〔517〕

第一节　事实因果关系（Natürlicher Kausalzusammenhang）

事实因果关系（Natürlicher Kausalzusammenhang）涉及的是损害原因和实际损失之间的关系。在确定是否存在事实因果关系时，判例与学说均承认和运用所谓的**"必要条件关系"**公式〔condicio（bzw. conditio）– sine – qua – non – Formel〕；**若侵权行为构成损害结果的必要条件**，亦即满足"无此行为，必不生此种损害"，两者之间即存在事实因果关系〔1〕。 〔518〕

瑞士联邦最高法院判定，未说明手术结扎仍存在怀孕风险之不作为，与最终导致受害人怀孕的损害之间不存在因果关系；理由是，事实证明即使医生履行了合理说明义务，受害人在得知结扎手术后 〔518a〕

〔1〕 BREHM, OR 41 N 106 ff.; WERRO, Nr. 176; GAUCH/SCHLUEP/REY, Nr. 2751; HONSELL, § 3 N 1; A. KELLER I, S. 79; OFTINGER/STARK I, § 3 N 10; OFTINGER I, S. 71 ff.; SCHMID, Kausalität, S. 187 f.; kritisch ROBERTO, § 6 N 153 f.; BGE 119 V 335 E. 1, 118 V 286 E. 1b, 117 V 359 E. 4a, 112 V 30 E. 1a, 96 Ⅱ 392 E. 1.

仍然存在微小的怀孕可能性的情况下，仍然会决定采用这种避孕方式[1]。

518b 事实因果关系原则上依据自然法则上的标准进行判断[2]，但它并不要求完全从自然科学的角度去回答和论证因果联系问题；若由于事物性质无法提供在侵权行为和损害之间存在因果关系的直接证据，只要可以证明在侵权行为发生的情况下，此种损害发生存在高度盖然性，即可认定存在事实因果关系（参见边码655）。然而，仅仅事实上的可能性，不足以判定存在事实因果关系[3]。

519 学者凯勒和加比（S. 25）不同意以上通说意见，认为在判定是否存在事实因果关系时，还应考察致害事件对周围环境是否产生了致害作用。

520 适用于大部分案件的"不可或缺的条件关系"公式，在一些特殊案件中也存在适用上的例外，例外主要指聚合因果关系案件（参见边码614以下）[4]。

521 确定事实因果关系属于**事实问题**，因此不属于瑞士联邦最高法院的审查权限范围[5]。不作为的因果关系，参见边码591以下。

---

〔1〕 Urteil des BGer 1P. 530/1994 vom 14. Dezember 1995, besprochen von HAUSHEER, ZBJV 1997, S. 460 f.; dazu sehr eingehend ALFRED KOLLER, Die zivilrechtliche Haftung des Arztes für das unverschuldete Fehlschlagen einer Sterilisation, in: Haftpflicht – und Versicherungsrechtstagung 1997, St. Gallen 1997, S. 1 ff.

〔2〕 BGE 123 Ⅲ 110 E. 3a.

〔3〕 BGE 119 V 335 E. 1, 117 V 359 E. 4a, 115 V 133 E. 3.

〔4〕 vgl. KRAMER, Kausalität, S. 292; LARENZ, Schuldrecht I, § 27 Ⅲ a, S. 433 f.; OFTINGER/ STARK I, § 3 N 10 FN 6, N 111 f., 130.

〔5〕 BREHM, OR 41 N 110; STARK, Skriptum, N 204, jeweils m. H. auf die Praxis; BGE 123 Ⅲ 110 E. 2; Pra 1995, Nr. 172, S. 549 ff.; BGE 119 Ib 334 E. 3c = Pra 1994, Nr. 74, S. 277（在此判决中，瑞士联邦最高法院以相当因果关系替代了事实因果关系的说法，概念运用有误），BGE 119 V 335 E. 1 und E. 2b bb, 118 Ⅱ 93 E. 2, 117 V 359 E. 4a, 116 Ⅱ 305 E. 2c ee, 115 Ⅱ 440 E. 5b, 113 Ⅱ 52 E. 2 m. H.

第二节　相当因果关系（Adäquater Kausalzusammenhang）

一、（法律上的）相当因果关系的功能

相当因果关系具有双重功能。一方面，它属于侵权责任的**一般构成要件**（如：损害、违法性和过错责任领域的过错要件）；另一方面，确定**损害赔偿范围**（例如：受害者由于致害事件腿部骨折就医，侵权人的行为与受害人腿部骨折两者之间存在相当因果关系，又由于医生医疗过失导致身体残疾，此时就应借助相当因果关系理论判断侵权行为人是否应对残疾结果负责[1]）。损害赔偿范围问题的讨论应先于损害赔偿额的裁量。 `522`

> 学理上还存在着（尤其在德国）**责任成立的因果关系和责任范围的因果关系**（haftungsbegründender und haftungsausfüllender Kausa-lität）区分。责任成立的因果关系是指侵权行为和法益受侵犯之间的因果关系，而责任范围的因果关系[2]则是指法益受侵犯与损害之间的因果关系。由于体系原因以及这一区分本身所存在的不足和问题，瑞士侵权法并没有采纳这一理论[3]。 `522a`

事实因果关系并非法律上之归责标准；它会导致责任泛滥。依据事实因果关系，行为人在行为时开启的因果关系链可以一直链接回溯到他出生之时。相当因果关系标准旨在**通过法政策判断，对责任进行理性限定**[4]。在所有与损害相关的等值事实原因中，相当因果关系标准的目的在于筛选出与损害具有最近最直接关联性的原因。 `522b`

> 需注意的是，相当因果关系的责任限定功能在事故保险的保险人身体受损的情况中，不发挥作用。事故保险的保险人对于异常罕见、 `523`

---

[1]　OFTINGER/STARK I, § 3 N 20

[2]　SCHWENZER, N 19.01.

[3]　结论类似：HONSELL, § 3 N 13; zur genannten Abgrenzungsproblematik ROBERTO, S. 124 ff.

[4]　BGE 123 Ⅲ 110 E. 3a, 122 V 415 E. 2c, 117 V 369 E. 4a, 115 V 133 E. 7, 107 Ⅱ 269 E. 3; OFTINGER/STARK I, § 3 N 21; HONSELL, § 3 N 3; SCHMID, Kausalität, S. 188 f.

极其复杂，依据事故临床医学实践完全不可能出现的情况，仍负赔偿责任[1]；但是，造成心理障碍之损害结果的，尤其是疑病症（Begehrensneurosen），保险人不承担以上不受限之赔偿责任（参见边码528a）。

524　相当因果关系在责任限定方面的功能在某些具体案件中已经弱化，瑞士联邦最高法院在一些异常罕见的因果关系案件中，判定相关性成立（参见边码535以下）。

二、所谓的相当因果关系公式（Adäquanzformel）

525　**依照通常事物发展过程和一般生活经验，原因事实（或称"条件"）足以导致损害发生，从表面上判断，致害事件对损害结果的发生有促进作用，即可认定事实因果关系中的原因事实（或称"条件"）和损害结果具有相当性[2]。**

526　不仅最初引发损害发生的原因事实（或称"条件"）与损害之间，而是在因果关系链中的每一个关节之原因事实（或称"条件"）与最后造成的损害之间，均需存在相当因果关系[3]。

527　相当因果关系的判断标准是：**通常情况下**，某一原因事实（或称"条件"）是否足以造成特定损害结果。这一判断标准可能会导致的结果是，法官或者对个案的具体情形不作考虑，或者在一些异常罕见的因果关系案件中，仍然判定相关性成立[4]。法院在此类案件中指出，原因事实（或称"条件"）**本身**（an sich）足以导致损害结果发生[5]。

---

〔1〕　BGE 118 V 286 E. 3a.

〔2〕　GAUCH/SCHLUEP/REY, Nr. 2753；BREHM, OR 41 N 121；HONSELL, § 3 N 6；A. KELLER I, S. 80 f. ；OFTINGER/STARK I, § 3 N 15；BSK/SCHNYDER, OR 41 N 16；von TUHR/PETER, S. 99；BGE 123 V 98 E. 3d, 123 Ⅲ 110 E. 3a, 122 V 415 E. 2a, 121 V 45 E. 3a, 119 V 401 E. 4a, 118 V 286 E. 1c, 117 V 369 E. 4a, 117 V 359 E. 5a, 115 V 133 E. 4a, 112 Ⅱ 433 = Pra 1987, Nr. 90, S. 312；vgl. die Kasuistik bei BREHM, OR 41 N 129.

〔3〕　OFTINGER/STARK I, § 3 N 17；STARK, Skriptum, N 212.

〔4〕　vgl. dazu hinten N 535 ff.

〔5〕　BGE 112 V 30 E. 4b, 107 V 173 E. 4b, 96 Ⅱ 392 E. 2, 86 IV 153 E. 1；vgl. auch BGE 122 V 415 E. 2a, 121 V 45 E. 3a, 在本案中，瑞士联邦保险法院似乎已经将"'本身'（an sich）足以导致损害结果发生"作为相关性检验公式的组成部分；对此持批评意见的学者：KRAMER, Kausalität, S. 305 ff.

相关性检验公式具有"**概括性条款**"（Generalklausel）的性质，需要法官进行个案具体化。相关性的判断需要法院行使司法裁量权，属于**价值判断范畴**[1]。

需注意的是，在适用相当因果关系的判断公式时，应考虑具体法律领域的特殊性以及立法者的立法意旨，在此基础上，有可能得出不同的结论（vgl. dazu BGE 123 V 98 E. 3d）。在事故保险法领域，受害者因致害事件患有疑病症（Begehrenstendenzen）（参见边码 544），与致害事件本身不具有相当因果关系，因为从《事故保险法》的立法目的分析，即使患者的疑病症最后发展成神经官能症，也不在《事故保险法》的理赔范围之内[2]。

与事实因果关系问题不同，相当因果关系属于**法律问题**，瑞士联邦最高法院有权对此进行审查[3]。

三、相当因果关系公式的具体构成要件

（一）相当因果关系以事实因果关系为前提

侵权责任的构成要件因果关系包括事实因果关系和相当因果关系；判断致害事件和损害结果之间是否存在相当性，以成立事实因果关系为前提[4]。

也存在一些案件，致害事件和损害结果之间存在相当性，但不成立事实因果关系。例如根据一般生活经验和事物通常发展过程，对动物管理不善构成造成损害结果的原因。但依据瑞士《债务法》第 56 条第 1 款，若动物饲养人能证明损害结果在尽到注意义务的情况下仍然发生，则可以免除责任，因为注意义务的违反和损害　结果之间不存在事实

---

〔1〕 HONSELL, § 3 N 8；OFTINGER/STARK I, § 3 N 16；vgl. BGE 123 Ⅲ 110 E. 3a, 109 Ⅱ 4 E. 3，在此判决中，法院认为，相当因果关系的审查需要法官依据瑞士《民法典》第 4 条，依据法律和公平原则进行价值判断。

〔2〕 BGE 123 Ⅲ 110 E. 3b.

〔3〕 OFTINGER/STARK I, § 3 N 18；BREHM, OR 41 N 121 a f.；BGE 116 Ⅱ 519 E. 4 a m. H., 113 Ⅱ 52 E. 2, 112 Ⅱ 439 E. 1d.

〔4〕 BGE 107 Ⅱ 269 E. 3.

因果关系[1]。

（二）客观的判断标准

532 相当性（亦即合理性，adäquat ＝ angemessen）的判断标准是**一般生活经验和事物通常发展过程，即通常情况下**，某一原因事实（或称"条件"）是否可以引起损害结果的发生[2]。

533 相关性检验采用的是**客观的判断标准**；不考虑行为人的主观认识[3]。预见性在检验过错要件时，也发挥作用（BGE 119 Ib 334 E. 5c）。

（三）排除异常罕见之条件关系

534 相关因果关系的判断标准（之一）是事物**通常**发展过程。因此在因果关系链中，应排除异常罕见的事实情况[4]。

535 然而，瑞士联邦最高法院已不止一次在个案中判定：某些情况下，异常罕见的原因事实（或称"条件"）与损害结果之间存在相当因果关系。

536 例如：

- "拴着链条的狗伤人案"[5]：谷仓外拴着链条的狗突然间扑向路人，咬碎其中一人的大衣。另一名路人惊慌失措，爬上谷仓旁的梯子，一脚踩空跌入水沟受伤。瑞士联邦最高法院认为，在本案中，狗的饲养人违反注意义务和路人的身体受损结果之间，存在相当因果关系[6]。
- "收割机案"[7]：收割机在货车旁装货，其停放不稳；突然另一辆货车和一辆卡车相撞，撞击时的冲击力导致收割机被远远甩出，收割机驾驶员死亡。本案中，驾驶员未将收割机正常停放，才导致最终死亡之损害结果，但瑞士联邦最高法院还是判定，货车和卡车相撞与损害结果之间存在相当因果关系[8]。

---

[1] BREHM, OR 56 N 85 f.；OFTINGER/STARK Ⅱ/1，§ 21 N 97，§ 20 N 146；VON TUHR/PETER, S. 449.

[2] GAUCH/SCHLUEP/REY, Nr. 2753；OFTINGER I, S. 75；BREHM, OR 41 N 122a；BGE 87 Ⅱ 117 E. 6c.

[3] BREHM, OR 41 N 122a；OFTINGER/STARK I, § 3 N 22；BSK/SCHNYDER, OR 41 N 16；BGE 119 Ib 334 E. 5b, 101 Ⅱ 69 E. 2 und E. 3a m. H.

[4] vgl. BREHM, OR 41 N 123；OFTINGER I, S. 75.

[5] BGE 102 Ⅱ 232 ff.

[6] BGE 102 Ⅱ 232 E. 2.

[7] BGE 86 IV 153 ff.

[8] BGE 86 IV 153 E. 1.

司法实践将某些情况中异常罕见的原因事实（或称"条件"）认定为 537
具有相当性之原因。相当因果关系判定公式的作用弱化[1]。部分学
者认为，虽然法院的立场与相当因果关系判定标准相悖，但从法政策
角度出发考虑（应该主要指预防作用和个案公平权衡），司法实践的做
法值得赞同[2]。

（四）相当性与时间因素

1. 所谓的"客观－事后"预测

相当性的判断属于**"事后"**（ex post）评价，亦即从已经发生的损害出 538
发，判断某一特定原因可以导致损害结果的发生。回溯到原因事实
（或称"条件"）发生时，行为人对损害结果是否具有事前的（ex
ante）预见性，在所不问。法官在判断是否构成相关性时，运用的是回
溯的角度[3]。

"溯及既往的预测"（retrospektive Prognose）可能会引起误解，因为预 539
测本身应该是**指向将来**的对可能性的判断。

2. 相当性与时间间隔无关

侵权行为和损害结果之间的时间间隔与相当因果关系之判断**原则上无** 540
关[4]。

例如：排放含硫酸盐的废水导致的损害结果在 10 年以后才显现[5]。 541

瑞士《债务法》第 60 条第 1 款规定了最长消灭时效（参见边码 1630 以 542
下）。消灭时效制度针对请求权的胜诉权，亦即消灭时效届满后，当事

---

〔1〕 对此持批评意见的主要有：KRAMER, Kausalität, S. 307 f.；学者 GAUCH/SCHLUEP/REY,
Nr. 2762 同意 KRAMER 的观点。

〔2〕 BREHM, OR 41 N 123 ff.；SCHMID, Kausalität, S. 197 f.

〔3〕 BREHM, OR 41 N 122 f.；kritisch HONSELL, § 3 N 11 f.；A. KELLER I, S. 81 f.；
OFTINGER/STARK I, § 3 N 22；BSK/SCHNYDER, OR 41 N 16；BGE 96 Ⅱ 392 E. 2.

〔4〕 BREHM, OR 41 N 127；A. KELLER I, S. 82；BGE 57 Ⅱ 41；OFTINGER I, S. 107 f.，但
是，时间间隔与相当性是否成立的判断也并非毫无关联：依据一般生活经验，侵权行为和损害
结果之间的时间间隔越长，两者之间成立相当性的可能性越小；vgl. auch OFTINGER/STARK I, §
3 N 27.

〔5〕 vgl. BGE 81 Ⅱ 439 ff.：按照当时的法律规定，应当使用的请求权基础系瑞士《民法典》
第 679 条，现在的请求权基础为瑞士《联邦环境保护法》（USG）第 59a 条第 c 项结合第 59c 条第 1
款。

人请求权不再受法院保护的问题；相当因果关系的判断问题，并不受消灭时效制度影响。

（五）远因（entfernte Teilursachen）的相当性

543 某个原因事实系导致损害发生的直接原因的原因（所谓的"间接原因"，Zwischenursachen），本身虽并不直接导致损害结果发生，但只要通过相当因果关系公式判断，其与最终损害结果之间具有相当性[1]，则该间接原因与损害之间也成立相当因果关系[2]。

544 例如：

- 因没有设置木栅护栏导致某人跌入地窖造成腿部骨折。因骨折后行动不便导致住院期间再次骨折，并且是在同一位置。判例和学说一致认为场地设施的结构缺陷（Werkmangel）和第二次骨折之间存在相当因果关系[3]。

- 受害者在一起交通事故中原本仅受有轻伤，但由于因此患上疑病症（Begehrensneurose，神经官能症的一种），从而丧失劳动能力。神经官能症系一类没有任何可证实的器质性病理基础的神经性疾病。**疑病症**系神经官能症的下位概念，具体是指由于事故或致害事件发生，受害人认为自己需要反复就医，担心或相信患严重躯体疾病的持久性优势观念为主的神经症。**疑病症**会导致身体上完全具备工作能力的患者，因为精神疾病，无法工作[4]。

- 一次普通的碰撞事故导致出租车司机心脏病发作，两者之间存在相当因果关系[5]。

---

[1] 译者注：非为根据通常事物发展过程与一般生活经验判断，通常不会引起该结果之事实。

[2] 参见：BREHM, OR 41 N 125；对直接原因与间接原因的区分持批评意见的学者：OFTINGER/STARK I, § 3 N 103 ff.

[3] vgl. BGE 33 Ⅱ 570 ff.；BREHM, OR 41 N 125 m. w. H. auf die Praxis；OFTINGER/STARK I, § 3 N 105.

[4] BGE 70 Ⅱ 171；zu den Neurosen allgemein OFTINGER I, S. 187 f.；OFTINGER/STARK I, § 6 N 95 ff.；vorn N 224. 瑞士联邦最高法院在一则判决中，判定驾驶机动车和因丧失劳动能力而导致的经济损失之间存在相当因果关系（BGE 102 Ⅱ 33 E. 3a, 96 Ⅱ 392 E. 3.）。

[5] Rep. 1966, S. 36.

（六）对相当因果关系批评意见

学理上[1]，对相当因果关系的质疑和批评由来已久[2]。批评意见主 545
要针对相当因果关系混淆了过错和相当性的判定[3]，也包括法院不断
突破相当性判定公式，认为在某些情况下，异常罕见的原因事实（或称
"条件"）与损害结果之间存在相当因果关系[4]。

德国学者对相当因果关系理论不满，主要是因为它无法提供有意义的 546
责任限定标准。损害发生概率仅仅是数量上的标准，非属价值判断标
准[5]。此外，法院在适用相当因果关系理论时，以一个"最佳"观
察者的视角，对因果关系链中的事件作事后评价，其评价结果的正确
性，不无疑问。根据人类生活经验，在损害发生后进行事后评价，对
于此一"最佳"观察者，几乎所有前后事件发生和损害结果之间均成
立相当因果关系。法院事实上在将相当因果关系判定向事实因果关系
判定靠近，而前者的目的却恰恰是限制过于宽泛的事实上的条件
关系[6]。

相当因果关系的批评者认为应当从具体案件中应适用的法规范着手，发 547
展出独立于事实因果关系的责任构成要件。此即所谓的**"法规目的说"**
（Normzwecktheorie）[7]。依照"法规目的理论"，需要确定的是，案
件中的损害结果是否在适用于具体案件的法律规范旨在预防的损害范
围之内[8]。瑞士联邦最高法院在审查是否存在相当因果关系时，关注

---

　　[1]　尤其在德国：MünchKommBGB/OETKER，§ 249 N 111 f.；LARENZ，Schuldrecht I，§ 27 Ⅲ
b，S. 435 ff.

　　[2]　vgl. LANZ，insbes. S. 36 ff.；LAURI，insbes. S. 18 ff.，31 ff.；ROBERTO，§ 6 N 192 ff.

　　[3]　LANZ，S. 70.

　　[4]　DESCHENAUX，S. 409；Lauri，S. 95；HAUSHEER，ZBJV 1997，S. 448；HONSELL，§ 3 N 15；
KRAMER，Kausalität，S. 307；s. auch GAUCH/SCHLUEP/REY，Nr. 2756，2761.

　　[5]　vgl. ESSER/SCHMIDT，§ 33 Ⅱ，S. 216 ff.；MünchKommBGB/OETKER，§ 249 N 111 f.；
LARENZ，Schuldrecht I，§ 27 Ⅲ b 1，S. 440.

　　[6]　ESSER/SCHMIDT，§ 33 Ⅱ 1b，S. 218；LARENZ，Schuldrecht I，§ 27 Ⅲ b 1，S. 436 f.，439
f.

　　[7]　或称"保护目的说"，vgl. GAUCH/SCHLUEP/REY，Nr. 2758.

　　[8]　参见边码 698 以下，尤其是边码 702a；LARENZ，Schuldrecht I，§ 27 Ⅲ b 2，S. 440
ff. m. H. auf die deutsche Lehre；vgl.，S. 414；对"法规目的说"的探讨和批判，参见：BREHM，OR 41
N 150 ff.；vgl. auch OFTINGER/STARK I，§ 3 N 16 FN 16.

的主要是相关法规范整体的法政策，而非单个条文的保护目的[1]。

548　部分学者认为相当因果关系完全多余[2]，侵权法上的归责应依据规范保护目的确定[3]，其他学者则认为在判断是否存在相当因果关系时，相当性判断标准和规范目的应作为两项工具，可并列存在[4]。

四、区分：欠缺相当因果关系

549　适用相当因果关系的判断公式，若根据一般生活经验和事物通常发展过程，原因事实（或称"条件"）**不会**导致损害结果的发生，则两者之间不存在相当因果关系[5]。

550　例如：

- 自行车骑车人向行人问路，行人指路有误。在行人所指示的路上，骑车人发生交通事故，被卡车撞伤。尽管错误的指路行为和损害结果之间存在事实因果关系，但是适用相当因果关系公式判断，两者之间不具相当性。

- 一名挖掘机司机需稍稍离开挖掘机，发动机在此期间没有熄火。在明令禁止在挖掘机周围活动和进行作业的情况下，一名卡车司机执意驶入，结果与挖掘机相撞，掉入建筑工地上的沟渠。没有对挖掘机熄火和损害结果之间不存在相当因果关系[6]。

---

[1]　BGE 123 Ⅲ 110 E. 3b，参见边码 528a。

[2]　尤其是在过错责任领域，主观预见性要件承担了相当因果关系理论的全部功能，BREHM, OR 41 N ł51；GUHL／KOLLER, § 10 N 27.

[3]　ESSER／SCHMIDt, § 33 Ⅱ 1b, S. 218／9；MünchKommBGB／OETKER, § 249 N 113 ff.

[4]　LANGE, S. 95 f.；LARENZ, Schuldrecht I, § 27 Ⅲ 2, S. 440 f. m. w. N.

[5]　BREHM, OR 41 N 130 f.；OFTINGER I, S. 108；vgl. die Kasuistik bei OFTINGER／STARK I, § 3 N 30.

[6]　BGE 98 Ⅱ 288 E. 3；vgl. auch BGE 92 I 516 E. 8c；s. die Zusammenstellung der Praxis bei BREHM, OR 41 N 144, 551 ff.，insbes. 569 ff.

第三节　相当因果关系的中断

一、基本问题

（一）原则

原本（an sich）具有相当性的原因事件，会由于另一原因的介入而被排除在责任承担的考虑范围之外。 551

相当因果关系的"**中断**"是指，前一具有相当性的条件已开始发生作用，但尚未造成结果发生之前，被后一作用效果（强度）更高，和损害结果存在相当性的原因事实（或称"条件"）介入，并独立造成结果之发生，从而造成前一条件之效力的中断[1]。 552

> 学者奥夫汀格和史塔克[2]认为，应该区分"真正的相当因果关系中断"与"不真正的相当因果关系中断"（eigentliche und uneig-entliche Unterbrechung）。前者是指，虽然按照生活经验判断，通常会导致损害结果的发生，然而因果关系链条中有两个环节发生断裂（参见边码526），而通说所指的相当因果关系的中断，仅指"不真正的相当因果关系中断"。 553

"因果关系之中断事由"在学理上又称"免责事由"[3]。注意严格区分因果关系不成立而免责（Exzeption oder Entlastung）与"**证明不存在过错而免责**"（Exkulpation）；后者指债务人举证证明自己不存在过错，主要的适用范围是合同法（瑞士《债务法》第97条以下）。 554

（二）法规范基础

规定因果关系中断的法律规范基础是瑞士《债务法》第44条第1款以 555

---

[1]　BREHM, OR 41 N 132; WERRO, Nr. 222; A. KELLER I, S. 83 ff.; OFTINGER/STARK I, § 3 N 138; BSK/SCHNYDER, OR 41 N 20; SCHMID, Kausalität, S. 193; Urteil des BGer 4P. 74/2005 vom 12. April 2005 ff., BGE 130 Ⅲ 182 E. 5. 4, 116 Ⅱ 519 E. 4b, 112 Ⅱ 138 E. 3a; kritisch HONSELL, § 3 N 37.

[2]　OFTINGER/STARK I, § 3 N 136 ff.

[3]　OFTTINGER/STARK Ⅱ/1, § 20 N 112; BSK/SCHNYDER, OR 41 N 21.

及其他特别法规范，例如：瑞士《联邦电力法》（ElG）第 27 条，瑞士《联邦液体运输与易燃气体管道法》（RLG）第 33 条第 2 款，瑞士《道路交通法》（SVG）第 59 条第 1 款，瑞士《核能责任法》（KHG）第 5 条以及瑞士《联邦铁路、轮船企业与邮政责任法》（EHG）第 1 条。

556　尽管瑞士《债务法》第 44 条第 1 款仅明文规定了受害者与有过错，但是相当因果关系作为侵权责任构成的一般要件，即使没有法律明文规定，仍不妨碍其成为免责事由[1]。在危险责任领域，以上原则的适用受到一定限制（参见边码 559，1373）。

（三）判断方法

557　首先检验符合事实因果关系的条件是否具有相当性，然后比较相当因果关系事实与可以中断其他因果关系之条件，比较权衡所有具有相当性的条件的**强度**（Intensität）和**实质性**（Wesentlichkeit）（仅推测不足以构成中断其他因果关系之条件[2]）。与相当性判断相同，是否存在因果关系中断之判断，属于**价值判断**。

558　存在因果关系之中断事由应由加害人举证证明。对于中断事由强度上的要求较高；强度较弱之原因事实仅能视为损害结果的共同原因（因果关系的中断和共同原因，参见边码 628 以下），不足以构成中断其他因果关系之条件[3]。

559　**危险责任**很大程度上在于保护公益。为确保此保护目的之实现，在危险责任领域认定存在因果关系之中断事由时，应采较为保守的态度[4]。基于此，许多特别法规范明文排除了因果关系之中断作为免责事由，例如，瑞士《联邦液体运输与易燃气体管道法》（RLG）第 33 条规定：第三人的重过错侵权，加害人不免责（Exzeptionsgrund）[5]。

---

〔1〕 OFTINGER I, S. 111 f. ; STARK, Skriptum, N 228；在 BGE 119 Ib 334 E. 5c 判决中，瑞士联邦最高法院列举了因果关系中断的各类事由；dazu auch HONSELL, § 3 N 39 ff.

〔2〕 BGE 119 Ib 334 E. 5c.

〔3〕 BREHM, OR 41 N 132；OFTINGER/STARK I, § 3 N 144；BSK/SCHNYDER, OR 41 N 20；BGE 116 Ⅱ 480 E. 3c.

〔4〕 OFTINGER I, S. 110 f. ; BSK/SCHNYDER, OR 41 N 21.

〔5〕 vgl. dazu OFTINGER/STARK I, § 3 N 159；OFTINGER/STARK Ⅱ/3, § 30 N 143 ff.

二、因果关系之中断事由

（一）受害人的重过错

受害人重过错行为与损害结果之间存在相当因果关系，并且从个案各方面具体情况分析可以得出，受害人行为对于损害结果发生或扩大所发挥的作用力较大，亦即原因力强度较大时，得排除侵权行为人责任[1]。

受害人的一般的与有过错，即使与损害结果之间存在相当因果关系，也不足以构成**中断其他因果关系之条件**，但可以考虑依据瑞士《债务法》第44条第1款**减轻**损害赔偿责任（参见边码401以下）。在司法实践中，对于与有过错的程度要求较高。通常情况下，受害人过错程度大于侵权行为人，也不足以认定受害人过错中断侵权人的行为与损害结果之间的因果关系[2]。

> 例如：地窖台阶照明不足导致当事人身体损害。法院判定受害人自身非常不谨慎小心的行为已足以构成中断事由，中断场地设施的结构缺陷（Werkmangel）与损害结果之间的因果关系（vgl. BGE 81 II 450 ff.）。

特别需要注意的是，如何评价**无认识能力的受害人的行为**问题。此时受害人因无识别能力而不存在过错（参见边码810以下），因此判例和学说一致认为，无认识能力受害人的行为不足以构成中断其他因果关系之条件，最多可以考虑类推适用瑞士《债务法》第54条，减轻侵权行为人的损害赔偿责任[3]。

560
561
562
563

---

〔1〕 BREHM, OR 41 N 134；CR/WERRO, Art. 41 N 41；A. KELLER I, S. 97 f.；OFTINGER/STARK I, § 3 N 152 ff.；BSK/SCHNYDER, OR 41 N 21；瑞士联邦最高法院的立场是，受害人过错必须达到"严重过错"程度，始得发生中断行为人行为和损害结果之间的因果关系的效力：Urteil des BGer 2C. 4/2000 vom 3. Juli 2003，因洛伊克巴德镇（Leukerbad）本身存在严重过错行为，构成因果关系中断，瓦莱州（Kt. wallis）无须对其承担侵权责任；s. auch BGE 121 III 358 E. 5.

〔2〕 BGE 116 II 519 E. 4b m. H.

〔3〕 BGE 105 II 209 E. 3，102 II 363 ff.；vgl. auch OFTINGER/STARK I, § 3 N 155.

564 司法实践的这一立场，是基于在无过错责任以及危险责任领域，赔偿义务人与无认识能力的受害人接触，就应当承担由此可能发生的损害和风险的理念[1]。

565 另有学者则认为，对于无认识能力受害人的行为，仍需依据原因力强度，判断其是否足以构成中断其他因果关系之条件[2]。

566 瑞士联邦最高法院在评价受害人的与有过错时认为，相同事实状况下，原则上无认识能力人的过错程度低于成年人[3]。

567 **受害人不知侵权行为人的不法行为，受害人与有过错，不构成因果关系之中断**[4]。

568 例如：一名求职者因良好的工作记录和证明得到新工作单位录用，然而事实上此人在以前的用人单位工作时，曾经有侵吞公司财产的不法行为。新的用人单位因不知情而疏于监督，因该员工的不法行为受有损失。出具不实工作证明和损害结果之间的相当因果关系不因用人单位的监督不力而中断[5]。

（二）第三人严重过错侵权

569 **第三人过错行为与损害结果之间存在相关性，并且第三人行为对于损害结果发生或扩大所发挥的作用力较大**，亦即原因力强度较大，此时第三人行为中断侵权人行为与损害结果之间的因果关系。第三人**严重过错**造成损害结果的，第三人应当承担侵权责任[6]。

570 例如：

    – 司机在横穿道口时不注意减速或交通信号灯，造成与列车相撞的损害结果，同车乘客死亡。铁路经营与损害结果之间的相当因果关系

---

〔1〕 BGE 30 Ⅱ 500 f.

〔2〕 OFTINGER I, S. 113.

〔3〕 OFTINGER I, S. 162; STARK, Skriptum, N 500 f.; BGE 111 Ⅱ 89 ff. = Pra 1985, Nr. 155, S. 450 f., BGE 104 Ⅱ 184 E. 1, 102 Ⅱ 363 E. 4; kritisch zu dieser Praxis BREHM, OR 41 N 172 ff.

〔4〕 BGE 101 Ⅱ 69 E. 3b; Brehm, OR 41 N 136.

〔5〕 vgl. BGE 101 Ⅱ 69 ff.

〔6〕 BREHM, OR 41 N 140; CR/WERRO, Art. 41 N 42; OFTINGER/STARK I, § 3 N 152 f.; BSK/SCHNYDER, OR 41 N 21; BGE 116 Ⅱ 519 E. 4b, 96 Ⅱ 355 E. 1, 95 Ⅱ 344 E. 6 und 7; s. auch Pra 2002, Nr. 24, S. 114 ff.

因机动车司机的严重过错行为而中断[1]。

- 在 BGE 116 Ⅱ 519 ff. 案件中，父母没有及时将他们失去意识的孩子送往急诊中心，而是等到第二天早上 7 点 15 分才送往儿童门诊，等候 45 分钟后医生到达。对此，法院的立场是：父母的行为，并不足以中断医生（以及其他护理人员）的行为与孩子大脑严重受损之间的因果关系。

侵权行为人的损害赔偿义务不受**第三人一般过错行为**（Gewöhnliches Drittverschulden）之影响，亦**不减轻损害赔偿责任**[2]。　　571

辅助人的行为以及基于责任法对他人负责的特别规范中所规定的"他人"，**不属于第三人过错行为**，例如瑞士《民法典》第 333 条规定的家庭成员（Hausgenossen）之行为[3]。依据瑞士《债务法》第 56 条第1 款规定，若动物饲养人将对动物的看管义务交由辅助人履行，则动物饲养人需对辅助人的行为负责，因而也不得主张第三人过错行为造成损害结果免责[4]。　　572

在部分**侵权责任特别法**中，立法者明文规定了受害人与有过错系因果关系之中断事由〔例如瑞士《联邦液体运输与易燃气体管道法》（RLG）第 33 条，瑞士《核能责任法》（KHG）第 5 条，瑞士《联邦军队组织法》（MO）第 23 条〕。学理上的观点是，立法者立法时即认为，在这些特殊领域，第三人过错行为的原因力强度不足以中断侵权行为与损害结果之间的因果关系[5]。　　573

（三）不可抗力（Höhere Gewalt）

不可抗力是指**不可避免之外力介入，未预见到也无法预见的异常事件**[6]。　　574

---

〔1〕　vgl. BGE 93 Ⅱ 111 ff.

〔2〕　BREHM, OR 43 N 81；WERRO, Nr. 232；OFTINGER/STARK I，§ 3 N 157，§ 7 N 40；BSK/SCHNYDER, OR 43 N 15；BGE 113 Ⅱ 323 E. 2b, 112 Ⅱ 138 E. 4a.

〔3〕　OFTINGER/STARK I，§ 5 N 175.

〔4〕　BGE 110 Ⅱ 136 E. 1b ＝ Pra 1984, Nr. 173, S. 478.

〔5〕　A. KELLER I, S. 98 f.；OFTINGER/STARK I，§ 3 N 159；OFTINGER/STARK Ⅱ/3，§ 29 N 324 ff.，§ 30 N 143，§ 32 N 299〔瑞士《联邦军队组织法》（MO）第 23 条的特殊规定〕.

〔6〕　CR/WERRO, Art. 41 N 40；A. KELLER I, S. 94；OFTINGER/STARK I，§ 3 N 142 FN 160；BSK/SCHNYDER, OR 41 N 21；BGE 111 Ⅱ 429 E. 1b.

575　不可抗力系程度最高的意外事件[1]。侵权责任法上的意外事件是指独立于人类行为意志的事件（参见边码578）。

576　不可抗力在司法实践中的意义有限，主要指例如地震、雪崩等异常自然事件[2]，百年不遇的巨大雷暴雨[3]，战争[4]或暴乱。尽管战争和暴乱与人类行为相关，但对于单个个体而言，其仍属于不可避免和预见的自然事件。

577　公路铺设中的缺陷[5]或焚风[6]**不属于**不可抗力。同样，非百年不遇之大强度长持续时间的暴雨，与不良的排水系统共同作用，造成洪水泛滥和山体滑坡的，暴雨不足以构成中断致害事件和损害结果之间的因果关系之条件。

第四节　具体问题

一、意外事件（或称事变，Zufall）导致损害结果

（一）概念

578　侵权责任法上的意外事件（或称事变，Zufall）是指**不依赖人类行为而发生之事件**[7]。

579　在合同法领域，意外事件是指不可归责于合同当事人之事件[8]。合同法意义上的意外事件既包括人类行为（合同一方当事人的无过错行为），也可包括人类意志之外的事件。亦即，合同法上的意外事件概念外延比侵权责任法上的概念宽泛。

---

[1]　BREHM, OR 41 N 142; OFTINGER/STARK I, § 3 N 142; BSK/SCHNYDER, OR 41 N 21.

[2]　BGE 80 Ⅱ 216 E. 2a.

[3]　BGE 49 Ⅱ 254 ff., 但山区的大暴雨不属于不可抗力, BGE 100 Ⅱ 134 E. 5.

[4]　BGE 51 Ⅱ 196 f.

[5]　BGE 90 Ⅳ 265 E. 2b.

[6]　BGE 90 Ⅱ 9 E. 2.

[7]　OFTINGER I, S. 83 f.; 不同观点，参见: OFTINGER/STARK I, § 3 N 63, 65 f., 89, 学者指出: 意外事件是指，"外来的作用于责任构成的相当性条件（原因事实）与损害结果之间的因果关系链的事件，因此意外事件系独立于责任构成要件之事实"。

[8]　GAUCH/SCHLUEP/REY, Nr. 3023; 值得注意的是，瑞士《债务法》中存在规定意外事件责任的特别规范，例如瑞士《债务法》第103条第1款，第306条第3款，以及第420条第3款。

（二）意外事件责任

因意外事件造成损害的，适用"意外事件介入造成损失的，行为人不负　580
责任原则"（*nemo pro casu tenetur*）。

以上原则也存在例外：在无过错责任领域，赔偿责任不以人的一定行为　581
为归责标准，而是以发生责任构成之事实情况为前提和要件〔1〕。

兹举一例予以说明：屋顶上的冰锥融化砸伤他人头部造成损害，依据　582
瑞士《债务法》第58条房屋或其他建筑物所有人责任的规定，此例中
房屋所有人应就意外事件造成的损害承担赔偿责任（发生责任构成之
事实情况，参见边码1031以下）。

另有适例：瑞士《道路交通法》（SVG）第58条第1款规定，意外事　583
件与加害人行为共同造成损害结果的，意外事件系损害发生之共同原
因，例如，因突然出现大雾天气，司机没有注意骑车人而发生交通事
故，造成损害结果〔2〕。

（三）意外事件之特殊情形：受害人先天性的特殊体质（Konstitutio-
　　　nelle Prädisposition）

所谓受害人先天性的特殊体质（Konstitutionelle Prädisposition）是指**由**　584
遗传基因决定的生命体易患某种疾病的倾向性，或者感染某种疾病后
人体反应会异常严重〔3〕。

疾病遗传易感性体质，不仅包括易感体质，也包括损害发生前已经存　585
在的疾病先兆。

例如：　586

－　A仅造成B轻微伤害，但是由于B患有血友病，此轻微伤害直接
　　导致B死亡。

－　受害者患有先天性薄颅骨病，一个耳光即导致其大脑受损。

通说的观点是，受害人先天性的特殊体质属于意外事件之特殊情形。疾　587

---

〔1〕　OFTINGER/STARK I, § 3 N 65 ff.

〔2〕　vgl. auch OFTINGER/STARK Ⅱ/2, § 25 N 19.

〔3〕　BREHM, OR 44 N 54；OFTINGER I, S. 102；OFTINGER/STARK I, § 3 N 95；STARK,
Skriptum, N 364；SCHMID, Kausalität, S. 194 ff. u. a. Ausführungen zu Art. 36 Abs. 2 UVG；HONSELL, § 3
N 50 ff., § 9 N 8.

病遗传易感性体质与损害结果发生或扩大存在相当性（包括远因）因果关系的[1]，无论在过错责任领域还是无过错责任领域，均构成责任减免事由，法官在**裁量损害赔偿责任**时，得酌情减轻或免除侵权人责任（参见边码 422 以下）。

588　大部分学者认为，易感性体质应作为瑞士《债务法》第 44 条第 1 款中赔偿范围裁量时的责任减免事由——"受害人自身原因"[2]；也有部分学者认为，易感性体质应属于依照瑞士《债务法》第 43 条第 1 款法官在确定责任性质与范围时，在"过错程度"这一标准下应考虑的情形[3]。

589　瑞士联邦最高法院的立场是，若即使不发生致害事件，仅疾病遗传易感性体质之事实亦得全部或部分造成损害结果的[4]，亦即所谓的假设因果关系（参见边码 607 以下）[5]，则在依据瑞士《债务法》第 42 条**确定损害赔偿责任**环节，受害人的特殊体质因素就应考虑在内。若受害人的特殊体质状况仅造成损害扩大之效果，则此事实属于瑞士《债务法》第 44 条第 1 款应考虑的事由[6]。

590　部分学者认为，若即使不发生致害事件，仅疾病遗传易感性体质之事实即得造成损害结果的，受害人的特殊体质应作为确定损失时考虑的因素，而非损害裁量时酌情减免责任之事由[7]。而另有学者认为，受害人的特殊体质这一事实，在损害确定和损害裁量环节，均得作为考量因素[8]。

---

〔1〕　BREHM, OR 44 N 55; Guhl/Koller § 10 N 46; A. KELLER I, S. 90 f., 148; OFTINGER I, S. 280; HONSELL, § 9 N 8; SCHMID, Kausalität, S. 195 f.; WEBER, Prädisposition, S. 73 ff.; BGE 123 Ⅲ 115 E. 3c.

〔2〕　BREHM, OR 44 N 55; BSK/SCHNYDER, OR 44 N 14; VON TUHR/PETER, S. 109; BGE 113 Ⅱ 86 E. 3a 援引了学说观点和较早判例，法官在这些判例中提出了不同意见。

〔3〕　MERZ, SPR Ⅵ/1, S. 233; STARK, Skriptum, N 366.

〔4〕　BGE 113 Ⅱ 86 E. 3b; BREHM, OR 44 N 58.

〔5〕　vgl. WEBER, Prädisposition, S. 75 f.

〔6〕　vgl. dazu auch A. KELLER Ⅱ, S. 26; dieser Unterscheidung zustimmend OFTINGER/STARK I, § 3 N 98 ff.

〔7〕　STARK, Skriptum, N 370, 372; WEBER, Prädisposition, S. 82; nach OFTINGER/STARK I, § 3 N 99, 学者认为，仅在例外情况下，才允许受害人的疾病遗传易感性体质作为损害裁量时酌情减免责任之事由。

〔8〕　BREHM, OR 44 N 58; vgl. dazu auch BGE 113 Ⅱ 86 E. 3b; 反对重复评价：OFTINGER I, S. 280; BSK/SCHNYDER, OR 44 N 14.

二、不作为侵权中的因果关系

（一）基本问题

绝大部分情况下，侵权行为由人的行为引起，包括作为和不作为。 591

从自然科学角度看，不作为不能作为另一事件之原因，此即所谓的"**无** 592
不得生有原则"（*ex nihilo nihil fit*）。然而判例和学说均承认不作为和
损害后果之间的因果关系。事实因果关系通过假设来确定，亦即，**假**
设实施了法律上要求的作为义务，损害结果就不会发生[1]。

仅存在法律上的作为义务时，不作为始得成为侵权责任构成要件（参 593
见边码602）。分两步检验不作为和损害结果之间是否存在因果关系：
第一步确定是否存在阻止损害发生的法定义务，第二步确定行为人依
照法定义务实施了行为与损害结果的关系，亦即若行为本可以阻止损
害结果发生，则不作为和损害之间存在因果关系。不作为和损害结果
之间的**假设联系**（hypothetische Zusammenhang）是判断不作为因果关
系是否成立的关键因素[2]。

> 例如，在 BGE 116 II 519 ff. 案中，若医生不让父母和孩子等待数 594
> 日后才接受治疗，孩子就不会发生大脑严重受损的情况，则医生
> 的不作为和孩子身体受损的结果之间存在因果关系。

受害人需举证证明，若对方履行了阻止损害结果发生的法定义务，损 594a
害就不会发生；若根据生活经验和通常事物发展，对方履行法定义务，
损害结果很有可能就不发生，则两者存在假设的因果关系[3]。

"条件因果关系"公式［die condicio −（bzw. conditio）− Formel］（参 595
见边码518）同样适用于不作为侵权。与作为侵权不同的是：作为侵权
中，满足"无此行为，必不生此种损害"，成立因果关系；在不作为侵

---

［1］　vgl. OFTINGER/STARK I, § 3 N 52 und FN 53.

［2］　vgl. BREHM, OR 41 N 108；WERRO, Nr. 188；GAUCH/SCHLUEP/REY, Nr. 2754 f.；
HONSELL, § 3 N 60；KOLLER, Sterilisation, S. 17；OFTINGER I, S. 88；OFTINGER/STARK I, § 3 N
52；SCHMID, Kausalität, S. 192；BSK/SCHNYDER, OR 41 N 19；BGE 115 II 440 E. 5a.

［3］　BGE 121 III 358 E. 5, 115 II 440 E. 6a；假设的因果关系的证明不要求科学的精确性，BGE
115 II 440 E. 5a.

权中，假设"实施了符合法律义务之行为，必不生此种损害"，成立因果关系（condicio – cum – qua – non）[1]。

596　不作为和损害结果之间的因果关系是通过假设来确定的，因此不作为侵权中的因果关系被称为"假设因果关联"或"想象的因果关联"[2]。不作为侵权中的因果关系和假定的因果关系（hypothetischen Kausalität）（参见607以下）不同。另外，通说认为，不作为侵权的特殊性还在于，确定因果关系的环节，也检验了违法性问题（参见边码666以下），亦即违反特定行为规范构成违法性（参见边码695以下），违反了防止损害发生之义务[3]。

597　与通说观点不同，学者凯勒和加比（S.16）认为，不同于自然科学角度的观察，在检验侵权人行为时，需要考察行为对外部环境是否造成不利影响。此观点同样适用于不作为侵权，并且依此观点，因果关系的判断不取决于是否存在作为义务。

598　　例如：药妆卫生用品店出售的含汽油的清洁用品上未标有"易燃用品"，消费者在使用时发生爆炸，身体受伤[4]。产品制造者没有在商品上标注"易燃用品"和消费者身体受到侵害之间看似存在假设的因果关联，但运用"不可或缺的条件关系"公式检验时，"当产品制造者做了恰当的标注，购买者就不会受伤"的假设恐怕未必成立。而证据表明，事实上卫生用品店在出售商品后曾口头上向购买者告知此清洁用品存在爆炸可能。由此可见，警告行为并不能阻止损害结果发生，因此，未履行"易燃物"标示义务和爆炸结果之间不存在因果关系。

---

〔1〕　vgl. ESSER/SCHMIDT, § 33 I 2, S. 215; KRAMER, Kausalität, S. 295; OFTINGER/STARK I, § 3 N 52 FN 53.

〔2〕　GAUCH/SCHLUEP/REY, Nr. 2754; KRAMER, Kausalität, S. 295; SCHMID, Kausalität, S. 192; BGE 115 Ⅱ 440 E. 5a.

〔3〕　vgl. GUHL/KOLLER, § 24 N 11; OFTINGER/STARK Ⅱ/1, § 16 N 106; WERRO, Nr. 189; BGE 116 Ib 367 E. 4c.

〔4〕　vgl. BGE 96 Ⅱ 108 ff. = Pra 1971, Nr. 1, S. 1 ff.

（二）不作为侵权中因果关系的特别问题

1. 区分事实上的因果关系和相当因果关系

不作为侵权中的因果关系的检验标准是：假设行为人作为，损害结果 599
就不会发生。对不作为进行全面考量的、具有价值判断属性的相当因
果关系评价环节，和假设的因果关系判断环节，同时进行。

> 例如：一名医生在晚上发现某人受伤失去意识，其对伤者稍事治疗 600
> 和处理，1个小时后才送往医院，造成伤者身体进一步恶化。医生
> 的不作为和损害结果之间是否存在因果关系的判断标准是：即使
> 医生将伤者及时送医，损害结果依然发生。若案件事实表明此一
> 假设不成立，则不作为和损害结果之间存在因果关系。

在确定是否存在假设的因果关系阶段，法院采取的标准已经是"一般 601
生活经验"，因此没有必要在相当性阶段重复评价[1]。举证证明存在
假设因果关系的要求并不严格，只需满足"根据生活经验和通常事物
发展，对方履行法定义务，损害结果很有可能就不发生，即可认定两
者存在假设的因果关系"[2]。

2. 违反作为义务之不作为

通说认为，仅当存在**作为义务**（Pflicht zum Handeln）时，行为人的不 602
作为与损害结果之间才有因果关系之判断，此观点值得赞同[3]。借
助"危险控制原则"从而确定作为义务（BGE 124 Ⅲ 297 E. 5b；危险
控制原则，参见边码867），存在作为义务而不作为的，构成违法性
（参见边码596）。

> 另有学者认为，违反作为义务之不作为与因果关系要件无关，应在 603
> 判断是否存在过错时检验（KELLER/GABI, ebd.）。

---

〔1〕 BGE 115 Ⅱ 440 E. 5a.

〔2〕 BGE 121 Ⅲ 358 E. 5, 115 Ⅱ 440 E. 6a; vgl. auch OFTINGER I, S. 90; OFTINGER/STARK I, §
3 N 62；参见边码655。

〔3〕 GUHL/KOLLER, § 10 N 22; HONSELL, § 3 N 36; OFTINGER I, S. 88; OFTINGER/STARK
I, § 3 N 52; BSK/SCHNYDER, OR 41 N 18; von TUHR/PETER, S. 96; so auch die h. L. in Deutschland,
vgl. Larenz, Schuldrecht I, § 27 Ⅲ c, S. 460 m. w. N.

三、假设的因果关系 (hypothetische Kausalität)

(一) 结构和意义

604 不作为侵权中的因果关系判断,系通过假设有积极作为,损害结果即不会发生,来判断因果关系(参见边码 599 以下),本节中所称之"假定的因果关系"(hypothetische Kausalität)则涉及如下问题,即加害人已经造成损害,但即使没有该加害人之侵权行为,此种损害后果仍然会出现。假设因果关系中的原因又称为"**预备原因**"(Reserveursache)。在司法实践中,假设因果关系作为抗辩事由,由侵权人主张[1]。

605 在**身体损害**案件中,尤其是永久丧失劳动能力的情形,加害人得援引"假设因果关系"作为抗辩事由,证明除了实际造成损失的条件之外,受害人本身具有受害人先天性的特殊体质(或已经存在疾病前兆),即使无实际原因事件之发生,损害结果仍然会因受害人此类特殊体质或潜在疾病而发生,或者实际原因事件发生之时,"预备原因"也已经开始发生作用。需注意的是,尽管一般而言,"假定因果关系"在**损害确定和计算环节**作为应考量因素,但事实上对它的判断已经提前到损害赔偿责任是否构成的因果关系要件检验中(参见边码 607 以下,610~611)。

606 在瑞士侵权法理论发展中,越来越多的学者认为,若"假定因果关系"对损害结果的影响,在实际造成损失的原因(条件)发生时已经开始作用,至少已经可预见,则在**确定损害**阶段,就应考虑"假定因果关系"因素[2]。

606a "假定因果关系"的表现形式各异。以下本人将列举最重要的"假定因

---

[1] 注意区分"合法替代行为"(das rechtmässige Alternativverhalten)抗辩;两者区别参见瑞士联邦最高法院判决:BGE 122 Ⅲ 229 E. 5a aa;合法替代行为,参见边码 644 以下。

[2] vgl. BREHM, OR 41 N 149g;A. KELLER I, S. 103;MERZ, ZBJV 1991, S. 244;OFTINGER/STARK I, § 6 N 12a f.;SCHWENZER, N 21. 06 a. E. mit illustrativem Beispiel;VON TUHR/PETER, S. 90 ff.;WEBER, Prädisposition, S. 76 f.;其他学理和判例中的区分,参见:STUDHALTER, S. 59 ff.;关于"预备原因"的进一步分析:KRAMER, Kausalität, S. 302 ff.;LOSER, Kausalitätsprobleme, S. 94 ff.;STUDHALTER, S. 135 ff.

果关系"案件类型，混合类型和部分重合类型暂不作讨论。

（二）案件类型化

1. "假定因果关系"对损害结果的影响，在实际造成损失的条件发生时
已经开始作用

在本人看来，**司法实践**中"假定因果关系"的适用**最重要**的是在**人身损
害**案件中，并且在这类案件中，往往是导致结果发生之实际原因和假
定原因均渐进发生作用，最后导致永久性损害。　　　　　　607

　　例如：由于机动车肇事造成行人身体损害（实际原因）。受害者身　607a
　　体残疾（参见边码243 以下），导致**将来**收入减少。受害人本身已
　　经患有的疾病（腰伤）在损害发生之时已经存在（间歇性腰背酸
　　痛），若无致害事件之发生，受害人自身腰背疾病也将导致残疾
　　（假定原因）。

"假定原因"虽已开始发挥作用，但**未发生**损害（财产上的减损）的，　607b
由实施实际原因行为之人承担全部责任。"假定原因"作为**确定损害**时
的考量因素，例如寿命缩短[1]。

需注意区别的案件类型有：受害人在致害事件之前已经患有疾病（例　607c
如：血友病，糖尿病），但此类疾病并不会造成财产减损（例如：由
于残疾），因此不存在"假定因果关系"，只是恶化了实际原因造成的
损失（例如：阻碍或推迟身体的痊愈和恢复），原则上由实施实际原因
行为之人承担责任（受害人在致害事件之前已经患有疾病之事实属于
共同原因，亦即"意外事件"的特殊类型，参见边码584 以下）。损害
发生前受害人疾病状态属于酌情减轻或免除赔偿责任之事由[2]。

实际原因和假定原因渐进发生作用，最后导致**物之损害**的情形，比较罕　607d
见。

　　例如：一头髋关节发育不良的腊肠犬被滑板爱好者撞伤（实际原　607e
　　因），经兽医相当长一段时间的悉心治疗终告不治去世；而事实

---

　　[1]　BGE 113 Ⅱ 86 E. 3b; s. auch Pra 2002, Nr. 151, S. 819.
　　[2]　瑞士《债务法》第44 条；vgl. BGE 113 Ⅱ 86 E. 3b, s. dazu WEBER, Prädisposition, S. 73 ff.；
BREHM, OR 41 N 149g; 参见边码587。

上，即使没有致害事件之发生，腊肠犬自身已经患有疾病同样会导致其死亡结果（假定原因）。在确定损害计算兽医医疗费用时，应将"假定因果关系"作为考量因素计算在内——腊肠犬虽然非物，但适用物之规定，除非存在适用于动物的特殊规定（瑞士《民法典》第641a条）。

2. 假定原因在实际原因发生时已经存在，但尚未发生作用力

608　本部分所涉及的案件类型，系在实际原因造成损害之时，预备原因虽然已经存在，但仅作为"损害状态"（Schadenslage）[1]，尚未发生作用。

608a　例如：公司电脑中的数据由于一名工作人员的来访朋友错误操作而全部丢失，无法恢复。后经确认，即使损害事件不发生，第二天也会由于系统本身潜在的病毒爆发导致数据全部丢失的损害结果。

608b　本案中，存在假定的因果关系，但作为损害状态的预备原因（电脑病毒）因为实际原因的介入而不能发挥作用；它仅能作为假定原因，因为实际原因的发生（人为的错误操作）已经导致损害结果[2]。

609　在此类案件中的假定因果关系，又被称为**"超越的因果关系"**（überholende Kausalität）（与本书上一版本中边码604以下不同）。

609a　例如：一名医院护工过失给病人使用了致命剂量的药物。在药物发生作用之前，病人发生交通事故死亡。

609b　病人体内过量的药剂，作为"预备原因"或称"被超越的原因"（die überholte Ursache），虽然作为损害状态已经存在，但机动车司机的行为（与驾驶机动车相联系的危险之实现）系"超越原因"（die überholende Ursache）。"超越原因"是造成损害结果的实际原因，两者之间存在事实因果关系；护工无须对损害结果负责，因为她的行为并未对损害之发生产生影响。

609c　虽然"被超越的原因"（假定原因）并未对损害之发生产生影响，但是作为损害状态已经存在，因此在发生人身损害的案件类型中得作为**确定损害**（影响寿命）之考量因素，在其他损害类型中，得作为酌情减少

---

〔1〕　FIKENTSCHER, N 560；MAGNUS, N 604.

〔2〕　BGE 115 Ⅱ 440 E. 4b.

或免除侵权人责任之考量因素。

受害人本身**具有先天性的特殊体质**，但在损害结果发生时，虽然已经　610
存在但未发生作用，属于本部分超越因果关系的案件类型和表现形式。

事实原因的行为人若能**证明**，已经存在但未发生作用的假定原因在将　611
来可预见的时间将导致损害结果，则"被超越的原因"与损害结果之
间存在假定的因果关系，可作为确定损害或酌情减少或免除侵权人责
任之考量因素。

3. 假定原因在实际原因发生时不存在

"预备原因"虽然在行为人造成受害者损害（实际原因）的致害事件发　612
生时，**尚未完全存在**，但若实际原因事实不发生，预备原因**同样可以**
导致损害结果之发生（假定因果关系）。

> 例如：A、B、C 邻居三人，从 A 的土地上踢出的足球打碎 B 家中　612a
> 窗户一块玻璃，第二天，C 家中的物品发生爆炸，致使 B 的所有
> 窗户玻璃毁损。

这类案件在司法实践中发生极少，此时侵权行为人承担全部损害赔偿责　612b
任，假定因果关系不作考虑。尤其是当"预备原因"由第三人行为引
起的情形，不得令该第三人承担责任，理由是假定因果关系并未转化
为事实原因，对损害发生不产生任何影响，第三人不负损害赔偿
责任[1]。

值得讨论的是，将来将会发生，并且必然（或者可能性极高）会造成　612c
损害结果的原因事件，在实际原因造成损害时尚未存在，那么在计算
损害时，是否可以作为**损益相抵**的考量因素（例如，侵权行为导致抚
养人死亡的情形，属于损害赔偿项目的丧葬费用，是否可以适用损益
相抵，因为受害者终将去世，即使致害事件不发生，丧葬费用也终须
支出[2]，参见边码 211 以下，282～283）。

---

[1]　不同的论证，相同的结论，参见：SCHWENZER, N 21.06，在物已经毁损之后发生的原因事
件，不属于假定因果关系中的假定原因。

[2]　BGE 115 Ⅱ 440 E. 4a.

四、多个原因事实并存（Konkurrenz von Gesamtursachen）

613 **数个原因事实独立地、分别地发生作用，共同导致损害结果之发生**的，学理上称为多个原因事实并存（Konkurrenz von Gesamtursachen）。

（一）聚合的因果关系（Kumulative Konkurrenz von Gesamtursachen）

614 数个具备相当因果关系的条件共同造成损害结果的，学理上称为"聚合的因果关系"（Kumulative Konkurrenz von Gesamtursachen oder kumulative Kausalität）[1]。数人分别行为，共同造成损害结果。**各个具备相当因果关系的条件均足以导致损害结果发生**[2]。

615 兹举一例予以说明：两个工厂分属不同所有者，分别排放污水，导致地下水污染。其中任何一个工厂的排污行为，均足以造成地下水源污染无法使用的损害结果。

616 此时若适用"若无，则不"公式［condicio（bzw. conditio）– sine – qua – non – Formel］，不同行为人各得主张"若无我的行为，损害结果仍会发生"，因而无须承担赔偿责任，但学理上认为这样的结果有悖公允[3]，因为没有理由，受害人所处的位置在侵权行为人为多数时，比侵权行为人单一时不利。聚合因果关系中，"若无，则不"公式的适用需受到限制，在此，各行为人需对全部损害承担赔偿责任[4]。此外，在共同侵权时，侵权人需对（全部）损害结果承担赔偿责任，更何况是在各个行为人行为足以造成全部损害结果的因果关系聚合的情形[5]。

617 但同时，受害人"不得因损失而获利"原则（Bereicherungsverbot）（参见边码13）要求受害人不得因多数人侵权获得比单一侵权人情形下更多的损害赔偿。因此，侵权人内部的求偿关系适用瑞士《债务法》第50条第2款和瑞士《债务法》第51条的规定（参见边码1502以下）。

---

[1] BREHM, OR 41 N 146.

[2] vgl. OFTINGER/STARK I，§ 3 N 129.

[3] vgl. KRAMER, Kausalität, S. 292.

[4] BREHM, OR 41 N 146；A. KELLER I, S. 104；OFTINGER I, S. 126；VON TUHR/PETER, S. 93；BSK/SCHNYDER, OR 41 N 24.

[5] OFTINGER I, S. 126.

侵权人行为和受害人行为共同构成损害结果之相关条件的，属于多数因果关系的**特殊情况**。 618

兹举一例予以说明：工厂 F 和所有人 E 均向鱼塘排放污水，导致鱼塘鱼群死亡。工厂 F 和所有人 E 各自排放的有毒物质均足以造成鱼塘鱼群死亡之损害结果。 619

对此，尚未形成可资遵循的司法实践。学者建议[1]，侵权人行为和受害人行为共同构成损害结果之相当性条件的，可首先判定由侵权人承担如同没有受害人行为介入时之全部责任，然后依照瑞士《债务法》第 43 条和 44 条，减免赔偿责任。尤其是受害人与有过错的情况，或者在无过错责任领域的受害人承担经营风险的情况[2]。 620

（二）择一的因果关系（Alternative Konkurrenz potentieller Gesamtursachen）

择一的因果关系是指，多个原因事实均有可能导致损害结果的发生；能够确定的是，仅有其中之一真正造成损害结果，但是无法查明是哪个原因事实[3]。择一的因果关系（Alternative Kausalität）实非属因果关系，而系证明问题[4]。 621

例如： 622

– 一名摩托车驾驶员在通往高速公路的连接路段上与汽车相撞，当场死亡。经查，摩托车驾驶员的死亡系由于汽车相撞造成，而在事故发生时，经过事故地点的汽车有 3 辆，无法确定是哪一辆汽车造成摩托车驾驶员之死亡。

– A 和 B 相继往山坡下扔下 100kg 和 52kg 的石块，导致山下一名男子死亡。经查，男子的死亡是由于石块撞击造成，但是无法确定是谁扔下之石块[5]。

（目前为止仍系）通说的观点认为，在无法证明谁人造成损失的情况下， 623

［1］ KELLER/GABI, S. 22.

［2］ vgl. auch OFTINGER/STARK I, § 3 N 128.

［3］ 类似观点：HONSELL, § 3 N 65 ff.；OFTINGER/STARK I, § 3 N 116；QUENDOZ, S. 3；SCHWENZER, N 21. 02 f.；Wyss, Kausalität, S. 317.

［4］ OFTINGER/STARK I, § 3 N 117 FN 143.

［5］ 刑事责任部分，参见：BGE 113 IV 58 ff.

任何人均不负损害赔偿责任〔1〕。

624　理论上提出的解决择一的因果关系的新的解决方案主要有：以连带责任（solidarische Haftung）来解决这一问题〔2〕，或者**推测确定的造成损害的各个原因的份额**，决定损害赔偿责任的承担［这与瑞士法中的按份责任原则（Grundsatz der anteilsmässigen Haftung）相符］。这一观点值得赞同。潜在的赔偿义务人承担的责任应与其在造成损害结果中所发挥的作用相当。依此原则，上例中每个汽车所有人在造成损害结果中所发挥的作用为 1/3，各承担 1/3 责任〔3〕。美国侵权法上发展了"市场份额理论"。依此理论，若由不同厂家生产的缺陷产品造成损害结果（尤其是在相同或类似配方的药物致人损害的情形中，市场份额理论发挥了重要作用），当无法确定损害是由哪一厂家生产的产品所造成时，依照各个生产商的市场份额承担损害赔偿责任〔4〕。

625　潜在加害人参与"**统一的活动**"（einheitliche Veranstaltung），系择一的因果关系的**特例**。

626　　例如：游行中爆发骚乱暴动，部分游行者攻击行人，致人损害。若无法证明损害结果为何人行为造成，则所有参与攻击行人的游行者均需承担责任。

627　此类案件中，参与某一活动的行为被视为损害结果发生的**间接原因**（indirekte Ursache）；"统一的活动"中的单个个体的参与行为则被视为"心理上的联系共同造成了损害结果的发生"（psychische Mitverursac-hung）〔5〕。尽管确定只有一人行为事实上造成损害结果，只是无法查明行为人，但出于公平考量，参与者中的单个个人均承担责任。若当事

---

〔1〕　A. KELLER I, S. 103；OFTINGER I, S. 81 f.；BREHM, OR 41 N 145；OR 41 N 87；s. auch VON TUHR/PETER, S. 94.

〔2〕　借鉴了德国学者的理论，参见：HONSELL, § 3 N 67, 认为应该类推适用瑞士《债务法》第 50 条第 1 款的规定。

〔3〕　vgl. Quendoz, insbes. S. 43 ff.；《瑞士〈侵权责任法〉修订研究委员会报告》，S. 144；OFTINGER/STARK I, § 3 N 123 ff.；ablehnend BREHM, OR 41 N 145 ff.

〔4〕　参见 CR/WERRO, Art. 41 N 50；LOSER, Schadenersatz für wahrscheinliche Kausalität, S. 954 ff.；zu diesem Aspekt vgl. weiter HIRSCH, S. 197 介绍了美国对这一理论的实践。

〔5〕　OFTINGER/STARK II/1, § 16 N 319；QUENDOZ, S. 10.

人共同过错侵权造成损害[1]，则依照瑞士《债务法》第 50 条第 1 款的规定，参与人需向受害人承担连带责任。

五、共同因果关系 (Konkurrenz von Teilursachen)

若干原因事实共同造成损害结果，其中单个原因不足以造成全部损害 628
（或者至少无法造成已经产生之损害范围）的，学理上称为"共同因果关系"（Wyss, Kausalität, S. 316）。

值得注意的是，在事实因果关系中，不存在单一原因造成损害结果的情 629
况[2]。尽管"条件理论"（或称"等值理论"，Äquivalenztheorie）认为造成后果的原因有很多，该众多原因彼此具有同样的价值，但在事实因果关系认定环节，还是将与损害结果自始无关的条件排除在外。共同因果关系中的因果关系，指的是**法律上的因果关系**。

共同因果关系之法律关系中，需注意区分以下案件类型。 630

（一）共同侵权

数个侵权人共同造成损害结果，而任一侵权人之行为单独不足以造成全 631
部损害结果的情形。

例如： 632

– 登山爱好者不小心滑落冰镐，砸中下一位登山者，造成其头部受伤，继而昏迷，因此放开绳索。同时，因为这次登山活动的组织者预先没有采取足够的安全措施，没有对绳索进行检查，以致受伤昏迷的登山者滑落绳索，坠落山崖丧生。

– 砖窑厂向机械制造厂购买了两部电梯。机械制造厂的安装人员安装时，对其中一部电梯的绞线安装和固定不规范。砖窑厂未经公安人员检验和许可便先行将电梯投入适用。砖窑厂工人在使用电梯时，绞线脱落，电梯发生事故，导致该工人当场死亡[3]。

原则上，数人共同侵权的，如同单个个人独立造成全部损害，对**全部损** 633

---

[1] BGE 115 II 42 E. 1b：加害人共同过错行为导致损害发生。

[2] OFTINGER I, S. 71；OFTINGER/STARK I, § 3 N 4, 79.

[3] RGZ 69, 57.

害结果负连带赔偿责任[1]。一般而言，第三人行为不足以造成行为人与损害结果之间的相当因果关系链之中断。仅第三人行为之强度达到可完全忽略行为人对损害结果发生的影响时，才构成因果关系之中断[2]。在共同因果关系的案件类型中，这种情况较为少见，因为构成"共同因果关系"，要求数个原因并存造成损害结果，正是以数个原因事实的**共同作用**为构成要件。

634　侵权人内部关系，适用瑞士《债务法》第 50 条第 2 款和第 51 条的追偿规定（参见边码 1502 以下）。

（二）侵权人行为和意外事件共同作用

635　以下讨论加害人行为和意外事件（"意外事件"概念，参见边码 578）共同作用导致损害结果的情形。

636　　例如：木工米勒先生将一扇定制好的门斜靠在鹿儿广场的一幢楼的墙上。一阵狂风吹过，门倒下伤及行人[3]。

637　侵权行为人原则上需对**全部**损害负责，理由是：意外事件并不构成侵权行为和损害结果之间的中断事由[4]。

638　但是在过错责任领域[5]，意外事件可以作为法官依照瑞士《债务法》第 43 条第 1 款权衡事实情况和受害人过错确定损害赔偿时考量的因素（参见边码 417）。

639　相反，在**无过错责任领域**需要注意的是，这种责任类型规制的正是意外事件造成的责任归属。由此，依照瑞士《债务法》第 58 条，建筑物存在维修瑕疵，屋顶上的瓦片被焚风刮落，伤及行人造成的损害由建筑物和土地等的所有人承担。只有意外事件非属无过错责任构成要件，而来自该种无过错责任类型意欲防范之意外事件范围"之外"时[6]，始得

---

〔1〕　OFTINGER I, S. 98 f. ; OFTINGER/STARK I, § 3 N 83 ; VON TUHR/PETER, S. 93.

〔2〕　BREHM, OR 41 N 140 ; OFTINGER/STARK I, § 3 N 152 ; BGE 116 Ⅱ 519 E. 4b m. H. ; 相当因果关系之中断，参见边码 551 以下。

〔3〕　参见：BGE 57 Ⅱ 36 ff., 40, 与本案事实情况相类似。

〔4〕　BREHM, OR 41 N 141 ; OFTINGER/STARK I, § 3 N 90 ; BSK/SCHNYDER, OR 41 N 29.

〔5〕　OFTINGER/STARK I, § 5 N 35.

〔6〕　OFTINGER I, S. 278.

考虑责任减免[1]。

司法实践在若干判决中将意外事件作为无过错责任减免之事由，如 BGE 57 Ⅱ 46（气流），57 Ⅱ 110 f. E. 3（寒冷天气中的一氧化碳中毒；类似案件事实，参见：BGE 117 Ⅱ 50 ff. ）；相关判例，参见：BREHM, OR 43 N 52。　　　640

（三）侵权人和受害人行为共同作用

以下讨论侵权人和受害人行为共同作用造成损害结果的情形。通常的情况是：侵权行为人造成损害，而受害人的行为导致损害结果的进一步恶化和扩大。　　　641

　　例如：摩托车和汽车相撞，摩托车驾驶员受有伤害，为了逞能和表现其男子气概，在数日之后才去医院就医。由于受害人自己的行为，拖延就医，造成康复期明显延长，损害结果扩大。　　　642

侵权行为人原则上需对**全部**损害负责，但是受害人行为可以构成瑞士《债务法》第 44 条第 1 款中的责任减免事由，也可成为法官对损害赔偿进行裁量时的考量因素[2]。　　　643

六、所谓的合法替代行为（rechtmässiges Alternativverhalten）

合法替代行为（rechtmässiges Alternativverhalten）是指**行为人的抗辩事由，即用假定的合法行为来取代不法行为，损害结果仍然发生**。尽管存在造成损害结果的不法原因，但对于义务违反和损害之间的因果关系相当性问题，学界之讨论上未达成一致见解[3]。　　　644

与此抗辩事由相联系的主要有：违反义务不作为（不作为侵权中的因果关系，参见边码 591 以下）。在此类案件中，主要问题在于论证是否存　　　645

---

[1]　vgl. OFTINGER I, S. 100, 278 f. ; OFTINGER/STARK I, § 3 N 91 FN 104, § 5 N 36; BSK/SCHNYDER, OR 43 N 12；参见边码 581 以下。

[2]　BREHM, OR 44 N 16, N 46 ff. ; OFTINGER I, S. 100, 265 ff. ; OFTINGER/STARK I, § 3 N 90; BSK/SCHNYDER, OR 44 N 7.

[3]　GAUCH/SCHLUEP/REY, Nr. 2760; Wyss, Kausalität, S. 319, 321 ff. ; HONSELL, § 3 N 64; MünchKommBGB/OETKER, § 249 N 211; KRAMER, Kausalität, S. 292; STUDHALTER, S. 171 ff. ; LANGE, S. 197; LARENZ, Schuldrecht I, § 30 I, S. 527 ff. ; BGE 122 Ⅲ 229 E. 5a aa, 115 Ⅱ 440 E. 4c.

在"若无，则不"公式基础上的事实上的因果关系（参见边码595）。

646　　　例如：受害人在滑雪时摔倒严重受伤，最终不治死亡。受害人的亲属请求抚养费赔偿，他们认为组织者没有按照国际雪联的要求，每隔一定距离设立由接受过急救培训的人员组成的救助岗。组织者承认救助岗点的数量不符合国际雪联的要求，但同时主张，即便救助人员及时医治和照顾伤者，死亡之损害结果也在所难免。

647　关于合法替代行为这一抗辩事由之意义，学界之讨论上有不同之见解。在**不作为**侵权中，违反注意义务之不作为非损害发生之必要条件，因此不作为与损害结果之间不存在事实上的因果关系[1]。合法替代行为可以作为侵权人之抗辩事由受到司法实践的认可[2]。

648　在**作为**侵权中，是否得适用该抗辩事由，学者观点不一。可考虑的理论依据系学理上的"违反法律规范之保护性目的理论"（参见边码547以及698以下）；但是，对于那些在法律所允许的行为作用下亦得发生之损害，不在法律规范保护范围之内。避免此类损害之发生，非法律规范所能与所欲；违反法律规范与损害结果之间无联系[3]。

649　　　例如：自行车骑车人以10档的速度，不顾周围交通状况，卖力骑行，突然撞到从另一马路跑出来的孩子。经查，即使骑车人在骑车过程中尽到了注意义务，在如此短距离下，仍然会撞到孩子，事故在所难免。遵守交通规范并不能避免损害发生；遵守交通注意义务并不能也不旨在避免此类损害结果之发生。

　　　学者认为，在合同法领域，遵守注意义务之替代行为同样无法避免损害发生的，亦得作为造成损害的行为人的免责事由。

　　　例如：劳动者没有按照合同约定去用人单位上班。用工方提起诉讼，要求赔偿为此另行招聘的广告费用。劳动者提出抗辩，主张在试用期内，即使其以合法方式通知雇主解除劳动关系，也同样发生

---

〔1〕　KRAMER, Kausalität, S. 295 f. ; DERS. , AJP 1996, S. 1565; GAUCH/SINNIGER, BR 1997, S. 48 Anm. 35; vgl. auch ESSER/SCHMIDT, § 33 Ⅲ, S. 227.

〔2〕　BGE 122 Ⅲ 229 E. 5a aa; s. auch 117 Ib 197 E. 5c, 115 Ⅱ 440 E. 4c; 参见边码1057a。

〔3〕　KRAMER, Kausalität, S. 298 f. ; LARENZ, Schuldrecht I, § 30 I, S. 528.

另行招聘的广告费用。瑞士《债务法》第337d条之无合法理由误
工非在于避免合法调换工作同样会造成的损害结果。

但另一方面，从侵权法的预防功能考虑，合法替代行为不应作为抗辩 650
事由，理由是：违法行为造成损害结果的，即应当承担责任，无论是
否存在合法行为也导致损害的可能性[1]。

在瑞士司法实践中，医生在手术前未履行告知义务的，行为人（医生） 651
通常会援引合法替代行为这一抗辩事由。

例如：医生在手术前，未按照规定向病患履行手术风险的告知义 652
务[2]。

在没有病患作出知情同意之表示的情况下实施的手术，属于不法侵害 653
他人身体完整性之侵权类型[3]。无论医生在手术时是否存在医疗过
失，其均需对手术后果承担责任（参见边码770）。

若医生证明，虽然医生疏于履行告知义务，但即使其充分履行了此义 654
务，病人仍愿意接受治疗；此项主张是否应采纳，学理和司法实践未
形成一致意见。瑞士联邦最高法院倾向于采纳此抗辩[4]。

若医生证明，虽然医生疏于履行告知义务，但即使其充分履行了此 654a
义务，病人仍愿意接受治疗，则不作为与损害结果之间的因果关
系不成立，抑或合法之替代行为得作为医生侵权行为之抗辩，对
此，瑞士联邦最高法院未作明确理论上之归类[5]。

---

〔1〕　vgl. zum Ganzen ESSER/SCHMIDT，§ 33 Ⅲ 2，S. 226 ff. ；LANGE，S. 197 ff.；MünchKommBGB/
OETKER，§ 249 N 211 ff. ；KRAMER，Kausalität，S. 298 f.

〔2〕　vgl. BGE 108 Ⅱ 59 ff. ＝ Pra 1982，Nr. 122，S. 299 ff. ；BGE 117 Ib 197 ff. ；参加边码
518a。

〔3〕　BGE 117 Ib 197 E. 2 m. H. ，BGE 108 Ⅱ 59 E. 3；BREHM，OR 41 N 64；OFTINGER/STARK
Ⅱ/1，§ 16 N 248 ff. ；WIEGAND，S. 180 f. ；a. M. HONSELL，§ 5 N 23，则认为，未按照规定向病患履
行或未全面履行告知手术风险之义务的，侵犯的非病人之身体完整权，而是病人之自决权。

〔4〕　推测的患者的同意参见：BGE 117 Ib 197 E. 5c；vgl. dazu auch Urteil des BGer 1P. 530/1994
vom 14. Dezember 1995，besprochen von HAUSHEER，ZBJV 1997，S. 460 f.

〔5〕　Pra 2000，Nr. 28，S. 167；参见边码770。

七、举证责任减轻

655 原因事实与损害结果之间的因果关系，原则上应由受害人举证证明[1]。在不作为侵权中，因果关系证明（参见边码601）会比较棘手。鉴于此，瑞士联邦最高法院的立场是，受害人若能证明原因事件与损害结果之间存在高度盖然性（überwiegende Wahrscheinlichkeit），即得证明事实上或假定的因果关系成立[2]。

656 减轻受害人举证责任之趋势还体现在医疗责任的因果关系推定上。

656a 某外科医生为肿瘤病人动手术。淋巴摘除延迟了14天，化疗延迟了4周，病人最终死亡。此类案件中，法院推定治疗迟延和病人死亡之间的因果关系成立。对于推定成立因果关系，理论界仍然存在很多质疑和批评的声音[3]。

657 在涉及化学、物理和生物作用时，受害人往往难以举证，例如受害人证明环境损害和基因技术损害与行为人的行为之间是否存在因果关系[4]。

658 由于在这些领域，受害人举证困难，所以现行法要求减轻受害人的举证责任[5]。

659 德国的解决方案是采取**法定的因果关系推定**。亦即受害人无须对其所受损害的全部事实以及污染行为与损害事实之间的因果关系承担举证责任，仅需提出事实情况，作为可主张损害与原因事实之间有可能成立因果关系的推定之基础和依据（Vermutungsbasis）。

660 注意区别：

661 — 所谓的"小"因果关系推定；

---

〔1〕 BREHM, OR 41 N 118；OFTINGER/STARK I，§ 3 N 35；BGE 115 Ⅱ 440 E. 4，113 Ib 420 E. 3.

〔2〕 参见：BGE 133 Ⅲ 153 E. 3.3，132 Ⅲ 715 E. 3.2，在该判决中，瑞士联邦最高法院也指出了其在以往处理类似案件时的一贯态度和立场。

〔3〕 ZR 1989，Nr. 66，S. 209 ff.；SJZ 1989，S. 119 ff.；瑞士联邦最高法院在BGE 108 Ⅱ 59 E. 3 案的判决中，已经传递和表明了其在医疗责任中的因果关系推定立场。

〔4〕 《研究委员会报告》，S. 143 ff.；HäSSIG，S. 136；NICKLISCH，S. 124 ff.；关于受害人主张的损害与有毒物质之间的因果关系的举证问题：ROMERIO，S. 12 ff.；WYSS，Kausalität，317 f.

〔5〕 参见研究委员会报告，S. 143 ff.，S. 196，228，These 512－8；与此相反，联邦参议院于1996年4月4日起草的《责任法总则草案》第15条采取的是比较保守的立场。

若查明损害系由转基因有机物质造成，则适用瑞士《联邦基因技术法》（GenTG）第 34 条第 1 款的规定，推定损害系由基因技术方面的活动造成[1]。

662

– 所谓的"大"因果关系推定。

663

此类因果关系推定规定在瑞士《环境责任法》第 6 条中："若事实表明，某一设备存在引起案件中发生的损害类型的可能性，则推定损害与设备使用存在因果关系。"[2]

664

---

[1] vgl. HäSSIG, S. 142; NICKLISCH, S. 129 f.

[2] vgl. HäSSIG, S. 142 ff. m. H.; NICKLISCH, S. 130.

第六章

违法性

665 参考文献: VIKTOR AEPLI, Zum Verschuldensmassstab bei der Haftung für reinen Vermögensschaden nach Art. 41 OR, SJZ 1997, S. 405 ff. , zit: AEPLI, Verschuldensmassstab; ERICH BOSSHARD, Neuere Tendenzen in der Lehre zum Begriff der Widerrechtlichkeit nach Art. 41 OR, Diss. Zürich 1988; Fabio DELCò, Die Bedeutung des Grundsatzes von Treu und Glauben beim Ersatz reiner Vermögensschäden, Diss. Zürich 2000; PETER H. EULAU, Verleitung zum Vertragsbruch und Ausnützung fremden Vertragsbruchs, Diss. Basel 1976; BARBARA FäH, Die Haftung des Arztes für Verletzung der Aufklärungspflicht (insbesondere in Fällen von «reinem Vermögensschaden») oder Die Haftung des Arztes für nichtmedizinische Sorgfaltspflichten, Diplomarbeit St. Gallen 1995; MICHAEL FAJNOR, Staatliche Haftung für rechtmässig verursachten Schaden: ein Beitrag zur Diskussion um Widerrechtlichkeit, Legalitätsprinzip und verfassungsrechtlich fundierte Entschädigungsansprüche für rechtmässige Hoheitsakte, Zürich 1987; WALTER FELLMANN/THOMAS POLEDNA, Die Haftung des Arztes und des Spitals, Zürich 2003; BRUNO GABRIEL, Die Widerrechtlichkeit in Art. 41 Abs. 1 OR unter Berücksichtigung des Ersatzes reiner Vermögensscháden, Diss. Freiburg 1987; MONIKA GATTIKER, Die Widerrechtlichkeit des ärztlichen Eingriffs nach schweizerischem Zivilrecht, Diss. Zürich 1999; PETER GAUCH, Grundbegriffe des ausservertraglichen Haftpflichtrechts, recht 1996, S. 225 ff. , insbes. S. 232 ff. ; DERS. , Der Deliktsanspruch des Geschädigten auf Ersatz seiner Anwaltskosten, recht 1994, S. 189 ff. , zit. : GAUCH,

Anwaltskosten; PETER GAUCH/JUSTIN SWEET, Deliktshaftung für reinen Vermögensschaden, in: Festschrift für MAX KELLER zum 65. Geburtstag, Zürich 1989, S. 117 ff. ; REMY GORGE, Die absichtliche Schädigung unter Verstoss gegen die guten Sitten, Diss. Bern 1948; OLIVIER GUILLOD, La responsabilité civile des médecins: un mouvement de pendule, in: La responsabilità del medico e del personale sanitario fondata sul diritto pubblico, civile e penale, atti della giornata di studio del 12 giugno 1989, Bellinzona 1989, S. 55 ff. ; FRITZ GYGI, Die Widerrechtlichkeit in der Staatshaftung, in: Mélanges ANDRé GRISEL, Neuchâtel 1983, S. 417 ff. ; RAPHAëL HAAS, Die Einwilligung in eine Persönlichkeitsverletzung nach Art. 28 Abs. 2 ZGB, Luzern 2007; HEINRICH HONSELL, Haftpflichtrecht, § 4; DERS. (Hrsg.), Handbuch des Arztrechts, Zürich 1994, mit Beiträgen u. a. von HEINRICH HONSELL, MORITZ KUHN, JöRG REHBERG UND WOLFGANG WIEGAND; DERS. , Die zivilrechtliche Haftung des Arztes, ZSR 1990 I, S. 135 ff. , zit. : HONSELL, Haftung des Arztes; ATILAY ILERI, Die ärztliche Aufklärung in der Praxis, in ALFRED KOLLER (Hrsg.), Haftpflicht – und Versicherungsrechtstagung 1995, St. Gallen 1995, S. 177 ff. ; TOBIAS JAAG, Staats – und Beamtenhaftung, in HEINRICH KOLLER u. a. (Hrsg.), Schweizerisches Bundesverwaltu – ngsrecht, HEINRICH KOLLER u. a. (Hrsg.), 2. Aufl. , Basel/Genf/ München 2006; MAX KELLER, Ist eine Treu und Glauben verletzende Schädigung widerrechtlich? recht 1987, S. 136 f. ; MAX KELLER/SONJA GABI, Das Schweizerische Schuldrecht, Bd. Ⅱ, Haftpflichtrecht, 2. Aufl. , Basel und Frankfurt a. M. 1988; ESTHER KNELLWOLF, Postmortaler Persönlichkeitsschutz – Andenkensschutz der Hinterbliebenen, Diss. Zürich 1991; ALFRED KOLLER, Die zivilrechtliche Haftung des Arztes für das unverschuldete Fehlschlagen einer Sterilisation, Haftpflicht – und Versich – erungsrechtstagung 1997, St. Gallen 1997, S. 1 ff. ; ERNST A. KRAMER, «Reine Vermögensschäden» als Folge von Stromkabelbeschädigungen, recht 1984, S. 128 ff. , zit. : Kramer, Reine Vermögensschäden; JOëL KUHN, Die Haftung des Arztes für Verletzung der Aufklärungspflicht, Diplomarbeit

St. Gallen 1997; FRANCO LORANDI, Haftung für reinen Vermögensschaden, recht 1990, S. 19 ff. ; CHRISTIAN MEIER – SCHATZ, Über die privatrechtliche Haftung für Rat und Anlagerat, Mélange Piotet, Bern 1990; MARTIN MOSER, Die Haftung gegenüber vertragsfremden Dritten; ein Beitrag zur Lehre von der Vertrauenshaftung, gezeigt am Beispiel des Wirtschaftsprü – fers, Diss. Bern 1998; WERNER E. Ott, Medizinische und rechtliche Abklärung von Ärztehaftpflichtfällen, HAVE 2003, S. 275 ff. ; PASCAL PAYLLIER, Rechtsprobleme der ärztlichen Aufklärung unter besonderer Berücksichtigung der spitalärztlichen Aufklärung, Diss. Zürich, 1999; PATR ICK R. PEYER, Zur Ersatzfähigkeit reiner Vermögensschäden, recht 2002, S. 99 ff. ; VITO Roberto, Haftpflichtrecht, § 4 N 41 ff. ; WOLFGANG PORTMANN, Erfolgsunrecht oder Verhaltensunrecht? Zugleich ein Beitrag zur Abgrenzung von Widerrechtlichkeit und Verschulden im Haftpflichtrecht, SJZ 1997, S. 273 ff. , zit. PORTMANN, Erfolgsunrecht; HEINZ RASCHEIN, Die Widerrechtlichkeit im System des schweizerischen Haftpflichtrechts, Diss. Bern 1986; HEINZ REY, Rechtliche Sonderverbindungen und Rechtsfortbildung, in: Festschrift für MAX KELLER zum 65. Geburtstag, Zürich 1989, S. 231 ff. , zit. : REY, Sonderverbindungen; ANTOINE ROGGO, Aufklärung des Patienten, ASR 663, Bern 2002; BEAT SCHöNENBERGER, Die dritte Widerrechtlichkeitstheorie, HAVE 2004, S. 3 ff. ; EMIL W. STARK, Gedanken zur Widerrechtlichkeit als Haftungsvorau – ssetzung bei den Gefährdungshaftungen, in: Festschrift für ERWIN DEUTSCH, Köln, Berlin, Bonn, München 1999, S. 349 ff. ; DANIEL THALER, Haftung zwischen Wettkampfsportlern, Diss. Zürich 2002; WERNER THOMMEN, Beitrag zur Lehre vom Begriff der guten Sitten, Diss. Zürich 1954; HANS PETER WALTER, Vertrauenshaftung im Umfeld des Vertrages, ZBJV 1996, S. 273 ff. ; PHILIPPE WEISSENBERGER, Die Einwilligung des Verletzten bei den Delikten gegen Leib und Leben, Diss. Basel 1996; FRANZ WERRO, La responsabilité civile, Première partie, Section 2, Sous – section 1, § 2; WOLFGANG WIEGAND, Die Aufklärungspflicht und die Folgen ihrer Verletzung, in: Handbuch des Arztrechts, Zürich 1994, S. 119 ff. ;

FELIX ZULLIGER, Eingriffe Dritter in Forderungsrechte, Diss. Zürich 1988.

在目前的司法实践中，瑞士联邦最高法院系从传统意义出发理解"违法性"概念的。对此概念的新的界定趋势是从功能上和体系结构上着手的构想：参见边码712，借助"危险控制原则"确定违法性要件，参见边码756。

665a

第一节　功能

"违法性要件"（Widerrechtlichkeit，学说和司法实践中常使用 Rechtswidrigkeit）的主要功能是：限制侵权责任[1]。由此，"违法性要件"系区分合法行为造成损失与不法行为造成损失应当承担损害赔偿责任的重要区分工具[2]。

666

"违法性要件"的区分功能表明，并非所有行为造成损害，均需承担赔偿责任。尤其在经济生活中，每天都在发生因竞争造成其他竞争对手的经济损害。一家企业获利建立在同行业中其他企业的亏损。出于整体国民经济健康运作之利益，对于此类损害，行为人无须承担损害赔偿责任[3]。

667

由合法行为造成的损害结果原则上无须赔偿，但也存在例外。例如，土地所有人在合法行使其所有人权利时，不可避免地排放了有害物质，若此种排放对邻地的作用和影响过量，造成严重损失，则土地所有人需要承担损害赔偿责任[4]。

668

此外，瑞士《债务法》第52条第2款规定的紧急避险行为造成损害结果，亦属于合法行为造成的损失。尽管紧急避险排除违法性，行为人仍需承担由法院裁量确定的赔偿责任（参见边码783）。

---

〔1〕　KELLER/GABI, S. 36.
〔2〕　类似观点：OFTINGER/STARK Ⅱ/1, § 16 N 41.
〔3〕　vgl. OFTINGER/STARK Ⅱ/1, § 16 N 66.
〔4〕　BGE 114 Ⅱ 230 ff., 91 Ⅱ 100 ff.

669　违法性要件作为损害赔偿和精神抚慰金的请求权的**构成要件，在过错责任领域和无过错责任领域均适用**，区别仅在于，在无过错责任中，法条没有明确规定此要件[1]。受害人在主张赔偿时必须证明违法性构成要件成立[2]。

第二节　基本问题

一、客观的违法性理论（违反规范之违法性）[Objektive Wide - rrechtlichkeitstheorie（Normwiderrechtlichkeitstheorie）]

670　通说认为，**损害行为违反成文法和不成文法中的行为禁止、法秩序的强制性规定**，以及一般的法律义务，即成立行为之违法性。违法性即**客观地违反某一法律规范**（私法或公法）。

671　　关于违法性的类似定义：BREHM, OR 41 N 33；WERRO, Nr. 289；GU - HL/KOLLER，§ 24 N 2；AEPLI, Verschuldensmassstab，S. 406；SCHWENZER，N 50.04；OFTINGER I，S. 128；BSK/SCHNYDER，OR 41 N 31；BGE 120 Ⅱ 331 E. 4，119 Ⅱ 127 E. 3，118 Ib 473 E. 2b，116 Ib 367 E. 4b，115 Ⅱ 15 E. 3a m. H.，109 Ⅱ 119 E. 2a.

672　违反法律规范构成违法性存在**两种**表现形式：第一，违反保护受害人绝对权法益之规范（针对人身损害和物之损害的所谓的"**结果不法**"）；第二，违反旨在保护特定行为方式造成损害的保护性规范（所谓的"**行为不法**"）[3]。

673　以违反某一保护受害人绝对权法益之规范为表现形式之违法性，除违反客观法之外，还包括法益侵害，此类违法性称为客观违法性理论（ob - jektive Widerrechtlichkeitstheorie），或**规范违法性理论**（Normwiderrecht -

---

　　[1]　OFTINGER I, S. 134 f. ; OFTINGER/STARK I, § 4 N 55 f. ; OFTINGER/STARK Ⅱ/2, § 24 N 30 ff. ; BGE 112 Ⅱ 118 E. 5e；关于违法性要件功能的不同观点：CR/WERRO, Art. 41 N 69 und WERRO, Nr. 283；在 BGE 116 Ⅱ 480 E. 5 判决中，瑞士联邦最高法院并没有明确表态。

　　[2]　BGE 115 Ib 175 E. 2b.

　　[3]　参见边码 698 以下；对此区分持反对意见的：HONSELL, § 6 N 21；反对意见：CR/WERRO, Art. 41 N 68.

lichkeits – theorie)〔1〕。

客观违法性理论或规范违法性理论（违反某一保护受害人绝对权法益之规范为表现形式之违法性）以违反法律规范，**同时**侵犯法益作为构成要件。而**结果违法性理论**主要偏重规范所保护之法益侵害。

> 例如：货车司机谨慎仔细地开车，突然一名儿童跑到路中间，货车后轮轧到孩子〔2〕。

司机谨慎行车，并未违反具体法律规范之规定，突然跑到路中间的小孩，不在司机的视线范围，因而避让不及。尽管如此，事故毕竟使小孩的身体受到伤害，不能认为此交通事故属于合法行为，因此，学者认为，在无过错责任中，是否承担赔偿责任应以法益损害之结果为准〔3〕。

二、主观的违法性理论（Subjektive Widerrechtlichkeitstheorie）

目前，主观的违法性理论已经为多数学者摒弃，该理论认为，行为人造成损害，而法律并无明文规定行为人得为此行为的，即成立违法性〔4〕。

> 排除违法性的重要要件是，具体受害人依法有权违反一般行为禁止"勿害他人"（neminem laedere）。否则，行为人致人损害无正当理由的，适用"勿害他人"之基本原则：致害行为具有违法性。

这一理论被诟病的主要原因在于：采用模糊的反面定义法，对受害人保护之考量不足。主观违法性理论是基于旧瑞士《债务法》第50条的法文版本条文文意产生的：无正当理由造成损害（quiconque cause sans droit un dommage…）。1911年修订法律时，在瑞士《民法典》第41条中规定了"以非法的方式"（…d'une manière illicite…），取代旧法。从

---

〔1〕 KELLER/GABI, S. 40.

〔2〕 具体案例，参见：STARK, Skriptum, N 262.

〔3〕 OFTINGER/STARK Ⅱ/1, § 16 N 102；STARK, Skriptum, N 263.

〔4〕 vgl. dazu BREHM, OR 41 N 33f.；OFTINGER/STARK I, § 4 N 9 f.；BSK/SCHNYDER, OR 41 N 32；Aepli, Verschuldensmassstab, S. 406；HONSELL, § 4 N 2；BGE 115 Ⅱ 15 E. 3；die subjektive Theorie wird vertreten von Gabriel, S. 258 ff.

此，主观违法性理论的法条支持丧失[1]。

680 违法性的客观理论和主观理论的区别，也体现在不存在法益损害的纯粹财产损失案件类型中（参见边码703以下）[2]。

681 依据主观违法性理论，只要在个案中不存在合法性理由，造成纯粹财产损失之行为即具有违法性。而依据客观违法性理论，只有当造成纯粹财产损失之行为违反保护财产之保护性法律，并且不存在合法性理由时，才满足违法性要件（纯粹财产损失，参见边码703以下）。

681a 此外，两大理论在举证责任分配上也存在差别。依据主观违法性理论，推定成立违法性，由加害人证明存在正当性理由。而依据客观违法性理论，受害人需要证明行为人之行为方式违法，加害人再证明存在正当性理由。

681b 与主观违法性理论不同，还有一种观点认为，在检验违法性时，首先应按照**客观过错**判断标准，判断行为人是否存在过错，再检验是否存在**正当性理由**。若存在正当理由，则作为例外情况，客观上违反注意义务之行为被合法化，亦即行为不具违法性，无须承担损害赔偿责任[3]。

第三节 违法性的表现形式

一、侵害某一法规范规定的绝对性权利（侵犯受绝对保护的法益）

682 致害行为侵害法秩序中某一或若干具体法律规范保护的**绝对权法益**的，

---

[1] 学界和司法实践基本抛弃了主观违法性理论，s. CR/WERRO, Art. 41 N 53；OFTINGER/STARK I, § 4 N 10；ferner Bosshard, S. 46.

[2] WERRO, Nr. 285；BSK/SCHNYDER, OR 41 N 32；BGE 115 Ⅱ 15 E. 3；vgl. 两大理论的区别：GABRIEL, S. 107 ff.

[3] FRANZ WERRO, Die Sorgfaltsverletzung als Haftungsgrund nach Art. 41 OR Plädoyer für ein modifiziertes Verständnis von Widerrechtlichkeit und Verschulden in der Haftpflicht, ZSR 1997 I, S. 356 f.；DERS. Haftung für fehlerhafte Auskunft und Beratung – braucht es die Rechtsfigur der Vertrauenshaftung? recht 2003, S. 14 f.

构成违法性[1]。保护绝对权法益的法律规范不仅包括私法规范，还包括众多刑法规范[2]。

（一）绝对性权利和受绝对保护的法益

绝对权利对**所有人发挥效力**（对世性，*erga omnes*）。亦即，绝对权权利人得排除任何第三人对其权利之侵犯。法秩序中设定了相应的规范，排除第三人干涉。　683

与绝对权相对的是相对权，仅在法律关系当事人之间发生效力（例如：债权人和债务人之间）。检验是否成立违法性要件时，考察的内容，即是否致害行为侵害之法律地位，属于绝对权对第三人的排他效力所涵盖之范围。　684

学理和司法实践中常把违法性和"法益"以及"法益侵害"联系在一起[3]。原因主要是受到《德国民法典》第 823 条第 1 款规定（列举了生命、身体、健康、自由、所有权以及其他权利）的影响，这一点不同于瑞士《债务法》第 41 条第 1 款规定的"法益"，侵犯这些权利需承担损害赔偿责任。　685

（二）绝对权利、法益和相关的保护性法律

侵犯上述列举之绝对权法益，在侵犯绝对权利的同时，也违反了相关保护性法律规范，**例如：**　686

- **生命**以及生命权（私法上的保护性法律规范：瑞士《债务法》第41 条，结合瑞士《民法典》第 11 条；刑法规范：瑞士《刑法典》第 111 条以下）；　687

- **身体**以及身体完整权（私法上的保护性法律规范：瑞士《债务法》第41 条，结合瑞士《民法典》第 11 条；刑法规范：瑞士《刑法典》第 122 条以下）；　688

---

〔1〕 所谓的"结果不法"；vgl. BGE 126 Ⅲ 521 E. 2a, 123 Ⅲ 306 E. 4a, 122 Ⅲ 176 E. 7b.

〔2〕 vgl. auch OFTINGER/STARK I， § 6 N 26 ff.；PORTMANN, Erfolgsunrecht, S. 273 ff.，insbes. 275 f.

〔3〕 BREHM, OR 41 N 35；OFTINGER/STARK I， § 4 N 23；OFTINGER/STARK Ⅱ/1， § 16 N 43 ff.；BSK/SCHNYDER, OR 41 N 33；BGE 118 Ib 473 E. 2b, 117 Ⅱ 259 E. 3, 115 Ⅱ 15 E. 3a, 112 Ⅱ 118 E. 5e.

689　—　**人格权**以及心理完整权（私法上的保护性法律规范：瑞士《债务法》第 41 条，结合瑞士《民法典》第 28 条，第 28a 条第 1 款；刑法规范：瑞士《刑法典》第 173 条以下）；

690　—　**所有权**（私法上的保护性法律规范：瑞士《债务法》第 41 条，结合瑞士《民法典》第 641 条；刑法规范：瑞士《刑法典》第 137 条以下）；

691　—　**占有**（私法上的保护性法律规范：瑞士《债务法》第 41 条，结合瑞士《民法典》第 927～928 条；刑法规范：瑞士《刑法典》第 137 以下）。

692　占有属于受保护之法益[1]，尽管其非属于绝对权，因为它仅是对物的事实支配，但与此事实支配相关联，使占有也具有特定的法律效力[2]。

693　受绝对保护的法益也包括定限物权与知识产权（版权、外观设计、专利权、商标权、实用新型权）[3]。

693a　受绝对保护之法益：CR/WERRO, Art. 41 N 55; BREHM, OR 41 N 35; GUHL/KOLLER, § 24 N 4; OFTINGER/STARK I, § 4 N 26 ff.; 参见《德国民法典》第 823 条第 1 款列举之法益。

694　并非所有绝对权的保护范围均由法律规范事先明确规定。保护范围中的部分内容需要法官在个案中权衡决定，例如，人格权侵害（瑞士《民法典》第 28 条，第 28a 条以下）。

694a　在**国家责任**中，侵犯绝对权法益同样构成违法性，原则上无须额外地违反特定规定或职务上的义务[4]。

694b　依照上述标准，**医生的手术治疗**等原则上属于**侵犯病患身体完整性之违法行为**，而通常病人的**知情同意**构成正当性理由（参见边码 770a）。事实上的（或推定的）同意的范围为与医生专业技术相符的介入治疗行为，并不包医生未尽到应有注意义务时实施的治疗行为（参见边码 688～689）。

---

[1]　N 691; OFTINGER I, S. 130; OFTINGER/STARK Ⅱ/1, § 16 N 47; BSK/SCHNYDER, OR 41 N 33; SCHWENZER, N 50. 05; zur Rechtslage in Deutschland vgl. MünchKommBGB/WAGNER, BGB 823 N 151 ff.

[2]　REY, Sachenrecht I, N 224.

[3]　HONSELL, § 4 N 3; SCHWENZER, N 50. 05.

[4]　BGE 123 Ⅱ 577 E. 4d, 判决中也列举了与瑞士联邦最高法院不同的学者观点。

瑞士联邦最高法院在确定是否构成**国家责任**时，考虑公立医院医生的治疗行为是否违反了客观要求的注意义务[1]。法院的这一立场和做法值得赞同。然而在本人看来，此处注意义务之违反非属于"行为不法"，而仅仅作为判断的辅助标准，以确定病人的知情同意是否可构成医生对身体完整性的侵害的正当性理由，还是应定性为侵犯绝对权或者相关的保护性法律规范[2]。

刑法上，瑞士联邦最高法院认为对身体完整性构成侵害的医疗措施，满足故意伤害罪的客观构成要件[3]。

694c

二、违反保护性法律构成违法性

（一）未侵犯绝对权利造成损失

违法性的此类表现形式主要是指以下情形：致害人违反保护性法律规范造成损害，**但并未侵犯受害人绝对权**[4]。

695

学者认为，造成他人损失，但未侵犯受害人绝对权或受绝对保护之法益的，"违反特定行为规范"之判断仅在确定是否构成违法性要件上发挥作用。以"违反特定行为规范"为表现形式的违法性，主要在造成纯粹财产损失案件[5]，以及侵犯特定的、受保护的相对权[6]案件中发挥重要作用。所谓的"纯粹财产损失"和特定的、受保护的相对权案件中的违法性要件，参见边码703以下，713以下。

696

此类行为规范直接或间接地禁止第三人介入法条划定的受侵权法保护的范围，或者要求第三人对此范围负有不作为义务。此类行为规范包括

697

---

〔1〕　BGE 120 Ib 411 E. 4a，115 Ib 175 E. 2a，112 Ib 322 E. 2 - 4，bestätigt in BGE 123 Ⅱ 577 E. 4d ee.

〔2〕　Erfolgsunrecht，dazu N 682；a. M BGE 123 Ⅱ 577 E. 4d ee，认为属于违反注意义务构成行为不法。

〔3〕　BGE 99 Ⅳ 208 ff.，bestätigt in BGE 124 Ⅳ 258 E. 2，未经病人同意，截去病人脚趾的一部分，是否构成伤害罪的，存在争议。

〔4〕　所谓的"行为不法"（Verhaltensunrecht）参见 vgl. dazu PORTMANN，Erfolgsunrecht，S. 276 f. 对行为不法理论，学者尚未达成一致意见，仍存有争议。

〔5〕　OFTINGER/STARK Ⅱ/1，§ 16 N 103a；参见边码717以下。

〔6〕　BREHM，OR 41 N 38.

刑法规范、行政法规范和私法规范，且不要求必须为 成文法〔1〕。

(二) 保护性法律 (保护目的理论)

698　瑞士《债务法》第 41 条第 1 款的违法性由违反**特定**行为规范构成，并且**条文保护目的涵盖案件中所发生之损害类型**〔2〕，即所谓的"保护目的理论"，或称"条文目的理论"。

699　兹举一例予以说明：某镇出卖木材，约定由买家负责砍伐，但是按照相关森林管理法规，应由出卖人砍伐。砍伐过程中发生事故，造成工人死亡，该城镇因行为不具备违法性而无须承担责任。理由是：相关的森林管理法规旨在保护林木，而非伐木工人的生命和健康，人身损害不在条文保护范围内〔3〕。

700　条文的保护目的标准影响了司法实践中部分案件的裁判，对其中部分案件，学界提出了批评意见。

701　—　**BGE 102 Ⅱ 85 ff.**：在地下挖掘工作中，工程公司的挖土机挖断供电公司电缆，造成周边地区停电。工厂因停电无法生产。瑞士联邦最高法院援引了瑞士《刑法典》第 239 条 (扰乱公共企业)，认为挖断电缆的行为违反该保护性法律的规定，而此规范同时具有保护电力用户的目的，因而挖掘电缆造成企业停工所受损失具有违法性〔4〕。学者认为瑞士《刑法典》第 239 条保护范围为公共机构或公共设备，而非电力用户因停电所受之反射损失，在无瑞士《刑法典》第 239 条以外的特别规定保护义务之规范的情况下，间接受害人损失不得请求损害赔偿〔5〕。

---

〔1〕　GUHL/KOLLER, § 24 N 6 ff.；HONSELL, § 4 N 26 ff.；OFTINGER/STARK I, § 4 N 42 f.；OFTINGER/STARK Ⅱ/1, § 16 N 103 ff.；BGE 116 Ia 162 E. 2c m. H.

〔2〕　CR/WERRO, Art. 41 N 56；GUHL/KOLLER, § 24 N 7 f.；OFTINGER I, S. 131 f.；OFTINGER/STARK I, § 4 N 41；OFTINGER/STARK Ⅱ/1, § 16 N 101；GAUCH/SCHLUEP/REY, Nr. 2720；BSK/SCHNYDER, OR 41 N 34；VON TUHR/PETER, S. 415 f.；BGE 126 Ⅲ 521 E. 2a, 125 Ⅲ 86 E. 3b, 123 Ⅲ 306 E. 4a, 122 Ⅲ 176 E. 7b, 119 Ⅱ 127 E. 3, 117 Ⅱ 315 E. 4d, 117 Ⅱ 270 ff., 116 Ia 359 E. 4b, 115 Ⅱ 15 E. 3b und 3c, 94 I 628 E. 5.

〔3〕　BGE 30 Ⅱ 572.

〔4〕　BGE 102 Ⅱ 85 E. 5；类似案件：BGE 101 Ib 252 ff.

〔5〕　持反对意见的：GUHL/KOLLER, § 24 N 7；MERZ, SPR VI/1, S. 191 f., m. H.；SCHAER, Schadenausgleichsysteme, N 226；vgl. zu den Kabelbruchfällen ferner RASCHEIN, S. 289 ff.

- **BGE 106 Ⅱ 75 ff.**：在农场工作的帮工在用拖拉机和与此相连接的犁工　701a
  作时，挖断电缆，造成下比普地区（Niederbipp）停电，此地区砾
  石水泥混凝土工厂和沥青备料装置因此停工 25 小时（纯粹财产损
  失）。瑞士《道路交通法》第 58 条第 1 款中的受害人，仅指受到人身和
  物之损害的直接受害人，尽管受到的损失与物之损害存在关联，此间接
  受害人也不得主张损害赔偿[1]。瑞士《道路交通法》第 58 条第 1 款
  仅保护人身损害和物之损害，不保护诸如本案中的纯粹财产损失[2]。

- **BGE 114 Ⅱ 376 ff.**：某农场主在瑞士中图尔高铁路沿线的土地上收　701b
  割，使用的是与拖拉机相连接的离合式收割机。在收割过程中，
  两块刀片脱落，被收割机甩了出去；其中之一切断了火车滑接线。
  掉落的滑接线造成短路，引起铁路大面积长时间停运。拖拉机以
  及与此相连的收割机处于公共交通范围之外[3]，所以瑞士联邦
  最高法院在个案中判决：瑞士《道路交通法》第 58 条规定的责任
  在此案中不成立，因为损害发生在收割机工作过程中，而非运行
  驾驶时前进过程中。危险实现造成现实损害，但不在瑞士《道路
  交通法》第 58 条所保护的特定交通工具运营中发生的危险造成的
  损害范围之列[4]。根据本案之判决，瑞士《道路交通法》第 58
  条仅适用于特定交通工具运营中发生的危险造成的损害。

- **切尔诺贝利案**（Tschernobyl – Fall）：1986 年的切尔诺贝利核电站事　701c
  故造成叶菜类辐射值上升，瑞士国内许多国家机构建议民众食用前
  彻底清洗叶菜类，怀孕或哺乳期妇女以及两岁以下儿童不食用露天
  园圃或露天牧场中的农副产品。由此，相关农副产品的购买量明显下
  降。依据瑞士《核能责任法》第 16 条，农户向联邦主张损害赔偿。
  瑞士联邦最高法院认为，瑞士《核能责任法》第 16 条不仅保护人身
  损害和物之损害[5]，纯粹财产损失也在其保护目的范围之内。

---

[1]　BGE 106 Ⅱ 75 E. 2.

[2]　持批评意见的：OFTINGER/STARK Ⅱ/2，§ 25 N 297 f.；vgl. zu diesem Fall auch KRAMER,
Reine Vermögensschäden, S. 128 ff.

[3]　STARK, Skriptum, N 848 ff.

[4]　BGE 114 Ⅱ 376 E. 1d und e.；a. M. STARK, Skriptum, N 854 ff.

[5]　BGE 116 Ⅱ 480 ff.，insbes. E. 4 – 7.

702 "保护目的理论"在侵权责任领域越来越具有基础性的重要地位，这主要是出于对方法论的偏好（Methodenehrlichkeit）；首先，它比较简化[可以抛弃"结果不法"（参见边码 682 以下），因为此处始终成立某一具体法规范之违反（参见边码 686 以下），亦即成立"行为不法"]；其次，它比较清晰，可以取代结构上模糊不清的相当性理论[1]。

第四节　个别问题

一、非法侵害他人财产（所谓的纯粹财产损失）新型违法性理论

703 财产（财产集合，*universitas bonorum*）作为权利主体所有的物和权利之**总和**，非侵权责任法上保护之法益[2]；权利主体对其财产集合不具有绝对权利，此财产集合也不受保护性法律的普遍性保护[3]。

704 但绝对权可以存在于单个财产课题上，例如，在某一物上，因此不具正当性的对此类权利的侵犯原则上构成违法性（参见边码 682 以下）。依据实体损害理论以及功能理论（Substanzbeeinträchtigungs – bzw. der Funktionstheorie）区分物之损害还是纯粹财产损失，参见边码 306。

705 侵犯所谓的纯粹财产损失（或称"第一性"损失，"直接"损失或"其他"损失，"primärer" Vermögensschaden，"sonstiger, weiterer" Schaden，参见边码 329 以下）是指，损失并非基于侵犯他人身体权或生命权，也非基于物之毁损的，仅行为违反**特定**行为规范时，始构成违法性（参见边码 695 以下），目的在于，对于财产之保护，仅限于特定损害方式[4]。

706 特定行为规范包括：

---

　〔1〕 值得赞同的学者观点：SCHWENZER, N 50.31；侵犯绝对权和违反保护性规范的区别保护之批判，还有：HONSELL, § 4 N 1, § 6 N 21.

　〔2〕 HONSELL, § 2 N 5, § 4 N 20；OFTINGER/STARK I, § 4 N 30.

　〔3〕 Urteil des BGer 4C. 413/2006 vom 27. März 2007 E. 4, BGE 119 II 127 E. 3, 118 Ib 473 E. 2b m. H.

　〔4〕 BREHM, OR 41 N 36, 39 f.；GAUCH/SCHLUEP/REY, Nr. 2720；GUHL/KOLLER, § 24 N 5 ff.；OFTINGER/STARK II/1, § 16 N 100；AEPLI, Verschuldensmassstab, S. 405 ff., insbes. 406；WERRO, Sorgfaltspflichtverletzung, S. 361 ff.；BGE 126 III 521 E. 2a, 125 III 86 E. 3b, 122 III 176 E. 7b, 119 II 127 E. 3, 118 Ib 473 E. 2b, 117 II 315 E. 4d, 116 Ib 193 E. 2a.

- 瑞士《刑法典》第 146 条（诈骗罪），第 147 条（计算机诈骗罪），第 148 条（滥用支票和信用卡罪），第 150 条（骗取给付罪），第 252 条（伪造证件罪）[1]，第 305bis（洗钱罪）[2]；瑞士《刑法典》第 239 条（扰乱公共企业）以及条文之保护目的，参见边码 702；

  707

- 瑞士《债务执行与破产法》（SchKG）第 273 条第 1 款规定了非法扣押财产的损害赔偿责任；

  707a

- 瑞士《联邦卡特尔与其他竞争限制法》（KG）第 5 条第 1 款和第 7 条第 1 款，结合第 12 条第 1 款 b 项是涉及不当的限制竞争的规定，即由于不当的竞争限制无法参与和进行市场竞争之当事人，得主张损害赔偿；

  708

- 瑞士《联邦反不正当竞争法》（UWG）第 9 条第 1 款和第 3 款，由于他人的不正当竞争行为（见该法第 2 条，第 3 条）有损于当事人的客户关系、信用、职业声誉或其他经济利益的，当事人得依据瑞士《债务法》的规定主张损害赔偿；

  709

- 依据瑞士《医疗保险法》第 5 条第 2 款的规定，负有给付义务之人（例如：医生）必须向保险人说明，被保险人不按照法定或者合同约定的医保费率支付保险金，即无法享受医保服务（若医保给付义务提供者未向被保险人履行说明义务，即违反了瑞士《医疗保险法》第 5 条第 2 款的规定，因为该条文的目的在于避免被保险人受到非自愿的纯粹财产损失）；

  709a

- 瑞士《债务法》第 725 条第 2 款，股份有限公司不将资不抵债的情况通知法院，继续缔结合同，最终不能履行合同，导致债权人作为直接受害人受有直接损害的[3]，债权人得依据瑞士《债务法》第 725 条第 2 款主张损害赔偿。

违法性要件作为责任成立之构成要件的功能（参见边码 666～667），在

710

---

[1]　OLIVER KäLIN, Haftung des Arbeitgebers gegenüber Dritten für unwahre Arbeitszeugnisse, SJZ 2007, S. 113 ff., insbes. S. 115.

[2]　BGE 133 Ⅲ 323 E. 5. 1.

[3]　PETER FORSTMOSER/ARTHUR MEIER – HAYOZ/PETER NOBEL, Schweizerisches Aktien - recht, Bern 1995, § 36 N 14; BGE 122 Ⅲ 176 E. 7b.

纯粹财产损失案件中，表现得尤为突出。通常情况下，受害人受到纯粹财产损失时，无法得到侵权法上的救济，除非存在特定行为规范明文规定。在裁判此类案件时，司法裁判上出现倾向于援引某一保护性规范的趋势，但这一做法不无疑问，主要问题在于法院确定的该保护性规范的保护目的正确性（电缆案，参见边码702）。

711 瑞士联邦最高法院在一些案件中以违反法律一般原则为由判定构成违法性[1]。在国家责任中，在确定国家机关工作人员的行为是否具有违法性时，超越或者滥用法律赋予的自由裁量权得作为评价构成违法性的标准[2]。

李斯特菌案（Listeriose – Fall）：联邦当局发布了 Vacherin Mont d'Or 奶酪中发现李斯特菌的丑闻以及与此相关的购买和食用方面的禁止。基于此，软性奶酪生产者主张损害赔偿。生产者认为，联邦当局提供的有缺陷、错误的和不适当的信息损害了软性奶酪生产者在公众心目中的形象和声誉，并且导致产品销量降低（纯粹财产损失）。软性奶酪生产者的起诉被法院驳回，理由是：依据本案援引之法条，法官认为联邦当局的行为不构成违法性。尤其是按照当时联邦当局所掌握的信息和知识水平，公布的信息内容无从指摘[3]。

712 学者建议，侵权法应该将纯粹财产损失作为其保护客体，因为并无有说服力的理由提供正当性论证，应该将纯粹财产损失与人身损害和物之损害进行区别保护。此立场和观点值得赞同[4]。

712a 由此，发展出新的**违法性理论**，但是学界之讨论上未达成一致见解。概言之，若行为人违反对受害者负有之行为义务，则违法性之判断应独立于法益损害构成。尤其是在过失侵权案件中，最重要的判断标准即为，

---

[1] BGE 118 Ib 473 E. 2b, 116 Ib 193 E. 2a, 107 Ib 160 E. 3a.
[2] BGE 118 Ib 473 E. 2b m. H.
[3] BGE 118 Ib 473 ff.
[4] GAUCH/SWEET, S. 136 ff.；vgl. auch Lorandi, S. 24 ff.；PEYER, S. 100 ff.

依据个案中具体情况，行为人所应负有的注意义务之违反[1]。

二、（非法）侵犯相对权

相对权和绝对权的最大区别（参见边码 683～684）在于，仅在当事人之间发生效力（*inter partes*）。在法律秩序中，相对权不同于绝对权，对第三人不生效力。因此不属于保护性规范[2]。

原则上第三人不受合同当事人之间的约定之拘束。第三人诱使违约原则上不违法。仅在第三人**破坏合同关系**，只为追求使债权人受到损失之目的时，违背善良风俗（瑞士《债务法》第 41 条第 2 款），在此例外情形下第三人之诱使违约行为具有侵权法上之违法性[3]。在此，悖俗要件取代违法性要件（悖俗要件，参见边码 792以下）。

合同当事人的**违约行为**原则上依据瑞士《债务法》第 97 条以下规定处理。若违约行为同时侵犯对方当事人的绝对权，则发生合同责任和侵权责任聚合。

> 例如：汽车的承租人在并无外力影响下发生事故撞坏租用车辆。一方面，承租人违反了基于合同的对租赁物的注意义务，另一方面侵犯了出租人的绝对权。此情形下发生请求权聚合，但基于"受害人不得因违法事件获利"原则，债权人只能获得一次损害赔偿；任何一个请求权得到满足后，另一个即行消灭[4]。

违反合同**附随义务**造成对方当事人之人身损害和物之损害的，参见边码394b。

713

714

715

716

716a

---

[1]　CR/WERRO, Art. 41 N 68, WERRO, Nr. 327 f. je m. H.；ROBERTO, N 48 ff.；konzise Darstellung bei SCHöNENBERGER, S. 6 ff.

[2]　类似观点：BREHM, OR 41 N 41.

[3]　BGE 114 Ⅱ 91 E. 4a aa, 63 Ⅱ 21 f. E. 5, 52 Ⅱ 376 f.；dazu BREHM, OR 41 N 42, 255；OFTINGER/STARK Ⅱ/1，§ 16 N 202.

[4]　vgl. GAUCH/SCHLUEP/REY, Nr. 2927 ff. m. H.；OFTINGER/STARK I，§ 4 N 32 FN 40；BGE 112 Ⅱ 138 E. 3b；违约责任和危险责任中的损害赔偿请求权聚合的处理原则，有所不同，参见：OFTINGER I, S. 483 f.

三、违反诚实信用原则（瑞士《民法典》第 2 条第 1 款）

717　瑞士《民法典》第 2 条规定：任何人均应诚实信用地行使权力和履行义务。此规定针对的是已经存在之权利与义务[1]。亦即，诚实信用原则的要求仅针对当事人之间业已存在**特定法律关系**的情形[2]。而侵权法中，当事人之间在发生侵权损害赔偿关系之前，并不存在特定法律关系，而是发生了"意外接触"（Zufallskontakt）。

718　瑞士《民法典》第 2 条第 1 款对权利义务内容的影响表现在，当事人没有按照诚实信用原则行使权利，履行义务时，即偏离了权利和义务之内容，违反法律关系中所规定之权利和义务；是否违反了诚实信用原则，需要在具体案件中确定。违背诚实信用原则从而构成合同义务的违反仅仅构成违约责任，不构成瑞士《债务法》第 41 条第 1 款之违法性[3]。但另一方面，当事人行使权利、履行义务时违反诚实信用原则，而这些权利义务系由客观法规定的，此时对诚实信用原则的违反亦可构成侵权法上的违法性[4]。

719　通说认为，瑞士《民法典》第 2 条第 1 款不构成独立于应依据诚实信用原则行使之权利或履行之义务以外的额外的行为义务。该条款作为法律适用规范（Rechtsanwendungsnorm），应与具体的权利义务结合进行判断。违反诚实信用原则本身不构成瑞士《债务法》第 41 条第 1 款的违法性[5]。但是**瑞士联邦最高法院**的立场是，瑞士《民法典》第 2 条第 1 款系独立的保护性规范，违反该规定可构成瑞士《债务法》第 41 条中的损害赔偿责任[6]。

720　部分学者认为第三人在法律交往中应依照诚实信用原则行为系属"一般行为准则"（OFTINGER I, S. 130），或称基本保护性规范（Grundschutz –

---

　[1]　BREHM, OR 41 N 53; OFTINGER/STARK Ⅱ/1, § 16 N 114; BGE 108 Ⅱ 305 E. 2b.

　[2]　MERZ, ZGB 2 N 84; OFTINGER/STARK Ⅱ/1, § 16 N 112.

　[3]　OFTINGER/STARK Ⅱ/1, § 16 N 114; vgl. auch MERZ, ZGB 2 N 108.

　[4]　OFTINGER/ STARK Ⅱ/1, § 16 N 114.

　[5]　BREHM, OR 41 N 53; HONSELL, § 2 N 7, § 4 N 29; MERZ, ZGB 2 N 84; SCHWENZER, N 50. 22; OFTINGER/STARK Ⅱ/1, § 16 N 115 f. , 130.

　[6]　BGE 121 Ⅲ 350 E. 6b unter Verweis auf BGE 108 Ⅱ 305 E. 2b; dazu Delcò, S. 102 ff.

normen，参见边码 741 以下），对此原则的违反本身即构成违反性〔1〕。违反瑞士《民法典》第 2 条第 1 款以及瑞士《债务法》第 41 条第 2 款中的善良风俗的意义，参见边码 797。

　　联邦参议院于 1996 年 4 月 4 日起草的《责任法总则草案》第 46
条第 2 款规定，若致害人之行为违反法秩序中的强制性或禁止性
规定，或者违反诚实信用原则，则行为具有违法性。若该条建议
被最终采纳，则因信赖落空发生之责任（所谓的"信赖责任"，参
见边码37～38）具有了侵权法上的请求权基础，将会限制信赖责
任之适用范围。

720a

四、错误咨询意见

　　咨询意见和建议系基于合同关系作出（瑞士《债务法》第 394 条
以下意义上的委托合同）的，适用瑞士《债务法》第 97 条以下关
于违约责任之规定。咨询意见和建议于合同磋商阶段作出的，适
用缔约过失责任〔2〕；在磋商阶段，咨询意见和建议系由第三方
提供的，亦同〔3〕。

721

瑞士联邦最高法院认为咨询意见之提供必须**非为从事某项营业，亦非
为报酬之支付**〔4〕。司法实践的立场是，若行为人以其所处地位或专
业知识对被咨询之事务具有特别了解，仍提供错误虚假信息或不当建
议，则构成违反（不成文）之"法秩序一般原则"〔5〕，或违反"不
成文之法规范"〔6〕。此外，还需满足提供咨询意见者对咨询方由于其
提供之信息和建议将承受之损害结果具有预见性，但仍故意或因疏忽
大意过失提供错误之信息，或者　隐瞒对咨询方最后决定有重要影响

722

---

〔1〕　OFTINGER I, S. 130, 488 FN 44; vgl. auch BGE 43 II 54.

〔2〕　vgl. dazu GAUCH/SCHLUEP/SCHMID, Nr. 962a ff.; OFTINGER/STARK II/1, § 16 N 117;
BGE 68 II 303.

〔3〕　学者观点：Schwenzer, N 50.26，值得赞同。

〔4〕　BGE 124 III 363 E. 5a, 116 II 695 E. 4, 112 II 347 E. 1a, 111 II 471 E. 2, 57 II 85 E. 2; 相
反意见：OFTINGER/STARK II/1, § 16 N 117 FN 187.

〔5〕　BGE 57 II 86.

〔6〕　BGE 111 II 471 E. 3.

之情况〔1〕。

722a 在新近的一个判决中，法院虽然明确指出：提供错误信息案件中可以考虑令当事人承担侵权责任；但同时也指出：信赖责任和缔约过失责任仍然适用〔2〕。

723 提供错误建议和咨询意见之违法性系基于违反了以下不成文之行为规范：建议和咨询信息之提供必须正确和完整〔3〕。寻求咨询方基于对咨询意见提供方的地位、能力或专业知识产生的信赖，并且最终表现在基于专家提供的答复和意见作出决定（例如：接受了专家之建议），法秩序应对此提供保护。使此一信赖落空的行为具有违法性〔4〕。

723a 若其他构成要件该当性条件均满足，则原则上提供错误建议和咨询意见人需承担损害赔偿责任。但是，专家提供咨询意见系属情谊行为的，则侵权行为人得主张责任之减免（参见边码429以下）。

724 需要注意的是，受咨询方得自主决定，是否接受咨询意见。若其听从专家之建议和意见，则应特别注意以上提及的情谊行为得成为责任减免事由之原则〔5〕。

五、诉讼程序中的侵权行为

（一）诉讼程序和行政程序

725 因诉讼程序或行政程序当事人的原因，促使有关机关作出错误决定或判决的，可能对对方当事人造成损害。启动实体上不具正当性的程序法上的措施，亦得造成对方当事人损害〔6〕。

1. 不当启动诉讼措施

726 公民通过国家诉讼程序达到其请求权实现之目的，即便请求权最终客观

---

〔1〕 BGE 116 Ⅱ 695 E.4, 111 Ⅱ 471 E.3, 57 Ⅱ 86; vgl. OFTINGER/STARK Ⅱ/1, § 16 N 131; SCHWENZER, N 50.24; 不同意见: BREHM, OR 41 N 44, 46; VON TUHR/PETER, S.416 f., insbes. FN 65.

〔2〕 BGE 124 Ⅲ 363 E.5b; vgl. auch FRANZ WERRO, Haftung für fehlerhafte Auskunft und Beratung - braucht es die Rechtsfigur der Vertrauenshaftung? recht 2003, S.12 ff.; BEAT Schönenberger, Haftung für Rat und Auskunft gegenüber Dritten, Diss. Basel 1999.

〔3〕 OFTINGER/STARK Ⅱ/1, § 16 N 132.

〔4〕 OFTINGER/STARK Ⅱ/1, § 16 N 128 und 131 ff.; 信赖责任，参见边码37。

〔5〕 vgl. BGE 111 Ⅱ 471 E.3, 57 Ⅱ 86.

〔6〕 vgl. OFTINGER/STARK Ⅱ/1, § 16 N 156 ff.

上不成立，原则上亦不具有违法性。而通常情况下，诉讼程序的意义
本就在于确定请求权是否成立〔1〕。

滥用诉讼制度，启动诉讼程序，追求不当目的，属于不合法行为〔2〕。
若个案中开启诉讼程序之行为依照以上标准，可判定为不当行为，即
成立违反法秩序中的不成文规范，满足瑞士《债务法》第41条第1款
之违法性要件〔3〕。

727

　　瑞士联邦最高法院在滥用诉讼程序的判决中指出，针对不成立的
　　请求权起诉的行为本身即构成违法性，抑或必须额外满足违反特
　　定法律规范的要件，意见不一，暂时搁置〔4〕。

728

依据瑞士《债务法》第41条的侵权法上的损害赔偿请求权和（联邦
州）诉讼程序法上的诉讼费用赔偿请求权均成立的，则发生请求权聚
合；受害人得主张其实体法上的权利，此请求权不受诉讼法规定的影
响〔5〕。

729

明知而为的瑞士《刑法典》第303条所规定的不实的刑事指控行为具
有违法性〔6〕。

730

2. 取得错误判决

"滥用诉讼制度"，或称"诉讼欺诈"（Verfahrensbetrug），亦即所谓的
法院审理中的程序欺诈（Prozessbetrug bei gerichtlichen Verfahren），具
体是指：当事人以不法方式（向有关机关提供不实证人陈述，作伪
证），取得错误判决的行为。若针对此判决，其他法律途径之救济程序

731

---

〔1〕　OFTINGER/STARK Ⅱ/1, § 16 N 164 ff.；Urteil des BGer 4C. 353/2002 vom 3. März 2003
E. 5. 1, BGE 117 Ⅱ 394 E. 4.

〔2〕　OFTINGER/STARK Ⅱ/1, § 16 N 169；VON TUHR/PETER, S. 418 FN 73；BGE 117 Ⅱ 394
E. 4, 112 Ⅱ 32 E. 2a, s. auch BGE 123 Ⅲ 101 E. 2a.

〔3〕　OFTINGER/STARK Ⅱ/1, § 16 N 163, 170；BGE 93 Ⅱ 170 E. 9, 88 Ⅱ 276 E. 4b；对是否
"违反法秩序中的不成文规范"持相反意见的：BREHM, OR 41 N 48b f.；仅限于当事人故意
(Mutwilligkeit) 情形，并且应依据瑞士《债务法》第41条第2款之构成要件进行检验：HONSELL, §
4 N 25.

〔4〕　BGE 117 Ⅱ 394 E. 4 m. H.

〔5〕　BGE 117 Ⅱ 394 E. 3b m. H.；ausführlich dazu GAUCH, Anwaltskosten, S. 189 ff.；anders
OFTINGER/STARK Ⅱ/1, § 16 N 158.

〔6〕　OFTINGER/STARK Ⅱ/1, § 16 N 173；VON TUHR/PETER, S. 418 FN 74.

正在进行，则当事人不得主张侵权法上的损害赔偿请求权[1]。针对已经发生法律效力之判决，当事人不得依照瑞士《债务法》第41条主张侵权法上之损害赔偿，否则将无异于令法院对生效判决所针对之案件进行再次审理[2]。加害人提起上诉获得法院支持，法院撤销原判的，（在满足其他构成要件的情况下）加害人得主张侵权法上的损害赔偿[3]。

（二）执行程序

732　执行程序中涉及的侵权法问题，主要是不当地支付命令之送达。当事人受有损失，并且启动债务执行程序之人行为时存在故意（in böser Absicht）的，发生损害赔偿请求权。该行为属于瑞士《债务法》第41条第2款中的悖俗行为，但非属违法行为（参见边码792以下）[4]。

733　瑞士《债务执行与破产法》（SchKG）第273条第1款规定了非法扣押财产的损害赔偿责任。（参见边码707a）。

第五节　扩展说明：五大基本保护性规范［或称"基本原则"，马克斯·凯勒（MAX KELLER）的理论］，以瑞士《民法典》第2条为分析重点

一、基本问题

734　马克斯·凯勒（MAX KELLER）认为人类的行为法典（Verhaltenskodex）由五项所谓的基本原则性保护规范（Grundschutznormen）组成，调整人类共同生活中的法律事务。行为违反原则性保护规范，即构成违法性[5]。此五项所谓的原则性保护规范为：

735　－ 禁止杀人；

736　－ 禁止侵害他人身体和精神与心灵之完整性；

---

〔1〕　OFTINGER/STARK Ⅱ/1，§ 16 N 176.

〔2〕　OFTINGER/STARK Ⅱ/1，§ 16 N 177；VON TUHR/PETER, S. 418 FN 74.

〔3〕　OFTINGER/STARK Ⅱ/1，§ 16 N 178.

〔4〕　OFTINGER/STARK Ⅱ/1，§ 16 N 171 f.；vgl. 执行程序中的权利滥用案件：BGE 115 Ⅲ 18 ff.

〔5〕　KELLER/GABI, S. 39 ff.；ähnlich schon OFTINGER I, S. 130.

- 禁止侵害他人人格；

737

- 禁止侵害他人所有权和对物之占有；

738

- 禁止违背诚实信用。

739

违反原则性保护规范之行为，同时构成法益侵犯。以上基本行为规范 740
同样体现在实定法规范中：瑞士《民法典》第 2 条、第 28 条、第 641
条、第 927 条第 3 款、第 928 条和瑞士《债务法》第 49 条，但是以上
列举之实定法规范，依照马克斯·凯勒的理论在文意上看的保护范围，
与理论和司法实践扩展后的规范保护范围，并不完全重合〔1〕。

二、瑞士《民法典》第 2 条作为基本保护性规范（基本原则，Grundschutznorm）

瑞士学界之讨论上有不同之见解是：行为应符合诚实信用原则是否属于 741
侵权法上之基本原则性保护规范，以及违反诚实信用原则是否构成违
法性（参见边码 717 以下）。对这两个争议问题，马克斯·凯勒原则上
给出了肯定的答案。进一步需要区分的是，受害人与行为人之间是否
存在**特殊的信任和忠实关系**。只有存在此类**法律上的特殊关系**时，道
德上可以指摘之侵害行为，才违反了诚实信用原则，因而具有违法
性〔2〕。

分析瑞士联邦最高法院之判决，法律上的特殊关系可由以下类型化之 742
案件对概括性规定进行具体化。

（一）诉讼程序及其他程序中因违背善良风俗构成违法性

依据马克斯·凯勒的观点，营造工程之申请未得到批准造成迟延损害 743
的只有当申请人恶意欺诈或者重大过失的情况下，亦即审批批准自始
完全无可能性，才构成违法性〔3〕。

---

〔1〕　KELLER/GABI, S. 40.

〔2〕　KELLER, S. 136 f.；KELLER/GABI, S. 41；WERRO, Sorgfaltspflichtverletzung, S. 363 f.；nach
BAUMANN（Zürcher Kommentar, Einleitung, 1. Teilband, 1998, ZGB 2 N 24）：边码 746～750 中的案件
属于瑞士《民法典》第 2 条实体规范适用范围中的案件类型，因此违反诚实信用原则的行为具有违法
性，发生侵权法上的损害赔偿责任。

〔3〕　BGE 112 Ⅱ 32 E. 2.

744 对不成立之债权提起诉讼之行为是否具有瑞士《债务法》第41条上的客观违法性,学者意见不一。但除此之外,还需满足存在滥用诉讼程序、违背诚实信用或恶意的行为之构成要件〔1〕。

745 扣押财产造成损害的行为,是否需要承担侵权责任,已由特别法明文规定:瑞士《债务执行与破产法》(SchKG)第273条第1款规定了非法扣押财产的损害赔偿责任。

(二)合同磋商过程中(缔约过失)因违背善良风俗构成违法性

746 此类特殊关系要求受害人和致害人之间存在相近关系(直接的、个人的接触)和致害行为人对损害的预见〔2〕。

747 关于缔约过失责任的定性,瑞士联邦最高法院未表明其明确立场〔3〕。

(三)当事人之间不存在合同关系而提供错误咨询意见和建议时因违背善良风俗构成违法性

748 提供错误咨询意见和建议之案件类型,同时也属于"当事人之间存在直接相近关联的法律上特殊关系"的类型〔4〕。

749 有学者认为:提供错误建议和咨询意见之违法性系基于违反了一项不成文之行为规范〔5〕。

(四)提供证书和其他证明文件时违背善良风俗构成违法性

750 此一类型的案件中,致害人和受害人之间不存在直接的、个人的接触和交往;而属于间接相近关系形成法律上的特殊关系。司法实践中主要的案件类型有:信用证案件〔6〕和提供工作证明案件〔7〕。

(五)通过进一步的案件类型化从而具体化所谓的法律上的特殊关系

751 凯勒建议通过进一步的案件类型化从而具体化所谓的法律上的特殊关系,

---

〔1〕 BGE 117 Ⅱ 394 E. 4; vgl. zu diesem Problemkreis ausführlich auch OFTINGER/STARK Ⅱ/1, § 16 N 156 ff.

〔2〕 REY, Sonderverbindungen, S. 234 f.

〔3〕 BGE 121 Ⅲ 350 E. 6c = Pra 1996, Nr. 168, S. 616 f. , BGE 108 Ⅱ 419 E. 5; 缔约过失责任的性质: s. auch GAUCH/Schluep/SCHMID, Nr. 975 ff. m. H.

〔4〕 REY, Sonderverbindungen, S. 235.

〔5〕 OFTINGER/STARK Ⅱ/1, § 16 N 131; 反对意见: BREHM, OR 41 N 46; aus der Praxis BGE 116 Ⅱ 695 E. 4, 111 Ⅱ 471 E. 2 m. H. ; 在 BGE 112 Ⅱ 347 ff. 判决中, 瑞士联邦最高法院判决被告承担合同责任; 参见边码721以下。

〔6〕 BGE 93 Ⅱ 329 E. 5.

〔7〕 BGE 101 Ⅱ 69 ff.

例如"合同关系中违背善良风俗构成违法性"[1]。

另一种方案系将间接相近关系形成法律上特殊关系作为**合同责任**的构　752
成要件处理，使当事人承担合同责任[2]。

第六节　危险控制原则（Gefahrensatz）

危险控制原则（Gefahrensatz）系"法秩序之根本性原则"，是指：**导**　753
致（或维持）**危险状态之人，负有义务采取措施防止损害之发生**[3]。

依照"危险控制原则"，某人进行挖掘施工，即负有设置护栏和照明之　754
注意义务[4]。

在侵权责任领域，**瑞士联邦最高法院**的立场是**不得援引"危险控制原**　755
则"证明违法性要件之构成[5]，应在判断过错时考虑"危险控制原
则"所要求的注意义务之履行[6]。"危险控制原则"所要求的注意义
务作为判断是否存在行为过失之判断标准：参见边码 866 以下。

得否适用"危险控制原则"，在瑞士学界之讨论上有不同之见解。部分　756
学者认为，违反"危险控制原则"所要求之注意义务构成违法的不作
为[7]。也有学者认为，"危险控制原则"仅作为判断是否存在过错之

---

〔1〕　KELLER/GABI, S. 41 f. ; KELLER, S. 137.

〔2〕　REY, Sonderverbindungen, S. 236 ff.

〔3〕　CR/WERRO, Art. 41 N 59；GUHL/KOLLER, § 24 N 14；BREHM, OR 41 N 51；OFTINGER I,
S. 88 f. , 129；OFTINGER/STARK I, § 4 N 44；OFTINGER/STARK Ⅱ/1, § 16 N 26；BSK/SCHNYDER,
OR 41 N 38；s. auch BERNHARD BERGER, Abschied vom Gefahrensatz, recht 1999, S. 104 ff. ; BGE 126 Ⅲ
113 E. 2a aa, 123 Ⅲ 306 E. 4b = Pra 1997, Nr. 170, S. 917, BGE 116 Ia 162 E. 2c, 112 Ⅱ 138 E. 3a, 95
Ⅱ 93 E. 2 m. H. , 93 Ⅱ 329 E. 5.

〔4〕　其他瑞士联邦最高法院案例，参见：Guhl/Koller, § 24 N 15.

〔5〕　BGE 124 Ⅲ 297 E. 5b, 119 Ⅱ 127 E. 3；法院在另一判决中的不同观点：BGE 116 Ia 162 E. 2c.

〔6〕　BGE 123 Ⅲ 306 E. 4a.

〔7〕　GUHL/KOLLER, § 24 N 14；A. KELLER I, S. 91；OFTINGER I, S. 129；BSK/SCHNYDER,
OR 41 N 38；HONSELL, § 4 N 35 f. ；SCHWENZER, N 50. 33；"危险控制原则"作为客观违法性之基
础，详见：BOSSHARD, S. 75 ff. ；学者 ALFRED KOLLER（Die zivilrechtliche Haftung des Arztes für das
unverschuldete Fehlschlagen einer Sterilisation, Haftpflicht – und Versicherungsrechtstagung 1997, St. Gallen
1997, S. 27）基本观点是：违反"危险控制原则"所要求之注意义务构成违法性要件，但同时，在满
足一定前提条件下，亦得作为判断过错要件之标准。

标准[1]。学者反对违反"危险控制原则"所要求之注意义务构成违法性要件的理由是：大量事实情况（尤其是经济生活中的竞争行为）表明，尽管参与人制造了可能发生损害之危险，或者甚至事实上导致了损害结果发生，但此类事实情况中，行为人并不违法。但另一方面，必须指出的是，**不作为造成人身损害或物之损害**的案件，均应借助"危险控制原则"解决[2]。在此意义上，借助"危险控制原则"在判断是否成立违法性要件时，（同样）发挥着重要作用。

756a 需要注意的是，"危险控制原则"作为"法秩序之根本性原则"（参见边码 753），是法律道德上的最高要求（它的正当性应来源于瑞士《民法典》第 2 条）。这个意义上的"危险控制原则"，它的含义远远超出违法性要件或过失要件（参见边码 755～756）。对此，从**交易中的安全保障义务**（Verkehrssicherungs – pflichten）之普遍认可和采纳可见一斑，尤其是某一场所和设备经营者对场所和设备使用人所负之义务。此类**交易中的安全保障义务**具有不同于"危险控制原则"的功能。例如：湖中央的跳台的设备所有人负有交易中的安全保障义务[3]；设备造成人身损害的，则（注意）义务之违反属于**建筑物及其物件之缺陷**（Werkmangel）[此类安全保障义务被视为"危险控制原则"的具体化；其作为辅助标准，用于判断是否成立瑞士《债务法》第 58 条意义上的建筑物及其物件之缺陷（Werkmangel）]。值得注意的是，瑞士联邦最高法院也将安全保障义务（合同法领域以外）作为侵权责任的责任成立基础[4]。认定合同一方当事人负有交易中的安全保障义务，以及此义务之违反，对于认定是否违反**合同关系中的附随义务**，具有重要意义。若交易中的安全保障义务（"危险控制原则"的要求）要求当时人保证滑雪道的安全，则违反此项义务，即违反了以保护义务为内容的附随义务[5]。

---

[1] BREHM, OR 41 N 51；OFTINGER/STARK I，§ 4 N 44；OFTINGER/STARK Ⅱ/1，§ 16 N 26 ff.，107；参见边码 866 以下。

[2] 参见边码 602；s. auch CR/WERRO Art. 41 N 61；HONSELL，§ 4 N 35.

[3] BGE 123 Ⅲ 374 E. 4b = Pra 1997，Nr. 170，S. 917.

[4] BGE 130 Ⅲ 193 E. 2. 2.

[5] vgl. BGE 121 Ⅲ 358 ff.，113 Ⅱ 246 E. 4 und E. 6c；s. auch GAUCH/SCHLUEP/REY，Nr. 2534 ff.

第七节　正当事由（Rechtfertigungsgründe）

一、概说

存在正当事由的法效果是，对于违法行为导致之损害无须承担损害赔偿责任。**证明存在正当事由排除违法性**[1]。 　757

二、正当事由列举

（一）合法行使公权力（职责）

行使公权力和职责之行为可能介入私人的法益范围导致损害结果，例如　758
在强制执行程序中，或逮捕以及没收等公权力行为[2]。法秩序在公
共利益和私人利益之间选择保护前者，因此给予国家介入私权之权力。
合法行使公权力（职责）系正当事由，可阻却违法性[3]。但必须满
足公权力行为系在合法行使国家权力范围内，并且该行为属于案件相
关之国家机关工作人员的职权范围[4]。行使公权力可以作为（未经
病患同意）医生的介入治疗损害病人身体完整性行为的正当事由[5]
（BGE 123 Ⅱ 577 E. 4d ee）。

然而值得注意的是，即使行为系属合法行使公权力，联邦也常常需要　758a
承担损害赔偿责任，因为侵犯私人受绝对保护之法益即成立违法性，
而阻却侵权责任的合法性事由有限［尽管存在合比例原则以及干扰

---

〔1〕　BREHM, OR 41 N 60 ff.；CR/WERRO, Art. 41 N 70；A. KELLER I, S. 111；OFTINGER I,
S. 134；OFTINGER/STARK I, § 4 N 45；BSK/SCHNYDER, OR 41 N 39；VON TUHR/PETER, S. 417.

〔2〕　BGE 125 IV 30 ff., 124 IV 313 E. 3 und 4；没收假冒艺术品, ZR 2006, Nr. 39, S. 180 ff.

〔3〕　BGE 123 Ⅱ 577 E. 4.

〔4〕　WERRO, Nr. 333；HONSELL, § 5 N 26；A. KELLER I, S. 112 f.；OFTINGER I, S. 134；
OFTINGER/STARK Ⅱ/1, § 16 N 227 ff.；BSK/SCHNYDER, OR 52 N 23；VON TUHR/PETER, S. 417；
BGE 111 IV 113 E. 2.

〔5〕　译者注：在瑞士，经营公立医院也视为行使国家权力的行为，由此，医院职员致人受损的
行为适用公法上的国家责任的相关规定。司法实践的立场是，公立医院对病人的治疗行为，非属于瑞
士《债务法》第61条第2款的"营业性事务"，而应属于履行公共职责。由于治疗活动造成损失的，
首先应该适用联邦州公法的规定。然而需注意的是，在瑞士联邦最高法院判决中指出，主治医生和病
人之间的法律关系属于私法性质，还是行使国家权力的行为，由联邦州法律决定。

者原则（Störerprinzip）要求〔1〕。此外在联邦层面和联邦州层面均存在立法，规定了合法行使公权力之行为造成损失，联邦或州需要承担责任〔2〕。

（二）私法上的特别权限

759 若行为人享有私法上的特别权限，允许介入受害者法益，则此项私法上的特别权限之存在，阻却违法性。教科书上经常出现的例子，父母对子女进行惩罚管教的权利（旧瑞士《民法典》第278条），已由1978年1月1日生效的修正的瑞士《儿童保护法》废除。瑞士《民法典》第302条第1款仍然允许父母在教育子女时一定程度上侵犯子女人格权利，亦即此类行为不具有违法性〔3〕。此外，还有瑞士《民法典》第684条允许的所有权人对邻人土地造成合理范围内之影响和侵犯〔4〕。但同时，瑞士《民法典》第684条第2款规定有害物质排放具有违法性，需承担侵权责任。仅在例外情形下，存在正当理由得排除此类行为之违法性〔5〕。

760 根据瑞士《民法典》第737条第1款，地役权人（依照该条第2款规定地役权人应以最小损害）有权行使其地役权之必要范围内的所有权能，至少在实定法地役权领域构成正当性理由〔6〕。地役权人没有义务选择其他途径和方式，消除由于其合法行使地役权造成的对他人不利的法律状态。地役权人得在权利行使之合理范围内，对负担义务之土地，独立行使权利，取得地役利益；由此发生的物之损害，因实定法瑞士《民法典》第737条第1款的规定，阻却其违法性〔7〕。

761 私法上的权限作为正当理由，详见：BREHM, OR 41 N 62；OFTINGER/STARK Ⅱ/1，§ 16 N 230 ff.；von TUHR/PETER, S. 418。

---

〔1〕 JAAG, § 6 N 140.

〔2〕 vgl. z. B. Art. 122 BStP；s. auch BGE 117 IV 209 E. 4c 关于一项在事后被证明属不合法之行为。

〔3〕 体罚除外，SCHWENZER, N 50. 35.

〔4〕 vgl. OFTINGER/STARK Ⅱ/1，§ 16 N 234.

〔5〕 MEIER–HAYOZ, ZGB 684 N 95；REY, Sachenrecht I, N 1120；BGE 91 Ⅱ 100 E. 3.

〔6〕 BGE 115 IV 26 E. 3a；vgl. auch VON TUHR/ PETER, S. 418；a. M. OFTINGER/STARK Ⅱ/1，§ 16 N 235.

〔7〕 BGE 115 IV 26 E. 3a；Liver, ZGB 737 N 37 ff.；OFTINGER/STARK Ⅱ/1，§ 16 N 235：是否依据瑞士《民法典》第737条第1款，存在正当事由，并非由地役权人决定，而必须诉诸法院，由法官最后确定。

（三）受害人同意

1. 概说

根据"对意欲者不产生侵害原则"（*volenti non fit iniuria*），只要不违背法律和公序良俗之要求（否则，同意行为依据瑞士《债务法》第 20 条第 1 款的规定无效），受害人的事先同意排除致害人行为之违法性[1]。

依据瑞士《债务法》第 44 条第 1 款的规定，受害人同意系侵权责任之减免事由。通说和司法实践一致认为，有效的受害人同意阻却违法性。受害人同意有瑕疵的，可以依据瑞士《债务法》第 44 条，考虑减免侵权人责任[2]。从损害的定义上分析，损害是非自愿作出之财产减少（参见边码 151），受害人同意后发生之财产减少，非属法律意义上之损害，因此也不发生赔偿请求权。

需要注意的是，搭乘醉酒司机之机动车，最终造成损害结果的，非属于可阻却非法性之受害人同意，而属于受害人与有过错，可考虑侵权人责任减免[3]。

2. 有效同意之构成要件

有效同意之构成要件是受害人对受侵害之法益具有处分权能[4]。例如，依据瑞士《刑法典》第 114 条的规定，**受害人对自己的生命无处分权**，因而受害人对自己生命之放弃的意思表示非属"有效同意"。在财产法领域，受害人得对其财产权作较大程度的限制。而在人身权利方面，受害人同意需要受到瑞士《民法典》第 27 条第 2 款规定的限制：任何人不得让与自由，对自身自由范围的过度限制违反法律和

762

763

764

765

---

〔1〕 BREHM, OR 41 N 63；CR/WERRO, Art. 52 N 20；GUHL/KOLLER, § 24 N 26 ff.；A. KELLER I, S. 113；OFTINGER I, S. 134；OFTINGER/STARK Ⅱ/1, § 16 N 238 ff.；BSK/SCHNYDER, OR 52 N 18 f.；VON TUHR/PETER, S. 419；s. auch MARIANNE ZEDER, Haftungsbefreiung durch Einwilligung des Geschädigten - Eine rechtsvergleichende Betrachtung unter Einschluss des Handelns auf eigene Gefahr im Bereich des Sports, Diss. Zürich 1999；BGE 117 Ib 197 E. 2a, 111 Ⅱ 182 E. 3b, 102 Ⅱ 353 E. 2.

〔2〕 BREHM, OR 41 N 63, OR 44 N 6；OFTINGER/ STARK Ⅱ/1, § 16 N 239 m. H.；BSK/SCHNYDER, OR 44 N 4, OR 52 N 21；VON TUHR/PETER, S. 419；BGE 117 Ib 197 E. 2a, 101 Ⅱ 177 E. 6a；参见边码 409。

〔3〕 BREHM, OR 44 N 15；OFTINGER/STARK Ⅱ/1, § 16 N 251；OFTINGER/STARK Ⅱ/2, § 25 N 538；BGE 99 Ⅱ 366 E. 5d.

〔4〕 vgl. OFTINGER/STARK I, § 4 N 47.

公序良俗〔1〕。

766　受害人同意在性质上属于单方法律行为，要求受害人具有**行为能力**。无行为能力人或禁治产人在行使专属于自身的权利时，行为人仅需具备认知能力。受害人之同意受瑞士《债务法》总论调整（例如瑕疵意思表示的可撤销性），并且在致害行为发生之前，受害人得随时撤回同意〔2〕。

767　法益享有者在侵权行为发生时由于不在场或无意识，无法决定是否作出同意之意思表示时，得以"**推定之同意**"代替"事实上的同意"，排除致害行为之违法性。判断致害行为是否为受害人之利益为之，准用无因管理（瑞士《债务法》第419条以下）之规则〔3〕。

　　3. 特别情况

768　在涉及较大范围和严重程度的身体侵害案件中，除受害人同意之外，还要求具有**合理理由**〔4〕。

　　（1）病患对医生介入治疗之知情同意

769　病患对医生介入治疗作出的有效同意，要求医生在手术前向病人**说明**手术的风险，依照瑞士法和司法实践，对此项说明义务要求较高〔5〕。

770　　若医生在手术前未向病患说明手术风险，或者说明手术风险情况不充分，则病患作出的同意视为无效之同意，因此医生的手术行为具有违法性，即使不存在医疗过失，仍需承担侵权责任〔6〕。

---

〔1〕　vgl. BUCHER, ZGB 27 N 146 ff. , 280.

〔2〕　vgl. CR/WERRO, Art. 52 N 21；OFTINGER/STARK Ⅱ/1, § 16 N 242 ff.；VON TUHR/PETER, S. 419.

〔3〕　HONSELL, § 5 N 22；OFTINGER/ STARK Ⅱ/1, § 16 N 253 ff.；BGE 108 Ⅱ 59 E. 3.

〔4〕　以治疗为目的的手术；OFTINGER/STARK Ⅱ/1, § 16 N 241；VON TUHR/PETER, S. 419.

〔5〕　BGE 133 Ⅲ 121 E. 4. 1. 2, 127 IV 154 E. 3a, 117 Ib 197 E. 3 m. H. , 116 Ⅱ 519 E. 3b, 108 Ⅱ 59 E. 3；WERNER E. Ott, Medizinische und rechtliche Abklärung von Ärztehaftpflichtfällen, HAVE 2003, S. 282；PORTMANN, Erfolgsunrecht, S. 276；病患同意问题，详见：MünchKommBGB/WAGNER, § 823 N 665 ff. , 694 ff. , 699 ff.；WIEGAND, S. 119 ff.

〔6〕　vgl. A. KELLER I, S. 460；GUILLOD, S. 73 ff.；OFTINGER/STARK Ⅱ/1, § 16 N 249；WIEGAND, S. 180 ff.；BGE 108 Ⅱ 59 E. 3, s. auch BGE 114 Ia 350 E. 6, sowie Urteil des Kassationsgerichts des Kantons Zürich vom 6. Februar 1995, plädoyer 1995, S. 65 f.；不同观点：HONSELL, § 5 N 23, 只有能够证明若医生全面履行了说明义务，病人不会同意实施此项手术时，医生才需承担侵权责任。

BGE 108 Ⅱ 59 ff.：一名女性同意通过囊切除技术进行缩胸手术。事实上，医生却进行了皮下乳房组织切除，然后装入气囊的手术方式。气囊经一段时间后必须取出，否则会引起并发症。为此，病人必须进行数次修复手术。瑞士联邦最高法院咨询了专家的意见，专家认为，医生进行气囊植入方式缩胸引起病患不满，在情理之中。因为当医生发现必须对病患进行皮下乳房组织切除，并装入气囊的手术方式时，应当向病患履行说明义务，并征得病患同意，没有履行此项义务的，构成说明义务之违反，应承担侵权责任。即使在手术进行过程中，医生发现必须改变缩胸手术的方式（只要不存在病人生命危险，医生应该停止手术），仍然需要对病人履行说明义务并征求当事人意见。瑞士联邦最高法院最后判决该女性可以得到 35 000 瑞士法郎损害赔偿和 25 000 瑞士法郎精神抚慰金。

所谓的**生物学上的意外**（biologische Versager）（例如：绝育手术，输卵管结扎），尽管其发生概率极小，医生仍然负有说明告知义务。瑞士联邦最高法院的立场是，若一名女性尽管以手术的方式避孕，仍然怀孕生产，则应该认为，即使医生履行了应有的说明告知义务，这对夫妇仍然会选择这一手术避孕方式[1]。

专家认为，一般而言，决定接受手术的夫妇不会因为医生告知其手术后仍然存在意外怀孕的可能，只是概率极低而放弃手术。所以专家认为在此类案件中即使没有当事人事实上同意的意思表示，也成立"推定的同意"。但是当事人可以举证证明存在**特殊理由**，若医生全面履行了手术后仍然存在意外怀孕的风险的告知说明义务，当事人就会采取其他方式，推翻此项推定[2]。

医生因违反其说明告知义务承担损害赔偿责任的，不同于所谓的**告知损害**（Aufklärungs－schaden）。后者是指，对敏感病人（例如，有抑

---

[1] 推定的同意；Pra 2000，Nr. 28，S. 168；Pra 1996，Nr. 181，S. 672；s. zur hypothetischen Einwilligung in eine Operation betreffend einer Einstelllung der Hüftpfanne über dem Hüftkopf，ZR 2006 Nr. 26 E. 3. 4.

[2] Pra 2000，Nr. 28，S. 169；s. auch BGE 117 Ib 197 E. 5.

郁症状）履行说明告知义务，过于全面，侵害其健康状况[1]。

对于手术风险的告知说明义务不同于医生所负有的向病人说明医疗保险的承保范围这一合同义务[2]。

770a 需要注意的是，病人的事实上的（或推定的）知情同意，指向的内容系医生依照其**应有的专业水平和注意义务**所实施之行为，不包括医生违反应有的注意义务的疏忽大意行为[3]。

（2）运动伤害之同意

771 尤其是在运动伤害的案件类型中，**自担风险**（Handelns auf eigene Gefahr）（"acceptation du risque"，参见边码410以下）系一项重要的抗辩事由。需承担侵权责任的潜在责任人得主张：参与运动的人虽受有运动伤害，但是在其参加运动时事实上已经做出了对可能发生的运动伤害责任自担的默示的意思表示[4]。

772 一项**真正的**（echt），得阻却违法性的受害人**同意**，系在竞技体育项目中，针对在遵守规则的情况下故意造成对方运动员身体伤害的行为作出的同意。

773 不存在"真正的受害人同意"的情况下，法官仍可依照瑞士《债务法》第44条第1款，进行自由裁量，考虑责任减免（参见边码711~712）。

774 关于运动伤害中的受害人同意问题，学者泰尔勒采用了完全不同的研究方式和观点[5]。

（四）正当防卫、紧急避险和自助行为

775 正当防卫、紧急避险和自助行为属于适法行为。瑞士《债务法》第52条的立法意图在于，在例外情况中，若私人无法及时得到公力救济，得自行保护其利益。正当防卫和自助行为完全阻却违法性，因而不发生损

---

〔1〕 导致对健康状况有危害的经常惊恐状态；vgl. dazu zum sog. 所谓的"医疗特权"（therape - utischen Privileg）问题，参见：WERRO, Nr 369；BGE 117 Ib 197 E. 3b, 113 Ib 420 E. 6.

〔2〕 vgl. dazu BGE 119 Ⅱ 456 ff.；医生需承担违约责任。

〔3〕 vgl. BGE 123 Ⅱ 577 E. 4d ee；s. auch N 694b.

〔4〕 vgl. BREHM, OR 41 N 63, OR 44 N 9 ff.；CR/WERRO, Art. 52 N 27；A. KELLER I, S. 113；HONSELL, § 5 N 21；OFTINGER I, S. 134；OFTINGER/ STARK Ⅱ/1, § 16 N 250 ff.；SCHWENZER, N 16. 11, 50. 39；BGE 117 Ⅱ 547 E. 3b, 109 IV 102 ff.

〔5〕 THALER, S. 140 ff；s. auch OLIVER ARTER/EVA SCHWEIZER, Verantwortlichkeit des Veranstalters von Sportanlässen, in：Sport und Recht（OLIVER ARTER, Hrsg.），Bern 2004, S. 58 ff.

害赔偿责任，紧急避险可能会发生侵权责任，责任范围由法官裁量决定[1]。

1. 正当防卫（瑞士《债务法》第 52 条第 1 款）

正当防卫是指为防止自己或他人之权利免受不法侵害而采取的对不法侵害人之法益造成损害的防卫行为[2]。 776

侵害必须不法，并且正在进行或者马上发生，假想防卫[3]不发生阻却违法性之效果。防卫行为属于适法行为，不具有违法性，因而针对正当防卫，不得再采取防卫行为。 777

侵害是否具有不法性，应从客观角度评价，不法行为人是否具有认知能力，在所不问。 778

正当防卫人应遵守合比例原则，应从数类防卫手段中选择对不法行为人伤害最小的手段。若正当防卫人采取的防卫措施超过了应有的限度，系属于（非法的）防卫过当（Notwehrexzess）[4]。 779

对于动物发起的不法侵害，需要区别情况对待：动物被作为他人的工具，还是出于动物自力原因所致。对于前者，应视为他人的不法行为，适用正当防卫[5]。若作为工具使用之动物系第三人所有之物，则属于紧急避险[6]；紧急避险人伤害或者致动物死亡，同时毁损第三人之物，而非间接唆使不法"侵害"行为人之物，因此避险人应当依照法院之裁量，适当承担部分损害赔偿责任。针对第二种类型之事实情况，瑞士理论界存在不同观点和意见。一种观点认为，此类事实情形系属于瑞士《债务法》第 52 条第 2 款所规定之紧急避险，应当依照法院之裁量，适当承担侵权责任[7]；区别于正当防卫，正当防卫系以"他人不法侵害行为"为构成要件（参见边码 776）。但是，紧急避险 780

---

〔1〕　BREHM, OR 52 N 4；OFTINGER/STARK Ⅱ/1，§ 16 N 257 f.

〔2〕　BREHM, OR 52 N 6；WERRO, Nr. 339；GUHL/KOLLER，§ 24 N 32；HONSELL，§ 5 N 2；OFTINGER/STARK Ⅱ/1，§ 16 N 260；BSK/SCHNYDER, OR 52 N 1；BGE 44 Ⅱ 151；vgl. auch Art. 15 StGB.

〔3〕　对于可避免的侵害之防卫：BGE 102 Ⅳ 65 ff.

〔4〕　BREHM, OR 52 N 8 ff.，insbes. N 24 ff. ；A. KELLER I, S. 111 f. ；OFTINGER/STARK Ⅱ/1，§ 16 N 259 ff. ；BSK/SCHNYDER, OR 52 N 7；VON TUHR/PETER, S. 420 f. ；BGE 115 Ⅳ 167 ff.

〔5〕　BREHM, OR 52 N 18；BSK/SCHNYDER, OR 52 N 6.

〔6〕　OFTINGER/STARK Ⅱ/1，§ 16 N 269.

〔7〕　BECKER, OR 57 N 1.

的法效果（依照法院之裁量，适当承担侵权责任）与动物饲养人之责任范围和注意义务（参见瑞士《债务法》第56条，参见边码976以下）不一致。以此为理由，也有学者认为应该类推适用正当防卫之规定，此观点值得赞同[1]。

2. 紧急避险（瑞士《债务法》第52条第2款）

781　**紧急避险是为防止对自己或他人的将要造成的损害，对"他人财产"实施的故意的侵害行为**（瑞士《债务法》第52条第2款）[2]。

782　紧急避险和正当防卫的最重要区别在于，前者针对的是第三人法益的行为，后者针对的是不法行为人法益的行为。正是由于这个原因，对于紧急避险行为，法律设定了更多限制。实施紧急避险行为除必须遵循"**辅助性原则**"（Subsidiaritätsprinzip）（选择危害性最小的方式）外，还需以避免危险造成的损害程度，不逾越危险所能导致之损害程度（小于或等于）为限[3]。

783　紧急避险系属于阻却违法性之事由[4]，但这并不意味着避险人可以完全不承担侵权责任。在紧急避险情况下，由法官裁量避险人所需承担的损害赔偿责任范围。因此，此种赔偿责任属于对适法行为造成损害之侵权责任[5]。

784　若紧急避险侵犯的系他人**土地所有权**，则相对于瑞士《债务法》第52条第2款的规定，优先适用瑞士**《民法典》第701条**的规定[6]。鉴于

---

〔1〕　OFTINGER/STARK Ⅱ/1，§ 16 N 269 ff. 作者对于紧急避险系属于阻却违法性之事由提出疑问，但总体上仍持赞同观点，参见边码299。作者阐述了瑞士《债务法》第57条第1款的评价体系；VON TUHR/PETER，S. 421；nach BREHM, OR 52 N 19，可以防止与"法官得对赔偿责任进行自由裁量（瑞士《债务法》第52条第2款）"这一法效果的矛盾和不一致。

〔2〕　BREHM, OR 52 N 36 ff.；WERRO, Art. 52 N 10；HONSELL，§ 5 N 9 f.；OFTINGER/STARK Ⅱ/1，§ 16 N 290 ff.；BSK/SCHNYDER, OR 52 N 9 f.；VON TUHR/PETER，S. 422 ff.；参见瑞士《刑法典》第18条。

〔3〕　"合比例性原则"（Grundsatz der Proportionalität）；CR/WERRO, Art. 52 N 11；BREHM, OR 52 N 42；OFTINGER/STARK Ⅱ/1，§ 16 N 300；BSK/SCHNYDER, OR 52 N 11；VON TUHR/PETER，S. 423；BGE 116 IV 364 E. 1a.

〔4〕　OFTINGER/STARK Ⅱ/1，§ 16 N 291 ff.

〔5〕　BREHM, OR 52 N 50；A. KELLER I, S. 111 f.；OFTINGER/STARK Ⅱ/1，§ 16 N 299；BSK/SCHNYDER, OR 52 N 14.

〔6〕　BSK/REY, ZGB 701 N 5.

两者又同属统一的紧急避险概念，紧急避险的一般构成要件对两个规定均适用[1]。根据瑞士《民法典》第701条所规定的不同的情况，可将紧急避险分为"防御型紧急避险"[危险来自他人之物本身，所谓的"物之避险"（Sachwehr）]和"攻击型紧急避险"[2]。"防御型紧急避险"和"攻击型紧急避险"这一区分，在法官依据瑞士《民法典》第701条第2款进行自由裁量，确定侵权责任时，具有重要意义[3]。

对于他人所有的动物进入土地，造成损害的情况，**瑞士《民法典》第57条**作为特别法规定，情况表明有必要杀死动物的，土地所有人无须承担侵权责任[4]。

785

3. 自助行为（瑞士《债务法》第52条第3款）

自助行为系若针对侵犯他人法益之不法行为，非于其时为之，则请求权不得事后公力之执行或执行和实现有困难的行为；自助行为属于例外的、被法律所允许的自力救济[5]。

786

瑞士《债务法》第52条第3款规定了自助行为成为适法行为之构成要件：仅当对他人法益之侵犯行为，非于其时为之，则请求权不得事后公力之执行或执行和实现有困难的始得为自助行为。并且只有请求权人（不得为第三人）得为自助行为[6]。

787

债务人转移其财产标的[《瑞士债务执行与破产法》（SchKG）第271条第1款第2项]，并且债权人无法及时寻求公力救济的，在此类案件中，债权人可以将债务人之财产占为己有。存在争议的是，法律允许债权人以何种方式，将债务人之财产占为己有[7]。

788

---

〔1〕　BREHM, OR 52 N 39；OFTINGER/STARK Ⅱ/1，§ 16 N 300；VON TUHR/PETER，S. 432；BGE 100 Ⅱ 120 E. 2b.

〔2〕　危险来自一个与他人之物无关的危险源；vgl. MEIER‑HAYOZ, ZGB 701 N 3；REY, Sachenrecht I, N 1202 ff.；BGE 100 Ⅱ 120 E. 6a.

〔3〕　MEIER‑HAYOZ, ZGB 701 N 3 a. E.，29；BGE 100 Ⅱ 120 E. 6a.

〔4〕　BREHM, OR 52 N 40, OR 57 N 3 ff.

〔5〕　WERRO, Nr. 355；OFTINGER/STARK Ⅱ/1，§ 16 N 276；BREHM, OR 52 N 58；BSK/ SCHNYDER, OR 52 N 15；VON TUHR/PETER, S. 421 f.

〔6〕　BREHM, OR 52 N 63 ff.；OFTINGER/STARK Ⅱ/1，§ 16 N 278.

〔7〕　BREHM, OR 52 N 69；OFTINGER/STARK Ⅱ/1，§ 16 N 279, 287；BSK/SCHNYDER, OR 52 N 15；VON TUHR/PETER, S. 422.

789 但是，自助行为不包括自行执行对方在债之法律关系中的义务，例如将已经出卖或出租之物占为己有[1]。

790 瑞士《民法典》第926条第2款是关于占有保护的特别规定[所谓的占有物取回权（Besitzkehr）[2]]。特别法优先适用，占有保护的自助行为不适用瑞士《债务法》第52条第3款的规定。与瑞士《债务法》第52条第3款的构成要件不同，一方面，瑞士《民法典》第926条第2款规定，占有人得以暴力保卫其占有物不受他人非法侵夺，亦即该条规定不要求"事实情况表明无法寻求公力救济"；另一方面，也不要求现行犯被当场发现，或正在受追捕[3]。

791 也有学者认为，瑞士《债务法》第57条第1款中，土地所有人为了防止进一步损害的发生和保证已经发生的损害赔偿请求权得以实现，得捕获扣留第三人之动物的权利，亦属于自助行为[4]。

第八节　故意悖俗行为造成损害之违法性
（瑞士《债务法》第41条第2款）

一、基本问题

792 瑞士《债务法》第41条第2款规定，故意悖俗造成损害结果之行为，等同于违法致人损害行为。"悖俗"取代了违法性要件所要求的客观构成要件。主观上，不同于一般侵权行为，只要求"过错"，在悖俗侵权这一类型中，主观要件必须为"故意"（参见边码798）。

793 瑞士《债务法》第41条第2款（同瑞士《债务法》第20条第1款）并未对"善良风俗"作出法定定义。"善良风俗"属于不明确之法律概念，这一不确定概念的具体化，取决于所有受法律约束群体的道德价值观念（die Moral der Gesamtheit der Rechtsunterworfenen）。善良风俗反映

---

[1] BREHM, OR 52 N 64；OFTINGER/STARK Ⅱ/1，§ 16 N 282；VON TUHR/PETER, S. 421.

[2] BSK/SCHNYDER, OR 52 N 16.

[3] vgl. BREHM, OR 52 N 61；OFTINGER/STARK Ⅱ/1，§ 16 N 277；REY, Sachenrecht I, 2097.

[4] BREHM, OR 52 N 62；OFTINGER/STARK Ⅱ/1，§ 16 N 289.

的是诚实正派人的观念（anständigen Leute）。由此可见，善良风俗概念受到社会发展变化的影响，很大程度上体现了主流的正义观念的要求[1]。

"违反体现正义要求的道德规范"[2]，即违反**善良风俗**。以上对"悖俗"的定义，并没有提供实质性的内容和评价标准；因此，对于这一与时代变迁相联系的不确定概念的具体化和明确化，最好的方法是案件类型化（参见边码 799 以下）。 　794

瑞士《债务法》第 41 条第 2 款在**适用范围上受到限制**，该条第 2 款相对于第 1 款，在适用上具有辅助性和补充性（subsidiär）。易言之，只有当致害行为不具有违法性时，瑞士《债务法》第 41 条第 2 款才得以适用[3]。 　795

总体而言，瑞士《债务法》第 41 条第 2 款在司法实践中，重要性相对于一般侵权行为要小得多。这是因为：大部分有保护必要的利益已由法律规范明文规定，对法益之侵害即构成违法性。尤其是在瑞士《联邦反不正当竞争法》（UWG）和瑞士《联邦卡特尔与其他竞争限制法》（KG）颁布生效之后，故意悖俗侵权类型越发仅具辅助性与补充性功能[4]。 　796

部分学者认为，**违反诚实信用原则构成违法性**（参见边码 720，741 以下）。通说和司法实践将严重违反瑞士《民法典》第 2 条第 1 款（诚实信用原则）的行为视为悖俗行为[5]。 　797

关于以下问题，瑞士学界之讨论中存在不同见解：瑞士《债务法》第 41 条第 2 款意义上的故意造成损害结果，是否需要达到法技术意义上的 　798

---

〔1〕 BREHM, OR 41 N 239 ff. ; OFTINGER/STARK Ⅱ/1, § 16 N 196; BSK/SCHNYDER, OR 41 N 42 f. ; THOMMEN, S. 96 ff. ; vgl. auch MünchKommBGB/WAGNER, § 826 N 7 ff. ; ferner BUCHER, ZGB 27 N 272 f.

〔2〕 GÖRGé, S. 25 ; BREHM, OR 41 N 242.

〔3〕 BREHM, OR 41 N 235 ff. ; OFTINGER I, S. 127; OFTINGER/STARK Ⅱ/1, § 16 N 193 ff. ; VON TUHR/PETER, S. 416; WERRO, Nr. 389.

〔4〕 BREHM, OR 41 N 235; OFTINGER I, S. 127 f. ; A. KELLER I, S. 151 ; VON TUHR/PETER, S. 416.

〔5〕 BREHM, OR 41 N 53 ff. ; OFTINGER/STARK Ⅱ/1, § 16 N 115 FN 184; BGE 108 Ⅱ 305 E. 2b; a. M. OFTINGER I, S. 130; HONSELL, § 7 N 5; 详见边码 717 以下。

"蓄意"（行为以造成损害为目的）。瑞士《债务法》第 41 条第 2 款中的"故意"悖俗与法技术意义上的"蓄意"，在用词上相同（Absicht），由此，部分学者认为，故意悖俗侵权中的"故意"，需要达到法技术意义上"蓄意"（参见边码 837）之程度[1]，而通说认为故意悖俗侵权类型中的"故意"，包括所有形式的故意（不仅限于"蓄意"，但不包括"过失"）。通说观点的理由是：首先，规定故意悖俗侵权类型时，瑞士法参照了《德国民法典》第 826 条的规定，包含各种类型之"故意"为德国法之原意；其次，比较瑞士《债务法》的其他规定（瑞士《债务法》第 100 条第 1 款，第 193 条第 2 款）发现，其针对加害人行为存在"蓄意"或"重大过失"，规定了相同的法效果。可见，虽然也使用"蓄意"，意为"故意"。因此，"直接故意"与"间接故意"也应该包括在瑞士《债务法》第 41 条第 2 款的"蓄意"（absichtlich）中[2]。

二、适用案件类型

（一）严重（qualifiziert）诱使违约

799　诱使违约本身并不违法[3]，只有在特殊案件事实中，才构成悖俗。诱使违约需满足"严重性"之构成要件，例如出于报复的致害蓄意或恶意欺诈[4]。

800　值得注意的是，与诱使违约案件相关的瑞士《联邦反不正当竞争法》（UWG）第 4 条 a 项规定：以与自己订立合同为目的，诱使（货物、交付成果或服务的）买受人违约的，属于该法规定之不正当行为（Unlauterkeit）。"不正当"之概念可以找到其在侵权法上的体系归位；

---

〔1〕　BREHM, OR 41 N 243.

〔2〕　尤其是：OFTINGER/STARK Ⅱ/1，§ 16 N 217 ff. m. H.；HONSELL，§ 7 N 7；55；BSK/SCHNYDER, OR 41 N 42；BGE 76 Ⅱ 297 E. 7 判决指出，故意悖俗侵权类型以行为人知道和意欲（Wissen und Willen）为要件。

〔3〕　BGE 114 Ⅱ 91 E. 4a aa m. H.；参见边码 714。

〔4〕　BGE 114 Ⅱ 91 E. 4a aa, 52 Ⅱ 376 f. E. 2；s. auch BREHM, OR 41 N 255；WERRO, Nr. 396；GAUCH/SCHLUEP/ SCHMID, Nr. 725 ff.；OFTINGER/STARK Ⅱ/1，§ 16 N 202 ff.；VON TUHR/PETER, S. 416；ZULLIGER, S. 150 ff.

它属于违法性的具体表现形式[1]。

（二）拍卖中的悖俗约定

瑞士《债务法》第 230 条第 1 款规定，以违法或者违反善良风俗方式获 801
得之"拍定"（Zuschlag），拍卖人得撤销之。值得注意的是所谓的
"约定不得参与竞拍"（pactum de non licitando），竞拍人之间达成约
定，竞拍人不进行竞拍，而由对方支付补偿。这一约定系以损害拍卖
人为目的，该竞拍行为悖俗[2]。

同样，若拍卖人与某一竞买人约定，拍定后对方并不事实上负有支付价款 802
和拍卖费的义务［**"约定参与竞拍"**（pactum de licitando）］[3]，则该行为
同样应认定为虚假竞买和违背善良风俗。

（三）其他案件类型

在司法实践中，**未要求的错误建议之提供**（unaufgeforderte Erteilung ei- 803
nes falschen Rats）和**对危险不作提醒和警告**属于违反善良风俗的其他
案件类型[4]。**无理由拒绝签订对相对方生活至关重要之合同，亦视
为违反善良风俗**[5]。出具错误鉴定材料之行为，违背善良风俗，对
此类型案件的"悖俗性"，基本达成共识[6]。

---

　　[1]　BGE 114 Ⅱ 91 E. 4a; diferenziert GAUCH/ SCHLUEP/SCHMID, Nr. 726 f. ; OFTINGER/STARK
Ⅱ/1, § 16 N 70 ff.

　　[2]　BGE 109 Ⅱ 123 E. 2b, 82 Ⅱ 21 E. 1, 51 Ⅲ 19; BREHM, OR 41 N 247; GAUCH/SCHLUEP/
SCHMID, Nr. 673; GUHL/KOLLER, § 41 N 111; 不同观点: HONSELL, § 7 N 11, 认为悖俗的判断标
准为最初的以违反善良风俗方式获得盈利之意图，而非使拍卖人受有损失。

　　[3]　BGE 109 Ⅱ 123 E. 2b m. H. ; BREHM, OR 41 N 247.

　　[4]　BGE 108 Ⅱ 305 E. 2c; vgl. OFTINGER/STARK Ⅱ/1, § 16 N 214; s. auch VON TUHR/
PETER, S. 416 f.

　　[5]　BGE 80 Ⅱ 26 E. 4c; vgl. VON TUHR/PETER, S. 417.

　　[6]　ZR 95, 1996, Nr. 8, S. 26 E. Ⅱ. 2. C.

第七章

过错责任

804　参考文献：VIKTOR AEPLI, Zum Verschuldensmassstab bei der Haftung für reinen Vermögensschaden nach Art. 41 OR, SJZ 1997, S. 405 ff. , insbes. S. 407 ff. , zit. AEPLI, Verschuldensmassstab; ERWIN DEUTSCH, Fahrlässigkeit und erforderliche Sorgfalt: eine privatrechtliche Untersuchung, 2. Aufl. , Köln 1995; DERS. , Der Begriff der Fahrlässigkeit im Obligationenrecht, in: FS für MAX KELLER, Zürich 1989, S. 105 ff. ; WALTER FELLMANN, Der Verschuldens – begriff im Deliktsrecht, ZSR 1987 I, S. 339 ff. , zit. : FELLMANN, Verschuldensbegriff; PETER GAUCH, Grundbegriffe des ausservertraglichen Haftpflichtrechts, recht 1996, S. 234 ff. ; HANS GIGER, Berührungspunkte zwischen Widerrechtlichkeit und Verschulden, in: Hundert Jahre Schweizerisches Obligationenrecht, Jubiläumsschrift, Freiburg 1982, S. 369 ff. , zit. : GIGER, Berührungspunkte; JEAN GUINAND, La responsabilité des personnes incapables de discernement, in: Hundert Jahre Schweizerisches Obligationenrecht, Jubiläumsschrift, Freiburg 1982, S. 397 ff. ; HEINRICH HONSELL, Haftpflichtrecht, § 1 N 9 ff. , § 6; MANUEL JAUN, Haftung für Sorgfaltsp – flichtverletzung, in: HEINZ HAUSHEER (Hrsg.), Abhandlungen zum schweizerischen Recht, Bern 2007; MAX KELLER/SONJA GABI, Das Schweizerische Schuldrecht, Bd. Ⅱ, Haftpflichtrecht, 2. Aufl. , Basel und Frankfurt a. M. 1988; ELISABETH MEISTER – OSWALD, Haftpflicht für ausservertragliche Schädigungen durch Kinder, Diss. Zürich 1981; CHRISTOPH OSWALD, Analyse der Sorgfaltspflichtverletzung im vertraglichen wie ausserver – traglichen Bereich, Diss. Zürich 1988; GIOVANNI PELLONI, Die Grobfahrlä –

ssigkeit Bedeutung in der Schadenpraxis, HAVE 2002, S. 262 ff.; VITO ROBERTO, Verschuldenshaftung und einfache Kausalhaftung: eine überholte Unterscheidung? AJP 2005, S. 1323 ff.; DERS, Schweizerisches Haftpflichtrecht, Zürich 2002, N 216 ff.; ROLAND SCHAER/JEAN – LOUIS Duc/ALFRED KELLER, Das Verschulden im Wandel des Privatversicherungs –, Sozialversicherungs – und Haftpflichtrechts, Basel 1992; PIERRE TERCIER, Cent ans de responsabilité civile en droit suisse, in: Hundert Jahre Schweizerisches Obligationenrecht, Freiburg 1982, S. 203 ff., zit.: TERCIER, responsabilité civile; FRANZ WERRO, La responsabilité civile, Introduction, § 2, N 18 ff., Première partie, Section 2, Sous – section 1; DERS., Die Sorgfaltspflichtverletzung als Haftungsgrund nach Art. 41 OR, ZSR 1997 I, S. 343 ff., zit.: WERRO, Sorgfaltspflichtverletzung; DERS, La capacité de discernement et la faute dans le droit suisse de la respons – abilité, Diss. Fribourg 1986; PIERRE WIDMER, Standortbestimmung im Haftpflichtrecht, ZBJV 1974, S. 289 ff., zit.: WIDMER, Standortbestim – mung; DERS., Gefahren des Gefahrensatzes, ZBJV 1970, S. 289 ff., zit.: WIDMER, Gefahrensatz.

第一节　过错的概念和意义

一、概念

过错系**法律上作负面评价的人类行为方式**（作为或不作为），它是**导致损害发生的原因**。法律上作出否定评价，是对行为人违反注意义务行为的谴责，这也是受害人损害归由致害行为人承担的内在合理性原因［亦即"归责事由"（Zurechnungskriterium）］[1]。

　　805

---

　　[1] vgl. BREHM, OR 41 N 168; FELLMANN, Verschuldensbegriff, S. 341; GAUCH/SCHLUEP/REY, Nr. 2766; GUHL/KOLLER, § 24 N 39 ff.; A. KELLER I, S. 115; OFTINGER/STARK I, § 5 N 13; VON TUHR/PETER, S. 427; WERRO, Sorgfaltspflichtverletzung, S. 369 ff.; BGE 116 Ia 162 E. 2c.

806   侵权法中的过错概念和刑法中的过错概念不尽相同，差别主要体现在过失领域[1]。瑞士《债务法》第 53 条明文规定，法官在判断是否存在过错时，不受刑法上判断标准之约束。

二、意义

807   在**过错责任**领域，过错是除损害、因果关系和违法性（参见边码 666 以下）之外的另一责任构成要件。过错责任是**一般**责任和**补充**责任形式，在没有无过错责任[2]特别规定的情况下，适用过错责任构成要件之规定[3]。此外，过错（赔偿义务人过错或受害人与有过错）同时也系在损害赔偿责任之裁量（参见边码 395 以下）阶段需考量之因素[4]。

808   虽然在判断是否构成**无过错责任**时，不以过错为要件，但是赔偿义务人存在**过错**，有减弱可能的免责事由（参见边码 560 以下）的强度之效果[5]。此外，行为人过错对责任减轻事由也有影响。通说认为，加害人的过错得发生对责任减轻事由的强度之中和效果，尤其在无过错责任中，加害人有过错的，受害人与有过错被中和，亦即行为人仍需对全部损害承担赔偿责任[6]。

809   此外，**合同法**领域原则上采过错责任，但是也存在大量例外规定，例如，对履行辅助人之行为承担责任，不以过错为必要[7]。

---

[1]   vgl. OFTINGER I, S. 156；参见边码 844～845。

[2]   特别法，参见：OFTINGER I, S. 479 ff.

[3]   BREHM, OR 41 N 166；A. KELLER I, S. 132；OFTINGER/STARK I, § 5 N 2；OFTINGER/STARK Ⅱ/1, § 16 N 4 ff.

[4]   BREHM, OR 41 N 167；OFTINGER I, S. 263 f. ；OFTINGER/STARK I, § 5 N 6.

[5]   OFTINGER/STARK I, § 5 N 5；OFTINGER/STARK Ⅱ/1, § 16 N 21.

[6]   HONSELL, § 9 N 26；A. KELLER I, S. 385 f. ；MERZ, SPR Ⅵ/1, S. 225；OFTINGER I, S. 139, 269 f.；BSK/SCHNYDER, OR 44 N 10；BGE 111 Ⅱ 429 E. 3b, 102 Ⅱ 363 E. 3, 97 Ⅱ 339 E. 4, 95 Ⅱ 93 E. 1. 3；对赔偿责任的完全中和持保留意见的：BREHM, OR 44 N 35；BGE 91 Ⅱ 218 E. 2c；持反对意见的：STARK, Skriptum, N 330；s. auch OFTINGER/STARK Ⅱ/1, § 20 N 156 f. , sowie Dies. , Ⅱ/2, § 25 N 555 f. ；涉及过错中和的联邦最高法院判决：BGE 116 Ⅱ 422 E. 4.

[7]   参见瑞士《债务法》第 97 条第 1 款，第 99 条第 1 款；GAUCH/SCHLUEP/REY, Nr. 2766 ff.

第二节　过错的主观要素：认知能力（Urteilsfähigkeit）

瑞士《民法典》第 16 条规定：认知能力指**清醒行为之能力**。具体到侵权行为人，认知能力一方面指行为人对行为之致害效果的认识（**智力要素**，intellektuelle Komponente），另一方面指行为人的意愿，以及按此意愿行为的能力［**意愿要素**（voluntative Komponente）］[1]。

810

一、认知能力对责任能力的意义

（一）原则

（推定）的认知能力作为过错之主观要素，**系过错责任的构成要件**。无认知能力人之行为无所谓过错，因而也不发生损害赔偿责任[2]。

瑞士《民法典》第 14 条中的"成年"（Mündigkeit）非侵权责任之构成要件（瑞士《民法典》第 19 条第 3 款）。无过错责任不以过错为要件，因此也不要求行为人具有认知能力（参见边码 880 以下）。

（二）例外

1. 无认知能力人之公平责任

瑞士《债务法》第 54 条第 1 款规定：法院得依照公平（衡平）原则判定无认知能力之侵权人承担部分或全部损害赔偿责任。该条文的规定虽然对过错的主观要素不作要求，但客观要素方面不受影响，无认知能力侵权人之行为必须在客观上存在过错。亦即，无认知能力之侵权人的行为，**从客观上评价，与具备认知能力人的过错行为相同**，适用瑞士《债务法》第 54 条第 1 款的规定[3]。无认知能力人责任属于无

---

〔1〕　vgl. BREHM, OR 41 N 170 f. ; BUCHER, ZGB 16 N 62, 117；WERRO, Nr. 254 f. ; OFTINGER/STARK I, § 5 N 114；WERRO, N 150 ff. ; DERS. , Sorgfaltspflichtverletzung, S. 255 f. ; BGE 117 Ⅱ 231 E. 2a, 111 V 58 E. 3a, 102 Ⅱ 363 E. 4 m. w. N.

〔2〕　BREHM, OR 41 N 170; OFTINGER/STARK I, § 5 N 112; BSK/SCHNYDER, OR 41 N 51; BGE 117 Ⅱ 591 E. 4 m. H. , 102 Ⅱ 363 E. 4.

〔3〕　BREHM, OR 54 N 17; A. KELLER I, S. 153; OFTINGER/STARK Ⅱ/1, § 18 N 47; BSK/SCHNYDER, OR 54 N 4 f. ; WERRO, Nr. 264; BGE 74 Ⅱ 213, 55 Ⅱ 38, 47 Ⅱ 97；详见瑞士联邦最高法院判决：BGE 102 Ⅱ 226 E. 2b vertreten VON TUHR/PETER, S. 432，持不同观点。

过错责任〔亦称"公平责任"（Billigkeitshaftung）〕[1]。

814 是否承担公平责任，需依照**个案具体情况**进行判断[2]。最重要的标准系行为人与受害人的经济状况[3]，以及行为人对社会平均行为标准之偏离程度，是否存在第三方对赔偿义务之承担可能性[4]。瑞士联邦最高法院在 BGE 74 Ⅱ 213 f. 判决中指出，瑞士《债务法》第 54 条中的公平责任包括精神抚慰金（参见边码 442 以下）。

2. 暂时丧失认知能力人之责任

815 瑞士《债务法》第 54 条第 2 款规定了暂时丧失认知能力人之侵权责任[5]。**若行为人能证明自己对丧失认知能力（而非损害！）无过错**〔过错的提前（Vorverlagerung）〕[6]，则行为人免于承担责任。有学者认为暂时丧失认知能力人之侵权责任系属无过错责任[7]，另有学者则认为，法律对暂时丧失认知能力人之责任规定了举证责任倒置[8]。

816 即使行为人因证明自己对丧失认知能力无过错而免于承担责任，仍得适用瑞士《债务法》第 54 条第 1 款的公平责任[9]。

817 致害行为人的故意或过失，造成自己暂时丧失认知能力的，此故意或过失既可以包括造成认知能力丧失，也可以包括造成损害结果本身，此时构成所谓的原因系行为人自己造成之**原因自由行为责任**（*actio libera in causa*）（瑞士《刑法典》第 19 条第 4 款）。学者凯勒和加比（S. 65, 200

---

〔1〕 BREHM, OR 54 N 8 f.；GUINAND, S. 399；OFTINGER/STARK Ⅱ/1，§ 18 N 4 m. w. N.；参见瑞士联邦最高法院判决：BGE 103 Ⅱ 330 E. 4b aa, 102 Ⅱ 226 E. 2b.

〔2〕 BREHM, OR 54 N 15；HONSELL, § 16 N 4；OFTINGER/STARK Ⅱ/1，§ 18 N 59.

〔3〕 BREHM, OR 54 N 19；OFTINGER/STARK Ⅱ/1，§ 18 N 61；WERRO, Nr. 269；参见瑞士联邦最高法院判决：BGE 115 Ia 111 E. 2, 113 Ia 76 E. 2, 103 Ⅱ 330 E. 4b aa, 102 Ⅱ 226 E. 3b m. H.

〔4〕 BREHM, OR 54 N 38 ff.；OFTINGER/STARK Ⅱ/1，§ 18 N 63 f.；BSK/SCHNYDER, OR 54 N 8 f.；VON TUHR/PETER, S. 432；BGE 103 Ⅱ 330 E. 4b dd；保险问题，详见 WERRO, N 609 ff.

〔5〕 OFTINGER/STARK Ⅱ/1，§ 18 N 79；主要案件类型：服用酒精、药物或毒品。

〔6〕 参见：Guinand, S. 398.

〔7〕 KELLER/GABI, S. 64.

〔8〕 BREHM, OR 54 N 59；OFTINGER/STARK Ⅱ/1，§ 18 N 92.

〔9〕 BREHM, OR 54 N 60；GUINAND, S. 398/9；A. KELLER I, S. 156 f.；OFTINGER/STARK Ⅱ/1，§ 18 N 77；WERRO, Nr. 269.

f.）认为，若行为人自己造成暂时丧失认知能力之状态，可以预见损害
结果，或者甚至希望损害结果发生，则行为人应依照瑞士《债务法》第
41 条承担侵权责任。主要的案件类型是加害人喝酒壮胆实施加害行为，
另有观点认为此类案件应当适用瑞士《债务法》第 54 条第 2 款[1]。

3. 受害人无认知能力的，类推适用瑞士《债务法》第 54 条的规定

无认知能力的受害人与加害人共同造成损害结果的，由于欠缺主观要   818
素，不构成共同侵权或与有过错。在满足构成要件的情况下，准用瑞
士《债务法》第 54 条的规定[2]。

二、确定认知能力之标准

认知能力的相对性（Relativität der Urteilsfähigkeit）是指，**必须结合个案**   819
中行为人的实际情况判断。个案中特殊情况，行为的属性、重要性和
危险性，以及行为发生时受害人的状态（精神状态，心智成熟程度，
健康状况），均为可考虑因素[3]。

与认知能力相联系的主要法律问题和案件有：**未成年人**致人损害问题，   820
以及未成年人为受害人的与有过错[4]。认知能力需个案认定，因此
无法设立严格和统一的年龄限制[5]。这个领域的法院判决尤具有参
考意义。

— 在以下判决中，法院认为当事人具备认知能力：   821

— 9 岁的儿童骑自行车，在没有看清是否没有车辆经过的情况下，   822
即穿越交通量较大的主要道路交叉的路口（BGE 111 Ⅱ 89
ff. ， insbes. E. 1b）；

---

[1]　CR/WERRO, Art. 54 N 15 f. ; OFTINGER/STARK Ⅱ/1 , § 18 N 84.

[2]　BREHM, OR 54 N 51 f. ; A. KELLER I, S. 157; OFTINGER/STARK Ⅱ/1 , § 18 N 99 ff. ; 参见
瑞士联邦最高法院判决：BGE 60 Ⅱ 44 E. 3 m. w. N.

[3]　BREHM, OR 41 N 173; BUCHER, ZGB 16 N 87 ff. ; GUHL/KOLLER, § 24 N 42; HONSELL,
§ 6 N 8 f. ; OFTINGER/STARK I, § 5 N 118; BSK/SCHNYDER, OR 41 N 52; 参见瑞士联邦最高法院判
决：BGE 117 Ⅱ 231 E. 2a, 111 V 58 E. 3a, 109 Ⅱ 273 E. 3.

[4]　vgl. dazu MEISTER – OSWALD, S. 26 ff.

[5]　BREHM, OR 41 N 173; HONSELL, § 6 N 10 ff. ; A. KELLER I, S. 117; BUCHER 则认为
（ZGB 16 N 119），7 周岁以下的未成年人统一认定为无认知能力。

823 — 三名 9 岁的儿童练习弓箭，互相射击，导致其中一人一只眼睛失明（BGE 104 Ⅱ 184 E. 2 und 3）；

824 — 一名 12 岁的儿童拧开电线杆上的固定螺丝（BGE 90 Ⅱ E. 4 und 5）；

825 — 一名 8 岁的儿童在管制性规定明令禁止的情况下在和电车轨道交叉的道路上滑雪橇造成损害（BGE 72 Ⅱ 198 E. 2b；责任减轻 25 %）。

826 — 在以下判决中，法院认为当事人**不具备**识别能力：

827 — 一名 6 岁的儿童奔跑着穿过斑马线，未注意到对面的货车（BGE 89 Ⅱ 56 E. 2a）；

828 — 一名 11 岁的儿童将右手放在静置的升降机停止运转的绳索上，当升降机开始运转时，此儿童的右手被卷入轮轴（BGE 60 Ⅱ 38 E. 3）；

829 — 一名 13 岁的儿童骑自行车横穿铁轨，未注意到已经越来越接近的火车（BGE 71 Ⅱ 117 E. 2）；

830 — 一名 6 岁的儿童，不顾父母告诫，玩火柴引起火灾（SJZ 1969, S. 241 ff.）。

831 （至少是到目前为止的）通说认为，与过错的客观要素不同，不存在不同程度和级别的"认知能力"概念。在特定行为中，只有存在或不存在认知能力的判断[1]。司法实践赞同以上原则和观点，但同时在确定损害结果时，考虑认知能力的程度确定减免未成年人的损害赔偿责任，以及在极为有限的范围内考虑因儿童或青少年与有过错从而减免侵权行为人的责任[2]。

832 兹举一例予以说明：因害怕上学迟到，一名 14 岁的女学生跳上一辆行驶中的火车。在站上踏板的时候，她失去平衡而跌落火车，

---

[1] BREHM, OR 41 N 172 f. ; MERZ, SPR VI/1, S. 229；a. M. BUCHER, ZGB 19 N 395 ff. ; A. KELLER I, S. 118；OFTINGER/STARK I, § 5 N 123；OFTINGER/STARK Ⅱ/1, § 18 N 37 f.

[2] 尤其是在联邦最高法院的以下判决中：BGE 102 Ⅱ 363 E. 4；vgl. auch BGE 116 Ⅱ 422 E. 4, 111 Ⅱ 89 E. 2c, 104 Ⅱ 184 E. 3a, 100 Ⅱ 332 E. 3a m. H. ; 持相同观点的学者：WERRO, Nr. 258 m. H. ; 还包括：MEISTER - OSWALD, S. 96 ff.

摔倒在轨道上。瑞士联邦最高法院认为，尽管一名 14 岁的学生完全可以意识到她的行为的危险性，但是考虑到害怕迟到，情急之下这名孩子丧失理智。由此，法院减免了瑞士铁路 75% 的责任。由此可见，瑞士联邦最高法院在本案中事实上承认了认知能力并非绝对的"全有全无"，可以有程度上的区别[1]。

依据瑞士《民法典》第 16 条的规定，**推定行为人具有认知能力**。[2]主张不具认知能力方需承担举证责任[3]。对于涉及儿童认知能力的判断案件，法院并未在所有情况中遵循认知能力推定的原则[4]。   833

第三节　过错的客观因素：故意或过失

法律上作否定性评价的人类行为——过错行为，以社会平均人的行为作为参照标准。**客观上有过错，是指在特定情形下的行为偏离社会平均人的行为标准**（亦即，尽到注意义务之普通民众在此特定情形下的行为）。对社会平均人的行为标准的偏离越明显，过错程度越严重[5]。   834

一、故意

故意是指**行为人对于构成侵权行为之事实，明知并有意使其发生**；行为人希望损害结果发生或至少意识到并任由损害结果发生[6]。   835
学理上区分蓄意（Absicht）、一般故意（einfacher Vorsatz）和间接故意   836

---

〔1〕 BGE 102 Ⅱ 363 E. 3 – 4；vgl. dazu BREHM, OR 41 N 172；BUCHER, ZGB 16 N 4a；OFTINGER/STARK Ⅱ/1，§ 18 N 38；STARK, Skriptum, N 500 f.

〔2〕 BGE 117 Ⅱ 231 E. 2b m. H.，112 Ⅱ 26 E. 2.

〔3〕 BGE 117 Ⅱ 231 E. 2b, 90 Ⅱ 9 E. 3；in BGE 105 Ⅱ 209 E. 3，瑞士联邦最高法院在判决中指出，瑞士《道路交通法》（SVG）第 59 条第 1 款的适用范围是机动车车主作为受害人具有重大过错，并且对认知能力负举证责任。

〔4〕 BUCHER, ZGB 16 N 127, 132 f.；BGE 90 Ⅱ 9 E. 3.

〔5〕 AEPLI, Verschuldensmassstab, S. 407 ff.；BREHM, OR 41 N 184；OFTINGER/STARK I，§ 5 N 80 ff.；VON TUHR/PETER, S. 429 f.；BGE 116 Ia 162 E. 2c.

〔6〕 WERRO, Nr. 278；BREHM, OR 41 N 192；HONSELL，§ 6 N 30 f.；OFTINGER/STARK I，§ 5 N 44；OFTINGER/STARK Ⅱ/1，§ 16 N 24；BSK/SCHNYDER, OR 41 N 45；s. auch VON TUHR/PETER, S. 427 f.

（Eventualvorsatz）[1]。在责任构成判断阶段，以上区分并无实质意义，但在损害赔偿责任的裁量（瑞士《债务法》第 43 条第 1 款）阶段，不同形式的故意可能对赔偿额有影响（参见边码 395 以下）。

837　　– 蓄意是程度上最高级的故意形式；非法导致损害结果之发生系行为之目的，行为人追求损害结果之发生。

838　　　　例如：寻衅滋事者向窗户投掷石块，目的即在于毁损玻璃，追求此损害结果的发生。

839　　　　需要注意的是，部分学者的观点（也包括瑞士《债务法》自身的规定），并未区分蓄意和故意，并且将两者作为同义词使用[2]。瑞士《债务法》第 41 条第 1 款中的"Absicht"并非法技术意义上之"蓄意"，而是指"故意"[3]。

840　　– **直接（一般）故意**：侵权行为造成的损害本身并非行为人追求之目的，而仅仅为达成其另一目的。

　　　　　例如：入室盗窃者打碎玻璃的行为，仅仅是为了入室盗取价值不菲的油画。

841　　– **间接故意**：尽管行为人并不意欲损害结果发生，但是为了追求其行为目的，他预见到有可能发生损害结果，对此他采取了放任的态度。

842　　　　例如：A 在院子里炸开土地里的茎状物，为开挖游泳池做准备。A 预见到炸药用量较大，有可能殃及邻居的花园。尽管如此，他仍然按计划实施了爆破。

二、过失

（一）概念和问题的提出

1. 客观化的过失概念

843　过失指**在特定情形下欠缺应具备的注意义务**。注意义务需以特定地点、

---

[1]　BREHM, OR 41 N 193 ff. ; HONSELL, § 6 N 30 f. ; A. KELLER I, S. 118 f. ; OFTINGER/STARK Ⅱ/1, § 16 N 23 ; BSK/SCHNYDER, OR 41 N 45.

[2]　vgl. MERZ, SPR Ⅵ/1, S. 217 FN 109 ; OFTINGER I, S. 142 FN 17.

[3]　OFTINGER/STARK I, § 5 N 46 FN 43 ; VON TUHR/PETER, S. 427 FN 3.

特定区域或者特定职业领域通常之行为标准来确定[1]。

有学者持不同观点，认为注意义务之违反构成违法性要件，而不应归类到过错（或过失）概念的判断上[2]。此观点忽略了"应有的注意义务"自始非法律义务违反之判断，而系过错检验中的价值判断范围内的参照标准（参见边码843，以及不同观点：边码805）。

侵权责任法使用的系**客观化的过失**概念。将事实上实施的行为与假设的社会平均人在相同情形下应有的行为标准作比较，从而来确定是否欠缺应具备的注意义务。与社会一般人行为标准的负面偏离，被视为注意义务之违反，亦即行为存在过失[3]。

844

在刑法上使用的则是主观的过错概念，亦即个人的主观可谴责性在判断犯罪嫌疑人行为是否存在过错时起着决定性作用[4]。然而在民法领域，照搬刑法的判断标准会导致有利于侵权人而不利于受害人保护的结果。刑法以制裁犯罪为出发点，而民法则更多地以填补和修复损害为原则[5]。为了实现民法填补损害的基本原则和保护受害人的目的，应采取过错的客观标准[6]。

845

---

　[1]　vgl. CR/WERRO, Art. 41 N 84 f., s. die Kritik N 88 ff.；GAUCH/SCHLUEP/REY, Nr. 2772；HONSELL, § 6 N 17；A. KELLER I, S. 119 f.；OFTINGER I, S. 142 ff.；OFTINGER/STARK I, § 5 N 83, 86；BSK/SCHNYDER, OR 41 N 48；SCHWENZER, N 22. 14 ff.；VON TUHR/PETER, S. 429；参见瑞士联邦最高法院判决：BGE 116 Ia 162 E. 2c；s. auch § 276 BGB sowie Art. 12 Abs. 3 StGB；zu Begriff und Massstab der Sorgfalt ferner Oswald, S. 43 ff.

　[2]　ROBERTO, Haftpflichtrecht, § 7 N 220.

　[3]　BREHM, OR 41 N 184；WERRO, Nr. 242；HONSELL, § 6 N 18；OFTINGER/STARK I, § 5 N 83；SCHWENZER, N 22. 15；BSK/SCHNYDER, OR 41 N 48；参见瑞士联邦最高法院判决：BGE 116 Ia 162 E. 2c.

　[4]　BGE 122 IV 17 ff., 122 IV 133 ff., 121 IV 10 ff.

　[5]　参见研究委员会报告，S. 18；OFTINGER I, S. 45；zur sog. Ausgleichsfunktion in der deutschen Lehre：MünchKommBGB/OETKER, § 249 N 8；LARENZ, Schuldrecht I, § 27 I, S. 424；LARENZ/CANARIS, Schuldrecht Ⅱ/2, § 75 I, S. 354；MünchKommBGB/WAGNER, vor § 823 N 32；vgl. im Übrigen vorn N 12.

　[6]　vgl. OFTINGER I, S. 144 f.；OFTINGER/STARK I, § 5 N 79 m. H. auf die Praktikabilität des Haftpflichtrechts；zur Situation im Vertragsrecht s. GAUCH/SCHLUEP/REY, Nr. 2785 f.

2. 过失概念客观化导致结果

846 过失概念的客观化导致的结果是，在判断过错要件时，基本上不考虑行为人的主观情况，即使行为人因特殊情况，主观上本不应受到谴责，但是仍然需要承担侵权法上的责任，例如：行为人由于承受严重的个人问题以致在道路上开车时精神不够集中[1]。

847 但是，客观化的过失概念并非僵硬的、对所有行为人同等对待的标准[2]。应有的注意义务系针对某一特定类别的行为人，例如勤勉负责的医生或者谨慎小心的少年的平均行为标准。行为人的**主观情况**，则主要为例如年龄、职业、经历，有些情况下也包括性别（女性的体力）等因素[3]。此外，认知能力构成过错客观化的界线[4]；在这些方面，行为人的主观要素与侵权责任的认定具有相关性。

848 注意义务的判断还取决于行为的类型、重要性和危险程度[5]。若在毫无从事某一行为的能力和知识水平的情况下，仍然行为，则此行为人不得援引能力和知识的欠缺作为抗辩理由；在此类情形下，行为人应该选择不作为，否则，行为人存在所谓的"从事行为的过错"（Übernahme-verschulden）[6]。

849 社会平均人应有的注意义务要件，并不是指**通常情况下的**（üblich）注意义务，而是指**特定情况下的**注意义务；一项通行做法或习俗惯例（Brauch）随着时间变迁，亦可能成为不符合习俗之权利滥用行为（Missbrauch）[7]。

---

〔1〕 BREHM, OR 41 N 190；A. KELLER I，S. 119 f.；OFTINGER/STARK I，§ 5 N 84；BSK/SCHNYDER, OR 41 N 48；BGE 88 Ⅱ 448 E. 2c，69 Ⅱ 332 f.

〔2〕 BSK/SCHNYDER, OR 41 N 48.

〔3〕 BREHM, OR 41 N 184；A. KELLER I，S. 119 f.；OFTINGER/STARK I，§ 5 N 86，91 ff.；BGE 111 Ib 192 E. 4，96 Ⅱ 34 E. 2，89 Ⅱ 222 E. 3a.

〔4〕 OFTINGER/STARK I，§ 5 N 113；参见边码810以下。

〔5〕 OFTINGER I，S. 147；OFTINGER/STARK I，§ 5 N 86 ff.；VON TUHR/PETER，S. 430；参见瑞士联邦最高法院判决：BGE 117 Ⅱ 547 E. 4，111 Ib 192 E. 4a，93 Ⅱ 345 E. 4.

〔6〕 vgl. GAUCH/SCHLUEP/REY, Nr. 2792；HONSELL，§ 6 N 17；OFTINGER/ STARK I，§ 5 N 86；VON TUHR/PETER，S. 430；BGE 93 Ⅱ 317 E. 2e bb，84 Ⅱ 292 E. 2b.

〔7〕 BREHM, OR 41 N 186；A. KELLER I，S. 122 f.；OFTINGER I，S. 148；VON TUHR/PETER，S. 430；参见瑞士联邦最高法院判决：BGE 94 Ⅱ 157 E. 4a，93 Ⅱ 345 E. 4 m. H.，89 Ⅱ 118 E. 2b："反复实施权利滥用，亦不得成为惯例"。

例如：在瑞士汝拉州（Jura），人们对放马吃草之草坪习惯不围栅栏，几百年来已成通行做法。以马驹和货车相撞一案为契机，瑞士联邦最高法院在判决中指出，鉴于道路交通日渐繁忙拥挤，不围栅栏导致马匹可以不受阻碍地任意进入街道的行为，应当认定为没有尽到应有的注意义务[1]。 　　850

严格的客观标准也存在例外，这些例外构成对客观标准的弱化。在受到惊吓情况下的**不当条件反射**（Fehlreaktion），客观上应受到谴责，但法院判决行为人不承担侵权责任[2]。行为人在危险情况中没有或仅有极短的反应时间，在司法实践中将这一事实作为确定是否成立责任之因素；对于此类特殊情形下的行为不应设定严格的注意义务标准。若造成损害的行为和措施，从比较长远和全面的角度考虑，属于合目的的，并且是行为人被迫在极短时间内必须做出反应时的行为，则应当认定行为不存在过错[3]。 　　851

3. 批评意见

学界对过失判断的客观化提出了各种质疑。因为"客观过失"的判断标准，不以行为人主观上具有可谴责性为必要（行为人尽到**自己的**全部努力和可能性也无法达到社会平均人应有的谨慎注意水平的，仍认定行为人存在过失，需承担侵权责任），由此就有一部分学者提出，过错判断的客观标准，实际上导致"无过错的过错责任"（Verschuldenshaftung ohne Verschulden）[4]，或是通过另一种方式引入了无过错责任[5]，或是对义务违反做了两次重复判断（违法性要件和过错要件）[6]。出于受害人利益的保护和侵权责任法的可操作性考 　　852

---

〔1〕　BGE 85 Ⅱ 243 ff., insbes. E. 1.

〔2〕　BGE 102 Ⅱ 232 E. 3a, 88 Ⅱ 448 E. 2c, 68 Ⅱ 127 E. 6；vgl. dazu auch OFTINGER/STARK I, § 5 N 94.

〔3〕　BGE 102 Ⅱ 232 E. 3a；vgl. BREHM, OR 41 N 188 f.（学者认为对于过错客观判断之例外，应当缩限适用）；A. KELLER I, S. 120 ff.；OFTINGER I, S. 148；STARK, Skriptum, N 460. 若突然出现的危险情形系受害人先前行为所造成，则不予考虑（BGE 90 IV 39 ff., 83 Ⅱ 409 E. 3, 58 Ⅱ 32 f.；BREHM, OR 41 N 189；A. KELLER I, S. 121.）。

〔4〕　TERCIER, responsabilité civile, S. 210；vgl. auch Giger, Berührungspunkte, S. 372 ff.

〔5〕　WIDMER, Standortbestimmung, S. 297.

〔6〕　HONSELL, § 6 N 21, 学者提出了非常值得关注的修正意见。

虑，通说认为过失判断的客观标准具有合理性[1]。

853 　马克斯·凯勒认为受害人角度具有重要，至少是**同等**重要的意义。
重要意义在于，在考虑行为人应有的注意义务时，应该考虑在具体
情形下受害人所期待的行为人尽到的注意；亦即，只有受害人**可认
识到**或者事实上认识到的情况，才予以考虑[2]。

854 　瑞士联邦参议院提出的《修订与统一责任法的联邦立法草案》将过
失定义为：致害行为人对在特定情形中以及依照其个人情况应有的
注意义务的违背（《草案》第 48a 条第 1 款）。由此可见，预备草
案对过失概念进行了**很大程度上**的主观化（bedeutsame Subjektivi-
erung）[3]。这同样体现在注意义务的判断标准上；致害行为人的
注意义务依据年龄、教育程度、知识水平以及其他的能力和品性加
以判断（《草案》第 48a 条第 2 款）。

（二）类型

855 　立法上，在个别条文中区别规定了重大过失和轻过失（例如：瑞士
《债务法》第 100 条第 1 款，第 248 条第 1 款，第 452 条第 1 款）。在学
说和司法实践中，进一步区分了中度过失或称普通过失[4]。

856 　部分学者将刑法中的**轻信的过失**（bewusste Fahrlässigkeit）（行为人
认识到致害可能性，轻信可以避免损害结果发生）和**疏忽大意的过
失**（unbewusste Fahrlässigkeit）（行为人虽未认识到致害可能性，但
是在尽到应有的注意义务时应该认识到）引入到侵权法理论[5]。

---

[1] A. KELLER I, S. 119 f.；MERZ, SPR VI/1, S. 218；OFTINGER/STARK I, § 5 N 81；
PORTMANN, Verhaltensunrecht, S. 279 f.；SCHWENZER, N 22. 20；WERRO, Sorgfaltspflichtverletzung,
S. 372 f.，过失判断的主观标准和客观标准的区别以及反对主观认定的理由：s. auch CR/WERRO,
Art. 41 N 88 ff. sowie WERRO Nr. 240 ff.；参见瑞士联邦最高法院判决：BGE 116 Ia 162 E. 2c, 112 Ⅱ 172
E. I. 2c；a. M. VON TUHR/PETER, S. 430；kritisch FELLMANN, Verschuldensbegriff, S. 351 ff.；s. für das
Vertragsrecht auch GAUCH/SCHLUEP/REY, Nr. 2786 ff.

[2] KELLER/GABI, S. 59：劳动关系中的责任判断标准。

[3] 持赞同观点的学者：Guhl/Koller, § 24 N 43.

[4] vgl. BREHM, OR 41 N 196 ff.；BGE 100 Ⅱ 332 E. 3a.

[5] BREHM, OR 41 N 197；学者 OFTINGER/STARK I, § 5 N 111 认为，这一区分在实践中几乎
无实质意义。

这些学者并没有说明三分法——重大过失、中度过失和轻过失——之间的关系[1]。

1. 重大过失

重大过失是指**最基本的注意义务所要求的水平**都未达到而实施的行为。致害行为人没有尽到在具体情形下在任何理性人看来均为合理的义务[2]。致害人重大过失行为在普通人看来系"完全不能理解的"（schlechthin unverständlich）[3]。

例如：

- 某人深夜归来没有带钥匙，因为住在 1 楼，于是决定从卧室窗户进入住宅。为此他需要跳跃 1.4 米宽，2.6 米深的通往地窖的下坡楼梯通道，但是他并不确定卧室窗户是否敞开。最后发现窗户紧闭，他在没有支撑物的情况下，无法爬上地面，跌落 2.6 米深的下坡楼梯通道（BGE 98 V 227 ff.）。
- 安装吊车的技术工人没有做好足够的滑轮轨道保护措施，将操纵杆放在"开动"的位置上，接通了电源，没有注意到滚轴位置。吊车跌落毁坏两幢建筑和路面（BGE 92 Ⅱ 234 ff.）。

  其他司法实践中的判例，参见：BREHM，OR 41 N 202；A. KELLER I，S. 128 f. 等。

不仅在侵权法上，在以上已经提到的具体法律规定中，行为是否存在重大过失均具有重要意义，只有构成重大过失，才发生相应的法律效果（瑞士《债务法》第 100 条第 1 款，第 101 条第 3 款或 248 条第 1 款，瑞士《联邦意外事故保险法》第 44 条，瑞士《联邦保险合同法》第 14 条）。中断行为人与损害结果之间的因果关系，以受害人或第三人的重大过错为要件（参见边码 560 以下）。此外，过错程度在赔偿责任裁量方面（参见边码 395 以下），也具有重要意义。

857

858

859

---

[1]　BREHM，OR 41 N 197 认为，这一区分仅在重大过失内部适用。

[2]　BREHM，OR 41 N 197；OFTINGER/STARK I，§ 5 N 107；BSK/SCHNYDER，OR 41 N 49；参见瑞士联邦最高法院判决：BGE 121 V 40 E. 3b，119 Ⅱ 443 E. 2a，115 Ⅱ 283 E. 2a，111 Ib 192 E. 3，108 Ⅱ 422 E. 2 m. H.，107 Ⅱ 161 E. 7c.

[3]　A. KELLER I，S. 127.

2 普通（中度）过失［Gewöhnliche (mittlere oder mittelschwere) Fahrlässigkeit］

860 瑞士联邦最高法院于 1974 年引入和确立了在立法中没有明确规定的中间级别的过失[1]。大部分学者接受了法院关于普通（中度）过失的分类[2]，或者至少对此表示认可[3]。

861 在确定是否存在这个中间级别的过失时，主要存在的问题是，法院在定义普通（中度）过失概念时[4]，采用的是反向定义的方法：若过失非轻过失，亦未达到可适用瑞士《债务法》第 44 条第 2 款的严重程度，则构成中度过失。然而，在界定"轻过失"时已经采取了反向定义的方式（参见边码 863）。

862 在瑞士联邦最高法院判决 BGE 100 Ⅱ 332 ff. 中，事实情况如下：三名 9 岁的儿童在街上玩火柴。一位村民让其回家，他们就从街上跑开，进入一个谷仓玩耍。其中一名男孩将火柴抛向空中点着了干草，引起火灾。

3. 轻过失

863 轻过失是**对应有的注意义务的较轻微的违反**[5]。对"轻过失"，常常采取反向定义的方式："轻过失在程度上没有其他过失类别那么严重"[6]，或者"行为人违反了应有的注意义务，但是重大过失的程度尚未满足，此时的行为构成轻过失"[7]。反对"中度过失"的学者认为非重大过失之过失，均为轻过失[8]。致害人的行为具有轻过失时，尽管仍应受到较轻程度的谴责，但"尚在可理解范围"；这一程度的注意义务的违反，是"有可能发生"的，"在可理解和接的受范围内"[9]。

---

[1] BGE 100 Ⅱ 332 E. 3a.

[2] BREHM, OR 41 N 198；GUHL/KOLLER, § 24 N 41.

[3] GAUCH/SCHLUEP/REY, Nr. 2778；反对意见：A. KELLER I, S. 119；OFTINGER I, S. 153 FN 95：持不同观点。

[4] BGE 100 Ⅱ 332 E. 3a.

[5] vgl. GAUCH/SCHLUEP/REY, Nr. 2778.

[6] BREHM, OR 41 N 199.

[7] KELLER/GABI, S. 55.

[8] A. KELLER I, S. 119；OFTINGER I, S. 153；vgl. auch OFTINGER/STARK I, § 5 N 109；BSK SCHNYDER, OR 41 N 50.

[9] A. KELLER I, S. 127.

兹举一例予以说明：一名蒸汽式压路机的驾驶员在向后行驶时，碾轧到一名工人，致使该工人当场死亡。当时，司机正将头向左转，看压路车是否和地面划定的标线对齐，因此没有从后视镜中看到工人。鉴于当时的情况（工地上仅同单位的工人在场，压路车的速度很慢，因此不应发生没有看到或者听到的情况），法院判定司机的行为具有轻过失[1]。

需要注意的是，行为人具有轻过失的情形，也需要承担全部损害赔偿责任。只是在赔偿责任的裁量中（参见边码 395 以下），法院可以考虑行为人仅具有轻过失这一事由而酌情减轻赔偿责任[2]。

（三）确定过失之辅助手段

1. 危险控制原则

（至少是到目前为止的）通说认为，危险控制原则系确定过错，而非判断违法性要件之辅助手段[3]。

危险控制原则：导致（或维持）危险状态之人，从可观察和认识到的具体情况分析，有可能导致他人损害时，负有义务采取措施防止损害之发生[4]。从可观察和认识到的具体情况分析，由于某人的行为导致损害结果发生的可能性增加，即可认定造成或维持了危险控制原则中所指的"危险状态"[5]。

例如：

- 在餐厅存放上有子弹的枪支（BGE 112 Ⅱ 138 E. 3a）；
- 出售易燃的清洁用品（BGE 96 Ⅱ 108 ff. ）；
- 建筑物内因地面施工存在井、沟、坑等（BGE 95 Ⅱ 93 E. 2）。

违反危险控制原则，行为人具有过错；违反危险控制原则者，构成注

864

865

866

867

868

869

---

[1]　BGE 104 Ⅱ 259 ff.

[2]　BREHM, OR 41 N 200; OFTINGER/STARK I, § 5 N 105 FN 120; 参见瑞士联邦最高法院判决：BGE 92 Ⅱ 234 E. 3b.

[3]　BREHM, OR 41 N 51; OFTINGER/STARK I, § 4 N 44; OFTINGER/STARK Ⅱ/1, § 16 N 26 ff. , 107; STARK, Skriptum, N 240, 271; a. M. A. KELLER I, S. 120; OFTINGER I, S. 129; sowie BSK/SCHNYDER, OR 41 N 38; s. dazu v. a. vorn N 755 f.

[4]　参见瑞士联邦最高法院判决：BGE 126 Ⅲ 113 E. 2a; 参见边码 753。

[5]　OFTINGER/STARK Ⅱ/1, § 16 N 28.

意义务之违反〔1〕。若法秩序已经以明文规定的方式对他人的法益进行保护，或者规定了在特定情形下当事人应有的注意义务，则无须援引危险控制原则。

870 然而，危险控制原则并不能从损害结果发生之事实倒推得出，行为人导致了危险状态，并且没有采取足够的防范措施的结论〔2〕。

871 理论界存在争议的问题是，是否导致和维持危险状态本身，就足以构成过错要件〔3〕，还是必须结合未采取应有的保护措施〔4〕，始得认定过错成立。这两位学者的观点是原则上需要结合未采取保护措施，才成立过错，这一立场值得赞同。只有在例外情况下，即行为人导致危险状况，并且这种危险状况发生时，在人类认识范围内尚不存在有效的保护措施可以防止损害结果发生；此时，仅仅导致和维持危险状态本身即构成过错〔5〕。

2. 其他辅助原则

（1）违反管制规范（polizeiliche Vorschriften）

872 管制性规范具有在特定情形中具体化侵权法上要求的"应有的注意义务"的功能，例如：道路交通或工程作业。若此类管制性规范具有防止损害结果发生的目的和功能，则对它们的违反至少可以成为违反注意义务之初步证据〔6〕。

873 例如：为了防止道路交通中的事故，应该建造天桥。

874 反过来说，并不能一概认为，遵守了相关管制性规范，行为人就一定不

---

〔1〕 Brehm, OR 41 N 201；OFTINGER I, S. 150；学者 A. KELLER I, S. 120 认为，违反危险控制原则，行为人不仅具有过错，同时还构成违法性要件；OFTINGER/STARK Ⅱ/1, § 16 N 31 f. 认为，违反危险控制原则的判定，要求至少行为人认识到危险状况；瑞士联邦最高法院在 BGE 90 Ⅱ 9 E. 4 判决中也要求致害行为人认识到其行为导致了危险状态发生。

〔2〕 OFTINGER/STARK Ⅱ/1, § 16 N 34；参见瑞士联邦最高法院判决：BGE 54 Ⅱ 456 E. 3；vgl. auch WIDMER, Gefahrensatz, S. 306.

〔3〕 OFTINGER/STARK Ⅱ/1, § 16 N 26.

〔4〕 KELLER/GABI, S. 62.

〔5〕 KELLER/GABI, S. 62.

〔6〕 BREHM, OR 41 N 187；A. KELLER I, S. 123 f.；OFTINGER I, S. 149 f.；OFTINGER/STARK I, § 5 N 98；OFTINGER/STARK Ⅱ/1, § 19 N 76；参见瑞士联邦最高法院判决：BGE 89 Ⅱ 38 E. 4c, 78 Ⅱ 344，当然，具体事实情况可以对当事人提出不同于管制性规范的要求，以达到"应有的注意义务"水平。OFTINGER I, S. 150；OFTINGER/STARK I, § 5 N 98；BGE 32 Ⅱ 239, 31 Ⅱ 36.

存在过错。个案的具体情况可以要求当事人承担更多的注意义务，因此，对抽象规范的遵守并不能得出在任何案件中均满足注意义务之要求的结论[1]。

（2）违反公权力机关之许可和承认

上段所述的违反管制性规范和侵权责任的认定的基本理论，也适用于违反公权力机关之许可和承认的情况。需要注意的是，得到公权力机关之许可和承认并不能自始排除侵权责任法中的过错[2]。

875

> 例如：当事人的房间系由丙烷提供照明，通风不足，当事人酒醉后去盥洗室洗澡，最后一氧化碳中毒死亡。安装的工人对此应承担侵权责任。该工人辩称：整个建筑得到建筑管理部门的认可。但是依据他的经验不可能不知道，此类缺陷常常会被建筑许可部门所忽略。因此他的抗辩不能成立（BGE 92 IV 86 ff.）。

876

（3）嗣后采取的保护措施

损害事件发生以后采取的防止将来类似损害发生的安全防护措施，并不能说明行为人承认了至损害发生时所采取的措施不足以被认定为履行了应有的注意义务。在某一致害案件中，行为人自愿采取了"应有的注意义务"要求以外的进一步的安全保护措施[3]。

877

（4）先前的致害事件

当事人的行为或者一个危险状态在相当长时间内**没有**导致损害结果的发生，并不意味着可以排除当事人"未尽到注意义务"。行为人客观上未尽到注意义务，但是损害结果一直没有发生，可能是出于意外事件，并不能排除致害事件实际发生时行为人的侵权责任[4]。

878

---

〔1〕　A. KELLER I, S. 123, 207; OFTINGER/STARK I, § 5 N 98; OFTINGER/STARK II/1, § 19 N 76; 参见瑞士联邦最高法院判决：BGE 87 II 301 E. 5a, 72 II 177 f. E. 2, 71 II 123 E. 3b.

〔2〕　A. KELLER I, S. 123, 207; OFTINGER/STARK I, § 5 N 101 f.; OFTINGER/STARK II/1, § 19 N 76; BGE 92 IV 86 ff., 91 II 201 E. 3d, 90 IV 8 E. 2, 87 II 301 E. 5a, 71 II 123 E. 3b.

〔3〕　A. KELLER I, S. 104, 185; OFTINGER/STARK II/1, § 19 N 85; 参见瑞士联邦最高法院判决：BGE 87 II 301 E. 5a; vgl. auch BGE 121 III 358 E. 4b, 在本案中，当事人嗣后在雪道上垫入许多树木；需要注意的是，在这个案件中，法院判决当事人违反了合同上的附随义务（雪道安全保障作为所谓的"交易中的安全保障义务"，参见边码756a）。

〔4〕　A. KELLER I, S. 122, 207; OFTINGER/STARK II/1, § 19 N 85.

879 若因某一个特定行为或者某一设施之设立，已经**反复**发生过许多件致害事故，则此一事实可以作为存在过失之表面证据。但是此类致害事件屡次发生之事实并不能成为证明当事人违反应有的注意义务之决定性证据〔1〕。

_____

〔1〕 A. KELLER I, S. 122, 206 f. ; OFTINGER/STARK Ⅱ/1, § 19 N 85; BGE 87 Ⅱ 301 E. 5a.

第三编

无过错责任

第八章

一般（普通）无过错责任
[Einfache（gewöhnliche）Kausalhaftungen]

无过错责任的特征与分类概说，参见边码64以下。

普通无过错责任**不以赔偿义务人的过错作为构成要件**。部分学者认为，普通无过错责任的共同特征系存在某种客观的注意义务，而以某种特定形式违反这一注意义务的（eine besonders geartete Missachtung），构成无过错责任[1]。部分学者则认为，并非所有普通无过错责任均以注意义务之违反为构成要件[2]。另有学者的观点是：普通无过错责任系内部存在不同结构的一种责任分类。它们的共同特点仅在于：首先它们均属于不问过错责任，其次它们不属于与危险设备和危险行为相联系的危险责任[3]。

880

一些学者提出，普通无过错责任属于过错责任中的举证责任倒置[4]。通说和瑞士联邦最高法院未采纳此观点[5]。

881

学者凯勒在 A. KELLER I, S. 48 中指出，普通无过错责任作为介于过错责任和纯粹无过错责任之中间责任类型，其内部各类型的共同特征系违反客观法规定（Ordnungswidrigkeit oder Unregelmässigkeit）。

882

---

〔1〕 WERRO, Nr. 22；OFTINGER/STARK Ⅱ/1, § 17 N 6.

〔2〕 OFTINGER I, S. 26, 认为仅有瑞士《债务法》第55条、第56条、第58条，以及瑞士《民法典》第333条；BREHM 则认为仅有瑞士《债务法》第54条：BREHM, OR 54 N 8；TUHR/PETER 认为，建筑物及其他工作物责任不在此列：TUHR/PETER, S. 443, 456.

〔3〕 OFTINGER I, S. 26.

〔4〕 vgl. die Nachweise bei BECKER, OR 55 N 1.

〔5〕 BREHM, OR 55 N 31；OFTINGER I, S. 28；BGE 110 Ⅱ 456 E. 2.

学者洪塞尔在 HONSELL, Vorbem. zum 2. Abschnitt S. 139 中，主张
应该放弃弱化的无过错责任（milde Kausalhaftung）和严格的无过
错责任（scharfe Kausalhaftung）之区分。潜在的赔偿义务人得举证
免责事由（Exzeptionsbeweis），即无须承担责任的案件类型，属于
过错责任的举证责任倒置（vgl. auch § 1 N 23）。

883 尽管在**无过错责任**的法律中没有明文规定，但仍应将**违法性**作为此类责
任类型的构成要件[1]，并未明确表明立场；学者则认为[2]，违法性要
件在无过错责任类型中不具有独立构成要件之地位。

884 属于普通无过错责任的，主要有：

885 — 事务所属人责任，瑞士《债务法》第 55 条；

886 — 动物饲养人责任，瑞士《债务法》第 56 条；

887 — 建筑物及其他工作物所有人责任，瑞士《债务法》第 58 条；

888 — 家长对家庭中未成年人和精神有障碍者的行为承担责任，瑞士《民
法典》第 333 条；

889 — 土地所有人责任，瑞士《民法典》第 679 条；

890 学者奥夫汀格和史塔克指出[3]，土地所有人责任与其他普通无
过错责任不同，它涉及相邻关系中对他人物权之侵犯。但无论如
何，对于土地所有人责任属于普通无过错责任，并无异议[4]。

891 — 瑞士《联邦产品责任法》中规定的（至少是部分的）产品责任；

892 — 无认知能力人之责任，瑞士《债务法》第 54 条（参见边码 813 以
下）；

893 — 因经营特殊设施或从事危险活动造成离子放射线危害的责任，瑞士
《辐射防护法》（StSG）第 39 条第 1 款（参见边码 1353）。

894 普通无过错责任又被称为**弱化的**无过错责任（milde Kausalhaftung），潜
在的赔偿义务人得举证**免责事由**（Exzeptionsbeweises），亦即，潜在赔

[1] OFTINGER/STARK I, § 4 N 55 f.; OFTINGER/STARK II/2, § 24 N 32; BGE 112 II 118 E. 5e; BGE 116 II 480 E. 5.
[2] WERRO, Nr. 283.
[3] OFTINGER/STARK II/1, § 17 N 2.
[4] vgl. OFTINGER/STARK II/1, § 19 N 17.

偿义务人证明自己已经尽到应有的注意义务，即得免责[1]。**弱化的无过错责任**规定在瑞士《债务法》第55条、第56条和瑞士《民法典》第333条。这些责任的构成均以注意义务的违反为要件。潜在赔偿义务人证明自己已经尽到应有的注意义务，即得免责（参见条文文意，这些条文规定了特定情形下应有的注意义务）。

学者在以下文献中也使用了"弱化的无过错责任"（milde Kausal - haftung）概念：BREHM, OR 55 N 32, OR 56 N 31, OR 58 N 91；A. KELLER I, S. 48 f. , sowie OFTINGER/STARK I, § 1 N 39 f. ，但这些学者提出此概念似乎旨在区分普通无过错责任与危险责任。

895

第一节　事务所属人责任（瑞士《债务法》第55条）

896

参考文献：MARTIN HOFER/SASKIA SCHMID - GEENE, Die Haftung priva - tisierter Spitäler - ein Überblick, HAVE 2002, S. 196 ff. ; HEINRICH HONSELL, Haftpflichtrecht, § 13；JOACHIM HUBER, Die analoge Anwendung der vertraglichen Gehilfenhaftungsvorschrift bei Delegation von Verkehrspflichten in Deutschland, der Schweiz und Österreich. Zugleich ein Beitrag zum Stand der deliktischen Gehilfenhaftung in diesen Ländern, München 1997；MANUEL JAUN, Zur gegenwärtigen und künftigen « ratio legis » der Geschäftsherrenhaftung, in：FS HAUSHEER, Bern 2002, S. 581 ff. ; THOMAS KOLLER, Die Haftung des Arbeitgebers und das Sozialversicherungsrecht, AJP 1997, S. 428 ff. , insbes. S. 433 f. ; HANS NATER, Die Haftpflicht des Geschäftsherrn gemäss OR 55 angesichts der wirtschaftlich - technischen Entwicklung, Diss. Zürich/Bern/Frankfurt am Main 1971；URS CH. NEF, Die Werkeigentümerhaftung gemäss Art. 58 OR - Anwendungen zur haftungsbeg - ründenden Ursache, in FS KRAMER, Basel/Genf/München 2004, S. 853 ff. ; MARTIN PETRIN, Fortentwicklung der Geschäftsherrenhaftung in der Schweiz, Diss. St. Gallen/Zürich 2004 = SGRW Bd. 7；PETER PORTMANN, Organ und

---

[1]　Guhl/Koller, § 25 N 2；von Tuhr/Peter, S. 444.

Hilfsperson im Haftpflichtrecht, Bern 1958; CORNELIUS RENNER, Die deliktische Haftung für Hilfspersonen in Europa, Diss. Berlin 2002; VITO ROBERTO, Schweizerisches Haftpflichtrecht, Zürich 2002, N 294 ff. , N 346 ff. ; PHILIPPE SPITZ, Deliktische Eigenhaftung von Organ – und Hilfspersonen, SJZ 2003, S. 165 ff. ; BERNHARD STUDHALTER, Die Berufung des präsumtiven Haftpflichtigen auf hypothetische Kausalverläufe, Diss. Zürich 1995; OLIVER WAESPI, Organisationshaftung: Risiko und Unsorgfalt bei der Geschäftsherren – haftung, Diss. Bern 2005; DERS. , Organisationshaftung – mit ungleichen Ellen gemessene Wertungswidersprüche bei der Geschäftsherrenhaftung gemäss Art. 55 OR im Vergleich mit der Haftung aus positiver Vertragsverletzung, der Staatshaftung und der Werkeigentümerhaftung, HAVE 2004, S. 271 ff. ; MURIEL VAUTIER EIGENMANN, La responsabilité civile pour la certification de produits et d'enterprises en droit suisse, Diss. Zürich 2005; FRANZ WERRO, La responsabilité civile, Première partie, Section 2, Sous – section 2, § 2.

一、性质与意义

897 瑞士《债务法》第 55 条〔1〕规定了为他人行为承担侵权责任：**事务所属人对其辅助人造成之损失承担无过错责任**。除此之外，瑞士《债务法》第 101 条也在合同法领域作了相对应规定。辅助人责任归由事务所属人承担的（内在合理性）为：借助他人为自己的工作和活动扩张范

---

〔1〕 译者注：Art. 55 OR（Haftung des Geschäftsherrn）

1 Der Geschäftsherr haftet für den Schaden, den seine Arbeitnehmer oder andere Hilfspersonen in Ausübung ihrer dienstlichen oder geschäftlichen Verrichtungen verursacht haben, wenn er nicht nachweist, dass er alle nach den Umständen gebotene Sorgfalt angewendet hat, um einen Schaden dieser Art zu verhüten, oder dass der Schaden auch bei Anwendung dieser Sorgfalt eingetreten wäre.

2 Der Geschäftsherr kann auf denjenigen, der den Schaden gestiftet hat, insoweit Rückgriff nehmen, als dieser selbst schadenersatzpflichtig ist.

试译为：瑞士《债务法》第 55 条（事务所属人责任）

1. 事务所属人对其雇员或其他辅助人在执行工作事务过程中造成之损失承担无过错责任。但其能证明已经尽到应有之注意义务避免此类损失发生，或者仅是尽到应有之注意义务损害同样会发生的除外。

2. 事务所属人对造成损害之人在可归责于其的范围内，享有追偿权。

围之人，亦当承担此第三人造成之损害，即受其利者，亦须任其害[1]。此外，引入（较之过错责任有所强化的）事务所属人责任的合理性还在于，对受害人而言，即便知道损害来自某一企业，往往仍然无法确定真正的肇事人[2]，因而由企业来承担责任。最后，行为伴随着风险，损害结果由事务所属人承担，相较由事务辅助人自己承担，更能激发辅助人行为，此系事务所属人无过错责任规定的另一理由[3]。

受害人仅需证明损害原因发生于营业领域之内，而无须确定其中具体造成损害之肇事者[4]。

898

需特别注意的是，辅助人造成损害属于其他普通无过错责任或危险责任的，在满足相应的构成要件的情况下，事务所属人作为赔偿义务人对辅助人造成的损害承担无过错责任[5]。

899

例如：小狗的饲养人暂居国外一段时日，托付其妻对小狗进行照管。趁妻子不在之时，小狗跑到公路上造成一起严重交通事故。即便瑞士《债务法》第55条的关于辅助人责任的构成要件（尤其是隶属关系要件）不满足，小狗饲养人作为瑞士《债务法》第56条中的"动物饲养人"，仍需为其妻之行为承担侵权责任[6]。

900

事务所属人责任非属**过错责任**之举证责任倒置[7]。事务所属人责任与过错责任要求的"过错"不同：首先，前者并不以过错的主观方面，亦即识别能力为构成要件；其次，事务所属人的"未尽必要注意义务"（Unsorgfalt）相较于过错责任中的"过错"要件，在更大程度上被客

901

[1] WERRO, Nr. 437；BREHM, OR 55 N 4；OFTINGER I, S. 36 FN 131；参见瑞士联邦最高法院判决：BGE 50 Ⅱ 470 E. 2；nach OFTINGER/STARK Ⅱ/1, § 20 N 11，但这一理念适用于瑞士《债务法》第55条和第101条，非谓十分贴切。

[2] OFTINGER/STARK Ⅱ/1, § 20 N 11；vgl. den《Schachtrahmen》– Fall in BGE 110 Ⅱ 456 ff.

[3] Deschenaux/Tercier, § 9 N 8；Guhl/Koller, § 25 N 5；Oftinger/STARK Ⅱ/1, § 20 N 11.

[4] BREHM, OR 55 N 20；OFTINGER/STARK Ⅱ/1, § 20 N 109；参见瑞士联邦最高法院判决：BGE 59 Ⅱ 155 E. 4.

[5] BREHM, OR 55 N 98 ff.；OFTINGER/STARK Ⅱ/1, § 17 N 4, § 20 N 1.

[6] vgl. BGE 110 Ⅱ 136 ff. = Pra 1984, Nr. 172, S. 477 ff.

[7] s. Urteil des BGer 4C. 307/2005 vom 25. Januar 2006 E. 3. 2；参见边码924。

观化[1]。

二、构成要件

902　当然，无过错责任之构成必须满足侵权责任一般要件，亦即损害（包括非物质性精神痛苦）和致害行为的违法性。辅助人的行为与损害之间也必须存在事实的因果关系和相当因果关系[2]，除此之外，还必须解决如何界定谁是事务所属人，谁是辅助人的问题（与此同时，还必须满足注意义务违反与损害之间存在因果关系，参见边码926，以及943以下）。

（一）事务所属人与辅助人（从属关系）

903　**事务所属人是指，将某一营业活动交由另一与其存在从属关系和服从关系**（Unterordnungsverhältnis，Subordinationsverhältnis）**之人执行的人**[3]。**从属和服从关系**（Subordinationsverhältnis）系界定"事务所属人"概念中的最决定性评判标准[4]，这是因为，只有当辅助人必须听从事务所属人的指示命令时，事务所属人的涉及选任、指导和监管的注意义务始有意义[5]。事务所属人既得为**自然人**，亦得为**法人**。

904　事务所属人与辅助人之间的法律关系性质非为重要。通常情况下，此法律关系属劳动合同关系，委托关系、代理商合同[6]、亲属法上之关系[7]亦为可能。尽管在本人看来极为罕见，然亦不得完全排除，尚有

---

〔1〕　s. dazu OFTINGER/STARK Ⅱ/1，§ 20 N 3；从过错责任到无过错责任的发展演变：vgl. NATER, S. 8 ff. ; a. M. HONSELL, Vorbem. zum 2. Abschnitt S. 139，§ 13 N 4 f. ; ROBERTO, Haftpflichtrecht，§ 9 N 296；PETRIN, S. 6 ff.

〔2〕　WERRO, Nr. 442；OFTINGER/STARK Ⅱ/1，§ 20 N 97；BSK/SCHNYDER, OR 55 N 6；BGE 95 Ⅱ 93 E. 4d.

〔3〕　BREHM, OR 55 N 6；WERRO, Nr. 444, 447；GUHL/KOLLER，§ 25 N 6；HONSELL，§ 13 N 9 ff. ; OFTINGER/STARK Ⅱ/1，§ 20 N 60；VON TUHR/PETER, S. 445；参见瑞士联邦最高法院判决：BGE 99 Ⅱ 131 E. 2, 96 Ⅱ 337 E. 4d, 61 Ⅱ 342 E. 2.

〔4〕　vgl. dazu BREHM, OR 55 N 10；OFTINGER/STARK Ⅱ/1，§ 20 N 60；BSK/SCHNYDER, OR 55 N 7.

〔5〕　OFTINGER/STARK Ⅱ/1，§ 20 N 60.

〔6〕　BGE 61 Ⅱ 342 E. 2.

〔7〕　BGE 60 Ⅱ 43 E. 2.

依据个案具体情况判断，承揽合同定作人作为事务所属人之情形[1]。毕竟通常情况下，承揽合同中之承揽人（也包括代理商合同）具有较大的独立性，此独立性可作为不成立瑞士《债务法》第55条所要求之从属服从关系的表面证据（Indiz）[2]。无论当事人之间法律关系之性质如何，事实上的从属服从关系，经济组织体中的隶属关系，是判断事务所属人－辅助人关系的重要参考标准。需注意的是，普通合伙非属法人，因此与其合伙人的关系非属事务所属人－辅助人关系[3]。

若数人间满足上述从属服从关系，则在此数人之间亦得成立事务所属人－辅助人关系，亦即允许存在一名辅助人与**数名事务所属人**的形式。普通合伙，商事合伙（Kollektivgesellschaft），两合公司即为适例，全体合伙人或全体股东为事务所属人，承担连带责任[4]。需要注意的是，职位较高的雇员，不能界定为"事务所属人"。只有企业所有人才系本章讨论之"事务所属人"。由此可见，事务所属人－辅助人关系不以直接上下隶属关系为必要，间接关系亦可；事务所属人对企业所有层级中的雇员未尽注意义务造成的损害承担责任[5]。

905

在以**劳动力出借**为内容的**借用劳动关系**（Leiharbeitsverhältnis）中[6]，应将承租人还是出租人界定为事务所属人，对此不无疑问。但至少可以达成一致的是：出租人和承租人应当分担由于受雇人从事之活动所造成的损失；前者对选任受雇人时未尽注意义务负责，后者则对营业活动安排和监管受雇人时未尽注意义务负责。出租人和承租人分担受雇人造成损失的规定有可能对受害人不利，因为受害人有可能不知致害的受雇人系出借之劳动者，或者不知注意义务之违反发生在选任、指导和监督哪一环节。因此通说和司法实践均以**承租人**为瑞士《债务法》

906

[1]　vgl. BGE 33 Ⅱ 155 ff. E. 7.

[2]　vgl. OFTINGER/STARK Ⅱ/1, § 20 N 65.

[3]　BGE 84 Ⅱ 381 f.

[4]　OFTINGER/STARK Ⅱ/1, § 20 N 79 f.；参见瑞士联邦最高法院判决：BGE 72 Ⅱ 266 E. 4, 64 Ⅱ 261 f. E. 1c；参见边码1451以下。

[5]　BREHM, OR 55 N 9；OFTINGER/STARK Ⅱ/1, § 20 N 73；BSK/SCHNYDER, OR 55 N 10 f.

[6]　ZR 2000, Nr. 99, S. 229 ff.

第 55 条中的"事务所属人"[1]。出租人和承租人承担连带责任并非不能考虑，但会对出租人造成极大不利，因为承租人在营业活动安排和监管受雇人时未尽注意义务往往不构成劳务租赁关系中之义务违反。受害人向出租人请求承担侵权责任后，因不存在劳务租赁合同关系中之义务违反，出租人无法向承租人追偿[2]。

907 若造成损害事实的国家行为非属执行国家权力之性质，尤其是当国家机关公务人员或其他工作人员在从事所谓的"营业性事务"（gewerbliche Verrichtungen）时，此时应当适用私法上的规定，**国家和各级乡镇**成为瑞士《债务法》第 55 条意义上的事务所属人（瑞士《债务法》第 61 条第 2 款，参见边码 133 以下）[3]。

908 兹举一例予以说明：若乡镇为居民提供钢索绞车，同时配备操作员，该服务的提供系为有偿，则此时乡镇的行为即为营业性行为[4]。

909 司法实践的立场是，公立医院对病人的治疗行为，非属于瑞士《债务法》第 61 条第 2 款的"营业性事务"，而应属于履行公共职责。由于治疗活动造成损失的，首先应该适用联邦州公法[5]。

910 自由职业者，例如律师、医生或建筑设计师，原则上非属于"辅助人"，理由是欠缺必要的从属服从关系，尽管在委托关系中委托人存在一定的指示命令权限（瑞士《债务法》第 397 条第 1 款）。分包人也不能视为瑞士《债务法》第 55 条意义上的**辅助人**。尽管分包人在专业上必须听取总包人（或上一级承包人）的指示命令，然而在工作时间、种类和形式各个方面，仍具有极大独立性，因为合同义务仅为交付约定的劳动成果[6]。

---

[1] BREHM, OR 55 N 16 ff. ; OFTINGER/STARK Ⅱ/1, § 20 N 74 ff. ; VON TUHR/PETER, S. 445, insbes. FN 10; BGE 41 Ⅱ 499; a. M. A. KELLER I, S. 173.

[2] OFTINGER/STARK Ⅱ/1, § 20 N 77.

[3] OFTINGER/STARK Ⅱ/1, § 20 N 35 ff. ; A. KELLER I, S. 173; BGE 77 Ⅱ 310.

[4] vgl. BGE 77 Ⅱ 308 ff.

[5] BGE 115 Ib 175 E. 2, 111 Ⅱ 149 E. 3a m. H. ; 参见边码 128。

[6] BREHM, OR 55 N 10; A. KELLER I, S. 174; OFTINGER/STARK Ⅱ/1, § 20 N 67; BSK/SCHNYDER, OR 55 N 8; BGE 99 Ⅱ 131 E. 2, 96 Ⅱ 337 E. 2d, 46 Ⅱ 258.

此外，**法人机关**亦非属于**辅助人**，因为法人机关具有命令和决定权力，[911] 因而在层级上占据重要地位，可以决定法人的决定的形成和作出（参见边码973）。因此，自然人不能同时成为法人机关和辅助人；这两项属性相互排斥（参见边码971）。法人机关造成他人损失的，由法人依据瑞士《民法典》第55条第2款（结合瑞士《债务法》第41条），不适用瑞士《债务法》第55条之规定，承担侵权责任[1]。相反，若法人之雇员造成他人损害，并且此雇员并不承担法人机关之职责，此时法人作为"事务所属人"为其雇员之行为承担责任[2]。

（二）执行职务活动（Geschäftliche Verrichtung）

瑞士《债务法》第55条第1款之事务所属人责任的构成要件是，**辅助人** [912] **造成损害系在"执行职务活动"过程中发生**。亦即，执行工作事务和造成损害**与履行职责具有关联性**（funktioneller Zusammenhang）[3]。若欠缺作为构成要件之职责上的关联性，则只能界定为辅助人私人事务之处理，由此造成他人损失的，依照瑞士《债务法》第41条，由辅助人自己承担责任。

只要与事务所属人之（经营）目的具有关联性，即使辅助人不当履行 [913] 职务活动，超越权限或者未按照事务所属人之指示命令处理事务，也不改变其所从事执行职务活动之性质[4]。

辅助人利用职务之机会，造成他人损害的，非属于执行工作事务损害与 [914] 和履行职责具有关联性。仅仅地点上和时间上与营业事务相关联，不足以构成事务所属人为辅助人承担责任；辅助人在工作时间和工作地点造成损害的，事务所属人即需对此承担责任，绝非瑞士《债务法》第55条之目的和意义。事务所属人仅对辅助人为他从事事务时造成的

---

〔1〕　vgl. BREHM, OR 55 N 13；A. KELLER I, S. 174；OFTINGER/STARK Ⅱ/1, § 20 N 13 ff.

〔2〕　STARK, Skriptum, N 548.

〔3〕　BREHM, OR 55 N 21；WERRO, Nr. 457；A. KELLER I, S. 175 f.；OFTINGER/STARK Ⅱ/1, § 20 N 88 ff.；BSK/SCHNYDER, OR 55 N 12 f.；VON TUHR/PETER, S. 446；参见瑞士联邦最高法院判决：BGE 112 Ⅱ 138 E. 4b, 95 Ⅱ 93 E. 4a, 57 Ⅱ 40.

〔4〕　BREHM, OR 55 N 22, 25 f.；A. KELLER I, S. 175；OFTINGER/STARK Ⅱ/1, § 20 N 90, 93；BSK/SCHNYDER, OR 55 N 13；BGE 95 Ⅱ 93 E. 4a.

损害负责[1]。

915　兹举一例予以说明：木工师傅无须因其受雇人在顾客家中利用安装柜子之便盗窃钻石戒指而承担责任。但相反地，受雇人在卸下柜子门时不小心将停着的汽车的挡风玻璃砸碎的，此时，（在其他构成要件均满足的前提下）木工师傅需要为受雇人之行为承担责任。

916　工作事务与私人事务之间的区别，亦即执行职务活动和损害与履行职责具有关联性，抑或辅助人仅系利用职务之机会造成他人损害，如何界定和区分，在实践中涉及具体案件时很成问题。

917　航空公司的飞行员在执行运送黄金的职务过程中，窃取部分黄金，联邦最高法院认为构成职务上的关联性要件[2]。

918　受雇人在**工作休息间歇**造成的损害应如何归责，成为法院的棘手问题[3]。

919　－　受雇人在工作休息间歇于严禁吸烟的棉花仓库吸烟，此时适逢上司出现，于是受雇人将手中香烟扔到一边，以免被发现。未灭的烟蒂最终酿成棉花仓库的一场火灾。因为工作休息亦属于职务活动的组成部分，所以在此期间造成的损害，应当认定为与执行职务活动具有关联性[4]。

920　－　但若受雇人在工作休息间歇发生口角，引发殴打等暴力事件，则由此造成的损失，不应该认定为瑞士《债务法》第 55 条之雇主责任，理由是殴打等暴力行为不属于在工作间歇正常的通常会从事之活动。

921　需要注意的是，瑞士《债务法》第 55 条的雇主责任仅以辅助人在从事职务活动时违法致害行为为构成要件，**并不要求辅助人或事务所属人存**

---

[1]　BREHM, OR 55 N 23 f.；OFTINGER/STARK Ⅱ/1，§ 20 N 89；BSK/SCHNYDER, OR 55 N 12；a. M. HONSELL，§ 13 N 16.

[2]　BGE 85 Ⅱ 267 E. 2.

[3]　vgl. OFTINGER/STARK Ⅱ/1，§ 20 N 91.

[4]　vgl. BREHM, OR 55 N 29 f.；OFTINGER/STARK Ⅱ/1，§ 20 N 91；a. M. VON TUHR/PETER, S. 446.

在过错[1]。

　　兹举一例予以说明：车库经营者的雇员在使用升降机搬动顾客的机
动车时（该机动车系从第三人处借用），由于液压设备出现技术问
题，升降设备翻落，造成严重的机动车损毁。只要车库经营者无
法证明已经尽到应有的注意义务，举证证明免责事由，即应依据
瑞士《债务法》第55条向机动车所有人承担侵权责任。

　　922

但另一方面，通说的观点认为，即使辅助人在从事营业活动时**故意**造成
损害结果，也不得仅仅以此为由立即排除事务所属人责任[2]。

　　923

（三）事务所属人的注意义务举证或免责举证不成立

既然事务所属人责任被归类为无过错责任（归责事由，参见边码897），
则事务所属人应尽之注意义务在要求上应高于过错责任。后者仅要求
社会一般人谨慎行为的程度；而对于**事务所属人，则需尽到依照所有
客观标准和个案具体情形，为避免损害发生所应尽到之全部注意义务，
并采取为避免损害发生所应采取之全部防护措施。**因此，事务所属人
仅证明自己之行为不存在主观过错时，并不能免于承担事务所属人责
任[3]。

　　924

事务所属人责任系**推定事务所属人违反注意义务**所需承担之责任，属于
所谓的"弱化的无过错责任"（milde Kausalhaftung）（参见边码894）。
潜在赔偿义务人得举证证明其**尽到应有的注意义务**（Sorgfaltsbeweis），
推翻以上推定，从而免责。

　　925

此外，事务所属人亦得证明损害在尽到应有注意义务情况下，仍不可
避免而免责（参见边码943以下）。学界使用的法律术语不统一，亦有
部分学者将免责举证（Befreiungsbeweis）作为"注意义务举证"和"免

　　926

---

[1]　BREHM, OR 55 N 37 ff.；OFTINGER/STARK Ⅱ/1，§ 20 N 97；BSK/SCHNYDER, OR 55 N
14；STARK, Skriptum, N 555 f.；VON TUHR/PETER, S. 446；参见瑞士联邦最高法院判决：BGE 97 Ⅱ
221 E. 1, 95 Ⅱ 93 E. I. 3.

[2]　BREHM, OR 55 N 27 f.；OFTINGER/STARK Ⅱ/1，§ 20 N 97；VON TUHR/PETER, S. 446；
BGE 56 Ⅱ 285 E. 1.

[3]　BREHM, OR 55 N 46；OFTINGER/STARK Ⅱ/1，§ 20 N 125 f.；VON TUHR/PETER, S. 448；
参见瑞士联邦最高法院判决：BGE 110 Ⅱ 456 E. 3a, 97 Ⅱ 221 E. 1 m. H.

责举证"这两个概念的上位概念使用[1]。

1. 尽到应有的注意义务之举证 (Sorgfaltsbeweis)

927 传统的注意义务证明包括:

928 — *cura in eligendo* (**审慎选任辅助人之注意义务**);

929 确定事务所属人在选任辅助人时应尽到的注意义务,首先需视辅助人被安排所为之行为而定。若辅助人之工作要求较高,并且工作性质有危及第三人之可能性,则对此类辅助人之选任,需尽到较之选任从事简单、危险系数低的工作之辅助人相对高程度的注意义务。筛选标准为知识水平、能力、可信度和经验,根据辅助人个人情况,综合以上标准,确定辅助人能否胜任特定工作[2]。事务所属人得通过以下措施确定辅助人是否胜任将被安排执行的工作:要求出示毕业证书、成绩单、证明文件等,询问以前的工作情况;规定试用期,以及有可能的话安排入职选拔考试;对于部分特殊行业,有可能还需查明雇员之品行和名誉。从事工作若干年后,未造成损害事件,通常足以证明辅助人胜任事务所属人安排的职务和工作。审慎选任辅助人之注意义务的问题,不仅发生在聘用新雇员之时,也会发生在安排老雇员承担新的工作之时[3]。

930 — *cura in instruendo* (**审慎指导辅助人之注意义务**);

931 从事具体工作时,事务所属人需对辅助人发出指示。此项注意义务同样会随着具体情形不同而存在较大差别。熟练工在从事例行工作时,雇主甚至无须再作出特别指示,而对于非例行工作或新出现的问题,则需要事务所属人的特别和具体的指示。另外,若与某项特定工作相联系之风险显而易见,则此时也无

---

[1] vgl. BREHM, OR 55 N 45; BSK/SCHNYDER, OR 55 N 15; 法律术语问题,参见: OFTINGER/STARK Ⅱ/1, § 20 N 112.

[2] BREHM, OR 55 N 55; OFTINGER/STARK Ⅱ/1, § 20 N 132; BSK/SCHNYDER, OR 55 N 18; VON TUHR/PETER, S. 447; BGE 110 Ⅱ 456 E. 2a, 96 Ⅱ 27 E. 2, 81 Ⅱ 223 E. 1.

[3] BREHM, OR 55 N 55 f.; OFTINGER/STARK Ⅱ/1, § 20 N 132 ff.; WERRO, Nr. 470; 不同具体行业的判例整理,参见: BREHM, OR 55 N 57 ff.; vgl. auch Art. 321e Abs. 2 OR.

须特别指示[1]。若辅助人系从事某项工作之专业人士，而事务所属人对此反而一无所知，则此时听从后者指示，很有可能还会有损于生产和营业，这种情况下也不要求所属人发出特别指示[2]。

- *cura in custodiendo*（**审慎监督辅助人之注意义务**）。

审慎监督辅助人之注意义务的范围和程度也同样与辅助人从事之工作，经验和知识水平，以及此项工作对他人的致害可能性相关。然而，不应当对事务所属人设定过高或与生活实践相悖的监督义务；所属人无法时刻对辅助人进行监督，这对其注意义务要求过于苛刻。但另一方面，联邦最高法院同时认为，即使对于有经验和可信赖的辅助人，偶然的抽查监督仍为必要（BGE 72 Ⅱ 262 E.1c）。事务所属人本身不具备专业知识，因而无法对雇员进行监督的，则根据具体情况，考虑是否需要由另一位专业人士协助监督，始得认定所属人是否履行了审慎监督义务[3]。

以前［主要指 1994 年瑞士《产品责任法》颁布生效之前，瑞士《债务法》第 55 条成为产品责任兜底构成要件的规定（Auffangtatbestand）之前，参见边码 951］，事务所属人得依据瑞士《债务法》第 55 条，通过证明在以上三个方面均已尽到客观上应尽之注意义务而免责。

兹举一例提供比较：（"烤箱案"）设备安装企业的装配工人为一家饭店安装烤箱，对自动调温系统做安装调试时未尽到足够的注意义务，导致该系统无法正常工作，最后酿成饭店火灾。经警方调查确定，事故原因为烤箱安装时的缺陷。此时，若设备安装企业业主可证明指派的该名工人系拥有良好技术水平的电工，业主对其尽到了足够的指导和监督义务，事务所属人即得免责[4]。

---

〔1〕 BGE 77 Ⅱ 313.

〔2〕 详见：BREHM, OR 55 N 65 ff. mit Kasuistik；OFTINGER/STARK Ⅱ/1，§ 20 N 135 f.；BSK/SCHNYDER, OR 55 N 19；BGE 112 Ⅱ138 E.3a, 110 Ⅱ456 E.2b, 96 Ⅱ27 E.4, 95 Ⅱ93 E.4e, 77 Ⅱ312 f. E.3.

〔3〕 详见：BREHM, OR 55 N 70 ff.；OFTINGER/STARK Ⅱ/1，§ 20 N 136 ff.；BSK/SCHNYDER, OR 55 N 20；BGE 110 Ⅱ 456 E.2b, 77 Ⅱ 313, 68 Ⅱ 292.

〔4〕 BGE 90 Ⅱ 86 ff.

936　依据目前通说，事务所属人之注意义务还包括以下方面：

937　－　**审慎配备符合用途的工具与材料之注意义务；**

938　　　　　事务所属人负有向辅助人提供交予其完成之工作任务所需的、符合用途的材料之注意义务[1]。也有部分学者将此项注意义务归入"审慎指导辅助人之注意义务"(*cura in instruendo*)[2]。

939　－　**以及审慎组织企业及雇员工作之注意义务。**

940　　　　　对工厂或企业的组织中的注意义务，要求事务所属人将由于生产经营活动对他人造成损害的可能性控制在尽可能低的范围。它包括：对员工有清晰的内部权限职责划分，工作内容和范围划分，不存在监管上的漏洞，针对危险情况的防范措施，以及合理的分工安排，防止出现雇员负担过重或压力过大等过劳的情况[3]。

941　以上两项注意义务的新内容提高了"在具体情形中事务所属人应尽的注意"的要求（瑞士《债务法》第 55 条第 1 款）[4]。在联邦最高法院的这两个涉及人身损害的判决中，损害类型属于目前瑞士《产品责任法》的适用范围。但联邦最高法院在判决中确立了作为事务所属人的生产者从生产到终端的控制义务（Endkontrolle）[以及作为事务所属人的进口商的安全控制义务（Sicherheitskontrolle）]。上述判决体现了对事务所属人注意义务要求严格化的趋势[5]，在瑞士《产品责任法》颁布生效之后，这一趋势和以上判决确立的对事务所属人更高要求的注意义务，仍有适用之余地（例如在缺陷产品导致供工业使用的物之毁损的情形[6]）。所属人注意义务的更高标准，尤其是生产企业业主从生产到

---

　　[1]　BREHM, OR 55 N 88；HONSELL, § 13 N 20, 29；A. KELLER I, S. 176 f. ；OFTINGER/STARK Ⅱ/1, § 20 N 115；BGE 64 Ⅱ 262, 57 Ⅱ 65.

　　[2]　DESCHENAUX/TERCIER, § 9 N 57.

　　[3]　BREHM, OR 55 N 77 ff. ；HONSELL, § 13 N 20, 29；OFTINGER/STARK Ⅱ/1, § 20 N 114 ff. ；BSK/SCHNYDER, OR 55 N 21；BGE 110 Ⅱ 456 E. 3a, 96 Ⅱ 355 E. 2.

　　[4]　BGE 110 Ⅱ 456 ff. , 《Schachtrahmen》– Fall; sowie Urteil des BGer C. 564/1984 i. S. G. gegen M. und S. SA vom 14. Mai 1985, teilweise veröffentlicht in JdT 1986 I, S. 571 ff. ；"牙医诊所折叠躺椅案"（《Klappstuhl》– Fall）参见边码 952~953。

　　[5]　SCHWENZER, N 23. 25, 观点值得赞同。

　　[6]　瑞士《产品责任法》第 1 条第 1 款 b 项规定了该法的适用范围，对于物之损害仅包括供私人使用或消费之产品（zum privaten Gebrauch oder Verbrauch），不包括工业产品。

终端的控制义务，具有重要意义，这一重要意义还表现在侵权法之外的领域：联邦最高法院认为，在确定企业是否需要承担**刑事**责任时，亦得援引对瑞士《债务法》第 55 条中注意义务的违反之事实[1]。

在较大型的工厂和企业中，事务所属人无法对所有工作亲力亲为，他必 942
须通过授权**管理人员**的方式将注意义务分散出去。但是管理人员违反注意义务时，仍由事务所属人承担责任，这也符合瑞士《债务法》第 55 条之规定的保护目的和立法理念。毕竟，雇主通过雇佣管理人员获得经济上之利益，同时也应当承担由此产生的风险和责任。其中，起决定作用的并非"谁尽到了应有的注意义务"，而系"存在这样的注意义务，应当履行未被履行"[2]。

2. 证明注意义务之违反与损害发生不具有因果关系

瑞士《债务法》第 55 条第 1 款在规定了事务所属人得举证证明尽到应 943
有的注意义务作为免责事由以外，还规定了纵加以相当之注意仍不免发生损害者，事务所属人不负赔偿责任[3]。此系 1911 年瑞士《债务法》修改时增加的条文，旨在否认当未尽注意义务与损害之发生无因果关系时的事务所属人责任[4]。

纵加以相当之注意仍不免发生损害者，主要涉及以下两种实施情况： 944

- 尽管事务所属人违反了应有之注意义务，辅助人仍为谨慎行为，造 945
  成损害；

  兹举一例予以说明：汽车修理车间的业主 A 提供给其工作人员 946
  的系脆裂的拖车绳（存在注意义务之违反）。修理工人在拖车
  前发现这一情况，从第三人处取得其他拖车绳工作，而事实
  上，从第三人处取得之拖绳同样存在重大危险可能性，对此
  一般人无法辨认。修理工人在使用拖绳抬举顾客之机动车时，
  拖绳断裂，汽车摔落砸到照明烛台。

- 纵加以相当之注意，辅助人仍然会导致损害事实发生。 947

---

[1] BGE 121 IV 10 E. 3a, s. dazu die kritische Besprechung von HAUSHEER, ZBJV 1997, S. 439 f.
[2] BREHM, OR 55 N 52 ff. ; OFTINGER/STARK Ⅱ/1, § 20 N 122 ff. ; a. M. PORTMANN, S. 73.
[3] BGE 97 Ⅱ 221 E. 1.
[4] OFTINGER/STARK Ⅱ/1, § 20 N 146.

948 　　　　　再举一例予以说明：事务所属人在与其辅助人签订劳动合同时，未充分了解辅助人的职业能力，因而违反审慎选任雇员之注意义务（*cura in eligendo*）。然而事务所属人可以证明，即使其尽到足够的询问义务，将得到的也仅为正面和积极的信息，而这些信息并不会使他放弃雇佣这名员工，恰恰相反，极有可能起到的效果是，对其雇佣该名员工的决定起到推波助澜之作用。

949 　在以上两种情况中，事务所属人未尽应有的注意义务对损害的发生均无影响，因而属于与损害结果不相关之事实[1]。事务所属人违反注意义务之行为往往表现为不作为，在以上两种情况中，不作为与损害结果之间不满足"若无，则不"公式（*condicio - cum - qua - non*），因而不成立事实上的因果关系（参见边码 595）。尽管辅助人的行为在事务所属人尽到应有之注意义务时本应避免，但是该行为与损害是否发生并无关联[2]。也有部分学者对瑞士《债务法》第 55 条免责举证之规定另有解释，认为该规定系因果关系相当性不成立的情形[3]。

950 　许多学者认为这一规则累赘多余，主要理由为：第一，即使没有法律明文规定，仍需检验事实因果关系是否成立；第二，"注意义务举证"已经涵盖了所有可以想象到的假设情形[4]。

三、瑞士《债务法》第 55 条与产品责任

951 　在 1994 年 1 月 1 日的瑞士《产品责任法》颁布生效以前，由联邦最高法院的司法实践发展和确认了一项使用规则：瑞士《债务法》第 55 条作为规制产品责任的兜底构成要件规定（Auffangtatbestand）适用。最有代表性的联邦最高法院判决为以下两则：

---

　　[1] 瑞士《债务法》第 55 条、第 56 条中的免责举证规定与"合法替代行为"（rechtmässiges Alternativverhalten）的关系，参见：STUDHALTER, S. 197 ff.

　　[2] vgl. OFTINGER/STARK Ⅱ/1, § 20 N 149 ff.；BSK/SCHNYDER, OR 55 N 23；BGE 110 Ⅱ 456 E. 2b, 77 Ⅱ 313："……初审法院指责被告未对埃辛伯格（人名）的工作进行足够审慎之监督，但被告的不作为与损害事实之发生，不具有因果关系"，56 Ⅱ 290.

　　[3] BREHM, OR 55 N 93；OFTINGER I, S. 124.

　　[4] vgl. BREHM, OR 55 N 92；WERRO, Nr. 488 f.；HONSELL, § 13 N 8；A. KELLER I, S. 177 f.；NATER, S. 19；s. aber auch OFTINGER/STARK Ⅱ/1, § 20 N 153；VON TUHR/PETER, S. 449.

"井道帧案"（"Schachtrahmen"－Fall）：建筑企业的几名雇员使用 952
起重机搬动近 700 千克的混凝土井道帧，将其放置于井道内。此
时，井道帧上混凝土浇筑的悬挂搭环断裂，掉落的搭环砸到其中
一名工人右脚。联邦最高法院判决井道帧生产企业存在组织过错
（Organisationsschuld）[1]。

"牙医诊所折叠躺椅案"（"Klappstuhl"－Fall）：因牙医诊所折叠躺 953
椅制造商在生产过程中使用承受力不够的劣质铆钉，以致病人坐
上去接受治疗时折叠躺椅断裂，病人脊柱受伤。联邦最高法院认为
瑞士进口商（而非生产者）在从意大利生产商处进口此折叠躺椅
时，未尽到应有的检查义务（JdT 1986 I, S. 571 ff.）。

瑞士《债务法》第 55 条作为规制产品责任的兜底构成要件规定的 954
基本理论：WIDMER, Produktehaftung, S. 50 ff.；DERS., Produk－
tehaftung Schweiz/Europa/USA, S. 15 ff.；vgl. Im Übrigen BREHM, OR
55 N 81 ff.；CHRISTEN, S. 205 ff.；FELLMANN, Produzentenhaftung,
S. 285 ff.；HESS, Syst. Teil N 101 ff.；KäSTLI, S. 85 ff.；OFTINGER/
STARK II/1, § 16 N 390 ff., § 20 N 140；STAUDER, S. 373 ff.

产品责任系产品生产者对**缺陷产品造成的人身和财产损害**所应承担的 955
责任（参见边码 1167）。

产品缺陷类型通常可以区分为： 956

－ **设计缺陷**（Konstruktionsfehler）：整批产品均存在缺陷，因为产品 957
的设计方案出现了问题。尤其指开发阶段的缺陷（Entwicklungs－
fehler）[2]。

－ **制造缺陷**（Fabrikationsfehler）：与设计缺陷不同，存在制造缺陷的 957a
产品在设计阶段不存在问题，只是单个产品的缺陷[3]；其中也
包括所谓的**"残次品"**（Ausreisser）[4]。其构成"制造缺陷"的

---

［1］ BGE 110 II 456 ff.

［2］ vgl. FELLMANN, Produzentenhaftung, S. 282, 284；HESS, PrHG 4 N 22 ff.；KäSTLI, S. 87.

［3］ FELLMANN, Produzentenhaftung, S. 282 f.；Hess, PrHG 4 N 37 ff.

［4］ FELLMANN, Produzentenhaftung, S. 285.

前提是对单个产品的检验具有可能性（参见瑞士联邦最高法院判决：BGE 110 Ⅱ 456 E. 3）。在大批量生产的产品中，仅对产品进行抽查，此时事务所属人无须为出现残次品的情况承担责任[1]。

957b — **警示缺陷**（Instruktionsfehler）：在产品使用说明上未对使用时存在特殊风险的产品作出警示，或者警示不足[2]。

957c — **（产品的）跟踪观察缺陷**［（Produkte – ）Beobachtungsfehler］：产品在投入市场流通后，未达到预期或所要求的安全标准，然而生产者未尽到对已投入市场的产品的跟踪观察义务，不采取必要补救措施（例如：改变生产流程，警示，必要时召回同系列同批次产品）[3]。

958 瑞士《产品责任法》颁布生效以后，瑞士《债务法》第 55 条仍然担负着缺陷产品致害责任的兜底构成要件规定（参见边码951），但意义有所变化。主要是指：

959 — 在瑞士《产品责任法》的适用范围中，对于物之损害仅包括供私人使用或消费之产品（第 1 条第 1 款 b 项；参见边码1182）。因而对于为职业上或工业上目的使用的缺陷产品造成物之损害的，瑞士《债务法》第 55 条作为请求权基础，仍有适用余地。

960 — 依据瑞士《产品责任法》，产品生产者原则上仅对投入流通前已经存在的缺陷承担责任（参见边码 1210～1211），投入流通之后出现的缺陷不属于该法的适用范围。（产品的）**跟踪观察缺陷**［（Produkte – ）Beobachtungsfehler］（参见边码957c）致人损害的请求权基础为瑞士《债务法》第 55 条[4]。

961 — 瑞士《产品责任法》与瑞士《债务法》中的损害赔偿请求权发生竞合时（参见边码1236），受害人原则上得择一主张。只要联邦最高法院未对"产品不具备应有功能"与"产品存在缺陷"作出界

---

[1] vgl. Hess, PrHG 4 N 39 f. ; STAUDER, S. 379.

[2] FELLMANN, Produzentenhaftung, S. 283；HESS, PrHG 4 N 41；KÄSTLI, S. 87.

[3] s. Urteil des BGer 4C. 307/2005 vom 25. Januar 2006 E. 3. 1；vgl. auch FELLMANN, Produzentenhaftung, S. 283 f. ; HESS, PrHG 4 N 42 ff. ; 所谓的"主动的产品跟踪观察义务"是指对于已经进入流通的产品出现的异常情况进行跟踪、介入和评估的义务，所谓的"被动的产品跟踪观察义务"则是指生产者对消费者已经提出的投诉作出处理，参见：BGH vom 7. Dezember 1993 = NJW 1994, S. 517.

[4] vgl. HONSELL, § 21 N 63.

定，而前者非属瑞士《产品责任法》之适用范围（参见边码
1202a），瑞士《债务法》第55条即存在适用余地，受害人得（但
需要比较谨慎小心地）依据瑞士《债务法》第55条主张由事务所
属人承担损害赔偿责任[1]。

值得注意的是，依据瑞士《产品责任法》，生产者无须对**开发缺陷**（En-
twicklungsfehler）承担产品责任（参见边码1216），但是若受害人主张由
生产者承担事务所属人责任，则生产者需举证证明已经尽到应有之注意
义务，认识到目前的科学技术发展的水平和程度，从而依据瑞士《债务
法》第55条主张"注意义务免责"[2]（参见边码1217）。

四、事务所属人的追偿（瑞士《债务法》第55条第2款）

追偿：参见边码1485以下。

依据瑞士《债务法》第55条第2款的规定，事务所属人承担了"损害
赔偿责任"的，对于"为侵权行为，本身负有赔偿义务"之雇员，有
追偿之权利。通说认为，瑞士《债务法》第55条第2款之规定纯属多
余，因为从它与瑞士《债务法》第51条第2款的关系来看，它们并不
属于特别法和一般法的关系[3]。学者认为，若辅助人与事务所属人
的行为均存在过错，则辅助人平均分担事务所属人已为之损害赔偿，
较为合理。尽管瑞士《债务法》第55条第2款对此赔偿方案未作规
定，但此时应该优先适用（新）瑞士《债务法》第51条第2款的规
定；法官得在瑞士《民法典》第4条范围内进行自由裁量[4]。

通常情况下，事务所属人与辅助人之间存在**合同关系**。若辅助人行为
存在过错，则大部分情况下事务所属人得基于合同关系追偿，这样的
规定在消灭时效和过错推定方面（劳动合同关系除外）对事务所属人
有利。对第三人造成的损害被视为辅助人违反注意义务的结果（不良
给付；比较瑞士《债务法》第321e条、第398条和第97条以下）。事

[1]　vgl. dazu Urteil des BGer 4C. 307/2005 vom 25. Januar 2006 E. 2.
[2]　vgl. auch SCHWENZER, N 53. 36.
[3]　BREHM, OR 55 N 105 ff.（介绍了条文的历史背景材料）；WERRO, Nr. 519；OFTINGER/
STARK Ⅱ/1, § 20 N 154；BSK/SCHNYDER, OR 55 N 24.
[4]　vgl. BREHM, OR 55 N 107.

务所属人依据瑞士《债务法》第 55 条第 1 款的规定向第三人支付之赔偿或承担向其赔付之义务，属于合同责任中的损失〔所谓的"责任利益"（Haftungsinteresse）〕[1]。

965 企业经营者签订责任**保险合同**的，由保险公司承保责任风险，其中也包括事务所属人责任[2]。

五、瑞士《债务法》第 55 条与第 101 条的关系

966 两个条文在构成要件上的共同特征是由事务所属人为辅助人行为造成之损害承担责任。瑞士《债务法》第 55 条适用于合同外领域（侵权责任），第 101 条则适用于合同领域（联邦最高法院在一个缔约过失责任案件中，也适用了瑞士《债务法》第 101 条的规定[3]）。相应的，前者以违法性为构成要件，后者则以违反合同义务为构成要件。若具体案件事实满足两个条文的构成要件，则发生请求权竞合（参见边码 38 以下）。除此之外，两者还存在其他重要区别：

967 − **有权主张损害赔偿的请求权人**：在瑞士《债务法》第 101 条的适用范围内，有权主张损害赔偿的请求权人仅为合同当事人，而依据第 55 条提起损害赔偿的可以是任何因侵权行为受到损害之受害人；

968 − **从属服从关系**（Subordinationsverhältnis）：此系瑞士《债务法》第 55 条之构成要件，第 101 条对此无特殊要求；

969 − **职责上的关联性**（funktioneller Zusammenhang）：瑞士《债务法》第 55 条要求营业事务或工作和损害与履行职责具有关联性，第 101 条则要求在合同履行与损害之间存在关联性[4]；

970 − **辅助人之过错**：属于合同外责任的事务所属人责任，不以辅助人之过错为构成要件，对于这一点基本达成共识（参见边码 921），而

---

〔1〕 vgl. BREHM, OR 55 N 109；OFTINGER/STARK Ⅱ/1，§ 20 N 154；s. auch VON TUHR/PETER, S. 449 f.

〔2〕 HONSELL，§ 13 N 45；OFTINGER/STARK Ⅱ/1，§ 20 N 158.

〔3〕 BGE 108 Ⅱ 419 E. 5.

〔4〕 对此也有不同观点的，参见概述性著作：GAUCH/ SCHLUEP/REY，Nr. 2876；参见边码 2878。

瑞士《债务法》第 101 条是否同样如此，尚存争议。通说认为，要求所谓的"推定的可受非难或可受谴责"为构成要件，亦即需要满足：假设使用履行辅助人之人自己处于辅助人的位置上，作为合同中某项义务的债务人，以辅助人的行为方式履行债务，也应当被评价为具有非难性、应受到谴责的构成要件〔1〕。由此，若履行辅助人尽到了债权人期待其合同相对人（适用履行辅助人之人）之注意义务，则债务人无须承担责任〔2〕。

依据瑞士《债务法》第 101 条第 2 款的规定，使用履行辅助人之人在遵守瑞士《债务法》第 101 条第 3 款的限制的前提下，得约定限制或排除为其辅助人承担责任〔3〕。在合同责任与侵权责任竞合的情况下，此类约定责任排除是否仍然允许，学者对此并未达成一致意见；本人认为应该允许〔4〕。

970a

六、瑞士《债务法》第 55 条与瑞士《民法典》第 55 条第 2 款的关系

瑞士《民法典》第 55 条第 2 款规定，法人机关为法律行为或非法律行为，由法人负担义务。后者尤其是指**法人为机关的侵权行为承担责任**的情况〔5〕。此请求权基础在构成要件上区别和独立于事务辅助人责任，原因主要是机关与辅助人属性上的差别，两者具有排他性，法人机关不能同时成为法人的辅助人（参见边码 911）；两个条文的请求权不会发生竞合。瑞士《民法典》第 55 条第 2 款非无过错责任；责任是否构成需结合瑞士《债务法》第 41 条以下之规定中的构成要件判断。

971

---

〔1〕 vgl. GAUCH/SCHLUEP/ REY, Nr. 2883 f. ; GUHL/KOLLER, § 31 N 35; Honsell, § 13 N 38; 参见瑞士联邦最高法院判决：BGE 117 Ⅱ 563 E. 3, 116 Ⅱ 519 E. 3d, 113 Ⅱ 424 E. 1b; 不同观点：Spiro, Erfüllungsgehilfen, S. 247 f.

〔2〕 对瑞士《债务法》第 101 条的深入分析，参见：GAUCH/SCHLUEP/REY, Nr. 2844 ff. , insbes. Nr. 2884 ff. ; 为辅助人承担合同责任与合同外侵权责任的区别：BREHM, OR 55 N 101; GAUCH/SCHLUEP/REY, Nr. 2905 ff. ; HONSELL, § 13 N 33 ff. mit tabellarischer Übersicht in N 40; OFTINGER/STARK Ⅱ/1, § 20 N 25 ff.

〔3〕 s. dazu auch GAUCH/SCHLUEP/REY, Nr. 2898 ff.

〔4〕 HONSELL, § 13 N 39, 本人认为 HONSELL 的观点值得赞同，HONSELL, 文中也简述了其他不同观点。

〔5〕 vgl. RIEMER, ZGB 54/55 N 56.

法人机关因有过错的不法行为造成他人损失的，责任归由法人承担。前提是行为人具备法人**机关之属性**，非属个人行为或雇员作为辅助人之行为[1]。

972　例如：

- 罗兰德迈亚股份有限公司的一名安装工人在为咖啡店安装阳光房时，装配存在缺陷。咖啡店第一次营业，阳光房就发生倒塌，一名顾客头部受伤。罗兰德迈亚股份有限公司作为法人，原则上需根据瑞士《债务法》第55条承担事务所属人责任；当然，事务所属人能对注意义务作出举证证明的，免除责任。

- 罗兰德迈亚股份有限公司的一张本票本应由总监与经理联名签署（kollektivzeichnungsberechtigt），但该名总监伪造了经理的签名，致使持票人出票时无法得到承兑。依据瑞士《民法典》第55条第2款或作为特别法的瑞士《债务法》第722条，公司应向受害人承担责任（参见瑞士联邦最高法院判决：BGE 105 Ⅱ 289 ff.，insbes. E. 5；其他特别规定：瑞士《债务法》第814条第4款和瑞士《债务法》第899条第3款）。

973　需要注意的是，瑞士《民法典》第55条中的**法人机关**（Organ）不仅包括法定机关［例如社团董事会（Vereinsvorstand），或在股份有限公司中的董事会或称执行委员会（Verwaltungsrat）］，也包括对外承担和履行职责的执行机关。由此可见，此处所称之机关，**系从职责意义上来界定**（funktioneller Organbegriff），其中具有决定性意义的判断标准是，相关的法人机关可以影响法人或企业意志的形成[2]。

974　瑞士《民法典》第55条第2款的规定系过错责任，受害人必须举证证明法人机关的行为存在过错。法人举证证明已尽到应有之注意义务，不能作为免除责任之事由。

---

〔1〕　vgl. BREHM, OR 55 N 13 ff.；WERRO, Nr. 507；HONSELL, § 13 N 51；OFTINGER/STARK Ⅱ/1, § 20 N 13 ff.；RIEMER, ZGB 54/55 N 57；SCHWENZER, N 23. 27 a. E.；BGE 121 Ⅲ 176 E. 4a, 112 Ⅱ 172 E. 2c.

〔2〕　vgl. OFTINGER/STARK Ⅱ/1, § 20 N 15；RIEMER, ZGB 54/55 N 28 m. w. N.；SCHWENZER, N 23. 28；BGE 122 Ⅲ 225 E. 4b, 121 Ⅲ 176 E. 4a, 117 Ⅱ 570 E. 3, 115 Ib 274 E. 14c.

第二节 动物饲养人责任（瑞士《债务法》第56条）

参考文献: Roland BREHM, Les nouveaux droits du détenteur en casse lé- 975
sion subie par son animal（Art. 42 al 3 et 43 al 1bis CO）, HAVE 2003,
S. 119 ff.; CHRISTINE CHAPPUIS, Les nouvelles dispositions de
responsabilité civile sur les animaux: Que vaut Médor? in: Journée de la
responsabilté civile 2004, Le préjudice, Une notion en devenir; CHRISTINE
CHAPPUIS/BéNéDICT WINIGER（Hrsg.）, Zürich 2005, S. 175 ff.;
WALTER FELLMANN, Der Tierhalter - Begriff oder Typus? SJZ 1987,
S. 340 ff., zit.: FELLMANN, Tierhalter; DERS., Zivilrechtliche Haftung
öffentlich zugänglicher Tiersammlungen für Schädigungen durch Tiere,
Diss. Bern 1984, zit.: FELLMANN, Tiersammlungen; KATHARINA
HäSSIG, Haftungsfragen der Gentechnologie, Diss. Zürich 1992; HEINRICH
HONSELL, Haftpflichtrecht, § 17; Urs KARLEN, Die Haftung des
Familienhauptes nach ZGB 333 und des Tierhalters nach OR 56: eine
vergleichende Betrachtung mit besonderer Berücksichtigung des Sorgfaltsb-
eweises, Diss. Bern 1980; VERENA LüCHINGER, Die Tierhalterhaftung
nach schweizerischem, deutschem, französischem und österreichischem
Recht, Diss. Zürich 1962; JOHN METZGER, Die Haftung des Tierhalters
（Art. 56 OR）, SJK 302（1980）; NICOLE PAYLLIER, Der Tierhalter und
dessen besondere Befreiungsmöglichkeiten（Art. 56 Abs. 1 OR） unter
rechtsvergleichender Berücksichtigung des deutschen und französischen
Rechts, Diss. Zürich 2003; VITO ROBERTO, Schweizerisches Haftpflich-
trecht, Zürich 2002, N 423 ff; FRANZ WERRO, La responsabilité civile,
Première partie, Section 2, Sous-section 2, § 3.

一、性质与意义

976 依据瑞士《债务法》第 56 条〔1〕第 1 款的规定，动物饲养人对动物所生之损害承担损害赔偿责任。动物必须为生物，具备基于自己独立的主动行为或反应行为造成他人损害之能力。**原则上应由动物饲养人承担由他的动物对他人造成的损害**〔2〕。"损失自担原则"（*casum sentit dominus*）（参见边码 18 以下）在动物饲养人责任领域同样适用。满足下列前提的情况下，动物造成之损害需由受害人自行承担：

977 － 动物饲养人能证明根据动物属性以通常和适当的方式饲养和管理动物的，亦即，已经尽到应有之保管与监督义务的；

978 － 动物饲养人能证明纵加相当之注意，仍不免发生损害的。

979 由此可见，动物饲养人责任在构成要件结构上类似于危险责任。但它仍属于普通无过错责任，并且属于弱化的无过错责任（milde Kausalhaftung）（参见边码 894），理由是这种责任类型存在免责事由，动物饲养人可以进行举证证明纵加相当之注意，仍不免发生损害而免责（Befreiungsbeweis）〔3〕。

联邦最高法院认为，动物饲养人责任属于普通无过错责任，并且指出，事实上过错责任的定性几乎不影响司法实践〔4〕。对于动物饲

---

〔1〕 Art. 56 OR（Haftungfür Tiere）

1Für den von einem Tier angerichteten Schaden haftet, wer dasselbe hält, wenn er nicht nachweist, dass er alle nach den Umständen gebotene Sorgfalt in der Verwahrung und Beaufsichtigung angewendet habe, oder dass der Schaden auch bei Anwendung dieser Sorgfalt eingetreten wäre.

2Vorbehalten bleibt ihm der Rückgriff, wenn das Tier von einem andern oder durch das Tier eines andern gereizt worden ist.

试译为：瑞士《债务法》第 56 条（动物致人损害责任）

1. 动物饲养人对动物所生之损害承担损害赔偿责任。动物饲养人能证明依据个案具体情况已经尽到应有之监管义务的，或者纵加相当之注意，仍不免发生损害的除外。

2. 动物致人损害系由于受到他人或其他动物的刺激造成，动物饲养人保留追偿的权利。

〔2〕 动物饲养人责任的立法政策与背景：FELLMANN, Tiersammlungen, S. 27 ff.

〔3〕 vgl. BREHM, OR 56 N 4, 31; OFTINGER/STARK Ⅱ/1, § 21 N 1 ff.; BSK/SCHNYDER, OR 56 N 1; PAYLLIER, S. 107 f.; BGE 115 Ⅱ 237 E. 2c, 102 Ⅱ 232 E. 1; a. M. HONSELL, Vorbem. zum 2. Abschnitt S. 139, § 17 N 2; ROBERTO, § 13 N 424, sowie SCHWENZER, N 53.04, 鉴于此，学者认为动物饲养人责任属于过错责任之举证责任倒置。

〔4〕 BGE 131 Ⅲ 116 E. 2.1 = ZBJV 2007, S. 112 f.

养人责任属于过错责任的观点，本人持保留态度，理由如下：首先，过错责任中，不会发生为辅助人承担责任的情况。由此，若动物饲养人责任属于过错责任，则不发生饲养人为其使用之辅助人承担侵权责任的情况。而事实是，动物饲养人责任包括饲养人为辅助人不法行为造成的损失承担责任（vgl. N 82，982，993）。其次，若承认动物饲养人责任属于无过错责任，则损害发生时，即使饲养人无识别能力，仍需对动物造成之损失负责。相反，若瑞士《债务法》第56条属于过错责任，过错以识别能力为前提，则同样的情形中，饲养人无须承担责任[1]。

从公布判决的数量上来看，似乎相对于事务所属人责任和建筑物和工作物所有人责任，动物饲养人责任在司法实践上的意义并不显著。仅从这一点上判断，会得出误导性的结论。事实上，动物饲养人责任的案件，大多通过和解结案。尤其突出的是，瑞士《债务法》第56条的动物饲养人责任和瑞士《道路交通法》（SVG）第58条机动车车主的危险责任的冲突问题[2]。在司法实践中，双方当事人均无过错的案件中，原则上机动车车主和动物饲养人的责任承担比例为2：1。根据具体案情（尤其是动物饲养人或机动车车主一方存在过错的情况），适用瑞士《债务法》第43条或第44条的相关规定，由法官对赔偿义务人的损害赔偿责任进行裁量[3]。

980

兹举一例予以说明：农夫所有的狗在无人看管的情况下独自在街道上游走。机动车车主在驾驶过程中突然发现路面上的狗，意图避让，跌入街道排水沟翻车。在责任分担上，法院判决动物饲养人承担60%的责任，机动车车主承担40%的责任[4]。再举一例说明：小狗逃脱监管独自跑上街道，与机动车相撞，驾驶员避让不

981

---

〔1〕 Payllier, S. 106.

〔2〕 相关案例：OFTINGER/STARK Ⅱ/1，§ 21 N 96 Ziff. 10.

〔3〕 vgl. BREHM, OR 56 N 46 ff.；OFTINGER I, S. 329 ff.；OFTINGER/STARK Ⅱ/1，§ 21 N 96 Ziff. 10［Vorbem.］；参见瑞士联邦最高法院判决：BGE 85 Ⅱ 243 E. 2

〔4〕 BREHM, Art. 56 N 47 a. A.

及与迎面驶来的另一辆车相撞，造成身体损害[1]。

982　动物饲养人使用辅助人造成损害的案件在司法实践中为数不少（参见边码82）。动物饲养人依据动物致人损害责任的规定，可以通过举证证明已经尽到应有之监管义务而免责。然而，若依据事务所属人责任，则饲养人仅证明自己尽到对辅助人选任、指导和监督之注意义务（监管义务），不得免责（参见边码1018）。

二、构成要件

983　动物饲养人责任的构成需满足**一般的侵权责任构成要件**（损害，违法性，事实上的因果关系与相当因果关系）以及以下特别构成要件。

（一）动物饲养人

984　动物饲养人责任的责任主体，从客观上观察系具有采取履行应有之注意义务所要求的必要措施的事实上可能性之人，通过此类措施之采取，使得动物的主动行为或反应行为（Aktionen oder Reaktionen）不得损害他人[2]。瑞士《债务法》本身并未对"饲养人"作出定义。学说与判例将"对动物**事实上的管理力和支配关系**"作为决定性标准[3]。

985　在瑞士联邦最高法院的一则判决中，法院认为，小狗主人虽然不在场，但仍不妨碍将其认定为动物饲养人。妻子虽然实际照管小狗，法院认为其妻仅构成动物饲养人之辅助人[4]。

986　以对动物的事实上的支配力为基本要素的动物饲养人概念，以饲养人对动物的**占有**为构成要件。但是需要注意的是，倒推此结论，并不成立，亦

---

〔1〕　驾驶机动车本身包含45%的危险，从动物饲养人责任中折抵；BGE 110 Ⅱ 136 E. 1.

〔2〕　vgl. BREHM, OR 56 N 13 ff.；A. KELLER I, S. 182；OFTINGER/STARK Ⅱ/1，§ 21 N 23 ff.；BSK/SCHNYDER, OR 56 N 10 f.；BGE 115 Ⅱ 237 E. 2c, 110 Ⅱ 136 E. 1a, 104 Ⅱ 23 E. 2a；比较法上的定义：LüCHINGER, S. 23 ff.

〔3〕　GUHL/KOLLER，§ 25 N 18；OFTINGER/STARK Ⅱ/1，§ 21 N 24；BSK/SCHNYDER, OR 56 N 11；另有学者认为应将通过动物获得利益作为"饲养人概念"之补充构成要素：PAYLLIER, S. 41 ff.；BGE 115 Ⅱ 237 E. 2c；"动物饲养人"概念的其他解释：BREHM, OR 56 N 14, sowie FELLMANN, Tierhalter, S. 340 ff.

〔4〕　vgl. BGE 110 Ⅱ 136 ff.

即，仅仅对动物的占有并不必然使当事人具备"饲养人"地位[1]。

在具体个案中确定动物饲养人时（即谁具有对动物的管领力），还应注   987
意**动物为谁所使用，由谁（主要是经济上）获得利益，由谁饲养**等因
素[2]。

在此，动物所有权非决定性标准，最重要的判断依据是"对动物的用   988
益（Nutzen）"。所以，在**买卖**法律关系中，若损害发生在订立合同之
后和标的物交付之前，则依据瑞士《债务法》第185条第1款的规定，
合同订立后，标的物之"用益和风险"由买受人承担[3]。另有反对观
点认为，尽管合同订立后，标的物之"用益和风险"发生转移，但买
受人尚未取得物之事实上的处分和支配[4]，并且瑞士《债务法》第
185条第1款所指的损害仅仅包括买卖合同标的物毁损灭失之风险[5]。

在**租赁动物法律关系**中，短期租赁动物的用益利益大多情况下归属于   989
出租人；长期租赁中，往往承租人对动物的用益利益高于出租人，因
此应认定承租人具有"动物饲养人"地位[6]。除此之外，饲养人地
位的确定与租赁时间长短原则上无直接关联[7]。

> 兹举一例予以说明：一名马术爱好者经常从骑士俱乐部租赁马匹练   990
> 习，租期14天，一次性支付租金。在此期间，她负责对租赁的马
> 匹进行照料，在练习之前和之后都会为马匹做一定的清洁护理。此

---

[1]　s. dazu BREHM, OR 56 N 17；HONSELL，§ 17 N 5；OFTINGER/STARK Ⅱ/1，§ 21 N 29；
BGE 104 Ⅱ 23 E. 2.

[2]　vgl. BREHM, OR 56 N 15 f.；FELLMANN, Tiersammlungen, S. 38；HONSELL，§ 17 N 4；
OFTINGER/STARK Ⅱ/1，§ 21 N 30 ff.；BSK/SCHNYDER, OR 56 N 12；SCHWENZER, N 53. 06；BGE
67 Ⅱ 122 E. 2.

[3]　BSK/SCHNYDER, OR 56 N 12.

[4]　BGE 64 Ⅱ 376 E. 2.

[5]　OFTINGER/STARK Ⅱ/1，§ 21 N 46；BREHM, OR 56 N 20；动物作为买卖合同标的物的情
况中，在动物交付给买受人之前，出卖人仍为对动物具有支配力之动物"饲养人"，AGVE 1976, S. 33
ff.

[6]　BREHM, OR 56 N 18；A. KELLER I, S. 184；OFTINGER/STARK Ⅱ/1，§ 21 N 60；a. M. BGE
104 Ⅱ 25 E. 2a.

[7]　OFTINGER/STARK Ⅱ/1，§ 21 N 35 ff.，54；在 BGE 67 Ⅱ 122 E. 2 案件中，联邦最高法院在
确认"动物饲养人"地位时，要求一定时间段内的持续支配管领关系；在 BGE 104 Ⅱ 25 E. 2a 案件
中，法院又指出"当事人对动物仅有暂时的管领支配"并不妨碍承认其"饲养人"地位。

外，她还自己安装马鞍和辔头。在一次外出练习中，最开始出于谨慎，她一直骑着马走在队伍最后。当另一名骑士将他的马停在牧场栅栏前，这匹马距离这名女骑士仅 5 米。女骑士骑着的这匹 3～4 岁的马突然向后退了一步，然后跳起蹬踢，造成对方从马上摔落骨折。本案中，联邦最高法院认为马匹饲养人为这名女骑士，而非提供租赁服务的骑士俱乐部[1]。

991 值得讨论的是，当动物仅在相当短的时间里，例如一小时或数小时，交由第三人供其使用时，此时"动物饲养人"身份是否也随之发生转变。对于"动物饲养人"身份，最为决定性的标准是，从客观上观察，当事人具备采取措施确保不发生损害之事实上的可能性（参见边码984）。例如，在以上案件中（参见边码990），骑术俱乐部应对租赁马匹的骑术爱好者针对如何与马匹相处进行一定指导，由此，在租赁关系存续期间，"饲养人"为骑术俱乐部，而非骑术爱好者。因为在判断"动物饲养人"地位时，始终应该注意动物的经济上利益的归属（参见边码997），骑术俱乐部有偿向骑术爱好者出租马匹，供其使用，同时收取租金此一事实，可以作为俱乐部应具有"动物饲养人"地位的初步证据［但在另一种情况下，例如承租人系为某次特定比赛租赁赛马，为此他很有可能赢得奖金，此时（若赛马在租赁期致人损害，需判断由谁来承担动物饲养人责任），或许就不应该认为俱乐部为赛马之"饲养人"］。

992 对动物的事实支配力的短期中断，例如走失动物，不应认定"饲养人"身份的丧失[2]。有学者认为，饲养人抛弃（derelinquiert）动物之时［按照物权法上"抛弃"（Dereliktion）的本意，抛弃仅得由所有人为之，亦即仅当饲养人同时为所有人时，饲养人始得抛弃动物］，其丧失"饲养人"地位。但尽管如此，对于原饲养人，受害人仍得依据瑞士《债务法》第 41 条主张由其承担侵权责任[3]。另有学者持相反意见，

---

〔1〕 BGE 104 Ⅱ 23 ff.；kritisch zu diesem Entscheid FELLMANN, Tierhalter, S. 340 f. und WERRO, Nr. 534；ablehnend HONSELL，§ 17 N 7；s. aber auch Urteil des BGer 4C. 237/2001 vom 8. Oktober 2001.

〔2〕 vgl. BREHM, OR 56 N 22；HONSELL，§ 17 N 7；OFTINGER/STARK Ⅱ/1，§ 21 N 55；学者提出其他的观点：TUHR/PETER, S. 454，认为走失动物原先的占有人已不再是动物饲养人，而当损害发生时，仍由其承担损害赔偿责任，理由是，他未尽到应有之注意义务避免动物走失。

〔3〕 OFTINGER/STARK Ⅱ/1，§ 21 N 57.

认为即使在以上情况中，动物饲养人地位也不因抛弃动物而丧失（理由是：动物饲养人故意抛弃动物之行为，违反了瑞士《债务法》第56条规定的注意义务[1]）。

本节概述部分已经提到，与适用瑞士《债务法》第56条相关的，具有较大实践意义的问题是动物饲养人使用**辅助人**的情况[2]（参见边码985）。作为辅助人的，举例而言，若饲养人之雇员（例如动物看护人员）、妻子、子女或朋友带着小狗出去散步，此时，以上列举之人，均得成为饲养人之辅助人[3]。瑞士《债务法》第56条为无过错责任，因此饲养人需如同承担自己行为造成损失一般，为饲养辅助人的行为负责。即使辅助人行为时无过错，亦同[4]。

需要注意区分的是"动物饲养人－辅助人"关系与所谓的"共同饲养人身份"关系（mehrfache Halterschaft）。

兹举一例予以说明：两人共有一匹马，均履行对马的照管义务，也均以此马练习骑术[5]。

当数人对动物享有事实上行使处分管理之可能性，即满足"饲养人身份"之构成要件时，成立"共同饲养人身份"关系。例如：继承中的遗产共有关系，普通合伙，以及（虽然较少发生但也有可能存在于）家庭关系中。对外关系上，全体饲养人承担**连带**责任[6]。

动物饲养人得为自然人，或私法或公法上之法人（例如，公法营造物法人得为母牛之饲养人[7]）。瑞士《债务法》第56条系瑞士《联邦国家责任法》第3条第2款的特别法规范，原则上优先于一般国家责任。动物饲养人为执行联邦的公共职务，在此过程中由动物造成损害

993

994

995

996

997

---

[1]　BREHM, OR 56 N 23.

[2]　瑞士联邦最高法院判决：BGE 110 Ⅱ 136 ff.

[3]　BREHM, OR 56 N 25；A. KELLER I, S. 183；OFTINGER/STARK Ⅱ/1，§ 21 N 38；BGE 110 Ⅱ 136 E. 1c，77 Ⅱ 44 E. 2，50 Ⅱ 398 f. E. 1.

[4]　BREHM, OR 56 N 26；DESCHENAUX/TERCIER，§ 11 N 18；HONSELL，§ 17 N 12；OFTINGER/STARK Ⅱ/1，§ 21 N 38 ff.，91；BSK/SCHNYDER, OR 56 N 14；differenzierend PAYLLIER，S. 72 ff. BGE 110 Ⅱ 136 E. 1c；参见边码1018。

[5]　关于"饲养人身份之共有"关系的其他类型举例，参见 BREHM, OR 56 N 28.

[6]　BREHM, OR 56 N 28 ff. ；DESCHENAUX/TERCIER，§ 11 N 19；HONSELL，§ 17 N 6；A. KELLER I, S. 184；OFTINGER/STARK Ⅱ/1，§ 21 N 58.

[7]　BGE 126 Ⅲ 14 E. 1a.

的，原则上同样优先适用瑞士《债务法》第56条的规定。**公法上的法人**在执行国家权力时使用动物造成损害的，不适用瑞士《债务法》第56条的规定，而应适用公法规定[1]。为执行公权力而使用动物和损害需具备与职务行为具有关联性的要件。仅仅利用履行职务之便造成损失的，仍适用瑞士《债务法》第56条之规定[2]。

998　　瑞士肉类屠宰与供应合作社（GSF）负责监管圣于尔萨那地区（St. U - rsanne）的家畜屠宰市场。在本案中，合作社所有的一头公牛在家畜市场上出售时致人损害，当事人起诉主张损害赔偿时遇到应如何适用法律的问题。伯尔尼州（Kt. Bern）上诉法院认为，本案应适用关于联邦州及其公务人员责任的瑞士《联邦国家责任法》的相关规定，因此法院对此无管辖权。受害人上诉至联邦最高法院，最高法院认为，仅当动物作为执行公共职务之手段使用，在此过程中造成他人损害的（例如使用警犬确认犯罪嫌疑人或追查毒品），才适用国家责任法之规定。若动物致人损害仅仅是基于偶然因素正好发生在执行公权力过程中，则损害与公权力行使不具有关联性，例如，因乘客在列车车厢里不小心踩到警犬的脚而被警犬咬伤的情况。联邦最高法院认为瑞士肉类屠宰与供应合作社所有的公牛致人损害与合作社履行公法上的任务无职务上之关联性。国家通过公法上规范，将部分国家权力授权让与合作社承担，由其处理部分国家公共事务，而本案中造成他人损害的公牛只是合作社的监管对象，而非监管手段和工具。案件涉及的实体法问题应适用瑞士《债务法》第56条之规定。该案被发回重审[3]。

（二）动物的独立行为［造成损害之动物行为乃基于动物"自己"之力（"eigenem" Antrieb）］

999　　瑞士《债务法》第56条意义上的"动物"是指受人照管和在人的意志支配之下的**饲养**动物。司法实践中最常见的致人损害之饲养动物有狗、

---

〔1〕　OFTINGER/STARK Ⅱ/1，§ 21 N 61 ff.；BSK/SCHNYDER, OR 56 N 13；BGE 115 Ⅱ 237 E. 2c。

〔2〕　OFTINGER/STARK Ⅱ/1，§ 21 N 63；BGE 115 Ⅱ 237 E. 2c，参见边码135。

〔3〕　BGE 115 Ⅱ 237 ff.

马和牛。饲养动物之认定，并不以"服从于饲养人"为必要（例如鸟类）。蜜蜂也可以被饲养，作为瑞士《债务法》第56条意义上之动物；但非指单只蜜蜂，而是指饲养人饲养之蜂群（Sammelhalterschaft）。自由生长环境中的动物，例如：老鼠不在饲养人的支配力范围之内，不属于饲养动物。又如野生动物也不属于瑞士《债务法》第56条中的"动物"，其由特别法规范调整［瑞士《联邦狩猎与野生哺乳动物和禽类保护法》（JSG）第12条］[1]。

对于**微生物**（细菌、病毒）究竟属于动物还是植物，颇具争议。本人   1000
的观点是，在可控范围中的微生物，例如试剂瓶中，应在瑞士《债务法》第56条的适用范围之内。但与此同时，在可控范围内的微生物很有可能不具备独立行为之能力。而释放微生物致人损害的行为，属于瑞士《债务法》第41条或第55条之调整范围[2]。

瑞士《债务法》第56条第1款所规定的动物饲养人责任以"因动物加   1001
损害于他人"（angerichtet）为构成要件，即损害必须是由**动物之主动行为或反应行为**所造成，主动行为例如：马的蹬踢踩踏或狗咬人致人损害[3]。

例如：在公猪被送往屠宰场途中，咬伤肉店老板的左腿膝盖[4]。   1002

当动物**独立地**完成某一行为，而此行为在同类动物中具有普遍性和   1002a
典型性，并且此行为造成损害结果时，即可认定该行为系可构成
动物饲养人责任的动物的主动行为。

兹举一例予以说明：一只出逃的小狗虽然并未直接伤害行人（例如   1002b
咬人），但由于其突然冲向街道，引发事故，造成他人人身损害[5]。

---

〔1〕 BREHM, OR 56 N 5; GUHL/MERZ/ KOLLER, S. 192; HONSELL, § 17 N 8; A. KELLER I, S. 185; OFTINGER/STARK Ⅱ/1, § 21 N 69; BSK/SCHNYDER, OR 56 N 7; ferner LüCHINGER, S. 20.

〔2〕 BREHM, OR 56 N 5; HäSSIG, S. 94 ff.; OFTINGER/STARK Ⅱ/1, § 21 N 70; VON TUHR/PETER, S. 453 FN 41a.

〔3〕 BREHM, OR 56 N 6 ff.; WERRO, Nr. 544; HONSELL, § 17 N 10; A. KELLER I, S. 181; OFTINGER/STARK Ⅱ/1, § 21 N 72; BSK/ SCHNYDER, OR 56 N 8; illustrativ SCHWENZER, N 53.09; VON TUHR/PETER, S. 545; BGE 64 Ⅱ 373 E. 1

〔4〕 vgl. BGE 64 Ⅱ 373 ff.

〔5〕 BGE 110 Ⅱ 136 E. 1

而此类行为对于狗这类动物具有典型性和普遍性，因为在失去饲养人监管的情况下，它们很有可能会在街道上游走或逗留。

1003 动物独立的主动行为之认定，并不以动物的行为与损害结果之间存在直接的因果关系为必要。只要两者之间满足相当因果关系、间接的因果联系的存在，亦可成立瑞士《债务法》第56条之动物的独立主动行为；动物和受害者直接的身体接触也非为必要[1]。

1004 若动物系被人类作为无意识之工具而使用，则此时不成立动物独立的主动行为。以此种方式造成损害者，不适用瑞士《债务法》第56条之规定，而适用瑞士《债务法》第41条或（在满足其他无过错责任之构成要件的情况下）其他无过错责任之特别规定[2]。

1005 兹举例予以说明：

- 由于车夫的失误，马车在行使过程中翻车，造成同乘者受伤，此损害后果并非基于动物"自己"之力的主动行为。此时的马匹仅作为装运工具使用，并且几乎完全受制于马车夫，仅仅以工具的形式存在[3]。

- 此外，在动物饲养人驱使下动物对第三人造成损害的情况，动物也属于饲养人之"工具"[4]。

1006 **由于物理上的外力作用于动物造成损害的**，同样不属于动物独立的主动行为；不适用瑞士《债务法》第56条第1款的规定[5]。

1007 例一：骡子驮着货物走在一条狭窄的乡间小道上，突然滑到，由于动物的重量过重造成泥地下陷，致使在小道另一端的一名路人陷入泥地中死亡。

例二：一头母牛从牧场逃脱，走到防崩通道的屋顶上，突然坠落到一辆驶过的汽车上，导致车内一名乘客受伤。

---

[1] BREHM, OR 56 N 8 ff. ; OFTINGER/STARK Ⅱ/1, § 21 N 71; vgl. BGE 102 Ⅱ 232 E. 2.

[2] BREHM, OR 56 N 6; OFTINGER/STARK Ⅱ/1, § 21 N 74; VON TUHR/PETER, S. 454; BGE 64 Ⅱ 373 E. 1.

[3] 判决的事实情况：BGE 24 Ⅱ 867 ff.

[4] OFTINGER/STARK Ⅱ/1, § 21 N 74; HONSELL, § 17 N 10; BGE 35 Ⅱ 276 ff.

[5] DESCHENAUX/TERCIER, § 11 N 22; HONSELL, § 17 N 10; OFTINGER/STARK Ⅱ/1, § 21 N 73.

但其他情况下，若动物的主动行为系受到**第三人、其他动物或其他诸如噪音等外界作用力之影响**，则不妨碍动物饲养人责任之成立。
1008

例如：在婚礼马车行进中，马匹受到一旁摩托车飞驰超车的惊吓，造成马车侧翻，致使举行婚礼的新人受伤，对此，马匹的饲养人需承担动物饲养人责任。
1009

瑞士《债务法》第56条正是旨在调整动物出于其本性和本能对外界影响做出反应而造成损害的情形[1]。若损害是由于他人或他人的动物刺激造成的，动物饲养人得向该第三人追偿，参见瑞士《债务法》第56条第2款（学理上认为该条款的规定不具备任何独立意义，仅需准用瑞士《债务法》第55条第2款的规定，参见边码963以下）。
1010

动物将疾病传染给其他人或其他动物的情况，不适用瑞士《债务法》第56条之规定，因为此时不存在动物独立的行为[2]。伴随动物正常的生理表现所产生的对外界的影响，尤其是噪音与气味，并不构成动物饲养人责任所要求之构成要件。但是这些影响，有可能会满足瑞士《民法典》第679条、第684条和第928条的构成要件。然而，若事实情况是诸如：饲养人的狗突然狂吠，惊吓到一旁的骑车人，致使其从自行车上摔落跌断手臂，则此时饲养人需要依照瑞士《债务法》第56条对骑车人承担侵权责任[3]。
1011

（三）注意义务举证或免责举证不成立

依据瑞士《债务法》第56条第1款的规定，若动物饲养人得**证明已为特定情形下所要求之全部注意义务对动物进行监管**，损害仍然发生，则动物饲养人可以免责。在此，注意义务之判断标准，需从严把握；**必须尽到客观上所应尽到的所有应有之注意义务**，主观上的可以说明具体个案之动物饲养人不具可谴责性，或者已经采取其他预防措施等，
1012

---

[1] OFTINGER/ STARK Ⅱ/1, § 21 N 74 f. , 81; BSK/SCHNYDER, OR 56 N 9; VON TUHR/ PETER, S. 454; BGE 64 Ⅱ 373 E. 1.

[2] FELLMANN, Tiersammlungen, S. 52; HONSELL, § 17 N 11; LüCHINGER, S. 50; OFTINGER/ STARK Ⅱ/1, § 21 N 73.

[3] vgl. OFTINGER/STARK Ⅱ/1, § 21 N 73.

不得作为免责事由[1]。

1013　　对动物饲养人的免责举证持批评意见的学者凯勒认为，应该令饲养人对由动物造成的所有他人的损害承担责任，这相较于允许饲养人免责举证合理许多[2]。

1014　动物饲养人应尽之注意义务需在个案中根据具体情形作出判断。避免损害发生所应采取的措施应根据同种类动物通常具有之危险性，个案中动物的年龄和"脾性"，被饲养动物所在地周围的交通情况和其他特别情形（例如：周围设有儿童游乐场地）确定[3]。对于具体的注意义务标准，联邦最高法院的立场是，首先应该考虑是否遵守相关的安全和事故防范规范。若既无法律法规的规定，又无普遍认可之私人社团规章，则应总体考虑个案具体情形，对动物饲养人是否尽到应有之注意义务作出判断[4]。

1015　案例一：仅仅"小心有狗"的警告牌尚不足以认定饲养人已尽到了应有之注意义务。除此之外，饲养人还需设置警铃，必要时，可以按动警铃呼唤主人[5]。

案例二：饲养人饲养的母牛造成两名徒步者严重身体伤害，但是饲养人在一天内两次要求放牧人照管牛群，使牛群在可见范围之内，不得使其离开牧场，同时还在牧场搭建铁丝网栅栏；周围行人只有经过很窄的过道才可以到达牧场。在此情形中，法院认定母牛饲养

---

〔1〕 BREHM, OR 56 N 49 ff.；HONSELL, § 17 N 12 ff.；OFTINGER/STARK Ⅱ/1, § 21 N 86, 88, 92；BSK/SCHNYDER, OR 56 N 15；PAYLLIER, S. 109 ff.；BGE 131 Ⅲ 115 E. 2. 1, 126 Ⅲ 14 E. 1b, 110 Ⅱ 136 E. 2, 102 Ⅱ 232 E. 1, 85 Ⅱ 243 E. 1.

〔2〕 A. KELLER I, S. 189, 但是，在 KARLEN, S. 148 ff. 中，KARLEN 主张删去动物饲养人举证证明已尽到注意义务的免责举证规定。

〔3〕 BREHM, OR 56 N 53, 56 ff.；DESCHENAUX/TERCIER, § 11 N 27；A. KELLER I, S. 186；OFTINGER/STARK Ⅱ/1, § 21 N 88.

〔4〕 BGE 131 Ⅲ 115 E. 2. 1, 联邦最高法院的这一立场和标准比较模糊，也容易引起误解，首先私人社团根本无法颁布所谓的公众普遍认可之私人社团规章；其次，私人社团规章对法院也不具有约束效力，它们最多可以作为法官找法时的辅助手段和参考资料。比较：BGE 126 Ⅲ 113 E. 2b, 在本案中法官类推适用了此类规范。

〔5〕 vgl. BGE 102 Ⅱ 232 E. 1a；OFTINGER/STARK Ⅱ/1, § 21 N 89.

人已经尽到应有之注意义务[1]。

案例三：马匹饲养人的放马场紧邻街道，饲养人仅于距离地面平均 124 厘米处设置了一层薄薄的通电塑料带（一名 5 岁的小男孩身高 110 厘米，从塑料带下通过进入放马场，被马匹蹬踢受伤[2]）。

此案中的动物饲养人，被认定未尽到应有之注意义务。

条文文意仅涉及动物饲养人的"保管和监督"（Verwahrung und Beaufs - ichtigung）之注意义务；类推适用事务所属人责任之规定可以得出，饲养特别危险的动物本身即违反了饲养人应有之注意义务。这里所指的特别危险动物是指，基于动物的种类、特殊危险性或使用这类动物的方式，根本无法采取有效措施防止损害发生[3]。 1016

比较： 1017

针对具体动物种类所采取的措施：BREHM, OR 56 N 60 ff. ；可在公共场所自由出入的动物群的饲养人责任，参见：FELLMANN, Tiersamml - ungen, S. 70 f。

动物饲养人使用辅助人造成损害的案件在司法实践中为数不少（参见边码 82）。和其他所有无过错责任一样，瑞士《债务法》第 56 条所规定的**动物饲养人必须对其所使用之事务辅助人造成之损失承担责任**（参见边码 82，993）。辅助人的行为视同饲养人自己的行为，因此动物饲养人依据动物致人损害责任的规定，可以通过举证证明已经尽到应有之监管义务而免责。然而，若依据事务所属人责任，则饲养人仅证明自己尽到对辅助人选任、指导和监督之注意义务（监管义务）的（瑞士《债务法》第 55 条的规定，参见边码 927 以下），**不得免责**[4]。 1018

与此相关，还应注意的是，**动物的行为**（例如马匹）始终无法预见。尽管一匹马平时非常温驯，多年来一直行为良好，因此马匹饲养人令其智力上有障碍、身体上有残疾的儿子看管马匹，饲养 1019

---

[1] BGE 126 Ⅲ 14 E. 1b und c.

[2] BGE 131 Ⅲ 115 ff.

[3] vgl. OFTINGER/STARK Ⅱ/1, § 21 N 84, 90.

[4] vgl. OFTINGER/STARK Ⅱ/1, § 21 N 91; BSK/SCHNYDER, OR 56 N 15; BGE 110 Ⅱ 136 E. 1c, 67 Ⅱ 28.

人仍然应当就该马匹造成之损害，承担赔偿责任[1]。但相反，在另一案件中，对照管马匹有相当经验的饲养人的女儿，在带着马笼头骑马的过程中，经过积雪覆盖的地面滑到。马匹受到惊吓到处奔跑，导致交通事故，对此，法院判定饲养人无须承担侵权责任[2]。

1020 与瑞士《债务法》第55条第1款相同，动物饲养人**在证明纵为相当注意之管束仍不免发生损害时**，不承担损害赔偿责任。在此情形中，注意义务之违反与损害之发生不具相当性[3]。

1021 针对此项免责事由，仅找到一项未公布之法院判决[4]：一名骑士事先未告知同行者他的马有蹬踢的习惯。但即使骑士履行了告知义务，在遇到不利状况时，马匹依然会蹬踢，并且骑士对此也无能为力。然而，需要注意的是，尽管诸如马匹蹬踢等此类情形，属于无法避免的情况，但无论如何，对同行者进行告知后，至少当事人可以更小心谨慎的行为，防止损害发生。

第三节　建筑物及其他工作物所有人责任
（瑞士《债务法》第58条）

1022 参考文献：WALTER FLEISCHMANN, Die Werkeigentümerhaftung für mangelhafte Strassen und mangelhaften Strassenunterhalt, in：Collezione Assista, Genf 1998, S. 140 ff.；Peter GAUCH/RICHARD SINNIGER, Vom Nozon, der über die Ufer trat und wie das Bundesgericht die Haftungsfrage entschied（Bemerkungen zu BGE 122 Ⅲ 229 ff.）, BR 1997, S. 42 ff.；HEINRICH HONSELL, Haftpflichtrecht, § 18；JEAN - JACQUES de Luze, Le propriétaire du bâtiment ou de l'ouvrage au sens de l'article 58 CO,

---

[1]　OGer Thurgau, SJZ 1966, S. 113 f.

[2]　BGE 50 Ⅱ 395 ff.

[3]　对此项免责可能性，参见"事务所属人责任"中的相关阐述，参见边码943以下；a. M. wohl HONSELL, § 17 N 12 a. E.

[4]　s. BREHM, OR 56 N 86.

Diss. Lausanne 1979；KURT PFAU, Ausgewählte Fragen aus dem Gebiete der Haftung für Wege und Strassen nach Art. 58 OR, Diss. Zürich 1978；VITO ROBERTO, Schweizerisches Haftpflichtrecht, Zürich 2002, N 389 ff.；FRANZ WERRO, La responsabilité civile, Première partie, Section 2, Sous-section 2, § 4.

一、性质与意义

瑞士《债务法》第58条[1]第1款规定，**建筑物及其他工作物的所有人，对因建筑物及其工作物的设置**（Anlage）**欠缺与维护上**（Unterhalt）**的不足，造成损害的，应承担责任**。建筑物及其他工作物所有人责任，结合瑞士《民法典》第679条的规定，系普通无过错责任中最严格的一类，因为所有人**无法**通过举证证明已经尽到应有之注意义务而免责（瑞士《债务法》第58条与瑞士《民法典》第679条之关系，参见边码1120以下）。 1023

工作物所有人因享有对某一特定具有财产价值之客体的完全性的权利，相对于非所有人之他人在法律地位上有优待。瑞士《债务法》第58条第1款规定了严格的无过错责任，此一规定的立法理念是：**所有权人因工作物获得利益和优待，相应地也应当对因其缺陷造成的损失负责**[2]。 1024

由此，工作物责任之责任主体通常为缺陷工作物之所有人。在某些例外案件中，法院也承认了非所有人的责任主体资格（Passivlegitimation）。这些案件的共同点往往是：非物之所有人享受物之（主要是经济）用 1024a

---

[1] Art. 58 OR（E. Haftung des Werkeigentümers I. Ersatzpflicht）

1 Der Eigentümer eines Gebäudes oder eines andern Werkes hat den Schaden zu ersetzen, den diese infolge von fehlerhafter Anlage oder Herstellung oder von mangelhafter Unterhaltung verursachen.

2 Vorbehalten bleibt ihm der Rückgriff auf andere, die ihm hierfür verantwortlich sind.

试译为：瑞士《债务法》第58条［四、建筑物及其他工作物所有人责任（一）赔偿义务］

1. 建筑物及其他工作物的所有人，对因建筑物及其工作物的设置欠缺与维护上的不足，造成损害的，应承担责任。

2. 所有人对造成建筑物及其工作物缺陷的责任人保留追偿的权利。

[2] BECKER, OR 58 N 2；BREHM, OR 58 N 90；WERRO, Nr. 567；A. KELLER I, S. 191；BGE 69 Ⅱ 399 E. 3 m. w. N.

益，并且对工作物享有处分权能，以致物之真正所有人无法对物之缺陷
进行修缮照管，此时允许受害人将非物之所有人列为责任主体起诉，并
无不妥（参见边码 1069 以下）。

1025 工作物责任属于**状态责任**（Zustandshaftung）："工作物责任系基于对外
部自然世界的改造负责的理念，易言之，此种责任并非基于某个过程本
身，而是基于这一过程最后导致的结果（……）。需要注意的是，只有
当引起外部自然世界的变动，导致外部环境中的安全性下降时，才构成
瑞士《债务法》第 58 条所规定的无过错责任。基于当事人所有的工作
物的原因，造成外部环境的安全程度下降，当事人就应对共同生活的外
部世界情况发生恶化的结果承担责任。当工作物破坏了周围环境的安全
性，使得外部环境较之其先前状态，安全性降低和恶化，则工作物应被
视为具有缺陷。"[1]

1026 工作物责任属于状态责任，从构成上可以分解为以下要件：

1027 — 工作物所有人或其辅助人是否未尽注意义务，在所不问[2]；明知
危险存在，容忍危险状态的存在和持续，适用瑞士《债务法》第
41 条的规定[3]；

1028 — 非人为之法律事实，而仅仅是**意外事件**（或称事变）（Zufall，参见
边码 578）亦得构成工作物所有人责任[4]；

1029 — 第 58 条第 1 款以由**他人行为**造成的工作物缺陷作为构成要件[5]，
但是，第三人介入行为与损害在因果关系的强度上，足以中断原行
为与损害之间的因果关系链的情形除外[6]。

1030 在无过错责任领域，瑞士《债务法》第 58 条应该是除瑞士《债务法》
第 55 条之外被援引和适用最多的债法规范基础。典型的案件类型为：
工作物所有人责任的构成要件均满足，同时受害人与有过错，由此，法

---

[1] OFTINGER/STARK Ⅱ/1, § 19 N 2.

[2] BREHM, OR 58 N 92; WERRO, Nr. 563; A. KELLER I, S. 191; BGE 108 Ⅱ 51 E.4b, 69 Ⅱ
398 f. E. 3.

[3] BGE 116 Ⅱ 422 E. 1.

[4] BREHM, OR 58 N 100; OFTINGER/STARK Ⅱ/1, § 19 N 67; BGE 111 Ⅱ 429 E. 3.

[5] vgl. BREHM, OR 58 N 101 ff.; OFTINGER/STARK Ⅱ/1, § 19 N 67; BGE 69 Ⅱ 398 f. E. 3.

[6] OFTINGER/STARK Ⅱ/1, § 21 N 68；参见边码 569 以下。

官得依据瑞士《债务法》第 44 条进行损害赔偿额的裁量（参见边码
395 以下）[1]。

二、构成要件

（一）概说

工作物所有人责任的构成要件是：

– **损害**；

– 事实**因果关系**与相当**因果关系**；

　　积极要件为工作物之缺陷造成损害；消极要件为不存在构成免
　　责事由的足以中断原行为与损害结果之间的因果关系的第三
　　人介入行为（参见边码 551 以下）。

– 侵害行为的**违法性**。

（二）建筑物及其他工作物

概念理解上，瑞士《债务法》第 58 条意义上的"工作物"（Werk）不
同于瑞士《债务法》第 363 条以下中的"承揽工作"（Werk）。承揽合
同中所指的"承揽工作"，指的是合同中所负担的交付"劳动成果"
之债[2]。

瑞士《债务法》第 58 条第 1 款所使用的概念是"建筑物及其他工作物"。
建筑物是指**由人工在土地上所建造的，与土地固定结合的设施与构造**
（Bauten）。解释该规范时应注意的是，建筑物系工作物之最原始最基
本之类型，因此对其在法律中予以特别规定。其他种类的工作物是
否必须准用瑞士《债务法》第 58 条之规定，学理上意见不一。对此
问题，大部分学者趋向于给出否定回答。沟渠或土坑属于工作物，
这一点基本无争议，但是从形体构造上来看，沟渠和土坑与建筑物
正好相反（位于地下），这并不影响将其定性为本条文意义中的工作
物[3]。

1031
1032
1033
1034
1035
1036
1037

---

[1] vgl. BGE 117 Ⅱ 50 E. 2c, 116 Ⅱ 422 E. 4, 106 Ⅱ 208 E. 3.

[2] vgl. BSK/ZINDEL/PULVER, Vorbem. zu OR 363 - 379 N 1; GUHL/KOLLER, § 47 N 2 a. A.

[3] vgl. BREHM, OR 58 N 24 f. ; OFTINGER/STARK Ⅱ/1, § 19 N 36 ff. ; VON TUHR/PETER,
S. 457.

1038　即便如此，从建筑物概念中引申出来的"人工建造"和"与土地固定结合"的特征，还是可以适用于其他工作物。**工作物是指，固定地与土地直接或间接地结合的，由人工建造的，亦即通过人类行为建造或装配之物**[1]。即使标的物本身非人为建造，对它进行改建或人工装配，亦得使其成为工作物[2]。例如，通过人为抬高河床或建造堤坝改变河流自然流向[3]。

　　1. 固定性（Stabilität）

1039　工作物的特性——固定性，是指"与土地直接或间接地结合"。直接与土地结合的工作物，例如建筑物、电线杆或桥梁；而诸如通过螺丝拧紧固定在建筑物上的洗衣设备，则属于间接结合。具备**相对的固定性**（relative Stabilität），即得构成工作物；工作物不必长期、持续性地与土地结合，例如建筑使用的脚手架[4]和可移动的临时性房屋，均属于本条规定之"工作物"[5]。

1040　固定性与非固定性之区分并不等同于物权法上的动产与不动产。动产在满足"固定性"标准时，并且此"固定性"仅为一时的，亦得成为"工作物"，例如可移动的临时搭建房屋（瑞士《民法典》第677条）以及管道（瑞士《民法典》第676条）。需注意的是，当这些临时房屋和管道的所有权人并非同时为土地所有权人时，也具有责任主体资格[6]。

1041　**附属设备**（Zugehör）（瑞士《民法典》第644条第2款）在满足一定条件的情况下（固定性，人为建造），得成为"工作物"。在满足空间上的结合性与工作物功能目的上的关联性的情况下，附属设备得成为工作物的一部分，例如房屋的门窗[7]。

---

　　〔1〕 BREHM, OR 58 N 26；WERRO, Nr. 582 ff.；HONSELL, § 18 N 3；A. KELLER I, S. 198 ff.；OFTINGER/STARK Ⅱ/1, § 19 N 39；BGE 106 Ⅱ 201 E. 2 m. w. N.

　　〔2〕 BREHM, OR 58 N 28；OFTINGER/STARK Ⅱ/1, § 19 N 44.

　　〔3〕 vgl. BGE 122 Ⅲ 229 ff.，91 Ⅱ 474 E. 6.

　　〔4〕 BGE 96 Ⅱ 355 E. 1.

　　〔5〕 BREHM, OR 58 N 35 f.；HONSELL, § 18 N 8；A. KELLER I, S. 199 f.；OFTINGER/STARK Ⅱ/1, § 19 N 40 f.

　　〔6〕 BREHM, OR 58 N 37；OFTINGER/STARK Ⅱ/1, § 19 N 42；BGE 106 Ⅱ 201 E. 2a.

　　〔7〕 BREHM, OR 58 N 43 f.；OFTINGER/STARK Ⅱ/1, § 19 N 54；VON TUHR/PETER, S. 457 FN 5；BGE 106 Ⅱ 201 E. 2a, 63 Ⅱ 97 f. E. 1.

物权法上独立的归属于不同当事人的物的结合，主要可区分为以下两类 `1042`
情形。结合在一起的各个独立的物，就其自身而言，均不存在缺陷，
缺陷恰恰系由于物之结合才产生，例如消防栓被放置于有交通危险的
街道上〔1〕，此时的责任人为固定设施（街道）之所有人，或从功能
上看，为作为主物的物之所有人。除此之外，物的结合致使各独立物
均存在缺陷的，则受害人可以向各方所有权人提出赔偿请求〔2〕。

在司法判决中承认具备工作物性质的，包括但不仅限于： `1043`

- 电梯（BGE 91 Ⅱ 201 E. 2）；
- 固定于地面的机器设备（BGE 90 Ⅱ 227 E. 2a）；
- 通往地窖的阶梯，地窖入口通道（BGE 106 Ⅱ 201 E. 3a, 55 Ⅱ 84）；
- 电线网筑起的围栏（BGE 96 Ⅱ 34 E. 1）；
- 高压线（BGE 94 Ⅱ 151 E. 2）；
- 缆车的缆线（BGE 60 Ⅱ 221 E. 1）；
- 沟渠，坑道，泳池（BGE 116 Ⅱ 422 E. 1, 91 Ⅱ 474 E. 6, 64 Ⅱ 198 E. 1, 61 Ⅱ 255）；
- 建筑工程的脚手架（BGE 96 Ⅱ 355 E. 1）；
- 人工铺设的人行道（不包括因行人经常踩踏自然形成的蹊径，BGE 91 Ⅱ 281 E. 2）；
- 机动车道和人行道（BGE 111 Ⅱ 55 E. 2, 108 Ⅱ 51 E. 2, 108 Ⅱ 184 E. 1a, 106 Ⅱ 201 E. 2a, 103 Ⅱ 240 E. 2a, 100 Ⅱ 134 E. 2; vgl. auch BGE 118 Ⅱ 36 E. 3）；
- 装有燃气热水器的淋浴房（BGE 117 Ⅱ 50 E. 2a）；
- 自来水管的排水口（BGE 121 Ⅲ 448 ff.）；
- 经人工改造的河流走向（S. 9 des unveröffentlichten Urteilstextes von BGE 122 Ⅲ 229 ff.; s. dazu GAUCH/Sinniger, S. 43）；
- 滑雪缆车的桅杆（BGE 126 Ⅲ 113 E. 2a cc）。

---

〔1〕 BGE 79 Ⅱ 78.

〔2〕 vgl. BREHM, OR 58 N 21 ff.; OFTINGER/STARK Ⅱ/1, § 19 N 55 ff.; BGE 59 Ⅱ 169, 56 Ⅱ 92 f.

2. 人工建造

1044 工作物必须是经**人为建造，或对它进行改建或人工装配**（anordnen）之物。由此，纯粹自然产出或动物均非工作物。但是，自然物亦得通过人类加工、营建或特殊的装配成为工作物[1]。

1045 通常来说，**树木**属于自然产出物，而非工作物，但是人工种植或移苗培育的树木，可以成为工作物[2]。部分学者认为，对植物进行修剪的活动即可认为属于"人工改造"[3]。若此观点成立，则整排沿路种植之树木无疑更应属于工作物；但持相反意见的学者提出，此类型之改造很少导致损害发生[4]。

1046 **滑雪场的雪道**是否可界定为工作物，应视其人工建造对雪道形成的干预程度而确定。仅仅设立指示标牌和弯道标杆并不能满足"经过人工改造"这一标准[5]；相反，砍伐树木，对雪道进行需涉及工程的改建或使用机械设备对雪道进行修整，当然另当别论[6]。但无论如何，为使用雪道而人工建造的桥梁或休息点属于瑞士《债务法》第58条意义上的工作物，对于这一点并无争议[7]。值得注意的是，关于责任主体资格问题，在本人看来，工作物所有人不应认定为土地所有人，而应该是雪道经营方（环山铁路，运输企业）。联邦最高法院将雪道安全保障义务置于客运合同中的附随义务框架下处理，从而回避了认定雪道是否具有工作物性质这一问题[8]。

---

〔1〕 BREHM, OR 58 N 26 ff. ; WERRO, Nr. 594 ff. ; HONSELL, § 18 N 11; A. KELLER I, S. 198 f. ; OFTINGER/STARK Ⅱ/1, § 19 N 44; BSK/SCHNYDER, OR 58 N 12; BGE 91 Ⅱ 281 E. 2 und E. 6.

〔2〕 BREHM, OR 58 N 30; WERRO, Nr. 596; HONSELL, § 18 N 11; OFTINGER/STARK Ⅱ/1, § 19 N 46 ff. ; BSK/SCHNYDER, OR 58 N 12; VON TUHR/PETER, S. 458；在联邦最高法院判决中，法院对此问题未下定论：BGE 112 Ⅱ 439 E. 1a.

〔3〕 OFTINGER/STARK Ⅱ/1, § 19 N 46 FN 179.

〔4〕 OFTINGER/STARK Ⅱ/1, § 19 N 46.

〔5〕 A. KELLER I, S. 199; OFTINGER/STARK Ⅱ/1, § 19 N 45; STARK, Skriptum, N 719; a. M. BREHM, OR 58 N 32.

〔6〕 OFTINGER/STARK Ⅱ/1, § 19 N 45；涉及使用机械设备对积雪进行处理的问题，存在不同观点：BREHM, OR 58 N 33；学者 A. KELLER 认为（A. KELLER I, S. 199），尽管使用机械设备对积雪进行处理满足"工作物需经人工改造"这一要件绰绰有余，但不满足"与土地固定结合"要件。

〔7〕 BREHM, OR 58 N 34; OFTINGER/STARK Ⅱ/1, § 19 N 45.

〔8〕 BGE 130 Ⅲ 193 E. 2. 2, 121 Ⅲ 358 ff. , 113 Ⅱ 246 ff.

案例一：一名滑雪游客在雪道上滑行，为了避让雪堆，避免与山谷休息站的侧边营房相撞，跌倒造成严重头骨损伤。联邦最高法院判定空中缆车经营股份有限公司应当承担合同上责任（违反合同附随义务；BGE 113 Ⅱ 246 ff.）。　　1047

案例二：一名滑雪游客在雪道最底部最陡的位置滑倒，在完全不受控的情况下继续向下滑行了 75 米，滑出雪道边沿 12 米；滑出雪道护栏坠入 16 米深的区隔带（沟槽），最后砸在一个管道装置上，头骨开裂。本案中，联邦最高法院驳回受害人基于合同以及侵权的损害赔偿主张，因为法院并不认为雪道经营者对本案具体受害人负有交易中的安全保障义务。在本案中，交易中的安全保障义务即对雪道的安全保障义务（BGE 130 Ⅲ 193 ff.）。　　1047a

3. 工作物业已完工

工作物所有人责任之适用原则上需满足**工作物已经完成**之构成要件。一项还在建造、改造或修缮中的工作物，从性质上来看具有缺陷性；但此类缺陷不可归责于工作物所有人[1]。建造、改造或修缮期间工作物造成损害的责任，适用瑞士《债务法》第 41 条的规定。　　1048

注意区别在工作物完工之前或者在改建和修缮过程中，已经依照约定交付的情况。工作物必须满足在所有权人允许或容忍的使用范围内无缺陷。另外，若损害和缺陷与工作物处于建造状态中因而暂时不完整和存在瑕疵无关，而是基于设计缺陷（Konstruktionsfehler），则瑞士《债务法》第 58 条也适用于建造中的工作物因此类缺陷致人损害的情形[2]。　　1049

（三）工作物存在缺陷（Werkmangel）

损害与工作物缺陷之间必须满足事实的和相当的因果关系。需要注意的是，工作物缺陷本身与工作物所有人**客观上未尽到注意义务**必须具　　1050

---

〔1〕　BREHM, OR 58 N 48 f. ; DESCHENAUX/TERCIER, § 12 N 45; HONSELL, § 18 N 8; OFTINGER/STARK Ⅱ/1, § 19 N 82; BGE 108 Ⅱ 184 E. 1b, 96 Ⅱ 337 E. 2b, 94 Ⅱ 151 E. 4, 63 Ⅱ 147; a. M. SCHWENZER, N 53. 22.

〔2〕　BREHM, OR 58 N 50 ff. ; OFTINGER/ STARK Ⅱ/1, § 19 N 83; BGE 108 Ⅱ 184 E. 1b, 94 Ⅱ 151 E. 4, 63 Ⅱ 147.

有内在关联。在工作物瑕疵概念中隐含客观上未尽到注意义务因素，除非瑕疵完全由于意外事件造成[1]。

1051　所有权人应承担瑕疵担保范围内的品质，但是工作物不具备的，即使从组成部分和功能上看，均不存在可能危及人身或财产的情况，仍认定工作物具有瑕疵[2]。工作物所有人尤其应该保证的是工作物在通常使用的情况下的安全性。对于服务于公益需要的工作物，需要保证和满足的不是所有权人的安全预期，而是社会公众或一定范围的听众（或观众）等对安全的预期[3]。

1. 工作物缺陷的类型

1052　关于工作物缺陷的类型，在瑞士《债务法》的德文版本中，第58条第1款规定如下："本法所称之缺陷，指为特定目的而设立之场地（Anlage）或建造物（Herstellung）存在缺陷，以及对工作物维护不足。"

（1）存在缺陷的场地（Anlage）和建造物（Herstellung）

1053　设置场地（Anlage）和建造物（Herstellung）这两个概念经常混用，均指人工营建之建筑物（Konstruktion）[4]。

1054　案例：

－ 洗车时因自动洗车装置的刷子没有自动缩回，损坏机动车造成损失（OGer Thurgau, SJZ 1981, S. 96 f.）；

－ 未设置界限标示，提醒不会游泳者不要进入深水区（BGE 64 Ⅱ 198 f.）；未设置警告标示，告知游泳者不要在浅水区跳水（BGE 116 Ⅱ 422 E. 2）；

－ 在建造9层楼高的建筑物屋顶时，应预见和保证工人在维护屋顶上的草坪时的安全；仅25厘米高的小护栏墙不足以满足以上安保要

---

〔1〕 OFTINGER/STARK Ⅱ/1, § 19 N 62.

〔2〕 BREHM, OR 58 N 62；WERRO, Nr. 603；OFTINGER/STARK Ⅱ/1, § 19 N 69；BSK/SCHNYDER, OR 58 N 13 f.

〔3〕 BSK/SCHNYDER, OR 58 N 13, 17；BGE 122 Ⅲ 229 E. 5a bb, 118 Ⅱ 36 E. 4a, 117 Ⅱ 399 E. 2, 116 Ⅱ 422 E. 1.

〔4〕 在法语和意大利语版本中，分别使用的是"*construction*"，"*costruzione*"，vgl. BREHM, OR 58 N 74.

求（BGE 106 Ⅱ 208 E. 1）；

- 未在化粪池旁设置警示标记（JdT 1929, S. 405）；
- 未在空中缆车的吊绳上为航空交通做出警示标志（此系联邦最高法院1987年5月5日的判决，判决未公布）；
- 未在拱形城门处设置车辆通行限高警示标志（BGE 108 Ⅱ 51 E. 2, 103 Ⅱ 239 E. 4）；
- 通往酒店的地下盥洗室前的门厅处设有一个台阶，酒店未在此处设置醒目警示标志或标牌，构成工作物瑕疵（BGE 117 Ⅱ 399 E. 3）；在联排住宅通往地下室的入口有7个半台阶，在此未设警示标牌，构成工作物瑕疵（ZR 2002, Nr. 92, S. 281 ff.）；
- 装有燃气热水器的浴室通风不足，未达到安全性要求（BGE 117 Ⅱ 50 E. 2）；
- 公共水域处设立的跳台标示的跳台高度偏低（BGE 123 Ⅲ 306 E. 3b bb）；
- 地下水管道警示牌设置距离过近（BGE 111 Ⅱ 429 ff.）；
- 一名滑雪游客为了援救从升降机上坠落的女儿，撞到标杆，法院认为本案中不存在工作物缺陷。只有在标杆位于下滑雪道附近或者雪道坡度在60～70％时，才必须为标杆包覆软垫（BGE 126 Ⅲ 113 ff.）。

（2）对工作物的维护不足

由于使用或者由于年代较长，或者两个原因共同作用，使得工作物处于危险状态，对此不采取任何措施或虽采取但措施不足的，构成工作物维护缺陷（BREHM, OR 58 N 76; OFTINGER/STARK Ⅱ/1, § 19 N 61）。

案例：

- 道路路面结冰（BGE 129 Ⅲ 65 E. 2 und 5 = ZBJV 2007, S. 131 f.）；
- 商店出口紧邻的人行道结冰，商店未采取足够措施（BGE 118 Ⅱ 36 E. 4b; s. dazu hinten N 1082 ff.）；
- 木质电线杆腐坏脆裂（BGE 94 Ⅱ 151 E. 5）；
- 河流防护栏在未经人工建造之前，能抵御百年洪水（1951年发生

1055

1056

洪水），目前仅能抵御 40 年一遇的洪水（1990 年发生洪水）（BGE 122 Ⅲ 229 E. 5a und 5b；详见：GAUCH/Sinniger, S. 46 f. ）。

1057 应由工作物所有权人采取的措施的**可期待性**（Zumutbarkeit）问题（参见边码 1063），在工作物"维护不足"这一缺陷类型中，尤有讨论必要。若检查确定是否存在工作物缺陷以及排除缺陷，对所有人来说是可期待的，而所有人未采取措施检查和排除，则成立工作物"维护不足"。维护措施的可期待性，通过**比较采取措施之费用与由工作物所获用益予以确定**[1]。维护措施的可期待性，采客观标准；工作物所有人的个人情况不予考虑。有正当理由的（Entschuldbarkeit）不在场或疾病亦不能免除责任[2]。

1057a 工作物所有权人得主张**合法替代行为**（rechtmässiges Alternativverhalten）之免责事由（参见边码 644 以下），即证明纵对工作物进行应有之维护，仍无法阻止损害结果发生，也无法减轻损害程度，此时，所有人可以免责[3]。

2. 存在缺陷的判断标准

（1）工作物用途之确定

1058 工作物缺陷的判断标准主要依据工作物的用途予以确定。工作物所有权人应保证在**依据其性质和通常**（bestimmungsgemäss）使用的前提下的安全性 [所谓的交易中的安全保障义务（Verkehrssicherungspflicht），参见边码 756a]。但另一方面，对于所有权人，其可得期待使用人行为时最低限度的谨慎和注意义务；所有权人仅对正常风险造成之责任负责，并不负排除所有异常危险之义务[4]。

---

〔1〕 BREHM, OR 58 N 77；WERRO, Nr. 615 ff. ；A. KELLER I, S. 203 ff. ；OFTINGER/STARK Ⅱ/1，§ 19 N 78；BGE 118 Ⅱ 36 E. 4a, 117 Ⅱ 399 E. 2, 116 Ⅱ 422 E. 1, 100 Ⅱ 134 E. 4 m. w. N.

〔2〕 BREHM, OR 58 N 77；OFTINGER/STARK Ⅱ/1，§ 19 N 75.

〔3〕 BGE 122 Ⅲ 229 E. 5b.

〔4〕 BREHM, OR 58 N 65；WERRO, Nr. 607 f. ；A. KELLER I, S. 202 f. ；OFTINGER/STARK Ⅱ/1，§ 19 N 73 f. ；VON TUHR/PETER, S. 458；Urteil des BGer 4C. 191/2005 vom 15. September 2005 E. 2. 1 = ZBJV 2007, S. 107 f. ，Urteil des BGer 4C. 386/2004 vom 2. März 2005 E. 2. 1，BGE 130 Ⅲ 736 E. 1. 3 = ZBJV 2007, S. 109 ff. ，126 Ⅲ 113 E. 2a cc, 118 Ⅱ 36 E. 4a, 117 Ⅱ 399 E. 2, 117 Ⅱ 50 E. 2, 116 Ⅱ 422 E. 1, 106 Ⅱ 208 E. 1, 103 Ⅱ 240 E. 2b；EGV - SZ 1994 Nr. 27 = SJZ 1996, S. 214，"在遵守经营方指示的安全预防措施和合理使用时，不会出现安全问题的情况下，不存在工作物缺陷"。

对于使用人尽到最低谨慎和注意义务时便可避免的危险，工作物所有人并不负有防止此类风险之义务（使用淋浴设备时，没有遵守操作规范，热水喷溅导致身体伤害[1]）。

（2）客观标准

确定是否存在工作物缺陷，应当依据**客观**标准加以判断[2]。工作物所有人主观上存在正当理由的，亦不得免责；即使所有权人不知存在工作物缺陷，或不在场，或因疾病无法排除缺陷，均需承担责任[3]。 　1059

确定是否存在工作物缺陷时，应考虑个案具体情况。基于个案特别情形，对于公共或私人所有的工作物，可在某些方面设定更高标准和要求[4]。 　1060

案例：较之私人所有的房屋前的人行道，向公众开放的建筑物前的通道（例如银行柜台）的地面防滑的要求设定得更高，因为此时的标准是必须保证身体上有障碍的人亦得安全进入该建筑物（BGE 88 Ⅱ 417 E. 2）。 　1061

符合通常情况下的注意义务标准并不等同于"无缺陷"，而仅能作为工作物设置或维护无缺陷的初步证据（Indiz）[5]。**国家机关对建筑物及其他工作物的许可，以及工作物符合管制性规定**（尤其是工程技术方面的规定），并不当然排除瑞士《债务法》第58条第1款的工作物缺陷。此类特别规定或许可保留（Genehmigungsvorbehalt）的目的不旨在避免损害发生。满足和遵守了以上规范和许可，对于确定是否存在工作物瑕疵，无直接关联。若相关规范的法规目的在于防范损害发生，则此类规范应作为判断工作物缺陷之依据。反过来说，违反管制型规 　1062

---

〔1〕　Pra 2001, Nr. 46, S. 269.

〔2〕　Urteil des BGer 4C. 386/2004 vom 2. März 2005 E. 2. 1, BGE 122 Ⅲ 229 E. 5a bb.

〔3〕　BREHM, OR 58 N 55 f.；OFTINGER/STARK Ⅱ/1, § 19 N 71, 75；BSK/SCHNYDER, OR 58 N 15；BGE 69 Ⅱ 398 f. E. 3.

〔4〕　A. KELLER I, S. 201；OFTINGER/STARK Ⅱ/1, § 19 N 71；BGE 118 Ⅱ 36 E. 4a, 117 Ⅱ 399 E. 2, 88 Ⅱ 417 E. 2, 57 Ⅱ 50 E. 1；s. auch BGE 122 Ⅲ 229 E. 5a bb.

〔5〕　BREHM, OR 58 N 60；A. KELLER I, S. 207；OFTINGER/STARK Ⅱ/1, § 19 N 75；VON TUHR/PETER, S. 458；BGE 117 Ⅱ 399 E. 3d, 90 Ⅱ 227 E. 2b, 88 Ⅱ 417 E. 2.

范也并不能不加分析地立即得出存在工作物缺陷的结论[1]。

（3）可期待性（Zumutbarkeit）

1063　瑞士《债务法》第58条规定了严格的无过错责任，尽管如此，工作物所有权人也仅需在一定范围内尽到注意义务[2]。除了上文已经提到的对使用人的要求，亦即使用人应尽到最低限度的注意义务之外，要求所有权人采取的措施也仅需在"可期待"之范围内。"可期待性"的确定标准主要有两个方面：一方面是**技术上的可实行性**，另一方面则是采取防范损害发生的措施需支出的**费用与用益之间的比例关系**。为排除工作物之缺陷或设置安全保护措施所支出的费用与使用人之用益利益以及工作物之用途必须处于相对合理的比例关系[3]。

1064　　案例：旧房子在继续居住和使用过程中，会出现地面下陷，门槛或台阶踩踏毁坏等状况，但通常情况下并不会导致损害事件发生。要求此类工作物所有权人排除使用中的所有磨损现象和问题，将对所有权人造成不可期待之负担（BGE 66 Ⅱ 111 f. E. 2）。

三、责任主体资格（或称被告资格，Passivlegitimation）

（一）原则

1065　责任主体原则上为**损害发生时，物权法意义上的工作物所有权人**。与瑞士《债务法》第56条的动物饲养人责任不同，第58条提供了一个形式上比较明确的责任人认定标准。所有权人是否直接行使对物的管领力，在所不问；所有权人将工作物出租他人的，因工作物缺陷造成他人损害的责任人仍为所有权人，而非承租人[4]。不动产所有权人可通过土地

---

　　[1]　vgl. BREHM, OR 58 N 61；WERRO, Nr. 613；HONSELL，§ 18 N 16；A. KELLER I, S. 209 f.；OFTINGER/STARK Ⅱ/1，§ 19 N 76；BSK/SCHNYDER, OR 58 N 18；BGE 91 Ⅱ 201 E. 3d, 72 Ⅱ 177 f. E. 2, 59 Ⅱ 179.

　　[2]　BGE 66 Ⅱ 111 E. 2a.

　　[3]　BREHM, OR 58 N 58；WERRO, Nr. 615 ff.；A. KELLER I, S. 203 f.；OFTINGER/STARK Ⅱ/1，§ 19 N 78 f.；BSK/SCHNYDER, OR 58 N 16；VON TUHR/PETER, S. 458；BGE 121 Ⅲ 358 E. 4a, 118 Ⅱ 36 E. 4a, 117 Ⅱ 399 E. 2, 100 Ⅱ 134 E. 4.

　　[4]　BREHM, OR 58 N 5, 13 f.；WERRO, Nr. 572 ff.；HONSELL，§ 18 N 19；A. KELLER I, S. 193 f.；OFTINGER/STARK Ⅱ/1，§ 19 N 25；BSK/SCHNYDER, OR 58 N 7；VON TUHR/PETER, S. 459；BGE 121 Ⅲ 448 E. 2a, 106 Ⅱ 201 E. 2b.

登记簿查明，对于买卖动产，约定所有权保留的，在所有权保留登记簿上登记的出卖人作为责任人[1]。物权法意义上的所有权人无法行使其（主要是经济上的）用益和处分权能的，因此也无法保障工作物不存在维护上的缺陷，此时工作物缺陷造成他人损失作为例外情形，不将所有权人列为被告（参见边码 1069 以下）。

在所有权人为多数时，应区分共同共有和按份共有。在共同共有的情况下，学者一致认为应当由全体所有权人负连带责任[2]。但是在按份共有的情况下，部分学者认为不应当由所有权人承担连带责任，而应承担按份责任[3]，或者区分不同过错程度承担责任[4]。联邦最高法院的立场是，按份共有的共有人也应当承担连带责任[5]。 　1066

建筑物区分（楼层）所有权人（Stockwerkeigentümer），其专有部分的缺陷造成损害的（瑞士《民法典》第 712a 条），需承担责任。对于共同使用部分的建筑物缺陷致人损害的，通说认为应由全体所有人承担连带责任[6]。出于方便操作和实用的考虑，对外关系上，由建筑物区分所有权人全体承担全部和直接的（ausschliessliche und direkte）责任，较为合理[7]。 　1067

乡镇等**公共社区**（Gemeinwesen）的所有人责任，主要是涉及公共街道（参见边码 1080 以下）的所有人责任问题，具有较大实践意义[8]。 　1068

---

[1]　OFTINGER/STARK Ⅱ/1，§ 19 N 26；a. M. BREHM, OR 58 N 15.

[2]　BREHM, OR 58 N 16；WERRO, Nr. 578；A. KELLER I, S. 197；OFTINGER/STARK Ⅱ/1，§ 19 N 30.

[3]　BREHM, OR 58 N 17.

[4]　VON TUHR/PETER, S. 459，467；zutreffenderweise für Solidarhaftung bei Miteigentum de LUZE，S. 86 f.；A. KELLER I, S. 197；OFTINGER/STARK Ⅱ/1，§ 19 N 30.

[5]　BGE 117 Ⅱ 50 E. 5；dazu BREHM, OR 58 N 17a.

[6]　A. KELLER I, S. 197；OFTINGER/STARK Ⅱ/1，§ 19 N 31；赞成安分责任的学者：BREHM, OR 58 N 19；对区分共有部分和专用部分来确定责任主体资格的观点，持相反意见的学者：DE LUZE, S. 89 ff.

[7]　MEIER – HAYOZ/REY, ZGB 712l N 60 m. N.

[8]　BREHM, OR 58 N 164 ff.；OFTINGER/STARK Ⅱ/1，§ 19 N 33；BGE 129 Ⅲ 65 E. 1 = ZBJV 2007, S. 131 f.，115 Ⅱ 237 E. 2b，112 Ⅱ 228 E. 2b，108 Ⅱ 184 E. 1a，106 Ⅱ 201 E. 2a，102 Ⅱ 343 E. 1a；公共所有的湖面上设有跳水跳台，此跳台缺陷致人损害的，湖所在的联邦州作为所有人，应当承担责任，BGE 123 Ⅲ 306 E. 3a bb.

（二）例外：将责任主体扩张至非所有权人

1069　在个别**例外**案件中，联邦最高法院偏离了责任人必须为物权法意义上的所有权人的原则，而是将**役权权利人**，例如某联邦州，作为瑞士《债务法》第58条的责任主体[1]。

1070　案例：某联邦州与私人土地所有人约定，在其土地上设定人役权（公共通行权），负有义务对公路进行建造与维护。土地所有人仅享有土地的所有权，不参与对土地的维护[2]。

1071　对联邦最高法院的这一判决，学者持不同看法。持否定意见的学者对此作出批评，主要理由是基于法安定性的考虑[3]；另有观点认为（参见边码1024a）非所有权人亦得成为责任主体，尤其是当物权法意义上的所有权人不具备对工作物进行维护的可能性时[4]。

1072　在实践中，对于通过设定役权受益的私人，是否亦适用法院在上述判决中确立的例外规则，联邦最高法院并未表明立场[5]。部分学者对此持肯定态度[6]。然而，形式上的所有权人为责任人原则，至少在纯粹履行义务的（债的）法律关系中，应当继续严格遵循，尤其是权利人是私法上的主体时（例如使用租赁或用益租赁的承租人）[7]。

1073　除此之外，在1987年5月5日联邦最高法院作出的判决中（此判决未公布），法院确认了地方乡镇的责任主体资格。在本案中由乡镇建造和维护的缆车存在缺陷致人损害，法院并未审查乡镇是否同时为工作物所有权人，并且责任主体资格不以存在役权权能为前提。责任主体从建筑物及其他工作物的所有人向相关非所有权人扩张的发展过程中，还有一个重要案例 BGE 121 Ⅲ 448 ff.：私人所有的建筑物内的排水管造成的

---

[1]　BGE 91 Ⅱ 281 ff., 51 Ⅱ 209 f.

[2]　BGE 91 Ⅱ 281 ff.

[3]　GUHL/KOLLER § 25 N 35；OFTINGER/STARK Ⅱ/1，§ 19 N 75, 109；vgl. auch de LUZE, S. 57 ff.，将现行法中工作物缺陷责任的责任主体扩及非所有人的做法与立法者意图相违背。

[4]　BREHM, OR 58 N 9 ff.；A. KELLER I, S. 196；wohl auch WERRO, Nr. 633.

[5]　vgl. BGE 106 Ⅱ 201 E. 2a und b；s. auch BGE 121 I 65 E. 5c aa, 91 Ⅱ 281 E. 7.

[6]　BREHM, OR 58 N 12；A. KELLER I, S. 196.

[7]　BGE 106 Ⅱ 201 E. 2b.

损害，应当由所在地区乡镇承担责任，理由是依据供水合同和自来水供给方面的垄断地位，乡镇对于接入部分水管具有事实上的支配力，此事实上的支配力与私法上的权利无异[1]。需要注意的是，联邦最高法院明确指出，只有当乡镇等**公共社区**（Gemeinwesen）对工作物行使相当于私法上的对物的支配力时，才可以突破形式上的所有权人即为责任人原则[2]。但是从本案中**并不能**推出，工作物所有人责任的责任主体资格的扩张，作为"形式上的所有权人即为责任人原则"的例外，也可以适用于拥有类似所有人地位的私法上的主体。

四、具体问题

（一）未依规定方法对工作物的使用

原则上，工作物所有权人有理由相信，使用人将依工作物性质进行通常之使用。未依规定方法使用造成的危险和损害，不属于缺陷；另一方面，**未依规定方法使用并不必然引起缺陷发生**[3]。　　　　1074

联邦最高法院在判决[4]中指出，使用人非依性质使用造成危险和损害的，亦得主张所有权人的工作物责任，但需满足以下构成要件：　　　　1075

– 损害**可预见**，并且，　　　　1076

– 若所有权人采取措施，可以避免使用人非依性质之使用，并且此类措施之采取，对所有权人具有可期待性。　　　　1077

> 游泳池案（"Plauschbad"案）：某 15 岁男孩在装有人工造浪头设备的泳池游泳，突然纵身从 1.3 米高处跳入 1.6 米深的水中，受伤并最终导致截瘫。男孩在不得跳水的区域进行的跳水行为，为未依规定方法使用工作物（此处的游泳池）。但联邦最高法院判决本案构成场地设施的瑕疵，理由是：具有人工造浪头装置的泳池以及泳池经营者营造的环境，会激发青　　　　1078

---

〔1〕　BGE 121 Ⅲ 448 E. 3a und 3c.

〔2〕　BGE 121 Ⅲ 448 E. 2d; s. auch BGE 123 Ⅲ 306 E. 3a bb.

〔3〕　BREHM, OR 58 N 66; A. KELLER I, S. 202 f.; OFTINGER/STARK Ⅱ/1, § 19 N 70, 72, 81; BGE 118 Ⅱ 36 E. 4a, 117 Ⅱ 50 E. 2, 116 Ⅱ 422 E. 1, 106 Ⅱ 208 E. 1a, 94 Ⅱ 151 E. 3.

〔4〕　《Plauschbad》-Entscheid BGE 116 Ⅱ 422 ff.

少年从事平时不敢从事的过激行为，对此，场地设施所有人应有所预见。在可认识到危险的情况下，未采取防护措施，并且在采取相关措施的情况下，男孩就不会进行危险的跳水行为，由此，泳池所有人应当承担责任。而同时，本案也构成受害人与有过错，男孩需承担1/3的责任[1]。

1079　与此相关的还有工作物不必对非使用人具备安全性的问题[2]，换言之，对于因意外情况偶然与工作物发生接触之人，所有权人对其并不负有安全保障义务。安全保障义务范围并不包括那些可认知自己无权进入工作物领域但仍进入到该范围的当事人[3]。

（二）街道所有人责任

1080　街道所有人责任问题具有重大实践意义。不仅街道，广场、人行道和人工铺设的道路（不包括由行人踩踏自然形成的蹊径，参见边码1043），均属于瑞士《债务法》第58条第1款的工作物，对此，学者观点基本达成一致[4]。同样属于工作物的还包括街道的组成部分，例如城门[5]，照明灯柱或标示牌[6]。

1081　当乡镇等公共社区为街道所有人时，需要解决适用侵权法还是**公法，以及它们之间的界限**的问题。司法实践将因公共社区所有的，存在缺陷的场所、设施以及对它们的维护不足造成的损害，列入侵权法调整的事项，归类为**公共城镇的侵权责任**，适用瑞士《债务法》第58条，而不适用公法规定（例如：联邦州的《国家责任法》）[7]。

1082　瑞士的公路并非全部由公共城镇所有；城镇也可以通过在私有土地上设

---

〔1〕　BGE 116 Ⅱ 422 ff.；vgl. auch BREHM, OR 58 N 65；A. KELLER I, S. 202 f.

〔2〕　BREHM, OR 58 N 62；A. Keller I, S. 202；OFTINGER/STARK Ⅱ/1, § 19 N 70；BSK/Schnyder, OR 58 N 14；BGE 61 Ⅱ 78 ff.，60 Ⅱ 222/3.

〔3〕　OFTINGER/STARK Ⅱ/1, § 19 N 70；BGE 63 Ⅱ 206 ff. E. 2.

〔4〕　BREHM, OR 58 N 161 ff.；WERRO, Nr. 630；OFTINGER/STARK Ⅱ/1, § 19 N 104；BSK/SCHNYDER, OR 58 N 21；BGE 118 Ⅱ 36 E. 3，112 Ⅱ 439 E. 1a，111 Ⅱ 55 E. 2，108 Ⅱ 184 E. 1a，106 Ⅱ 201 E. 2a m. w. N.

〔5〕　BGE 103 Ⅱ 240 E. 2a.

〔6〕　vgl. OFTINGER/STARK Ⅱ/1, § 19 N 53，104；Pfau, S. 9；BGE 108 Ⅱ 51 E. 2，100 Ⅱ 134 E. 2.

〔7〕　BGE 129 Ⅲ 65 E. 1 = ZBJV 2007, S. 131 f.，116 Ⅱ 645 E. 3a，111 Ⅱ 55 E. 2，108 Ⅱ 184 E. 1a，106 Ⅱ 201 E. 2a，102 Ⅱ 343 E. 1a m. H.

定公共通行权（参见边码 1069 以下），同时负有维护该供役地之义务。此类案件中，司法实践的发展趋势是，不再拘泥于形式上的所有人作为工作物责任的责任主体的判断标准，而是认为应由事实上负责建造和维护工作物的当事人承担责任[1]。

> 商店门口的人行道结冰路滑致人损害的，联邦最高法院在最近的一 1083
> 个判决中认为物权法意义上的所有权人（包括商店出口通道和人
> 行道）具备责任主体资格；驳回所有权人"依据相关道路法规范，
> 享有役权的城镇负有清扫人行道之义务"的抗辩[2]。

对法院的这一立场，学者有的持支持意见[3]，有的则认为偏离"形 1084
式上的所有权人即为责任人原则"将有损法安定性[4]。

在街道所有人责任中，对于存在缺陷的设置场地（Anlage）和建造物 1085
（Herstellung）以及维护不足这一概念和要件，法院采取了有利于公共
城镇的限缩解释。解释适用时应注意以下特别问题：

- 街道向各种类型的行人均开放，所以应当考虑到所有人的需要，而 1086
  不是考虑如何最好地满足其中一部分人的需要[5]；
- 对街道上的设施进行调整耗时耗财；无法要求城镇令它们管理的 1087
  街道始终保持与最新的技术发展状况同步[6]；
- 谨慎小心之驾驶习惯和方式（尤其是按照不同的路况调整行驶速 1088
  度，参见瑞士《刑法典》第 32 条第 1 款），可以大大减少甚至消
  除因维护和监管不足导致的道路危险。因此，并非所有暂时造成道
  路交通障碍的情况，均应界定为道路存在缺陷。但是，未对道路上
  的障碍设置标志标牌的，有可能成立工作物责任中的"缺陷"[7]；

---

〔1〕　vgl. BGE 106 Ⅱ 201 E. 2a, 91 Ⅱ 281 ff., 89 Ⅱ 331 ff. E. 2, 51 Ⅱ 209 f. E.

〔2〕　BGE 118 Ⅱ 36 ff.；对此判决持批评意见的：HAUSHEER, ZBJV 1994, S. 287 ff.

〔3〕　BREHM, OR 58 N 169；A. KELLER I, S. 196；Pfau, S. 101 f.

〔4〕　OFTINGER/STARK Ⅱ/1, § 19 N 106；参见边码 1071。

〔5〕　BREHM, OR 58 N 189；OFTINGER/STARK Ⅱ/1, § 19 N 110；Urteil des BGer 4C. 45/2005 vom 18. Mai 2005 = Pra 2006, Nr. 30, S. 211 ff., BGE 59 Ⅱ 396.

〔6〕　BREHM, OR 58 N 171；OFTINGER/STARK Ⅱ/1, § 19 N 111；BGE 102 Ⅱ 343 E. 1c.

〔7〕　BREHM, OR 58 N 172；OFTINGER/STARK Ⅱ/1, § 19 N 111 f.；Urteil des BGer 4C. 45/2005 vom 18. Mai 2005 = Pra 2006, Nr. 30, S. 211 ff., BGE 108 Ⅱ 184 E. 1b, 108 Ⅱ 51 E. 2, 103 Ⅱ 240 E. 2b, 102 Ⅱ 343 E. 1b, 59 Ⅱ 180.

1089   　　— 恶劣天气中，道路状况极易受到天气影响，因此在冬天街道上的行人就应对积雪结冰有所预见，并且根据不同的路况调整行进速度[1]。

1090   特别需要考虑的因素是**城镇财政上的承受能力**（finanzielle Belastbarkeit des Gemeinwesens）。原则上，国家财政越吃紧，建造和维护街道排除缺陷的措施越被视为是不可期待的[2]。

1091   涉及**道路设施缺陷**的案件并不多见，司法实践中主要有：

　　— 照明不足（vgl. OFTINGER/STARK Ⅱ/1，§ 19 N 116 ff.；BGE 60 Ⅱ 284）；

　　— 对危险的标示警示不足（BGE 108 Ⅱ 51 E. 2，103 Ⅱ 240 E. 2b）；

　　— 山路弯道视线盲区处未设置安全警示标示；但笔直山路处未设置警示的，不属于道路设施缺陷（BGE 102 Ⅱ 343 E. 2）；

　　— 离机动车道距离太近处种植桦树（ZR 2001，Nr. 47，S. 157 ff.）。

1092   在确定是否存在街道维护不足时，法院采取的态度也相对比较谨慎。主要的案件类型是**路面结冰路滑**造成事故；有观点认为，关于采取措施防止危险发生的可期待性问题，例如使用专门的除雪设备，需要视可供城镇支配使用的财政预算而定。城镇并不负有在所有被冰雪覆盖的街道铺洒沙子的普遍义务，对比应视具体情况而定；在高速公路和人行道的所有人设定的注意义务要求高于山路所有人[3]。

　　值得注意的是，联邦最高法院在判决中确认了某联邦州作为街道所有人的工作物责任，理由是：对于街道结冰成为损害发生的原因可预见并且可避免[4]。

1093   若**行政法规范**中规定了城镇负有铺洒防滑沙子等的义务，而因违反此项义务造成损害的，通常可以认定存在街道维护缺陷。但应当为城镇具体规定负义务之合理期限[5]。

---

　　[1]　BREHM, OR 58 N 190；OFTINGER/STARK Ⅱ/1，§ 19 N 111；BGE 102 Ⅱ 343 E. 3, 98 Ⅱ 40 E. 2.

　　[2]　BREHM, OR 58 N 175；OFTINGER/STARK Ⅱ/1，§ 19 N 111；BGE 102 Ⅱ 343 E. 1c，100 Ⅱ 134 E. 4 m. H.；对于将财政承受能力作为评价标准持批评意见的学者：Pfau, S. 91 ff.

　　[3]　BREHM, OR 58 N 206 ff.；OFTINGER/STARK Ⅱ/1，§ 19 N 132 ff.；BGE 118 Ⅱ 36 E. 4b，102 Ⅱ 343 E. 1b, 98 Ⅱ 40 E. 2.

　　[4]　BGE 129 Ⅲ 65 E. 2 und 5 ＝ ZBJV 2007, S. 131 f.

　　[5]　OFTINGER/STARK Ⅱ/1，§ 19 N 138, 141.

需要指出的是，霜冻和降雪不属于不可抗力（参见边码 574 以下），因 〔1094〕
此也不能作为造成原因果关系中断之事由[1]。

第四节　电子签名私人密钥（Signaturschlüssel）所有人责任（瑞士《债务法》第 59a 条第 1 款）

参考文献：BIANKA S. Dörr, Elektronische Signaturen und Haftung der An-　〔1094a〕
bieter von Zertifizierungsdiensten, Zürich 2002；Oliver Frei, Der Abschluss
von Konsumentenverträgen im Internet, Diss. Zürich 2001；DIRK LANGER,
Verträge mit Privatkunden im Internet, Diss. Genf/Zürich 2003；WOLFG-
ANG PORTMANN/HEINZ REY, Ausservertragliches Haftpflichtrecht, Ein
Kompendium in Form von erläuterten Begriffen, Zürich 2005, S. 65 f. ；
SIMON SCHLAURI, Zum Beweis - und Vertragsrecht elektronischer
Identifikationsmittel in：SIMON SCHLAURI/FLORIAN S. JöRG/OLIVER
ARTER (Hrsg.), Internet - Recht und Digitale Signaturen, 6. Tagungsb-
and, Bern 2005, S. 37 ~ 81；DERS. , Elektronische Signaturen, Diss. Zü-
rich 2002；Felix Schöbi, Das Bundesgesetz vom 19. Dezember 2003 über
Zertifizierungsdienste im Bereich der elektronischen Signatur (ZertES) in：
SIMON SCHLAURI/FLORIAN S. JöRG/OLIVER ARTER (Hrsg.),
Internet - Recht und Digitale Signaturen, 6. Tagungsband, Bern 2005,
S. 17 ~ 35.

一、性质与意义

2005 年 1 月 1 日，瑞士《联邦电子签名法》颁布生效[2]，该法主要 〔1094b〕
调整电子签名领域的认证服务问题。同时在瑞士债法典中增加第 59a
条。该法为电子商务中的法律交往的发生和法律关系的建立提供了新
的方式和可能性。此后当事人仅需借助电子方式进 行法律上有效的承

---

[1]　OFTINGER/STARK Ⅱ/1, § 19 N 137.
[2]　ZertES；SR 943. 03, BBl 2001 Ⅵ, S. 5679 ~ 5730.

诺，而无须在书面合同上签字[1]。

1094c **电子签名**并非手写签名的电子化（例如手写签名扫描），而是数据电文中以电子形式包含用于识别签名人身份并表明签名人认可其中内容的数据（《瑞士电子签名法》第 2 条 a 项）。电子签名是一对一的，必须为每个电子文件特别单独制作。**电子签名私人密钥**（Signaturschlüssel）是一次性的仅对签名人提供的密码，用于制作电子签名（瑞士《电子签名法》第 2 条 d 项）。在传输一份重要电子文件时，电子签名将被附在此电子文件中同时发送[2]。发件人使用认证机构（参见边码 1094n）发布的收件人的**公钥**（qualifiziertes Zertifikat）对文件加密，并用自己的密钥对文件进行签名。当收件人收到文件后，先用发件人的公钥解析签名，证明此文件确为发件人所发（瑞士《电子签名法》第 7 条结合第 2 条 f 项），接着用自己的私钥对文件解密并阅读。接收方的电脑软件对到达系统的文件，认证的真实性以及由此证明的电子签名方的身份进行审查。若文件在从发送方到接收方的过程中被修改，发生了变动，此类电脑软件也可以进行识别。

1094d 瑞士《债务法》第 59a 条的颁布生效后，电子签名私人密钥所有人**责任**有了规范基础。依据瑞士《联邦电子签名法》，由该法认可的认证机构向当事人颁布电子许可证，当事人成为公共密钥和电子签名私人密钥的所有人。第三人因信赖此电子许可而遭受损害的，电子签名私人密钥所有人需要对第三人可能遭受的损害负责。但是，若所有人可以证明已经采取必要和可期待的预防措施，则所有人无须对他人滥用其电子签名私人密钥造成的损害负责。电子签名私人密钥所有人责任属于弱化的无过错责任（milde Kausalhaftung）[3]。

1094e 瑞士《债务法》第 14 条第 2bis 款规定了经认证的电子签名（qual-ifizierte elektronische Signatur）等同于亲笔签名。依据瑞士《联邦电子签名法》第 6 条第 1 款和第 2 款，**经认证的电子签名**是指效力更高的电子签名（瑞士《联邦电子签名法》第 2 条 b 项），是指通过

---

[1] BREHM, OR 59a N 3.

[2] BREHM, OR 59a N 3.

[3] BREHM, OR 59a N 3; a. M. Schöbi S. 29; 弱化的无过错责任（milde Kausalhaftung），参见边码 894。

一个安全的制作、存储和应用电子签名密钥的电脑软件或硬件（Signaturstellungseinheit）制作，并且在制作之时得到相关机构认证的电子签名（瑞士《电子签名法》第 2 条 c 项结合第 2 条 f 项）。

联邦参议院的瑞士《电子签名条例》和联邦信息产业局的瑞士《电子签名认证条例》（SR 943.032.1）对瑞士《联邦电子签名法》作了补充规定（VZertES；SR 943.032）。 _{1094f}

二、构成要件

电子签名私人密钥所有人责任的构成要件是： _{1094g}

- 对第三人造成**损害**；此处的损害是纯粹财产利益（参见边码 703 ~ 712）； _{1094h}
- 第三人基于对所有人的**经认证的电子签名**（参见边码 1094e）的信任受有损害； _{1094i}
- 第三人基于对**法律承认的认证机构出具的有效电子证书**（参见边码 1094o）的信赖而受有损害； _{1094j}
- 第三人的信任与损害结果之间有事实和相当的**因果关系**（参见边码 516 以下）； _{1094k}
- **无法举证证明存在免责事由**（参见边码 1094m）；电子签名私人密钥所有人未采取在特定情形下应采取的必要保密措施。 _{1094l}

三、免责事由（瑞士《债务法》第 59a 条第 2 款）

电子签名私人密钥所有人可以提出可信的证据（glaubhaft darlegen）证明，已经采取了特定情形下必要和可期待的保密措施的，主张免责。与瑞士《债务法》第 55 条和 56 条不同，立法者在第 59a 条第 2 款中使用了"提出可信的证据"（glaubhaft darlegen），而不是"证明"（nachweisen）的概念，是一种证明责任的减轻[1]。 _{1094m}

---

〔1〕 SIMON SCHLAURI, Elektronische Signaturen, Diss. Zürich 2002, S. 152 ff. und S. 157 ff.; a. M. BREHM, OR 59a N 8, 9.

四、安全防范措施的具体规定（瑞士《债务法》第 59a 条第 3 款）

1094n 瑞士《联邦电子签名法》和瑞士《电子签名条例》对电子签名私人密钥所有人应采取的安全防范措施作了具体规定[1]。

五、补充的责任构成要件

1094o **认证服务提供机构**主要提供确认电子签名私人密钥属于该所有人所有，并为此目的签发电子认证（瑞士《电子签名法》第 2 条 g 项）的服务。若认证服务提供机构未遵守瑞士《联邦电子签名法》和瑞士《电子签名条例》的规定签发认证，第三人因信赖有效的认证而受有损失，则认证机构应对该损失负责（瑞士《联邦电子签名法》第 16 条第 1 款）。与瑞士《债务法》第 59a 条第 1 款相同，认证机构责任也属于弱化的无过错责任（milde Kausalhaftung）[2]。

1094p **许可机关**（Anerkennungsstelle）依据瑞士《联邦许可法》（Akkreditierungsrecht）被授权许可和监管签发电子认证的认证服务提供机构（瑞士《电子签名法》第 2 条 h 项）。许可机关依法审查和监督认证服务提供机构（瑞士《电子签名法》第 3 条和第 15 条）。许可机关违反瑞士《电子签名法》或补充性实施规范的规定的，对第三人损害承担责任（瑞士《电子签名法》第 17 条）。许可机关责任也属于弱化的无过错责任[3]。

第五节　土地所有人责任（瑞士《民法典》第 679 条）

1095 参考文献：usanne Auer, Neuere Entwicklungen im privatrechtlichen Immissionsschutz, Diss. Zürich 1997; Thomas Ender, Die Verantwortlichkeit des Bauherrn für unvermeidbare übermässige Bauimmissionen, Diss. Freiburg 1995;

---

[1] BREHM, OR 59a N 18.

[2] BBl 2001 VI, S. 5689, 5700; BREHM, OR 59a N 5; zur milden Kausalhaftung s. N 894; SCHöBI S. 27.

[3] BBl 2001 VI, S. 5689.

BéNéDICT FOëX, A propos de l'action en responsabilité des propriétaires de l'immeuble （art. 679 cc）, JdT 1999 I, p. 474 ss; KARL LUDWIG FAHRLAENDER, Zur Abgeltung von Immissionen aus dem Betrieb öffentlicher Werke, unter Berücksichtigung des Bundesgesetzes über den Umweltschutz, Diss. Bern 1985; RENé FRöHLICH, Die Abgrenzung der Haftung des Werkeigentümers nach Art. 58 OR von der Verantwortlichkeit des Grundeigentümers nach Art. 679 ZGB, Diss. Bern 1959; HEINRICH HONSELL, Haftpflichtrecht, § 19; ERNST A. KRAMER, Analogie und Willkürverbot（Methodologische Anmerkungen zu BGE 104 II 15 ff.）, in: Beiträge zur Methode des Rechts, St. Galler Festgabe zum schweizerischen Juristentag 1981, Bern und Stuttgart 1981, S. 99 ff. , zit. : KRAMER, Analogie; VITO ROBERTO, Schweizerisches Haftpflichtrecht, Zürich 2002, N 411 ff. ; BARBARA RYFFEL, Privatrechtlicher Immissionsschutz gemäss Art. 684/679 ZGB gegen Geräuschimmissionen von Sportanlagen, Diss. Zü – rich 2001; CHRISTINA MARIA SCHMID – TSCHIRREN, Die negativen Immissionen im schweizerischen Privatrecht, Diss. Bern 1997; Felix Schöbi, Privilegierung des bauenden Grundeigentümers, recht 1989, S. 138 ff. ; Emil W. STARK, Das Wesen der Haftpflicht des Grundeigentümers, Zürich 1952, zit. : STARK, Haftpflicht des Grundeigentümers; FRANZ WERRO, La responsabilité civile, Première partie, Section 2, Sous – section 2, § 5; PIERRE WIDMER, Bodenhaftung, in: FS REY, Zürich 2003, S. 343 ff. ; DERS. , Standortbestimmung im Haftpflichtrecht, ZBJV 1974, S. 289 ff. , zit. : WIDMER, Standortbestimmung.

一、性质与意义

土地所有人责任的设定是基于法政策上重要的目的的考量：**土地所有人相对于非所有人享有优势的法律地位**，在行使其所有权时造成相邻他人损害的，应当承担无过错责任[1]。土地所有人责任的成立仅需满

1096

---

〔1〕 不同观点：WIDMER, Bodenhaftung, S. 350.

足损害与侵害事件之间存在因果关系要件；所有人证明已经尽到应有的注意义务的，亦不得免责（BSK/REY, ZGB 679 N 4），因而土地所有人责任属于**纯粹无过错责任**（Kausalhaftung "eigener Art"）。瑞士《民法典》第 679 条的归责事由（即归责的内在合理性）是**客观上超越和违反了土地所有权中的（使用）权能**。由于土地所有人责任特殊的法政策考虑和目标，其很难归入到现行责任法体系中[1]。

1097　瑞士《民法典》第 679 条规定的救济方式除损害赔偿之外，还包括：停止侵害，采取防范措施和排除危险，然而，此类救济在损害赔偿法中意义有限；vgl. zu diesen Klagen REY, Sachenrecht I, N 2076 ff.；BSK/REY, ZGB 679 N 15 ff., ZGB 684 N 40 ff.

二、构成要件：超越和违反了土地所有权中的（使用）权能

1098　土地所有人责任的构成要件（瑞士《民法典》第 679 条）是违反了土地所有权中的（**使用**）**权能**。行使所有权的限制一方面来自相邻权（瑞士《民法典》第 684 条、第 685 条第 1 款、第 689 条第 1 款和第 3 款），另一方面来自公法上的规范[2]。

1099　依据瑞士《民法典》第 679 条提起损害赔偿之诉，需要举证证明超越了土地所有权权限与损害之间的相当因果关系，亦即损害必须是由**所有权人行使权利时超越了权限**所引起。权利行使超越使用权能须与对土地的通常使用具有关联性，但无须为经济目的而为之用益[3]。

1100　**保持土地的自然状态**非属行使所有权的行为。土地的自然状态和自身原

---

〔1〕 LIVER, SPR V/1, S. 218；MEIER – HAYOZ, ZGB 679 N 15；REY, Sachenrecht I, N 2082；STARK, Haftpflicht des Grundeigentümers, insbes. S. 219 ff.；s. auch WIDMER, Standortbestimmung, S. 290，认为瑞士《民法典》第 679 条没有实质意义（Sinnhaftigkeit）。

〔2〕 HONSELL, § 19 N 5；A. KELLER I, S. 224 f.；LIVER, SPR V/1, S. 221；OFTINGER/STARK Ⅱ/1, § 19 N 15；MEIER – HAYOZ, ZGB 679 N 76；REY, Sachenrecht I, N 1099 ff.；BGE 107 Ⅱ 134 E. 3, 91 Ⅱ 183 E. 2, 88 Ⅱ 331 E. 4, 82 Ⅱ 397 E. 3, 76 Ⅱ 132 f.

〔3〕 MEIER – HAYOZ, ZGB 679 N 78 ff.；OFTINGER/STARK Ⅱ/1, § 19 N 15；Rey, Sachenrecht I, N 1107；BSK/REY, ZGB 684 N 4 ff.；TUOR/SCHNYDER/SCHMID, S. 887；BGE 119 Ⅱ 411 E. 4b, 104 Ⅱ 15 E. 2a；在联邦最高法院的判决（BGE 120 Ⅱ 15 E. 2a）中，法院指出，有害物质侵入造成他人损害不以该物质之排放必须系从土地登记簿中登记的该土地范围内发出为要件；只要该排放是由于对土地的使用或经济利用而产生，即便致害源并非土地，亦得构成土地所有人责任。

因造成他人损害的，受害人不得依据瑞士《民法典》第 679 条主张损害赔偿[1]。由此，土地所有人无须对纯粹由于自然事件造成的损害负责[2]。但是，这并非意味着所有权人的**不作为**不能构成瑞士《民法典》第 679 条意义上的"超越和违反了所有权中的（使用）权能"之要件；只是必须满足存在造成了危险状态的先行行为的前提要件。

兹举一例予以说明：所有人在处于山地的土地上堆放建筑材料，对其未采取任何安全保护措施，建筑材料与脱落的岩石断片一起坠落掉入与该土地相邻接的下面的土地。　1101

以下行为构成违反和超越行使所有权权能之界限：　1102

– 因使用土地造成的**物质侵入超过合理界限**（或称侵入过量，über-mässige Immissonen）（瑞士《民法典》第 684 条）；　1103

法律并未规定何种排放属于过量侵入，而由法官在具体案件中对合理使用和过量侵入进行个案界定。判定是否属于过量侵入需考虑个案的特殊情况，尤其是土地的位置、性质，以及当地的土地利用习惯。法院采取客观标准，因而邻居的主观状况、对侵入物过敏的状况等不予考虑；评价标准是具体情形下社会平均人的感知和判断[3]。　1104

依据瑞士《民法典》第 684 条第 2 款的规定，有害物质的侵入原则上应认定为"过量侵入"（也存在特殊例外情形，参见边码 759）。法律对侵入物做了列举规定：烟雾、烟尘、扰人的水汽、噪音或振动，以上列举均为具有实体的物质的侵入（materielle Immissionen）[4]。　1105

---

[1] BGE 93 II 230 E. 3b; anders noch BGE 73 II 155; vgl. A. KELLER I, S. 226; LIVER, SPR V/1, S. 221 FN 9; TUOR/SCHNYDER/SCHMID, S. 882; 然而，土地的自然状态和自身原因与人的行为结合，共同造成损害的，可以构成土地所有人责任。

[2] WERRO, Nr. 669; A. KELLER I, S. 226; BSK/REY, ZGB 679 N 12, ZGB 684 N 7; BGE 93 II 230 E. 3b, 91 II 474 E. 6.

[3] A. KELLER I, S. 227; REY, Sachenrecht I, N 1118 ff.; BSK/REY, ZGB 684 N 8 ff.; TUOR/SCHNYDER/SCHMID, S. 887; BGE 121 III 219 E. 4b = Pra 1996, Nr. 165, S. 587 f., BGE 117 Ib 15 ff. E. 2, 114 II 230 E. 3b, 111 II 236 E. 4, 101 II 248 E. 6, 79 II 54.

[4] BSK/REY, ZGB 679 N 9, ZGB 684 N 22 ff.

1106   例如：在土地上建造企业，企业生产时排放有毒气体，导致邻居放养的产蛋鸡死亡〔1〕

1107   **加害人**因特定目的在不动产上逗留，而此特定目的与使用土地有联系的，若加害人从该不动产进入到相邻土地，亦得构成物质性的侵入。相邻土地的所有权人因此受有损害的，得依据瑞士《民法典》第679条结合第684条要求土地所有人承担损害赔偿责任。

1108   案例：位于巴塞尔城的一处吸毒注射场所（Gassenzimmer），其土地属于巴塞尔城所在联邦州所有。吸毒者和毒品贩子进入到相邻土地，并进行毒品注射和贩卖。对此，联邦州未采取必要措施防止不利影响而遭受损失，相邻土地所有人请求损害赔偿的，联邦最高法院原则上予以支持〔2〕，在另一判决〔3〕中，联邦最高法院进一步确认了上述原则。此外，苏黎世城将在其行政管辖范围内的土地作为公开的吸毒场所，由此对相邻土地和不动产产生不利影响，法院判定联邦州应当承担土地所有人责任〔4〕。

1109   除此之外，对于**精神上的侵扰**（ideelle Immissionen），导致邻居心理上的不良影响，学说和判例认为也适用瑞士《民法典》第679条的规定，例如：经营屠宰场〔5〕，经营情趣活动俱乐部，或在住所或营业场所提供"特别按摩服务"〔6〕。

1110   **"消极的侵入"**（negative Immissionen）（物质、人员或能源的供给受阻或者对邻居的精神、心理造成不良影响，例如期待受挫）是否应当适用瑞士《民法典》第684条的规定，瑞士学界尚未达成一致意见〔7〕。

---

〔1〕 关于水污染事故的案件：BGE 104 Ⅱ 15 ff.，需要注意的是，瑞士《联邦环境保护法》（USG）颁布后，该法第59a条规定的危险责任，作为瑞士《民法典》第679条的特别法优先适用。

〔2〕 BGE 119 Ⅱ 411 ff.

〔3〕 BGE 120 Ⅱ 15 E. 2b.

〔4〕 ZR 1999 Nr. 2 und Nr. 3, S. 6 ff.

〔5〕 BGE 84 Ⅱ 85 E. 2 i. f.

〔6〕 Pra 1999, Nr. 189, S. 981 ff.；ZR 1985, Nr. 85, S. 210 ff.；vgl. LIVER, SPR V/1, S. 226；MEIER – HAYOZ, ZGB 684 N 72；REY, Sachenrecht I, N 1113 f.；BSK/REY, ZGB 679 N 28 ff.；BGE 108 Ia 140 E. 5c aa.

〔7〕 理论争议，参见：Rey, Sachenrecht I, N 1116；BSK/REY, ZGB 679 N 9, ZGB 684 N 31 ff.

联邦最高法院的立场是消极影响亦得适用瑞士《民法典》第684条的规定[1]；在一个建筑施工的案件中，无法避免的"消极影响"对相邻土地的侵入超过合理范围，并且造成严重损害，法院认为土地所有人应当承担损害赔偿责任[2]，联邦最高法院支持了受害人的**侵权损害赔偿请求**。

- 在土地上进行**开凿或建造工程**造成邻居损害的情形（瑞士《民法典》第685条第1款），应适用的侵权责任规范是瑞士《民法典》第679条，结合瑞士《民法典》第685条第1款[3]。其中"开凿或建造工程"，指所有对土地的地面实体进行人为改造的行为[4]。

1111

案例：

1112

  - 开挖地面造成邻居土地上的别墅外立面出现裂缝[5]。
  - 为建造高速公路隧道进行预备挖掘，造成两公里之外的大坝变形[6]。
  - 建造排水管导致地下水水平面下降；对相邻土地造成损害[7]。
  - 密封下水管道导致地下水渗入建筑物地下室[8]。

三、原告资格与被告资格（Aktiv – und Passivlegitimation）

（一）原告资格

以前的通说认为任何人因所有权人超越权利行使范围造成其损害的，均得请求损害赔偿[9]，目前通说的立场是，仅所有人的**邻人**（Nachbar）

1113

---

〔1〕 BGE 126 Ⅲ 452 E. 2c.

〔2〕 BGE 114 Ⅱ 230 ff.：由于改建工程，工程方设置了禁入行人和顾客的标示，导致原本向公众开放的进入商场的通道关闭，无法进入；vgl. REY, Sachenrecht I, N 1117, 2083 f.，参见边码1123以下。

〔3〕 vgl. BGE 119 Ib 334 E. 5d.

〔4〕 LIVER, SPR V/1, S. 241；vgl. REY, Sachenrecht I, N 1129 ff.；BSK/ REY, ZGB 679 N 10, ZGB 684 N 34.

〔5〕 vgl. BGE 107 Ⅱ 134 ff.

〔6〕 BGE 119 Ib 334 ff.

〔7〕 BGE 127 Ⅲ 257 ff.

〔8〕 瑞士《民法典》第679条结合瑞士《民法典》第689条，BGE 127 Ⅲ 241 ff., insbes. E. 5c；持批评意见的：HAUSHEER/JAUN, ZBJV 2003, S. 53 f.；REY, ZBJV 2003, S. 274 f.

〔9〕 在瑞士《民法典》第679条文义上，"任何人"并没有对原告资格作出限制，vgl. A. KELLER I, S. 222 ff.；MEIER – HAYOZ, ZGB 679 N 38 f.；STARK, Skriptum, N 818；BGE 79 I 204, 73 Ⅱ 154.

具有原告资格。邻人指，由于**过度侵入受到损害的土地的所有人或占有人**，亦即，定限物权之权利人以及基于债之法律关系对土地享有权利的使用租赁人或用益租赁人，具有原告资格[1]。

1114 由于"邻人"这一概念具有空间上的限制，在解释时，法院和学者都采取了扩张解释的方法。并不仅仅与所有人土地直接相邻的邻人具有原告资格，任何由于过度侵入受有损害的土地所有人或占有人均得以自己的名义主张损害赔偿[2]。

1115 不符合"邻人"这一要件的当事人，因过度侵入受有损害的，不具备瑞士《民法典》第 679 条的原告资格，不得依此主张权利[3]。

1116 例如：某一保时捷汽车的所有人，将车辆停放在工厂附近，期间化学物质泄漏，腐蚀车辆涂漆，车辆所有人不得依据瑞士《民法典》第 679 条主张损害赔偿，而只能依据瑞士《债务法》第 41 条和第 55 条主张其权利[4]。

（二）被告资格

1117 从条文文义进行解释，行使土地所有权超过合理界限的**所有人**具有被告资格；通说和司法实践的观点认为，**定限物权的权利人**，以其独立行为造成对他人土地的侵入和影响的，与土地所有人地位相同，需承担责任[5]。

1118 基于债法上的关系从而对土地享有权利的权利人是否具有被告资格的问题，学者意见不一。联邦最高法院在判决中承认了使用租赁人或用益租赁人的被告资格[6]。但大部分学者的立场是，纯粹基于债之法律关系

---

〔1〕 vgl. WERRO, Nr. 664, s. jedoch Nr. 666; HONSELL, § 19 N 10; Liver, SPR V/1, S. 234 f.; MEIER - HAYOZ, ZGB 679 N 42 ff., ZGB 684 N 186 ff.; REY, Sachenrecht I, N 1105, 2087; BSK/ REY, ZGB 679 N 22, ZGB 684 N 20; TUOR/SCHNYDER/SCHMID, S. 882; BGE 120 Ⅱ 15 E. 2a, 119 Ⅱ 411 E. 4a, 109 Ⅱ 304 E. 2, 106 Ib 241 E. 2, 104 Ⅱ 15 E. 1 m. H.

〔2〕 HONSELL, § 19 N 10; Meier - Hayoz, ZGB 679 N 44, ZGB 684 N 184; REY, Sachenrecht I, N 1105; Tuor/Schnyder/Schmid, S. 882; BGE 109 Ⅱ 304 E. 2, 104 Ⅱ 15 E. 1.

〔3〕 持不同意见的：Werro, Nr. 666.

〔4〕 HONSELL, § 19 N 11.

〔5〕 HONSELL, § 19 N 6; A. KELLER I, S. 221 f.; Liver, SPR V/1, S. 234; MEIER - HAYOZ, ZGB 679 N 58; REY, Sachenrecht I, N 2088; BSK/ REY, ZGB 679 N 26 ff.; BGE 111 Ⅱ 236 E. 2, 104 Ⅱ 15 E. 2, 91 Ⅱ 281 E. 5b, 88 Ⅱ 252 E. 3.

〔6〕 BGE 104 Ⅱ 15 E. 2a, 101 Ⅱ 248 E. 2; 持赞成观点的：HONSELL, § 19 N 8.

取得权利的权利人不得基于瑞士《民法典》第 679 条主张权利[1]。

公共城镇（Gemeinwesen）原则上亦得成为瑞士《民法典》第 679 条的　　1119
"土地所有人"。在其行使国家权力时，造成对他人的侵入与影响的，
应承担土地所有人责任，但是对于公共物之使用符合物之属性，而此
类侵入与影响无法避免或仅在支出不合比例之费用时始得避免的，不
发生公共城镇的侵权法上的土地所有人责任。对受到侵害的相邻土地
的权利人的补偿，适用征收的有关规定[2]。

四、与工作物所有人责任的关系

土地所有人责任与工作物所有人责任的构成要件不同。瑞士《民法典》　　1120
第 679 条以所有权人行使所有权时造成他人损害作为构成要件，而瑞
士《债务法》第 58 条主要关注工作物存在缺陷（也由此说明工作物所
有人违反了应有的注意义务）[3]。早期的学者观点[4]认为，瑞士
《民法典》第 679 条为瑞士《债务法》第 58 条之补充。目前的学者开
始质疑这一观点，认为瑞士《民法典》第 679 条规定了独立意义的和
涉及物权法的构成要件，因为条文涉及相邻权的行使，因此原告资格
限定在相邻土地权利人范围（参见边码 1113 以下），以此与工作物所
有人责任相区别[5]。

具体案件同时满足两个规范基础之构成要件的（工作物缺陷造成致害　　1121
物质排放，对相邻土地造成不利影响），则发生瑞士《债务法》第 58 条

---

[1]　HAAB, ZGB 679 N 13；LIVER, SPR V/1, S. 234；MEIER－HAYOZ, ZGB 679 N 62；REY, Syst. Teil N 42；VON TUHR/PETER, S. 461 FN 30；不同观点：KRAMER, Analogie, S. 101 f., 129；STARK, Haftpflicht des Grundeigentümers, S. 206.

[2]　参见：Tobias Jaag, Die Enteignung nachbarrechtlicher Abwehransprüche bei Immissionen aus öffentlichen Werken, recht 1992, S. 104 ff., insbes. S. 107 ff.；vgl. auch LIVER, SPR V/1, S. 236 ff.；MEIER－HAYOZ, ZGB 679 N 68 ff.；REY, Sachenrecht I, N 1128；BSK/ REY, ZGB 679 N 28, ZGB 684 N 37 ff.；TUOR/SCHNYDER/SCHMID, S. 883；BGE 122 Ⅱ 337 E. 3 und E. 4b, 121 Ⅱ 317 E. 4d = Pra 1996, Nr. 165, S. 588, BGE 119 Ib 334 E. 3a = Pra 1994, Nr. 74, S. 276, BGE 118 Ib 203 E. 8, 117 Ib 15 E. 2c, 116 Ib 249 E. 2a, 116 Ib 11 E. 2a, 113 Ia 353 E. 2, 106 Ib 241 E. 3, 91 Ⅱ 474 E. 5；参见边码 137.

[3]　MEIER－HAYOZ, ZGB 679 N 22；OFTINGER/STARK Ⅱ/1, § 19 N 16.

[4]　Nachweise bei MEIER－HAYOZ, ZGB 679 N 20.

[5]　MEIER－HAYOZ, ZGB 679 N 22；OFTINGER/STARK Ⅱ/1, § 19 N 17；BSK/SCHNYDER, OR 58 N 2.

与瑞士《民法典》第679条的竞合[1]。

1122　兹举一例予以说明：某营业场所内的嵌入式过滤设备出故障，在从事经营活动时产生了过量的尘埃和煤烟，侵入种植蔬菜的花园的相邻土地；菜园中的生菜原本马上就可以丰收，却由于烟尘排放的影响而无法食用（若经营活动或设备本身存在污染环境之危险，则对于危险实现造成损害的，由企业经营者或设备所有人承担责任：瑞士《联邦环境保护法》第59a条）。

五、个别问题：法律允许范围内的异常和无法避免的情况造成损害

1123　异常且无法避免，但不**被法律禁止**的情况造成的损害。例如，相邻土地上的施工，导致顾客难以或无法进入商场[2]。

1124　瑞士人寿保险与养老金公司作为一处位于苏黎世城的土地的所有人，对其上的房屋进行改建，对建筑外立面翻新。工程共持续了约一年零九个月。基于公共政策和规范方面的要求，在施工工地前设立警示标志，致使商场出口处的相邻服装店的客流严重受到影响［消极影响（negative Immission），参见边码1110］。服装店经营者请求赔偿因施工工程对其造成的（纯粹财产）损害[3]。

1125　联邦最高法院认为，若施工方尽到全部注意义务，阻止不良影响发生，仍然发生损害的，则施工造成的不利影响应认定为"在所难免"。由此可得出的结论是：施工造成的影响由合法行使土地所有权而生，不具有违法性。若侵入或造成的影响超出合理范围，并且造成重大损害结果的，则应当向相邻土地权利人承担损害赔偿责任[4]。

---

[1] BREHM, OR 58 N 148 f.；HONSELL，§ 19 N 10；A. KELLER I, S. 192 f.，218；MEIER - HAYOZ，ZGB 679 N 23；OFTINGER/STARK Ⅱ/1，§ 19 N 16；BSK/SCHNYDER, OR 58 N 2；BGE 111 Ⅱ 429 E. 2c, 96 Ⅱ 337 E. 5a, 91 Ⅱ 474 E. 7.

[2] vgl. REY, Sachenrecht I, N 2083；BSK/REY, ZGB 679 N 13 f.；BGE 114 Ⅱ 230 ff.，91 Ⅱ 100 E. 2, 83 Ⅱ 375 ff.

[3] BGE 114 Ⅱ 230 ff.

[4] BGE 114 Ⅱ 230 E. 5a；vgl. dazu Rey, Sachenrecht I, N 1117, 2084 sowie die kritische Besprechung des Entscheids in ZBJV 1990, S. 190 ff.；kritisch auch SCHöBI, S. 138 ff.

第六节　家长责任（瑞士《民法典》第333条）

参考文献：MARTINA FUCHS, Die Haftung des Familienhaupts nach Art. 1126
333 Abs. 1 ZGB im veränderten sozialen Kontext, Diss. Zürich 2007；
HEINRICH HONSELL, Haftpflichtrecht, § 15；URS KARLEN, Die Haf-
tung des Familienhauptes nach ZGB 333 und des Tierhalters nach OR 56：
eine vergleichende Betrachtung mit besonderer Berücksichtigung des
Sorgfaltsbeweises, Diss. Bern 1980；CENGIZ KOçHISARLIOGLU, La
responsabilité du chef de famille selon l'art. 333 CC, Diss. Montreux 1981；
ELISABETH MEISTER – OSWALD, Haftpflicht für ausservertragliche
Schädigungen durch Kinder, Diss. Zürich 1981；THOMAS M. PETITJEAN,
Die Haftung des Familienhauptes gemäss Art. 333 ZGB im Wandel der Zeit,
Diss. Basel 1979；VITO ROBERTO, Haftpflichtrecht, § 14；FELIX
SCHöBI, Die Haftung der Eltern für das Verhalten ihrer Kinder, BGE 128
IV 49 ff. , recht 2002, S. 186 ff. ；MARTIN STETTLER, La responsabilité
civile du chef de famille (art. 333 CC) lors de la prise en charge d'un mineur
en dehors du milieu parental, ZVW 1984, S. 90 ff. ；EMILE THILO, La
responsabilité du chef de famille pour les actes dommageables de certaines
personnes plassées sous son autorité, JT 1960, S. 262 ff. ；FRANZ WERRO,
La responsabilité civile, Première partie, Section 2, Sous – section 2, § 1：
PIERRE ANDRé WESSNER, La responsabilité du chef de famille et l'égalité
des époux, Diss. Neuenburg 1981.

一、性质与意义

瑞士《民法典》第333条第1款规定：家长对未成年人、因特定事由 1127
丧失行为能力的成年人，智力上有障碍或患有精神疾病的家庭成员造
成的损害，承担责任，家长得证明其在监管无判断能力人时，尽到具
体情形下应有之注意义务而免责。目前的通说认为家长责任属于普通

无过错责任[1]。较早时期的学者普遍认为瑞士《民法典》第 333 条规定的是家长的过错推定责任[2]，目前这一观点已经基本被摒弃[3]。

1128 关于瑞士《民法典》第 333 条的立法理念问题，有学者提出了"支配权力与责任承担"（Herrschaft und Haftung）[4]。亦即，在家庭共同体中具有管理权威之人，亦为有可能采取措施防止损害发生之人。但这一说法并不具有很强的说服力。

1129 依照新近学说，瑞士《民法典》第 333 条的责任基础是**客观上对监管义务的违反**。当今侵权法理论基本认为，家长责任的正当性在于也仅在于"因监管义务之违反而发生责任"：依据法律规定，对于生活在家庭中有监管必要之家庭成员，家长应当采取必要措施履行监管义务，保证第三人不因此家庭成员之行为受有损害[5]。

1130 由此，家长责任的正当性体现在：

1131 — 通常情况下，家庭成员拥有的本应作为承担责任之基础的财产数额非常有限[6]，并且

1132 — 通常情况下，在家长监管之下的家庭成员无识别能力，因而亦无法成为瑞士《债务法》第 41 条意义上的责任人（参见边码 811），充其量依据瑞士《债务法》第 54 条第 2 款无责任能力人造成损害的公平责任之规定而成为适格侵权责任承担人[7]。

1133 承担无过错责任的家长与责任构成之事实要件（家庭成员致人损害）之间存在特殊的相近关系：**家庭共同体**（Hausgemeinschaft）（参见边码 1138 以下）。家长负有对特殊家庭成员的监管义务，尤其包括采取相应

---

[1] BSK/GIRSBERGER, ZGB 333 N 1；A. KELLER I, S. 158 f.；OFTINGER/STARK Ⅱ/1, § 22 N 2；VON TUHR/PETER, S. 450 FN 29；BGE 133 Ⅲ 556 E. 4, BGE 103 Ⅱ 24 E. 3.

[2] vgl. die Nachweise bei OFTINGER/STARK Ⅱ/1, § 22 FN 5；BGE 89 Ⅱ 56 E. 2a, 74 Ⅱ 196 E. 2, 70 Ⅱ 138 E. 1a.

[3] 持不同意见的：HONSELL, Vorbem. zum 2. Abschnitt S. 134, § 15 N 1, 坚持认为家长责任属于举证责任倒置的过错推定责任；相同观点：SCHWENZER, N 53.44；ROBERTO, § 14 N 437, 443.

[4] EGGER, ZGB 333 N 5.

[5] vgl. WERRO, Nr. 400；OFTINGER/STARK Ⅱ/1, § 22 N 8.

[6] WERRO, Nr. 402；OFTINGER/STARK Ⅱ/1, § 22 N 9.

[7] OFTINGER/STARK Ⅱ/1, § 22 N 9.

的防止损害发生的预防措施；家长因违反此注意义务造成他人损失而
承担侵权责任。

涉及家长责任的案件在司法实践中较为多见，其中，家庭成员使用武
器造成他人人身损害以及未成年人于道路交通中致人损害的案件尤为
突出〔1〕。

需要注意的是，瑞士《民法典》第 333 条的适用范围仅为因侵权行为对
他人造成的损害；家庭成员与他人签订合同致人损害，不在此列，应
适用瑞士《民法典》第 305 ～ 306 条以及第 410 条的规定〔2〕。

1134

1135

二、构成要件

（一）家长（Familienhaupt）地位

法律并未明文规定，何人为家长。与"动物饲养人"、"事务所属人"等
概念相同，"家长"亦属于不确定之法律概念，必须依据实质性标准加
以判断〔3〕。

1136

实质性的重要标准有：

1137

– **家庭共同体**（Hausgemeinschaft）：

1138

家庭共同体由**共同居住之数人**构成，并不以此数人为亲属或姻亲
为必要；这个广义上的"家庭"也包括雇工或者在家庭中居于类
似地位而与其他人共同生活之人（瑞士《民法典》第 331 条第 2
款）。除此之外，教育机构、福利院和养老院，夏（冬）令营团队
或者寄宿学校等均属于家庭共同体〔4〕。

1139

公法上的法人得否作为"家长"，而主张由其承担侵权责任，对
此，理论界并未形成一致意见〔5〕。例如联邦州或城镇所属的为

---

〔1〕　相关判例，参见：bei OFTINGER/STARK Ⅱ/1，§ 22 N 112.

〔2〕　OFTINGER/STARK Ⅱ/1，§ 22 N 23.

〔3〕　OFTINGER/STARK Ⅱ/1，§ 22 N 25.

〔4〕　HONSELL，§ 15 N 4 f.；OFTINGER/STARK Ⅱ/1，§ 22 N 26；TUOR/SCHNYDER/RUMO –
JUNGO，S. 467 f.；BGE 79 Ⅱ 263 f. E. 1，71 Ⅱ 62 ff. E. 1，由此，法人亦得具有家长之属性，WERRO，
Nr. 411；A. KELLER I，S. 160；OFTINGER/STARK Ⅱ/1，§ 22 N 52；BGE 79 Ⅱ 263 f. E. 1.

〔5〕　持赞成意见的：OFTINGER/STARK Ⅱ/1，§ 22 N 53 ff.；MEISTER – OSWALD，S. 50；
PETITJEAN，S. 29；持其他观点的：STETTLER，S. 96 f.

未成年人提供食宿的收容院，以及全日制学校，在发生侵权事件时，此类机构得否依据瑞士《民法典》的规定承担"家长"责任，值得探讨；当然，首先应探寻在相关联邦州《国家责任法》中关于国家承担责任的规定是否优先适用（参见边码113以下）。

1140 家庭共同体以**持续性**的共同生活为构成要件。对于必须满足此要件，应无异议，因为家长只有被赋予足够的时间采取应有的措施防止损害发生，其才有可能尽到注意义务。仅仅一次短暂的拜访聚会不足以构成家庭共同体[1]。

1141 家庭的管理权力可以由**多人共同**行使。1988年生效的瑞士《婚姻法修正案》对此作出了确认，发生责任时由**配偶双方**承担连带责任[2]。另一方面，不发生某一当事人同时受到多个家庭的家长管理的情况；寄住在师傅家的学徒平时受到师傅管理权力之管辖，周末回父母家时受到父母家长权力之管辖，家长管理权力在时间上轮换，而非重叠[3]。

1142 — 家长和家庭成员之间的**从属关系**（Subordinationsverhältnis）：

1143 依据瑞士《民法典》第331条第1款的规定，从属关系得基于法律规定、当事人约定或家庭出身产生。基于家庭出身或当事人约定的情况主要有：寄宿学校、儿童福利院、老人院或基于教学协议产生的从属关系[4]。另一方面，并非所有家庭必须有家长，因为存在"合住"（Wohngemeinschaften）这种居住方式，家庭成员之间相互独立，不存在从属关系[5]。瑞士《民法典》第333条意义上需要照顾和监管的当事人，在"合住"这类居住方式中极为少见[6]。

---

[1] WERRO, Nr. 407；HONSELL, § 15 N 5；A. KELLER I, S. 161 f.；OFTINGER/STARK Ⅱ/1, § 22 N 40；BGE 71 Ⅱ 63.

[2] vgl. HONSELL, § 15 N 2；KARLEN, S. 12, 33, 115 ff.；OFTINGER/STARK Ⅱ/1, § 22 N 28, 43 ff.；STETTLER, S. 95；TUOR/SCHNYDER/RUMO – JUNGO, S. 468；WESSNER, S. 82 ff.；BGE 103 Ⅱ 24 E. 5.

[3] A. KELLER I, S. 161；OFTINGER/STARK Ⅱ/1, § 22 N 41；BGE 71 Ⅱ 63 f. E. 1.

[4] A. KELLER I, S. 160；OFTINGER/STARK Ⅱ/1, § 22 N 27 ff.；BGE 71 Ⅱ 64 E. 1.

[5] TUOR/SCHNYDER/SCHMID/RUMO – JUNGO, S. 468.

[6] OFTINGER/STARK Ⅱ/1, § 22 N 39；STETTLER, S. 93.

家长使用**辅助人**履行其监管照顾义务的，需为辅助人之行为承担如同 1144
自己行为之责任。使用辅助人的情形，不发生家长责任的转移[1]。
依据修改后的瑞士婚姻法，不得再将妻子视为丈夫的履行人[2]。

（二）损害系由有监管必要之家庭成员所造成

家庭成员系与家长共同生活于家庭中，相对于家长处于从属地位之当 1145
事人。然而，家长的监管照顾义务并不涵盖所有家庭成员，而仅针对
未成年人，成年后因特定事由而丧失行为能力，智力上有障碍或患有
精神疾病的家庭成员[3]。

– **未成年人**（Unmündige）： 1146

瑞士《民法典》第 14 条对未成年人年龄作出了规定。瑞士《民法 1147
典》第 19 条第 3 款规定了致害行为人不具有识别能力，并不妨碍
家长责任之构成。如情况满足其他法律规定的构成要件，家庭成
员有可能与家长承担连带责任[4]。

– **成年人丧失行为能力**（Entmündigte）： 1148

家庭成员"成年后因特定事由而丧失行为能力"，必须同时满足形 1149
式上的构成要件；仅仅事实上存在瑞士《民法典》第 369 条以下
"成年人丧失行为能力"的事由的，不足以构成当事人成为"成年
人丧失行为能力"之全部要件，而仅仅构成应当设立财产监护人
（Verbeiratung，瑞士《民法典》第 395 条）或应设立保佐人[5]之
事由，亦同。

– **智力上有障碍或患有精神疾病**（Geistesschwache und Geisteskranke）： 1150

智力上有障碍或患有精神疾病应视为精神上和心理上的障碍，因而 1151
需要特殊监管，以免造成（他人或有监管必要人自身，参见瑞士
《民法典》第 333 条第 2 款）伤害。对于哪些人属于"有监管必

---

〔1〕 KARLEN, S. 118；OFTINGER/STARK Ⅱ/1，§ 22 N 42；BGE 103 Ⅱ 24 E. 5.

〔2〕 WESŚNER, S. 52；vorn N 1141.

〔3〕 OFTINGER/ STARK Ⅱ/1，§ 22 N 59 f.；TUOR/SCHNYDER/SCHMID/RUMO - JUNGO,
S. 469 f.，以上法律明文列举为排他性列举，PETITJEAN, S. 33；HONSELL，§ 15 N 3；OFTINGER/
STARK Ⅱ/1，§ 22 N 65；WESSNER, S. 66.

〔4〕 vgl. dazu DESCHENAUX/TERCIER，§ 10 N 9；OFTINGER/STARK Ⅱ/1，§ 22 N 61, 113.

〔5〕 瑞士《民法典》第 392 条以下，vgl. OFTINGER/STARK Ⅱ/1，§ 22 N 62.

要人"，法律并未设立形式上的标准；而"成年后因特定事由而丧失行为能力"亦非此项之构成要件。"智力上有障碍或患有精神疾病"需通过精神和心理方面的鉴定确定[1]。

1152 其他的构成要件还包括以上列举之家庭成员的行为具有**违法性，并且与损害结果存在事实和相当因果关系**[2]。不要求具有监管必要之家庭成员以及家长的主观过错，但需满足该家庭成员的行为**从客观上判断**具有过错，否则，即相当于家长需要对即使完全行为能力人也无须承担责任的行为负责[3]。

1153 家庭共同体中的其他成员亦得成为"**受害人**"，但因自己行为造成损害的情形除外[4]。

（三）无法举证证明已经尽到注意义务或存在其他免责事由

1. 举证证明已经尽到注意义务（Sorgfaltsbeweis）

1154 家长证明已经尽到通常情况下应有之监管注意义务的（瑞士《民法典》第333条第1款），可以免责。证明主观上不具有可责性的，不得免责[5]。

1155 "**应有的注意义务**"的程度，需视具体情形判断。需考虑的因素有：年龄、个性和精神成熟程度，尤其是有监管必要之家庭成员的喜好、习惯或性格，还包括地理位置和方位关系（周边邻里范围内可能存在的危险），以及通说认为还应包括的周边社会关系和环境[6]。

1156 瑞士联邦最高法院在判断"应有的注意义务"时，经常使用"家庭成员的致害行为是否**可预期**"标准[7]。若致害行为可预见，则发生相应

---

〔1〕 A. KELLER I, S. 163；OFTINGER/STARK Ⅱ/1，§ 22 N 63 f.

〔2〕 OFTINGER/STARK Ⅱ/1，§ 22 N 66，71.

〔3〕 OFTINGER/STARK Ⅱ/1，§ 22 N 67 ff.

〔4〕 OFTINGER/ STARK Ⅱ/1，§ 22 N 72 ff.

〔5〕 WERRO，Nr. 420；OFTINGER/STARK Ⅱ/1，§ 22 N 91.

〔6〕 对此持保留意见的有：OFTINGER/STARK Ⅱ/1，§ 22 N 93，此观点值得赞同；vgl. zum Ganzen WERRO，Nr. 421；A. KELLER I，S. 164 f.；MEISTER – OSWALD，S. 52 ff.；OFTINGER/STARK Ⅱ/1，§ 22 N 91 ff.；TUOR/SCHNY – DER/SCHMID/RUMO – JUNGO，S. 470；BGE 103 Ⅱ 24 E. 4，100 Ⅱ 298 E. 3a，95 Ⅱ 255 E. 4a，79 Ⅱ 353 E. 1，对于已经达到一定年龄的未成年子女，家长不必对其进行持续无间断之监管，例如已经达到进入幼儿园年龄的未成年子女；s. A. KELLER I，S. 165；OFTINGER/STARK Ⅱ/1，§ 22 N 89，98 m. w. N.；BGE 100 Ⅱ 298 E. 3c，95 Ⅱ 255 E. 4a.

〔7〕 BGE 103 Ⅱ 24 E. 1c，100 Ⅱ 298 E. 3a，79 Ⅱ 353 E. 1，74 Ⅱ 196 E. 2.

的家长的监管义务，家长应采取额外的针对该可能致害行为的相应措施。若致害行为不可预见，则联邦最高法院认为家长仅需负有通常情况下之注意义务[1]。

尽到瑞士《民法典》第333条第1款中的通常情况下应有的注意义务，仅作为家长未违反监管义务的表面证据（Indiz）。若尽到通常情况下应有的注意义务仍构成监管义务之违反或特殊情况下要求家长承担更高标准之注意义务，则此时，家长不得援引瑞士《民法典》第333条第1款中的通常注意义务标准而主张免责[2]。 1157

关于是否应不同于事务所属人责任或动物饲养人责任，对瑞士《民法典》第333条中的家长适用较弱的注意义务标准，通说持否定立场[3]。与通说观点不同，司法实践的趋势是对这一观点部分承认（例外情形：对智力上有障碍和患有精神疾病的家庭成员之监管义务标准，不得减轻）[4]。虽然在家长责任的裁判中，联邦最高法院的立场显现出减轻注意义务标准的趋势，但是减轻后的注意义务标准仍需依据具体情形加以判定；法院并未创设不同于瑞士《债务法》第55条或第56条的作为一般原则的概括和统一的标准[5]。 1158

可能的**违反注意义务**的情形有： 1159

－　监管不力； 1160

> 一名45岁患有精神疾病的患者从康复中心出院，与父母共度暑假。父母允许其在没有监管的情况下夜间外出闲逛。该患者点燃与观景木屋相毗邻的储藏间，造成火灾[6]。

---

〔1〕　BGE 100 Ⅱ 298 E. 3a；vgl. OFTINGER/STARK Ⅱ/1，§ 22 N 97.

〔2〕　A. KELLER I, S. 164；OFTINGER/STARK Ⅱ/1，§ 22 N 103 ff.；TUOR/SCHNYDER/RUMO－JUNGO, S. 470；BGE 74 Ⅱ 201, 57 Ⅱ 130.

〔3〕　KARLEN, S. 17；OFTINGER/STARK Ⅱ/1，§ 22 N 88, 97, 103；a. M. EGGER, ZGB 333 N 12.

〔4〕　s. BGE 133 Ⅲ 556 ff.：一名父亲举证证明自己在长宽均为约100米的雪道终点照管他的3岁和5岁的儿子，视线不曾离开他们，但是仍然造成一名妇女的损害，对此法院认为父亲已经尽到了注意义务，可以免责。

〔5〕　OFTINGER/ STARK Ⅱ/1，§ 22 N 88.

〔6〕　BGE 74 Ⅱ 193 ff.

1161   — 未进行指示和嘱咐或指示和嘱咐非为适当;

> 7岁的孩子在练习弓箭时，其中一名男孩的眼部被箭射中，导致一侧眼睛失明。瑞士联邦最高法院认为，家长应当对孩子练习弓箭的行为进行陪同监管，或者至少应当告知正确使用和练习弓箭的方法[1]。

1162   — 将危险物品交由支配;

> 一名15岁的男孩在城市固体垃圾填埋场用气步枪射击老鼠，击中另一名少年，造成其右眼受伤失明。瑞士联邦最高法院在判决中提出了"是否应该将气步枪交由一名15岁的少年任意支配，而不受任何监管"的问题。最终法院并未对此做明确回答，但至少家长应该对男孩就防止损害事故发生作出指示和嘱咐[2]。

1163   — 违反注意义务的行为还包括不当对待有监管必要之家庭成员，相处方式不合理[3];

1164   — 允许（或促使）有监管必要之家庭成员为致害行为[4]。

    2. 证明注意义务之违反与损害结果之间不存在因果关系

1165   与瑞士《债务法》第55条和第56条中责任构成规定不同，瑞士《民法典》第333条并未规定第二项免责事由，即证明注意义务之违反与损害结果之间不存在因果关系而免责。然而通说认可：**若家长证明在其尽到应有之注意义务时，损害仍不可避免**，可以作为免责事由[5]。

第七节　瑞士《联邦产品责任法》（PrHG）中的产品责任

1166   参考文献：PIRMIN BISCHOF, Produktehaftung und Vertrag in der EU,

---

[1] BGE 103 Ⅱ 24 ff., vgl. auch BGE 100 Ⅱ 298 ff.

[2] BGE 100 Ⅱ 298 ff., vgl. auch BGE 79 Ⅱ 350 ff.

[3] OFTINGER/STARK Ⅱ/1, § 22 N 86.

[4] OFTINGER/STARK Ⅱ/1, § 22 N 83; BGE 67 Ⅱ 49 ff.

[5] WERRO, Nr. 428; MEISTER - OSWALD, S. 70; OFTINGER/STARK Ⅱ/1, § 22 N 78; VON TUHR/PETER, S. 450 FN 30; WESSNER, S. 71; vgl. BGE 57 Ⅱ 130 f. E. 2; 参见边码943以下。

Schriften zum Europarecht, Bd. 13, Bern/Zürich 1994; DERS. , Ökonomische Rechtsanalyse am Beispiel der Produkthaftung, recht 1993, S. 202 ff. ; PETER BORER, Haftpflichtrecht, insbesondere Produktehaftpflichtrecht, in: SCH - INDLER/HERTIG/KELLENBERGER/THüRER/ZäCH, Die Europaverträg - lichkeit des schweizerischen Rechts, Zürich 1990, S. 495 ff. ; ERICH BRENDEL, Produkt - und Produzentenhaftung, Loseblatt, Freiburg 1980 ff. (Stand: 1995); ROLAND BüHLER, Definition des Produktfehlers im Produktehaftpflichtgesetz (PrHG), AJP 1993, S. 1425 ff. ; GABRIELLE VON BüREN - VON MOOS, Normen und Vorschriften über Produktesicherung, AJP 1994, S. 1376 ff. ; ERDEM BüYüKSAGIS, La notion de défaut dans la responsabilité du fait des produits, Diss. Zürich 2005; ANDRES CHRISTEN, Produkthaftung nach der EG - Produkthaftungsrichtlinie im Vergleich zur Produkthaftung nach schweizerischem Recht, Diss. Zürich 1992; WALTER FELLMANN, Der Produktfehler und sein Nachweis, recht 2007, S. 158 ff. ; DERS. , Der Produkte - und Fehlerbegriff, Produktehaftpflicht im europäischen Umfeld, in: Produktehaftpflicht im europäischen Umfeld/Europa Institut Zürich, hrsg. von Rolf H. WEBER/DANIEL THüRER/ROGER ZäCH, Zürich 1994, S. 31 ff. ; DERS. , Ausschluss von Schadenersatz für Schäden am fehlerhaften Produkt, AJP 1994, S. 1466 ff. ; WALTER FELLMANN/ GABRIELLE VON BüREN - VON MOOS, Grundriss der Produktehaftpflicht, Bern 1993; DIES. , Das neue Bundesgesetz über die Produktehaftpflicht in der Schweiz (PrHG), PHI 1993, S. 184 ff. ; DIETER FREIBURGHAUS, Produkthaftung des Warenimporteurs nach deutschem und schweizerischem Recht, Diss. Basel 1993; PETER GAUCH, Die Produkthaftungsrichtlinie der EG, Ein Überblick, Beiträge zum europäischen Recht, Festgabe Juristenv - erein, Freiburg 1993, S. 163 ff. ; PETER GAUCH/JUSTIN SWEET, Deli - ktshaftung für reinen Vermögensschaden, in: FS MAX KELLER, Zürich 1989; Urs P. Gnos, Anspruchskonkurrenz im schweizerischen Produktehaftpflichtrecht, Diss. Zürich 1997; Hans - Joachim HESS, Produktehaftung in der Schweiz, in Deutschland und Europa: Leitfaden für Unternehmenspraxis, 2. Auflage, Zürich 2005; DERS. , Kommentar zum Produktehaftpflichtgesetz (PrHG), 2. Aufl. ,

Bern/Stuttgart/Wien 1996; Eugénie HOLLIGER, Management der Produkth –
aftpflicht, Zürich 2001; HEINRICH HONSELL, Haftpflichtrecht, § 21;
DERS. , Entwicklungstendenzen im Haftpflichtrecht, in: Symposium STARK,
Neuere Entwicklungen im Haftpflichtrecht, Zürich 1991, S. 15 ff. , zit. :
HONSELL, Entwicklungstendenzen; BSK/FELLMANN, PrHG Art. 1 ~ 11;
THOMAS JäGGI, Das Bundesgesetz über die Produktehaftpflicht, AJP 1993,
S. 1419 ff. ; VALéRIE JUNOD, Clinical drug trials: studying the safety and
efficacy of new pharmaceuticals, Genf 2005; HANS JOSEF KULLMANN, Die
Rechtsprechung des BGH zum Produktehaftpflichtrecht in den Jahren 1995 ~
1997, NJW 1997, Nr. 27, S. 1746 ff. ; PETER LUTZ, Haftung für
Gebrauchsanleitungen – ein Sonderfall der Produktehaftung, SJZ 1993, S. 1
ff. ; ADRIAN PLüSS, Die Produktehaftpflicht, Zürich 1999; PASCALE
G. PLUTSCHOW, Haftung des Herstellers für fehlerhafte Präsentation seiner
Produkte nach dem schweizerischen Produktehaftpflichtgesetz (PrHG),
Diss. Zürich 1999 (= Schriftenreihe zum Obligationenrecht Bd. 63); VITO
ROBERTO, Schweizerisches Haftpflichtrecht, Zürich 2002, N 354 ff. ;
DERS. , Produktehaftpflicht und Software, in: Jahrbuch des Schweizerischen
Konsumentenrechts, Bern 2000, S. 55 ff. ; Patrick Rohn, Zivilrechtliche
Verantwortlichkeit der Internet Provider nach schweizerischem Recht,
Diss. Zürich 2004; FLAVIO ROMERIO, Toxische Kausalität, Diss. Basel
1996; THOMAS RöTHLISBERGER, Zivilrechtliche Produktbeobachtungs – ,
Warn – und Rückrufpflichten der Hersteller: unter Berücksichtigung
wettbewerbs – und versicherungsrechtlicher Aspekte, Diss. Zürich 2003; DIRK
SCHNEIDER, UN – Kaufrecht und Produktehaftpflichtrecht: Zur Auslegung
von Art. 4 Satz 1 und Art. 5 CISG und zur Abgrenzung vertraglicher und
ausservertraglicher Haftung aus der Sicht des CISG, Diss. Basel 1995; REINER
SCHRUPKOWSKI, Die Haftung für Entwicklungsrisiken in Wissenschaft und
Technik, Eine Analyse der Haftungsordnungen der Schweiz, Deutschlands,
Frankreichs und der USA, Diss. Basel 1995; ROLAND SCHWEIGHAUSER,
Hersteller, Mehrzahl von Ersatzpflichtigen und Regress im Produktehaftungs –
recht: unter Berücksichtigung der EG – Produktehaftungsrichtlinie sowie des

deutschen österreichischen und schweizerischen Rechts, Diss. St. Gallen 1992; Bernd STAUDER, Schweizerische Produktehaftung im europäischen Umfeld, ZSR 1990 I, S. 363 ff. ; WOLFGANG STRAUB, Produktehaftung für Informationstechnologiefehler, EU－Produkthaftungslinie und schweiz－erisches Produktehaftungsgesetz (Studien zum Verbraucherrecht Band 7), Zürich 2002; JüRGEN TAEGER, Produkt－ und Produzentenhaftung bei Schäden durch fehlerhafte Computerprogramme, CR 1996, S. 257 ff. ; DERS. , Ausservertragliche Haftung für fehlerhafte Computerprogramme, Tübingen 1995, S. 108 ff. ; GERHARD Walter, Produktehaftung nach schweizerischem Recht, in：FS HERMANN LANGE (1992) 749 ff. ; ROLF H. WEBER/DANIEL THüRER/ROGER ZäCH, Produktehaftpflicht im Europäischen Umfeld/Europainstitut Zürich, Zürich 1994; MICHAEL WEISSBERG, Produktehaftpflicht und Versicherung in der Schweiz, Diss. Bern 1992; FRANZ WERRO, La responsabilité civile, Première partie, Section 2, Sous－section 2, § 6; PIERRE WIDMER, Grundlagen und Entwicklung der schweizerischen Produktehaftung (－en), ZSR 1995 I, 23 ff. ; ISABELLE WILDHABER, Produkthaftung im Gentechnikrecht, Veröffentlichungen des Schweizerischen Instituts für Rechtsvergleichung Bd. 40, Diss. Basel 2000; LUKAS WYSS, Technische Normen und Vorschriften im Spannungsfeld zwischen Haftpflichtrecht－ und Produktsic－herungspflicht, AJP 2006, S. 53 ff. ; DERS. , Der Fehlerbegriff im schweizerischen Produktehaftpflichtgesetz, recht 1996, S. 108 ff......

一、产品责任的实质与制度发展

产品责任是指由于**缺陷产品造成人身损害或物之损害，生产者所应承担之责任**[1]。   1167

---

〔1〕 vgl. BREHM, OR 41 N 217; CHRISTEN, S. 1; FELLMANN/VON BüREN－VON MOOS, N 4; HESS, PrHG 1 N 17; HONSELL, § 21 N 1; A. KELLER I, S. 361; STAUDER, S. 363; OFTINGER/STARK Ⅱ/1, § 16 N 391.

1168　科学技术进步的同时，也带来全新的潜在致害源以及有效的消费者保护的立法需求。受到美国法的影响，欧洲也在试图施行统一的无过错的产品责任规定〔1〕，1985 年 7 月 25 日颁布《**欧洲共同体产品责任指令**》（EG – Produkthaftungsrichtlinie）成为这一进程中的重要事件〔2〕。在瑞士，颁布施行瑞士《联邦产品责任法》也显得相当紧迫与必要（参见《瑞士〈侵权责任法〉修订研究委员会报告》，S. 157 ff.）。在司法实践中，产品责任以及瑞士《债务法》第 55 条〔3〕规定的侵权责任，对其免责事由的认定，越来越倾向于更为严格的要求和标准，以致在结果上，产品责任已经非常接近无过错责任〔4〕。

1169　1994 年 1 月 1 日颁布生效的瑞士《联邦产品责任法》在很大程度上接受和采纳了欧洲共同体指令的规定。原本瑞士准备将产品责任指令作为欧盟一揽子法律的组成部分（Eurolex – Paket）纳入本国法，而在 1992 年 12 月瑞士全民公决否决了加入欧洲经济共同体协议之后，瑞士只能在指令基础上稍作修改，将产品责任法作为瑞士本国一揽子法律〔5〕的组成部分颁布施行〔6〕。

1170　依本人的观点，产品责任应属普通无过错责任，理由是责任的构成仅以

---

〔1〕　vgl. HONSELL, Entwicklungstendenzen, S. 24；s. auch schon vorn N 951 f.

〔2〕　s. HESS, PrHG 1 N 2 ff.

〔3〕　Art. 55 OR（Haftung des Geschäftsherrn）

1 Der Geschäftsherr haftet für den Schaden, den seine Arbeitnehmer oder andere Hilfspersonen in Ausübung ihrer dienstlichen oder ge – schäftlichen Verrichtungen verursacht haben, wenn er nicht nachweist, dass er alle nach den Umständen gebotene Sorgfalt angewendet hat, um einen Schaden dieser Art zu verhüten, oder dass der Schaden auch bei Anwendung dieser Sorgfalt eingetreten wäre.

2 Der Geschäftsherr kann auf denjenigen, der den Schaden gestiftet hat, insoweit Rückgriff nehmen, als dieser selbst schadenersatzpflichtig ist.

试译为：瑞士《债务法》第 55 条（事务所属人责任）

1. 事务所属人对其雇员或其他辅助人在执行工作事务过程中造成之损失承担无过错责任。但其能证明已经尽到避免此类损失发生的应有之注意义务，或能证明纵加相当之注意仍不免发生损害的除外。

2. 事务所属人对造成损害之人在可归责于其的范围内，享有追偿权。

〔4〕　BREHM, OR 55 N 83；CHRISTEN, S. 220 ff.；HESS, Syst. Teil N 13 ff.；HONSELL, § 21 N 18 ff.；A. KELLER I, S. 170 f.；STAUDER, S. 376 ff.；参见边码 958 以下。

〔5〕　Swisslex – Paket, BBl 1993 I, S. 805 ff.

〔6〕　关于立法史的阐述，详见：FELLMANN/VON BüREN – VON Moos, N 10 ff.；HESS, PrHG 1 N 1 ff.；Jäggi, S. 1420.

客观违法性（objektive Unregelmässigkeit）（即产品具有缺陷性）为要件[1]。这一构成要件系普通无过错责任与危险责任的界分标准：对于后者，仅需满足各特殊危险责任的具体构成要件中指明的危险设备或危险行为（此类设备和行为本身具备很高的危险性）造成损害发生，即成立责任（参见边码 1243 以下）。瑞士侵权法学说对此并未形成一致意见[2]。

> 依本人的观点，产品责任属于普通无过错责任的另一依据是，（与动物饲养人责任、建筑物所有人责任或土地所有人责任类似）产品责任也以一定的利益平衡为导向。产品生产者因制造行为而获取经济上的利益，然而，若这一经济利益的实现会导致损害他人的结果，则生产者应对此承担责任。在此我们注意到，产品生产者并非因为产品或制造过程本身隐含固有的高致害危险源，而是由于实现生产者的经济利益过程中可能致人损害，因而需要承担责任。

1171

二、构成要件

依据瑞士《联邦产品责任法》第 1 条的规定，产品责任的构成要件为： 1172
- **损害系**由于某一产品造成； 1173
- **产品存在缺陷**； 1174
- **产品缺陷造成损害发生**； 1175
- 造成**人身损害或物之损害**（瑞士《联邦产品责任法》第 2 条规定，缺陷产品自损造成损害的，不承担该法意义上的"产品责任"）。 1176

受害人需**证明**：损害，产品存在缺陷，产品缺陷与损害之间存在事实 1176a

---

〔1〕　vgl. BBl 1992 V, S. 422.

〔2〕　例如：BSK/FELLMANN, Vorbem. N 6；HESS, PrHG 1 N 18；JäGGI, S. 1423；A. KELLER I, S. 362；SCHWENZER, N 53. 01；s. aber N 23，认为瑞士的产品责任属于危险责任；nach FELLMANN/ VON BüREN‑VON MOOS, N 23 f.：认为法律规定中包含了危险责任的因素；HONSELL 教授认为产品责任属于危险责任。

和相当因果关系，以及被告的产品生产者属性[1]。

（一）人身损害与物之损害

1177 瑞士《联邦产品责任法》第 1 条第 1 款规定，本法仅适用于因缺陷产品
导致的**人身损害**（身体伤害或导致死亡）和物之损害。对于**物之损害**，
该法第 1 条第 1 款 b 项进一步做出了特殊限制：物之损害中的"物"仅
针对按照其性质通常仅供私人使用或消费[2]之物，并且受害人将该物
事实上确实主要用于私人使用或消费。产品造成职业或营业活动使用之
物的损害需承担责任的，不在本法调整范围内（参见边码 962）。

1178 有权提起产品责任赔偿请求的当事人不仅包括产品的购买者或使用者，
同时也包括非交易当事人的第三人，即所谓的"在旁的"第三人
（bystanders）。第三人因缺陷产品受有损害的，可以自己的名义提起损
害赔偿请求[3]。

1. 人身损害

1179 瑞士《联邦产品责任法》中并未对人身损害概念作出法律定义，因此
关于人身损害的认定参见前文关于这一损害类型的论述（参见边码 219
以下）。同样，对于**损失计算**，瑞士《联邦产品责任法》也未作出特殊
规定，适用瑞士《债务法》第 45 条和第 46 条的一般规定（参见边码
229 以下，278 以下）（参见瑞士《联邦产品责任法》第 11 条第 1 款）。

1180 瑞士《联邦产品责任法》并未（明文）规定受害人得否主张**精神抚慰
金**。问题是：瑞士《联邦产品责任法》未规定精神抚慰金应属于法律
的"有意义的沉默"（ein qualifiziertes Schweigen），还是应认为该法第 11
条第 1 款的准用规定也包括瑞士《债务法》第 47 条。有学者认为，特别
法中的准用规定指向瑞士《债务法》侵权法部分，内容应包括关于精神
抚慰金的规定，除非存在特殊理由排除适用[4]。鉴于此，应当认为在

---

[1] vgl. FELLMANN/VON BüREN - VON Moos, N 102；BSK/FELLMANN, PrHG 1 N 1，被告的产
品生产者属性，参见瑞士《联邦产品责任法》第 2 条第 22 项以下；HESS, PrHG 1 N 107 f.；
HONSELL, § 21 N 52.

[2] 译者注：瑞士《联邦产品责任法》借鉴了《欧洲共同体缺陷产品责任指令》（85/374/
EEC）第 9 条"私人使用或消费"，原文"für den privaten Ge - oder Verbrauch"或"for private use or
consumption"。

[3] vgl. BüHLER, S. 1435；HESS, PrHG 1 N 31, 67, PrHG 4 N 9.

[4] OFTINGER I, S. 287；STARK, Skriptum, N 179；vgl. auch BSK/SCHNYDER, OR 47 N 3.

产品责任领域，受害人得主张精神抚慰金，并且该项请求权不以"过错"为必要[1]。

2. 物之损害

（1）限制：仅指私人使用或消费目的的物之损害

物之损害中的"物"仅针对按照其性质通常仅供私人使用或消费之物，并且受害人对该物事实上确实主要用于私人使用或消费（瑞士《联邦产品责任法》第 1 条第 1 款 b 项）。对产品责任的这一适用范围上的**缩限**，保证了本法的保护目的主要为消费者利益，而并不包括商业领域的经济利益。仅仅最终产品的消费者应受到无过错的产品责任规定之保护，产品造成其他为职业活动或营业使用之物的损害的，适用瑞士《债务法》一般规则的规定[2]。

"私人使用"（privater Gebrauch）概念是指"为个人和家庭消费使用"，与此相对的是"为职业或营业使用"[3]。"私人使用"标准系法律设定的一项客观标准；在此起决定作用的是**依照交易习惯对某物的通常目的和功能的确认**[4]。除此之外，同时需要满足的构成要件是：受害人对物确实进行了私人目的之消费与使用。对这一构成要件的判断则主要考虑主观因素；其中起决定作用的是"**受害人的具体的个别的使用方式**"。若对于某一产品，受害人主要用于私人消费，即可认定满足"私人使用"要件。个别和偶然的职业或营业使用产品，不排除瑞士《联邦产品责任法》之适用[5]。

（2）轻微损害的损害赔偿请求权主张之排除（起赔点，Selbstbehalt）

在**物之损害**的情形中，瑞士《联邦产品责任法》第 6 条第 1 款设定了

1181

1182

1183

---

〔1〕 BBl 1992 V, S. 429; HESS, PrHG 1 N 57 ff.; HONSELL, §21 N 51; BSK/FELLMANN, PrHG 1 N 5 f.; a. M. FELLMANN/VON BüREN – VON MOOS, N 108, 137; offenbar auch A. KELLER I, S. 362.

〔2〕 vgl. CHRISTEN, S. 56 f.; FELLMANN/VON BüREN – VON MOOS, N 118; A. KELLER I, S. 362; 参见边码 959。

〔3〕 BBl 1992 V, S. 422., 参见瑞士《债务法》第 40a 条第 1 款。

〔4〕 FELLMANN/VON BüREN – VON Moos, N 123; HESS, PrHG 1 N 73 ff.

〔5〕 CHRISTEN, S. 58 f.; FELLMANN/VON BüREN – VON MOOS, N 124 ff.; BSK/FELLMANN, PrHG 1 N 8 ff.; HESS, PrHG 1 N 76 ff.

900 瑞士法郎的起赔点[1]。这一规定主要针对受害人对轻微损害主张权利的情况[2]。需要注意的是，这一规定不妨碍受害人援引其他（合同法或侵权法上的）请求权基础主张行为人赔偿起赔点以下的损失[3]。由此，瑞士《联邦产品责任法》第 6 条第 1 款仅规定了在产品责任领域，排除 900 瑞士法郎范围内的物之损害与生产者行为之间的因果关系。

<u>1184</u>　起赔点的计算对每起损害事件和单个受害人适用，即使存在数个物受到毁损，亦无单独适用，而以整件损害事实为单位计算。但若同一损害事件造成多人损害，则对各个受害人的损害分别适用起赔点，不累加损害[4]。

(3) 注意区分：缺陷产品本身的损害

<u>1185</u>　产品责任系**瑕疵结果**（Mangelfolgeschäden）责任[5]。瑞士《联邦产品责任法》第 1 条第 2 款明确规定，缺陷产品自身损害不属于该法调整范围。这一损害主要由合同法中的瑕疵担保规则或作为兜底规定的瑞士《债务法》第 41 条以下的侵权法规定调整[6]。

(二) 缺陷产品造成损害

1. "产品"的概念

<u>1186</u>　瑞士《联邦产品责任法》意义上的产品概念的确定，对于产品责任认定具有重要意义。依据该法第 3 条第 1 款 a 项的规定，产品是指所有动产，包括其他动产或不动产上的组成部分。产品责任法意义上的"动产"概念与瑞士《民法典》第 713 条物权法上"物"的概念有所区别[7]。物权法上的"物"的概念为"产品"概念提供基本的定性标准，由此，

---

〔1〕　在情况表明需要进行调整时，联邦参议院得对此金额数进行调整，瑞士《联邦产品责任法》第 6 条第 2 款；BSK/FELLMANN, PrHG 6 N 4；HESS, PrHG 6 N 5.

〔2〕　CHRISTEN, S. 65；HESS, PrHG 6 N 1；A. KELLER I, S. 362.

〔3〕　vgl. Art. 11 Abs. 2 PrHG；FELLMANN/VON BüREN – VON MOOS, N 128.

〔4〕　vgl. BBl 1992 V, S. 427；FELLMANN/VON BüREN – VON MOOS, N 127.

〔5〕　CHRISTEN, S. 60；HESS, Syst. Teil N 26；BSK/HONSELL, Vorbem. zu OR 197 – 210 N 8；A. KELLER I, S. 361；OFTINGER/STARK Ⅱ/1, § 16 N 392.

〔6〕　vgl. HESS, PrHG 1 N 68；BSK/FELLMANN, PrHG 1 N 11 f.；不同意见的学者：FELLMANN/VON BüREN – VON MOOS, N 130 ff.

〔7〕　Rey, Sachenrecht I, N 66 ff., 143 ff.

提供的服务、权利或人体及其组成部分，自始即被排除在"产品"范围之外[1]。在物权法上，与人体分离的身体组成部分（例如：器官、容器中和血库储存的血液）具有法律上的独立性，因而可视为具有产品属性；然而需要注意的是，对于身体组成部分，他们的生产者应为器官库和血库，而非捐赠者[2]。另一方面，瑞士《联邦产品责任法》中的"产品"对物权法中的"物"的概念做了扩张：产品包括动产或不动产上的**组成部分**，由此，根据"一物一权原则"（Akzessionsprinzip），原本属于主物成分的组成部分[3]，亦得成为"产品"[4]。因此，将动产与其他动产或不动产混合或附合，并不使其丧失"产品"属性[5]。产品并不以工业生产品为必要，以任何特定方式加工形成的，均得成为产品[6]。

与物相结合构成**经济上与功能上统一体的精神价值部分**（尤其是印刷品和软件产品），是否属于产品，对这一问题，瑞士理论界并未形成一致意见[7]。以下仅作简要论述：　　　　　　　　　　　　　　1186a

– 若作为精神价值载体的**物**存在缺陷，则认定该产品存在瑞士《联邦产品责任法》意义上的缺陷（例如：图书或 CD 唱片中含有对人体有害的物质）。对于**印刷制品**，需区分是作者的观点立场有误（原则上不承担瑞士《联邦产品责任法》上的责任），还是因印刷错误、文本发生顺序混乱或文本遗漏导致损害。后者在大规模生产中极为常见和典型，属于瑞士《联邦产品责任法》意义上的缺陷[8]，对此，原则上应由印刷厂（而非书作者）承担损害赔偿责任[9]。　　　　　　　　　　　　1186b

---

〔1〕 vgl. CHRISTEN, S. 38 f. ; HESS, PrHG 3 N 2 ff. , 22 ; A. KELLER I, S. 363; REY, Sachenrecht I, N 90 ff. , 100 ff.

〔2〕 BSK/FELLMANN, PrHG 3 N 4; HONSELL, § 21 N 29; SCHWENZER, N 53. 35.

〔3〕 REY, Sachenrecht I, N 420 ff.

〔4〕 HESS, PrHG 3 N 2 ff.

〔5〕 FELLMANN/VON BüREN – VON MOOS, N 145; BSK/FELLMANN, PrHG 3 N 6, 11; HESS, PrHG 3 N 16.

〔6〕 CHRISTEN, S. 37 f. ; HESS, PrHG 2 N 16, PrHG 3 N 20.

〔7〕 对这一问题的系统说明，参见：BSK/FELLMANN, PrHG 3 N 9 f.

〔8〕 不同观点：HONSELL, § 21 N 31.

〔9〕 BSK/FELLMANN, PrHG 3 N 9 对这一问题进行了深入论述，以供参考。

1186c — 一种观点认为电脑软件属于非物质性法益，因此不具备瑞士《联邦产品责任法》意义上的"产品"属性[1]。按照这一观点推导，可能会得出的结论是：**标准通用的软件**被刻录在**光盘**上后，应视为产品，而仅仅单个软件本身，因为其主要的属性仍为提供服务的性质，因而不属于产品[2]。另一种观点则认为，任何形式的软件均属于产品，购买时采用何种形式储存不影响其产品属性，持此类观点的学者在其专著中列举了若干项非常具有说服力的理由[3]。

1187 电力也属于产品[4]。电力产品的瑕疵主要表现为电流或电压的不稳定[5]。关于停电是否属于瑞士《联邦产品责任法》意义上的缺陷，存有争议。反对意见认为，此时根本未提供产品，无缺陷可言[6]。支持意见认为，从维持消费者对安全性的期待来看，尤其是当消费者基于持续供电的信赖已经对事务进行了安排的情况中，将停电排除在电力产品的"瑕疵"范围之外，不无疑问。在其他类型的产品中，有损于消费者的安全性期待而构成产品瑕疵，也并不区分是由于与安全性相关的产品部分存在缺陷，还是根本未提供该确保产品安全性之部件[7]；在确定责任时，并不考虑电脑损害是由突然停电还是电流波动导致[8]。在学者的专著[9]中，他们认为停电应属于电力产品瑕疵，否则将会出现当发生电流波动时，电力提供方可通过关闭电源设备彻底断电的方式免于承担产品责任的荒谬结果。

1188 **农业中的土地出产，以及动物养殖、渔业和狩猎出产产物**，只有在经过**初步加工**（erste Verarbeitung）之后，才属于瑞士《联邦产品责任法》第3条第2款中的"产品"。"自然出产"的特征和构成要件是，它们

---

[1] vgl. HESS, PrHG 3 N 48; HONSELL, § 21 N 31.
[2] BSK/FELLMANN, PrHG 3 N 10.
[3] vgl. Roberto, § 9 N 364; WERRO, Nr. 745.
[4] 瑞士《联邦产品责任法》第3条第1款a项；能源在物权法上的性质分析，参见：Rey, Sachenrecht I, N 86 ff.
[5] BBl 1992 V, S. 425; BSK/FELLMANN, PrHG 3 N 12, PrHG 4 N 29; HESS, PrHG 3 N 7 ff., PrHG 4 N 118; A. KELLER I, S. 363.
[6] CHRISTEN, S. 42 m. H.; verneinend auch JäGGI, S. 1421.
[7] vgl. HESS, PrHG 3 N 7 ff., PrHG 4 N 118, 提供了论证理由。
[8] HONSELL, § 21 N 27.
[9] FELLMANN/VON BüREN – VON MOOS (N 154; BSK/FELLMANN PrHG 4 N 29).

主要是自然过程的产物，而非人为介入的结果〔1〕。法律对此类出产作出特别规定，理由是人类对自然出产物生长过程几乎无法产生影响，不应由生产者对其未介入之生产过程造成的结果负责〔2〕，否则将导致大量非由自己行为导致的损害需由当事人承担侵权责任的结果。动物养殖中的产物不仅包括动物本身，还包括诸如奶类、蜂蜜、羊毛以及蛋类等出产〔3〕。

是否满足初步加工（erste Verarbeitung）这一构成要件，需要考虑个案特殊情况加以判断。但在所有案件中均适用的是：改变自然产物形态的加工行为（如压榨葡萄，将谷物磨成面粉，屠宰家畜），以及采取保存措施（杀菌，冷冻）均视为加工。在诸如需要确定仓储和包装等行为是否属于加工的疑难案件中，确定的标准是，此类措施是否使原本的农产品包含了"因工业生产导致的潜在风险"〔4〕。当对农产品的处理是通过机器设备完成时，往往被认为满足了以上要件〔5〕。

2. 产品存在缺陷

（1）合理的安全性预期（Sicherheitserwartungen）落空

产品应具备考虑到各类情况后可合理预期的安全性，若某一产品不具备此类可合理预期的安全性，则判定该产品存在缺陷（瑞士《联邦产品责任法》第4条第1款）。公众对安全性的合理预期的判断，以社会平均的产品使用人的预期为准〔6〕；具体和个别产品使用人具备的高于或低于产品平均使用人对该产品的认识水平的，不在考虑之限〔7〕。"合理的安全性预期"系不确定之法律概念，由法院在具体案件中考虑个

1189

1190

---

〔1〕　vgl. BBl 1992 V, S. 425.

〔2〕　CHRISTEN, S. 46 f.；HESS, PrHG 3 N 32 ff.

〔3〕　BBl 1992 V, S. 425；CHRISTEN, S. 47；HESS, PrHG 3 N 28 f.；a. M. bezüglich Honig FELLMANN/VON BüREN – VON MOOS, N 161.

〔4〕　BBl 1992 V, S. 425.

〔5〕　vgl. BBl 1992 V, S. 425；CHRISTEN, S. 48 f.；FELLMANN/VON BüREN – VON MOOS, N 165 ff.；HESS, PrHG 3 N 33 ff.

〔6〕　vgl. die Ausführungen zum Sorgfaltsmassstab bei der Fahrlässigkeit, vorn N 843 ff.

〔7〕　BBl 1992 V, S. 426；BüHLER, S. 1435；CHRISTEN, S. 70；FELLMANN/VON BüREN – VON MOOS, N 182 ff.；HESS, PrHG 4 N 7 ff.；Lutz, S. 5.

案全部事实情况予以判定[1]。以下标准为个案裁判中的重要**参考依据**:

1191 — **产品呈现在公众面前的方式**(瑞士《联邦产品责任法》第 4 条第 1 款 a 项);

1192   产品的呈现方式标准涉及范围相当广泛,包括产品描述、包装、装饰,尤其是使用和安装说明[2]、警示说明、产品广告以及产品构造本身[3]。产品生产者应对合理和适当使用产品过程中可能出现的可预期之危险作出指示说明(某些危险仅在特殊具体人群使用过程中可能发生,例如对孕妇和儿童服用药品作出特别说明),告知消费者避免损害发生所应采取的措施。对于在可预期范围内的使用风险,生产者均有义务作出警示,警示说明应该明白易懂[4]。生产者应该向产品使用者明确指示产品可能存在的危险以及使用产品的适当和正确的方法[5]。

1193 — **可合理期待之使用方式**(瑞士《联邦产品责任法》第 4 条第 1 款 b 项);

1194   可合理期待之使用方式,首先自然应当包括产品**符合原本目的与用途之使用**(Zweckbestimmung)。其次也包括其他使用方式,甚至包括错误的使用方式,只要是依据生活和交易经验仍属于可预期之使用方式,即应包含在内(例如吞入玩具;站立在椅子上)。需要注意的是,个案中具体消费者的使用方式不予考虑,因为产品责任关注的是客观的违法性,而非当事人主观过错[6]。

1195   故意对产品进行不按照原本用途的使用,属于不合理使用或**不当使用**(Missbrauch)。将割草机用于修剪树篱,微波炉用于干燥被雨

---

[1] BGE 133 Ⅱ 81 E. 3. 1, 《Kaffeekannen》- Entscheid; CHRISTEN, S. 68 ff.; HESS, PrHG 4 N 4 f., 62.

[2] 关于使用说明的要求和要件,参见: Lutz, S. 5 ff.

[3] Bühler, S. 1437; FELLMANN/VON BüREN - VON MOOS, N 212 ff.

[4] LUTZ, S. 6.

[5] vgl. CHRISTEN, S. 77 ff.; FELLMANN/VON BüREN - VON MOOS, N 240 ff.; HESS, PrHG 4 N 62 ff.; BGHZ 99, 181.

[6] BGE 133 Ⅱ 81 E. 3. 1; vgl. BBl 1992 V, S. 426; CHRISTEN, S. 80 f., 认为还应当以 "不当使用方式是否具有可预见性" 作为判断标准; FELLMANN/VON BüREN - VON MOOS, N 257 ff.; HESS, PrHG 4 N 94 ff.

淋湿的狮子狗，冷冻保护剂用于吸食的使用方式，均属于
"不当使用"[1]。不当使用方式与产品的合目的的正确使用
方式偏离程度越大，受害者负有的举证证明存在正当理由对
产品进行不当使用，并且该不当使用方式仍属于交易中可预
期之使用的不真正义务越严格[2]。

- **将产品投入流通的时间**（瑞士《联邦产品责任法》第 4 条第 1 款 c 项）。 1196

  将产品投入流通的时间在很多方面具有重要意义：首先，依 1197
  据瑞士《联邦产品责任法》第 4 条第 1 款 c 项，应以此时间
  点为准判断产品是否存在缺陷，此外，此时间点为缺陷归责
  于生产者抑或流通领域的参与者的判定依据[3]。

  公众对安全性的合理预期随着时间和科技与知识水平的进步与 1198
  发展会发生变化，因此就需要确定，以哪个时间点判定产品存在
  缺陷。对此，法律作出了明文规定：**将产品投入流通的时间作为
  判断产品是否符合公众对安全性的合理预期的时间点**（关于该时
  间点的规定，参见边码 1210 ~ 1211）。若无一定的时间点规定，
  则原本无缺陷的产品也会因时间推移成为缺陷产品[4]。

以上三项判断标准是非排他性列举[5]。在判定产品是否存在缺陷时， 1199
其他事实情况亦有可能成为重要考虑因素，例如**产品本身的性质**[6]，
技术法规与安全标准[7]，**产品价格**；但此标准需受到一定限制[8]。

---

〔1〕 vgl. BüHLER, S. 1438；FELLMANN/VON BüREN – VON Moos, N 262；HESS, PrHG 4 N 95.

〔2〕 FELLMANN/VON BüREN – VON Moos, N 256；HESS, PrHG 4 N 97 ff. m. H.

〔3〕 瑞士《联邦产品责任法》第 5 条第 1 款 b 项，参见边码 1210 ~ 1211；vgl. FELLMANN/VON BüREN – VON Moos, N 265.

〔4〕 Bühler, S. 1436；Christen, S. 81 f.；FELLMANN/VON Büren – VON Moos, N 266；BSK/FELLMANN, PrHG 4 N 6；HESS, PrHG 4 N 100 ff.

〔5〕 BGE 133 Ⅱ 81 E. 3.1；CHRISTEN, S. 76；FELLMANN/VON BüREN – VON Moos, N 207.

〔6〕 某些工具依其性质本身存在致人伤害的危险，而此一事实系属众所周知，因而无须特别指示，vgl. CHRISTEN, S. 83；FELLMANN/VON BüREN – VON Moos, N 277 ff.；HESS, PrHG 4 N 105；A. KELLER I, S. 363 f.

〔7〕 Bühler, S. 1438；Christen, S. 85；FELLMANN/VON Büren – VON Moos, N 291 ff.；HESS, PrHG 4 N 110 ff.

〔8〕 Bühler, S. 1438；Christen, S. 84；FELLMANN/VON Büren – VON Moos, N 286 ff.；BSK/FELLMANN, PrHG 4 N 23 ff.；HESS, PrHG 4 N 106 ff.

1200   瑞士《联邦产品责任法》第 4 条第 2 款规定，产品不因更新换代，推出更优的升级产品而成为缺陷产品。此一规定一方面再次确认了瑞士《联邦产品责任法》第 4 条第 1 款 c 项的规定。另一方面，也包含了一项证明评价规则（Beweisbewürdigungsregel）。由于对安全技术的认识水平提高而改善了升级产品的安全性，因此升级产品投放市场并不构成对原先产品的影响[1]。

1201   需补充说明的是，产品质量法中的缺陷概念与瑕疵担保法中的物之瑕疵并不等同。瑕疵担保法中的瑕疵概念主要指特定产品是否具备约定的性质（瑞士《债务法》第 197 条第 1 款）。存在物之瑕疵时，给付与对待给付之间的均衡关系受到破坏，瑕疵担保法的首要目标是通过双方返还或减价重建均衡关系；损害赔偿请求权在此仅居于第二位的功能和意义。与此相对的，产品责任法中的缺陷概念则系以公众对产品的合理安全性预期为标准。产品责任法的首要目标在于对缺陷产品造成的其他法益损害进行赔偿。因此，产品责任法仅适用于瑕疵结果损害[2]，而在瑕疵担保法中，物之瑕疵本身处于该制度的核心位置[3]。

（2）缺陷类型

1202   瑞士《联邦产品责任法》在形式上并不区分不同类型的缺陷[4]。由此可推导出缺陷类型不具有规范上（normativ）的意义，即不再具有根本性和决定性的（konstitutiv）意义[5]。然而缺陷分类也非完全无意义，它从反面界定了瑞士《联邦产品责任法》的适用范围（例如：开发缺陷不属于该法调整范围，参见边码 1216）。

---

[1]   BBl 1992 V, S. 426；CHRISTEN, S. 82；FELLMANN/VON BüREN – VON Moos, N 272 f.；BSK/FELLMANN, PrHG 4 N 30；HESS, PrHG 4 N 113 ff.

[2]   瑞士《联邦产品责任法》第 1 条第 2 款；vgl. OFTINGER/STARK Ⅱ/1, § 16 N 392.

[3]   两者区分，参见：FELLMANN/VON BüREN – VON Moos, N 196 ff.；HESS, PrHG 4 N 18 f.

[4]   BGE 131 Ⅲ 81 E. 3. 2；侵权法框架中发展出来的缺陷类型，参见边码 956 以下。

[5]   FELLMANN/VON BüREN – VON Moos, N 202 m. w. N.；BSK/FELLMANN, PrHG 4 N 4；不同观点：HESS, PrHG 4 N 21 ff.；wohl auch BüHLER, S. 1429.

（3）特别问题：无效产品（Wirkungsloses Produkt）

无效产品，损害到的是产品本身的使用性，使购买者对产品的使用预期落空（例如：视频播放机无法正常工作）。无效产品非**缺陷产品**，在这种情况下，购买者应通过其他制度，主要是合同法寻求救济。在此需要注意与另一类案件的区分，亦即由于无效产品无法正常使用而造成受瑞士《联邦产品责任法》保护的法益**受到侵害**（例如：无法正常工作的灭火器）。在此类案件中应认定存在**产品瑕疵**。尽管这一结论有可能偏离了瑞士《联邦产品责任法》第4条第1款（可能较为狭窄）的条文文义，但在这类案件中将无效产品定性为缺陷产品，符合瑞士《联邦产品责任法》的保护目的[1]。除此之外，对于具体的无效产品而言，其生产的功能和目的中也应具备消费者的人身与财产利益（固有利益）不受侵害的特性（例如：农药或植物保护剂）；因为消费者对产品有效性给予了信赖，因而使用产品，从而放弃了采取其他防护措施，最终却导致损害发生[2]。

三、责任主体

产品责任的责任主体首先是生产者（瑞士《联邦产品责任法》第1条第1款，第2条第1款），其应该对因产品缺陷导致的损害负责。最终产品的生产者，原材料或零部件的生产者，均得视为瑞士《联邦产品责任法》意义上的"生产者"[3]。除此之外，假冒真正的产品生产者而将自己的姓名、产品标示或其他识别标记附在产品上的当事人，也视为产品生产者［瑞士《联邦产品责任法》第1条第1款b项；所谓的

---

〔1〕 持类似观点的还有：HONSELL，§ 21 N 38，在 HONSELL 看来，产品由于其瑕疵而无法正常工作和使用与产品根本不具有本应具备的功能和效用，不存在区别；在本书中，还包括了比较法上的资料和讨论。

〔2〕 持类似观点的还有：FELLMANN/VON BüREN – VON Moos，S. 281 ff.；BSK/FELLMANN，PrHG 4 N 28；HESS，PrHG 4 N 92.

〔3〕 瑞士《联邦产品责任法》第1条第1款a项；事实上的生产者，参见：CHRISTEN，S. 21："包括在产品生产过程中以自己的名义参加生产和承担责任的所有参与者……"；FELLMANN/VON BüREN – VON Moos，N 35，44 ff.；HESS，PrHG 2 N 4 f.，17 ff.

"准生产者"（Quasi – Herstelle）]〔1〕。最后，瑞士《联邦产品责任法》
意义上的"生产者"还包括在其经营活动范围内，以销售、租赁、租赁
买卖（Mietkauf）或其他经营方式将产品进口到瑞士境内的**进口商**〔2〕。

1204　在产品生产者无法查明的情况下，由产品销售者在合理期限内提供生产
者或前手供应商信息，否则销售者视为生产者（瑞士《联邦产品责任法》
第2条第2款）。销售者是指生产者之外的经营产品的所有当事人〔3〕。
对于何时可以将销售者视为生产者，法律并未规定形式上的要件，内容
上主要包括：销售者提供生产者或至少其前手供应商的信息〔4〕。提供
信息的合理期限应依据个案具体情况确定，主要考虑的因素包括：一方
面，受害者对于尽快解决损害赔偿案件享有利益，这主要是指较早期的
产品致人损害的案件中，因为最晚在生产者将产品投入流通之日起10
年，当事人不主张权利的，损害赔偿请求权消灭的情况（Verwirkung，
参见边码1232以下），以及确定太长的期限对举证造成困难的可能性；
另一方面则应考虑销售者的利益，应该给予其进一步弄清和查明产品信
息的机会和时间〔5〕。

1205　依据瑞士《联邦产品责任法》第2条第3款的规定，该条第2款也适用
于生产者信息可以查明而进口商无法确定的产品。

1205a　受害人的**证明责任**（参见边码1176a）也包括证明被告为生产者准、
生产者、进口商或销售者。若针对销售者提起诉讼，还需证明产品
生产者无法查明的事实；但仅需证明依据产品本身或其他相关事实
均无法确定生产者，即得认定生产者无法查明之事实成立〔6〕。

---

〔1〕　vgl. CHRISTEN, S. 28；FELLMANN/VON Büren – VON Moos, N 60 ff.；BSK/FELLMANN,
PrHG 2 N 11 f.；HESS, PrHG 2 N 9, 67 ff.

〔2〕　瑞士《联邦产品责任法》第1条第1款c项；BSK/FELLMANN, PrHG 2 N 13 ff.；HESS,
PrHG 2 N 9, 83 ff.；HONSELL, § 21 N 45 ff.

〔3〕　FELLMANN/VON Büren – VON Moos, N 78；BSK/FELLMANN, PrHG 2 N 16 ff.

〔4〕　HESS, PrHG 2 N 102, 111, insbes. 119 ff.

〔5〕　BBl 1992 V, S. 424；FELLMANN/VON BüREN – VON Moos, N 90；HESS, PrHG 2 N 128 ff.；
JäGGI, S. 1421；与瑞士不同，有些国家系通过法律明文规定提供信息的期限，例如德国《产品责任
法》第4条第3款规定了1个月的期限，其他国家中则有规定3个月的立法例。

〔6〕　FELLMANN/VON Büren – VON Moos, N 100 f.；BSK/FELLMANN, PrHG 4 N 28.

四、免责事由（Entlastungsgründe）

瑞士《联邦产品责任法》第5条第1款列举了各类免责事由。然而，从
各项免责事由的性质上分析，并非各项事由均适用于所有类型的产品
和生产者[1]。举证责任分配上，援引特定免责事由的**生产者承担举
证责任**[2]。该法第5条第2款规定了原材料和零部件生产者得主张的
其他免责事由。

（一）未将产品投入流通

产品生产者、销售者或进口商得因举证证明其**未将缺陷产品投入流通**
而免责（瑞士《联邦产品责任法》第5条第1款a项）。此规定旨在保
护生产者，使其免于对因非自愿方式脱离占有的产品承担责任。[3]

瑞士《联邦产品责任法》并未对"产品投入流通"概念作出规定。学
理上的定义是：**生产者事实上丧失对产品的处分权能**[4]。判断标准
是"生产者完成产品交付（Weirtergabe）"[5]。将产品投入流通的行
为须在生产者**意志支配**（willentlich）下发生，而此一过程非属法律行
为，而系事实行为，因而不以行为能力为构成要件[6]。

> 在学理讨论中，主要的争议案件有：会展或其他活动中展示的产
> 品，在街道上对机动车进行试驾，将产品暂时交由第三方进行材
> 料检测或质量监控。[7]

1206

1207

1208

1209

---

〔1〕　CHRISTEN, S. 91; HESS, PrHG 1 N 108, PrHG 5 N 1.

〔2〕　Christen, S. 91; FELLMANN/VON Büren – VON Moos, N 311; BSK/FELLMANN, PrHG 5 N 1;
HONSELL, § 21 N 52; STAUDER, S. 371.

〔3〕　FELLMANN/von Büren – von Moos, N 312.

〔4〕　CHRISTEN, S. 93; HESS, PrHG 5 N 3.

〔5〕　FELLMANN/VON BüREN – VON MOOS, N 313.

〔6〕　FELLMANN/VON BüREN – VON MOOS, N 316 ff.; BSK/FELLMANN, PrHG 4 N 6, PrHG 5 N
2; HESS, PrHG 5 N 4 f.

〔7〕　vgl. dazu FELLMANN/von BüREN – von Moos, N 319 ff.; BSK/FELLMANN, PrHG 5 N 5;
HESS, PrHG 5 N 6 ff.，认为当生产者的雇员对产品仍享有支配权能时，应认为生产者尚未将产品投入
流通。同样，在生产过程中将产品暂时交由第三方，例如进行雕琢或修理，也不视为"投入流通"；
BSK/FELLMANN, PrHG 5 N 5; HESS, PrHG 5 N 7.

（二）产品投入流通时，导致损害发生的缺陷尚不存在

1210 若情况表明，**产品投入流通时，导致损害发生的缺陷尚不存在**，则潜在的赔偿义务人得免除责任（瑞士《联邦产品责任法》第 5 条第 1 款 b 项）。生产者不应对产品投入流通后，由于消费者不当使用产品的行为，或由于第三方原因（例如不当修理）造成的损害负责〔1〕。

1211 产品缺陷致人损害案件中，法律推定产品投入流通前缺陷业已存在。生产者需举证证明相反事实。鉴于证明此一事实以免除责任相当困难，瑞士《联邦产品责任法》第 5 条第 1 款 b 项使用"若情况表明"这一表达，减轻了生产者的举证责任〔2〕。由此，对于"产品投入流通时，引起损害的缺陷尚不存在"这一事实之证明标准，系"高度盖然性"证明标准（überwiegende Wahrscheinlichkeit），而非通常情况下的"排除合理怀疑"标准（mit an Sicherheit grenzender Wahrscheinlichkeit）〔3〕。瑞士《联邦产品责任法》第 5 条第 1 款 b 项规定的对生产者的证明责任减轻，仅适用于产品投入流通后，出现类似于制造缺陷（Fabrikationsfehler）的产品瑕疵的情况，不适用于设计缺陷和警示缺陷（Konstruktions – oder Instruktionsfehler）案件，因为这些缺陷致使产品不具备应有的使用性，在产品制造过程中已经存在，不可能发生在产品投入流通之后（参见边码 1216）。

（三）产品系为个人使用目的制造

1212 **若生产者制造产品既非用于销售或其他以营利性的经营方式，又非用于职业或经营活动**，则生产者无须承担瑞士《联邦产品责任法》中的责任（瑞士《联邦产品责任法》第 5 条第 1 款 c 项）。该规定的合理性在于，为商业目的进行生产的生产者，将责任风险以及保险费用转嫁到产品价格中，由消费者全体分担风险，而对于不以营利为目的，仅提供给个人使用的产品，不适用以上机制〔4〕。

1213 确定产品的生产制造的目的或意图的决定性标准为是否以"**营利为目**

---

〔1〕 Christen, S. 97；FELLMANN/VON Büren – VON Moos, N 323；HESS, PrHG 5 N 18 f.

〔2〕 BGE 133 Ⅱ 81 E. 3. 1；BBl 1992 V, S. 426.

〔3〕 vgl. FELLMANN/VON BüREN – VON Moos, N 324；HESS, PrHG 5 N 23 ff.；Jäggi, S. 1422.

〔4〕 Christen, S. 99；FELLMANN/VON Büren – VON Moos, N 327.

的"[1]。但是，仅当两项构成要件均满足时，生产者始得主张免责[2]。即使产品系非为商业目的而生产制造，但被用于职业或经营活动，发生责任时，生产者也不得主张免责。

（四）依照具有强制约束力的（verbindlich）国家标准制造产品

依照具有强制约束力的国家标准制造的产品致人损害的，排除生产者责任（瑞士《联邦产品责任法》第5条第1款d项）。该项免责事由应该主要适用于设计缺陷（参见边码957）的案件。 1214

该免责事由的要件为：存在强制性法律规范（包括形式或实质意义上的法律），依照该规定，只要生产者从事生产，就必须依照具有约束力的法定标准进行，其他生产方式被绝对禁止。私主体制定的规范［例如：《瑞士工程师与建筑师协会规范》（SIA – Normen）］以及仅规定了安全生产最低标准的规范，均不符合本段之构成要件[3]。此外，行政机关许可或同意，均不得作为排除责任的事由[4]。但尽管如此，生产制造符合法律规定或技术性规范的事实，还是可以作为瑞士《联邦产品责任法》第4条第1款的考量情形[5]。 1215

（五）开发风险（Entwicklungsrisiken）

将产品投入流通时的知识与科学技术水平尚不能发现缺陷存在的，生产者无须对此类缺陷造成的损害负责（瑞士《联邦产品责任法》第5条第1款e项）。"开发缺陷"与制造缺陷和警示缺陷不同[6]，这类缺陷的特征主要表现为，嗣后认定的产品缺陷，在产品生产之时，按照当时的科学技术水平尚不能被发现[7]。在产品投入流通时，即使"极其谨慎行事的生产者"（idealen Hersteller）也无法认识到的产品缺陷，不符 1216

［1］ Christen, S. 99; HES S, PrHG 5 N 34 f.

［2］ Christen, S. 99; FELLMANN/VON Büren – VON Moos, N 328; HESS, PrHG 5 N 33.

［3］ BSK/FELLMANN, PrHG 5 N 14.

［4］ CHRISTEN, S. 102 f.; FELLMANN/VON BüREN – VON Moos, N 331 ff.; HESS, PrHG 5 N 42 ff.

［5］ 参加边码1190；详见：HESS, PrHG 5 N 42 ff.

［6］ SCHWENZER, N 53. 36；关于缺陷种类，参见边码956以下和1202。

［7］ 类似观点，参见：FELLMANN/VON BüREN – VON Moos, N 336；判断知识与科学技术水平能否发现缺陷存在的时间点为"产品投入流通时"，参见边码1218。

合普通无过错责任构成要件中的客观违法性要件（参见边码880、962）。

1217 瑞士《联邦产品责任法》本身并未对"知识与科学技术水平"（瑞士《联邦产品责任法》第5条第1款e项）作出规定。"知识与科学技术水平"属于客观标准，并不考虑具体生产者的知识水平，而应以国际范围内相关领域认可的**专业人员所具备的知识水平**为准，并且专业人员所具备的专业知识可以为公众所知，例如保密的研究成果不在此限[1]。生产者有义务使自己的专业知识和技术接近世界最新科技水平[2]。

1218 以"**投入流通时**"作为应当发现产品是否存在缺陷的时间标准，具体而言，是指导致损害结果发生的具体产品，而非该系列所有产品**投入流通的时间**[3]。知识与科学技术水平的发展日新月异，因此很有可能原材料或零部件生产者得援引"投入流通时的知识与科学技术水平尚不能发现缺陷"此项免责事由，因而无须承担责任，而对于进口商或销售者而言，已无此一免责事由之适用[4]。新的知识与技术的公开还会引发生产者的警示与召回义务。瑞士《联邦产品责任法》对此未作规定；然而，违反此项义务仍可依据不真正义务之违反而使生产者承担责任[5]。鉴于此，对于产品的更新换代和质量提升是否会导致原有产品成为"缺陷产品"，不能一概而论[6]。

（六）原材料以及零部件生产者的免责事由

1219 原材料以及零部件生产者可通过举证证明产品缺陷是在原材料以及零部件加工制造成为最终产品的过程中形成，或者产品缺陷是由于最终产品生产者的指示说明不当造成（瑞士《联邦产品责任法》第5条第2款），而免于承担责任。受害者只得向原材料以及零部件生产者之后的产品加工者或最终产品生产者请求损害赔偿。

---

[1] vgl. CHRISTEN, S. 106 ff. ; FELLMANN/VON BüREN – VON Moos, N 337 ff. ; HESS, PrHG 5 N 60 ; POSCH, S. 110.

[2] WERRO, Nr. 816.

[3] BBl 1992 V, S. 427 ; FELLMANN/VON BüREN – VON Moos, N 344 ; HESS, PrHG 5 N 55.

[4] CHRISTEN, S. 106 f. ; vgl. auch HESS, PrHG 5 N 64.

[5] FELLMANN/VON Büren – VON Moos, N 345.

[6] Art. 4 Abs. 2 PrHG ; HESS, PrHG 5 N 69 f.

1. 最终产品不当的生产过程

这一免责事由以产品缺陷**完全**系由于**最终产品不当的生产过程**造成作为 1220
构成要件。若与此同时，原材料以及零部件也存在缺陷，则无该免责
事由之适用[1]。若原材料以及零部件生产者提供的产品无缺陷，则
瑞士《联邦产品责任法》第 5 条第 2 款关于免责事由的规定仅具有进
一步确认与说明的意义[2]。

对原材料以及零部件**是否具有缺陷的认定，必须考虑到此类半成品系** 1221
用于最终产品的生产制造这一事实。即使原材料本身无缺陷，但无法
进行零部件或半成品生产者所要求的进一步的使用和装配，仍不得援
引以上免责事由[3]。

2. 依指示进行的定制

指示说明（瑞士《联邦产品责任法》第 5 条第 2 款）是指由最终产品 1222
生产者提供的对原材料以及零部件生产者具有约束力的有关制造和生
产的要求[4]。约束力应该主要基于双方的合同约定。

该项免责事由的构成要件是：原材料以及零部件生产者对生产方案不 1223
具有干涉和影响可能性，没有对该方案提出异议的主观动机和理由，
以及依据合同约定，原材料以及零部件生产者对最终产品生产者并不
负有缺陷的告知和提醒义务[5]。从结果上分析，该项免责事由以原
材料以及零部件生产者不知道或不应道知道存在缺陷为构成要件。以
上法律解释是从条文本身的合理性含义推导而来，亦即在生产过程中
仅履行执行功能的当事人，无须承担产品责任[6]。

---

[1]　Christen, S. 112 f. ; FELLMANN/VON Büren – VON Moos, N 351 ; HESS, PrHG 5 N 78.

[2]　FELLMANN/VON Büren – VON Moos, N 350 ; HESS, PrHG 5 N 76.

[3]　FELLMANN/VON Büren – VON Moos, N 351 ; BSK/FELLMANN, PrHG 5 N 22.

[4]　BSK/FELLMANN, PrHG 5 N 23 ; FELLMANN/VON BüREN – VON Moos, N 355 ; HESS, PrHG 5
N 81.

[5]　Christen, S. 113 ; FELLMANN/VON Büren – VON Moos, N 357.

[6]　vgl. FELLMANN/VON Büren – VON Moos, N 357 ; BSK/FELLMANN, PrHG 5 N 24 ; HESS,
PrHG 5 N 83.

五、个别问题

（一）责任人为数人

赔偿义务人为数人的情形，详见边码 1396 以下。

1224 瑞士《联邦产品责任法》第 7 条规定，缺陷产品致人损害系由于数人行为共同造成的，由这些当事人承担**连带责任**（solidarische Haftung，关于连带责任，参见边码 1403 以下）。

1225 瑞士《联邦产品责任法》与瑞士《债务法》中均有连带责任的规定，但是两者存在区别：瑞士《债务法》中规定的连带责任属于消极连带责任（passiven Solidarität），而缺陷产品致人损害系由于数人行为共同造成的，该数人即需承担连带责任，不区分损害是由于数人共同过错，还是数人由于各种不同的规范基础需承担责任的情况[1]。由此，由瑞士联邦最高法院发展并遵循的真正连带责任与不真正连带责任的区分，在产品责任领域意义不大（参见边码 1417 以下）。

1226 瑞士《联邦产品责任法》旨在为消费者提供全面广泛的保护，从这一立法目的出发，在产品责任领域放弃真正连带责任与不真正连带责任的区分具有其合理性与正当性。而对两类连带责任不作区分的做法，在效果上仅排除了区分时的主要不利后果，现实意义并不显著。该主要不利后果为，在不真正连带责任中，受害人中断消灭时效所采取的措施，需要对各个赔偿义务人（例如：基于合同、依据瑞士《联邦产品责任法》或者依据瑞士《债务法》第 41 条以下的规定）分别作出（参见边码 1421）。在不真正连带责任中，履行了赔偿义务的连带债务人在内部关系中向其他义务人追偿时，该追偿请求权的消灭时效，与受害人对于其他连带债务人所享有的请求权之消灭时效相同（而非受害人对于履行赔偿义务的连带债务人的请求权之消灭时效，参见边码 1717～1718）。

1227 瑞士《联邦产品责任法》未就数个赔偿义务人之间的内部关系（参见

---

[1] FELLMANN/VON Büren – VON Moos，N 370；BSK/FELLMANN，PrHG 7 N 1；HESS，PrHG 7 N 9.

边码 1502 以下）作出规定。因此，他们之间的追偿问题依照瑞士《债务法》第 50 条第 2 款和第 51 条的规定处理[1]。

（二）约定责任排除（Wegbedingung）

瑞士《联邦产品责任法》第 8 条规定，**当事人约定限制或排除产品责任法规定的侵权责任的，该约定无效**。这一规定的目的在于为消费者提供有效保障；要求消费者对责任限制条款的范围与效力作出评价，并不合理[2]。

1228

但这一规定仅针对约定限制和排除产品责任，相关的合同法或瑞士《债务法》中规定的其他侵权责任，不受影响，当事人得依法限制和排除，其他法律另有规定的除外[3]。并且，该规定针对损害发生以前的责任排除情形，**损害发生前**的当事人之间的限制或排除产品责任的约定无效，损害发生后当事人对损害赔偿作出安排的约定有效[4]。

1229

（三）消灭时效（Verjährung）与权利失效（Verwirkung，或称失权）

关于消灭时效，详细参见边码 1583 以下。

1.3 年的消灭时效（Verjährungsfrist）（相对期限，relative Frist）

依据产品责任法之规定提起的损害赔偿请求的消灭时效为 **3 年，自受害者知道或者应当知道损害、产品缺陷以及生产者之时起算**（瑞士《联邦产品责任法》第 9 条）。虽然相对于瑞士《债务法》第 60 条第 1 款规定的（1 年的）消灭时效（参见边码 1605 以下），产品责任法的赔偿请求权得行使的期限较长，然而需要注意的是，在起算点的规定上，前者并不包括"应当知道"[5]。

1230

关于"受害者知道损害、产品缺陷以及生产者"的问题，参见瑞士《债

1231

---

〔1〕 参见瑞士《联邦产品责任法》第 11 条；FELLMANN/VON BüREN – VON Moos, N 372；BSK/FELLMANN, PrHG 7 N 3 ff.；HESS, PrHG 7 N 19 ff.

〔2〕 vgl. CHRISTEN, S. 133；FELLMANN/VON BüREN – VON Moos, N 359；BSK/FELLMANN, PrHG 8 N 1；HESS, PrHG 8 N 2.

〔3〕 FELLMANN/VON BüREN – VON Moos, N 363；HESS, PrHG 8 N 3 ff.；因此赔偿义务人之间对追偿请求权作出的不同于瑞士《联邦产品责任法》规定的约定，应当有效，vgl. JäGGI, S. 1422.

〔4〕 Christen, S. 134；FELLMANN/VON Büren – VON Moos, N 361；HESS, PrHG 8 N 21.

〔5〕 vgl. FELLMANN/von BüREN – von Moos, N 379, 385 f.；学者对"应当知道"的规定提出批评意见，值得赞同：BSK/FELLMANN, PrHG 8 N 5；HESS, PrHG 9 N 1 f.

务法》中的相关规定（参见边码 1611 以下，1629 以下）。关于期限的起算点、计算、中止以及中断，瑞士《联邦产品责任法》未作特别规定，以瑞士《债务法》为准（瑞士《债务法》第 130 条以下；参见 1589）[1]。消灭时效中断的法律效果是重新起算[2]。

2. 10 年的失权期限（Verwirkungsfrist）

1232　除了瑞士《联邦产品责任法》第 9 条关于 3 年相对消灭时效的规定外，第 10 条第 1 款还规定了 **10 年**的失权期限（Verwirkungsfrist），起算点为**生产者将产品投入流通之日**。自该日起 10 年，受害者未向生产者提起诉讼请求的，丧失赔偿请求权（瑞士《联邦产品责任法》第 10 条第 2 款）。

1233　10 年的期限不同于消灭时效，它规定的**系权利失效期间**[3]。失权期间不发生中止或中断，并且由裁判机关依职权审查。期限届满的效果不仅使请求权（如消灭时效届满的效果）丧失执行力[4]，而且导致**权利消灭**[5]。

1234　瑞士《联邦产品责任法》第 10 条第 2 款仅规定了受害人以诉讼方式主张权利[6]。

（四）与其他法律规定的关系——请求权竞合

1235　瑞士《联邦产品责任法》第 11 条第 1 款规定："本法没有规定的事项，适用瑞士《债务法》的相关规定。"因此，瑞士《联邦产品责任法》与瑞士《债务法》系**特别法**与一般法的关系。有未规定事项而发生法律漏洞的，由瑞士《债务法》的相关规定填补漏洞[7]。

1236　瑞士《债务法》与其他联邦或城镇公法上规定的损害赔偿请求权，不受影响（瑞士《联邦产品责任法》第 11 条第 2 款）。由受害人选择《产品质量法》或以上列举之请求权规范基础主张权利；发生**请求权竞**

---

〔1〕　瑞士《联邦产品责任法》第 11 条第 1 款；vgl. BSK/FELLMANN, PrHG 9 N 6; HESS, PrHG 9 N 10 ff., 24 ff.

〔2〕　FELLMANN/von BüREN – von Moos, N 388; HESS, PrHG 9 N 20.

〔3〕　FELLMANN/VON BüREN – VON Moos, N 389; BSK/FELLMANN, PrHG 10 N 2; HESS, PrHG 10 N 1.

〔4〕　vgl. GAUCH/SCHLUEP/REY, Nr. 3551 ff.

〔5〕　vgl. FELLMANN/von BüREN – von Moos, N 389 ff.; BSK/FELLMANN, PrHG 10 N 2 f.; HESS, PrHG 10 N 10 ff.; 失权概述，参见：GAUCH/SCHLUEP/REY, Nr. 3574 ff.

〔6〕　学者提出偿债请求（Betreibungsbegehren）是否也可以发生同样效力的问题，值得探讨；HESS, PrHG 10 N 4.

〔7〕　BSK/FELLMANN, PrHG 11 N 2; HESS, PrHG 11 N 1.

合（Anspruchskonkurrenz）[1]。理论学说中对于在《产品责任法》和规定危险责任的特别法规[2]中的构成要件均满足的情形下，是否应允许当事人自由选择主张请求权的问题，存在争议[3]。

瑞士《联邦产品责任法》第11条第3款规定，**核能事故责任**不适用该　1237
法的规定，国际条约有不同规定的，优先适用，不受本法规定限制[4]。

（五）过渡法（Übergangsrecht）

瑞士《联邦产品责任法》仅适用于**其颁布生效之后，即1994年1月1**　1238
日之后投入流通的产品（瑞士《联邦产品责任法》第13条）。这一规
定符合《瑞士民法典终编与过渡规定》(Schluss – und Übergangsbesti –
mmungen zum ZGB）第1条中的一般法律原则：在法律生效之前，法律
事实的结果已经发生的，适用法律事实发生时有效之法律[5]。

如瑞士《联邦产品责任法》第4条第1款c项之规定，决定新旧法律　1239
适用的时间标准是"将产品投入流通之时"，在此应以造成损害结果的
各个具体产品投入流通的时间为准。这就有可能发生原材料生产者责
任依据瑞士《债务法》的规定，而最终产品生产者、进口商和销售者
责任则需适用新颁布的瑞士《联邦产品责任法》的规定的情况[6]。
对由此可能造成的不公平结果，立法者已有预见，并有意识地仍然选
择保留了此规定[7]。理由主要是，依据瑞士《债务法》侵权责任的
相关规定应当对受害人进行损害赔偿的生产者，可以向销售链上的前

---

〔1〕 BBl 1992 V, S. 429；FELLMANN/VON BüREN – VON Moos, N 31, 396；BSK/FELLMANN, PrHG 11 N 4；HESS, PrHG 11 N 5 ff.；HONSELL, § 21 N 54 ff.；JäGGI, S. 1423.

〔2〕 如瑞士《道路交通法》（SVG）、瑞士《联邦电力法》（ElG）、瑞士《联邦环境保护法》（USG），这些特别法规范相对于《债务法》具有排他性和优先性，参见 DESCHENAUX/TERCIER, § 32 N 2；OFTINGER/STARK II/2, § 25 N 78.

〔3〕 持反对意见的：FELLMANN/VON Büren – VON Moos, N 32；HESS, PrHG 11 N 9；JäGGI, S. 1423；持赞成观点的：HESS（第1版），PrHG 11 N 7；瑞士《联邦产品责任法》第11条第3款仅就核能事故责任作出了保留，可以得出当事人可选择适用其他类型的危险责任或产品责任的结论，这一观点值得赞同；类似观点参见 BSK/FELLMANN, PrHG 11 N 5.

〔4〕 s. dazu FELLMANN/VON BüREN – VON Moos, N 33；BSK/FELLMANN, PrHG 11 N 6；HESS, PrHG 11 N 12.

〔5〕 vgl. FELLMANN/VON Büren – VON Moos, N 391 f.；BSK/FELLMANN, PrHG 13 N 1.

〔6〕 vgl. FELLMANN/VON Büren – VON Moos, N 393；BSK/FELLMANN, PrHG 14 N 2；HESS, PrHG 13 N 3 f.

〔7〕 vgl. BBl 1992 V, S. 431.

手参与人追偿。

1240　产品投入流通的时间无法确定的，由生产者（或与生产者居于类似地位的赔偿义务人）承担举证责任，证明产品在瑞士《联邦产品责任法》生效之前已经投入流通。此一证明责任分担系依据产品责任法的基本立法意图设定，符合瑞士《民法典》第8条[1]的精神；理由主要是，生产者主张适用瑞士《债务法》的规定，排除新法即瑞士《联邦产品责任法》的规定，属于责任排除性质的法律事实，应由主张该法律事实可导致之法律结果的当事人承担举证责任[2]。

1241　瑞士《联邦产品责任法》颁布以后，瑞士《债务法》中的规定，尤其是瑞士《债务法》第55条，对缺陷产品致人损害案件仍具有重要意义。首先，对于在1994年1月1日之前投入流通的产品，适用瑞士《债务法》的规定。其次，对于在瑞士《联邦产品责任法》生效以后投入流通的某些产品，仍然适用瑞士《债务法》的规定（参见边码958以下）。最后，受害者可以选择适用瑞士《联邦产品责任法》或瑞士《债务法》的规定主张损害赔偿[3]。尤其对于物之损害，选择适用瑞士《债务法》的规定对受害者更为有利，因为瑞士《联邦产品责任法》对物之损害规定了起赔点（参见边码1183）。

---

[1]　译者注：Art. 8 ZGB（Beweisregeln I. Beweislast）

Wo das Gesetz es nicht anders bestimmt, hat derjenige das Vorhandensein einer behaupteten Tatsache zu beweisen, der aus ihr Rechte ableitet.

试译为：瑞士《民法典》第8条（证明规则一：证明责任）

为证明自己的权利主张所提出的事实，当事人有提供证据加以证明的责任，法律另有规定除外。

[2]　vgl. FELLMANN/VON BüREN - VON Moos, N 395；BSK/FELLMANN, PrHG 13 N 3；HESS, PrHG 13 N 6.

[3]　Art. 11 Abs. 2 PrHG；BBl 1992 V, S. 429；FELLMANN/VON BüREN - VON Moos, N 396；参见边码1236。

第九章

危险责任

第一节　危险责任的实质

危险责任的事实构成（Anknüpfungstatbestand）与归责事由（Zurechnu‐
ngskriterium）的具体分析，参见边码 90 以下。

参考文献：ROCHUS GASSMANN, Energiehaftung, Diss. Zürich 1988；HA‐
NSPETER STRICKLER, Die Entwicklung der Gefährdungshaftung：Auf dem
Weg zur Generalklausel? Diss. St. Gallen 1982；PIERRE TERCIER,
L'indemnisation des préjudices causés par des catastrophes en droit suisse,
ZSR 1990 Ⅱ, S. 73 ff., zit.：TERCIER, catastrophes；FRANZ WERRO,
La responsabilité civile, Introduction, § 2 N 24 ff.

危险责任的事实要件中往往包括**依照一般生活经验判断，会对周围环境造成特殊危险的设备、状态或行为**（主要指能源利用）。高度危险表现为**高损害发生率或损害范围和数额的巨大**[1]，即使尽到较大程度的注意义务，也无法控制可能发生的危险与损害，采取预防措施也仅能部分限制损害的发生。鉴于这些致害源的危险性，应当对以上行为或设备全面禁止。但与此同时，这些可能导致危险的行为，从总体来看又是必要或至少对人们有利。社会和经济利益的实现有赖于这些具有

1242

1243

---

〔1〕 OFTINGER I, S. 20；OFTINGER/STARK Ⅱ/2, § 24 N 6 FN 5；kritisch dazu GASSMANN, S. 34 ff.

潜在危险的活动，因此法秩序接受和容忍了这些活动导致的损害后果。具体当事人所受之损害则通过危险责任的承担得到赔偿。危险活动带来的**经济风险**不应由受害者承担，而应由**通过从事危险活动获利者承担**[1]，此系危险责任的内在合理性［所谓的归责事由（Zurechnungskriterium），参见边码95］。

1244 危险责任与普通因果责任均为无过错责任（在瑞士法中，称为"因果责任"，参见边码880），两者的区别在于**危险责任的构成不以客观违法性**（objektive Unregelmässigkeit oder Ordnungswidrigkeit）**为必要**[2]。原则上从事危险活动与损害事实具有事实与相当因果关系，即得成立危险责任，行为之从事是否具有可责性，在所不问。因此，危险责任有时也被称为"严格的无过错责任"（scharfe Kausalhaftungen）[3]。

1245 危险责任往往与运营某类危险设备相联系，例如驾驶机动车或运行核设备。有些学者将此类责任称为"**运行（机器设备）责任**"（Betriebsha-ftungen），作为危险责任的一类[4]。因运行机器设备而潜藏的危险，是将此类责任归为危险责任的理由[5]。部分学者认为，只有当特殊运营风险通过一定形式表现于外时，才适用无过错责任。当然，责任的成立不以损害结果是由表现于外的危险所造成为必要；仅需"损害结果与特定危险设备的运营之间存在因果联系"，即得构成责任[6]。然而在相关法律规定中，并未将运营风险的实现作为责任的构成要件。因此，以上学者提出的判断标准和要求，仅在难以确定案件属于一般侵权责任抑或危险责任时，才有其意义（机动车责任的构成要件，参见边码1288以下）。

1246 违法性并不属于危险责任的法定构成要件。大部分德国学者也认为在判

---

〔1〕 vgl. OFTINGER I, S. 21/22；OFTINGER/STARK Ⅱ/2，§ 24 N 21 ff.；TERCIER, catastrophes, S. 123；危险责任的历史发展，参见：STRICKLER, S. 9 ff.

〔2〕 DESCHENAUX/TERCIER，§ 2 N 38；A. KELLER I, S. 50 f.；OFTINGER/STARK Ⅱ/2，§ 24 N 1 FN 3，N 13；对这一区分持批评意见的：HONSELL，§ 1 N 23, Vorbem. zum 2. Abschnitt N 1, S. 127.

〔3〕 A. KELLER I, S. 50.

〔4〕 OFTINGER I, S. 23；OFTINGER/STARK Ⅱ/2，§ 24 N 12.

〔5〕 OFTINGER I, S. 24.

〔6〕 vgl. OFTINGER I, S. 24 f.

断是否构成危险责任时，违法性要件不予考虑[1]，然而瑞士一些知
名学者提出了不同意见[2]。对以上问题的讨论和争议，事实上并不
具有重要的实践意义，因为许多具体危险责任在构成要件中将损害限
定于人身损害与物之损害［例如瑞士《联邦电力法》（ElG）第 27 条，
瑞士《道路交通法》（SVG）第 58 条第 1 款，瑞士《联邦铁路、轮船
企业与邮政责任法》（EHG）第 1 条第 1 款和第 11 款，瑞士《联邦液
体运输与易燃气体管道法》（RLG）第 33 条第 1 款，瑞士《联邦航空
运输法》（LFG）第 64 条第 1 款］；在损害被限定于人身损害与物之损
害的危险责任中，侵犯身体完整性与侵犯所有权等受绝对保护的法益
的行为本身，已经具有违法性[3]。其他一些特别法明文规定，"特别
法中没有规定的，适用瑞士《债务法》中关于侵权责任的规定"［瑞士
《联邦狩猎与野生哺乳动物和禽类保护法》（JSG）第 15 条第 2 款，瑞士
《联邦船舶法》（SSG）第 27 条第 1 款，《核能责任法》（KHG）第 7 条的
规定稍有不同］[4]。若特别法中存在此类概括准用瑞士《债务法》
的指引适用规定，则构成要件也应包括瑞士《债务法》中的违法性
要件。

危险责任与瑞士《债务法》中的侵权责任规定系**特别法**与一般法的关
系；案件事实同时满足瑞士《债务法》与特别法中责任构成要件的，
危险责任**排他优先**适用[5]。 1247

然而，在分析合同法与危险责任的关系之后，会发现以上观点**不无
疑问**[6]。排他优先适用危险责任导致无过错责任与合同法的关系 1248

---

[1] vgl. DEUTSCH, Schadensersatz, N 362；ESSER/WEYERS, § 63 I, S. 673 f.；KöTZ, N 333；
LARENZ/CANARIS, Schuldrecht Ⅱ/2, § 84 I 3a, S. 610.

[2] vgl. OFTINGER I, S. 134 ff.；OFTINGER/STARK Ⅱ/2, § 24 N 27 ff.；类似观点：A. KELLER
I, S. 106；BGE 112 Ⅱ 118 E. 5e［在瑞士联邦最高法院的判决中（BGE 116 Ⅱ 480 E. 5），法院对违法性
要件未明确表明立场］；不同观点：WERRO, Nr. 283，认为在危险责任中，违法性要件原则上不具有独
立的构成要件功能。

[3] A. KELLER I, S. 106；OFTINGER/STARK Ⅱ/2, § 24 N 28；vgl. auch BGE 116 Ⅱ 480 E. 5b，
参见边码 682 以下。

[4] OFTINGER/STARK Ⅱ/2, § 24 N 29.

[5] OFTINGER I, S. 479.

[6] 类似观点：SCHWENZER, N 54. 04.

不同于普通无过错责任与合同法的关系；普通无过错责任与合同法的构成要件均满足时，发生请求权竞合，并不存在谁优先的问题（参见边码38以下）。

1249 "转承（免责）责任"（die kausale Freistellungshaftung）与危险责任相近，属于一类特殊的国家责任。在总论部分已有阐述（参见边码97以下，113以下），此处不再赘述。

第二节　法律规定概览

1250 危险责任规定在瑞士《债务法》之外的特别法中，包括：

1251 — 瑞士《道路交通法》（SVG）第58条以下的**机动车车主责任**（参见边码1264以下）；

1252 — 瑞士《联邦铁路、轮船企业与邮政责任法》（EHG）第1条以下的**铁路经营责任**[1]；

1253 — 瑞士《联邦航空运输法》（LFG）第64条以下的**航空经营责任**[2]；

1254 — 瑞士《联邦电力法》（ElG）第27条以下的**电力设备所有人责任**[3]；

1255 — 瑞士《核能责任法》（KHG）第3条以下的**核能设备所有人责任**（参见边码1343以下）；

1256 — 瑞士《联邦液体运输与易燃气体管道法》（RLG）第33条以下的**管道设备所有人责任**[4]；

1257 — 瑞士《联邦船舶法》（SSG）第27条以下的**用于易燃易爆品生产、**

---

〔1〕　vgl. dazu DESCHENAUX/TERCIER，§ 16；A. KELLER I，S. 245 ff.；OFTINGER/STARK Ⅱ/3，§ 27；TERCIER，catastrophes，S. 174 ff.；vgl. auch ZR 1996，Nr. 84，S. 257 ff.

〔2〕　vgl. dazu DESCHENAUX/TERCIER，§ 17 N 39 ff.；ANDRES HODEL, VON Warschau bis Kuala Lumpur – Entwicklung und heutiger Stand bei Flugunfällen, SJZ 1997, S. 410 ff.；A. KELLER I, S. 267 ff.；DONALD PH. REICHENBACH, Haftpflicht und Versicherung des Luftfahrzeughalters für Lärmschäden, Diss. Zürich 1971, S. 50 ff.；TERCIER, catastrophes, S. 172 ff.

〔3〕　vgl. dazu DESCHENAUX/TERCIER，§ 17 N 9 ff.；A. KELLER I, S. 232 ff.；OFTIN – GER/STARK Ⅱ/3，§ 28.

〔4〕　vgl. dazu DESCHENAUX/TERCIER，§ 17 N 82 ff.；OFTINGER/STARK Ⅱ/3，§ 30；A. KELLER I, S. 330 ff.；REMIGIUS KüCHLER, Die Haftung für Rohrleitungsanlagen und ihre Versicherung, Diss. Zürich 1968；TERCIER, catastrophes, S. 179 ff.

仓储或使用的设备的所有人或经营人责任[1]；

- 瑞士《军事法》（MG）第 137 条的**联邦对军事演习承担的责任**[2]；　　1258

- 瑞士《联邦民防法》（ZSG）第 58 条以下的**联邦、州、乡镇和企业**　1259
对民防损害承担责任[3]；

- 瑞士《联邦狩猎与野生哺乳动物和禽类保护法》（JSG）第 15 条以　1260
下的**狩猎人责任**[4]；

- 瑞士《联邦环境保护法》（USG）第 59a 条以下的**存在会对环境产**　1261
生特殊危险的企业或设备的所有人责任[5]；

- 瑞士《联邦环境保护法》（USG）第 59a^bis 条以下的在密闭系统中　1261a
研究**病原微生物**，并且对此负有申请许可与备案义务的当事人，
将实验中病原微生物泄漏或未经允许投入流通所承担的责任[6]；

- 瑞士《联邦基因技术法》（GTG）第 30 条以下的在密闭系统中研究　1261b
转基因生物体，并且对此负有申请许可与备案义务的当事人，**将**
实验中转基因生物体泄漏或未经允许投入流通所承担的责任[7]。
也有观点认为，瑞士《联邦基因技术法》（GTG）所规定的责任非
危险责任，而系"风险责任"（Risikohaftung）[8]。

---

〔1〕　vgl. dazu DESCHENAUX/TERCIER，§ 17 N 120 ff.；A. KELLER I，S. 335 ff.；OFTINGER/STARK Ⅱ/3，§ 31；PIERRE TERCIER, Une nouvelle règle de responsabilité: l'art. 27 de la loi sur les explosifs, SJZ 1980，S. 341 ff.；BGE 131 Ⅲ 61 E. 2. 3.

〔2〕　BBl 1993 Ⅳ，S. 1 ff.；vgl. auch〔noch zu Art. 23 ff. MO〕OFTINGER/STARK Ⅱ/3，§ 32；ROBERT BINSWANGER, Die Haftungsverhältnisse bei Militärschäden, Diss. Zürich 1969；参见边码100、106。

〔3〕　参见：OFTINGER/STARK Ⅱ/3，§ 32 N 390 ff.（依照旧瑞士《联邦民防法》第 77 条以下）。

〔4〕　vgl. DESCHENAUX/TERCIER，§ 17 N 28 ff.；A. KELLER I，S. 348 ff.；ISABEL SIEBER, Die Haftpflicht für Jagdschaden, Diss. Zürich 1998.

〔5〕　BBL 1993 S. 1445 ff.，BBL 2000 S. 2391 ff.；vgl. dazu THOMAS JäGGI, Neue Haftungsbestimmungen im Umweltschutzgesetz, SJZ 1996，S. 249 ff.；HONSELL，§ 22 N 33 ff.；FRITZ NICKLISCH, Haftpflichtprobleme der Bio－und Gentechnologie, in: Symposium STARK, Neuere Entwicklungen im Haftpflichtrecht, veranstaltet zum 70. Geburtstag VON Emil W. STARK, Zürich 1991，S. 117 ff.

〔6〕　BBL 2000 S. 2391 ff.；vgl. dazu HONSELL，§ 22 N 36a ff.

〔7〕　BBL 2000 S. 2391 ff.；vgl. auch VOLKER FUHLROTT, Mais in Bern, Haftung und Versicherung nach dem Gentechnikgesetz, HAVE 2004，S. 13 ff.；HONSELL，§ 22 N 45a ff.；MARKUS MüLLER－CHEN, Haftung für durch gentechnisch verursachte Schäden nach Art. 30 ff. Gentechnikgesetz, in: Risiko und Recht, Festgabe zum Schweizerischen Juristentag 2004, Basel/Genf/München，2004，S. 151 ff.

〔8〕　参见：MARCEL BRüLLHART, Gentechnik und Haftpflicht, Diss. Bern 2003，S. 141.

1262 以下以**机动车车主责任**与**核能设备所有人责任**为例，详细说明。

第三节 机动车持有人责任［瑞士《道路交通法》（SVG）第 58 条第 1 款］

1263 参考文献：MARIO BERNASCONI, Die Haftung des Motorfahrzeughalters für andere Personen（Art. 58 IV SVG）, Diss. Zürich 1973; ROLAND BREHM, Haftungskollision zwischen Halter und Nichthalter, in René Schaffhauser（Hrsg.）, Jahrbuch zum Strassenverkehrsrecht 2006, St. Gallen 2006, S. 107 ff.; DERS., La responsabilité civile automobile（art. 58 à 62 LCR）, Bern 1999; ANDRé BUSSY/BAPTISTE RUSCONI, Code suisse de la circulation routière, 3. Aufl., Lausanne 1996; RICHARD EICHENBERGER, Zivilrechtliche Haftung des Veranstalters sportlicher Wettkämpfe, Diss. Zürich 1973; SUSAN EMMENEGGER/ROBERT GEISSEL, Ausgewählte Fragen der SVG – Haftung, in: SUSAN EMMENEGGER/FRANZ WERRO（Hrsg.）, Strassenverkehrs – Tagung 11. – 12. März 2004, Fribourg 2004, S. 3 ff.; PETER GAUCH, Der Deliktsanspruch des Geschädigten auf Ersatz seiner Anwaltskosten, recht 1994, S. 189 ff., zit.: GAUCH, Anwaltskosten; ROBERT GEISSELER, Haftpflicht und Versicherung im revidierten SVG, Diss. Fribourg 1980; THEODOR GSCHWEND, Die Haftpflicht zwischen Motorfahrzeughaltern im schweizerischen und im deutschen Recht, Diss. Zürich 1977; HANS GIGER SVG: Strassenverkehrsgesetz mit Kommentaren sowie ergänzenden Gesetzen und Bestimmungen, 6. Aufl., Zürich 2002; ROLF HEUSSER, Das direkte Forderungsrecht des Geschädigten gegen den Haftpflichtversicherer, Diss. Zürich 1979; HEINRICH HONSELL, Haftpflichtrecht, § 20; URBAN VINCENZ HULLIGER, Die Haftungsverhältnisse nach Art. 60 und 61 SVG, Diss. Fribourg 2003; ALFRED KELLER, Rechtsgutachten für den Nationalen Garantiefonds Schweiz und das Nationale Versicherungsbüro Schweiz zum Bagger – Küde – Fall, HAVE 2003, S. 18 ff.; FRANCO LORANDI, Haftung für reinen Vermögensschaden, recht 1990, S. 19 ff.; VITO ROBERTO, Haftpflichtrecht, § 16 N 512 ff.; JöRG

H. RöSLER, Haftpflicht für Schäden aus Hilfeleistung, Diss. Bern 1981;
FRANZ WERRO, La responsabilité civile et la circulation routière:
Questions choisies, in FRANZ WERRO/SUSAN EMMENEGGER (Hrsg.),
Journées des droit de la circulation routière 9 ~ 10 mars 2004, Fribourg
2004, S. 1 ff.; DERS., La responsabilité civile, Première partie, Section 2,
Sous – section 2, § 7.

一、性质与意义

瑞士《道路交通法》（SVG）第 58 条第 1 款规定了严格的危险责任；**机
动车车主**原则上对因**驾驶机动车**所造成的全部损害承担责任，此责任
不以客观违法性为要件。只有当机动车车主能举证证明驾驶机动车与
损害事件之间的相当因果关系被不可抗力或受害人自身或其他第三人
的严重过错中断（中断事由参见边码 551 以下）时，始得免责。即使
在能够证明以上事由的情况下，机动车车主还需证明其（或由他负责
的他人之行为）不存在过错，以及机动车本身不存在导致事故发生之
属性［瑞士《道路交通法》（SVG）第 59 条第 1 款］。该法第 58 条第
1 款中的责任属于"经营责任"〔1〕。

1264

机动车车主责任这一责任类型的**实践**意义非常重大；其系危险责任，乃
至无过错责任中最为重要的一种责任类型。

1265

二、法律规范基础

有关机动车车主责任的最为重要的法律规范首先是 1958 年 12 月 19 日
颁布的瑞士《道路交通法》（SR 741.01）第 58 条至第 62 条（规定保
险问题的：第 63 条至第 89 条）。还有若干补充该法的施行规定（参见
《道路交通法》第 106 条），其中也有部分内容对责任认定具有重要意
义。这些施行规定中，最为重要的有：

1266

- 1959 年 11 月 20 日颁布的瑞士《道路交通责任保险规定》（VVV）；

1267

- 1962 年 11 月 13 日颁布的瑞士《交通规则规定》（VRV）；

1268

〔1〕　vgl. dazu etwa OFTINGER/STARK Ⅱ/2, § 25 N 20；参见边码 1245。

1269 — 1979 年 9 月 5 日颁布的瑞士《交通信号与标示规定》(SSV);

1270 — 1995 年 6 月 19 日颁布的瑞士《机动车道路行驶的技术标准规定》(VTS);

1271 — 1976 年 10 月 27 日颁布的《道路交通机动车与驾驶员许可规定》(VZV)。

三、构成要件

(一)人身损害或物之损害

1272 瑞士《道路交通法》第 58 条第 1 款规定,**仅造成他人死亡或人身伤害以及物之毁损的,可依据该法主张损害赔偿**(参见边码 703 以下)。对于非人身或物之损害的结果的纯粹经济损失,不予赔偿[1]。

1273 有学者对将损害仅限于人身损害与物之损害的规定提出了批评。对于所有合同以外的(侵权)责任类型,应该统一适用同样外延的"损害"概念,因此所谓的"纯粹经济损失"也应包括在瑞士《道路交通法》的赔偿范围之内[2]。

1274 对这一问题的讨论主要源于"**诉前的律师咨询费用**"[3]是否属于人身损害与物之损害,以及是否可以请求赔偿问题[4]。瑞士联邦最高法院的立场是:诉前的律师费用原则上属于瑞士《道路交通法》的赔偿范围,但前提是该笔费用不得因依照程序法的规定已经由败诉方对胜诉方进行程序费用补偿(Parteienentschädigung)而得到重复赔偿[5]。即便如此,在已经判决的案件中,法院也仅判决赔偿了受害人部分的诉前律师费用[6]。

---

〔1〕 vgl. WERRO, Nr. 840; A. KELLER I, S. 67; OFTINGER/ STARK Ⅱ/2, § 25 N 297; SCHAFFHAUSER/ZELLWEGER, N 956 ff.; BGE 117 Ⅱ 101 E. 4, 106 Ⅱ 75 E. 2.

〔2〕 vgl. OFTINGER/STARK Ⅱ/2, § 25 N 298; LORANDI, S. 20; 参见边码 712。

〔3〕 诉讼中的律师费用适用相关程序法的规定, BGE 117 Ⅱ 394 E. 3a und b.

〔4〕 关于律师费用的损害赔偿请求权,参见: BREHM, OR 41 N 87 ff.; 详见: GAUCH, Anwaltskosten, S. 193, 196; OFTINGER I, S. 57; OFTINGER/STARK Ⅱ/2, § 25 N 301 ff. m. w. N.; SCHAER, Schadenausgleichsysteme, N 198; SCHAFFHAUSER/ZELLWEGER, N 965 ff.

〔5〕 BGE 117 Ⅱ 394 E. 3a und b.

〔6〕 vgl. BGE 113 Ⅱ 323 E. 7, 97 Ⅱ 259 E. 5; vgl. auch BGE 117 Ⅱ 101 E. 4 - 6 专家鉴定费(Expertisekosten)。

造成机动车本身损害的，机动车所有人与持有人之间的法律关系依照瑞士《债务法》的规定处理，对此，瑞士《道路交通法》并不作调整[1]。机动车车主造成机动车所运输的货物损失的，亦同，受害人随身携带物品的除外[2]。

数辆机动车造成人身损害或物之损害的［所谓的"责任冲突"（Haft - ungskollision）］，适用瑞士《道路交通法》第61条的规定[3]。

（二）损害系由于驾驶机动车造成

瑞士《道路交通法》第58条第1款中的责任，要求损害是由于运营驾驶机动车所导致。首先必须确定"机动车"和"运营驾驶"的含义。

1. 瑞士《道路交通法》（SVG）意义上的"机动车"

瑞士《道路交通法》意义上的"机动车"是指**以自有动力装置驱动，不借助于特定轨道而在地面上行进的车辆**（瑞士《道路交通法》第7条第1款）。

机动车是以车轮、履带、滑行板或滚轴方式（尽管不一定全都如此）向前行进的机器。进行专项作业的机械化车辆，如农用机动车[4]、打谷机、蒸汽压路机[5]、吹雪机，以及用于雪道维护的履带车[6]，均属于瑞士《道路交通法》第7条第1款所指的机动车[7]。

此外，机动车还必须满足"以自己的动力行进"的构成要件，以其他人力、畜力、机械力或自然力（例如：重力，风力）的作用发生运动的，不属于"机动车"。此处的动力不仅包括内燃机动力，还包括蒸汽、

1275

1275a

1276

1277

1278

1279

---

〔1〕 瑞士《道路交通法》第59条第4款a项，参见 OFTINGER/STARK Ⅱ/2, § 25 N 307; dazu SCHAFFHAU - SER/ZELLWEGER, N 1082.

〔2〕 瑞士《道路交通法》第59条第4款b项；vgl. OFTINGER/STARK Ⅱ/2, § 25 N 308 ff.; SCHAFFHAUSER/ZELLWEGER, N 1083 f.

〔3〕 以确定在装运牛奶的卡车与吉普切诺基础撞导致司机死亡的情况下的抚养费损失，BGE 123 Ⅲ 274 E. 1a und b；参见边码1305。

〔4〕 BGE 114 Ⅱ 376 ff.

〔5〕 BGE 104 Ⅱ 259 ff.

〔6〕 BGE 116 Ⅱ 214 E. 1b.

〔7〕 vgl. WERRO, Nr. 889; A. KELLER I, S. 285 f.; OFTINGER/STARK Ⅱ/2, § 25 N 48 f.；瑞士《机动车道路行驶的技术标准规定》（VTS）第10条以下，第14条以下。

电力、核能源以及太阳能[1]。

1280 构成要件中的"在地面上行进"用于区分航空器与水上交通工具。电动船或降落时在地面跑道上缓慢滑行的飞机不适用瑞士《道路交通法》的规定[2]。通过设定"不借助于轨道"的构成要件将机动车与铁路列车和城市轨道电车相区分[3]。

1281 经营无轨电车致人损害,而损害不是由于作为无轨电车动力的电力造成时,许可经营无轨电车的企业承担的责任适用瑞士《道路交通法》的规定;否则适用瑞士《电力法》的规定[参见瑞士《无轨电车经营法》(TBG)第15条]。

1282 瑞士《道路交通法》第58条第1款中规定的责任,**不要求**致害人"驾驶机动车在公共道路上造成事故"[4]。

1283 法律特别规定了某些特定的机动车类型不适用危险责任[瑞士《道路交通责任保险规定》(VVV)第89条第1款结合第37~38条]:

1284 — 电动手推车(Motorhandwagen);

1285 — 通过人力手推而不是由拖车拉动的单轴车(Motoreinachser);

1286 — 电动自行车(Motorfahrräder)(见瑞士《机动车道路行驶的技术标准规定》第18条)。

1287 瑞士《道路交通法》第69条第1款规定拖车造成损害的,由牵引机动车承担责任。瑞士新《道路交通法》(1.2.1991)第69条第1款规定,若拖车由司机驾驶,则牵引机动车与拖车司机承担连带责任。

  2. "驾驶"(Betrieb)机动车

1288 "驾驶机动车"要件可从瑞士《道路交通法》第58条第1款的规定中推导而来。该法规定了危险责任,而因驾驶机动车所导致的危险造成损害的,应当由持有人承担责任(参见边码1245)。由于机动车的速度和质量本身潜在的特殊危险造成损害的,应当认为符合"驾驶运营"机动

---

〔1〕 A. KELLER I, S. 285 f.; OFTINGER/STARK Ⅱ/2, § 25 N 50 f.

〔2〕 WERRO, Nr. 891; A. KELLER I, S. 261; OFTINGER/STARK Ⅱ/2, § 25 N 52.

〔3〕 A. KELLER I, S. 286; OFTINGER/STARK Ⅱ/2, § 25 N 58.

〔4〕 瑞士《道路交通法》第1条第1款; vgl. WERRO, Nr. 892; A. KELLER I, S. 283; OFTINGER/STARK Ⅱ/2, § 25 N 54 ff.; BGE 116 Ⅱ 214 E. 1b, 114 Ⅱ 376 E. 1a.

车这一构成要件[1]。

通说观点和司法实践以所谓的"**机械技术上的驾驶概念**"（maschinen-technischen Betriebsbegriff）作为判断标准，即当机动车的机械设备运转**使得机动车开始运转前进，此时满足"驾驶运营"机动车要件**[2]。

而交通技术上的驾驶概念（der verkehrstechnische Betriebsbegriff）认为，机动车以任何形式参与到公共道路交通中，均属于"驾驶运营"机动车，瑞士法**并未**采纳这一概念[3]。机动车停车后，即使发动机尚未熄火，也不再适用瑞士《道路交通法》第58条第1款的规定。机动车停下后不存在行进时所蕴含的特殊风险，车子本身仅成为一种障碍物，与其他非发动机制动的障碍物相同[4]。

机动车以自身动力驱动行进时，即处于运行状态，即使在事故发生前，机动车已经停车或被迫停车的，亦然[5]。故意利用重力同样视为"驾驶"机动车，例如：让熄火的机动车沿着山路下滑；在这种情况下，不踩刹车的行为甚至使得滑行中的机动车危险性更大[6]。其他情况中，例如由人力推动机动车行进时，不构成"驾驶"机动车[7]。

大灯打开后，原则上机动车即处于运行状态[8]。但还需注意考察，运行和驾驶机动车的行为与事故发生是否存在因果关系。例如：列车通行时设定的限行栏杆，此时来往车辆暂时不得通行。在栏杆一边等待的

1289

1290

1291

1292

---

[1]　vgl. A. KELLER I, S. 289；OFTINGER/STARK Ⅱ/2，§ 25 N 345 ff.

[2]　WERRO, Nr. 894 f.；A. KELLER I, S. 289 f.；OFTINGER/STARK Ⅱ/2，§ 25 N 348；SCHAFFHAUSER/ZELLWEGER, N 938（损害事件从整体上必须与使用机动车的机械设备驾驶运营机动车所蕴含的风险之间存在相当因果关系）；BGE 114 Ⅱ 376 E. 1b, 107 Ⅱ 269 E. 1a, 97 Ⅱ 161 E. 3a, 88 Ⅱ 455 E. 1, 82 Ⅱ 43 E. 2 m. w. N.，72 Ⅱ 220 E. 2（在以上构成要件均满足的情况下，还要判断事故发生时机动车是否处于运转状态），A. KELLER I, S. 266；OFTINGER/STARK Ⅱ/2，§ 25 N 360；vgl. BGE 114 Ⅱ 376 E. 1b, 113 Ⅱ 323 E. 2, 110 Ⅱ 423 ff.

[3]　A. KELLER I, S. 289；OFTINGER/STARK Ⅱ/2，§ 25 N 344；BGE 97 Ⅱ 161 E. 3a, 72 Ⅱ 220 E. 2.

[4]　SCHAFFHAUSER/ZELLWEGER, N 938；vgl. BGE 102 Ⅱ 281 E. 2, 100 Ⅱ 49 E. 2, 97 Ⅱ 161 E. 3c, 88 Ⅱ 455 E. 1, 78 Ⅱ 162 f. E. 2, 72 Ⅱ 222 E. 3.

[5]　OFTINGER/STARK Ⅱ/2，§ 25 N 354 f.；vgl. BGE 72 Ⅱ 222 E. 2, 64 Ⅱ 240 E. 1.

[6]　A. KELLER I, S. 290.

[7]　A. KELLER I, S. 290；OFTINGER/STARK Ⅱ/2，§ 25 N 356；BGE 73 Ⅳ 38 f.

[8]　A. KELLER I, S. 265 f.；BGE 114 Ⅱ 376 E. 1b, 97 Ⅱ 161 E. 3a, 63 Ⅱ 342；不同观点：OFTINGER/STARK Ⅱ/2，§ 25 N 361.

机动车打开大灯，轨道另一边栏杆前，一名自行车骑车人因被大灯晃眼而撞到栏杆导致损害，此类案件，应当认定驾驶机动车的行为与骑车人的损害之间存在因果关系[1]。

3. 驾驶机动车的行为与损害之间的因果关系之特殊性

1293　在司法实践中，满足"**机动车处于驾驶状态**"的构成要件，法院原则上便会认定"驾驶机动车"与事故发生之间存在因果关系[2]。

1294　然而，在发动机处于运转状态，大灯开启的情况下，乘客在上车时手指被夹到造成身体损害[3]，（发动机处于运转状态的）卡车的卸货车斗下滑致使一名军人手部受伤[4]，均不属于因"驾驶机动车"造成他人损害。部分案件中，驾驶机动车与事故发生之间是否具有因果关系的判断会相当困难棘手，例如货车装载的湿砂石滴水导致路面结冰，造成交通事故的案件。瑞士联邦最高法院认为此案不适用瑞士《道路交通法》第58条第1款，因为滴水造成路面结冰引发事故，仅系"时间上发生于卡车运行之时"，并非驾驶机动车本身固有的特殊危险[5]。

1295　卡车抛锚停在隧道内，两分钟后另一辆卡车与其相撞[6]；因雪地路滑，卡车停在列车轨道上无法行进，几分钟后另一辆列车驶入[7]。以上案例中，机动车虽然处于停止状态，依然应认定驾驶机动车与事故发生之间存在因果关系。

（三）违法性

1296　瑞士《道路交通法》第58条第1款规定，仅**造成他人死亡或人身伤害**以及**物之毁损损失**，可依据该法主张损害赔偿（参见边码1272），人身损害与物之损害的损害结果征引违法性[8]。因为对人身和物的损害构

---

[1] STARK, Skriptum, N 878.

[2] STARK, Skriptum, N 869.

[3] BGE 63 Ⅱ 267 ff.

[4] BGE 107 Ⅱ 269 E. 2.

[5] BGE 82 Ⅱ 43 E. 2.

[6] BGE 113 Ⅱ 323 E. 2.

[7] BGE 110 Ⅱ 423 E. 1a; in BGE 69 Ⅱ 410, 此案的案件事实与上例类似，但瑞士联邦最高法院在判决中未直接涉及因果关系问题。

[8] OFTINGER/STARK Ⅱ/2, § 24 N 28; SCHAFFHAUSER/ZELL – WEGER, N 973; 参见边码1246.

成对法秩序绝对保护之法益的损害（参见边码 682 以下）。

四、其他责任类型的构成要件

（一）非驾驶机动车造成交通事故之责任 [瑞士《道路交通法》（SVG）第 58 条第 2 款]

依照瑞士法上的"驾驶运营"概念（参见边码 1289），即使处于公共交通中的机动车，亦有可能被认定不处于"驾驶"状态之中[1]。鉴于许多**交通事故**亦得因**非处于"驾驶"状态之中的机动车**造成，瑞士《道路交通法》第 58 条第 2 款对此规定了特殊的责任构成要件。

第 58 条第 2 款规定，**非处于"驾驶"状态之中的机动车**造成事故的，仅当持有人（或应由持有人对其负责之人）行为时存在过错，或者机动车存在缺陷，而此缺陷属性与最终造成事故存在联系和影响时，机动车持有人才需对事故负责。准以此言，这一责任类型与前述机动车车主责任不同，非属于危险责任，而系**过错责任与一般（普通）无过错责任相结合**的一种责任类型。持有人本人承担的系过错责任，而持有人为他人（其他司机、雇员、家庭成员）行为承担责任，以及因机动车存在的缺陷造成事故的责任，系普通无过错责任[2]。

诸如与停在路边的机动车相撞[3]或与一辆因疏忽未关车门的机动车相撞的案件，适用瑞士《道路交通法》第 58 条第 2 款[4]。而乘客在上车时手指被夹到造成身体损害，或装卸货物时身体受有损害的[5]，**不属于交通事故**。

（二）事故发生后施救时造成损害之责任 [瑞士《道路交通法》（SVG）第 58 条第 3 款]

瑞士《道路交通法》（SVG）第 58 条第 3 款规定，机动车车主需对事故承担责任，事故发生之后，持有人进行施救造成损害，或者机动车

1297

1298

1299

1300

---

[1]　例如：停于路边的机动车, vgl. STARK, Skriptum, N 880.

[2]　vgl. BERNASCONI, S. 41；A. KELLER I, S. 294；OFTINGER/STARK Ⅱ/2, § 25 N 379 ff.；BGE 114 Ⅱ 376 E. 1d, 107 Ⅱ 269 E. 1a.

[3]　vgl. BGE 102 Ⅱ 281 ff., 97 Ⅱ 161 ff.

[4]　A. KELLER I, S. 294；OFTINGER/STARK Ⅱ/2, § 25 N 387.

[5]　BGE 107 Ⅱ 269 E. 2c；vgl. auch A. KELLER I, S. 294；OFTINGER/STARK Ⅱ/2, § 25 N 388.

车主本人或车上其他乘客对他人造成的事故施救造成损害的，由法官进行裁量，判决是否令机动车车主对施救时造成的损害承担责任。当法院依照 58 条第 3 款的规定，判令持有人就施救造成的损害承担责任时，适用无因管理（瑞士《债务法》第 422 条）的规定。此款特殊规定对受害人有利，因为依照瑞士《道路交通法》（SVG）第 63 条第 2 款的规定，施救费用属于交通事故责任险范围，受害者可直接向保险人主张赔付（参见边码 1337）。此项规定对施救人亦有利，具有其合理性，主要理由是瑞士《道路交通法》（SVG）第 51 条第 2 款规定了非事件当事人也应对受害人进行施救的义务[1]。

1301   学界通说观点认为，瑞士《道路交通法》（SVG）第 58 条第 3 款规定的责任属于衡平无过错责任[2]。

1302   此项责任以交通事故发生为构成要件；非由驾驶运行中的机动车造成之事故亦满足此项要件，但仅仅机动车发生故障抛锚不在此列（若此时施救者受有损害，适用瑞士《债务法》第 422 条的规定）。在以下两种情况下，均由法官进行裁量，判决是否令机动车车主对事故发生后施救时造成的损害承担责任：持有人需对事故损害承担责任（则其也应对第三人施救造成的损害负责），以及持有人或车上其他乘客对受害人进行了施救[3]。

五、原被告资格（Aktiv – und Passivlegitimation）

（一）原告资格（Aktivlegitimation）

1303   具有原告资格的首先是**与驾驶机动车无关的受害的第三人**（骑车人，行人），危险责任最初即为此类受害人所设定[4]。除此之外，机动车上的乘客亦得主张危险责任，乘客与驾驶人之间的关系为亲属、朋友，仅

---

[1]　vgl. A. KELLER I, S. 296；OFTINGER/STARK Ⅱ/2，§ 25 N 401 ff.

[2]　OFTINGER/STARK Ⅱ/2，§ 25 N 405，423；RöSLER, S. 116；SCHAFFHAUSER/ZELLWEG – ER, N 1080.

[3]　vgl. zum Ganzen WERRO, Nr. 910 ff.；A. KELLER I, S. 295 f.；OFTINGER/STARK Ⅱ/2，§ 25 N 401 ff.；RöSLER, S. 112 ff.；SCHAFFHAUSER/ZELLWEGER, N 1079 ff.

[4]　A. KELLER I, S. 308.

仅为一般认识的人或搭车人，在所不问。机动车由车主之外的其他司机驾驶时，该司机受有损害的，原则上亦得向车主主张危险责任。在大部分案件中，往往该司机存在有过错的情况[1]。车主本身不得向保险公司主张驾驶风险造成损害的事故责任险赔偿。此一原则同样适用于社会保险追偿[2]。

机动车借由他人驾驶和机动车上有其他同乘者的案件中，值得探讨的问题有：**在好意施惠以及出于情谊无偿将机动车借由他人的情况下，车主得否减轻责任**。1975 年瑞士《道路交通法》修改之前，旧法第 59 条第 3 款就此问题有相应的规定，修改后的新法删去了此项规定。部分学者认为，瑞士《债务法》中关于情谊行为可以减轻当事人责任的规定同样适用于《道路交通法》，理由是该法第 62 条第 1 款规定，损害赔偿的种类和范围准用瑞士《债务法》的规定[3]。

数辆机动车相撞共同造成交通事故的，通常各机动车车主得向他方主张损害赔偿请求权；原则上适用过错责任[4]。

（二）被告资格（Passivlegitimation）

1. 持有人（der Halter）

瑞士《道路交通法》（SVG）第 58 条第 1 款规定，责任主体为机动车车主。判断持有人时采实质标准，而非形式标准[5]。需要全面考虑事实（而非法律上的）情况[6]。

1304

1305

1306

---

〔1〕 参见瑞士《道路交通法》（SVG）第 59 条第 1 款和第 2 款，参见边码 1324，A. KELLER I, S. 309 f.；OFTINGER/STARK Ⅱ/2，§ 25 N 71.

〔2〕 vgl. Urteil des BGer 4C. 208/2002 vom 19. November 2002 E. 1. 1 ＝ Pra 2003，Nr. 212，S. 1155 ff.

〔3〕 vgl. BREHM, OR 43 N 56；OFTINGER/STARK Ⅱ/2，§ 25 N 601 ff.；不同观点：A. KELLER I, S. 321；对于情谊行为责任减轻保留态度的：SCHAFFHAUSER/ ZELLWEGER, N 1301；瑞士联邦最高法院在 BGE 117 Ⅱ 609 E.5c bb 这一判决中，就此问题未做明确回答，因为本案中，以走访亲戚为目的将机动车交由妻子使用不属于可作为责任减免事由的情谊行为。

〔4〕 瑞士《道路交通法》（SVG）第 60 条；A. KELLER I, S. 321 ff.；参见边码 1275a.

〔5〕 BGE 117 Ⅱ 609 E. 3b.

〔6〕 A. KELLER I, S. 272；OFTINGER/STARK Ⅱ/2，§ 25 N 93；BGE 62 Ⅱ 138.

1307　机动车车主是指**对因驾驶机动车发生危险时的责任承担人，同时对机动车享有事实上的直接的处分权能之人**[1]。上述"持有人"定义体现了以下法律理念：驾驶机动车具有特殊危险，此系将这一责任类型定义为危险责任的原因，而驾驶和运营机动车而使此类特殊危险存在之当事人，即应当承担由此产生的损害[2]。对此，应注意以下两个方面：

1308　－　由机动车驾驶人承担因驾驶机动车而发生危险时责任：

以此标准，持有人系因经营机动车而获益，对机动车参与公共交通享有利益[3]，承担因驾驶机动车而产生的费用（Treibstoff，Steuern，Versicherung）之人[4]。

1309　－　对机动车事实上的处分权能：

由持有人决定机动车是否进入公共道路交通，机动车的使用、维护、保管以及是否交由他人使用[5]。

1310　注意区分民法上和**交警管理法规中的持有人概念**。通常情况下，民法中的持有人与瑞士《道路交通机动车与驾驶员许可规定》（VZV）第78条中的"机动车车主"概念含义相同（该规定对"机动车车主"的定义很大部分与民法中的概念重合），需要注意的是，并非所有机动车登记证〔瑞士《道路交通法》第11条，瑞士《道路交通机动车与驾驶员许可规定》（VZV）第73条以下〕上记载的持有人均得认定为《道路交通法》第58条第1款意义上的"持有人"。登记持有人与事实持有人不一致的情况，有可能出现在诸如持有人变更，但在机动车驾驶证上的更改登记尚未完成的情况[6]。此外，也存在机动车所有人证明以及保险证明上的机动车车主与事实持有人不一致的情况。法律规定，机动车所有人证明及保险证明，仅作为证明民法上持有人资格的初步证据（瑞士

---

〔1〕　vgl. WERRO, Nr. 862 ff.；A. KELLER I, S. 296 f.；OFTINGER/STARK Ⅱ/2，§ 25 N 90；SCHAFFHAUSER/ZELLWEGER，N 865；BGE 129 Ⅲ 102 E. 2.1 = ZBJV 2007，S. 113 f.，117 Ⅱ 609 E. 3b，101 Ⅱ 133 E. 3a，99 Ⅱ 315 E. 4，92 Ⅱ 39 E. 4a.

〔2〕　OFTINGER/STARK Ⅱ/2，§ 25 N 94.

〔3〕　BGE 92 Ⅱ 39 E. 4a.

〔4〕　vgl. OFTINGER/STARK Ⅱ/2，§ 25 N 91.

〔5〕　OFTINGER/STARK Ⅱ/2，§ 25 N 92；vgl. BGE 101 Ⅱ 133 E. 3b.

〔6〕　vgl. DESCHENAUX/TERCIER，§ 15 N 71；A. KELLER I, S. 297；OFTINGER/STARK Ⅱ/2，§ 25 N 102，111；SCHAFFHAUSER/ZELLWEGER，N 864；BGE 99 Ⅱ 315 E. 4，92 Ⅱ 89 E. 4a，62 Ⅱ 138.

《道路交通责任保险规定》第 4 条第 1 款）[1]。持有人必定同时系机动车占有人，反之不然[2]。

若数人均满足"机动车车主"构成要件，则该数人同为"持有人"。主要出现在共同继承（Erbengemeinschaft）以及好友共同购买和使用机动车的情况中[3]。数名持有人（所谓的共同持有）对第三人承担连带责任[4]。而对于共同持有人之间的法律关系，瑞士《道路交通法》未作规定，适用瑞士《债务法》的相应规定[5]。

配偶关系中，对机动车享有事实上的支配力，负责对机动车进行保养、维护和管理的一方，为机动车车主。在配偶关系中，为机动车支付之费用原则上属于瑞士《民法典》第 163 条第 2 款中的生活费用[6]，因此通常情况下不严格区分支付费用来自配偶中哪一方，负担机动车经济费用之标准，在此不适用。司法实践中，对于妻子的共同持有人身份，法院采取相对保守的态度[7]。在瑞士联邦最高法院判决[8]中，法官指出，共同持有人概念应作限缩解释，以保证当事故发生时，妻子作为司机或同乘人，得向丈夫以及责任保险保险人主张损害赔偿。目前，这一判决的重要性已大不如前，因为法律已经明文规定共同持有人之一驾驶机动车，造成其他共同持有人受到损害的，适用机动车车主责任（瑞士《道路交通法》第 61 条第 1 款）；同时，目前的责任保险保单也已经涵盖同乘的共同持有人的人身损害[9]。

若营业企业之雇主将**营业活动中使用的机动车**停放在家中，并且供其私人使用，则雇主为机动车之持有人。如有疑义，应将对机动车享有事实上的任意处分权能之人认定为持有人。若雇主对于该机动车基本上

1311

1312

1313

---

〔1〕　vgl. BGE 129 Ⅲ 102 E. 2. 1.

〔2〕　vgl. OFTINGER/STARK Ⅱ/2，§ 25 N 100；Schaffhauser/Zellweger, N 866.

〔3〕　A. KELLER I, S. 299 f.；OFTINGER/STARK Ⅱ/2，§ 25 N 116；对此持保留态度的学者：WERRO, Nr. 868；BGE 117 Ⅱ 609 E. 3b, 99 Ⅱ 315 E. 4.

〔4〕　STARK, Skriptum, N 894.

〔5〕　OFTINGER/STARK Ⅱ/2，§ 25 N 117；SCHAFFHAUSER/ZELLWEGER, N 870；BGE 99 Ⅱ 315 E. 4.

〔6〕　OFTINGER/STARK Ⅱ/2，§ 25 N 122 ff.

〔7〕　vgl. BGE 92 Ⅱ 39 E. 4a, 丈夫因身体伤残，根本无法再驾驶机动车。

〔8〕　BGE 117 Ⅱ 609 E. 3b.

〔9〕　A. KELLER I, S. 298, 310 f.

享有自由的处分权能，则即便其使用车辆主要以营业活动为目的，仍应认定其为"持有人"[1]。**短期租赁机动车**的承租人为机动车车主[2]。在**融资租赁**法律关系中，通说认为承租人为机动车车主[3]。

1314 事实上，机动车车主以及事故责任人的认定问题，在实践中并不具有讨论之意义，因为机动车强制责任险（参见边码1334以下）承保的并非针对特定当事人提起的赔偿请求权，而是针对驾驶特定车辆所发生的所有损害赔偿责任。在保险保额足以赔偿损害的情况下，无须认定持有人，受害人得从保险公司直接获赔[4]。然而，在机动车事故未伤及第三人，仅（共同）持有人受有损害[5]的情况下，需要确定持有人身份。若受害人为（单独或与其他共同）持有人，则不发生瑞士《道路交通法》意义上的机动车事故责任[6]。数辆机动车相撞共同造成交通事故，持有人受有损害的，得援引机动车特殊风险主张责任减免[7]。

1315 **驾驶人**与持有人不一致时，驾驶人亦不承担瑞士《道路交通法》上之责任；瑞士《债务法》第41条规定的责任，不受影响。瑞士《债务法》第41条规定的责任成立的，驾驶人与持有人承担连带责任。驾驶人所承担的连带责任之一部，由瑞士《道路交通法》第63条第2款规定的机动车车主的责任保险进行赔偿[8]。除此之外，瑞士《道路交通法》第58条第4款还规定，持有人需为驾驶人过错承担如同自己过错之责任[9]。

2. 机动车修理工厂

1316 依据瑞士《道路交通法》第71条第1款的规定，机动车修理工厂作为

---

〔1〕 A. KELLER I, S. 298; OFTINGER/STARK Ⅱ/2, § 25 N 118 ff.; BGE 129 Ⅲ 102 E. 2. 3 in Bestätigung von BGE 63 Ⅱ 138 f.

〔2〕 BGE 70 Ⅱ 180 E. 1, 62 Ⅱ 190; in der Literatur wird ca. 1 Monat verlangt, vgl. A. KELLER I, S. 298.

〔3〕 WERRO, Nr. 867; OFTINGER/STARK Ⅱ/2, § 25 N 107; Schaffhau – ser/Zellweger, N 873.

〔4〕 STARK, Skriptum, N 901.

〔5〕 vgl. BGE 117 Ⅱ 609 ff.

〔6〕 STARK, Skriptum, N 902; 参见边码1311~1312。

〔7〕 STARK, Skriptum, N 903; 参见边码1305。

〔8〕 BGE 91 Ⅱ 226 E. 1.

〔9〕 vgl. A. KELLER I, S. 300; OFTINGER/STARK Ⅱ/2, § 25 N 132 ff.; SCHAFFHAUSER/ZELLWEGER, N 922 ff.; 详见：BERNASCONI, S. 53 ff.

"汽车行业中的营业企业"，持有人将机动车交给修理工厂，进行保管、修理、保养、改装等，在此过程中发生损害的，修理工厂承担与机动车车主相同的责任。机动车交由修理工厂期间造成的损害，不在持有人责任保险承保范围内。因此，瑞士《道路交通法》第71条第2款规定，机动车修理工厂负有投保责任保险之义务〔1〕。

3. 赛车比赛组织者

瑞士《道路交通法》第72条第2款规定，赛车比赛组织者对赛车手的机动车以及提供陪同等赛事活动中其他服务的机动车造成的损害承担机动车车主责任。赛车活动包括机动车和自行车比赛，以平均时速超过50 km/h为准（瑞士《道路交通法》第72条第1款）。赛车比赛组织者负有投保责任保险之义务〔2〕。

1317

法律并未明确规定，赛事组织者所承担的是否为排他责任。部分学者认为，机动车车主应承担连带责任〔3〕，另有学者则认为，应区分赛事是否经官方许可〔4〕。

1318

4. 偷开机动车者（der Strolch）

偷开机动车者造成他人损害的，承担与机动车车主相同的责任。司机（Führer）知道到或者尽到应有之注意应当知道机动车有可能被偷开的，司机与偷开机动车者承担连带责任（瑞士《道路交通法》第75条第1款）。偷开机动车与盗窃的区别在于，前者欠缺占为己有之意思（在盗窃的情况下，偷盗者代替前手成为机动车车主）。**机动车车主**对他人承担的危险责任不受影响，但持有人以外的驾驶人知道到或者尽到应有之注意应当知道机动车有可能被偷开的除外〔5〕。

1319

〔1〕 vgl. A. KELLER I, S. 301；OFTINGER/STARK Ⅱ/2，§ 25 N 167 ff.；SCHAFFHAUSER/ZELLWEGER, N 875 ff.

〔2〕 瑞士《道路交通法》第72条第4款；vgl. zum Ganzen EICHENBERGER, S. 87 ff.；OFTINGER/STARK Ⅱ/2，§ 25 N 177 ff.；SCHAFFHAUSER/ZELLWEGER, N 878 ff.

〔3〕 A. KELLER I, S. 302；Schaffhauser/Zellweger, N 884.

〔4〕 OFTINGER/STARK Ⅱ/2，§ 25 N 179 f.；主张赛事组织者承担排他责任的学者：STARK, Skriptum, N 907.

〔5〕 瑞士《道路交通法》第75条第1款；见 BGE 124 Ⅲ 182 E. 3；具体问题：A. KELLER, Rechtsgutachten für den Nationalen Garantiefonds Schweiz und das Nationale Versicherungsbüro Schweiz zum Bagger‑Küde‑Fall, HAVE 2003, S. 18 ff.；具体问题：A. KELLER I, S. 302 ff.；OFTINGER/STARK Ⅱ/2，§ 25 N 193 ff.；Schaffhauser/Zellweger, N 887 ff.

5. 国家保障基金（Nationaler Garantiefonds）

1320　瑞士《道路交通法》第 76 条第 1 款规定，机动车责任保险的保险人建立国家保障基金。依据机动车车主责任原则，在**机动车以及自行车持有人不明**的事故中，受害者的人身损害与物之损害由国家保障基金进行赔偿。需要注意的是，对于物之损害，法律规定了 1000 瑞士法郎的起赔点[1]。

6. 联邦州

1321　在机动车或自行车未投保法律规定的险种之前，联邦州颁发了机动车登记证与牌照的，联邦州应在法定最低保险范围内承担机动车或自行车应承担之责任（参见瑞士《道路交通法》第 77 条第 1 款）。在法律后果上，联邦州需因其行政失职行为承担受害者本应获得的保险理赔额的赔偿责任[2]。

六、责任的减轻与免除（Ausschluss und Ermässigung）

（一）不承担责任的情形（免责事由）

1322　瑞士《道路交通法》第 59 条第 1 款规定，**只有当机动车车主能举证证明损害是由于不可抗力、受害人自身或其他第三人的严重过错所造成时，始得免责**。除证明以上三项经典传统的因果关系中断事由（参见边码 560 以下）之一外，机动车车主还需证明其（或由他负责的他人之行为）不存在过错，以及机动车本身**不存在导致事故发生之属性**。由机动车车主对此负举证责任，在效果上，相当于要求机动车车主证明中断事由是与机动车事故发生具有唯一相当因果关系之事实[3]。

1323　**不可抗力**（概念阐释，参见边码 574 以下）主要指诸如雪崩[4]、岩石

---

[1] 瑞士《道路交通法》第 76 条第 1 款结合瑞士《道路交通责任保险规定》（VVV）第 52 条第 3 款的规定；vgl. A. KELLER I, S. 307；DERS., Rechtsgutachten für den Nationalen Garantiefonds Schweiz und das Nationale Versicherungsbüro Schweiz zum Bagger – Küde – Fall, HAVE 2003, S. 18 ff.；OFTINGER/ STARK Ⅱ/2, § 26 N 360 ff.；SCHAFFHAUSER/ZELLWEGER, N 909 ff.

[2] 参见瑞士《道路交通法》第 77 条第 2、3 款；sowie A. KELLER I, S. 304 f.；OFTINGER/ STARK Ⅱ/2, § 26 N 389 ff.；SCHAFFHAUSER/ ZELLWEGER, N 912 ff.

[3] vgl. A. KELLER I, S. 311；OFTINGER/STARK Ⅱ/2, § 25 N 427 ff.；SCHAFFHAUSER/ ZELLWEGER, N 1009 ff.

[4] BGE 80 Ⅱ 216 E. 2a.

崩裂致使机动车与车内乘客坠入山谷[1]。但是铺设道路存在缺陷瑕疵的（例如新修缮的路面打滑，结冰），非无法避免，因而不属于不可抗力。对此类路面缺陷，机动车驾驶人应当有所预见，并且在驾驶时采取相应措施[2]。动物的行为、焚风[3]以及大强度长持续时间的暴雨[4]亦不属于不可抗力。突然心脏病发作、中风或昏厥等以致司机突然无法正常驾驶的，属于驾驶风险，因而也不属于不可抗力[5]。

在司法实践中，**受害人的重大过错**（参见边码 560 以下）是最为重要的**因果关系中断事由**。瑞士《道路交通法》第 59 条第 1 款意义上的"受害人的重大过错"作为因果关系中断事由，还必须满足受害人的过错行为系损害结果发生之唯一和排他事实，亦即不能同时存在其他人的过错行为[6]。受害人"严重"过错，需要满足通过衡量与价值判断，受害人过错系与损害结果发生具有相当因果关系之唯一事实（参见边码 552）。一般而言，受害人违反处于相同情况下的任何理性人均应具备的最基本的谨慎注意的，应视为受害人行为具有重大过错[7]。例如：行人未尽谨慎安全注意义务，突然毫无征兆地进入机动车道[8]，抑或行人在绿灯时仍然穿越马路[9]，以及骑自行车从辅路转弯进入主路时，对周边交通情况不加注意[10]，此类行为均属于受害人自身重大过错行为。

1324

在司法实践中，权衡评价**未成年人的过错行为**作为侵权行为人的免责事

1325

---

[1] A. KELLER I, S. 312；OFTINGER/STARK Ⅱ/2，§ 25 FN 716，不同于山体落石；参见：BGE 95 Ⅱ 630 E. 4a.

[2] vgl. BGE 90 Ⅳ 265 E. 2b；OFTINGER/STARK Ⅱ/2，§ 25 FN 714；SCHAFFHAUSER/ZELLWEGER, N 1022.

[3] BGE 90 Ⅱ 9 E. 2.

[4] BGE 111 Ⅱ 429 E. 1b.

[5] A. KELLER I, S. 312；OFTINGER/STARK Ⅱ/2，§ 25 N 433；SCHAFFHAUSER/ZELLWEGER, N 1022）（可见，行为人主张不可抗力免责的情形应该并不多见）；vgl. OFTINGER/STARK Ⅱ/2，§ 25 N 433 ff.；SCHAFFHAUSER/ZELLWEGER, N 1023.

[6] BGE 124 Ⅲ 182 E. 4a.

[7] OFTINGER/ STARK Ⅱ/2，§ 25 N 452；SCHAFFHAUSER/ZELLWEGER, N 1030；BGE 115 Ⅱ 283 E. 2a, 111 Ⅱ 89 E. 1a, 108 Ⅱ 422 E. 2, 95 Ⅱ 333 E. 6a, 95 Ⅱ 184 E. 3.

[8] vgl. BGE 115 Ⅱ 283 E. 2a, 91 Ⅱ 112 E. 2b, 85 Ⅱ 516 E. 2a.

[9] BGE 95 Ⅱ 184 E. 3.

[10] BGE 77 Ⅱ 262 E. 2, 63 Ⅱ 213 f. E 2a.

由时，要求上低于成人之过错行为（参见边码566）。一名9岁的儿童在没有看清机动车道有无车辆经过的情况下，依然骑自行车横穿交通流量大的主干道造成损害的行为，依照客观判断，已经构成受害人严重过错行为，但是联邦最高法院并不认为此一事实足以中断驾驶机动车与损害后果之间的相当因果关系[1]。

1326 机动车中的乘客的行为亦得构成受害人自身过错。与此相关的问题是**不系安全带的行为**是否构成严重受害人自身过错。在社会保险法上，不系安全带的行为属于受害人严重过错的行为[2]。然而，瑞士联邦最高法院的观点是[3]，此一行为仅属于轻过失，减轻侵权行为人10%的侵权责任。

1327 **第三人的重过错**作为免责事由的情形（参见边码569以下）在司法实践中较为少见。一名行人将另一人故意从人行道推向机动车道[4]，或一名醉酒的机动车驾驶人驾驶轮胎已近报废的车子在存有盲区的弯道超车[5]，此类行为构成中断先前相当因果关系之事由。某人的行为可归属为机动车车主的，该人不属于"第三人"[6]。

（二）减轻责任的情形

1328 机动车车主无法证明瑞士《道路交通法》第59条第1款中的事由而免责的，可以证明**受害人与有过错**，由法官权衡判断所有情事之后决定赔偿责任的承担（瑞士《道路交通法》第59条第2款）。受害人过错未达到第1款所要求的强度（或排他性，参见边码1324），机动车车主无法举证免责事由的，抑或机动车本身存有缺陷的属性，与损害结果之间存在因果关系，因而无法免除全部责任的情况下，机动车车主可主张减轻责任（参见边码395以下）[7]。

1329 确定责任时主要需权衡判断是受害人的过错还是机动车的驾驶风险；同

---

[1] BGE 111 Ⅱ 89 E. 1；vgl. im weiteren Schaffhauser/ Zellweger, N 1054 ff. 附案例分析。

[2] BGE 118 V 305 E. 2c m. N.

[3] BGE 117 Ⅱ 609 E. 5a.

[4] A. KELLER I, S. 315.

[5] BGE 95 Ⅱ 344 E. Ⅱ.

[6] BERNASCONI, S. 49；OFTINGER/STARK Ⅱ/2, § 25 N 456；SCHAFFHAUSER/ ZELLWEGER, N 1064；参见边码1315。

[7] vgl. OFTINGER/STARK Ⅱ/2, § 25 N 565.

时也应考虑机动车驾驶人可能存在的过错[1]。

责任减轻的案例：

1330

- 一名驾驶人驾驶其丈夫的机动车在山路上行驶，路面因冰面融化又结冰而严重冰冻，车子打滑偏离车道，撞在路旁两棵大树上。瑞士联邦最高法院维持了下级法院的原判，因受害人与有过错减轻机动车驾驶人20%的责任；分别为受害人未系安全带（10%）和受害人不当的驾驶方式（10%）[2]。

- 因车辆故障，某卡车不得不在隧道停靠。另一卡车司机，不顾隧道内灯光昏暗，仍然以80km/h的速度驾驶拖斗卡车行驶，撞到前车，当场死亡。受害人自身高速紧追前车的行为需承担2/9的责任[3]。

- 一名9岁儿童骑自行车横穿交通流量极大的街道，被一辆时速130 km/h ~ 140 km/h的机动车撞倒。驾驶人的高速行驶增加了机动车的危险，同时受害人自身的行为从客观上判断，已经达到重过错的程度，出于对其年龄的考虑，判决受害人承担20%的责任[4]。

"过错中和"（Verschuldensneutralisation）是瑞士学理上仍存争议的问题。这一理论的内容是，受害人过错与行为人过错可以相互抵消，因而在机动车责任中，仅需考虑驾驶机动车所潜在之特殊危险这一因素[5]。

1331

责任自担（与此相关联的违法性问题，参见边码771以下）以及有意识的**自担风险**，在不存在"真正的受害人同意"的情况下，均属于受害人与有过错（参见边码410）。因此，当受害人乘坐了醉酒驾驶员的机动车发生事故时，应减轻行为人责任，同时令受害人承担部分责任[6]。

1332

---

[1] vgl. A. KELLER I, S. 317 f.；OFTINGER/STARK Ⅱ/2，§ 25 N 552 ff.

[2] BGE 117 Ⅱ 609 E. 5a, b.

[3] BGE 113 Ⅱ 323 ff.

[4] BGE 111 Ⅱ 89 ff.

[5] vgl. GUHL/MERZ/KOLLER, S. 79；MERZ, SPR VI/1, S. 225；OFTINGER I, S. 264 f.，269 f.；ablehnend DESCHENAUX/TERCIER，§ 28 N 29；A. KELLER I, S. 317；OFTINGER/STARK Ⅱ/2，§ 25 N 555 ff.；STARK, Skriptum, N 330；vgl. auch BGE 113 Ⅱ 323 E. 1c.

[6] vgl. BREHM, OR 44 N 15；A. KELLER I, S. 318 ff.；SCHAFFHAUSER/ZELLWEGER, N 1305；BGE 99 Ⅱ 366 E. 3d, 91 Ⅱ 218 E. 2a - c, 84 Ⅱ 292 E. 3a, 79 Ⅱ 398 E. 2b, c.

好意施惠提供同乘的，参见边码1304。

1333　瑞士《道路交通法》第62条第2款规定，当死者或受有身体伤害的当事人收入尤其丰厚时，法官在合理权衡判断所有情事之后，有权作出减免行为人责任的判决[1]。

七、强制责任保险

（一）强制保险

1334　瑞士《道路交通法》第63条第1款规定，未依照法律规定投保责任保险的机动车，不得进入公共道路交通。此一保险义务涵盖所有需进入公共交通，并且有可能发生该法第58条以下规定的责任的机动车[2]。机动车交通事故责任强制险包括因机动车车主自身以及行为归属于该持有人的其他人的行为造成的赔偿责任（《道路交通法》第63条第2款）。

1335　最初，**责任保险最基本最主要的功能**是保护投保人，减轻其因支付损害赔偿承受的经济负担[3]。作为投保人支付保费的对价，保险公司赔偿事故发生时投保人所应承担之损害赔偿责任。责任保险合同的订立，事实上也带来了受害人无须承担侵权行为人丧失偿付能力之风险的效果。施行机动车事故责任强制责任险之后，**保护受害人不受到行为人丧失偿付能力的风险**这一功能跃升为责任保险的主要功能和目的[4]。

1336　在其他危险责任领域，立法者同样规定了强制责任保险制度，以补充侵权责任，主要有航空器驾驶人责任（瑞士《航空法》第70~71条），核设备所有人责任（瑞士《核能责任法》第11条），管道设备所有人责任（瑞士《联邦液体运输与易燃气体管道法》第35条）以及狩猎人责任（瑞士《狩猎法》第16条）。

---

〔1〕　vgl. dazu OFTINGER/STARK Ⅱ/2, § 25 N 611 ff. ; SCHAFFHAUSER/ZELLWEGER, N 1308; 参见边码437以下。

〔2〕　瑞士《道路交通责任保险规定》（VVV）第1条第1款；OFTINGER/STARK Ⅱ/2, § 26 N 5; 责任保险投保义务之例外：OFTINGER/STARK Ⅱ/2, § 26 N 76 ff. ; SCHAFFHAUSER/ZELLWEGER, N 1600.

〔3〕　vgl. HEUSSER, S. 3 f.

〔4〕　OFTINGER/STARK Ⅱ/2, § 25 N 22 f. ; SCHAFFHAUSER/ZELLWEGER, N 1599; zur geschichtlichen Entwicklung vgl. HEUSSER, S. 12 ff.

（二）受害人对保险人的直接请求权以及保险人抗辩权的排除

瑞士《道路交通法》第65条第1款规定，受害人享有就其应获赔偿部分对保险人直接的请求权。受害人有权就其应获赔偿部分直接向责任保险人请求赔偿保险金（参见边码1339）。此法定请求权的构成要件是存在有效的保险合同[1]。

除此之外，保险人也**不享有依据保险合同或瑞士《联邦保险合同法》对受害人的抗辩权**[2]。例如，保险人不得将以下事由作为抗辩向受害人主张免于赔付：被保险人已经数次因酒驾受到处罚，但是在签订保险合同时违反说明义务（瑞士《联邦保险合同法》第4条），未向保险人说明这一情况。同样，交通事故系由于驾驶人重大过失造成，因此保险人可依据瑞士《联邦保险合同法》第14条第2款主张减轻其赔付义务[3]。若令保险人得向受害人主张基于保险合同关系中投保人或被保险人的抗辩权，减轻或免除其赔付义务，则强制责任保险的功能和目的会大大减弱[4]。

受害人对保险人的赔偿请求权仅仅在数额上因保险合同约定的保险额度而受到限制。当事人不得就保险额度自由作出约定；法律规定了**最少保险金额**，即300万瑞士法郎/件（损害事故）。超过40座的客运机动车以及拖车的最少保险金额是每起事故400万瑞士法郎（瑞士《道路交通法》第64条结合《联邦保险合同法》第3条）。若保险当事人之间约定了高于以上最低额度的保险额，则受害人的直接请求权（以及保险人抗辩权排除范围）以约定的高保险额为准[5]。

交通事故中**受害人为数人**的，会出现赔付的保险金额不足以填补受害人损害的情况。为此，瑞士《道路交通法》第66条第1款规定，在数人受有损害的情况下，受害人获赔金额依每个受害人的请求权数额与

1337

1338

1339

1340

---

〔1〕 vgl. WERRO, Nr. 918 f.；OFTINGER/STARK Ⅱ/2，§ 26 N 150 ff.；SCHAFFHAUSER/ZELLWEGER, N 1656.

〔2〕 瑞士《道路交通法》第65条第2款；抗辩权之排除，参见：OFTINGER/STARK Ⅱ/2，§ 26 N 198 ff.；SCHAFFHAUSER/ZELLWEGER, N 1662 ff.；BGE 115 Ⅱ 264 E. 3c.

〔3〕 vgl. STARK, Skriptum, N 940.

〔4〕 HEUSSER, S. 59 ff.；OFTINGER/STARK Ⅱ/2，§ 26 N 198；vgl. 排除保险人抗辩权的目的，参见：BGE 119 Ⅱ 289 E. 1c.

〔5〕 OFTINGER/STARK Ⅱ/2，§ 26 N 64.

保险金额的比例计算；受害人在限额赔偿范围内，**按比例获赔**〔1〕。强制责任险赔付以外仍受有损害的，受害人得依据瑞士《道路交通法》第58条要求机动车车主承担赔偿责任〔2〕。

（三）保险人的追偿权

1341 法律规定，保险人不得向受害人主张依保险合同或法律规定其本得向投保人主张的抗辩权。由此，保险人向受害人承担的责任范围，大于其依照保险合同本应承担之责任。抗辩权排除这一法律规定的目的在于保护交通事故中的受害人（参见边码1335），然而这一保护目的在保险人与投保人或被保险人之间的内部关系中，不发生作用。因此瑞士《道路交通法》第65条第3款规定了保险人的法定追偿权：对于保险人向受害人支付的多于依据保险合同内部关系约定（亦即考虑抗辩权问题）所应赔付的保险额，保险人得向投保人或被保险人追偿〔3〕。

第四节　核能责任［瑞士《核能责任法》（KHG）第3条至第10条］

1342 参考文献：CLAUDE DEBIEUX, La responsabilité civile des exploitantsd'i － nstallations nucléaires et sa couverture, Diss. Fribourg 1987；HANS－JüRG HUG, Haftpflicht für Schäden aus der friedlichen Verwendung von Atomenergie, Diss. Zürich 1970；ROY KUNZ/HANS DIETER JäGGI, Die Entwicklung der Kernenergiehaftpflicht in der Schweiz, SJZ 1986, S. 277 ff. ；HERIBERT RAUSCH, Schweizerisches Atomenergierecht, Zürich 1980；PIERRE TERCIER, L'indemnisation des préjudices causés par des catastrophes en droit suisse, ZSR 1990 Ⅱ, S. 73 ff. , zit. : TERCIER, catastrophes.

---

〔1〕　vgl. OFTINGER/STARK Ⅱ/2, § 26 N 182 ff. ; SCHAFFHAUSER/ZELLWEGER, N 1671.

〔2〕　OFTINGER/STARK Ⅱ/2, § 26 N 64.

〔3〕　vgl. OFTINGER/STARK Ⅱ/2, § 26 N 213 ff. ; SCHAFFHAUSER/ZELLWEGER, N 1679 ff.

一、性质与意义

民用目的之核能源利用会带来无法避免的高度危险和大范围的损害（例 ₁₃₄₃
如切尔诺贝利发电站核泄漏事故）。核设备的高度运营风险要求在该领
域发生事故造成损害时，应适用危险责任。1983 年 3 月 18 日的**瑞士**
《核能责任法》（KHG）第 3 条至第 10 条规定了民用目的核能源利用造
成损害的侵权责任。瑞士《核能责任法》并未为核能责任设定赔偿限
额，在免责事由方面仅仅规定了受害人重大过错[1]。特别需要注意
的是，核能法的相关规定优先于环保法（参见边码 1261）（参见《环境
保护法》第 3 条第 2 款）。

核能利用造成的损害后果无法事先预计。为了保障足够的资金来源填补 ₁₃₄₄
损害，瑞士《核能责任法》（KHG）除规定了强制责任保险（参见边
码 1384 以下）之外，还规定了补充保险以及由联邦对大规模损害和超
过 30 年失权期限的后发损害（Spätschaden）负责赔偿（参见边码
1372、1391）。

核能责任的特殊性在于所谓的"责任限定"（Kanalisierung），亦即仅瑞 ₁₃₄₅
士《核能责任法》（KHG）第 3 条第 1 款至第 5 款明确规定了责任人范
围（参见边码 1364）。在司法实践中，（幸好）核能责任发生不多，不
具重要实践意义（涉及核能责任问题的，主要有联邦最高法院判决：
BGE 116 Ⅱ 480 ff.）。

二、构成要件

（一）核能损害

瑞士《核能责任法》第 3 条将危险责任限定在核能损害。其他核设施 ₁₃₄₆
工厂经营过程中或核原料运输过程中造成的损害，不在此列，适用其
他相关规定（例如瑞士《道路交通法》以及瑞士《债务法》）[2]。

---

　〔1〕　vgl. A. KELLER I, S. 339；OFTINGER/STARK Ⅱ/3，§ 29 N 1 ff.；旧瑞士《民用核能设备和
放射物保护法》（目前的《核能责任法》的规定），参见：HUG, S. 47 ff.；KUNZ/JäGGI, S. 277 f.；
RAUSCH, S. 219 ff.；核能方面的立法发展，参见：RAUSCH, S. 3 ff.
　〔2〕　OFTINGER/STARK Ⅱ/3，§ 29 N 190；A. KELLER I, S. 340.

1347 瑞士《核能责任法》第 2 条第 1 款规定了核能损害，包括：

1348 — 具有辐射性、毒性、爆炸性或其他危险属性的核能材料造成的损害[1]；

1349 — 核能设备内部的其他辐射源造成的损害[2]；

1350 — 由于采取相关机关命令或建议的措施以防止已经或即将发生的核事故而造成的损害，所失利益不在此列[3]。

1351 应相关机关命令而采取疏散措施造成损害的[4]，即属于以上损害类型。原则上，在切尔诺贝利发电站核泄漏事故发生后，采取联邦相关机构公布的建议措施造成损害的[5]，也应适用瑞士《核能责任法》第 2 条第 1 款的规定。由于本案中的损害结果并非完全由于官方建议措施之实施而造成，至少部分系基于瑞士《核能责任法》第 2 条第 1 款 a 项所列之事由发生，因此瑞士联邦最高法院认为在此案中，受害者损害赔偿范围应包括所失利益[6]。

1352 核损害的具体赔偿项目中，首先是**人身损害**（烧伤、放射性损害）。受害人试图将癌症患病概率提高与经营核设备相联系而主张权利的，在举证方面会发生巨大困难[7]，因为癌症与核辐射之间的因果关系，不能通过个案证明，最佳的证明方式是通过统计学证明[8]。核损害中的物之损害的特殊性表现在，发生核能损害之物，无论外部形态或内部结构，均不发生变化。学者认为核损害中的物之损害在于对物之使用的侵害[9]。对蔬菜的辐射造成损害应属于物之损害还是**纯粹财产损失**，联邦最高法院未作出明确回答，因为瑞士《核能责任法》的损害赔偿义务不限于人

---

[1] vgl. OFTINGER/STARK Ⅱ/3, § 29 N 192 ff.

[2] 此系转化《巴黎核能责任协定》而做出的规定，规定在瑞士《联邦产品责任法》第 12 条；参见：BSK/FELLMANN, PrHG 12 N 1; HESS, PrHG 12 N 1.

[3] vgl. dazu etwa OFTINGER/STARK Ⅱ/3, § 29 N 277 ff.

[4] A. KELLER I, S. 340; Kunz/Jäggi, S. 278; OFTINGER/STARK Ⅱ/3, § 29 N 274 ff.

[5] 案件事实，参见：BGE 116 Ⅱ 480；本案之判决，参见边码 702。

[6] BGE 116 Ⅱ 480 E. 6.

[7] A. KELLER I, S. 341; OFTINGER/STARK Ⅱ/3, § 29 N 219 f.; vgl. auch Hug, S. 82 ff.

[8] OFTINGER/STARK Ⅱ/3, § 29 N 299 ff.：学者对这一问题提出了可能的解决方案；参见边码 624。

[9] OFTINGER/STARK Ⅱ/3, § 29 N 250.

身损害与物之损害[1]。

以工业、商业、农业、医学（放射设备）或科学研究目的使用核设备 1353
时，由于**离子化辐射**（放射性同位素）造成的损害，**不适用**瑞士《**核
能责任法》第 1 条第 2 款**规定的核能责任[2]。1991 年 3 月 22 日，瑞
士《辐射防护法》（StSG）生效之后，自 1994 年 10 月 1 日起，为以上
目的对核能源进行利用造成损害的，适用瑞士《辐射防护法》（StSG）
第 39 条第 1 款的规定，此类责任属于普通无过错责任[3]。此外，具
有微弱辐射作用的核材料造成损害的，亦不适用瑞士《核能责任法》
之规定［参见该法第 1 条第 3 款，结合《核能责任规定》（KHV）第 1
条］。

（二）经营核能设备或运输核能原料造成损害

经营核能设备或运输核能原料与损害结果之间存在事实因果关系与相 1354
当因果关系的，原则上核能责任即成立[4]。

1. 核能设施

瑞士《核能责任法》第 2 条第 5 款规定，核能设备是指**用于核原料生产、** 1355
加工、贮存和后续处理的设备设施。不仅包括核电厂、反应堆，还包
括核废料贮存点以及用于研究目的的核设施[5]。

2. 运输核能原料

核能原料包括核燃料、放射性物质以及核废料（瑞士《核能责任法》第 1356
2 条）。该法第 2 条第 3 款和第 4 款对以上三个概念作了进一步列举规
定[6]。

在核能原料未交付（国外）核能设施所有人之前，瑞士的核能设施所 1357
有人需对运输中的核能材料造成的损害负责（瑞士《核能责任法》第
3 条第 2 款具体规定了交付时间的确定）。依此规定，瑞士的核设施所

---

[1]　BGE 116 Ⅱ 480 E. 4; vgl. OFTINGER/STARK Ⅱ/3, § 29 N 261; TERCIER, catastrophes, S. 158 f.

[2]　A. KELLER I, S. 341; OFTINGER/STARK Ⅱ/3, § 29 N 73 ff.

[3]　vgl. dazu A. KELLER I, S. 346 ff.

[4]　OFTINGER/STARK Ⅱ/3, § 29 N 8, 313.

[5]　A. KELLER I, S. 340; OFTINGER/STARK Ⅱ/3, § 29 N 53 ff.

[6]　vgl. OFTINGER/STARK Ⅱ/3, § 29 N 311 f.

有人在一定条件下也需要对在国外发生的核损害负责[1]。瑞士的核能设施所有人从国外取得核原料的，需要对在瑞士境内因运输造成的损害负责（瑞士《核能责任法》第 3 条第 3 款）。本法第 3 条第 5 款规定了**取得核原料运输过境**许可的当事人对于运输核原料在瑞士境内造成的损害承担责任[2]。

（三）违法性要件

1358 在危险责任领域，责任构成要件中是否包括违法性要件，学者未能达成一致意见（参见边码 1246）。瑞士联邦最高法院在切尔诺贝利发电站核泄漏事故案中，未就此问题作出明确回答[3]，但法院认为蔬菜因受有辐射而滞销，属于对所有权（属于绝对权，参见边码 690）的不合理侵害，由此可得出瑞士《核能责任法》的核能责任以违法性为构成要件的结论。

三、原被告资格

（一）原告资格

1359 侵权事件中的受害人作为原告，可以是自然人，私法和公法上的法人。核能设施的经营人（Inhaber）与所有权人（Eigentümer）不得以受害人身份，互相提起损害赔偿请求。

1360 核能设施的经营人与所有权人非为同一人时，两者对受害人承担连带责任（参见边码 1403 以下）。经营人与所有权人不属于侵权责任法意义上的"他人"[4]，否则会发生在赔偿损害的资金来源不足的情况下，共同侵权人以受害人身份主张（部分的）损害赔偿，侵害其他受害人利益的后果[5]。

---

[1] A. KELLER I, S. 340; OFTINGER/STARK Ⅱ/3, § 29 N 67 f.

[2] 因为在此类案件中，不涉及瑞士境内的核设施所有人，因此，立法者必须确定另一责任主体；OFTINGER/STARK Ⅱ/3, § 29 N 71 f. , 120, 148.

[3] 该事故的发展经过，参见：DEBIEUX, S. 195 ff.

[4] OFTINGER/STARK Ⅱ/3, § 29 N 84.

[5] OFTINGER/STARK Ⅱ/3, § 29 N 86 FN 95.

（二）被告资格

1. 核能设备经营人

依据瑞士《核能责任法》第 2 条第 7 款，**建造核设施、对其占有或虽放弃占有但未经相关机关允许的当事人**，均属于核能设施经营者。"建造"一词范围相当宽泛，包括总经营者、建造方，甚至包括工匠；瑞士《核能责任法》规定中的"建造者"应该仅将其理解为**经营业主**[1]。此外，对于"占有"的理解，不考虑法技术上的概念要件，仅要求事实上的处分权能。因此，核能设施所有人即为**设备经营人**[2]。

1361

2. 核能设备所有权人

核能设施的经营人与所有权人非为同一人时，两者对受害人承担连带责任（瑞士《核能责任法》第 3 条第 4 款）。此一规则的目的在于，避免出现设立资本较少的（大部分情况下为法人的）经营人免于承担核设备责任，同时也避免发生设备所有人承担无赔偿限额之核能责任的结果[3]。

1362

3. 获得过境运输许可的运输人

运输核能原材料过境时造成损害的（亦即瑞士境内的核能设施工厂非为发货人或收货人），由**获得过境运输许可的运输人**承担责任。若该责任人在瑞士境内无住所地，则其必须向瑞士法院提交书面申请表示愿意接受瑞士法院管辖，写明其在瑞士的居住地，以便在该地法院提起诉讼（瑞士《核能责任法》第 3 条第 4 款）。若损害系由无过境运输许可和保险的当事人所造成，则依据瑞士《核能责任法》第 16 条第 1 款 b 项，由联邦承担损害赔偿责任。

1363

4. 责任的引导与限定

瑞士《核能责任法》第 3 条第 6 款规定，核能事故责任仅得由该法第 3 条第 1~5 款列举的责任人承担。**通过法律规定，将责任人限定于某一特定范围**，称为"责任的引导与限定"（Kanalisierung），以此排除了他人的责任；不仅包括依瑞士《核能责任法》所应承担之损害赔偿责

1364

---

　[1]　OFTINGER/STARK Ⅱ/3，§ 29 N 136；vgl. auch DEBIEUX, S. 79.

　[2]　OFTINGER/STARK Ⅱ/3，§ 29 N 138, 140, 142；vgl. auch TERCIER, catastrophes, S. 157.

　[3]　A. KELLER I, S. 342；OFTINGER/STARK Ⅱ/3，§ 29 N 124；TERCIER, catastrophes, S. 157.

任，也包括依照瑞士《债务法》或其他特别法所发生之责任[1]。

1365　瑞士《核能责任法》规定责任的"引导与限定"的目的，首先在于使核能设施的供货企业免于承担责任。否则将使得核能设施供货企业承担巨大的损害赔偿责任风险。除此之外，若某企业生产的产品既可用于核能工厂，亦可用于一般企业，而在其不知情的情况下用于核能设备，则此时令企业为相应的损害投保责任险，并不合理[2]。

5. 联邦的连带赔偿责任

1366　特殊案件中，联邦需以其财产对核能损害承担连带责任，瑞士《核能责任法》第12条规定了联邦的这一责任限额——1亿瑞士法郎（包括利息与诉讼费用）。联邦的这一赔偿责任成立的构成要件是，损害需非为受害人故意造成（瑞士《核能责任法》第16条第1款）。联邦所承担连带责任的情形有：

1367　－　赔偿义务人无法查明[3]；

1368　－　损害需由未投保责任险之核能设施工厂或运输人承担[4]；

1369　－　保险人偿付能力不足以承担损害赔偿，并且赔偿义务人也无力支付其余损害[5]；

1370　－　发生在国外的核能事故使得在瑞士境内的当事人受有损害，而受害人在外国无法依据与瑞士《核能责任法》类似的相应法律要求损害赔偿[6]。联邦所应承担的核能责任的构成要件（尤其是涉及"损害"概念）同核能设施工厂经营者责任。不能因核能事故发生在国外，而使受害者处于不利的地位；其所获赔偿，应与核能事故发生在瑞士境内相同[7]。

1371　　在处理切尔诺贝利发电站核泄漏事故案时，摆在学者和法官面前的问题是，受害人依据瑞士《核能责任法》第16条第1款

---

[1]　A. KELLER I, S. 343；OFTINGER/STARK II/3，§ 29 N 113；TERCIER, catastrophes, S. 162.

[2]　vgl. OFTINGER/STARK II/3，§ 29 N 116.

[3]　vgl. OFTINGER/STARK II/3，§ 29 N 533.

[4]　vgl. OFTINGER/STARK II/3，§ 29 N 534 ff.

[5]　vgl. dazu OFTINGER/STARK II/3，§ 29 N 537 ff.

[6]　vgl. OFTINGER/STARK II/3，§ 29 N 540 f.

[7]　BGE 116 II 480 E. 2b.

　　e 项向联邦主张损害赔偿时，是否以受害人已经尝试在国外提
起损害赔偿请求为前提。而因为被告在州法院审理时，已经
承认当时受害人在苏联无法获得损害赔偿的事实，因此法院
在该案中，无须再处理这个问题[1]。

此外，即使是已经超过瑞士《核能责任法》第 10 条第 1 款规定的 30 年　　1372
失权期间的核能损害[2]，无法再向赔偿义务人主张损害赔偿的，仍
得依据该法第 12 条要求联邦承担赔偿义务［所谓的"**后发损害**"
（Spätschäden）][3]。但是，仍需遵守（自知道损害与联 邦的赔偿义
务之日起 3 年内的）相对消灭时效的规定[4]。

四、责任的排除与减轻

（一）责任排除

瑞士《核能责任法》第 5 条第 1 款规定，**赔偿义务人能证明损害系由**　　1373
于受害人故意造成的，免于承担责任。法律没有将不可抗力与第三人
过错列入中断因果关系之事由，准以此言，在核能责任领域证明存在
不可抗力和第三人过错的，并不能中断致害行为与损害后果之间的**相**
当因果关系。在经营核设施工厂与运输核能原料致人损害案件中，立
法者在立法时即认为此两项事由在强度上不足以中断行为人行为与损
害后果之间的因果关系。因此无论是异常自然事件，抑或战争、恐怖
袭击以及破坏性活动，均非排除核能责任之中断事由[5]。
在核能责任领域，唯一的责任排除事由为受害人故意，责任排除范围　　1374
也仅限于该存有故意之受害人所受之损害。事故中受害人为数人的
（在核能案件中，通常受害人人数众多），其他不存在故意的受害人之
损害赔偿请求权，不受影响[6]。"蓄意"（Absicht）非指法律技术意

---

　[1]　BGE 116 Ⅱ 480 E. 2a.

　[2]　KUNZ/JäGGI, S. 280；OFTINGER/STARK Ⅱ/3，§ 29 N 484；TERCIER, catastrophes, S. 163.

　[3]　vgl. OFTINGER/STARK Ⅱ/3，§ 29 N 489 ff.

　[4]　OFTINGER/STARK Ⅱ/3，§ 29 N 493.

　[5]　vgl. A. KELLER I, S. 344；OFTINGER I, S. 112；OFTINGER/STARK Ⅱ/3，§ 29 N 324 f.；
STARK, Skriptum, N 232；TERCIER, catastrophes, S. 160.

　[6]　OFTINGER/STARK Ⅱ/3，§ 29 N 329.

义上的概念（参见边码 837 以下），受害人间接故意亦得构成中断事由；受害人并不追求造成自身损害之结果，但在达成其他目的同时，放任损害结果发生的，核能责任义务人可以免除责任。由此，受害人具有引起核能事故发生之故意的，即得排除核能损害赔偿义务人的责任[1]。

1375　受害人的重大过失亦有可能排除核能责任赔偿义务人之责任（瑞士《核能责任法》第 5 条第 2 款）。若过失强度不足以排除全部责任，则其可构成责任减轻事由。

（二）责任的减轻

1376　依据瑞士《核能责任法》第 5 条第 2 款的规定，受害人重大过失可以（但不必须）部分减免赔偿义务人之责任。例如在经营核能设施工厂或运输核原料时因重大过失不遵守安全规定，造成损害的，构成受害人重大过失[2]。

五、追偿权的限制

1377　瑞士《核能责任法》第 3 条规定，赔偿义务人（核能设施经营者，设施所有权人，拥有过境运输许可的运输人）对下列当事人享有**追偿权**：

1378　— **故意造成损害之人**（瑞士《核能责任法》第 6 条 a 项）；

　　　　这一规范主要针对恐怖分子和破坏行动的实施者；该法第 5 条规定，对于间接故意造成损害之人，赔偿义务人亦得向其追偿[3]。

1379　— **隐匿或盗窃核能源**造成核能损害之人（瑞士《核能责任法》第 6 条 b 项）；

1380　　　　当事人故意盗窃核能源的，赔偿义务人即得向其主张追偿，当事人是否故意造成损害，在所不问。盗窃以原权利人对核能原料的支配权的丧失为要件。窝藏核能原料是指将盗窃的原料交付其他人，致使原权利人无法找回和再次获得支配权利，或至少在时间上有所耽搁。瑞士《刑法典》规定的构成要件是，窝藏

---

〔1〕　A. KELLER I, S. 344；OFTINGER/STARK Ⅱ/3，§ 29 N 332.

〔2〕　vgl. dazu A. KELLER I, S. 344 f.；OFTINGER/STARK Ⅱ/3，§ 29 N 339.

〔3〕　vgl. OFTINGER/STARK Ⅱ/3，§ 29 N 350 ff.

人知道或至少可以推测盗窃人系以违反刑法的方式取得对核
能原料之占有[1]。

- **依据合同约定享有追偿权**；而仅当劳动者**故意**造成核能损害时，赔　1381
  偿义务人始得主张追偿（瑞士《核能责任法》第6条c项）。

> 依据瑞士《债务法》第321e条的规定，劳动者在其职务活动　1382
> 中未尽应有之注意义务的，用人单位作为赔偿义务人得向劳动者
> 追偿。在核能责任领域，瑞士《债务法》的规定排除适用。即使劳动
> 者在劳动合同中同意用人单位依据瑞士《债务法》享有追偿权利，也
> 仅当劳动者系故意造成核能损害时，用人单位才可以向其追偿[2]。

瑞士《核能责任法》第6条不适用于基于该法第16条由联邦承担责任　1383
时的联邦的追偿权[3]，也不适用于保险人的追偿权；保险人的追偿
问题，由该法第20条特别调整[4]。

六、强制责任保险

瑞士《核能责任法》第11条规定，依据该法可能需承担核能责任的当　1384
事人，**负有投保强制责任保险之义务**。与瑞士《道路交通法》的规定
相类似（参见边码1337以下），**受害人享有对保险人的直接的赔偿请
求权**，保险人不得向受害人主张对投保人或被保险人的**抗辩权**（瑞士
《核能责任法》第19条）。

核能事故责任保险的最低保险金额为5亿瑞士法郎，以及至少5000万　1385
瑞士法郎的利息与诉讼费用。过境运输核材料之运输人的最少投保金额
是5000万瑞士法郎，以及500万利息与诉讼费用［瑞士《核能责任法》
第11条第1、2款，结合瑞士《核能责任规定》（KHV）第3条］。

瑞士《核能责任法》第11条第3款，结合瑞士《核能责任规定》（KHV）　1386
第4条规定，私人保险公司可将以下事由造成的损害排除在责任范围之外：

---

[1]　OFTINGER/STARK Ⅱ/3, § 29 N 363 ff.
[2]　vgl. OFTINGER/STARK Ⅱ/3, § 29 N 368 ff.
[3]　OFTINGER/STARK Ⅱ/3, § 29 N 532.
[4]　OFTINGER/STARK Ⅱ/3, § 29 N 598 ff.

1387   — 因自然灾害或战争造成的核能损害；

1388   — 损害事件发生后或持续性的损害影响停止 10 年以后才提起的损害赔偿请求；

1389   — 在核能材料丢失、被窃、抛弃或丧失占有 20 年后才提起的损害赔偿请求。

1390   **联邦**承担部分补充赔偿；依据瑞士《核能责任法》第 12 条的规定，对于私人保险公司理赔后仍不能填补的受害人核能损害，以及保险公司得依据该法第 11 条第 3 款规定免于赔偿的，由联邦承担每座核能设施工厂或每次核原料运输最高限额 1 亿元的补充责任（以及 100 万的利息与诉讼费用）（瑞士《核能责任法》第 14 条）。为履行此一赔偿义务，联邦向核能设施工厂经营者以及在授予过境运输许可时收取一定费用。

1391   瑞士《核能责任法》第 29 条和第 30 条对**大规模核能损害事故**做了特别规定；若情况表明（赔偿义务人、私人保险公司和联邦）资金不足以赔付全部损害，则由联邦大会制定特别规定处理赔偿问题[1]。

第五节　创设危险责任的总则规定的可能性

1392   参考文献：ROCHUS GASSMANN, Energiehaftung, Diss. Zürich 1988；FABIO SCHLüCHTER, Haftung für gefährliche Tätigkeit und Haftung ohne Verschulden, Diss. St. Gallen 1990；HANSPETER STRICKLER, Die Entwicklung der Gefährdungshaftung：Auf dem Weg zur Generalklausel？Diss. St. Gallen 1982；PIERRE WIDMER, Die Vereinheitlichung des schweizerischen Haftpflichtrechts – Brennpunkte eines Projekts, ZBJV 1994, S. 385 ff., zit.：WIDMER, Vereinheitlichung.

1393   目前，瑞士法中关于危险责任的损害赔偿分别作出了不同的特别构成要件规定，这一规范状况备受批评。首先，分散的规定会引起**法律杂乱无章**，因为各部特别法对于相同的问题（诸如消灭时效，可赔偿损害的种类）作出了不同的规定[2]。其次，对于哪些活动适用危险责任的规定，

---

[1]　具体内容，参见：OFTINGER/STARK Ⅱ/3, § 29 N 654 ff.

[2]　《瑞士〈侵权责任法〉修订研究委员会报告》, S. 27；OFTINGER I, S. 7.

存在一定的**任意性**[1]。许多活动同样也具有高度危险性（诸如经营电动船，经营化工企业），并不适用危险责任的规定，并且也不允许类推适用法律已经规定的危险责任类型，对其作出扩张。学者们多次建议对现有规范进行整理，代之以普遍适用于各类**危险责任的概括性条款**[2]。

瑞士《侵权责任法》修订研究委员会提出的建议是，制定**概括性兜底条款**作为现有的各类危险责任构成要件规定的补充。好处在于，特别法不调整的其他危险行为可以使用该兜底条款的规定，填补危险责任体系的漏洞[3]。　　　　1394

1996年4月4日联邦参议院制定的《责任法总则草案》第50条第1款是危险责任的概括性兜底条款，该条第2款对概括性条款作了进一步补充规定。　　　　1395

---

[1]　vgl. STRICKLER, S. 46 f.

[2]　vgl. WERRO, Nr. 27 f.；OFTINGER I, S. 8/9；OFTINGER/STARK Ⅱ/2，§ 24 N 37 ff.；STARK, Skriptum, N 958 ff.；eingehend SCHLüCHTER, S. 271 ff.；统一适用概括性条款的不利影响，详见 GASSMANN, S. 17 ff.

[3]　vgl. 研究委员会报告, S. 60 ff.；WIDMER, Vereinheitlichung, S. 405 ff.

第四编

多数人之赔偿责任(连带责任与追偿)

概　述

通常情况下，加害人为单独一人时，由该加害人对其行为造成的损害承担赔偿责任。但多数人侵权事件也时有发生，此时需由该**多数人**对同一损害负责。　　　　　　　　　　　　　　　　　　　　　　　　　1396

> 例如数名加害人在共同知道并追求损害结果的心理状态下（共同故意）造成侵权事件的，该数名加害人共同对损害结果负责，抑或一名当事人基于合同承担责任，另一名基于无过错责任承担侵权责任共同对损害结果负责。在一名或数名加害人之外，同样承担赔偿义务的，往往还包括保险人，尤其是在道路交通事故侵权案件中（需要特别注意的是，此类案件中的保险人非为侵权责任人，其承担损害赔偿责任系依据保险合同向受害人履行合同给付义务）。　1397

在多数人负有赔偿责任的债务关系中，受害人应以何种方式向哪个责任人提起何种请求权？这一问题需要由调整**受害人与数名赔偿义务人之间关系**的规定，亦即调整所谓的"外部关系"的法律规定予以解决（参见边码 1402 以下）。　　　　　　　　　　　　　　　　　1398

在**数名赔偿义务人**承担责任之后，**他们之间的法律关系**又如何？在所谓的"**内部关系**"中，主要解决追偿权〔1〕〔"Regressanspruch（Rückgriffsanspruch）"〕问题（参见边码 1484 以下）。　　　　　　　　　　1399

---

　〔1〕　译者注：原文"Regressanspruch（Rückgriffsanspruch）"，说明两者同义，作者在本章下文中替换使用"Regress"和"Rückgriff"，译者均译为"追偿"。

1400　"赔偿义务人"（Ersatzpflichtige）既包括负担损害赔偿之给付义务的义务人，也包括负担精神抚慰金之给付义务的义务人。

1401　"赔偿义务人"（Ersatzpflichtige）与"侵权行为责任人"（Haftpfli - chtige）概念的区分，参见：OFTINGER/STARK I，§ 10 N 7 FN 5；SCHAER，Schadenausgleichsysteme，N 472，477，认为应区分为引起损害的赔偿义务人（责任共同体，Haftungsgemeinschaft）与中性的赔偿义务人（协调共同体，Koordinationsgemeinschaft）。

第十章

共同侵权人与受害人之间的法律关系
（所谓的外部关系）——连带责任原则

参考文献: ROLAND BREHM, Solidarité «absolue» ou solidarité «relative» 1402
en responsabilité civile? HAVE 2002, S. 85 ff. ; HANS – ULRICH
BRUNNER, Die Anwendung deliktsrechtlicher Regeln auf die
Vertragshaftung, Diss. Fribourg 1991; JEAN CUENDET, La faute
contractuelle et ses effets, Diss. Lausanne 1970; WOLFGANG ERNST,
Solidarschuld und Verjährung, in: Individuum und Verband, Festgabe zum
Schweizerischen Juristentag 2006, Zürich 2006, S. 175 ff. ; WALTER
FELLMANN, Solidarische Haftung und Verjährung des Ausgleichsanspruchs
bei unechter Solidarität, HAVE 2002, S. 116 f. ; ROBERT GEISSELER,
Haftpflicht und Versicherung im revidierten SVG, Diss. Fribourg 1980;
FRANçOIS GILLIARD, Vers l'unification du droit de la responsabilité, ZSR
1967 Ⅱ, S. 193 ff. ; JüRGEN HAUSWIRTH/HANS RUDOLF SUTER,
Sachversicherung, 2. Aufl. , Zürich 1990; HEINRICH HONSELL,
Haftpflichtrecht, § 11; GERHARD JANSEN, Das Zusammentreffen von
Haftungsgründen bei einer Mehrheit von Ersatzpflichtigen, Diss. Fribourg
1973; MAX KELLER/SONJA GABI, Das Schweizerische Schuldrecht, Bd.
Ⅱ, Haftpflichtrecht, 2. Aufl. , Basel und Frankfurt a. M. 1988; ALFRED
KOLLER, Solidarische Haftung von Architekt und Ingenieur mit andern
Baubeteiligten – Ausgewählte Fragen anhand ausgewählter Entscheide, in:
Recht der Architekten und Ingenieure (ALFRED KOLLER, Hrsg.),
St. Gallen 2002, S. 1 ff. ; WILLY KöNIG, Der Versicherungsvertrag,
Schweizerisches Privatrecht, Band Ⅴ Ⅱ/2, Basel und Stuttgart 1979, S. 481

ff. ; ALFRED MAURER, Bundessozialversicherungsrecht, 2. Auflage, Basel/
Frankfurt am Main 1993, zit. : MAURER, Bundessozialversicherungsrecht;
FABRIZIO OTTAVIANI, Le parti nel processo civile ticinese, Diss. Zürich
1989; VITO ROBERTO, Schweizerisches Haftpflichtrecht, Zürich 2002, N
547 ff. ; ELISABETH ROTH – GROSSER, Das Wesen der materiellen
Rechtskraft und ihre subjektiven Grenzen, Diss. Zürich 1981; EMIL
W. STARK, Entscheidungen/Jurisprudence, Haftpflichtrecht, AJP 1994,
S. 640 ff. ; DERS. , Probleme der Vereinheitlichung des Haftpflichtrechts,
ZSR 1967 Ⅱ, S. 1 ff. , zit. : STARK, Vereinheitlichung; HANSJöRG
STEINER, Anrechnung des Mitverursachungsanteils des Geschädigten bei
Solidarhaftung und Anspruchskonkurrenz, SJZ 1983, S. 141 ff. ; FRANZ
WERRO, La responsabilité civile, Seconde partie, Section 2, Sous – section
2, § 2; HANS – JöRG ZELLWEGER, Haftungsbeschränkung und Solidarität
im Verantwortlichkeitsrecht der Aktiengesellschaft, Diss. Bern 1972.

第一节　概述

一、数名赔偿义务人承担连带责任有利于受害人权益之保护

1403　数名赔偿义务人向受害人承担连带责任，可使受害人的损害赔偿请求权得
到最大限度的满足和保障。依照侵权法的这一"不成文的基本原则"，应
使数名赔偿义务人向受害人承担连带责任[1]。此处的债之法律关系为连
带**债务**（passive Solidarität），各赔偿义务人为连带**债务人**[2]。

1404　债务人承担连带责任的最核心功能应该在于平衡债权人一方面对多方债
务人所处的不利法律地位。这一**平衡功能**的法规范基础是瑞士《债务
法》第 144 条第 1 款，债权人得自由决定向连带债务人中任何一人提出
全部（或部分）损害赔偿请求；受害人亦得自主选择起诉债务人中任何

---

[1]　BREHM, OR 50 N 30; OFTINGER/STARK I, § 10 N 11.
[2]　连带债务人问题，参见：GAUCH/SCHLUEP/REY, Nr. 3898 ff.

一人抑或将连带债务人列为共同诉讼人提起诉讼[1]。

在外部关系中，受害人原则上对各个连带债务人（此处的赔偿义务人）均享有独立的请求权。但是按照**请求权竞合原则**（参见边码1407），请求权人仅能向连带债务人主张一次损害赔偿。因此从诉讼法角度看，受害人应该向每个（个别）连带债务人提出法律上独立的仅针对该债务人的部分的损害赔偿请求，或者将所有连带债务人作为共同被告提起诉讼。在后一种情况中，发生**主观上的诉之聚合**（subjektive Klagenhäufung），即瑞士苏黎世州《民事诉讼法》第40条意义上的所谓**普通共同诉讼**（einfache Streitgeno - ssenschaft）[2]。判决仅对连带债务人中参加共同诉讼的当事人发生法律效力，因为在普通共同诉讼中，当事人仅对其亲自参与的诉讼行为的结果负责[3]。法院是否有权对内部关系（即所谓的"追偿权"，参见边码1485）做出判决，依照瑞士各联邦州的诉讼法规定处理。基于诉讼效率的考虑[4]，有的联邦州认为法院有权对内部关系做出判决。以苏黎世州为例，该州《民事诉讼法》第41条规定，由当事人申请，法院可就当事人所应负担的外部关系中的赔偿请求权的内部份额作出判决。在此之后，连带债务人就内部份额再提起诉讼的，法院对于受害人与连带赔偿义务人之间的判决具有既判力（res iudicata）[5]。

1405

受害人仅起诉连带债务人中一人或数人的，则该受害人可以向其他连带债务人发出公告[6]，其他债务人通常情况下作为诉讼参

1406

---

　　[1]　债权人相对于连带债务人的优势法律地位问题概述，参见：BECKER, OR 144 N 1；BUCHER AT, S. 494；GAUCH/SCHLUEP/ REY, Nr. 3920；BSK/SCHNYDER, OR 144 N 1；vgl. auch OFTINGER/STARK I，§ 10 N 12, 24, sowie SCHAFFHAUSER/ZELLWEGER, N 1445；不同观点：SCHAER, Schadenausgleichsysteme, N 472.

　　[2]　vgl. ROTH - GROSSER, S. 58；VOGEL/SPüHLER, Kap. 5 N 59 ff.；WALDER - RICHLI，§ 11 N 13；瑞士提契诺州诉讼法，参见：OTTAVIANI, S. 68, 74.

　　[3]　WALDER - RICHLI，§ 11 N 19.

　　[4]　Roth - Grosser, S. 59.

　　[5]　WALDER - RICHLI，§ 11 N 23.

　　[6]　例如瑞士苏黎世州《民事诉讼法》第46条第1款；OTTAVIANI, S. 112；WALDER - RICHLI，§ 14 N 23.

与人参与诉讼（例如瑞士苏黎世州《民事诉讼法》第 47 条第 1
款，瑞士提契诺州《民事诉讼法》第 60 条结合第 55 条；瑞士伯
尔尼州《民事诉讼法》第 49 条）。若作为被告的连带债务人败
诉，则无论是否有其他债务人共同参与，只要在诉讼进行前已进
行了公告，并且诉讼的不利后果也非因主要被告的过错行为导
致，那么在之后的内部追偿诉讼中，法院原则上承认前一诉讼具
有拘束力[1]。

二、连带责任的结构："真正"连带责任与"不真正"连带责任

1407　连带债务中，**数名赔偿义务人**向受害人承担数额确定或数额可确定之给付
（损害赔偿，损害补偿，精神抚慰金），原则上受害人得对债务人中之一
人或数人或其全体，同时或先后，请求全部或一部之给付，**各债务人有义
务履行全部给付**，但受害人仅得接受一次给付义务（基于受害人"不得
因侵害事实而得利之原则"）。换言之，受害人对连带赔偿义务人的**请求
权发生竞合**（诉之竞合），而非请求权聚合[2]。

1408　在受害人与保险公司签订了**定额保险**（Summenversicherung）的情
况下，请求权竞合理论会受到很大程度的限制[3]。

1409　不同于损害保险或财产保险[4]，定额保险中保险给付请求权的
成立，（有的情况下可能请求权成立并不如此，但是赔偿范围必
定）不取决于损害的发生。在定额保险合同中，在特定事件（即
所谓的"保险事故"，BGE 119 II 361 E.4）发生后，保险公司负
有向被保险人或保险合同受益人支付事先约定的保险金额之义务，
无论被保险人或第三人是否受有在差额理论意义上的损害（参见边

---

[1] 共同诉讼之判决对其他参与人发生效力，详见：OTTAVIANI, S. 150 f. ; ROTH -
GROSSER, S. 70 f. ; VOGEL/SPüHLER, Kap. 5 N 89 ; WALDER - RICHLI, § 14 N 6 ff.

[2] s. dazu BREHM, OR 41 N 37 ; BUCHER AT, S. 491 ; WERRO, Nr. 1509 ; ENGEL AT, S. 838 ;
GAUCH/SCHLUEP/REY, Nr. 3949 ; OFTINGER I, S. 341 ; OFTINGER/STARK I, § 10 N 20 und § 11 N
45 ; BSK/ SCHNYDER, OR 143 N 1 ; VON TUHR/ESCHER, S. 297 f.

[3] 定额保险概论，参见：König, SPR VII/2, S. 690 ff. ; MAURER, Privatversicherungsrecht, § 10
VIII 1, S. 180, § 39 III 1, S. 410

[4] 例如责任保险，参见：OFTINGER/STARK I, § 11 N 11, 97

码 152~153)〔1〕。

典型的定额保险有人寿险、伤残定额保险以及满足特定要件下的意外事故险，并且此类保险均须在保险合同中约定活期利率〔2〕。

1410

在通常情况下，定额保险保险人的给付义务与受害人是否发生事实上的财产差额，并无联系〔3〕，定额保险合同的当事人得在法律规定的范围之内自主约定赔偿额度。

1411

保险人给付的保险金额与差额理论意义上的损害不相关，因此无须比较受害人在保险事故发生前后的财产状况，在定额保险中，赔偿义务人也不得援引受害人"不得因损害赔偿而获利"原则拒绝赔偿（Bereicherungsverbot，侵权责任法上的获利禁止原则，参见边码13）。

1412

结合竞合理论，以上问题的结论具有重要意义：相同事实情况下，当请求权人依据定额保险合同享有对保险公司的保险金给付请求权，而事实情况也同时满足了侵权责任法上相关责任的构成要件时，请求权人"可以如同在无定额保险合同以及其他法律关系的情况下，主张其权利"〔4〕。若当事人同时享有两个定额保险请求权或一个定额保险请求权与另一合同或侵权责任请求权，则此时请求权之间的关系非属请求权竞合，而系请求权**聚合**〔5〕。瑞士《联邦保险合同法》第96条意义上的定额保险请求权的追偿问题，参见：MAURER, Privatversicherungsrecht, § 39 Ⅲ 3b, c, d, S. 411 ff；与社会保险法的协调，防止受害人获得多于损害的赔偿的相关问题，参见：MAURER, Bundessozialversicherungsrecht, § 12 X, S. 299 ff. m. w. H.；DERS. , Privatversicherungsrecht, § 37 IV, S. 372 ff.

1413

---

〔1〕 s. dazu König, SPR Ⅶ/2, S. 690；Maurer, Privatversicherungsrecht, § 10 Ⅷ 1, S. 180 m. w. H.；OFTINGER/STARK I, § 11 N 13；损害保险与定额保险之间的具体区别，参见：BGE 119 Ⅱ 361 E. 4 sowie BGE 104 Ⅱ 44 E. 4a.

〔2〕 König, SPR Ⅶ/2, S. 692；Maurer, Privatversicherungsrecht, § 42 I 2b cc, S. 438；不同观点：STARK, AJP 1994, S. 641 f.；BGE 119 Ⅱ 361 E. 4.

〔3〕 Deschenaux/Tercier, § 38 N 28.

〔4〕 MAURER, Privatversicherungsrecht, § 39 Ⅲ 1, S. 410，人身保险请求权与其他保险请求权之竞合。

〔5〕 对于这一例外，参见 BREHM, OR 51 N 66；MAURER, Privatversicherungsrecht, § 39 Ⅲ 1, S. 410；OFTINGER/STARK I, § 11 N 3；KöNIG, SPR Ⅶ/2, S. 691；BGE 119 Ⅱ 361 E. 4.

1414 **连带（债务）**制度中需要特别注意以下几点：

1415 — **有几名连带赔偿义务人，受害者就享有几个损害赔偿请求权**。这些债权因给付利益的同一性（以及一致的目的性）而结合成为经济上的统一体。

1416 通说认为，在受害人与连带债务人之间存在由多个请求权组成的经济上的统一体[1]。在 20 世纪，学者普遍认为在债权人与连带债务人之间仅存在一个请求权，该多数人之债被称为共同连带之债（Korrealobligation）的观点，已经被目前的绝大部分学者所摒弃[2]。

1417 — 瑞士联邦最高法院（至今仍然）区分"**真正**"与"**不真正**"连带责任[3]。

1418 从瑞士《债务法》第 143 条[4]第 2 款的文意出发（瑞士《债务法》第 143 条第 1 款规定数名债务人通过意思表示愿意承担连带责任的情况除外），连带责任的成立以"法律明文规定"为构成要件。由此，联邦最高法院认为瑞士《债务法》第 50 条[5]规定数名加害人对损害结果负有共同主观过错的，承担连带责任，属于瑞士《债务法》第 143 条以下意义上的法

---

〔1〕 ENGEL AT, S. 837；LARENZ, Schuldrecht I, § 37 Ⅱ, S. 638；MERZ, SPR Ⅵ/1, S. 101；VON TUHR/ESCHER, S. 297.

〔2〕 vgl. MERZ, SPR Ⅵ/1, S. 103 FN 6.

〔3〕 BGE 133 Ⅲ 6 E. 5, Urteil des BGer 4C. 58/2003 vom 25. August 2003, 119 Ⅱ 127 E. 4b, 115 Ⅱ 42 E. 1b, 112 Ⅱ 138 E. 4, 104 Ⅱ 225 E. 4b.

〔4〕 译者注：Art. 143 (Solidarschuld I. Entstehung)

1 Solidarität unter mehreren Schuldnern entsteht, wenn sie erklären, dass dem Gläubiger gegenüber jeder einzeln für die Erfüllung der ganzen Schuld haften wolle.

2 Ohne solche Willenserklärung entsteht Solidarität nur in den vom Gesetze bestimmten Fällen.

试译为：瑞债 第 143 条（连带债务之一）

1. 数名债务人向债权人表示，各债务无人均负有向债权人履行全部债务之义务的，成立连带责任。

2. 除非当事人之间有特别约定，数名债务人向受害人承担连带责任必须由法律特别规定。

〔5〕 译者注：Art. 50 OR (VI. Haftung mehrerer 1. Bei unerlaubter Handlung)

1 Haben mehrere den Schaden gemeinsam verschuldet, sei es als Anstifter, Urheber oder Gehilfen, so haften sie dem Geschädigten solidarisch.

定连带责任之规范基础。因此，联邦最高法院的观点是，在行为人具有**共同主观过错**的情况下（瑞士《债务法》第50条），成立"**真正**"连带责任。

不同于瑞士《债务法》第50条明确规定共同主观过错承担连带责任，第51条[1]从其文意看仅为追偿规定（参见边码1437以下）。行为人不存在共同主观过错的情况下，数人互相独立的行为或者基于不同发生原因造成同一损害结果的，瑞士联邦最高法院将此类情形中当事人承担的连带责任称为"**不真正**"连带责任。此外，第51条第1款仅规定了"准用"第50条的关于连带责任的规定，亦即仅为类推适用[2]。

关于"**真正**"与"**不真正**"连带责任概念的区分，学者一直以来持批评意见，主要理由是认为法院没有提出有说服力的区分标准[3]。

1419

1420

（接上页）2 Ob und in welchem Umfange die Beteiligten Rückgriff gegeneinander haben, wird durch richterliches Ermessen bestimmt.

3Der Begünstiger haftet nur dann und nur soweit für Ersatz, als er einen Anteil an dem Gewinn empfangen oder durch seine Beteiligung Schaden verursacht hat.

译为：瑞债第50条（多数人之责任：1. 多数人侵权）

1. 数人共同过错造成损害的，行为人与教唆人或帮助人，承担连带责任。

2. 共同侵权人之间的追偿关系以及追偿范围，应由法官裁量确定。

3. 教唆人与帮助人的损害赔偿责任，以其获益或者造成损害中的份额为限。

〔1〕　译者注：Art. 51 OR（2. Bei verschiedenen Rechtsgründen）

1 Haften mehrere Personen aus verschiedenen Rechtsgründen, sei es aus unerlaubter Handlung, aus Vertrag oder aus Gesetzesvorschrift dem Verletzten für denselben Schaden, so wird die Bestimmung über den Rückgriff unter Personen, die einen Schaden gemeinsam ver – schuldet haben, entsprechend auf sie angewendet.

2 Dabei trägt in der Regel derjenige in erster Linie den Schaden, der ihn durch unerlaubte Handlung verschuldet hat, und in letzter Linie derjenige, der ohne eigene Schuld und ohne vertragliche Verpflichtung nach Gesetzesvorschrift haftbar ist.

译为：第51条（2. 基于不同法律原因承担连带责任）

1. 数名赔偿义务人基于不同法律原因，主要指侵权行为、合同或法律规定，对受害人就同一损害承担连带责任的，准用基于共同过错造成损害的数名侵权人之间的追偿规定。

2. 在责任承担顺序上，首先应由侵权行为的当事人承担，最后由无过错亦非因违约责任，而系基于法律规定需承担责任之连带责任人承担。

〔2〕　BGE 119 Ⅱ 127 E.4b, 69 Ⅱ 168.

〔3〕　vgl. dazu JANSEN, S. 24 ff., 111 f.；MERZ, SPR VI/1, S. 103 f.；OFTINGER/STARK I, § 10 N 14 m. w. H. in FN 23；OFTINGER I, S. 338/9；SCHAER, Schadenausgleichsysteme, N 474；瑞士《道路交通法》的适用范围，参见：SCHAFFHAUSER/ZELLWEGER, N 1448；不同观点：BREHM, OR 51 N 23，从目前的法律规范基础分析，BREHM 似乎赞同联邦最高法院的区分。

1421

从受害人角度分析，"**真正**"与"**不真正**"连带责任概念的区分仅在瑞士《债务法》第 136 条第 1 款规定的消灭时效及其时效中断规则的不同适用上具有实际意义。瑞士联邦最高法院的观点是，瑞士《债务法》第 136 条第 1 款的时效中断规定，即单个连带债务人请求权的消灭时效中断的法效果，及于其他连带债务人，此种效力仅在"真正"连带责任的情况下发生，例如瑞士《债务法》第 50 条第 1 款中的债务人存在共同主观过错[1]。这一观点在实践中最重要的意义，应该仅在于"不真正"连带责任情况下（例如瑞士《债务法》第 51 条，不同责任基础之连带责任，参见边码 1437 以下），未受到清偿或未受到完全清偿的受害人，在消灭时效即将届满之时，应对各个连带债务人实施中断请求权所要求之行为[2]。否则，受害人在消灭时效届满之后向债务人请求给付时，连带债务人有可能提起时效届满而受害人未采取中断时效之措施的抗辩权。在具体案件中，还应注意的是，**特别法**中是否存在针对**时效中断问题**的特别规定（参见瑞士《道路交通法》第 83 条第 2 款）。

1422

在教义学上，区分"真正"与"不真正"连带在内部追偿问题上，也有其意义；在"不真正"连带中，对于已经履行了赔偿义务之债务人，不发生法定债权转让（瑞士《债务法》第 149 条[3]第 1 款意义上的"代位权"），而仅产生其对其他

---

[1] BGE 127 Ⅲ 257 E. 6a, 115 Ⅱ 42 E. 1b, 106 Ⅱ 250 E. 3 a. A., 104 Ⅱ 225 E. 4b, 93 Ⅱ 317 E. 2e und 3a, 89 Ⅱ 118 E. 5, 69 Ⅱ 167 f.

[2] 瑞士《债务法》第 135 条第 2 款，例如要求履行债务，起诉或提起抗辩，破产申请，Abhaltung eines amtlichen Sühneversuches, vgl. dazu den Überblick bei BSK/DÄPPEN, OR 135 N 5 ff.

[3] 译者注：Art. 149 OR（Übergang der Gläubigerrechte）

1 Auf den rückgriffsberechtigten Solidarschuldner gehen in demselben Masse, als er den Gläubiger befriedigt hat, dessen Rechte über.

2 Der Gläubiger ist dafür verantwortlich, dass er die rechtliche Lage des einen Solidarschuldners nicht zum Schaden der übrigen besser stelle.

试译为：瑞债第 149 条（债权人权利地位的转移）

1. 享有代位权的连带债务人，在其向债权人清偿的范围内，取得债权人的权利地位。

2. 债权人的原因致使连带债务人之一的法律地位优于其他连带债务人，有损于债权人的，债权人应对此承担责任。

连带债务人的独立的追偿权以及损害赔偿请求权[1]。

瑞士《侵权责任法》修订研究委员会（die Studienkommission 1423
fürdie Gesamtrevision des Haftpflichtrechts）赞同学者对于联邦
最高法院的"真正"与"不真正"连带责任这一概念区分提
出的批评和质疑，但是同时认为，基于法安定性与法确定性
的要求，不应完全放弃"真正"与"不真正"连带责任这一
概念区分，而应制定可适用于所有数名加害人承担连带责任
的**统一规范**。数名加害人造成同一损害的，在外部关系上，
应当令其对受害人承担连带责任，至于内部关系中，各个赔
偿义务人是基于何种法规范基础承担责任，在所不问（参见
研究委员会报告，S. 102 f. , 106, These 59 - 1）。研究委员会
的这一基本思想，也体现在瑞士联邦参议院于 1996 年 4 月 4
日颁布的《瑞士责任法总则草案》中（第 29 条第 1 款结合第
30 条第 2 款；依据该《草案》第 30 条第 2 款的规定，连带债
务人之间的追偿关系统一依照代位求偿制度处理，而联邦最
高法院一直以来的观点是，仅在"真正"连带责任中，已经
履行赔偿义务之连带债务人始得以受害人一样的法律地位，
向其他债务人要求追偿，参见边码 1493~1494）。

三、连带债务的法规范基础

关于连带责任的一般规定主要在瑞士《债务法》第一编第四章中（瑞 1424
士《债务法》第 143~150 条），标题是债之法律关系中的特别规定。
其中，对侵权责任法领域具有特别意义的是瑞士《债务法》第 143 条
第 2 款的规定：除非当事人之间有特别约定，数名债务人向受害人承
担连带责任**必须由法律特别规定**。亦即，数名加害人向受害人承担连
带责任，原则上需具备**法定规范基础**。
债法中明确规定了数名赔偿义务人对受害人承担连带责任的，是瑞士 1425

---

[1] Urteil des BGer 4C. 3/1995 vom 27. Mai 1997, BGE 115 Ⅱ 42 E. 1b a. E. und E. 2a：在判决中，
法院认为，瑞士《债务法》第 149 条第 1 款意义上的"代位权"仅适用于"真正"连带责任；履行了
赔偿义务之债务人对其他连带债务人的追偿权，参见边码 1485 以下。

《债务法》第 50 条第 1 款和（至少是间接的）第 51 条的规定（参见边码 1437 以下）。值得特别注意的是，这两条规范所确立的原则在**特别法**中部分被确认，部分被修正［参见瑞士《道路交通法》（SVG）第 60 条第 2 款、第 61 条第 3 款以及第 75 条，瑞士《联邦产品责任法》（PrHG）第 7 条，瑞士《核能责任法》（KHG）第 3 条第 4 款，瑞士《联邦电力法》（ElG）第 30 条，瑞士《联邦液体运输与易燃气体管道法》（RLG）第 33 条第 1 款，瑞士《联邦航空运输法》（LFG）第 66 条］。

第二节　共同侵权人对受害人承担连带责任的表现形式

1426　数名赔偿义务人向受害人承担连带责任的情形不胜枚举，案件事实也各不相同。在侵权责任法领域，瑞士《债务法》第 50 条第 1 款仅规定了多数人侵权情况下，加害人承担连带责任，而第 51 条主要是追偿规定，连带责任仅隐含在条文文意中。对于数名无意思联络的当事人基于相同的法律基础而需承担连带责任的情况，瑞士《债务法》中并不存在直接可适用之规范。基于此，下文将试图总结事实要件中包含需由数名加害人对受害人承担连带责任以保护受害人权益之必要的各类事实情况，将连带责任的案件类型归纳为几类主要的表现形式。

一、加害人"共同"主观过错造成损害承担连带责任（瑞士《债务法》第 50 条第 1 款）

1427　数名加害人共同过错造成损害的，依照瑞士《债务法》第 50 条第 1 款应当承担连带责任。该条以共同主观过错系造成损害的共同原因为要件（共同原因，《法国民法典》与《意大利民法典》条文原文分别为：causé 和 cagionato），因此共同加害人依据瑞士《债务法》第 50 条第 1 款承担连带责任的要件，除满足存在违法性外，**还必须满足加害人共同引起损害发生以及主观上存在共同过错**的构成要件。

（一）"加害人的行为系致害事件发生之共同原因"乃承担瑞士《债务法》第 50 条第 1 款意义上的连带责任之构成要件

1428　当数名加害人的行为与损害结果之间存在全部或部分的相当因果关系时，此时"加害人的行为系致害事件发生之共同原因"此一构成要件满足（参见边码 613 以下）；需注意的是各加害人行为与损害结果之发生必须具有**直接**联系。瑞士《债务法》第 50 条第 1 款所规定的承担连带责任的加害人包括教唆人与帮助人，说明法律令行为间接造成损害结果的加害人也承担连带责任，学者称其为"**心理上的联系共同造成了损害结果的发生**"（psychische Mitverursachung）[1]。准以此言，与他人或（其他数人）共同参加一项活动，他人的行为直接造成了损害结果的，参加人也有可能承担连带责任[2]。

> 兹举一例予以说明：三名男孩 A、B、C 一起玩耍弓箭，A 不小心 将箭射中了 C 的眼睛。联邦最高法院的观点是，共同玩耍弓箭的 行为与发生 C 的身体损害之间存在相当因果关系，因此男孩 A 和 B 应当承担连带责任（瑞士《债务法》第 50 条第 1 款）[3]。虽 然直接造成损害结果的是男孩 B，但是通过一起参与射击游戏，A 和 B 在心理上的联系共同造成了损害结果的发生。

1429

参加**聚众斗殴或街道上的暴乱行为**的，参与人的行为是造成损害的共同 原因。尽管某些参与人自身并未向商店橱窗投掷石块（在满足其他构 成要件的情况下），但仍需承担连带责任，因为对于损害的发生，这些 当事人提供了心理上的支持[4]：参与暴力行为本身满足了承担连带 责任之构成要件[5]。

1430

参与集体行为或某一项统一活动的当事人中，哪些参与人的行为直接导 致损害不明的，**因所有人的行为均为损害结果的共同原因**，故由**所有 参与人**承担连带责任[6]。此系多个原因事实均有可能导致损害结果 的择一的**因果关系**（Alternative Konkurrenz）的特殊 情况（参见边码 621 以下）。

1431

---

〔1〕 OFTINGER/STARK Ⅱ/1，§ 16 N 319.

〔2〕 类似观点：BREHM, OR 50 N 16, 19.

〔3〕 BGE 104 Ⅱ 184 E. 2；共同参与可以认识到或应该认识到具有危险性的活动，构成共同过错。

〔4〕 OFTINGER/STARK Ⅱ/1，§ 16 N 321.

〔5〕 OFTINGER I, S. 82.

〔6〕 BREHM, OR 50 N 20；OFTINGER/STARK Ⅱ/1，§ 16 N 320.

1432　　损害的发生系由于数名加害人共同作用造成，但尚不满足瑞士《债务法》第50条第1款意义上的"提供了心理上的支持"这一要件，并且在个案中哪些人共同造成损害结果不明的，此类情况属于择一的因果关系。（至少到目前为止的仍为）通说的观点认为，在这种情况下，只要无法证明哪些人事实上造成损害结果发生，所有当事人均无须承担责任。

　　（二）共同主观过错是承担瑞士《债务法》第50条第1款意义上的连带责任之构成要件

1433　　"共同主观过错要求各个行为人均存在过错"[1]。当每名加害人存在过错的主观因素（认知能力）和客观因素（故意或过失）（过错的要素，详参见边码810以下）时，成立存在瑞士《债务法》第50条第1款意义上的共同过错。

1434　　瑞士《债务法》第50条第1款规定的"教唆人、行为人与帮助人"共同行为造成损害，即为**共同过错**的一种情形[2]。

1435　　**教唆人**是指故意或过失诱使他人为不法行为之人。

1435a　　例如：说服劳累过度并且醉酒的同事危险驾驶[3]。

1435b　　**帮助人**是指故意或过失地（居于次要地位地）协助他人为不法行为之人。

1435c　　例如：饭店里一名客人被他人以真枪威逼，店主熟视无睹[4]。

1435d　　行为人（直接造成损害的主要行为实施人）无识别能力的，亦得成立**教唆与帮助**；只是在此类案件中，由教唆人或帮助人承担责任[5]。

1436　　瑞士联邦最高法院认为，加害人明知或应知其他加害人实施违法行为的，构成**共同过错**（共同过错行为造成损害结果）[6]。共同过错不以

---

〔1〕 OFTINGER/STARK Ⅱ/1，§ 16 N 324.

〔2〕 需要注意的是，这些概念均借鉴了刑法上的概念含义，参见：BREHM, OR 50 N 23.

〔3〕 vgl. dazu BREHM, OR 50 N 24；OFTINGER/STARK Ⅱ/1，§ 16 N 326.

〔4〕 BGE 71 Ⅱ 113 f.

〔5〕 OFTINGER/STARK Ⅱ/1，§ 16 N 328.

〔6〕 BGE 115 Ⅱ 42 E. 1b.

共同行为人之间明示的约定为必要，仅需加害人知道系由于数人之行为共同引起损害之发生，即得成立[1]。加害人不明知或应知其他人之行为，自己独立故意或过失地实施行为的，不构成共同过错［此类情况属于"基于相同责任基础承担连带责任"，或称" 基于相同债因承担连带责任"（eintypische Solidarität），参见边码 1443～1444］。

二、基于"不同"法律原因承担连带责任（所谓的"责任基础不同"的连带，mehrtypische Solidarität）

（一）瑞士《债务法》第 51 条第 1 款作为基于数个法律原因的连带责任之暗含的规范基础

多个法律主体共同造成损害结果，其中有的基于过错责任，有的基于无过错责任的，此时这些主体承担的连带责任系"基于不同法律基础的连带责任"。值得探讨的是，（在没有相应的意思表示的情况下）使数名赔偿义务人对受害人承担连带责任的法律基础何在（瑞士《债务法》第 143 条第 2 款），是否发生请求权竞合（参加边码 1407）。

1437

瑞士《债务法》第 51 条第 1 款的规定仅能得出，数人基于"不同"法律基础对受害人承担责任的，也适用瑞士《债务法》第 50 条关于追偿之规定的结论。第 51 条第 1 款和第 2 款（规定追偿规则，参见边码 1510）中均使用"连带责任"概念。**数名当事人之间的追偿原则上以连带责任为要件**，瑞士《债务法》第 51 条第 1 款虽然没有明文规定，但隐含了所谓的"**基于不同法律基础的连带责任**"，亦即数个法律主体基于不同的法律基础承担责任[2]。

1438

瑞士联邦最高法院的观点是，瑞士《债务法》第 51 条第 1 款隐含的连带责任类型，非属该法第 143 条以下所谓的"真正"连带责任，而是类推适用第 143 条以下关于连带责任的规定，属于"**不真正**"连带责任（"真正"连带与"不真正"连带的区分和不同法效果，参见 1407 以下）。

1439

---

〔1〕　OFTINGER/STARK II/1, § 16 N 325.

〔2〕　类似观点：BREHM, OR 51 N 6；SCHAER, Schadenausgleichsysteme, N 474.

1440　从受害人方面分析，数人基于多种法律基础需对其承担责任的情况（参见边码1404），利益状态与数人基于"共同"法律基础而需对受害人履行赔偿义务相同（瑞士《债务法》第50条第1款）。因此瑞士《债务法》第51条第1款意义上的（"不真正"）连带责任，在**法效果方面**原则上也应为各个责任人对共同造成之损害承担赔偿负责（在有保险人承担损害赔偿责任的情况下，则系基于合同承担的损害赔偿义务）。从受害人角度看，会发生**请求权竞合以及诉的竞合**（参见边码1407）。理由是如果计算各个连带债务人所负担的赔偿义务数额（瑞士《债务法》第43、44条），则单个债务人有可能承担多于本应承担之责任[1]；在此类案件中，侵权行为人仅对较小之债[2]承担连带责任。

（二）不同法律原因的不同组合

1441　瑞士《债务法》第51条第1款意义上的基于不同法律原因的连带责任的构成要件是，数名赔偿义务人基于不同的法律原因对同一损害承担责任。这里所谓的"不同的法律原因"在不同的案件中会形成不同的组合，例如：过错责任与普通无过错责任；过错责任与危险责任；过错责任与合同责任；普通无过错责任或危险责任与合同责任[3]。

1442　兹举例说明：

－　在私人土地上进行开掘作业时，挖掘机驾驶员B在使用工程机械时不小心将由乡镇所有的地下水网毁坏。对于给乡镇造成的损害，依据瑞士《债务法》第55条由B的用人单位以及依据瑞士《债务法》第41条第1款由B承担一般侵权责任，因此本案中B与B的用人单位共同承担责任，发生过错责任与普通无过错责任的请求权竞合。同样的请求权竞合也发生在从湖面上的跳台跳水造成严重身体损害的案件中：依据瑞士《债务法》第58条，缺陷设备所有人需承担责任；依据瑞士《债务法》第41条，对跳台进行事实上维护的当事人也需承担一般侵权责任[4]。

---

〔1〕　BSK/SCHNYDER, OR 144 N 4.

〔2〕　侵权责任以根据过错来确定每个人的责任为原则，过错范围最小的连带债务人承担此过错范围之债，因此连带债务也仅涵盖此"较小"之债的数额。

〔3〕　相关案例，详见：BREHM, OR 51 N 34 ff.

〔4〕　BGE 123 Ⅲ 306 E. 3 und E. 4.

- 为了避开突然闯进机动车道的 X，机动车驾驶员 M 偏到乡镇所有的公路上撞到 X，也撞到自行车骑车人 G，G 严重受伤。对于 G 受到的人身损害、物之损害和财产损害，首先应依据《道路交通法》第 58 条第 1 款由 M 承担责任（机动车车主责任），同时依据瑞士《债务法》第 41 条第 1 款的规定，X 承担一般侵权责任。在本案中，危险责任和过错责任的构成要件均得到满足，发生请求权竞合。

- 银行金融机构 X 与股份有限公司 Y 约定，由 Y 负责处理 X 的所有现金与其他财产的运输。在一次大规模有价证券运输中，Y 公司的一名职员 A 利用职务之便，侵占 X 金融机构价值 100 000 瑞士法郎的不记名证券，转卖给善意第三人。由此对 X 造成的损害，X 既可以依据与 Y 的合同关系（瑞士《债务法》第 101 条）向其主张损害赔偿，也可以依据瑞士《债务法》第 41 条第 1 款直接向 A 要求侵权赔偿。此时发生合同与侵权损害赔偿请求权之竞合。

三、数名赔偿义务人无联络的行为造成损害承担连带责任（所谓的责任基础相同的连带）

（一）类推适用瑞士《债务法》第 51 条的规定

与数名加害人因共同过错（边码 1433）基于不同法律基础承担责任（边码 1437 以下）相区别的是，数名赔偿义务人基于相同类型的法律基础因无联络的行为造成损害的连带责任。　　1443

> 例如：A 牵着狗在街道一边散步，B 牵着他的狗在街道另一边散步，两头没有拴皮带绳的狗扭打在一起造成骑车人 C 摔倒，一条腿骨折。A 和 B 分别以其独立的行为，基于同类型的法律基础，亦即普通无过错责任，对受害人损害承担责任（瑞士《债务法》第 56 条，边码 976 以下）。　　1444

瑞士《债务法》第 143 条第 2 款规定，（除非当事人意思表示同意承担连带责任）其他情况下，连带责任之成立必须基于法律规定。对于数名赔偿义务人无联络的行为造成损害的基于相同类型之法律基础的连带责任，在瑞士《债务法》中并没有明确的法律规定，但是基于此类　　1445

型的连带责任与不同法律基础的责任连带在利益状态上，无明显区别（边码1440），因此对于此类连带责任，类推适用瑞士《债务法》第51条的规定[1]。这就意味着数名赔偿义务人无联络的行为基于相同类型之法律基础造成损害，也需承担连带责任。此即所谓的"**基于相同责任基础之连带债务**"，或称"**基于相同债因之连带债务**"（eintypische Solidarität）。

1446 值得注意的是，瑞士联邦最高法院的立场是，瑞士《债务法》第51条意义上的连带责任属于"不真正"连带（边码1419）。若案件需类推适用瑞士《债务法》第51条的规定，则这种连带类型系所谓的"同类型连带责任"，（从这一方向继续推论）同样属于"不真正"连带（"真正"连带与"不真正"连带的法效果区别，参见边码1421）。

(二) 案件类型

1447 在法律基础相同之连带责任中，数名赔偿义务人基于同类型之法律基础需对受害人承担责任，主要的案件类型有：

1448 — 数名加害人**分别基于各自的过错行为**对受害人的损害负责（瑞士《债务法》第41条第1款），承担连带责任。

1449 例如：两名骑车人不小心相撞，同时造成第三人身体损害[2]。骑车人的责任基础同为过错责任，属于同类型法律基础的责任连带。

1450 同类型法律基础的责任连带（"不真正"连带）的案件类型与"真正"连带责任的案件类型的区别在于，后者以共同过错为要件（瑞士《债务法》第50条第1款，边码1427以下）。

1451 — 数名加害人的行为满足**相同**或**不同类型**的**无过错责任**之构成要件的，也属于同类型法律基础的责任连带。

1452 例如：

— 受害人从通往地窖的楼梯上摔下，受有重伤，设计师、总包人与木工工厂业主依据瑞士《债务法》第55条对由于他们

---

[1] BREHM, OR 51 N 95 f., 认为可直接（而非类推）适用瑞士《债务法》第51条的规定。

[2] KELLER/GABI, S. 134.

雇佣的劳动者所造成的损害承担损害赔偿责任。瑞士联邦
最高法院认为责任人承担的是瑞士《债务法》第 51 条意义
上的（不真正）连带责任[1]。

－　由于地面过度打蜡，受害人滑倒而受有人身损害。责任人
既包括基于工作物责任（瑞士《债务法》第 58 条）的建筑
物所有人，也包括基于瑞士《债务法》第 55 条的雇主责任
的选任辅助人进行地面打蜡作业的营业业主[2]。

在请求权竞合以及（同类型法律基础的）无过错责任连带的情况下，　1453
或者类推适用瑞士《债务法》第 51 条的规定[3]，或者依据瑞士
侵权责任法由数名赔偿义务人向受害人承担连带责任，可以使受
害人的损害赔偿请求权得到最大限度的满足和保障的"基本原则"
得以实现[4]。在数人依据瑞士《债务法》第 55 条承担无过错责任
的情况下，瑞士联邦最高法院直接（而非类推）适用了瑞士《债务
法》第 51 条的规定[5]。

需注意的是，规定危险责任的特别法中，部分在条文中对连带责任　1454
问题做了特别规定。

　　例如：在飞机表演时，两架不同制造企业建造的样机在低空飞　1455
　　行时相撞，坠落在观众当中。对于由此产生的人身损害与物
　　之损害［瑞士《航空运输法》（LFG）第 64 条］，由飞机持有
　　人依据该法第 66 条承担连带责任。
　　参见：瑞士《道路交通法》（SVG）第 63 条第 3 款，瑞士
　　《联邦电力法》（ElG）第 30 条，瑞士《核能责任法》（KHG）
　　第 3 条第 4 款。

－　上文已经分析了合同外（侵权）责任中的连带责任问题，以下将简　1456
　　单讨论这一理论的实践意义，特别是当保险人参与其中时，基于

---

〔1〕　BGE 97 Ⅱ 339 E. 3.
〔2〕　KELLER/GABI, S. 135.
〔3〕　BREHM, OR 51 N 128；边码 1443。
〔4〕　OFTINGER/STARK Ⅱ/1, § 22 N 51，家长为数人时的连带责任。
〔5〕　vgl. BGE 97 Ⅱ 339 E. 3.

合同债务不履行或履行不符合约定的连带债务问题（同类型法律基础的连带责任中的特殊案件类型）。

1457　数名债务人基于**各自的合同**对受害人就同一损害负有赔偿义务，债务人基于"同类型责任基础的连带类型"，共同对受害人承担责任。这一原则既适用于数名债务人基于合同之不履行或履行不符合约定承担的损害赔偿义务，也适用于通过合同承担了他人的损害赔偿义务（例如损害保险的保险人）[1]。

1458　　值得特别注意的是，**复保险**（Doppelversicherung）[2]作为**例外情况**，不发生连带责任，而是发生按份责任。依据瑞士《联邦保险合同法》第71条，各个保险人承担按份责任，份额按照支付的保险费与总保险费的比例来确定[3]。

第三节　特别问题：共同债务人中个人的责任减免事由

一、概述

1459　共同连带债务人中单个赔偿义务人"个人的"（或称个别的、主观的）责任减免事由成立的法律效果是，损害赔偿之债的（总）额随之减少。共同债务人中个人的责任减免事由是指仅对单个加害人具有拘束力的损害赔偿裁量的考量"因素"（边码398以下）。

1460　在实践中最为常见的个人的责任减免事由，应该是个别债务人**过错程度轻微**（瑞士《债务法》第43条第1款，边码399）。

1461　被起诉的共同债务人中一人或数人**主张仅对其个人适用的责任减免事由能否得到法院支持和认可**，涉及的问题相当**复杂**：

1462　在受害人与连带债务人之间的外部关系中，若允许连带债务人之一人主

---

〔1〕　BREHM, OR 51 N 103, BREHM 特别指出，在保险人参与的情况下，通过合同承担损害赔偿之风险，该损害赔偿的风险非基于违约责任，而是合同给付义务标的本身；对此原则持部分赞同、部分反对意见的学者有：SCHAER, Schadenausgleichsysteme, N 479；参见：BGE 119 II 127 ff.，边码1553以下。

〔2〕　在同一时间段内，就同一保险利益、同一保险事故分别向两个以上的保险人投保的保险合同，瑞士《联邦保险合同法》第53条。

〔3〕　详见：MAURER, Privatversicherungsrecht, § 39 II, S. 403 ff., insbes. S. 405 ff.；OFTINGER/STARK I, § 11 N 65 FN 74.

张的仅对其个人适用的责任减免事由发生效力，则会使该债务人无须
承担连带债务，而仅需履行其自身负担的损害赔偿义务。受害人需就
其他损害赔偿额对其他债务人另行提起诉讼。

在受害人与连带债务人之间的外部关系中，**若不允许连带债务人之一人
主张仅对其个人适用的责任减免事由**对其发生效力，则该债务人原则
上仍需对债务全额承担连带赔偿义务。此时对受害人的法律地位有
利，对具有免责事由的连带债务人不利，因为该债务人仅得在内部
关系中行使追偿权时主张该免责事由（边码 1485 以下）[1]。 1462a

连带债务人向受害人主张仅适用于其个人的责任减免事由，发生怎样的
法律效力问题，在**学说**和**司法实践**中存在各种不同的观点。以下概括
介绍学说观点以及瑞士联邦最高法院对这一问题的立场。 1463

二、学说与（瑞士联邦最高法院）判例

（一）学说观点

连带债务人得否向受害人主张仅适用于其个人的责任减免事由问题，理
论界主要有以下三个不同观点： 1464

- 一种观点是，**应当允许连带债务人向受害人主张仅适用于其个人
  的责任减免事由**（例如过错轻微）。这些学者出示的主要论证理由
  是，连带（债务）不应使债务人居于相比其独立负担责任时更为
  不利的法律地位。在外部关系（即债权人与连带债务人之间的法律
  关系）中，无论"真正"连带责任，还是"不真正"连带责任（边
  码 1417 以下），均应当考虑责任减免事由（边码 398 以下）[2]，本
  人对此**表示赞同**。这一观点得出的法效果是，主张免责事由之连 1465

---

〔1〕 由此承担了其他连带债务人的破产风险，OFTINGER/STARK I，§ 10 N 12，边码 1467、
1506。

〔2〕 持这一观点的学者：WERRO, Nr. 1556；GAUCH/SCHLUEP/REY, Nr. 3941；GUHL/MERZ/
KOLLER, S. 32；HONSELL, § 11 N 20；MAURER, Privatversicherungsrecht, § 39 IV 1a, S. 416；OFTINGER/
STARK I, § 10 N 33；wohl auch OFTINGER I, S. 345；SCHAER, Schadenausgleichsysteme, N 503；
SCHAFFHAUSER/ZELLWEGER, N 1453；SCHWENZER, N 88. 19；SPIRO, Erfüllungsgehilfen, S. 456 Anm. 9。

带债务人的赔偿范围将仅限于依据损害裁量原则减免后的数额[1]。赔偿范围的缩限使得连带债务制度本身固有的**债权人保护功能**[2]**被大大相对化**[3]；

1466   兹举一例予以说明：A、B、C 三人对 X 的 5000 瑞士法郎的损害承担连带责任。在内部关系中（参见边码 1485 以下），因 A 的过错承担 1000 瑞士法郎，B 和 C 分别承担 2000 瑞士法郎。若在外部关系中，允许单个连带债务人向受害人主张仅适用于其自身的免责事由，则 X 向 A 主张承担 1000 瑞士法郎的赔偿责任，而其余赔偿额 X 需向 B 或 C 另行提起诉讼。

1467   — 另一观点认为，在外部关系中，无论"真正"连带责任，还是"不真正"连带责任，**连带债务人均不得向受害人主张仅适用于其个人的责任减免事由**。这些学者出示的主要论证理由是，适用于其个人的责任减免事由仅得在内部关系中主张，免责事由在外部关系中不发生作用。瑞士《债务法》第 50 条第 2 款的文义，以及规定在追偿关系中法官可进行裁量的瑞士《债务法》第 51 条第 1 款作为准用规范，均说明适用于单个连带债务人的免责事由仅得在内部关系中主张[4]。学者的这一观点认为，**一方面**，受害人得对债务人中之一人或数人或其全体，请求全部赔偿义务的清偿，因而**最有效地保证瑞士《债务法》第 144 条于立法上明确规定的优先保护债权人**这一立法意旨得到实现（参见边码 1404）。另一方面，在连带责任中完全贯彻债权人保护功能也存在缺点，即**履行了全部或部分连带债务的个别债务人需要承担其他连带债务人的破产风险**（明确提出支持该观点的：Spiro, Erfüllungsgehilfen, S. 284，认为在对辅助人的行为负责的案件中，"债务人需对辅助人承担连带债务后追偿不能实现的风险，这符合辅助人责任的基础和本质"）。

---

[1] GEISSELER, S. 52；SCHAER, Schadenausgleichsysteme, N 503；边码 1479。

[2] 连带责任制度的债权人保护功能，参见：BREHM, OR 50 N 60；边码 1404。

[3] 对于这个问题的讨论，学者观点存在自相矛盾之处：OFTINGER/STARK I，§ 10 N 12, 33.

[4] BREHM, OR 50 N 43, OR 51 N 29 f.；CUENDET, N 275 ff.；GILLIARD, S. 264；MERZ, SPR VI/1, S. 107 ff.；ZELLWEGER, S. 74.

然而，学者布莱姆指出，**在例外情况下**，不允许单个连带债务人向受害人主张仅适用于其自身的免责事由将会造成明显不公平的，应允许其主张免责事由[1]（例如，受害人与其他连带债务人之间存在特殊关系，此连带债务人责任被免除对其有利）；此连带债务人亦得依据瑞士《债务法》第44条第2款中的"因承担损害赔偿责任将会陷入经济困境"而主张减轻赔偿责任。

1468

> 在此类案件中，原则上有必要澄清的问题是，受害人提出的仅适用于单个连带债务人的免责事由在外部关系中不发生效力的主张，违反瑞士《民法典》第2条第2款[2]的规定，因此不予支持，这一论证理由是否更具说服力？相较于学者布莱姆的观点（仅在例外情况下，应该允许单个连带债务人向受害人主张仅适用于其自身的免责事由），瑞士《民法典》第2条第2款这一论证理由具有诉讼法上的优势：对于当事人是否存在权利滥用这一事实要件，不以当事人申请为必要，法院应依职权进行审查[3]。

1469

－ 另有学者提出了折中的观点，**即仅适用于单个连带债务人的损害赔偿裁量因素，仅在"不真正"连带责任中的外部关系中，允许该债务人向受害人主张**[4]。允许单个连带债务人在外部关系中主张免责事由的正当性理由是，在"不真正"连带责任中，债务人之间的关系紧密程度，相较于"真正"连带责任松散许多[5]。

1470

受害人与有过错情况下损害赔偿的折算问题，较为复杂（参见：Steiner, S. 141 ff.）。

1471

（二）联邦最高法院判例

关于连带债务人得否向受害人主张仅适用于其个人的责任减免事由问题，瑞士联邦最高法院对这一类型的案件做出过为数较多的判决，主要观

1472

---

[1]　BREHM, OR 51 N 30.

[2]　译者注：瑞士《民法典》第2条系关于诚实信用原则的规定。

[3]　KUMMER, ZGB 8 N 18；MERZ, ZGB 2 N 99.

[4]　不同观点：BRUNNER, S. 135；ENGEL AT, S. 563 ff.；JANSEN, S. 105 f.

[5]　ENGEL AT, S. 563, 566, 援引了瑞士联邦最高法院判决：BGE 55 Ⅱ 314 E. 1.

点总结如下：

1473　无论"真正"连带责任还是"不真正"连带责任，债权人均得依据瑞士《债务法》第 144 条向任一债务人主张部分或全部损害赔偿[1]。**被起诉之连带债务人原则上不得向受害人主张仅适用于其个人的责任减免事由而减免责任**[2]。

1474　联邦最高法院的观点是，具有有保护必要之利益的连带债务人，在内部关系中，通过行使追偿权，利益可以得到足够保护。法院也认识到履行了全部或部分连带债务的个别债务人有可能需要承担其他连带债务人的破产风险的问题，但从法政策上考量，法院在权衡由加害人之一还是由受害人承担其他加害人的破产风险时，选择了前者，因为毕竟损害是由加害人所引起的[3]。

三、依据现行法的处理建议

1475　瑞士《侵权责任法》修订研究委员会的观点是，应当允许连带债务人在外部关系中向受害人主张"个人"的责任减免事由（研究委员会报告，S. 103），理由如下：

1476　"连带债务人得依据瑞士《债务法》第 43 条或 44 条向受害人主张其个人的责任减免事由"[4]。

1477　研究委员会指出：首先，连带债务人之一不应因存在其他债务人而承担因存在责任减免事由本不该由其负担的更高额的损害赔偿；其次，在修改瑞士《公司法》时，委员会的以上建议已经被采纳（见瑞士《公司法》第 759 条第 1 款），但仅限于过错责任。

1478　研究委员会委托汉斯·梅尔茨作为委员会外聘专家就"多数人责任和追偿权"问题进行研究。在汉斯·梅尔茨的研究报告中，他指出，不应允许单个连带债务人向受害人主张仅适用于其个人的责任

---

〔1〕　参见：BGE 112 Ⅱ 138 E. 4a, 97 Ⅱ 339 E. 3.

〔2〕　例如：第三人过错或受害人轻过失，参见 BGE 113 Ⅱ 323 E. 2b, 98 Ⅱ 102 E. 4 i. f., 93 Ⅱ 317 E. 2e.

〔3〕　BGE 93 Ⅱ 317 E. 2b bb, 89 Ⅱ 121 E. 5a, 66 Ⅱ 121 E. 5；另一判决进一步确认了法院的立场：BGE 112 Ⅱ 138 E. 4a.

〔4〕　These 59－2, S. 223.

减免事由（研究委员会报告，S. 5, 103）。在汉斯·梅尔茨的研究报告中，他恐怕过于强调连带债务的**债权人保护功能**。

瑞士《债务法》第 143 条第 1 款规定（每个连带债务人均负有向债权人履行"**全部**"债务之义务！）体现了立法者的利益衡量：债务人在外部关系中仅得向债权人主张瑞士《债务法》第 145 条第 1 款中的抗辩事由（参见边码 1483）。

瑞士联邦参议院于 1996 年 4 月 4 日颁布的《瑞士侵权责任法总则（草案）》第 53b 条第 2 款规定，**连带责任中的各个赔偿义务人所应支付的损害赔偿，不超过其单独承担责任时的数额**。条文所体现的参议院立法委员会基本思想是：债务人法律地位不应因负担连带责任而较其单独承担责任时变差[1]。 1479

四、与相关概念之区分

与仅适用于单个赔偿义务人的**责任减免事由**相区别的是**针对整个连带责任的减免事由**[2]。当然，针对整个连带责任的减免事由亦得由单个连带债务人向债权人主张[3]。 1480

原则上单个连带债务人向债权人主张针对整个连带责任的抗辩与抗辩权[4]，此类抗辩或抗辩权**既可以是基于单个债务人与债权人的法律关系，也可以是基于整个连带债务的发生原因与内容**[5]。 1481

瑞士《债务法》第 145 条第 1 款中"**基于单个债务人与债权人的法律关系**"，是指仅拘束单个连带债务人与债权人，并直接产生于 1482

---

〔1〕　GAUCH/SCHLUEP/ REY, Nr. 3853 f.，学者指出：连带责任的目的在于使得受害人的损害赔偿尽可能得到完全的赔偿，但这并不意味着需要以损害单个连带债务人的利益为代价，而是在债权人的请求权有可能无法得到完全履行时，原则上始终存在其他可主张请求权之债务人存在。

〔2〕　例如：消灭时效，连带债权已经完全清偿，受害人与有过错；值得特别注意的是，联邦最高法院目前的观点是，原则上受害人或其他第三人的轻过错共同造成损害发生的，不发生责任减免之法效果，参见 BGE 113 Ⅱ 323 E. 2b, 112 Ⅱ 138 E. 4.

〔3〕　BREHM, OR 50 N 48.

〔4〕　瑞士《债务法》第 145 条第 1 款的用语"抗辩权"非法技术上之严格用语，既包括抗辩，也包括抗辩权；抗辩与抗辩权的区别，参见：BUCHER AT, S. 37 F.；GAUCH/SCHLUEP/SCHMID, Nr. 76 ff.；VON TUHR/PETER, S. 27 ff.

〔5〕　BECKER, OR 145 N 2 ff.；ENGEL AT, S. 840 ff.；GAUCH/SCHLUEP/REY, Nr. 3923.

债权人与该特定连带债务人之间的法律关系的对请求权具有阻却功能的抗辩或抗辩权，例如：抵销抗辩权，主张无行为能力，附期限附条件之约定，意思表示有瑕疵等等[1]。

1483　瑞士《债务法》第145条第1款中"**基于整个连带债务的发生原因与内容**"是指，单个债务人作为连带债务关系统一有机体之中的参与者所享有的对债权人的请求权具有阻却功能的抗辩或抗辩权。这样的抗辩与抗辩权可以基于连带债务的发生原因（例如：瑞士《债务法》第50条第1款意义上的基于共同过错发生之连带债务；受害人与有过错），也可能是基于连带债务之内容[2]。

---

　　[1]　vgl. dazu etwa BECKER, OR 146 N 2；ENGEL AT, S. 841 f.；MERZ, SPR VI/1, S. 107；SCHAFFHAUSER/ZELLWEGER, N 1453.

　　[2]　例如：消灭时效；连带债权已经完全清偿；参见：BRUNNER, S. 136；ähnlich auch BUCHER AT, S. 494；ENGEL AT, S. 841；MERZ, SPR VI/1, S. 106.

第十一章

赔偿义务人之间的法律关系
（所谓的内部关系）——追偿权

参考文献：WALTER FELLMANN, Regress und Subrogation：Allgemeine ^1484
Grundsätze, in：Haftpflicht – und Versicherungstagung, St. Gallen 1999, S. 1
ff. ; Peter GAUCH, Der Deliktsanspruch des Geschädigten auf Ersatz seiner
Anwaltskosten, recht 1994, S. 189 ff. , zit. : GAUCH, Anwaltskosten；JüRG
HAUSWIRTH/RUDOLF SUTER, Sachversicherung, 2. Aufl. , Zürich 1990；
HEINRICH HONSELL, Haftpflichtrecht, § 11 N 25 ff. ; DERS. , Der
Regress des Versicherers im Schweizerischen Recht, in：Mélanges Bruno
Schmidlin, Basel 1998, S. 279 ff. ; MAX KELLER/SONJA GABI, Das
Schweizerische Schuldrecht, Bd. Ⅱ, Haftpflichtrecht, 2. Aufl. , Basel und
Frankfurt a. M. 1988；MAX KELLER/ CHRISTIAN SCHöBI, Das
Schweizerische Schuldrecht, Bd. Ⅳ, Gemeinsame Rechtsinstitute für
Schuldverhältnisse aus Vertrag, unerlaubter Handlung und ungerechtfertigter
Bereicherung, Basel und Frankfurt a. M. 1984；WILLY KöNIG, Der
Versicherungsvertrag, in：Schweizerisches Privatrecht Ⅶ/2, Basel und
Stuttgart 1979, S. 479 ff. ; ARNOLD KOLLER, Entscheidungen/
Jurisprudence, Schuldrecht, AJP 1994, S. 791 ff. ; MORITZ W. KUHN/
R. LUKA MüLLER – STUDER/MARTIN K. ECKERT, Privatversicherun –
gsrecht, 2. Aufl. , Zürich 2002；ALFRED MAURER, Bundessozialversi –
cherungsrecht, 2. Auflage, Basel/Frankfurt am Main 1993, zit. : MAURER,
Bundessozialversicherungsrecht；HANS MERZ, Die privatrechtliche
Rechtsprechung des Bundesgerichts im Jahre 1990, ZBJV 1992, S. 202 ff. ;
VITO ROBERTO, Schweizerisches Haftpflichtrecht, Zürich 2002, N 551

ff. ; ROLAND SCHAER, «Hard cases make bad law» oder OR 51/2 und die regressierende Personalvorsorge – einrichtung, recht 1991, S. 12 ff. ; EMIL W. STARK, Zwei neuere Entscheide des Bundesgerichts zur Regressordnung von Art. 51 Abs. 2 OR, ZBJV 1992, S. 221 ff. ; PETER STEIN, Neuordnung des Regresses im Schweizerischen Privatrecht oder der mobile Leiterhaken, in: Collezione Assista, Genf 1998, S. 704 ff. ; ANDREAS VON TUHR, Rückgriff des Versicherers nach Art. 51 OR und Art. 72 VVG, SJZ 1921, S. 233 ff. ; FRANZ WERRO, La responsabilité civile, Seconde partie, Section 2, Sous – section 2, § 2 N 1558; PETER WIDMER, Ethos und Adäquanz der Regressordnung nach Art. 51 Abs. 2 OR, in: FS Assista, Genf 1979, S. 278 ff. , zit. : WIDMER, Ethos.

第一节 概述

一、追偿制度的功能

1485 受害人向连带债务人之一（边码 1403）主张全部债务之给付后，接下来的问题是，清偿债务的债务人应该承担已履行之损害赔偿，抑或是否可以以及如何对已经支付的赔偿额在其他债务人之间进行分担[1]。若连带债务由**数名**赔偿义务人共同清偿，同样会出现以上问题，解决这一问题的制度即为**追偿制度**（或称**求偿制度**）。

1486 各个赔偿义务人之间的法律关系即所谓的"**内部关系**"，主要规定追偿权与其行使方式，因此"内部关系"也称为"**追偿关系**"[2]。

1487 追偿制度解决的是内部关系中的损害承担问题，亦即连带债务人之中的一人或数人向受害人承担的损害赔偿**如何在所有赔偿义务人之间分担**的问题，尤其是解决那些基于侵权法之外的损害分担规则，没有承担因其

---

[1] 类似观点：OFTINGER/STARK I, § 10 N 46.

[2] KELLER/Gabi, S. 141.

行为本应承担责任的连带债务人与其他债务人的责任分担问题[1]。为了避免出现不公平的结果，必须在内部关系中，赋予已经支付多于其自身负有之损害赔偿的债务人法律上的请求权基础，使其得以向其他债务人追偿。由此可见，追偿权制度具有**填补损害或矫正正义**（Ausgleichs – oder Korrekturfunktion）的功能。

二、侵权法中关于追偿的法律规定

关于追偿的法律规定主要是瑞士《债务法》第 50 条第 2 款与第 51 条。除此之外，部分**特别法**中也对追偿规则做了明文规定。　　1488

特别法中的追偿规定主要分为两类：　　1489

- 一类是**实体的**追偿规定，创设了**独立的**追偿规则。例如瑞士《道路交通法》（SVG）第 60 条第 2 款中段，瑞士《核能责任法》（KHG）第 6 条与第 20 条[2]，瑞士《联邦铁路、轮船企业与邮政责任法》（EHG）第 18 条，瑞士《联邦电力法》（ElG）第 34 条第 2 款。社会保险法中的追偿问题原则上适用瑞士《社会保险法通则》（ATSG）第 72 条。　　1490

- 另一类是**准用指示规则**，此类规定或者直接规定适用瑞士《债务法》第 50 条第 2 款与第 51 条的追偿规则，或者规定债法的一般保留。例如瑞士《环境保护法》（USG）第 59a 条第 4 款，瑞士《联邦液体运输与易燃气体管道法》（RLG）第 34 条（特别规定），瑞士《联邦产品责任法》（PrHG）第 11 条[3]，瑞士《联邦船舶法》（SSG）第 27 条第 1 款，瑞士《联邦航空运输法》（LFG）第 79 条（一般保留）。　　1491

瑞士《债务法》第 51 条第 2 款的追偿规则是基于以下法律思想：继续支付工资的给付义务不应有利于承担无过错责任的赔偿义务人，**类推**适用；由此，履行继续支付工资义务的雇主，针对工资给付以及其他附带给付内容享有向机动车驾驶人的保险人的追偿权，追偿内容为雇　　1491a

---

[1]　BREHM, OR 50 N 55; SCHAER, Schadenausgleichsysteme, N 506.

[2]　OFTINGER/STARK Ⅱ/3, § 29 N 404 ff.

[3]　BSK/FELLMANN, PrHG 7 N 3 ff.; HESS, PrHG 7 N 19 ff.

员在交通事故中身体受有损害获得的保险赔偿[1]。关于同类法律基础的连带责任类推适用瑞士《债务法》第51条第2款的规定（参见边码1553以下）。

三、追偿请求权人的法律地位

1492 与追偿权的消灭时效相关的问题，在下一章中具体讨论（边码1712以下）。

（一）区别规制追偿请求权人在"真正"连带责任与"不真正"连带责任中的法律地位

1493 首先，讨论这一问题的前提和出发点是，瑞士联邦最高法院提出了"真正"连带责任与"不真正"连带责任这一区分（边码1417以下），认为在"真正"连带责任中，追偿请求权人享有代位权（瑞士《债务法》第149条[2]第1款）；而在瑞士《债务法》第51条第1款意义上的"不真正"连带责任中，追偿权人仅享有补偿请求权（Ausgleichsansp-ruch）[3]。但法院并未指出该"补偿请求权"的教义学上的法规范基础。学者布莱姆[4]认为在适用瑞士《债务法》第51条的连带责任类型中，求偿权人享有**独立的求偿或追偿请求权**的观点，也存在同样的问题。此类"独立的"追偿请求权最有可能（类推）适用的应该是不当得利法的规定（瑞士《债务法》第62条以下）；适用不当得利法的规定与追偿权制度具有一定的独立性并不冲突。除此之外，也可以考虑无

---

[1] BGE 126 Ⅲ 521 E. 2.

[2] 译者注：Art. 149 OR（Übergang der Gläubigerrechte）

1 Auf den rückgriffsberechtigten Solidarschuldner gehen in demselben Masse, als er den Gläubiger befriedigt hat, dessen Rechte über.

2 Der Gläubiger ist dafür verantwortlich, dass er die rechtliche Lage des einen Solidarschuldners nicht zum Schaden der übrigen besser stelle.

试译为：瑞债第149条（债权人权利地位的转移）

1. 享有代位权的连带债务人，在其向债权人清偿的范围内，取得债权人的权利地位。

2. 债权人的原因致使连带债务人之一的法律地位优于其他连带债务人，有损于债务人的，债权人应对此承担责任。

[3] 参见瑞士联邦最高法院判决 BGE 115 Ⅱ 42 E. 2a；另一判决进一步确认了法院的立场：BGE 127 Ⅲ 257 E. 6c.

[4] BREHM OR 51 N 141.

因管理的规定（瑞士《债务法》第419以下）。类推适用不当得利的结果是，不仅"不真正"连带中为清偿义务的连带债务人在对内关系中的追偿权适用瑞士《债务法》第67条[1]针对不当得利请求权消灭时效的规定，同样的，"真正"连带中债务人的追偿请求权也适用第67条的规定[2]。

从联邦最高法院的判决中看，法院应该认为在**"真正"连带责任**（瑞士《债务法》第50条第2款）中，追偿权人的请求权基础只能是**代位权**（瑞士《债务法》第149条）[3]，但部分学者认为，此时应该同时存在两项请求权基础，即瑞士《债务法》第50条第2款意义上的追偿权，此系基于法律直接规定的请求权基础；第149条是对第50条第2款进一步的补充。所以，一项"独立"的追偿权和代位权并行不悖[4]。 1494

若将瑞士《债务法》第149条意义上的代位权（法定债权让与的一种）作为追偿权的法规范基础，则追偿权人清偿受害人之债务后即取得受害人的法律地位，债权发生让与。从此意义上分析，追偿权人的债权属于"继受取得"之债权，理由是追偿权人是从受害人处取得了已经成立之债权。 1495

若认为连带责任中的追偿请求权系"独立"的追偿权，则此请求权自追偿权人向受害人履行债务时成立，因此该请求权也被称为基于"**自己** 1496

---

[1]　译者注：Art. 67 OR（Verjährung）

1 Der Bereicherungsanspruch verjährt mit Ablauf eines Jahres, nachdem der Verletzte von seinem Anspruch Kenntnis erhalten hat, in jedem Fall aber mit Ablauf von zehn Jahren seit der Entstehung des Anspruchs.

2 Besteht die Bereicherung in einer Forderung an den Verletzten, so kann dieser die Erfüllung auch dann verweigern, wenn der Bereicherungsanspruch verjährt ist.

试译为：瑞债第62条（消灭时效）

1. 不当得利请求权应当在受害人知道请求权之日起1年内主张，但最长不得超过请求权产生之日起10年。

2. 若不当得利所取得之利益系对受害人的债权，则消灭时效届满后，受害人得拒绝履行债务。

[2]　BREHM, OR 50 N 64；不同观点：SCHAER, Schadenausgleichsysteme, N 516 ff.

[3]　BGE 115 Ⅱ 42 E. 2a.

[4]　BREHM, OR 50 N 56；nach OFTINGER/STARK Ⅱ/1, § 16 N 388，在"真正连带责任"中，除了瑞士《债务法》第148条规定的追偿权之外，还存在代位权（瑞士《债务法》第149条第1款）；详见：SCHAER, Schadenausgleichsysteme, N 521 ff.

权利"的追偿请求权（Rückgriffsforderung kraft "eigenen Rechts"）。

1497　"独立"的追偿权的提法系区分"真正"连带责任与"不真正"连带责任的结果。若赞同这一区分，则在法规范体系中仅规范了对于"真正"连带责任代位权，追偿权人与受害人之间发生债权让与。在"不真正"连带责任，追偿权被视为"纯粹的损害赔偿请求权"或"独立的"追偿权，其教义学上的请求权基础事实上是通过法官在判例中确立起来的。

1497a　值得特别注意的是，瑞士联邦参议院于1996年4月4日提出的《瑞士侵权责任法总则（草案）》中并没有区分"真正"连带责任与"不真正"连带责任（第29条第1款），追偿权人在向受害人进行损害赔偿之后取得受害人的法律地位（代位权，第30条第2款）。

（二）对追偿请求权人在"真正"连带责任与"不真正"连带责任中的法律地位不作区别规制

1498　若不区分"真正"连带责任与"不真正"连带责任（边码1417以下），则在连带债务人之间的内部关系中（除有特别法规定外），原则上均适用瑞士《债务法》第148条和第149条的规定。其中**第148条**[1]**第2款与第149条第1款**直接规定了追偿权人的法律地位。对于追偿权人的法律地位问题，主要有两种学说观点：

1499　　－　一种观点认为追偿权人依据瑞士《债务法》第148条第2款享有的**追偿权**，属于（默示的）代位取得受害人的债权，即所谓的"**代位权**"（瑞士《债务法》第149条第1款）；

1500　　　　将追偿权人取得的权利定性为"**代位权**"，对受害人有利，因为

---

〔1〕　译者注：Art. 148 OR（Verhältnis unter den Solidarschuldnern 1. Beteiligung）

1 Sofern sich aus dem Rechtsverhältnisse unter den Solidarschuldnern nicht etwas anderes ergibt, hat von der an den Gläubiger geleisteten Zahlung ein jeder einen gleichen Teil zu übernehmen.

2 Bezahlt ein Solidarschuldner mehr als seinen Teil, so hat er für den Mehrbetrag Rückgriff auf seine Mitschuldner.

3 Was von einem Mitschuldner nicht erhältlich ist, haben die übrigen gleichmässig zu tragen.

译试为：瑞债 第148条（连带债务人之间的内部关系之一：责任份额）

1. 已经向债权人履行的赔偿应由各连带债务人平均承担，连带债务人另有约定的除外。

2. 连带债务人之一向债权人履行赔偿额超过其本应承担的份额的，有权向其他连带债务人追偿。

3. 连带债务人之一无力赔偿的，由其他债务人按比例承担。

受害人会同时取得债权上的为担保债权实现而存在的从权利[1]
（例如抵押权）。但是在侵权法上，代位权的这一优势意义
不大。

- 另一种观点认为，追偿权人仅取得基于瑞士《债务法》第 149 条第 1501
  1 款的一项特定债权，而瑞士《债务法》第 148 条第 2 款规定了这
  一债权取得的要件和范围[2]。

第二节　赔偿义务人之间追偿请求权的表现形式

上文（边码 1426 以下）介绍了在侵权责任法领域数名赔偿义务人对受害 1502
人承担连带（债务）的表现形式。以下将按照上文之分类，分别讨论
各种连带债务类型中的追偿权（追偿关系以及追偿规则）。

一、在共同过错情况下赔偿义务人之间的追偿（瑞士《债务法》第 50 条第 2 款）

（一）追偿规则：由法官裁量确定内部关系中的损害赔偿分担

数名加害人共同过错造成他人损害的（瑞士《债务法》第 50 条第 1 款， 1503
边码 1427 以下），由法官来确定加害人之间是否发生追偿关系及其追
偿范围（瑞士《债务法》第 50 条第 2 款）。法律并没有规定如何来确定
损害分配比例，而是规定由**法官裁量**确定（瑞士《民法典》第 4 条）。

瑞士《民法典》第 4 条授权法官裁量决定，要求法官权衡个案中的具 1504
体情形作出裁决[3]，而因为各赔偿义务人对损害的发生具有共同**过
错**，因此通常需评价各个加害人的过错程度[4]。原则上直接行为人需
承担的责任应大于教唆人（边码 1435）与帮助人[5]。此外还需考虑

〔1〕　GAUCH/SCHLUEP/REY, Nr. 3963 m. w. H. ; OFTINGER/STARK Ⅱ/1, § 16 N 388 f. ;
SCHWENZER, N 88. 40.

〔2〕　KELLER/SCHöBI Ⅳ, S. 22；瑞士《债务法》第 149 条作为追偿权请求权基础的功能，参见：
KELLER/GABI, S. 149/150.

〔3〕　MEIER – HAYOZ, ZGB 4 N 46.

〔4〕　KELLER/GABI, S. 143.

〔5〕　OFTINGER/STARK Ⅱ/1, § 16 N 339.

其他个案特别情况，例如加害人实施行为所基于的利益考虑[1]。

1505　法官还要考虑**各个**连带债务人的责任减免事由以及抗辩（例如轻微过失或因承担损害赔偿责任而发生经济上的窘困；瑞士《债务法》第43条第1款、第44条第2款，边码399，433以下）。换言之，法官在确定损害赔偿的内部份额时，需考虑各个连带债务人在对受害人的外部关系中不得主张的抗辩与抗辩权[2]。

1506　加害人之一向受害人为部分清偿且清偿额大于其所应负担的赔偿范围的，其他连带债务人在余下部分的损害范围内，向其承担按份责任，而非连带责任[3]。

（二）法院确定追偿份额的实例（内部的损害分担）

1507　　—　（非社团的）冰球队M邀请冰球俱乐部D打一场友谊赛，为此冰球队M的主席借用了场地，队员自己搭设了25cm高的安全防护栏。在比赛中，队员扭打在一起，D队的一名队员L打到坐在第二排的观众H，H的右眼受伤，最后导致失明。H起诉D俱乐部、L以及M队的10名球员。联邦最高法院撤销原判，要求初审法院就M应承担的赔偿份额重新审判。联邦最高法院认为对于H所受之人身损害，冰球俱乐部D，M冰球队的10名球员和L基于同样的法律原因（瑞士《债务法》第41条）承担责任，法院确定的赔偿份额为：冰球俱乐部D承担10/20，M冰球队的10名球员承担7/20，L承担3/20[4]。

1508　　—　业余戏剧表演爱好者团体X中的两人S和B饮酒过量，在进行即兴表演时，在未采取任何防护措施的情况下用空气进行枪射，击中某向公众开放的公园中的饭店R的窗户。18岁的H被（由B开枪的）子弹击中，右眼严重受伤。受害人在联邦州法院向S和R提起（连带）损害赔偿诉讼，法院依据瑞士《债务法》第41条结合瑞士《债

---

〔1〕　WERRO, Nr. 1566.

〔2〕　BREHM, OR 50 N 58 f.；向受害人主张仅适用于单个连带债务人的责任减免的事由，参见边码1459以下。

〔3〕　BREHM, OR 50 N 60；MERZ, SPR Ⅵ/1, S. 113；OFTINGER Ⅰ, S. 354；不同观点：OFTINGER/ STARK Ⅰ, § 10 N 80, 以及 SPIRO, Erfüllungsgehilfen, S. 283 f.

〔4〕　BGE 79 Ⅱ 70 ff. E. 3 - 8.

务法》第50条第1款支持了受害人的诉讼请求；在判决中，法院也确定了内部关系中的损害分担份额：S负担3/4，R负担1/4。联邦最高法院维持了州法院的判决，指出"从加害人之间的内部关系分析，按照其不同的过错程度，由S负担损害的3/4，R负担损害的1/4"[1]。

二、基于"不同"责任基础的连带责任中加害人之间的追偿（所谓的责任类型不同的连带责任中的追偿）

（一）瑞士《债务法》第51条规定的追偿规则

在所谓的责任类型不同的连带责任中，基于**不同责任基础**的数名加害人承担连带责任（边码1437以下），依据瑞士《债务法》第51条第1款的规定，"准用"数名加害人共同过错（瑞士《债务法》第50条第2款）的规定，确定内部关系中的损害分摊份额。瑞士《债务法》第51条第1款规定，参照瑞士《债务法》第50条第2款的规定，由法官自由裁量确定损害赔偿份额；然而第51条第2款为法院在基于不同责任基础承担损害赔偿责任的裁量中确定了**重要的判断标准**。

1509

瑞士《债务法》第51条第2款确定的**追偿规则**，或称**连带责任承担规则**，包含了以下责任承担顺序：

1510

- **首先，应由侵权行为中有过错**的加害人承担损害赔偿责任；

1511

- **其次，由合同责任**的债务人承担损害赔偿责任；

1512

- **最后，由无过错责任**的义务人承担损害赔偿责任。

1513

这一关于责任承担的顺序规则体现在司法实践中的意义如下：假设A、B、C三人共同造成损害发生，其中A系基于（侵权法上的）过错责任，B系基于合同债务不履行责任，C系基于（侵权法上的）无过错责任。若A向受害人为连带债务之清偿，则A不得向B、C追偿。若B向受害人为连带债务之清偿，则B得向A，但不得向C追偿。若C向受害人为连带债务之清偿，则C得向A和B主张追偿[2]。

1514

---

〔1〕　BGE 71 Ⅱ 115 E. 5.

〔2〕　若C向B主张追偿受到清偿之后，B得向A追偿，OFTINGER I, S. 348.

1515　这一关于责任承担的顺序规则体现了立法者对于不同的责任基础的价值判断[1]。

1516　瑞士《侵权责任法》修订研究委员会认为，瑞士《债务法》第51条第2款确定的关于责任承担的顺序规则并不具有合理性和正当性。委员会的建议是，依照瑞士《债务法》第50条第2款的规定，连带债务人之间的内部责任份额应由法官通过自由裁量确定，裁量过程中应尤其考虑行为人的过错程度以及造成损害的危险，作为法官的裁量标准[2]。委员会这一建议的绝大部分内容均被瑞士联邦参议院于1996年4月4日提出的《瑞士侵权责任法总则（草案）》采纳。草案规定：在连带债务人之间的内部关系中，损害的分担应考虑过错程度以及可归责以及单个债务人制造危险的强度（第30条第1款）。

1517　另一种观点主要是学者埃米尔·史塔克提出的，他在对瑞士联邦最高法院的判决做出仔细比较分析之后，得出以上法律所规定的追偿规则以及责任承担顺序规则的重要性在一定程度上已经被相对化了的结论，认为法院在确定追偿和损害分担比例时，更多地考虑了个案的具体情况[3]。法官有权决定评价个案的具体情况后来确定适用法律规定的追偿规则（瑞士《债务法》第51条第2款）是否合理（瑞士联邦最高法院也指出，个案的特殊情况表明不完全依照法定规则确定内部责任分担具有正当性，则在存在合理性理由的情况下，法官可以偏离法定的连带责任的追偿规则作出裁决，参见瑞士联邦最高法院判决BGE 115 Ⅱ 24 E. 3；学者[4]认为若案件事实情况表明在适用瑞士《债务法》第51条第2款确定内部责任分担会导致不合理结果，则法官可依据瑞士《民法典》第1条第2款的规定，站在立法人的立场上作出裁决）。

---

〔1〕　学者在OFTINGER/STARK I, § 10 N 51中的观点值得赞同，但在文章中，作者提出的解决方法虽然比较简单易行，但论证缺乏说服力。

〔2〕　研究委员会报告，S. 105, 223, These 59-3.

〔3〕　STARK, ZBJV 1992, S. 221 ff.; so auch OFTINGER/STARK I, § 10 N 50 FN 76, N 66, 73 m. w. H.; s. auch MERZ, ZBJV 1992, S. 207, sowie bereits WIDMER, Ethos, S. 278.

〔4〕　MAURER, Privatversicherungsrecht, § 39 Ⅲ 4b, S. 415.

（二）主要案件类型

依据瑞士《债务法》第51条第2款的责任承担顺序规则（边码1510以下），区分以下不同情况进行讨论：　　　　　　　　　　　　1518

－　基于无过错责任承担损害赔偿并向受害人清偿的债务人向基于过错　1519
　　责任或基于合同（过错违反合同义务）承担损害赔偿的债务人
　　追偿。

　　原则上，基于（普通）无过错责任（边码880）承担损害赔偿并　1520
　　向受害人清偿的债务人，既得向基于（瑞士《债务法》第41条意
　　义上的）过错责任，亦得向基于合同（过错违反合同义务）承担
　　损害赔偿的债务人追偿。

　　若基于无过错责任应承担损害的连带债务人行为时亦存在过错，则　1521
　　在确定内部关系的责任分担时，也应考虑该连带债务人的过错，
　　换言之，就如同责任人均因过错责任承担损害赔偿的案件一样分
　　担责任[1]。

　　若基于无过错责任应承担损害的连带债务人行为时存在过错，则原　1522
　　则上该债务人不得向因基于合同义务违反需承担违约责任之债务
　　人追偿，理由是依照瑞士《债务法》第51条第2款中规定的追
　　偿规则，过错责任人需先于违约责任人承担责任[2]。

　　基于危险责任（边码1243以下）需承担损害赔偿责任的连带债务　1523
　　人，原则上如同基于法律特别规定了构成要件的（普通）无过错
　　责任一样处理，符合瑞士《债务法》第51条第2款的规定（"依
　　据法律的规定需承担责任"）。按照第51条第2款确定的责任承担
　　顺序规则，危险责任的连带责任人处于第三位阶。对此，学界存
　　在不同观点，认为应当先由危险责任的连带责任人承担部分责任份
　　额［所谓的"**连带责任份额的先行承担原则**"（Prinzip der Vorweg -
　　tragung eines Regressanteils）］，因为在危险责任中，危险设施的经营

---

〔1〕　OFTINGER I, S. 367；参见边码1532。

〔2〕　SCHAER, Schadenausgleichsysteme, N 872，涉及的是营业业主责任，同时营业业主本身行为
存在过错的情况。

系造成损害结果的主要原因[1]。

1524 — **基于合同义务违反需承担损害赔偿的连带债务人向过错侵权的债务人追偿。**

1525 依据基于不同责任基础承担连带责任的债务人内部关系中责任分担的规则（瑞士《债务法》第51条第2款），首先应由行为存在过错的债务人承担责任。因此，基于合同义务的违反需承担损害赔偿并且已经向债权人清偿的连带债务人，可以向（除了其本身之外，其他在外部关系中对受害人的行为中）也存在过错的，基于侵权法中的过错责任需承担责任的债务人追偿。

1526 合同当事人的履行辅助人因（瑞士《债务法》第41条意义上的）过错行为造成合同相对方人身或财产损害（边码第219以下，306以下）的，受害人得向辅助人主张承担过错责任（依据瑞士《债务法》第41条的规定），亦得向合同当事人主张承担违约责任（瑞士《债务法》第101条）。受害人的损害由合同当事人一方赔偿的，履行所属人可依据瑞士《债务法》第51条第2款（瑞士《债务法》第55条第2款，边码963以下）向履行辅助人追偿[2]。

1527 在以上案件类型中，对于其行为符合过错责任构成要件的辅助人，受害人原则上并不享有对其的合同上的损害赔偿请求权。使用辅助人的合同当事人不得基于合同向辅助人主张追偿，因为其（尚）未受到合同相关的损失。为了纠正这一利益失衡的结果，一部分瑞士学者主张（德国学界主张这一制度的学者更多，研究也更为深入）适用所谓的"**第三人损害清偿制度**"（Drittschadensliquidation）：对于享有合同权利但未受有损害的当事人，应当允许其以自己的名义主张第三人所受之损害，法

---

[1] OFTINGER/STARK Ⅱ/2，§ 25 N 714；SCHAFFHAUSER/ZELLWEGER, N 1467；参见瑞士联邦最高法院判决 BGE 85 Ⅱ 243 E. 2；持反对意见的学者：OFTINGER/STARK I，§ 10 N 50 FN 78，认为这一处理方式不符合法教义学；同样持批评意见的还有：SCHAER, Schadenausgleichsysteme, N 869 f.，sowie SCHAFFHAUSER/ZELLWEGER, N 1469.

[2] 履行所属人向其辅助人主张因违反他们之间的合同关系而要求辅助人承担违约责任的，不得再主张追偿，针对这个问题，参见：BREHM, OR 51 N 83；边码964。

院对此请求权应当支持[1]。

具有重要实践意义的案件类型是当损害保险的保险人基于保险合同的合同义务向受害人承担赔偿责任之后，如何向（瑞士《债务法》第41条意义上的）**有过错的连带债务人追偿的问题**（参见特别法规定：瑞士《联邦保险合同法》第72条，该条规定保险人依据代位权制度取得被保险的法律地位，边码1560以下）。

兹举案例予以说明：

- 星级豪华宾馆L为客人提供了停泊游艇服务，客人的游艇可以系泊在宾馆提供的浮标上。住客G入住宾馆L时，遇到异常强烈的暴风雨。因浮标相连的铁链本身已锈蚀严重，未能经受暴雨侵袭而断裂，住客G的游艇撞到堤岸毁坏严重。G向保险公司主张（物之）损害的保险赔偿。若保险人向受害人履行了保险合同项下的义务，受害人得到损害赔偿，则保险人取得受害人的基于侵权行为的损害赔偿请求权（瑞士《联邦保险合同法》第72条第1款，边码1560以下）。亦即，只有当受害人原本对宾馆享有基于侵权行为的损害赔偿请求权时，保险公司始得向宾馆L追偿（瑞士《联邦保险合同法》第72条第1款结合瑞士《债务法》第41条，第55条）。——参见瑞士联邦最高法院类似判决BGE 118 Ⅱ 502 E.3，本案中，联邦最高法院驳回了保险公司主张的瑞士《联邦保险合同法》第72条第1款意义上的侵权损害赔偿请求权；类似判决：BGE 120 Ⅱ 58 E.3a。联邦最高法院在判决BGE 116 Ⅱ 645 E.2中的理由2系涉及债法请求权的内容（判决原文节选："事实上，责任保险保险人的代位权，并不仅限于基于瑞士《债务法》第41条的侵权行为的损害赔偿请求权，也包括其他被保险并且已经被

1528

1529

---

[1]　对于这项制度的讨论还有许多存疑问题，司法实践对此也采取十分谨慎的态度，该制度的具体介绍，可参见诸如：GAUCH/SCHLUEP/REY, Nr. 2704 ff.

清偿的请求权"），其表达和论证不明确，缺乏说服力。

- T的过错行为不法损害G合法停放的机动车。造成G3000
  瑞士法郎的损害。为了继续正常的营业活动，G租用汽车
  花费1000瑞士法郎。G与保险公司签订的是全额机动车综
  合保险合同，约定起赔点500瑞士法郎（500瑞士法郎以下
  的损害由投保人自己承担）。针对非自愿的财产额的减少，G
  享有对保险公司的直接的完全的损害赔偿请求权。保险公司
  V需承担的保险赔偿为2500瑞士法郎（实际发生的物之损失
  减去起赔点），因为在私人保险法上，损害事件发生时受害
  人额外支出的租金垫付原则上不在综合保险合同的理赔范围
  之内[1]。1500瑞士法郎的损害被称为"其他损害或称直接
  损害"（Rest – oder Direktschaden）[2]。对于损害的发生T
  具有过错；依据瑞士《联邦保险合同法》第71条第1款和
  瑞士《债务法》第41条，G在保险公司V履行了保险合同
  后，将其侵权损害赔偿请求权让与给保险公司（在本案中
  以2500瑞士法郎为限）。因此，保险公司原则上得向侵权
  行为人T追偿2500瑞士法郎。对于不在综合保险合同理赔
  范围之内的1500瑞士法郎的"剩余损害或称直接损害"，G
  得向T主张侵权法上的损害赔偿，因为基于侵权法的规定，
  侵权行为人原则上需全部赔偿造成的损害。

  若**责任保险人**向受害人履行了损害赔偿义务，而损害系由于司
  机酒驾造成，对事故的发生存在重大过失，因而属于过错行为
  造成损害的，责任保险人得向肇事司机追偿（此处假设驾驶人
  与投保人非为同一人）[3]。需特别注意的是，不当驾驶的机
  动车驾驶员**对受害人**承担的是**危险责任**，只是在**内部关系**中，
  依据瑞士《债务法》第51条第2款的规定，在内部关系中责
  任分担顺序上，"首先"应由有过错的连带债务人承担责任。

---

〔1〕 MAURER, Privatversicherungsrecht, § 48 Ⅱ 4b, S. 522.

〔2〕 参见瑞士联邦最高法院判决BGE 117 Ⅱ 609 E. 4c.

〔3〕 参见瑞士联邦最高法院判决BGE 120 Ⅱ 58 E. 3a und b; OFTINGER/STARK Ⅱ/2, § 25 N 281（责任保险人对重大过错造成事故的机动车车主的追偿）。

三、基于相同责任基础的连带责任中加害人之间的追偿（所谓的"责任类型相同的连带"）

（一）追偿的规范基础

数名赔偿义务人实施独立的行为基于相同责任基础承担连带责任的（边码 1443 以下），连带债务人之间的追偿问题首先应考虑适用瑞士《债务法》第 51 条第 1 款的规定。无论直接适用（亦即扩张解释条文中的"不同责任基础"），抑或类推适用该条的规定[1]，因瑞士《债务法》第 51 条第 1 款属于法定准用规定，因此瑞士**《债务法》第 50 条第 2 款**系数名赔偿义务人实施独立的行为基于相同责任基础承担连带责任中的**追偿的规范基础**。换言之，得否追偿以及追偿范围问题，由**法官通过自由裁量决定**[2]。

1530

（二）主要案件类型

在数名赔偿义务人实施独立的行为基于相同责任基础承担连带责任，即所谓的"同类型的法律基础的连带责任"中（边码 1433 以下），由法官通过自由裁量决定得否追偿以及追偿范围问题，内容包括以下方面：

1531

- 若数名赔偿义务人的行为**均存在过错**，依据瑞士《债务法》第 41 条的规定承担责任（边码 1447），在内部关系的责任承担上，应当**按照各个连带债务人的过错程度**分担[3]。各连带债务人的过错程度相当的，应当平均分担责任[4]。

1532

在确定内部关系中的责任份额时，除考虑各加害人的过错程度之外，法官还可以考虑个案中加害人需承担责任的其他法律原因。

1533

在由滑雪俱乐部 B 组织的一场营利性比赛中，一名女士 N 严重受伤，有生命危险。受伤原因是，由于天气恶劣，由 X（X

1534

---

〔1〕　对此理论界存在不同的学说观点：BREHM, OR 51 N 95；相反意见：OFTINGER/STARK I, § 11 N 60.

〔2〕　OFTINGER/STARK I, § 10 N 55 FN 90；边码 1503~1504。

〔3〕　BREHM, OR 51 N 100.

〔4〕　KELLER/GABI, S. 143.

为俱乐部主席）和 Y 控制的两人雪橇车在左转弯时滑出滑道，冲向观众席。N 起诉以瑞士《民法典》第 60 条意义上的社团形式成立的滑雪俱乐部 B，以及 X 和 Y，主张由以上被告承担连带责任，要求其支付损害赔偿与精神抚慰金。针对滑雪俱乐部 B 的请求权基础是瑞士《债务法》第 363 条以下（承揽合同），瑞士《债务法》第 58 条（工作物所有人责任）以及瑞士《债务法》第 41 条。针对单个选手 X 和 Y 的请求权基础是瑞士《债务法》第 41 条，X 和 Y 行为不谨慎，存在过错，应当承担一般过错责任。受害人针对滑雪俱乐部 B 的诉讼请求（包括合同法上和侵权法上的），得到了联邦州高等法院的支持。针对 X 和 Y 的诉讼请求，法院认为满足瑞士《债务法》第 41 条上的构成要件。关于内部关系中的损害分担份额，法院依据瑞士《债务法》第 50 条第 2 款的规定予以确定。鉴于滑雪俱乐部 B 对赛事的组织和举办不善导致损害，即构成侵权责任，又构成违约责任，因此判决由滑雪俱乐部 B 承担 7/12 的损害赔偿责任。X 作为俱乐部主席应对事实情况有全局的估计和考量（例如：在事故发生地点未采取防护措施），此外负责人本身也应承担更多责任，因此法院判决 X 承担 3/12 的损害赔偿责任。经查明，负责刹车的 Y 对危险情况了解并不全面（对于天气情况恶劣的事实，Y 知情），因此由 Y 承担 2/12 的损害赔偿责任[1]。

1535 — **数名赔偿义务人基于普通无过错责任**（边码 1451）造成受害人损害的，原则上也由法官通过**自由裁量**确定内部责任的分担份额。

1536 在基于普通无过错责任承担损害赔偿的连带债务人之间，其未尽到注意义务的行为具有可谴责性，同样是法官确定损害分担的因素。因此，没有特殊情况时，未尽到注意义务的程度直接影响到单个连带债务人在内部关系中损害责任的分担。可归责于单个加害人的造成损害的原因力大小，决定其承担损害份额之大小[2]。

---

[1] ZR 1957, Nr. 101, S. 201 ff., insbes. S. 212 E. Ⅷ 2.

[2] BREHM, OR 51 N 131.

－　加害人中既有基于**普通危险责任**，又有基于**危险责任**需承担损害赔　　1537
　　偿的，通说认为，基于危险责任承担者的特殊地位，应当由其承
　　担更大份额的责任[1]；

> 兹举一例予以说明：为了避让小狗，机动车驾驶人撞倒一名行　　1538
> 人。此时小狗饲养人与机动车驾驶人均无过错。小狗饲养人
> 不因举证证明其不存在过错而免责。按照通说观点，本案中
> 应当由基于普通无过错责任（瑞士《债务法》第56条）承担
> 责任的小狗饲养人分担1/3的损害，由基于危险责任承担责
> 任的机动车驾驶人承担2/3的损害。若其中一人在行为时存
> 在过错，则该责任人即需承担全部损害赔偿[2]。

危险责任的责任人的特殊地位，受到学者布莱姆的强烈质疑[3]。　　1539
布莱姆认为在内部关系中将危险责任置于责任承担顺序靠前的位
置不具有合理性和正当性，同时也有悖于瑞士《债务法》第51条
立法者的意图。不同于普通无过错责任（边码880以下），危险责
任（边码1243以下）的构成既不以注意义务之违反，又不以某种
类型的缺陷的存在为构成要件。布莱姆进一步指出，危险责任的
设定系基于立法者希望尽可能保障受害者的法律地位和权益的考
量。在对外关系中，**危险责任的严苛性有可能存在正当性理由，
但在内部关系中仍要求其承担更多责任，使其居于不利之法律地
位，这一做法非为必要和合理**。若连带债务人中，一人为无过错
因而也无非难性的危险责任的责任人，另一名（毕竟是）违反了
应有的注意义务因而需要承担责任的责任人，使前者承担更多的
责任，在布莱姆看来是没有任何理由的。考虑到危险责任中对危
险设备的经营或从事危险行为发生损害的概率更高，布莱姆认为
危险责任与普通无过错责任的责任人，应该处于同样的法律地位。

---

　　[1]　所谓的"危险责任承担者对连带责任份额的先行承担"（边码1523），代表学者有：
OFTINGER I, S. 364；VON TUHR/PETER, S. 469；ähnlich auch KELLER/GABI, S. 148；瑞士联邦最高法
院1987年5月5日未公布的判决，案件涉及反对瑞士联邦的Michaud及其同党。
　　[2]　BGE 85 Ⅱ 243 E. 2.
　　[3]　BREHM OR 51 N 134.

1540　－ **数名加害人均基于危险责任承担连带责任的**，在内部追偿问题上，需区分责任系基于同一类型的危险责任发生，还是基于不同类型的危险责任发生，分情况讨论。

1541　－ 数名**加害人行为符合同一危险责任的事实构成**，因而需要承担连带责任的，应首先考虑适用**特别法中规定的特殊追偿规则**。

1542　交通事故造成损害，责任人中包括机动车驾驶人和基于其他责任类型的危险责任人，受害人本身不是机动车驾驶人的，此时适用瑞士《道路交通法》第 60 条第 1 款前段的规定，在内部关系的责任分担中，由法官"权衡案件的全部事实情况"作出裁判[1]。

1543　若造成交通事故的责任人均系机动车驾驶人，则适用瑞士《道路交通法》第 60 条第 1 款后段的规定，在没有其他事实（主要是指驾驶机动车的风险）表明，有必要适用其他责任分担规则的情况下，各侵权行为人依照过错承担责任[2]。

1544　由此，在内部关系中，决定责任分担的决定性因素是**经营风险转化和实现成为具体危险的程度和强度**[3]。

1545　例如：客车"大众 1600 A Variant"和货车（梅赛德斯奔驰 Kipper）造成事故，双方需就亲属的抚养费承担连带责任。瑞士联邦最高法院基于货车较之客车高出数倍的质量以及事故发生时"毁坏性"的冲击力，判决货车承担更大份额之责任[4]。

1546　数人的侵权行为**满足同一类型的危险责任之构成要件**，但此类危险责任特别法对内部关系中的责任分担无特别法规定时，原则上内部责任分担，由法官自由裁量决定。决定性因素是经营风险转化和实现成为具体危险的程度和强度。

---

〔1〕　vgl. dazu SCHAFFHAUSER/ZELLWEGER, N 1470 f. ; 发生竞合时如何分担责任的确定方法，详见：同上，N 1315 ff.

〔2〕　Schaffhauser/Zellweger, N 1472.

〔3〕　vgl. dazu auch SCHAFFHAUSER/ZELLWEGER, N 1321 m. w. H.

〔4〕　BGE 105 Ⅱ 209 E. 4b.

－　数人的侵权行为造成同一损害，分别**构成不同类型的危险责任之构成要件**，但对于内部关系中的责任分担无特别法规定，原则上内部责任的分担，由法官依照过错程度确定[1]。
1547

例如：在一无人看管的道口，客车与铁路上的货车相撞，客车上的乘客当场死亡。因客车司机超速，因而听到货车警报声时为时已晚。客车司机的这一过错导致了其在内部责任分担中，需要承担更多责任[2]。
1548

若承担危险责任的责任人无过错，则内部责任分担由法官自由裁量。决定性因素是经营风险转化和实现成为具体危险的程度和强度。
1549

危险责任的竞合问题，详见：SCHAFFHAUSER/ZELLWEGER，N 1327 ff.
1550

－　尽管本书讨论范围仅限于合同外侵权责任，但因其重大实践意义，尤其是有保险人参与的案件，故本书将简要分析**基于债务不履行或履行不符合约定的赔偿义务人之间的追偿问题**。
1551

基于合同债务不履行或履行不符合约定的内部责任分担以及追偿关系（边码1457），原则上由法官裁量决定[3]；法官裁量时的主要因素包括是否存在过错[4]和过错程度，以及受害人与赔偿义务人之间法律关系的性质[5]。
1552

类推适用瑞士《债务法》第51条第1款的规定，结合第50条，同样适用于在外部关系中**合同违约的损害赔偿请求权**与**合同给付请求权**竞合的案件：
1553

---

[1]　持相同观点的学者：Schaffhauser/Zellweger, N 1356.

[2]　比较：在与此案件事实类似的另一案件（JdT 132, 1984, S. 419 ff.）中（该案系1983年6月27日瑞士联邦最高法院民二庭判决，未编入官方判决汇编），瑞士联邦最高法院的观点是，瑞士铁路公司的经营风险与损害之间的相当因果关系由于第三人的重过失而中断；参见瑞士联邦最高法院判决 BGE 93 Ⅱ 111 E. 8 - 11.

[3]　KOLLER, S. 792；OFTINGER/STARK I, § 10 N 51 FN 81.

[4]　BREHM, OR 51 N 107.

[5]　KELLER/GABI, S. 143.

1554　　　为了建造房屋的中间层，业主 M 按照《瑞士工程师与建筑师协会规则》（SIA）第 118 条与 W 股份有限公司签订了承揽合同，按照该规则（SIA）第 103 条与建筑设计公司 G 签订了建筑设计合同。前者主要生产、提供和装配建造楼层必要的水泥部分，G 主要负责建造规划和指导。在安装水泥部件时，楼层发生倒塌。依照合同中约定的履行义务，W 股份有限公司负有重新建造楼层的义务，并且不得主张额外的赔偿。为此，W 股份有限公司发生 21 万瑞士法郎的额外费用。经过专家鉴定，事故中 W 应当承担30%，G 应当承担70%的责任。W 股份有限公司向 G 主张额外发生之损失。

1555　　　瑞士联邦最高法院驳回了 W 股份有限公司基于瑞士《债务法》第 41 条直接向 G 主张的损害赔偿请求权，理由是不满足"不法之财产减损"要件，法院的这一观点值得赞同。

1556　　　接下来，法院认定 W 股份有限公司与建筑设计公司 G 之间的法律关系中，G 是业主 M 的辅助人，由此根据《瑞士工程师与建筑师协会规则》（SIA）第 118 条第 5 款的规定，W 股份有限公司得向 M 主张因建筑物倒塌额外支出的费用，理由是建筑物的倒塌并不完全系由于 W 履行合同不符合约定造成，G 公司设计规划存在瑕疵也是其中的重要原因[1]。

1557　　　**因合同义务履行不符合约定**，G 公司需向 M 承担损害赔偿责任，损害额为重新建造建筑物所花费之额外费用，基于**承揽合同履行不符合约定**，业主 M 可要求 W 股份有限公司继续履行合同义务。值得探讨的是，这两个请求权的关系问题。对瑞士《债务法》第 51 条进行文义与体系解释，原则上仅当数名赔偿义务人基于相同案件事实**承担损害赔偿义务**时，该条文始得适用。学说与司法实践通过类推适用扩张了该条文的适用范围。瑞士《债务法》第 324a 条劳动合同中的劳动者要求用人单位继续支付报酬的请求权和保险合同中的损害赔偿请求权竞合的

---

　〔1〕　BGE 119 Ⅱ 127 E. 4a.

案件中，瑞士联邦最高法院适用了瑞士《债务法》第51条的规定[1]。联邦最高法院在类推适用瑞士《债务法》第51条的态度上，似乎有继续扩展其适用范围之趋势，特别是当法院认为在上述案件中合同损害赔偿请求权与合同履行请求权的相对人对请求权人承担连带责任。回到上文讨论的案件，从法教义学角度分析，要使合同损害赔偿请求权与合同履行请求权的相对人对请求权人承担连带责任，前提必须是承认W股份有限公司和建筑设计公司G向业主M承担连带责任。在外部关系中，业主M可选择由W股份有限公司基于与有过错承担对重修所支出的额外费用的损害赔偿，或选择由G履行合同义务。

在本案中，瑞士联邦最高法院将W股份有限公司对G的请求权认定为连带责任中内部关系的**追偿请求权**（类推适用瑞士《债务法》第51条的规定）[2]。关于W股份有限公司在何范围内得向G建筑设计公司追偿的问题，联邦最高法院的立场是，在外部关系中（即针对业主M的法律关系中），在M公司（自愿?）重建楼层之后，业主对G的损害赔偿请求权消灭（瑞士《债务法》第147条第1款）。在外部关系中，重建费用全部由W公司承担。W股份有限公司向G建筑设计公司追偿数额的确定，适用瑞士《债务法》第51条第1款，结合第50条（类推适用），法官在确定追偿数额时尤其考虑当事人的**过错程度**。经司法鉴定，联邦最高法院判定W股份有限公司向G公司追偿为重修楼层所支出的实际费用的70%。

－ **损害保险的保险人**与承担违约责任的责任人需共同对损害承担赔偿责任时，情况比较特殊（需要特别注意的是，此时的损害保险保险人并非"赔偿义务人"，理由是进行损害赔偿系其对保险合同项下的合同义务之履行，边码1457）。损害保险保险人对违约责任的责任人的追偿请求权，参见边码1576。

1558

1559

---

[1] BGE 114 Ⅱ 342 ff.
[2] BGE 119 Ⅱ 127 E. 4b.

第三节　瑞士《联邦保险合同法》第72条对商业保险人追偿的特别法规定

一、保险人向侵权责任人的追偿

1560　瑞士《联邦保险合同法》第72条第1款规定，保险人向保险给付请求权人（通常是受害人）履行保险合同项下的合同义务，受害人向侵权行为人的请求权发生债权让与，这类案件中保险人取得的是**代位权**[1]：在满足瑞士《联邦保险合同法》第72条第1款的构成要件的情况下，发生法定的债权让与，保险人获得受害人的债权、与此相关的从权利及抗辩权，已经开始起算的时效也适用于该新债权人[2]。

1561　从法体系上分析，代位权的规定处于瑞士《联邦保险合同法》第48条以下规定损害保险的章节[3]，代位权制度系以物之损害保险的特殊利益状态所设立[4]。基于损害赔偿法中"不得因损害而得利原则"（边码13），学说与联邦最高法院的立场一致：在侵权责任法领域应类推适用瑞士《联邦保险合同法》第72条的规定[5]。瑞士《联邦保险合同法》第72条不适用于人身保险，人身保险基本上均为定额保险的形式（边码1408）[6]。

1562　瑞士《联邦保险合同法》第72条第1款规定的代位权的成立包含以下**三个构成要件：**

---

〔1〕　OFTINGER/STARK I，§ 11 N 15.

〔2〕　OFTINGER/STARK I，§ 11 N 16.

〔3〕　损害保险的概念，参见如：KöNIG，SPR Ⅶ/2，S. 608 f.；MAURER，Privatversicherungsrecht，§ 24 I 1, 2, S. 271 ff.；OFTINGER/STARK I，§ 11 N 9；OFTINGER I，S. 380.

〔4〕　BGE 95 Ⅱ 333 E. 4.

〔5〕　BREHM, OR 51 N 65；KöNIG，SPR Ⅶ/2，S. 683；MAURER，Privatversicherungsrecht，§ 39 Ⅳ 2a gg，S. 421；OFTINGER/STARK I，§ 11 N 102，认为应当承认存在法律漏洞，并且使责任保险的保险人取得被保险人的追偿地位；OFTINGER I，S. 459 ff.，insbes. die Nachweise in FN 395〔认为可直接适用（不必类推）：DERS. I，S. 380〕；OFTINGER/STARK Ⅱ/2，§ 25 N 746；瑞士联邦最高法院判决 BGE 116 Ⅱ 645 E. 2, 95 Ⅱ 333 E. 4.

〔6〕　瑞士《联邦保险合同法》第96条；MAURER，Privatversicherungsrecht，§ 39 Ⅲ 3d，S. 413；OFTINGER/STARK I，§ 11 N 14.

－　首先，保险人必须事实上已经履行了基于保险合同对受害人的保　　　　1563
　　险给付〔1〕。

若保险人仅履行**部分**保险合同项下之给付义务，则发生部分的债　　　　1564
权让与，范围以有效履行的合同义务为限〔2〕。对于**剩余损害**，
或称直接的请求权（Rest - oder Direktforderung）受害人仍得向侵
权行为人主张。仅在遵守"**被保险人优先原则**"的前提
（Quotenvorrechts des Geschädigten）下，发生债权让与。

所谓的"**被保险人损害赔偿请求权优先原则**"（参见瑞士《道　　　　1565
路交通法》第 88 条的规定）以及"**被保险人的社保请求权优**
先原则"〔3〕系整个责任法领域的重要原则，兹举例予以
说明。

G 违反交通规则将机动车直接停在以标识标明的建筑工地出　　　　1566
口处。帮工 H 本打算将 A 股份有限公司的某一重型机械从该建
筑工地运往另一处，由于光线较差，撞到 G 的机动车，致使机动
车毁坏。G 的损失额总计 5000 瑞士法郎。G 与保险公司订立了机
动车综合险合同，获得赔付 3000 瑞士法郎（总损失额减去起赔
点 2000 瑞士法郎）。G 的剩余损失或称直接损失 2000 瑞士法郎，
仍得向 A 股份有限公司主张。G 本身的行为存在违法性，构成与
有过错（边码 401 以下）。基于与有过错这一责任减免事由，机
动车车主（A 股份有限公司）仅需向受害人承担部分损失
（70%）：这一份额又被称为**责任份额或赔偿份额**（Haftungs -
oder Ersatzquote）〔4〕。

―――――――――

〔1〕　KöNIG, SPR Ⅶ/2, S. 684；瑞士联邦最高法院判决 BGE 120 Ⅱ 58 E. 3b："保险公司仅在已经
履行给付义务后，始得主张追偿"；类似判决：BGE 118 Ⅱ 502 E. 3："瑞士《联邦保险合同法》第 72
条中的追偿权以保险人履行给付义务为前提"。

〔2〕　OFTINGER/STARK I, § 11 N 82.

〔3〕　概论：A. KELLER Ⅱ, S. 210 ff., 221 ff.；MAURER, Privatversicherungsrecht, § 39 Ⅳ 2 a cc,
S. 419；DERS., Bundessozialversicherungsrecht, S. 413；OFTINGER/STARK I, § 11 N 203；OFTINGER I,
S. 419 ff.；SCHAER, Schadenausgleichsysteme, N 485 f.；瑞士联邦最高法院判决 BGE 120 Ⅱ 58 E. c, 104
Ⅱ 307 E. 9e, 96 Ⅱ 355 E. 2, 93 Ⅱ 407 ff.

〔4〕　MAURER, Bundessozialversicherungsrecht, S. 413；DERS., Privatversicherungsrecht, § 39 Ⅳ 2a
cc, S. 418 f.

1567　责任份额或赔偿份额小于100%的（例如在存在责任减免事由或投保不足额保险）的情况下，需要注意：若直接适用瑞士《联邦保险合同法》第72条第1款的规定，则保险公司在3000瑞士法郎的范围内获得 G 对 A 股份有限公司的权利（代位权），亦即得向 A 追偿。赔偿义务人向受害人主张责任减免事由的，受害人在请求剩余损害或称直接损害赔偿时，会发生困难，有可能保险人向侵权行为人追偿之后，赔偿义务人已无偿债能力[1]。

1568　保险人行使追偿权不得有损于投保人［见瑞士《事故保险法》（UVG）第42条第1款］，因此，受害人对已经由保险人履行之保险给付进行折算后，得先于保险人向侵权行为人就剩余损害主张承担赔偿责任（不仅仅指其损害赔偿请求权）[2]。从保险人角度观察，只有当受害人向赔偿义务人主张剩余损害或直接损害之后，保险人始得主张追偿。准以此言，在最终结果上，相当于保险人承担了本应由受害人承担的责任减免份额（例如与有过错）[3]，同时在受害人处发生其对保险人和对赔偿义务人（及其保险人）的请求权聚合[4]。

1569　瑞士联邦最高法院在其判决中曾多次重申，只有在保险给付额度、第三人的赔偿额以及第三人的投保保险额度总额超过受害人所受损失时，公营保险公司和商业保险公司始得向加害人追偿。只有当受害人的损害赔偿请求权在数额上小于保险人的赔偿额时，受害人才会因与有过错或其他责任减免事由事实上承担责任（即赔偿义务人责任的部分减免）[5]。

1570　**受害人请求权优先原则**不得使受害人因损害事故而得利（责任

---

〔1〕　MAURER, Privatversicherungsrecht, § 39 IV 2a cc, S. 419；OFTINGER/STARK Ⅱ/1, § 26 N 424；OFTINGER I, S. 419；案例分析参见：MAURER, Bundessozialversicherungsrecht, S. 413.

〔2〕　基于以上内容，学者 OFTINGER/STARK 在其论著中将这一权利主张顺序称之为"受害人的优先"原则；类似观点：MAURER, Bundessozialversicherungsrecht, S. 413, 认为受害人的损害赔偿请求权属于优先权。

〔3〕　OFTINGER/STARK Ⅱ/2, § 26 N 428.

〔4〕　OFTINGER I, S. 420 m. w. H. in FN 312.

〔5〕　参见 BGE 113 Ⅱ 86 E. 2, 104 Ⅱ 307 E. d, 93 Ⅱ 407 E. 2.

法的基本原则——不得使受害人因损害事故而得利，边码13)，
而仅仅**保证受害人的损害尽可能受到填补**[1]。

受害人请求权优先原则的**数额**依照以下规则确定和计算：

首先，损害赔偿请求权的数额的确定方法同无保险人参加的案件，依照损害赔偿计算（边码395以下）的一般原则（以上案为例，边码1566，总损害数额5000瑞士法郎，减去受害人G因与有过错需承担的1500瑞士法郎）。

在这个数额中（3500瑞士法郎），还需减去剩余损害或称直接损害（3500瑞士法郎减去起赔点2000瑞士法郎）。计算结果即为**受害人请求权享有优先权的数额**。

保险人得向侵权行为人主张追偿的数额的最大值为保险给付额（3000瑞士法郎）和受害人请求权享有优先权的数额（1500瑞士法郎）的差额。

其他涉及数额计算的案例，参见：A. Keller Ⅱ, S. 211.

瑞士《侵权责任法》修订研究委员会接受了由司法实践发展起来的针对社会保险保险人以及商业保险保险人的受害人请求权优先原则（参见研究委员会报告，S. 111)。

- 瑞士《联邦保险合同法》第72条第1款中的债权让与的第二个构成要件是，基于保险合同的请求权人需对第三人有侵权法上的损害赔偿请求权。换言之，代位权的成立要件是受害人本可以主张因他人的违法行为所引起的侵权损害赔偿请求权[2]。受害人对他人享有无过错责任的损害赔偿请求权时，是否可以适用瑞士《联邦保险合同法》第72条第1款的规定，瑞士学者对此持不同意见和看法[3]。

1571

1572

1573

1574

---

[1] BGE 113 Ⅱ 86 E. 2.

[2] vgl. KöNIG, SPR Ⅶ/2, S. 684；MAURER, Privatversicherungsrecht, § 39 Ⅳ 2a aa, S. 418；OFTINGER I, S. 383；瑞士联邦最高法院判决 BGE 118 Ⅱ 502 E. 3, welcher von «atto illecito» spricht；详见另一判决：BGE 116 Ⅱ 645 E. 2.

[3] 通说持否定意见，参见：BREHM, OR 51 N 61；GAUCH, Anwaltskosten, S. 200；KöNIG, SPR Ⅶ/2, S. 685；MAURER, Privatversicherungsrecht, § 39 Ⅳ 2 a aa, S. 418 m. w. H.；OFTINGER/STARK I, § 11 N 31, 35；OFTINGER I, S. 383 f.；也有学者认为可以适用该条规定，例如：VON TUHR, S. 235, s. jedoch VON TUHR/PETER, S. 471.

瑞士联邦最高法院在处理此类案件时，采取的一贯态度和立场是，运用瑞士《债务法》第 51 条第 2 款的利益衡量作为是否适用瑞士《联邦保险合同法》第 72 条第 1 款规定的判断标准与论证理由[1]。瑞士《联邦保险合同法》第 72 条第 1 款所称之"不法行为"以赔偿义务人存在**主观上的过错**为构成要件（瑞士联邦最高法院判决中明确指出这一要求[2]；同时法院还指出，构成无过错责任的，同时赔偿义务人存在主观过错的，可以适用瑞士《联邦保险合同法》第 72 条第 1 款的规定，保险人得向行为人追偿）。联邦最高法院的这一解释符合瑞士《债务法》第 51 条第 2 款所体现的损害赔偿顺序规则（边码 1510 以下）：**基于合同需承担损害赔偿之连带债务人**（本案中指保险人），**不得向无过错责任**（例如基于无过错责任）**而承担责任之连带债务人主张追偿**[3]。

1575 — 第三个构成要件是，**损害必须是第三人的行为造成**[4]。若无过错责任的损害赔偿请求权的相对人系与被保险人共同生活之人或该人之行为可归属于被保险人，而此人造成损害时仅具有轻过失，则此时保险人对其不享有代位求偿之权利[5]。

二、保险人向承担违约责任的责任人追偿

1576 请求权人对第三人的损害赔偿请求权（仅仅）系基于合同义务之违反的违约责任请求权，不适用瑞士《联邦保险合同法》第 72 条第 1 款的规定[6]。保险人与引起损害发生之第三人基于同类责任基础（合同）向受害人承担责任：此类案件属于所谓的"同类型责任基础之连带责任"。处理此类案件时，（依据瑞士《债务法》第 51 条第 1 款中法定准用规定）瑞士《债务法》第 50 条第 2 款作为独立的追偿请求权基础予

---

〔1〕 参见 BGE 93 Ⅱ 407 E. 2，本案中法官进行了详细说明了理由，80 Ⅱ 247 E. 5.

〔2〕 BGE 120 Ⅱ 191 E. 4c.

〔3〕 GAUCH, Anwaltskosten, S. 201.

〔4〕 DESCHENAUX/TERCIER, § 38 N 16.

〔5〕 瑞士《联邦保险合同法》第 72 条第 3 款；此类案件中的追偿，详见：OFTINGER/STARK I, § 10 N 104 ff.，§ 11 N 53 ff.

〔6〕 König, SPR Ⅶ/2, S. 687；OFTINGER/STARK I, § 11 N 36；OFTINGER I, S. 383.

以适用[1]。得否主张追偿以及追偿范围的问题，由法官自由裁量决定。若合同当事人违反合同义务的行为存在过错，瑞士学者中大部分认为应当允许保险人向其追偿[2]。部分学者的观点是，只有当违约合同当事人存在重大过错时，保险人始得向其追偿，瑞士联邦最高法院也采此观点[3]。还有学者认为对于违约责任人，原则上应允许保险人对其进行追偿，换言之，不仅不需要违约责任人存在重大过错，而且是普遍赋予保险人对违约责任人的追偿权[4]，同时又指出：在违约人仅具有轻过失时，需由法官按照瑞士《债务法》第43条关于损害赔偿的确定规则，确定违约人的给付义务[5]。

1577

若违约责任人**不存在过错**，则在确定保险人是否享有追偿权时，需要考虑受害人与加害人之间的合同是否为有偿合同。在订立合同时，被违约方已经考虑到对方有可能不履行合同或履行合同不符合约定，并将此计算在其合同项下所负担之义务的（例如：提高价格或者将保险费计算在内），此时应该允许在违约方、被违约方和保险人之间进行责任分担。但在无偿合同中，保险人不得向无过错之违约人主张追偿。

1578

若第三人（受害人的合同相对人）**非因自己行为之过错**（例如：基于合同法上的无过错责任归属规定，诸如瑞士《债务法》第101条规定）**需承担责任**，法律状况会相对复杂。

1579

瑞士学界对此未能形成统一意见[6]；瑞士联邦最高法院在其判决中[7]指出，辅助人轻过失行为造成损害的，其行为之归属人需对此负责，保险人不得向辅助人行为之归属人追偿。基于法院的这一判决，学者

1580

---

〔1〕　边码1558；OFTINGER/STARK I，§11 N 36，也认为瑞士《债务法》第50条第2款在此系独立的追偿请求权基础。

〔2〕　概述，参见：BREHM, OR 51 N 127.

〔3〕　HAUSWIRTH/SUTER, S. 147；MAURER, Privatversicherungsrecht, § 39 Ⅳ 2a ee, S. 420；OFTINGER I, S. 368；BGE 93 Ⅱ 345 E. 6，在之后的案件中，联邦最高法院再次确认了这一观点：BGE 80 Ⅱ 247 E. 5.

〔4〕　vgl. auch OFTINGER/STARK I, § 11 N 30, v. a. N 74；OFTINGER I, S. 368.

〔5〕　BREHM, OR 51 N 127.

〔6〕　学者的不同观点与论证理由：BREHM, OR 51 N 111 ff. ；MAURER, Privatversicherungsrecht, § 39 Ⅳ 2a ff, S. 420；OFTINGER/STARK I, § 11 N 41，认为不得适用瑞士《联邦保险合同法》第72条第1款中的代位权。

〔7〕　BGE 80 Ⅱ 247 ff.

认为，原则上当辅助人**重大**过错造成损害时，保险人得向其行为归属人主张追偿〔1〕。

1581 学者对这一观点仍然持保留态度，并且提出了不同的论证理由，尤其是布莱姆〔2〕指出：部分学者和联邦最高法院的这一观点以及说理恐怕并不具有说服力。布莱姆认为辅助人的过错程度，不应作为保险人得否向**无过错**之合同当事人进行追偿的判断标准。

1582 关于责任保险人向投保人与被保险人追偿的问题，详见 SCHAFFHAU-SER/ZELLWEGER，N 1678 ff. 等。

---

〔1〕 HAUSWIRTH/SUTER, S. 147；KöNIG, SPR Ⅶ/2, S. 687；OFTINGER/STARK I, § 10 N 55；OFTINGER I, S. 368；SPIRO, Erfüllungsgehilfen, S. 274；参见瑞士联邦最高法院判决 BGE 93 Ⅱ 345 E. 3.

〔2〕 BREHM OR 51 N 120 f.

第五编

消灭时效

第十二章

消灭时效导论

参考文献：WOLFGANG ERNST, Solidarschuld und Verjährung, in: Individuum und Verband, Festgabe zum Schweizerischen Juristentag 2006, Zürich 2006, S. 175 ff. ; WILLI FISCHER, Die Verjährung von Haftpflichtansprüchen, in: Haftpflicht – und Versicherungsrechtstagung 1997, St. Gallen 1997, S. 93 ff. ; HEINRICH HONSELL, Haftpflichtrecht, § 12; ALFRED KOLLER, Die Tragweite eines zeitlich begrenzten Verjährungs – verzichts, SJZ 1996, S. 369 ff. ; JENS MORAHT, Verjährungsrechtliche Probleme bei der Geltendmachung von Spätschäden im Deliktsrecht aus der Sicht des deutschen, schweizerischen und österreichischen Rechts, Diss. Freiburg 1995; VOLKER PRIBNOW, Entwicklungen im Haftpflichtrecht, HAVE, Personen – Schaden – Forum 2007, S. 295 ff. ; VITO ROBERTO, Schweizerisches Haftpflichtrecht, Zürich 2002, § 18; CHRISTIAN SCHöBI, Die Akzessorietät der Nebenrechte von Forderungen unter besonderer Berücksichtigung des Rechtsinstituts der Verjährung, Diss. Zürich 1990; WILLI SCHWANDER, Die Verjährung ausservertraglicher und vertraglicher Schadenersatzforderungen, Diss. Freiburg 1986; KARL SPIRO, Die Haftung für Abschluss – und Verhandlungsgehilfen, ZSR 1986 I, S. 619 ff. ; FRANZ WERRO, La responsabilité civile, Seconde partie, Section 2, Sous – section 1, § 2 N 1405 ff. ; PIERRE WESSNER, La prescription des actions réparatoires et récursoires au regard de la révision totale du droit de la responsabilité, in: Haftpflicht – und Versicherungsrechtstagung 1997, St. Gallen 1997, S. 143 ff.

1583

参见边码 1604 与 1660 中所列明之其他参考文献。

第一节　消灭时效的概念

1583a　消灭时效制度[1]主要有以下功能：

1584　－　消灭时效（以及消灭时效的法效果）在于**保护债务人**，在债权人享有的债权的法律原因和基础从未发生或虽发生但已不存在，或者对于债权的发生和存在债务人根本无从知晓也无法预期的情况下，债权人向债务人主张履行的请求权不会受到法院的支持（与多数学者持不同意见的：Spiro I, S. 8）。

1585　－　在消灭时效届满之后，**债权不再具有执行效力**（债权人的债权并没有消灭，时效抗辩权的效果是，实体法上仍然存在之债权丧失强制力，不得违背债务人意志强制履行）可能会发生问题，因为侵权危险存在于时间上比较久远之事实中[2]。

1586　－　消灭时效制度敦促**债权人及时主张其权利**[3]。

1587　债权人长达数年之久不主张权利，会使债务人认为并且信赖债权人有可能不再要求其履行债务[4]。消灭时效制度促使债权人在一定期限内行使权利，避免债务人产生债务无须再为履行的信赖。时效制度对债权人施加压力，具有保护债务人，亦即保护个体的直接效果，同时也在整体上保障了法安定性与法和平性[5]。

第二节　侵权损害赔偿请求权消灭时效的法律规定

1588　属于侵权损害赔偿请求权消灭时效的法律规范的标志是，法条中规定了

---

〔1〕　时效的概念：i. A. vgl. BECKER, Vorbem. zu OR 127 - 142 N 1；BUCHER AT, S. 455 f.；ENGEL AT, S. 797 f.；GAUCH/ SCHLUEP/REY, Nr. 3455；VON TUHR/ESCHER, S. 211.

〔2〕　例如：在侵权行为之后的事实认定中，发现已有的证明事实并不足以证明存在原告主张之请求权；s. dazu ENGEL AT, S. 797；GAUCH/SCHLUEP/REY, Nr. 3466；详见：SPIRO I, S. 8 f.

〔3〕　类似观点：BREHM, OR 60 N 4.

〔4〕　ENGEL AT, S. 797 f.；SPIRO I, S. 25 ff.

〔5〕　类似观点：BREHM, OR 60 N 4；ENGEL AT, S. 797；GAUCH/SCHLUEP/REY, Nr. 3465 f.；A. KELLER Ⅱ, S. 248 f.；消灭时效的制度目的：参见瑞士联邦最高法院判决 BGE 119 Ⅱ 216 E. 4a aa.

消灭时效的**起算点和期间长度**。典型的时效规范是瑞士《债务法》第60条第1款和第2款。

瑞士《债务法》第60条第1款和第2款（详见边码1605以下）作出了与时效的一般规则——瑞士《债务法》第127条以下——有所不同的特别规定。与侵权法上损害赔偿请求权的消灭时效相关的其他问题，仍可援引瑞士《债务法》第127条以下的规定。第60条中的特殊规则主要包括消灭时效的中断（瑞士《债务法》第135条）、中止和暂不发生[1]。

1589

瑞士《债务法》第60条第1款和第2款中规定的**消灭时效规则主要适用于依照瑞士《债务法》第41条以下之规定发生的侵权请求权**。瑞士《债务法》第60条适用于瑞士《民法典》与瑞士《债务法》中的所有侵权损害赔偿请求权，法律另有特别规定的除外（例如：瑞士《民法典》第454条和第455条；参见瑞士联邦最高法院判决BGE 126 III 382 ff.：依据瑞士《债务法》第423条第1款的规定，盈利返还请求权的消灭时效适用瑞士《债务法》第60条的规定）。

1590

瑞士《债务法》第60条规定的消灭时效规则也适用于家长责任中的请求权（瑞士《民法典》第333条）和土地所有人超越权限致人损害时受害人的请求权（瑞士《民法典》第679条）。

1591

需要特别注意的是，大部分侵权责任法**特别法**均对时效做了特别规定［例如：瑞士《道路交通法》（SVG）第83条，瑞士《联邦产品责任法》（PrHG）第9条，瑞士《辐射防护法》（StSG）第40条］。除此之外，部分特别法规范指引准用了瑞士《债务法》第60条的规定［参见例如：瑞士《环境保护法》（USG）第59a条第4款，瑞士《联邦船舶法》（SSG）第27条第1款］。

1592

第三节　放弃消灭时效与放弃消灭时效抗辩权

侵权事故发生后受害人和赔偿义务人经常会就损害赔偿事宜进行诉讼外

1593

---

〔1〕　瑞士《债务法》第135条，s. dazu OFTINGER/STARK II/1, § 16 N 344.

协商和解，而常常出现和解协议尚未达成，针对侵权请求权的较短诉讼时效（边码1605）已经届满的情况。

1594   尽管在消灭时效届满之前，受害人可以选择采取可引起时效中断（瑞士《债务法》第135条）的措施，然而若受害人采取此类措施，不仅会发生额外费用（例如催促其还款发生的费用或诉讼费用），还会使和解谈判变得更为艰难（尤其是当受害人在催款通知中要求更高的赔偿数额的情况）。

1595   **放弃消灭时效**并对此另附期限（边码1596）意为对消灭时效的期间做调整，即进行延长[1]。换言之，放弃消灭时效意为**请求权的时效直至约定期间经过时才届满**，债权人得在此期限届满前中断消灭时效[2]。**放弃消灭时效抗辩权**并不改变法定的消灭时效期限，只是在约定时间段内不得向债权人提起消灭时效届满之抗辩。

1596   在具体案件中，法院需要确定当事人是放弃了消灭时效抗辩权还是对消灭时效约定延长，为此，瑞士联邦最高法院公布了一则较为实用的判决："鉴于法秩序的确定、简明和易于理解方面的考量"，使放弃消灭时效并对此另附期限与放弃消灭时效抗辩权"在效果上"保持一致，"即发生时效延长的效果"[3]。

1597   关于是否**允许当事人约定放弃消灭时效或放弃消灭时效抗辩权**的问题，应当区分放弃之意思表示是在时效届满之前或之后[4]作出。从司法实践中的意义考虑，以下仅讨论放弃消灭时效并对此另附期限与放弃消灭时效抗辩权的意思表示发生在时效届满之前的情况（若请求权已经罹于时效，赔偿义务人再作出放弃消灭时效或放弃消灭时效抗辩权的意思表示，已无意义；若还未达成庭外和解，赔偿义务人会保留其主张时效抗辩权的权利）。

1598   放弃消灭时效并对此另附期限与放弃消灭时效抗辩权的**合法性**问题，需注意以下几点：

---

[1] BGE 99 Ⅱ 185 E. 3a.
[2] 瑞士《债务法》第135条第2项；OFTINGER/STARK Ⅱ/1, § 16 N 389e.
[3] BGE 99 Ⅱ 185 E. 3a.
[4] vgl. BGE 122 Ⅲ 10 E. 7.

— 依据瑞士《债务法》第 129 条的规定，对于瑞士《债务法》第三章 1599
（即瑞士《债务法》第 127 条和第 128 条）中所规定的消灭时效期
限，当事人不得约定变更。**侵权责任法中的消灭时效规定**（例如
瑞士《债务法》第 60 条的规定）**不在此列，因此原则上允许约定
变更**[1]。

— 值得探讨的问题是，是否以及在满足哪些构成要件的情况下，当事 1600
人得在消灭时效届满之前（亦即在时效进行过程中）放弃时效。
这一问题之所以存有争议，是因为瑞士《债务法》第 141 条规定
当事人"不得事先"约定放弃消灭时效[2]。

部分瑞士学者提出，在所有现代化的法典中，无不规定消灭时效届 1601
满之前做出对其进行放弃的变更无效。理由是，若承认放弃消灭
时效的约定有效，此类约定将被广泛采用，时效规定反而不利于债
务人，对于债权人保护也无益[3]。因此，学者的结论是对于还在
进行中的消灭时效，仅允许当事人约定放弃已经经过的期间[4]。

另有学者认为，应对瑞士《债务法》第 141 条（同时也包括瑞士 1602
《债务法》第 129 条）的适用范围进行缩限，瑞士联邦最高法院也
持此观点，作者赞同此观点。依此观点，没有在瑞士《债务法》
第三章中规定的消灭时效（即瑞士《债务法》第 127 条和第 128
条），也包括侵权责任法中的请求权的消灭时效，均得事先约定放
弃[5]。同意允许事先约定放弃消灭时效的学者中，对于以何种
法律行为放弃，存在不同观点：一种学者观点认为消灭时效放弃
应以合同为之，这一观点值得赞同[6]；也有学者提出相反意见，

---

[1] OFTINGER/STARK Ⅱ/1, § 16 N 389 f; VON TUHR/Escher, S. 219; 瑞士联邦最高法院判决 BGE 112 Ⅱ 231 E. 3e bb, 99 Ⅱ 185 E. 2 b und c.

[2] BSK/BERTI, OR 141 N 3 ff.

[3] SPIRO Ⅱ, S. 847/8, sowie S. 545.

[4] SPIRO Ⅱ, S. 849; ähnlich bereits BECKER, OR 141 N 1, 3; GAUCH/SCHLUEP/REY, Nr. 3573.

[5] BUCHER AT, S. 448; GAUCH/ SCHLUEP/REY, 7. Aufl., Nr. 3501, 3505; 瑞士联邦最高法院判决 BGE 112 Ⅱ 231 E. 3, 99 Ⅱ 185 E. 2b.

[6] GAUCH/SCHLUEP/ REY, 7. Aufl., Nr. 3505.

认为仅需单方意思表示即构成消灭时效之放弃[1]。

1603　值得注意的是，许多著名学者提出，在消灭时效未届满之前放弃时效的，应重新确定时效期限[2]，而放弃消灭时效抗辩权也以重新确定时效期限为前提[3]。学者提出这一要件的理由，应该是基于无期限的放弃消灭时效无异于"排除时效制度"[4]。

第四节　违反合同义务的损害赔偿请求权与精神损害抚慰金请求权的消灭时效

一、直接受有损害的合同一方当事人的请求权的消灭时效

1603a　合同一方当事人违反合同义务，造成对方当事人**人身损害或物之损害**（包括纯粹经济损失）的**损害赔偿请求权**，适用合同法中关于消灭时效的规定；原则上适用瑞士《债务法》第 127 条的 10 年时效[5]。

1603b　若违约方的行为方式造成另一方当事人人格权受有损害，行为与损害之间存在相当因果关系，并且满足构成**精神抚慰金请求权**的其他要件（边码 474 以下），则该请求权适用瑞士《债务法》第 127 条的消灭时效期限[6]。

二、合同一方当事人的亲属的请求权的消灭时效

1603c　赔偿义务人与直接受害人之间存在合同关系的，亲属的**抚养费损害**以及**精神抚慰金请求权**也适用合同法上关于消灭时效的规定[7]。瑞士联邦最高法院对此持有不同意见，认为即使死者与需要对此承担责任的责任人之间存在合同关系，亲属的抚养费损害以及精神抚慰金请求权也应适

---

〔1〕　BUCHER AT, S. 448; s. auch BGE 99 Ⅱ 185 E. 2b.

〔2〕　OFTINGER/STARK Ⅱ/1, § 16 N 389g, 389i.

〔3〕　OFTINGER/STARK Ⅱ/1, § 16 N 389k.

〔4〕　OFTINGER/STARK Ⅱ/1, § 16 N 389e.

〔5〕　Gauch/Schluep/Rey, Nr. 3497 ff.

〔6〕　GAUCH/SCHLUEP/REY, Nr. 3497 ff.; 参见 BGE 4C. 32/2003 vom 19. Mai 2003 E. 2. 2, BGE 123 Ⅲ 204 E. 2b, 87 Ⅱ 155 E. 3a, 80 Ⅱ 256 ff.

〔7〕　Gauch/Schluep/Rey, Nr. 3498.

用瑞士《债务法》第 60 条关于消灭时效的规定（而非瑞士《债务法》第 127 条的规定）〔1〕。瑞士学界对此也存在不同意见〔2〕。

值得注意的是，瑞士联邦最高法院判例在亲属的精神抚慰金案件中援引了合同法上的请求权的消灭时效规定，案件中该亲属本身也同时为合同当事人〔3〕；还有一类案件是利益第三人合同，在本案中，对于亲属的精神抚慰金请求权，法院也适用了合同法上请求权的消灭时效〔4〕。

1603d

---

〔1〕　BGE 81 Ⅱ 547 E. 3 und 4；在加害人与配偶一方存在合同关系的情况下，法院认为配偶的精神抚慰金请求权的消灭时效不适用 10 年的规定：BGE 123 Ⅲ 204 ff.

〔2〕　例如：A. KELLER 在 KELLER I, S. 423 f. 和 DERS. Ⅱ，S. 258 中指出，对于抚养费请求权应适用合同请求权之消灭时效的规定；也有学者认为抚养费请求权应适用瑞士《债务法》第 60 条的规定：BREHM, OR 60 N 13；OFTINGER/STARK Ⅱ/1，§ 16 N 342.

〔3〕　例如：医生为儿童治疗，BGE 116 Ⅱ 519 E. 2c.

〔4〕　BGE 123 Ⅲ 204 E. 2g.

第十三章

一年时效与十年时效(瑞士《债务法》
第60条第1款)

1604　参考文献：JEAN – PAUL CHâTELAIN, L'action directe contre l'assureur,
Diss. Lausanne 1961；HEINZ HAUSHEER, Die privatrechtliche Rechtspr –
echung des Bundesgerichts im Jahre 1992, Haftpflicht – und Privatversich –
erungsrecht, ZBJV 1994, S. 283 ff.；BERNHARD JäGER, La préscription
des créances en dommage – intérêts, Strassenverkehrstagung, Freiburg 1984,
S. 21 ff.；MAX KELLER/SONJA GABI, Das Schweizerische Schuldrecht,
Bd. Ⅱ, Haftpflichtrecht, 2. Aufl., Basel und Frankfurt a. M. 1988；ALFRED
KOLLER, Entscheidungen, Privatversicherungsrecht, AJP 1993, S. 861；
HANS MERZ, Die privatrechtliche Rechtsprechung des Bundesgerichts im
Jahre 1980, Obligationenrecht, ZBJV 1982, S. 130 ff.；DERS., Die priv –
atrechtliche Rechtsprechung des Bundesgerichts im Jahre 1961, Obligatione –
nrecht, ZBJV 1962, S. 457 ff.；WILLY SCHWANDER, Die Verjährung
ausservertraglicher und vertraglicher Schadenersatzforderungen, Diss. Fribourg
1962；CORRADO RAMPINI, Entscheidungen/Jurisprudence, Privatversic –
herungsrecht, AJP 1994, S. 642 ff.；HANSJöRG STEINER, Verjährung von
Forderungen auf Ausrichtung der Invaliditätssumme, SVZ 61, 1993, S. 108；
NATHALIE VOSER, Aktuelle Probleme zivilrechtlicher Verjährung bei
körperlichen Spätschäden aus rechtsvergleichender Sicht, recht 2005, S. 121
ff.；FRANZ WERRO, La responsabilité civile, Seconde partie, Section 2,
Sous – section 1, § 2 N 1427 ff.

更多参考文献，参见边码1583。

第一节　一年时效（相对时效）

一、概说

与周边国家法律不同，瑞士《债务法》第 60 条第 1 款规定了一个（太）短的相对消灭时效——**1 年**。

《德国民法典》第 852 条和《奥地利民法典》第 1489 条规定了 3 年的相对消灭时效。鉴于全球法律统一的要求，瑞士《侵权责任法》修订研究委员会建议将相对消灭时效修改为 2 年或 3 年〔1〕。联邦参议院于 1996 年 4 月 4 日颁布的《瑞士侵权责任法总则（草案）》中也采纳了这一建议；规定了 3 年的相对消灭时效（第 41 条第 2 款）。

瑞士《联邦产品责任法》第 9 条规定了基于产品责任的请求权的相对消灭时效期限为 3 年，从权利人知道损害（边码 1611 以下）、产品缺陷（缺陷的概念，参见 1190 以下）以及生产者〔2〕之日起起算。

瑞士《债务法》第 127 条至第 142 条是关于消灭时效的一般规定，其中第 130 条第 1 款规定了消灭时效的起算点是债务届履行期之时，但依据瑞士《债务法》第 60 条的规定，**1 年的相对消灭时效起算点是受害人知道损害和赔偿义务人**之时。第 130 条第 1 款（例如基于合同债务不履行）的损害赔偿请求权的消灭时效自债务届履行期之时起算，第 60 条第 1 款中的消灭时效的起算点（往往）是相较而言更晚的一个时间点。主要是考虑到受害人的利益，应该为受害人留有足够的时间，一方面充分考虑和评价损害事故的侵权责任法上的结果，另一方面主张其请求权。受害人有时间了解基本的责任问题、损害数额和责任人〔3〕。因此，一年的消灭时效期间从受害人"知道损害和赔偿义

1605

1606

1607

1608

〔1〕　研究委员会报告，S. 123 f. , 226, These 511 - 5 Abs. 2；比较：瑞士《辐射防护法》（StSG）第 40 条规定的 3 年的相对消灭时效。
〔2〕　构成要件，详见：BSK/FELLMANN, PrHG 9 N 3 ff. ; HESS, PrHG 9 N 1 ff. ; 边码 1230 以下。
〔3〕　类似观点：OFTINGER/STARK Ⅱ/1, § 16 N 348.

务人之时"起算（瑞士《债务法》第 60 条第 1 款）。

1608a　值得注意的是，在 1 年内未采取中断时效之措施，时效也不发生中止的情况下，相对时效也有可能在诉讼过程中届满，即所谓的"诉讼时效"（Prozessverjährung）[1]。

1608b　**精神抚慰金请求权**的消灭时效自受害人知道侵犯人格权利的行为（例如：通过报纸广告）完成之时起算[2]。

二、起算

1609　依据瑞士《债务法》第 60 条的规定，1 年的相对消灭时效起算点是受害人知道损害和赔偿义务人之时。

1610　值得注意的是，瑞士《道路交通法》第 83 条规定了 2 年的相对消灭时效，该消灭时效自受害人知道损害和赔偿义务人之时起算[3]。

（一）知道损害

1611　瑞士《债务法》第 60 条第 1 款中"**知道损害的发生**"[4]的实体法上的概念判定，以事实上财产额的减少作为标准（边码 153）。从债权人保护的规范功能出发可以得出，只有当受害人或者其法定或意定代理人及机关知道所有财产构成以及它们的性质，亦即财产的所有重要的组成部分，对减少的事实可以进行说明时，受害人**向法院主张权利**（有胜诉可能性）才有可能和可被期待[5]。

1612　以上观点与瑞士联邦最高法院的观点很大程度上相同，法院认为，只有当"债权人知道损害的存在以及它的性质和要素时，才满足

---

〔1〕　BGE 123 Ⅲ 213 E. 6b；KOLLER, Verjährung im Haftpflichtprozess, Bemerkungen zu BGE 123 Ⅲ 213, in：Haftpflicht – und Versicherungsrechtstagung, St. Gallen 2001, S. 1 ff.

〔2〕　BGE 126 Ⅲ 161 E. 3c.

〔3〕　Schaffhauser/Zellweger, N 1491.

〔4〕　BREHM, OR 60 N 21.

〔5〕　BREHM, OR 60 N 28, 33；WERRO, Nr. 1432；A. KELLER Ⅱ, S. 285；z. T. 详述，参见：OFTINGER/STARK Ⅱ/1, § 16 N 351, 作者从损害的"重要组成部分"出发进行讨论，参见瑞士联邦最高法院判决 BGE 126 Ⅲ 161 E. 3c.

了法律要求的'知道损害'的要件"[1]。

在瑞士联邦最高法院的另一判决中[2]，法院指出："只有当债权人知道损害的确切数额时，债权人才能向法院主张权利，因为损害数额是瑞士《债务法》第42条第2款的规定中法官需要裁量确定的……只有当债权人掌握足够的损害相关信息时，始得向法院主张权利。"在 BGE 131 Ⅲ 61 E. 3. 1. 1. 中，法院确认了以上立场。 1613

消灭时效起算的（数量上的）构成要件，亦即知道损害，只有当**损害事件完结**之后才有可能满足和达成。换言之，在损害事件完成之前，消灭时效没有开始起算[3]。 1614

这一时间上的标准对于身体重伤造成**持续性损害**的案件（例如：残疾，边码231~232），具有重要意义。 1615

只要受害人还处于强化治疗阶段，病人的伤残程度尚无法准确判断，瑞士《债务法》第60条第1款规定的消灭时效期间就不开始起算[4]。 1616

在某些急性病案件中，能够确定受害人的伤残程度在较小值的10%到25%区间范围内[5]，满足瑞士《债务法》第60条第1款规定的"对损害有足够认识"的要件。 1617

受害人受到人身损害，商业保险或社会保险开始向其支付伤残金的，则当向受害者发放伤残金判决做出之时，原则上应当认定受害人"知道损害"（瑞士《债务法》第60条第1款）[6]。 1618

发布媒体广告对他人人格权造成侵犯的，1年的消灭时效自受害人知道广告发布已经结束之日起算[7]。 1618a

---

[1]　BGE 112 Ⅱ 118 E. 4.

[2]　BGE 111 Ⅱ 55 E. 3.

[3]　BREHM, OR 60 N 29；A. KELLER Ⅱ, S. 285；明确提出这一立场的：瑞士联邦最高法院判决 BGE 111 Ⅱ 429 E. 2c，相关判决：BGE 109 Ⅱ 418 E. 3，BGE 55 Ⅱ 253 E. 2.

[4]　BGE 112 Ⅱ 118 E. 4.

[5]　参见：Extraits, 1952, S. 93；BGE 93 Ⅱ 498 E. 2.

[6]　OFTINGER/STARK Ⅱ/1，§ 16 N 352；differenzierend BREHM, OR 60 N 44.

[7]　BGE 126 Ⅲ 161 E. 3.

1619　关于受害人知道损害的时间点，**因损害的不同类型**可以做出以下区分：

1620　– 若发生的是**物之损害**（边码 306 以下），则**最晚**当修理费用的账单送达受害人时，即可认为满足瑞士《债务法》第 60 条第 1 款中所要求之受害人"知道损害"。

1621　　制作报价单的行为仅在例外情况下可以引起时效开始起算的法效果[1]。制作报价单的行为在时效法中的意义，参见 Semjud 1987, S. 40, E. 3b. 持不同意见的学者，诸如：BREHM, OR 60 N 34；A. KELLER Ⅱ, S. 286 f.；OFTINGER/STARK Ⅱ/1, § 16 N 355；SCHAFFHAUSER/ZELLWEGER, N 1493；SCHWANDER, S. 17。

1622　– 受害人何时知道（瑞士《债务法》第 60 条第 1 款）受有**人身损害**（边码 219 以下），这一时间点的确定比较困难。人身损害的损害项目比较复杂（边码 229 以下），基本上无法确定统一的消灭时效起算点。于是有学者提出，人身损害的起算点应该以侵权责任法上相关的（事实和相当因果关系）损害项目中最后一项发生的时间点为准（边码 1628），学者还列举了人身损害案件中可以引起消灭时效起算的具体情形。

1623　　最晚在收到医疗、住院或药物费用的账单时，应认定受害人"知道"（瑞士《债务法》第 60 条第 1 款）**治疗费用**损害发生[2]。

1624　　学者认为，受害人可预见到因受到人身损害将在**一段时间内丧失劳动能力的**，则在侵权行为发生后不久受害人即可以具体估计所受损失额，并主张权利[3]。在**永久丧失劳动能力**的案件中，只要从医学角度分析，虽然受害人目前丧失劳动能力，但将来的病情发展不明确，则受害人所受人身损害（主要是因丧失劳动能力所受损失）的范围就无法确定。因此，只有当最终

---

〔1〕　BGE 112 Ⅱ 51 E. 4，在判决中法院也提及了对此持批评意见的学者观点，保持了法院在 BGE 82 Ⅱ 43 E. 1b 中的立场和观点。

〔2〕　BREHM, OR 60 N 36；eher unklar OFTINGER/STARK Ⅱ/1, § 16 N 352 FN 515；SCHWANDER, S. 17.

〔3〕　BREHM, OR 60 N 37；SCHWANDER, S. 17 f.

的医疗诊断结果确定损害范围之时，受害人才有可能知道损
害的各个重要组成项目[1]。

对于由商业保险和社保向受害人给付伤残金的判决与消灭时效
的起算点的关系问题，学者中存在不同观点。**瑞士联邦最高
法院的司法实践**以保险公司或社会保障法院发出的发放伤残
金决定送达作为消灭时效的起算点[2]。不少学者认为这样的
处理太过形式化，应该更多地考虑个案具体情形[3]。

1625

在治疗过程中（又）发生病情和健康状况恶化的，新的事实是
否影响到消灭时效的起算，应以**预见性**作为判断标准。从客
观上分析，若进一步的恶化和损害事实在损害事故发生之时
已经预见到，则应判定消灭时效从未开始（边码1614）。若
进一步的恶化和反复属完全无法预计的情况，学者和司法实
践均认为应将此视为新的损害处理，对这一损害，适用新的
独立的消灭时效[4]。

1626

依据瑞士《债务法》第45条的规定，侵权行为致人死亡的损
害赔偿请求权的消灭时效，从权利人知道死亡事实之时起
算[5]。这一原则存在例外：请求权人或瑞士《债务法》第
45条第3款意义上需要抚养的人，需经过继承法上的争议解
决才得以确定的情况。在此类案件中，在主要请求权构成要
件满足之前，不得认为受害人"知道"损害发生。消灭时效
准确的起算点判断，须根据一般原则（边码1614）确定[6]。

1627

---

〔1〕 详见：BREHM, OR 60 N 38 ff.；类似观点：A. KELLER Ⅱ, S. 286；OFTINGER/STARK Ⅱ/1，§ 16 N
352；SCHWANDER, S. 18；瑞士联邦最高法院判决 BGE 112 Ⅱ 118 E. 3, 108 Ib 97 E. 1c, 93 Ⅱ 498 E. 2.

〔2〕 BGE 123 Ⅲ 204 E. 1；Nachweise bei BREHM, OR 60 N 43，43a.

〔3〕 BREHM, OR 60 N 44 f.；OFTINGER/STARK Ⅱ/1，§ 16 N 352；对此观点仅部分赞同的学
者：Schwander, S. 14.

〔4〕 详见：BREHM, OR 60 N 46 ff.；A. KELLER Ⅱ, S. 286；OFTINGER/STARK Ⅱ/1，§ 16 N 353,
insbes. FN 518；SCHAFFHAUSER/ZELLWEGER, N 1495；SCHWANDER, S. 15 f.；STARK, Skriptum, N 1084.

〔5〕 BREHM, OR 60 N 50；OFTINGER/STARK Ⅱ/1，§ 16 N 354；SCHWANDER, S. 19.

〔6〕 其他例外情形：BREHM, OR 60 N 51 ff.；OFTINGER/STARK Ⅱ/1，§ 16 N 354 FN 519；
SCHWANDER, S. 19 f.

1628 当某一侵权行为造成不同类型的损害（损害的类型：边码194）时，受害人将**在不同的时间点**"知道损害发生"（瑞士《债务法》第60条第1款），而确定这些时间点是特别困难的问题。考虑到损害的概念是作为财产差额的整体，以及瑞士《债务法》第60条第1款的文义（"知道**损害**"），有理由认为，在此类案件中，判断"知道损害"应适用一项不同的规则和标准。从瑞士《债务法》第60条第1款保护债权人利益的功能出发，应以**受害人认识到最后发生的损害项目的时间点**为准[1]。

（二）知道赔偿义务人

1629 无论以诉讼还是非诉讼方式主张权利，**知道请求权相对人身份**都是当事人主张权利的重要前提。瑞士《债务法》第60条第1款规定，只有当受害人知道损害（边码1611）和请求权相对人身份时（并不仅仅指知道造成损害发生之人），消灭时效才开始起算；不以提供证明为必要[2]。仅仅怀疑或推测某人为赔偿义务人应该不能发生瑞士《债务法》第60条第1款规定的使消灭时效开始起算的效果[3]。

1629a 若情况特殊，只有通过专家鉴定才可以确定引起损害的责任人，换言之，事实上的因果关系必须通过专家确认认定，则受害人只有在收到专家鉴定之后，才"知道"责任人的身份[4]。

第二节　十年消灭时效（绝对时效）

一、概说

1630 为保护受害者利益，立法者首先规定了所谓的相对短期的一年消灭时效及其起算规则（边码1608）。然而，若瑞士《债务法》第60条第1款规定以受害人知道损害和赔偿义务人为起算标准，除此之外在时间上不

---

[1] BREHM, OR 60 N 57; wohl auch WERRO, Nr. 1442; vgl. A. KELLER Ⅱ, S. 285; 不同观点：认为这一标准太过保护受害人，但是未提供论证理由：OFTINGER/STARK Ⅱ/1, § 16 N 358.

[2] 区分加害人与请求权相对人，参见：BREHM, OR 60 N 62.

[3] BREHM, OR 60 N 61; VON Büren AT, S. 491; WERRO, Nr. 1444; A. KELLER Ⅱ, S. 288; SCHAFFHAUSER/ZELLWEGER, N 1496; 持部分保留意见的：OFTINGER/STARK Ⅱ/1, § 16 N 361; 参见：BGE 82 Ⅱ 43 E. 1a, 109 Ⅱ 433 E. 2.

[4] BGE 131 Ⅲ 61 E. 3. 1. 2.

做任何限制，则从长远来看，**债务人的法律地位会受到不利影响**，而由其承受此不利无正当理由[1]。在赔偿义务人死亡后，依据概括继承的规定，其继承人（瑞士《民法典》第 560 条第 2 款）有可能还需承受在时间上相当久的损害赔偿责任风险。这一持续潜藏的法不安定性与消灭时效制度的目的不符（边码 1584 以下）。法律主体对法确定性与安定性的共同利益要求，自某一特定时间点或至少是客观上可确定的时间点起，立法者应作出债务人的个人利益高于债权人的个人利益的评价[2]。这一法政策上的考量体现在实体法规范上（对请求权的强制执行力的限制）是"十年绝对消灭时效"制度。瑞士《债务法》第 60 条第 1 款规定，损害赔偿请求权或精神抚慰金请求权"自侵权行为发生之日起 10 年后罹于时效"。

> 其他国家立法例中规定的绝对消灭时效期限为 30 年（参见：《德国民法典》第 852 条，《奥地利民法典》第 1489 条）。瑞士《侵权责任法》修订研究委员会认为瑞士《债务法》第 60 条第 1 款中规定是 10 年的绝对消灭时效太短，建议修改为 20 年或 30 年[3]。瑞士联邦参议院于 1996 年 4 月 4 日颁布的《瑞士侵权责任法总则（草案)》中，将绝对消灭时效规定为 20 年（《草案》第 55 条第 2 款）。
>
> 1631

部分特别法中也规定了 10 年绝对消灭时效〔例如：瑞士《道路交通法》（SVG）第 83 条第 1 款，瑞士《联邦液体运输与易燃气体管道法》（RLG）第 39 条第 1 款〕。

1632

值得注意的是，瑞士《债务法》第 60 条第 1 款规定的绝对消灭时效，与其他时效一样，原则上可以发生时效**中断**（瑞士《债务法》第 135 条；瑞士联邦最高法院判决 BGE 112 II 231 E. 3e aa）。从这一点上看，"绝对"时效的这一说法存有歧义。10 年消灭时效发生中断的前提是，至少在中断后重新起算时，受害人知道损害和可能的赔偿义务人[4]。

1633

---

〔1〕　类似观点：WERRO, Nr. 1445.

〔2〕　相同观点：BREHM, OR 60 N 64.

〔3〕　研究委员会报告，S. 124 f. , 226, These 511–5 Abs. 2；目前的瑞士《辐射防护法》（StSG）第 40 条已经规定了 30 年的绝对时效。

〔4〕　OFTINGER/STARK II/1, § 16 N 371 f.

二、起算

1634　瑞士《债务法》第 60 条第 1 款规定 10 年时效自"**侵权行为发生之日**"起算，**无论**权利人是否知道损害和赔偿义务人。因此有可能在受害人不知道主张权利的必要事实之前，请求权的消灭时效已经届满。尽管这样的规定会造成个案不公，但是为保证法安定性价值，法秩序必须作出取舍[1]。

1635　少数学者认为，部分案件中，违反义务的行为（过错责任中）或损害结果的发生（无过错责任中）和引起损害结果的法益侵害在时间上有间隔，消灭时效的起算点不应以违反义务的行为完成的时间点或持续的时间段结束，以及潜在危险的实现为准，而应当**在义务违反的行为所具有的致害性质以某种方式被受害人认识到之时作为时效起算点**[2]。依此观点，债务到期（瑞士《债务法》第 130 条第 1 款）的时间点推后。在此类特殊案件中，时效的起算点依照主观标准确定：之前发生的违反义务的行为或潜在危险的实现经过一段时间之后事实上出现损害效果，并且该损害效果被受害人认识到之时，为绝对消灭时效的起算点[3]。

1636　为了论证以上观点，学者提出了一项**备受关注**的制度功能上的论证理由。对于一项权利人根本不知道（也无法知道）它的存在的请求权，在权利人知道之前已经罹于时效，有悖于时效制度的功能目的。债权人一直不主张权利会致使债务人相信其有可能不再准备主张该权利。如果我们的出发点是，时效制度的目的是敦促债权人及时主张其权利（边码 1586），那么受到时效制度法效果优待的债务人只有在债权人（有过错地疏忽）未及时主张权利之时，亦即至少为主张其权利对此已取得足够的认识和信息之时，才有保护必要。因此结论是，"只有当某人可能主张权利而未主张时，才得使

---

〔1〕 vgl. BREHM, OR 60 N 64；A. KELLER Ⅱ，S. 283；OFTINGER/STARK Ⅱ/1，§ 16 N 366；BGE 127 Ⅲ 257 E. 2b bb，119 Ⅱ 216 E. 4a aa，106 Ⅱ 134 E. 2a，84 Ⅱ 202 E. 2.

〔2〕 vgl. dazu WERRO, Nr. 1452 m. w. H.；in bezug auf vertragliche Schadenersatzansprüche MERZ, ZBJV 1982, S. 136 f. m. w. H.；DERS., ZBJV 1962, S. 467 f.

〔3〕 MERZ, ZBJV 1962, S. 467，与行为引起损害的性质的提法类似。

其丧失权利"[1]，而不是那些从未可能主张权利的人。在这一特殊情形中，债务人也没有在哪个时间段具有需保护之信赖。

在损害还会**继续发展造成进一步损害**的案件中，对于时效起算点的判断，可能会出现困难和问题。10 年消灭时效的起算点是致害行为发生之时（瑞士《债务法》第 60 条第 1 款），因此需要区分致害行为完成之时与损害结果发生之时。瑞士联邦最高法院在其判决的案件中指出，引流管道建造完成，即建造行为完结之时为致害行为完成的时间点，消灭时效的起算以此时间点为准；而之后发生的地下水水位下降，导致邻居土地上建筑物受有损害，与时效起算点的判断无关[2]。   1636a

（一）过错责任

在过错责任领域，确定"致害行为"时遇到问题相对较少。消灭时效的起算点以**引起损害发生的人类行为**（作为或不作为）为准，并非客观上发现法益受到损害[3]。若该行为是"不作为"，则以责任人最晚可以行为的时间点为准[4]。   1637

在有些案件中，**若致害行为与客观上发现法益损害之间间隔时间较长**，则在时效起算点的判断上，可能会出现困难和问题（所谓的"后发损害"，边码 224b）。   1638

> 例如：在进行检查和诊断时，需要对病人注射造影剂。当时医生并不知道该病人患有新陈代谢异常的疾病，而这种疾病在医学上很容易被判断和确认。注射的造影剂无法在病人体内分解，高浓度含铅的致癌物质残留在皮肤组织中，直至十几年以后疾病才发作，病人死于癌症。   1639

在此类型案件中时效起算点的判断，主要存在以下问题：   1640

---

[1] MERZ, ZBJV 1982, S. 137 m. w. H.

[2] BGE 127 Ⅲ 257 E. 2b aa und bb.

[3] GAUCH/SCHLUEP/REY, Nr. 3513；A. KELLER Ⅱ, S. 283；SPIRO I, S. 78 FN 6；BGE 106 Ⅱ 134 E. 2c.

[4] GAUCH/ SCHLUEP/REY, Nr. 3513；OFTINGER/STARK Ⅱ/1, § 16 N 366 FN 528；SPIRO I, S. 79；瑞士联邦最高法院判决 BGE 119 Ⅱ 216 E. 4 bb.

1641 — 若以致害行为完成时作为消灭时效的起算点，则可能在客观上损害结果尚未表现于外，受害人得以主张权利之前，请求权已经罹于时效。

1642 在这类案件中，通说认为仍应当**以损害行为发生之时作为消灭时效起算点**[1]。这一标准的优点在于该时间点在客观上易于确定，保证了法的安定性（边码 1587），然而代价是个案不公。

1643 — 部分学者提出不同意见：当损害行为与法益损害在不同时间发生时，请求权消灭时效的起算点应以损害在客观上表现于外的时间点为准[2]。

1644 通说认为，对于重复发生或持续性的侵权行为，应以**最后一次违法行为完成之日**或者行为停止之日作为请求权的消灭时效起算时间[3]。

（二）无过错责任

1645 无过错责任不以违法行为，而是以损害结果为构成要件，因此，在无过错责任中，瑞士《债务法》第 60 条第 1 款意义上的"致害行为"应当解释为**构成责任的事件发生之时**作为消灭时效的起算点[4]。损害结果出现之时在所不问，时效起算以损害被引起之时为准。对于后发损害，原则上也适用此规则（边码 224b，边码 1638 以下）。

1646 若损害系由于某一持续性事件造成，则只要在持续期间没有发生独立的损害结果，便以该事件结束的时间点作为消灭时效的起算点[5]。

1647 部分学者主张的非法在土地登记簿上登记属于对潜在受害者权利的不间断地持续性侵犯，消灭时效应从损害发生起算的观点，未受到瑞士联邦

---

〔1〕 BREHM, OR 60 N 64；Spiro I, S. 80 f. （但对于故意致害行为，BREHM 对此持不同意见）；VON TUHR/PETER, S. 439；BGE 106 Ⅱ 134 E. 2c；不同观点：WERRO, Nr. 1452 m. w. H.

〔2〕 边码 1635；参见学者为瑞士联邦最高法院判决出具的专家意见：DESCHENAUX/ TERCIER in BGE 106 Ⅱ 134 E. 2b.

〔3〕 vgl. OFTINGER/STARK Ⅱ/1, § 16 N 366 FN 528；STARK, Skriptum, N 1097, 瑞士旧《刑法典》第 71 条第 4 款，修改后的第 98 条 c 项，关于持续性犯罪；瑞士联邦最高法院判决 BGE 92 Ⅱ 1 E. 5b；不同观点：Spiro I, S. 141.

〔4〕 OFTINGER/STARK Ⅱ/1, § 16 N 367 FN 533；学者 Spiro 对此似乎持不同观点，参见：Spiro I, S. 79 FN 7.

〔5〕 vgl. OFTINGER/STARK Ⅱ/1, § 16 N 367 FN 533；SCHWANDER, S. 24；瑞士联邦最高法院判决 BGE 109 Ⅱ 418 E. 3, 107 Ⅱ 134 E. 4, 81 Ⅱ 439 E. 4；参见瑞士《辐射防护法》（StSG）第 40 条。

最高法院的支持〔1〕。土地登记簿上的登记内容并不是瑞士《民法典》第955条意义上的责任构成要件，而是**登记行为**。因此瑞士《债务法》第60条第1款中的10年消灭时效起算也能够从登记行为结束之时开始起算〔2〕。

值得注意的是，**特别法中的消灭时效规范**（边码1632）规定了不同的消灭时效起算点的，依特别法规定。立法者在判断时效起算上表达不尽相同，学者对此有不同理解，与此也有一定关系。 1648

- 瑞士《联邦产品责任法》中的请求权，自生产者将引起损害发生之**产品投入流通**时起10年罹于时效〔瑞士《联邦产品责任法》（PrHG）第10条第1款〕； 1649

- 瑞士《联邦道路交通法》第83条第1款规定，"绝对"消灭时效**自事故发生之日**起算，时效期限为10年〔3〕； 1650

- 瑞士《联邦铁路、轮船企业与邮政责任法》（EHG）第14条第1款规定，**自事故发生之日起**2年，损害赔偿请求权罹于时效； 1651

- 由于管道设备造成的损害赔偿请求权与精神抚慰金请求权，依据瑞士《联邦液体运输与易燃气体管道法》（RLG）第39条第1款的规定，**在损害事件发生之日起**10年后罹于时效； 1652

- 瑞士《联邦电力法》（ElG）第37条规定，自**损害**发生之日起2年，损害赔偿请求权罹于时效〔4〕； 1653

- 瑞士《联邦核能责任法》（KHG）第10条第1款规定，**损害事件**发生之日为消灭时效起算点，时效期限为30年；然而，在核能责任领域，确定核事故发生之日的意义有限，因为对于后发损害，该法第13条作了特别规定〔5〕； 1654

- 保险合同上的请求权自**可引起保险给付之事实发生之日起**2年罹于 1655

〔1〕　BGE 119 Ⅱ 216 E. 4a bb 中提到。

〔2〕　BGE 119 Ⅱ 216 E. 4 bb.

〔3〕　详见：Schaffhauser/Zellweger, N 1498 ff.

〔4〕　OFTINGER/STARK Ⅱ/3, § 28 N 174, 此处的时间点指事故发生的时间点；相同观点：A. KELLER Ⅱ, S. 264.

〔5〕　OFTINGER/STARK Ⅱ/3, § 29 N 484 ff.；边码1372。

时效［瑞士《联邦保险合同法》（VVG）第46条第1款］。事故保险和责任保险领域的时效起算问题，参见：Hausheer，ZBJV 1994，S. 297；KOLLER，AJP 1993，S. 861；Maurer，Privatversicherungsrecht，§ 38 V 1b，S. 393 ff.；Steiner，SVZ 61，1993，S. 108；参见：BGE 118 Ⅱ 447 ff.，在本案中法院的观点偏离了其在另一判决〔1〕中提出的原则和观点。关于瑞士《联邦保险合同法》（VVG）第46条第1款对于法律纠纷费用保险（Rechtsschutzversicherungsvertrag）中的请求权的时效起算的意义，参见 vgl. Maurer，Privatversicherungsrecht，§ 38 V 1b cc，S. 397 ff.；参见瑞士联邦最高法院判决 BGE 119 Ⅱ 368 ff.，以及 BGE 119 Ⅱ 468 ff.（学者观点：Rampini，S. 643 ff.）。

第三节　一年消灭时效与十年消灭时效的关系

1656　十年（绝对）消灭时效（瑞士《债务法》第60条第1款）相对于一年（相对）消灭时效，处于补充和第二性的地位〔2〕。

1657　在个案中，若可以确定受害人"知道损害和赔偿义务人"的时间（瑞士《债务法》第60条第1款）（边码1611以下，1629），则损害赔偿请求权的时效问题，原则上适用1年（相对）时效的规定，这个时效相对于10年（绝对）时效排他和优先适用。当受害人知道损害和赔偿义务人之时，离10年时效届满不足1年的，这种情况属于上述原则的（重要）例外。此时若受害人不想承受请求权时效届满对其产生的不利后果，必须于10年时效届满之前向法院主张权利，或者通过瑞士《债务法》第135条中规定的方式中断时效。

1658　换言之，满足两类时效的构成要件并不绝对排除另一时效之适用〔3〕。

1659　　例如：A于2000年6月1日午夜在暗处遭到抢劫，身体受到极其严重的伤害。2010年6月1日请求权罹于绝对消灭时效。2009年5

---

〔1〕　BGE 100 Ⅱ 42 ff.
〔2〕　BREHM，OR 60 N 16；不同观点：SCHWANDER，S. 23.
〔3〕　学者 OFTINGER/STARK Ⅱ/1，§ 16 N 368 称其为择一性（Alternativität）。

月 31 日之前受害人知道损害和请求权相对人的，则其有 1 年的时间主张权利，并以此中断消灭时效。但受害人在 2009 年 5 月 31 日至 2010 年 5 月 31 日这一时间段内得知（损害）和请求权相对人的，则其无论如何都必须在 2010 年 6 月 1 日前主张其权利并以此中断消灭时效。

第十四章

侵权责任法中适用刑法消灭时效的规定
（瑞士《债务法》第 60 条第 2 款）

1660　参考文献：THOMAS BäR, Gedanken zur praktischen Anwendung der strafrechtlichen Verjährungsfrist im Zivilprozess（Art. 60 Abs. 2 OR）, SJZ 1965, S. 74 ff.；ANDRé BUSSY/BAPTISTE RUSCONI, Code suisse de la circulation routière annoté, 2. Aufl. , Lausanne 1984；JEAN－PAUL CHâ－TELAIN, L'action directe contre l'assureur, Diss. Lausanne 1961；ANDRE－AS DONATSCH/BRIGITTE TAG, Strafrecht I, Verbrechenslehre, 8. Aufl. , Zürich 2006；BERNHARD JäGER, La prescription des créances en dom－mages－intérêts, Strassenverkehrstagung, Freiburg 1984, S. 21 ff.；MAX KELLER/SONJA GABI, Das Schweizerische Schukdrecht, Bd. Ⅱ, Haftpflichtrecht, 2. Aufl. , Basel und Frankfurt a. M. 1988；MAX KELLER/CHRISTIAN SCHöBI, Das Schweizerische Schuldrecht, Bd. IV, Gemeinsa－me Rechtsinstitute für Schuldverhältnisse aus Vertrag, unerlaubter Handlung und ungerechtfertigter Bereicherung, Basel und Frankfurt am Main 1984；Willy Schwander, Die Verjährung ausservertraglicher und vertraglicher Schadenersatzforderungen, Diss. Fribourg 1962；GEORGES SCYBOZ, Deux rapports de l'action en dommages－intérêts ou en réparation du tort moral avec l'action pénale：les art. 53 et 60 al. 2 CO, in：Die Verantwortlichkeit im Recht, Zürich 1981, S. 634 f.；KURT JOSEPH STEINER, Verjährung haftpflichtrechtlicher Ansprüche aus Straftat, Diss. Freiburg 1986；ANDR－EAS VOLKEN, Anwendung der längeren strafrechtlichen Verjährungsfristen auf die zivilrechtliche Haftung juristischer Personen（Art. 60 Abs. 2 OR）, SJZ 1984, S. 281 ff.；FRANZ WERRO, La responsabilité civile, Seconde partie, Section 2, Sous – section 1, § 2 N 1454 ff.

第一节　概说

侵权行为同时满足**犯罪的事实构成中的特定行为方式**，而刑法中对此规定了更长的诉讼时效的，瑞士《债务法》第 60 条第 2 款规定（作为**例外**规定），侵权法中的损害赔偿请求权适用刑法中的时效规定。

> 瑞士《道路交通法》（SVG）第 83 条第 1 款中段与瑞士《债务法》第 60 条第 2 款的规定基本相同，若刑法上对于机动车肇事规定了更长的诉讼时效，则**机动车侵权请求权**也适用刑法上的规定[1]。

瑞士《债务法》第 60 条第 2 款的立法意图可简要概括如下：若加害人依法应当受到较为严苛的刑法制裁，而民事责任的请求权人已因请求权罹于时效而无法主张权利，恐怕与正义的法感觉不符[2]。

瑞士《债务法》第 60 条第 2 款的规定也适用于受害人**家属**基于其近亲属人身权利受到侵犯的**请求权**，若刑法对此请求权规定了更长诉讼时效（尤其是关于抚养费损害问题），同样也适用于受害人身体严重损害时**家属的精神抚慰金请求权**[3]。

第二节　适用刑法中的消灭时效的构成要件

一、刑法上的犯罪行为

瑞士《债务法》第 60 条第 2 款这一例外规则的适用前提和要件，首先需要加害人（加害人与赔偿义务人不必为同一人，边码 1687 以下）**引起**

---

[1]　Schaffhauser/Zellweger, N 1501.

[2]　BREHM, OR 60 N 67 m. w. H. ; WERRO, Nr. 1454 ; A. KELLER Ⅱ, S. 269 f. ; OFTINGER/STARK Ⅱ/1, § 16 N 373 ; SCHAFFHAUSER/ZELLWEGER, N 1502 ; SCHWANDER, S. 25 f. ; BGE 127 Ⅲ 538 E. 4c ; KELLER/Gabi, S. 162, 和 KELLER/SCHöBI IV, S. 143 在他们的著作中写道："瑞士《债务法》第 60 条第 2 款的目的在于使得民法和刑法在时效领域保持一致性"；不同观点：Spiro I, S. 201 ff.

[3]　BGE 124 IV 49 E. 4c.

损害发生的行为，基于联邦或者州法规定**满足犯罪主客观构成要件**[1]。

1665 瑞士《债务法》第 60 条第 2 款这一例外规则是基于对受害人有利的考虑，允许其主张刑法上的追诉时效，前提是加害人的行为同时满足犯罪事实构成中的特定行为方式，应受到刑事处罚，并不在于惩罚债务人，不要求刑事侦查程序或纪律处分程序（Disziplinarverfahren）的启动，也不要求司法或行政裁判的作出。

1666 通说与判例的观点是，加害人的致害行为满足亲告罪构成要件的，瑞士《刑法典》第 30 条第 1 款规定的"告诉"只是程序要件，而非实体法上的构成要件[2]。由此，若在个案中亲告罪的程序要件未满足，即当事人没有提出"告诉"的，并不一定排除适用瑞士《债务法》第 60 条第 2 款[3]。

1667 依照瑞士《债务法》第 60 条第 2 款的规定，适用更长的诉讼时效的前提和要件是，满足犯罪事实构成中的特定行为方式与造成民法上的损害结果之间存在事实和相当因果关系[4]。

1668 此外，瑞士《债务法》第 60 条第 2 款这一例外规则的适用前提和要件还包括：加害人的行为方式所违反的刑法规范是否以保护民法上所保护的法益为其保护目的[5]。

1669 法院对加害人的行为未进行刑事诉讼和审理程序的，或在民事诉讼审理该加害人行为时，刑事诉讼就程序和事实问题尚未作出有效判决的，审理民事案件的法官需要审查和确定加害人行为是否满足刑事犯罪构成要

---

〔1〕 参见 4C. 156/2005 vom 28. September 2005 E. 3. 3；BGE 118 V 193 E. 4a.

〔2〕 DONATSCH/TAG, S. 403 f. m. w. H.；参见瑞士联邦最高法院判决 BGE 129 IV 305 E. 4. 2. 3，105 IV 229 E. 2，98 IV 143 E. 2.

〔3〕 BGE 96 II 39 E. 3a, 93 II 498 E. 1, BGE 112 II 79 E. 4a i. f.，法院在 1992 年 12 月 18 日的另一判决中（BGer 4C. 42/1992）再次确认此观点。

〔4〕 BREHM, OR 60 N 69, 71, 74；A. KELLER II, S. 235/236；OFTINGER/STARK II/1，§ 16 N 375；SCHWANDER, S. 27, S. 29；SPIRO I, S. 211/212；参见瑞士联邦最高法院判决 BGE 4C. 156/2005 vom 28. September 2005 E. 3. 3, BGE 122 III 5 E. 2c und d, 112 II 79 E. 4a i. f.，106 II 213 E. 4, 96 II 39 E. 3a, 93 II 498 E. 1.

〔5〕 ENGEL AT, S. 576；GIGER/SIMMEN, SVG 83, S. 210；OFTINGER/STARK II/2，§ 25 N 762 FN 1229；SCHWANDER, S. 26；BGE 71 II 156 E. 7b.

件[1]。

民事诉讼尚未审结时，由法院或行政机关对刑事案件作出有效（判决 1670
有罪，判决无罪或程序终止，边码 1672 以下）法律**判决或决定**的，审
理民事案件的法官原则上**应适用**瑞士《债务法》第 60 条第 2 款结合瑞
士《刑法典》第 97 条和第 109 条的规定。

若法院作出有效的刑事判决，则该判决具有真正的判例效力，因此通说 1671
认为此处不适用瑞士《债务法》第 53 条[2]的规定[3]。

调查机关或者有关法院未进行原本将进行的（实质的）刑事审，行使终 1672
止权（Einstellungsverfügung）终止正在进行的对侵害行为的刑事侦查或
诉讼程序的，就会产生问题。在瑞士，**刑事侦查或诉讼程序的终止权
的行使对民事责任的认定是否具有拘束力**，原则上由**联邦州刑事诉讼
法决定**。因此，仅当有关的刑事诉讼法规定，行使终止权从而终止正
在进行的对侵害行为的刑事侦查或诉讼程序相当于无罪判决时，此类
（特定或临时的）刑事程序终止权对民事法庭法官才具有拘束力[4]。

> 瑞士联邦最高法院判决 BGE 118 V 193 E. 4a："侵权行为同时满足 1673
> 犯罪的事实构成中的特定行为方式，而刑法中对此规定了更长的
> 诉讼时效的，侵权法中的损害赔偿请求权适用刑法中的时效，保
> 险法院在审理案件时，同样需遵守这一规则。"

---

〔1〕 BREHM, OR 60 N 71；A. KELLER Ⅱ，S. 271；SCHWANDER, S. 29；瑞士联邦最高法院判决
BGE 118 V 193 E. 4a, 112 Ⅱ 172 E. Ⅱ. 2b, 106 Ⅱ 213 E. 3 a. A. , 93 Ⅱ 498 E. 1.

〔2〕 Art. 53 OR（Ⅷ. Verhälnis zum Strafrecht）

1 Bei der Beurteilung der Schuld oder Nichtschuld, Urteilsfähigkeit oder Urteilsunfähigkeit ist der Richter
an die Bestimmungen über strafrechtliche Zurechnungsfähigkeit oder an eine Freisprechung durch das Strafgericht
nicht gebunden.

2 Ebenso ist das strafgerichtliche Erkenntnis mit Bezug auf die Beurteilung der Schuld und die Bestimmung
des Schadens für den Zivilrichter nicht verbindlich.

试译为：瑞债第 53 条（与刑法的关系）

1. 法院在裁判行为人是否存在过错和识别能力时，不受刑法中关于刑事责任的规定以及刑事法院
法官对犯罪嫌疑人无罪认定的拘束。

2. 刑事法院对过错和损害的认定，亦同。

〔3〕 BREHM, OR 60 N 73, 79；HESS, PrHG 9 N 32；A. KELLER Ⅱ，S. 271；OFTINGER/STARK
Ⅱ/1，§ 16 N 376；Schwander, S. 29 f. ；瑞士联邦最高法院判决 BGE 106 Ⅱ 213 E. 3, 101 Ⅱ 321 E. 3.

〔4〕 不同观点：BREHM, OR 60 N 86 f. ；HESS, PrHG 9 N 33；A. KELLER Ⅱ，S. 271 f. ；
OFTINGER/STARK Ⅱ/1，§ 16 N 377；SCHWANDER, S. 31.

1674 对刑事案件具有**有限事实审查和裁判权限**的机关，裁决加害人应当受到处罚的，例如：仅仅违反了交通规则（而非由此造成的过失伤害），在其他享有完全**审查和裁判权限**的独立的司法机关还未启动程序之前，民事法庭法官有权对案件事实是否构成刑事犯罪进行预审查[1]。

二、刑法中规定的消灭时效"较长"

1675 适用瑞士《债务法》第 60 条第 2 款的另一个构成要件是，刑法上的追诉时效**长于**依照第 1 款规定的民法中的消灭时效。

1676 刑法上的**追诉时效**适用的法律规定主要有瑞士《刑法典》第 97 条和第 109 条，对于重罪和轻罪（瑞士《刑法典》第 10 条）适用前者，对于微罪（或称违警罪）适用后者（瑞士《刑法典》第 103 条）。

1677 瑞士《债务法》第 60 条第 2 款中规定适用刑法上的时效的，**起算点**应依照瑞士《刑法典》第 98 条规定的标准确定，这一观点值得赞同[2]。

1678 瑞士《债务法》第 60 条第 1 款规定时效起算点为"知道损害和赔偿义务人之时"（边码 1609 以下），刑法规范则完全不同，瑞士《刑法典》第 98 条规定，**刑法上的时效**（所谓的"追诉时效"）原则上自**犯罪行为实施之日起算**。

1679 — 在所谓的**"状态犯罪"**（Zustandsdelikt）中，时效起算点为符合构成要件的行为做出时，在不作为犯罪中时效起算点是本应做出行为之时[3]。

1680 — 若瑞士《刑法典》第 98 条 b 项中的犯罪行为分若干个时间点分别

---

〔1〕 参见 BGE 112 Ⅱ 79 E. 4a，对此，在之后的判决中，法院再次确认和重申了之前判决中的观点：对刑事案件具有有限事实审查和裁判权限的机关对已有案件进行了处理，这并不妨碍其他享有完全审查和裁判权限的司法的管辖，这并不违反"一事不再理原则"，对于前者在其有限权限内已经作出处理的违法行为，其他机关将不再重新审查和处理，同一案件事实，构成另一犯罪的构成要件的，属于后者的管辖范围。

〔2〕 BREHM, OR 60 N 91；WERRO, Nr. 1463；相同观点的学者：OFTINGER/STARK Ⅱ/1，§ 16 N 383；瑞士联邦最高法院认为只是类推适用瑞士《刑法典》第 98 条的规定，参见：BGE 126 Ⅲ 382 E. 4a bb，100 Ⅱ 339 E. 1b，111 Ⅱ 429 E. 2d,；不同观点：SPIRO I, S. 198 FN 5，与 SPIRO 持相同观点的学者有：STARK, Skriptum, N 1116，认为适用刑法规范的仅有时效期限，不包括时效起算点。

〔3〕 BGE 122 Ⅳ 61 E. 2a aa.

实施［例如：**事实构成中的特定行为方式所要求的行为统一体，亦即所谓的"接续犯罪"**（Einheitsdelikt）］，则追诉时效的起算点为"最终的犯罪行为实施之时"[1]。

- 导致民法上法益损害的行为同时构成**"持续犯罪"**（Dauerdelikt）的，瑞士《刑法典》第 98 条 c 项规定，追诉时效自加害人停止（时间上有一定持续性的）犯罪行为之时开始起算[2]。

1681

瑞士《债务法》第 60 条第 2 款规定的审理民事案件的法院就审理案件适用刑法上的时效规定，该时效发生中断的法效果，以及对损害赔偿请求权发生的影响，适用瑞士《债务法》第 135 条以下的规定[3]。刑法上的追诉时效在未届满之前依据瑞士《债务法》第 135 条发生中断的，依照联邦最高法院的观点是，时效应该重新起算，期限仍以刑法上的追诉时效为准[4]。依照瑞士《债务法》第 135 条的规定，可中断消灭时效的行为发生在刑法上的追诉时效之后的，时效不再重新起算[5]。

1682

部分学者与联邦最高法院的观点是，无论刑法上的追诉时效是否已经**提前届满**（例如：由于针对加害人做出生效法律判决），受害人均得主张瑞士《刑法典》第 97 条规定的一般诉讼时效[6]。

1683

关于瑞士《债务法》第 60 条第 2 款这一例外规定仅适用于 1 年消灭时效，还是也包括 10 年消灭时效的问题，学者有不同看法。基于债权人

1684

---

〔1〕　DONATSCH/TAG, S. 419；BGE 131 IV 83 E. 2. 4. 4 und 2. 4. 5, 131 IV 107 E. 3, 107 Ib 74 E. 3a, 105 IV 12 E. 4a.

〔2〕　DONATSCH/TAG S. 419；BGE 131 IV 83 E. 2. 4. 5, 105 IV 234 E. 2b.

〔3〕　BREHM, OR 60 N 93；WERRO, Nr. 1465；OFTINGER/STARK Ⅱ/1, § 16 N 380；SPIRO I, S. 198；参见 BGE 124 IV 49 E. 4c, 100 Ⅱ 339 E. 1b, 97 Ⅱ 136 E. 3a；尤其在 BGE 91 Ⅱ 429 ff. 这一判决中，法院作了详细论证；在最新的判决中（BGE 77 Ⅱ 314 ff.），联邦最高法院一贯的立场发生了改变。

〔4〕　BGE 127 Ⅲ 538 E. 4c und d, BGE 131 Ⅲ 430 E. 1. 2 确认了这一立场；对此持批评意见，并主张司法实践应当调整的学者观点：HAUSHEER/JAUN, ZBJV 2003, S. 60.

〔5〕　BGE 131 Ⅲ 430 E. 1. 3～1. 6.

〔6〕　BREHM, OR 60 N 90 m. w. H.；OFTINGER/STARK Ⅱ/1, § 16 N 385；SCYBOZ, S. 634 f.；仅就结论部分表示赞同：SPIRO I, S. 207；BGE 97 Ⅱ 136 E. 2 i. f.；sowie KELLER/SCHöBl IV, S. 145, 以瑞士《债务法》第 60 条第 2 款的法规目的作为论证理由，这些学者认为该条款旨在给予加害行为同时满足犯罪构成要件的受害人更多的保护，由此应当认为在刑法上的追诉时效届满之后，还有 1 年的民法上的诉讼时效。而事实上瑞士《债务法》第 60 条第 2 款并无给予此类受害人更高保护之意。

保护以及法律适用的统一性，多数学者主张刑法上的追诉时效规定应得到全面的适用[1]。少数观点认为，刑法上的追诉时效仅适用于绝对时效，不包括相对时效[2]。

1685 史彼罗为其观点提出以下论证理由[3]："基于债务人利益和需求的考虑，债权人10年不主张权利的，应使债务人的法律地位不再受到影响，但此系以严重牺牲时效制度的价值和侵犯受害人利益为代价……然而，若法律在刑法中规定了更长的追诉时效，则在加害行为同时构成刑法中的重罪，并且犯罪行为持续较长一段时间，或者时效发生中止的情况下，允许审理民事案件的法院援引此时效规定，对债权人的不公以及对民法上的时效制度和原则的偏离将得到有效减缓与限制。因此，对于主张权利已经足够，同时也保护债务人不受不合理请求权的主张的时效规定再作出偏离规定，既无必要也无意义，因为通常来说保护过于宽泛并且适用一般程序的法律规定中，往往处罚也相当轻微。"

1686 瑞士联邦最高法院在其判决[4]中表明的立场是，刑法规范中规定的更长的消灭时效既适用于民法中的相对时效，也适用于绝对时效（瑞士《债务法》第60条第1款）[5]。法院在后续的司法实践中一直保持了这一观点。

三、特别问题：刑法中的消灭时效规定适用于"第三人"

1687 值的探讨的是，当第三人造成侵权法上损害的行为同时满足刑法的构成要件，而侵权责任人或赔偿义务人需要对此第三人的行为负责时，此时

---

[1] BREHM, OR 60 N 68 列举了其他理由；VON BüREN AT, S. 426；DESCHE - NAUX/TERC - IER, § 20 N 45；A. KELLER Ⅱ, S. 234；wohl auch OFTINGER/STARK Ⅱ/1, § 16 N 373 i. f.；VON TUHR/PETER, S. 439.

[2] SPIRO I, S. 203 f.；与史彼罗持相同观点的学者还有：SCYBOZ, S. 636；WERRO, Nr. 1465, 强调如有足够充分之理由，应当赞同学者史彼罗的观点。

[3] SPIRO I, S. 203 f.

[4] 在 BGE 49 Ⅱ 359 E. 2 提出，在 BGE 111 Ⅱ 429 E. 2d 中再次确认。

[5] 在法院的判决中（BGE 106 Ⅱ 213 E. 2），法院提到了一贯以来的司法实践与通说观点，未采纳边码 1685 中史彼罗的观点，并未进一步说明理由。

受害人得否援引瑞士《债务法》第 60 条第 2 款的例外规定。以下作者将分析三类典型案例。

（一）瑞士《民法典》第 55 条第 2 款规定的国家机关责任主张适用刑法中较长的消灭时效

特定行为方式应承担刑事责任以过错实施犯罪行为为构成要件。法人无过错能力，因此在刑法上法人无犯罪能力，此系不成文的规定和原则（主要在行政机关工作人员犯罪和金融犯罪中）。由此，**法人原则上不能为其机关的行为承担刑事责任**[1]。

然而，当法人机关的犯罪行为同时造成侵权责任法意义上的损害（瑞士《民法典》第 55 条第 2 款），依照瑞士《债务法》第 60 条的规定，刑法上的追诉时效长于民法上的消灭时效时，受害人得否向法人主张依据刑法上的时效由其承担损害赔偿责任。

新近的学说观点认为法人机关系法人的组成部分（功能性的机关定义，边码 973），这一观点值得赞同。因此法人机关的行为应视为法人的行为；法人机关的行为造成损害的，**受害人得向法人主张损害赔偿，并且可依据瑞士《债务法》第 60 条第 2 款的规定适用更长的刑法上的追诉时效规定**[2]。

对此，**瑞士联邦最高法院**最初的立场是，就法人机关和法人的利益范围看，两者不构成法律上统一体，但只有（至少）满足两者在经济上属于统一共同体，或者法人机关与法人存在紧密的经济联系，法人机关的犯罪行为由法人承担民事责任时始得直接援引瑞士《债务法》第 60 条第 2 款的规定[3]。这一原则和司法实践被部分州法院所采纳，得到进一步的发展，目前联邦最高法院明确指出，法人机关的犯罪行为造成侵权法上的损害的，**均可直接适用瑞士《债务法》第 60 条第 2 款的规定**[4]。

1688
1689
1690
1691

---

〔1〕　BGE 105 IV 172 E. 3, 97 IV 202 E. 1c.

〔2〕　BäR, S. 75 f.；BREHM, OR 60 N 99 i. f.；WERRO, Nr. 1466；HESS, PrHG 9 N 35；总体上赞同以上观点，论证理由上不尽相同：SPIRO I, S. 209 m. w. N. in FN 19.

〔3〕　BGE 107 Ⅱ 151 E. 4c, 55 Ⅱ 28 i. f.

〔4〕　BGE 125 Ⅲ 339 E. 3b, 122 Ⅲ 225 E. 4a, 112 Ⅱ 172 E. 1c i. f. , 111 Ⅱ 429 E. 2d.

1692　　　相反，部分学者认为法人机关犯罪行为造成损害，受害人直起诉法人的（瑞士《民法典》第 55 条第 2 款），不应依照瑞士《债务法》第 60 条第 2 款的规定适用较长的刑事追诉时效的规定。理由如下：适用瑞士《债务法》第 60 条第 2 款这一例外规定的前提和要件是，加害人行为方式符合犯罪的事实构成中的特定行为方式（边码 1665）；而法人不能实施过错行为，因此原则上法人不受刑事处罚[1]。

（二）对责任保险的保险人主张适用刑法中较长的消灭时效的规定

1693　　　瑞士《债务法》第 60 条第 2 款在适用中遇到的另一棘手问题是，当侵权加害人致害行为满足犯罪的事实构成中的特定行为方式，而**受害人得向责任保险保险人直接主张损害赔偿时**，得否依据瑞士《债务法》第 60 条第 2 款以及瑞士《道路交通法》第 83 条第 1 款后段**适用刑法上较长的追诉时效**。

1694　　　上述问题的产生主要是基于瑞士《道路交通法》（SVG）中规定的受害人对保险人的直接的请求权。该法第 65 条第 1 款规定，依据（强制）保险合同进行理赔时，受害人得直接向责任保险人主张瑞士《道路交通法》（SVG）第 63 条第 1 款上的请求权[2]。

1695　　　**通说认为，受害人依据瑞士《债务法》第 60 条第 2 款或瑞士《道路交通法》第 83 条第 1 款后段向负有赔偿义务的保险人主张权利时，得援引刑法上的较长的时效规定**。立法者从以下两个方面加强对受害人的保护：一方面，在道路交通法规范中规定了机动车车主的强制责任保险义务［瑞士《道路交通法》（SVG）第 63 条第 1 款］；另一方面，规定了受害人对责任保险人的直接的赔偿请求权（瑞士《道路交通法》第 65 条第 1 款）。首先为受害人的损害提供最好的保障，保障受害人的损失得到赔偿，另外保障损害理赔快捷顺利[3]。立法者所追求的受害人地位保障（受害人保护功能）这一目标得以实现的前提是，损害赔偿请

----

〔1〕　BECKER, OR 60 N 4；VON Büren AT, S. 427；其他学者观点，参见：SPIRO I, S. 210 FN 23；STEINER, S. 96 f.

〔2〕　受害人对责任保险人直接的请求权，参见 1337 以下；GIGER/SIMMEN, SVG 65, S. 183 f.；OFTINGER/STARK Ⅱ/2，§ 26 N 150 ff.；SCHAFFHAUSER/ZELLWEGER, N 1655 ff.

〔3〕　参见：SCHAFFHAUSER/ZELLWEGER, N 1656.

求得直接向（通常情况下具有给付能力的）责任保险的保险人主张时，消灭时效期限不早于其对加害人的请求权消灭时效届满[1]。

受害人起诉，要求机动车责任险的保险人赔偿损失案中，瑞士联邦最高法院在其判决[2]中虽然明确提出了此类案件是否应当适用瑞士《债务法》第60条第2款的问题，但最终并没有表态。在另一判决[3]中，法院指出："有理由认为，基于赔偿义务人与行为人之间存在特殊关系，应当如同法人为其机关承担责任的案件一样，允许受害人在主张侵权损害赔偿时，同样适用刑法上较长的追诉时效的规定。"然而在本案中，法院最终仍然未对瑞士《债务法》第60条第2款的适用问题明确表态（E.4c）。此后，法院受到新近学说影响，一方面重新审查了之前的判决，另一方面分析相当一段时间内各联邦州法院的判决[4]，最终在其判决[5]中接受了通说观点。

（三）对受害人的继承人主张适用刑法中较长的消灭时效的规定

另一个与适用刑法中较长时效规定相关的特别问题是，受害人死亡无法再向刑事犯罪人主张民事上的损害赔偿责任时，**其概括继承的继承人得否援引瑞士《债务法》第60条第2款的规定，依刑法上较长之诉讼时效向加害人主张侵权损害赔偿。**

依概括继承原则，自加害人死亡之时起，法定或遗嘱继承人（依法）取得死者的法律地位（瑞士《民法典》第560条第1款，第2款），这一观点值得赞同。死者权利让与和义务转让无须再以某种形式的意思表示作出，自死者死亡发生效力。死者的个人债务原则上成为继承人的个人债务，继承人取得原来债务人的地位。概括继承的继承人享有原债务人所享有的所有与债权不可分的抗辩和抗辩权。适用瑞士《债

1696

1697

1698

---

〔1〕　BUSSY/RUSCONI, SVG 83 N 4.3；CHâTELAIN, S.131；GIGER/SIMMEN, SVG 83, S.210；HESS, PrHG 9 N 38；SCHAFFHAUSER/ZELLWEGER, N 1503；mit eingehender Begründung Volken, S.282；a. M. OFTINGER, Schweizerisches Haftpflichtrecht, Band 2, Besonderer Teil, Zweite Hälfte, 2. Aufl., Zürich 1962, S.683/684；JäGER, S.21 f.

〔2〕　BGE 93 Ⅱ 498 E.1 i.f.

〔3〕　BGE 107 Ⅱ 151 E.4b.

〔4〕　vgl. etwa ZWR 1975, S.144 ff. = JdT 1976, S.445；ZWR 1984, S.122 f.；Entscheid des Genfer Kantonsgerichts vom 20.9.1985.

〔5〕　BGE 112 Ⅱ 79 E.3c.

务法》第 60 条第 2 款的规定**以侵权法上加害人的行为满足犯罪的事实构成中的特定行为方式为前提**，而不以加害人需承担刑事责任为前提，由此，适用瑞士《债务法》第 60 条第 2 款的主张系与债权本身相联系（客观关联性）之抗辩权，而非与当事人相联系（主观关联性）之抗辩权。通常情况下继承法律效果的发生不具可预见性，受害人的法律地位不应因此受到影响；瑞士《债务法》第 60 条第 2 款所提供的（额外）保护也不应受到影响[1]。除此之外，学说和司法实践中的普遍趋势是，受害人对第三人享有损害赔偿请求权时，应允许其援引刑法上较长的消灭时效规定（瑞士《债务法》第 60 条第 2 款）（边码 1688 以下、1693 以下）。

1699　较早的学说认为，犯罪人的行为同时造成民法上损害，加害人死后，受害人向加害人的继承人主张损害赔偿的，不得援引瑞士《债务法》第 60 条第 2 款适用刑法上规定的较长的追诉时效的规定。其理由是，加害人刑事上的可诉性（strafrechtliche Belangbarkeit）随其死亡而消灭[2]。这一观点未认识到适用瑞士《债务法》第 60 条第 2 款的规定以侵权行为加害人的行为是否满足犯罪的行为方式为前提，而不以加害人需承担刑事责任为前提。

1700　**瑞士联邦最高法院**在其判决中[3]明确提出了受害人得否向犯罪人之继承人主张瑞士《债务法》第 60 条第 2 款规定的较长时效问题，但未明确表明立场。

（四）注意区分：对自身侵权行为负责的"第三人"不得适用刑法中较长的消灭时效之规定

1700a　因自身侵权行为需承担责任的第三人，尤其是注意义务的违反（例如瑞士《民法典》第 333 条的家长责任或瑞士《债务法》第 55 条的业主对辅助人承担责任），加害人行为构成犯罪的，此类第三人也不得适用瑞

---

〔1〕 结论上一致的：HESS，PrHG 9 N 39；A. KELLER Ⅱ，S. 237；SCHAFFHAUSER/ZELLWEGER，N 1503；SCHWANDER，S. 31 f.；SPIRO I，S. 208 m. w. H. in FN 11；STEINER，S. 94；WERRO，Nr. 1471.

〔2〕 VON TUHR/PETER，S. 439.

〔3〕 BGE 90 Ⅱ 428 E. 4，93 Ⅱ 498 E. 1 和 BGE 107 Ⅱ 151 E. 4b i. f.

士《债务法》第 60 条第 2 款规定的刑法上的较长的追诉时效〔1〕。由此，若辅助人行为构成犯罪（但对于事务所属人，其承担责任之基础为注意义务的违反），则较长的刑法上的追诉时效**不适用于事务所属人责任**（瑞士《债务法》第 55 条）〔2〕。

第三节　民法与刑法消灭时效的关系

民法与刑法消灭时效的关系问题是指，刑法中的消灭时效是否**补充**或**取代**民法中的消灭时效（瑞士《债务法》第 60 条第 1 款）〔3〕。

1701

在受害人知道损害和赔偿义务人之时，刑法上的追诉时效已经届满的案件中，并不涉及民法与刑法消灭时效的关系问题；这一问题具有讨论意义的，主要针对在刑法上的追诉时效**已经届满**，民法上的 10 年绝对时效**尚未届满**之前，受害人知道损害或/和赔偿义务人（瑞士《债务法》第 60 条第 1 款）的案件。

1702

> 例如：在实施侵害他人身体行为 7 年之后才确认受害人伤残结果的案件中，此时刑法上的追诉时效届满（瑞士《债务法》第 125 条，结合瑞士《刑法典》第 97 条第 4 款），因为刑法上的追诉时效原则上自犯罪行为实施之日起算（瑞士《刑法典》第 98 条 a 项），而此时民法上的 10 年的（绝对）消灭时效尚未届满（瑞士《债务法》第 60 条第 1 款）。

1703

在此类案件中需探讨和解决的主要问题是：当刑法上的追诉时效已经届满时，受害人得否主张民法上的消灭时效的问题。若完全从瑞士《债务法》第 60 条第 2 款的文义出发进行解释，可得出当刑法上的时效长于民法的规定时，由该较长时效代替民法上的消灭时效（瑞士《债务法》第 60 条第 2 款规定，较长的刑法上的时效规定适用于民法上的请求权）的结论。严格按照文义解释，诸如上例中，在民法规定的 10 年绝对时效未届满之前，也适用刑法上的追诉时效，此时损害赔

1704

---

〔1〕　vgl. BREHM, OR 60 N 102；SPIRO I, S. 209 f.

〔2〕　BGE 122 Ⅲ 225 E. 5；反对意见：HAUSHEER, ZBJV 1997, S. 467.

〔3〕　类似观点：BREHM, OR 60 N 94.

偿请求权和精神抚慰金请求权均已经罹于时效。但同时应该注意到，立法者的立法意图在于，当侵权行为同时满足犯罪事实构成中的特定行为方式要件（边码 1675 以下）时，通过瑞士《债务法》第 60 条第 2 款的规定使受害人得主张刑法上较长的时效，从而保护受害人的利益。换言之，立法者旨在防止出现加害人依据刑事法的规定，仍应当承担刑事责任，而在民事法上，请求权人已经因（民法上的消灭时效较短）加害人得提起请求权罹于时效之抗辩权而无法主张损害赔偿和精神抚慰金的情况[1]。由此，在刑法上的追诉时效早于民法上的消灭时效（瑞士《债务法》第 60 条第 1 款）届满，应当认定不适用该追诉时效的规定，而仅作为民法上消灭时效的补充。**因此，在刑法上的追诉时效届满之后，受害人仍得依据尚未届满的民法上的时效规定向加害人主张其权利。**

1705 瑞士学理将民法和刑法中诉讼时效的关系问题概括为：仅当民法中的消灭时效（瑞士《债务法》第 60 条第 1 款）已经届满时，才有可能适用刑法中的较长时效。这一观点值得赞同[2]。

1706 因此刑法中的较长的消灭时效仅起到补充民法中的时效规定的作用（不能取代民法中的时效）。刑法中规定的较长追诉时效的规定与民法中的消灭时效的规定（瑞士《债务法》第 60 条第 1 款）是**竞合关系**[3]。

---

[1]　OFTINGER/STARK Ⅱ/1, § 16 N 373；BGE 101 Ⅱ 321 E. 3.

[2]　BREHM, OR 60 N 95；OFTINGER/STARK Ⅱ/1, § 16 N 384；STEINER, S. 69.

[3]　BREHM, OR 60 N 94 ff.（或聚合关系），OFTINGER/STARK Ⅱ/1, § 16 N 384 FN 554.

第十五章

瑞士《债务法》第 60 条第 3 款中的特别规定

瑞士《债务法》第 60 条第 1 款和第 2 款规定了侵权行为请求权时效的 1707
起算与期间（边码 1605 以下）。第 60 条第 3 款作为特别法规范规定
了：在订立合同时由于合同相对人的侵权行为受有损害，并且该损害
赔偿请求权已经罹于时效的，合同一方当事人可以拒绝履行合同义务。

瑞士《债务法》第 60 条第 3 款中的"侵权行为"主要是指合同当事人 1708
以故意欺诈（瑞士《债务法》第 28 条）或胁迫（瑞士《债务法》第
29 条）方式与对方订立合同[1]。

构成瑞士《债务法》第 60 条第 3 款意义上的"侵权行为"的，在以下 1709
案件类型中，合同相对方得拒绝履行合同义务：

- 受害人在 1 年内**未作出撤销**因欺诈、胁迫或乘人之危订立的合同的 1710
  意思表示的（瑞士《债务法》第 21 条、第 31 条），法律规定视为
  该合同受到相对方认可。若受到欺诈、胁迫和被利用不利地位的
  合同相对方未为给付的，其侵权法上的损害赔偿请求权已经罹于
  时效，则该合同一方得援引瑞士《债务法》第 60 条第 3 款的规定
  拒绝履行合同义务[2]。

- 援引瑞士《债务法》第 60 条第 3 款的规定拒绝履行合同给付义务 1711
  的，债务人需证明**其与合同另一方当事人订立合同系基于对方的**
  "侵权行为"（边码 1708）。此时，债务人事实上系以默示方式主

---

[1] STARK, Skriptum, N 1133；BREHM, OR 60 N 109；STARK 认为瑞士《债务法》第 21 条中
的乘人之危签订合同行为，亦得构成瑞士《债务法》第 60 条第 3 款意义上的"侵权行为"。

[2] 给付义务拒绝的构成要件，详见：BREHM, OR 60 N 111；s. WERRO, Nr. 1472，受害人无须
作出明示或默示的承认法律行为效力的意思表示。

张合同无效。立法者通过瑞士《债务法》第 60 条第 3 款的规定确立了一项原则，即抗辩权不受时效制度限制。由此，该条款的规定仅具有一定的宣告意义[1]。

---

[1] 该规定文意不清，从法律体系角度看也不无问题，实践意义极为有限；持批评意见的学者还有：BREHM, OR 60 N 109 f.

第十六章

追偿权人请求权的消灭时效

对于追偿权本身的构成与法规范基础，瑞士学界并未达成一致意见（边　1712
码 1493 以下），相应地，对于被诉的连带债务人向债权人清偿之后，
向其他连带债务人主张追偿的请求权的**消灭时效**的起算与期限也存在
不同观点。主要有：

－　认为追偿权的请求权基础系瑞士《债务法》第 149 条〔1〕第 1 款　1713
　　意义上的**代位权**（边码 1494），连带债务人向债权人清偿之后，
　　向其他连带债务人主张追偿的请求权的消灭时效，以原本受害人
　　向（履行赔偿义务的）追偿权人的请求权为准。

　　例如：　　　　　　　　　　　　　　　　　　　　　　　　　　　　1714

　　－　若（履行赔偿义务的）追偿权人向受害人承担的是过错责
　　　　任（瑞士《债务法》第 41 条第 1 款）或瑞士《债务法》
　　　　和瑞士《民法典》中规定的（一般）无过错责任（例如瑞
　　　　士《债务法》第 58 条，瑞士《民法典》第 679 条），则追
　　　　偿权人向其他连带债务人主张的请求权即属于侵权请求权，

---

〔1〕　译者注：Art. 149 OR（Übergang der Gläubigerrechte）

1 Auf den rückgriffsberechtigten Solidarschuldner gehen in demselben Masse, als er den Gläubiger befriedigt hat, dessen Rechte über.

2 Der Gläubiger ist dafür verantwortlich, dass er die rechtliche Lage des einen Solidarschuldners nicht zum Schaden der übrigen besser stelle.

试译为：瑞债第 149 条（债权人权利地位的转移）

1. 享有代位权的连带债务人，在其向债权人清偿的范围内，取得债权人的权利地位。

2. 债权人的原因致使连带债务人之一的法律地位优于其他连带债务人，有损于债务人的，债权人应对此承担责任。

瑞士《债务法》第60条是针对侵权请求权消灭时效的规定。追偿权人基于瑞士《债务法》第149条第1款的规定向其他连带债务人主张权利时，代位权的性质与原请求权相同，仍为侵权请求权，消灭时效适用瑞士《债务法》第60条的规定。

－ 若（履行赔偿义务的）追偿权人向受害人承担的是合同债务不履行或履行不符合约定的责任，则其依据瑞士《债务法》第149条第1款的规定向其他连带债务人主张权利时，该追偿请求权应适用瑞士《债务法》第127条10年消灭时效的规定（例外如：瑞士《债务法》第210条）。

1715　追偿权人依据代位权向其他连带债务人追偿的，其取得原受害人之法律地位，原请求权的消灭时效继续计算："履行赔偿义务的连带债务人所取得的请求权的消灭时效继续计算"[1]。因此求偿权的**消灭时效的起算点**与原受害人的请求权的起算点相同。

1716　－ 若追偿权人除基于代位制度取得的债权（所谓的"代位权"，瑞士《债务法》第149条第1款）之外，还具有其他的债权，即所谓的"**追偿权**"（该请求权的法规范基础为瑞士《债务法》第148条[2]第2款）（边码1494），则代位权的消灭时效问题，参见上文中对基于代位制度取得的债权的消灭时效的计算的论述（边码1715）。

1717　连带债务人之一已经向受害人清偿的，追偿请求权的消灭时效以受害人对其他连带债务人的原损害赔偿请求权的时效为准[3]。

---

〔1〕 OFTINGER/ STARK Ⅱ/1，§ 16 N 388；STARK, Skriptum, N 1125a.

〔2〕 译者注：Art. 148 OR（Verhältnis unter den Solidarschuldnern 1. Beteiligung）

1 Sofern sich aus dem Rechtsverhältnisse unter den Solidarschuldnern nicht etwas anderes ergibt, hat von der an den Gläubiger geleisteten Zahlung ein jeder einen gleichen Teil zu übernehmen.

2 Bezahlt ein Solidarschuldner mehr als seinen Teil, so hat er für den Mehrbetrag Rückgriff auf seine Mitschuldner.

3 Was von einem Mitschuldner nicht erhältlich ist, haben die übrigen gleichmässig zu tragen.

试译为：瑞债第148条（连带债务人之间的内部关系之一：责任份额）

1. 已经向债权人履行的赔偿应由各连带债务人平均承担，连带债务人另有约定的除外。

2. 连带债务人之一向债权人履行赔偿额超过其本应承担的份额的，有权向其他连带债务人追偿。

3. 连带债务人之一无力赔偿的，由其他债务人按比例承担。

〔3〕 OFTINGER/STARK Ⅱ/1，§ 16 N 389.

兹举例说明：连带债务人之一基于合同债务向受害人履行清偿 _{1717a}
义务的，其他连带债务人系基于瑞士《债务法》第 41 条向受
害人承担侵权法上的损害赔偿责任，追偿请求权的消灭时效应
依据瑞士《债务法》第 60 条侵权请求权的消灭时效确定［依
瑞士联邦最高法院的标准所区分的不真正连带中，求偿权人的
"补偿请求权"（Ausgleichsanspruch）亦同，边码 1720 以下］。

有学者认为，履行清偿义务的连带债务人依照瑞士《债务法》第 ₁₇₁₈
148 条第 2 款的规定取得的请求权，即所谓的"**追偿权**"的**消偿**
时效的起算点，应以追偿权人向受害人履行清偿义务的时间点为
准[1]。在追偿权人履行清偿义务后，瑞士《债务法》第 148 条
第 2 款规定的追偿权成立，同时届履行期（依据瑞士《债务法》
第 130 条第 1 款的规定，请求权的消灭时效自其届履行期的时间
点起算）。另有学者认为，消灭时效一般（即其他法律另有规定的
除外，例如瑞士《道路交通法》第 83 条第 3 款，瑞士《联邦液体运
输与易燃气体管道法》第 39 条第 3 款）应从追偿权人知道追偿可能
性时开始起算[2]。

无论追偿权的消灭时效自追偿权人清偿的时间点起算，抑或自 ₁₇₁₉
其知道追偿可能性是起算，在两种情况下追偿权的消灭时效
起算点均迟于代位权（边码 1493 ~ 1494，1715）。因此，至少
在理论上有可能代位权先于追偿权罹于时效。

  — 依照上文中已经提到的观点（边码 1494），即适用瑞士《债务法》 ₁₇₂₀
第 50 条第 2 款规定的追偿案件中，追偿权人除代位受害人的法律
地位取得权利外，还享有另一个"**独立**"的**追偿权**（Regressrec -
ht）。在适用瑞士《债务法》第 51 条的案件中，享有追偿权的连
带债务人无法主张代位受害人的法律地位时，仍得主张独立的追

---

［1］ OFTINGER/STARK Ⅱ/1，§ 16 N 388；SCHWENZER，N 88. 39.

［2］ GAUCH/SCHLUEP/REY，Nr. 3960 m. w. H.；文献中引用的联邦最高法院案例 BGE 115 Ⅱ 42
E. 2. 中虽然指出消灭时效自知道权利之时起算，但指向的并非瑞士《债务法》第 148 条第 2 款中的追
偿请求权，而系依照法院分类的"不真正连带"中，追偿权人的补偿请求权 Ausgleichsanspruch，边码
1720。

偿权，依联邦最高法院的观点，此系所谓的"补偿请求权"（Ausgleichsanspruch）[1][这一"独立"的追偿权（Regressrecht）与瑞士《债务法》第 148 条第 2 款意义中所谓的"追偿请求权"（Regeressforderung）应严格区分（边码 1494）]。对此观点，作者认为论证不具说服力。

1721　适用瑞士《债务法》第 50 条第 2 款规定的追偿案件中，独立的追偿权与适用瑞士《债务法》第 51 条时的"补偿请求权"（Ausgleichsanspruch）系区别"真正"连带责任与"不真正"连带责任的结果（边码 1417 以下），因为仅"真正"连带责任中的清偿人可以代位受害人的法律地位（瑞士《债务法》第 149 条第 1 款），从而代位受害人的债权。

1722　追偿权利人行使追偿权或"补偿请求权"（Ausgleichsanspruch）时，其主张的请求权的消灭时效自其为给付义务时起算[2]。部分学者认为应该**类推**适用不当得利请求权的消灭时效规定（瑞士《债务法》第 67 条），包括 1 年的相对时效与 10 年的绝对时效[3]。

1723　学者认为应该类推适用的不当得利请求权的消灭时效规定（瑞士《债务法》第 67 条），从实用性角度考虑似乎可满足现实需要，但从教义学上分析，论证理由并（尚）不充分[4]。"类推适用"这一法学方法以存在法律漏洞为前提（瑞士《民法典》第 1 条）。欲类推适用瑞士《债务法》第 67 条之规定的，需满足此前提，即需满足"立法者对于独立的求偿权这一案件类型应作规定而未作规定"，始得考虑类推适用瑞士《债务法》第 67 条的时效规定。而立法者对于这类案件中的时效规定并非"应作规定"，因为法律中并未规定"独立"的求偿

---

〔1〕 BGE 115 Ⅱ 42 E. 2a，参见边码 1493。

〔2〕 BREHM, OR 50 N 64, OR 51 N 141.

〔3〕 BREHM, OR 50 N 64, OR 51 N 143, unter Berufung auf Spiro I, S. 731.

〔4〕 vgl. SPIRO I, S. 482 ff.

权。因此，从教义学角度分析，将立法者并未规定的"独立"的求偿权的消灭时效问题，通过类推适用瑞士《债务法》第67条的规定解决，不无疑问。

瑞士联邦最高法院在审理一起不真正连带责任的案件中指出，求偿权人的补偿请求权（或称"赔偿请求权"，Eratzanspruch）在其向受害人清偿之时起即得主张；需要注意的是，有可能受害人对其他需承担侵权责任的债务人的请求权已经罹于时效[1]。因此对于侵权或违约的损害赔偿请求权，向受害人清偿的连带债务人向其他连带债务人主张补偿请求权时，有可能该请求权已经罹于时效，此时，连带债务人享有的请求权已经罹于消灭时效的抗辩同样对抗追偿权人[2]。亦即，已经清偿的连带债务人对于其他连带债务人的追偿权利的消灭时效，也以受害人的损害赔偿请求权的时效为准[3]。

1724

— 需要注意的是，在不真正连带责任中，当追偿的连带债务人与其他债务人之间存在**特殊法律关系**，并且补偿请求权系基于该特殊法律关系的情况。此时该请求权的消灭时效以特殊法律关系中的规定为准（不适用受害人对各个连带债务人的原有的请求权的消灭时效）[4]。

1725

例如：由于承揽人建筑施工时的过错行为，造成邻地所有人的损害。此时，应由土地所有人向邻居承担损害赔偿责任。而又因承揽人与土地所有人之间存在合同关系，承揽人违反合同义务（在交付工作成果之前），所以土地所有人向邻居进行损害赔偿后，得向承揽人主张补偿请求权，这一请求权适用合同法上的10年消灭时效规定[5]。

在个案中应特别注意当事人之间是否存在**特殊关系**，并且调整该特殊法律

1726

---

[1] 参见 BGE 133 Ⅲ 6 E. 5. 2. 2, 115 Ⅱ 42 E. 2a.
[2] BGE 115 Ⅱ 42 E. 2a.
[3] 在瑞士联邦最高法院的判决中（BGE 55 Ⅱ 123 f. E. 3），以上观点再次得到确认。
[4] 参见：SPIRO I, S. 492.
[5] 瑞士联邦最高法院判决 4C. 3/1995 vom 27. Mai 1997 ff.

关系的相关规定中是否存在关于返还请求权（Rückforderung）〔1〕消灭时效起算点的特别规定（例如瑞士《债务法》第 507 条第 3 款、第 878 条第 3 款，以及特别应注意的瑞士《道路交通法》第 83 条第 3 款）。

〔1〕 译者注：即上文所称之"补偿请求权"。

索 引

以下列明之编号为文中边码。

G